KB042243

김정인

博英社

Preface

머리말

사람과 조직을 분리해서 생각하기는 어렵다. 조직은 사람 없이 구성될 수 없으며, 대부분의 사람들은 하나 혹은 그 이상의 조직에 소속되어 있기 마련이다. 다시 말해, 사람과 조직은 지속적으로 상호 작용하고 있는 것이다. 이처럼 사람을 주요 관리 대상으로 하는 '인사'와 집단·조직을 주요 관리 대상으로 하는 '조직'은 그 연계성이 큼에도 불구하고, 전통적인 관점에서는 인사와 조직을 분리하여 별도로 연구하고 설명하려는 경향이 강하였다. 이는 "국민경제 중에서 중앙정부, 지방자치단체의 재화나 서비스에 대한 지출이 이루어지는 부분(21세기 정치학대사전, 2018)"을 의미하는 '공공부문(public sector)'에서도 마찬가지였다.

그러나 최근 들어 공공부문의 인사조직 환경이 급격하게 변화하면서 과거의 인사와 조직에 대한 분리적 접근은 그 타당성을 잃어가고 있다. 오늘날에는 인사와 조직의 공통 설명변수를 찾고, 이를 융합적 관점으로 재구성하는 인사조직 융합관점이 등장하고 있는 것이다. 물론 이러한 융합관점에는 인사조직을 구성하고 운영할 자원관리, 즉 재무도 포함시킬 수 있다. 따라서 이러한 융합적 관점을 이해하기 위해서는 공공부문 환경변화와 더불어 인사, 조직, 재무 각각의 주요 이슈들을 살펴보고 이들을 어떻게 효과적으로 관리할 것인지에 대한 방안을 모색할 필요가 있다.

정치·경제·사회·문화 등 급격한 환경변화에 따른 인사조직 관점의 전환에도 불구하고, 공공부문이 추구하는 가치와 목표는 여전히 '국민행복'과 '공익(公益)' 증진에 있다. 이는 공공부문과 민간부문을 구분 짓는 가장 중요한 요인이 되기도 한다. 최근 기업의 사회적 책임(Corporate Social Responsibility, CSR)이 강조되면서 공공부문과 민간부문의 경계가 모호해 지고 있다고는 하지만(유민봉, 2015), 그럼에도 불구하고 공공부문의 가치와 목표는 과거에도 현재에도, 미래에도 변하지 않고 공공부문의 존재 이유가 되고 있다. '국민의 나라, 정의로운 대한민국'을 국가 비전으로 표방하며 2017년 5월 출범한 문재인 정부에서도 '국민이 주인인 정부', '더불어 잘사는 경제', '내 삶을 책임지는 국가', '고르게 발전하는 지역', '평화와 번영의 한반도' 구축을 위해, 즉 국민행복과 공익 증진을 위해 애쓰고 있는 것이다(청와대, 2018). 이러한 노력은 현재의 그리고 미래의 공공관리 필요성과 중요성을 나타내 준다고 해도 과언이 아닐 것이다.

따라서 이번 '인간과 조직: 현재와 미래' 전면개정판에서는 공공가치의 이해에서부터, 인사, 조직 및 인사·조직의 운영에 핵심 자원을 관리하는 재무, 그리고 공공관리에서 전반적으로 중요하게 다루어지는 핵심 이슈들을 체계적으로 살펴보고자 한다. 특히 4차 산업혁명을 필두로 발생되는 기술적 환경의 변화, 저출산·고령화, 다문화가족 증가 등으로 인한 사회·문화 환경의 변화, 끊임없이 변화하면서 점점 더 예측이 어려워지는 정치, 경제, 법적 환경에 대한 대응은 이제 공공관리에 대한 새로운 이해를 필요로 하고 있다. 부디 새로운 변화를 담아내고자 노력한 본서의 개정판이 학생, 학자, 연구자, 실무자들이 공공부문의 현재를 이해하고 이를 바탕으로 변화에 보다 효과적으로 대응할 수 있는 공공부문의 미래 관리방안을 모색해 내는데 조금이라도 도움이 될 수 있기를 바란다.

저서를 전면 개정하면서 다시 한 번 절실히 느낀 것은 '아직 세상에는 배워야 할 것이 너무 많다!'는 점이다. 정홍익 교수님과 J. Edward Kellough 교수님, 선배·동료 교수님들, 실무자들, 학생들로부터, 나아가 세상의 모든 것들로부터 배워야 할 것이 너무 많다. 이렇게 나 자신이 얼마나 작고, 부족한 존재인지를 깨달으며, 그렇기 때문에 조금은 덜 부끄럽도록 최선의 노력을 다해 수정·보완한 개정판을 세상에 소개하고자 한다. 이번 개정작업에 아낌없는 격려와 도움을 주신 박영사 이영조 차장님께 깊은 감사의 말씀을 드린다. 본서의 개선과 출판을 위해 애써 주신 김효선 편집위원님 그리고 본서의 멋진 디자인을 맡아 주신 권효진 디자이너 및 박영사 관계자께도 감사의 말씀을 드리고 싶다. 본서에서 제시된 의견은 저자 개인의 의견이며, 저서에 나타난 오류에 대한 책임도 오롯이 저자 개인의 몫이 될 것이다.

'언제쯤 완벽한 책을 만들어 낼 수 있을까?' 감히 이런 상상을 해 본다. 어찌 보면 무모하다고도 할 수 있는 이러한 생각도 해 볼 수 있도록 용기와 사랑을 주신 고마운 나의 가족들에게 감사함을 전한다. 특히 가족에 대한 사랑 하나로 꿋꿋하게 가족들의 곁을 지켜주고 계시는 어머니, 세상에서 제일 소중한 나의 어머니에게 이 책을 바친다.

2018년 8월

김정인

Contents

차례

Chapter 03 | 공공관리 이론

Part 02

조직 속의 인간에 대한 관리

Chapter 04 인사제도

Chapter 05 인적자원 확보

Chapter 06 인적자원 교육훈련

Chapter 11 | 조직이론

Chapter 14 | 리더십과 의사결정

Chapter 15 | 조직행태와 커뮤니케이션

Chapter 16 조직변화와 갈등관리

Part 04 인간과 조직을 위한 재원관리

Chapter 17 인사조직 운영을 위한 예산의 의의와 과정

Chapter 20 인간과 조직의 다양성 관리

Chapter 21 | 인간과 조직의 관계

Chapter 22 | 인간과 조직의 윤리

PART 01

공공부문의 인간과 조직 관리에 대한 이해

People and
Organizations

Chapter 01

공공부문의 환경변화

1. 뉴노멀 시대의 등장
2. 공공부문 환경변화의 특징
3. 환경변화에 따른 공공부문의 혁신
4. 한국의 공공부문 환경변화에 따른 혁신 노력
5. 공공부문 환경변화에 따른 공공관리 연구변화
6. 본서의 구성

CHAPTER 01

공공부문의 환경변화

핵심 학습사항

1. 뉴노멀 시대의 특징은 무엇인가?
2. 뉴노멀 시대와 위험사회는 어떠한 연관성을 가지는가?
3. 공공난제의 의미와 공공난제 판단 기준은 무엇인가?
4. 공공부문에서 공공난제를 중요하게 고려해야 하는 이유는 무엇인가?
5. 공공부문을 둘러싼 전통적 환경의 특징과 현대적 환경의 특징은 어떠한 차이를 나타내는가?
6. 오늘날 공공부문 환경변화의 특징은 각 영역별로 어떻게 나타나고 있는가?
7. 환경변화에 대응하기 위한 공공부문의 혁신은 어떤 특징을 나타내는가?
8. 우리나라 공공부문 환경변화 및 혁신의 특징은 무엇인가?

1 뉴노멀 시대의 등장

불확실성이 높고 기술변화가 빠른 오늘날의 21세기는 뉴노멀(New Normal) 시대로 명명되기도 한다(최상옥, 2016; 구교준 · 이용숙, 2016). 특히 뉴노멀 시대에는 저출산과 고령화, 경제활동의 자유화와 세계화 등을 통해 경제성장이 저조해지며, 이로 인한 양극화의 심화를 경험하게 된다(구교준 · 이용숙, 2016). 이는 20세기 산업화 시대에 우리가 경험했던 성장 시기와는 다른 환경으로의 변화를 의미하기도 하는 것이다.

뉴노멀 시대의 환경변화는 비단 경제영역에만 국한되는 것이 아니며, 기술, 환경, 복지 등 다양한 영역으로 확장되고 있다. 특히 뉴노멀 시대에는 사회적 위험(risk) 요소들이 증대되고 있는데 이러한 위험에 적절히 대응하기 위해, 또 모든 국민들을 평등하게 보호하기 위해 "적절하고도 공정한(adequate and equitable)" 공공서비스 제공이 절실히 요구되고 있다(최상옥, 2016: 6). 예를 들어, 최근 심각한 환경 이슈로 등장하고 있는 미세먼지 문제는 시민들이 공공부문에서 국민들의 건강과 안전을 지키기 위해 보다 적극적이며, 적절한, 그리고 공평한 대응책을 마련해 주기를 바라도록 한다는 것이다.

뉴노멀 시대의 도래는 위험사회의 등장과 연계해 논의할 필요가 있다. '위험사회'라는 용어는 울리히 벡(Ulrich Beck)에 의해 처음 제시되었으며, 근대사회의 풍요가 오히려 다양한 위험문제를 야기시켜 현대사회가 위험사회로 이행되고 있다는 의미를 담고 있다(김병섭·김정인, 2016). 이러한 위험사회는 의도하지 않는 위험, 예측할 수 없는 위험, 불확실한 위험 등과 같은 특징을 나타낸다. 무엇보다 위험사회에서는 다양한 위험 요소들을 완전히 근절할 수 없기 때문에 공공부문, 특히 정부는 시민사회, 민간부문 등 다양한 행위자들과 협력적 거버넌스를 형성하고 위험을 사전 예방하고자 노력해야 한다. 또한 이미 발생된 위험에 대해서는 적절한 대응을 하기 위한 협력적 방안을 모색할 필요가 있다(김병섭·김정인, 2016). 뿐만 아니라, 위험은 객관적인 위험보다 사회구성원 개인의 주관적인 위험인식(risk perception)을 중요하게 고려할 필요가 있다. 다시 말해 개인이 인식하는 주관적인 위험인식이 때로는 실제보다 더 높게 나타날 수도, 혹은 더 낮게 나타날 수도 있기 때문이다. 이러한 이유 때문에 사회 구성원 간 주관적 위험인식의 차이가 갈등을 유발시키기도 하는 것이다. 따라서 공공부문에서는 적극적인 위험소통(risk communication) 노력을 기울일 필요가 있는 것이다.

앞서 논의한 뉴노멀 시대와 위험사회의 도래로 사회 곳곳에서 '공공난제(wicked problem)'들이 지속적으로 증가하고 있다(송희준, 2008). 공공난제는 "공공문제 형성과 의제설정에 대한 사회적 합의도 어렵고, 문제해결에 필요한 과학적 지식의 확실성도 낮은 공공문제"를 의미한다(송희준, 2008: 71). 헤드와 알포드(Head & Alford, 2008)에 따르면, 공공난제 여부를 판단하는 기준은 '다양성(diversity)'과 '복잡성(complexity)' 측면에서 살펴볼 수 있다. 다양성 기준은 문제의 포괄성과 다양성을 의미하며, 문제와 관련된 이해관계자의 수, 이해관계자들 간 충돌 강도 등과 같이 다양성이 높으면 높을수록 해결이 어려운 공공난제로 볼 수 있다. 복잡성의 경우 문제의 발생원인 및 해결방안 등이 불확실함을 의미하며, 문제 해결방안 마련이 어려울수록 공공난제의 심각성은 더욱 커지는 것으로 여겨진다.

공공난제는 오늘날과 같은 불확실하고 복잡한 사회에서 더욱 빈번하게 발생한다(송희준, 2008). 과거에는 공공부문을 둘러싼 환경이 보다 예측 가능했으며, 다소 분명한 인과관계를 나타냈다. 또한 과거에는 공공부문이 추구하는 목적과 수단이 명확하게 제시되는 측면이 있었다. 그러나 오늘날에는 사회문제가 다양해지고, 복잡한 가치들이 서로 충돌하며, 많은 이해관계자들이 개입됨에 따라 공공난제는 공공부문에서 보다 주의를 기울여야 하는 화두로 대두되고 있는 것이다. 그렇다면, 공공부문의 환경변화 특징은 어떻게 나타나고 있을까?

2 공공부문 환경변화의 특징

1) 전반적 환경변화의 특징

전통적으로 공공부문을 둘러싼 환경의 특징은 폐쇄적이고, 안정적이며, 예측 가능하고, 단순한 것으로 설명되어 왔다(유민봉, 2015). 그러나 뉴노멀 시대 그리고 4차 산업혁명기를 맞이하고 있는 오늘날의 환경은 개방적이고, 역동적이며, 예측 불가능하고, 복잡하게 나타나고 있다. 다시 말해 공공부문을 둘러싼 환경의 변화는 다양한 측면에서 나타나고 있는 것이다. 공공부문을 둘러싼 환경변화의 특징을 국내외의 정치, 경제, 사회·문화, 법·제도, 기술 차원에서 살펴보면 다음과 같다.

첫째, 공공부문을 둘러싼 정치적 환경변화의 주요 특징은 민주화와 다원화, 분권화에 있다. 특히 국내에서는 2017년 문재인 정부가 '국민이 주인인 정부'를 5대 국정목표 중 하나로 제시하면서 국민주권의 민주주의를 실현하기 위한 국정전략과 국정과제를 수립하였다(청와대, 2018). 이는 과거 정부와 관료 중심의 공공부문 의사결정 참여에서 벗어나 이익집단, 시민단체, 여론, 정당, 국민 등 다양한 참여자들이 공공부문 의사결정에 적극적으로 참여할 수 있는 여건이 마련되고 있음을 의미하기도 한다. 일례로, 최근 우리나라에서는 '공론화'라는 의견수렴 방식을 중요한 정부정책 의사결정 수립에 적극적으로 활용함으로써 '숙의민주주의'를 통한 민주주의 강화를 도모하고 있다(예 2017년 신고리 5·6호기 공론화, 2018년 대입제도 개선 공론화 등).[1] 뿐만 아니라, 2007년 이후 11년 만인 2018년 4월 27일 시행된 남북정상회담,[2] 그리고 전 세계의 이목을 주목시킨 2018년 6월 12일 미북정상회담은 국내외 민주화와 다원화를 강화시키는 중요한 정치적 환경변화로 볼 수 있을 것이다. 이와 더불어 문재인 정부의 5대 국정목표 중 '고르게 발전하는 지역'은 '풀뿌리 민주주의를 실현하는 자치분권'을 핵심 국정전략 중 하나로 하여 지방분권화를 적극 추진하고자 노력하고 있다(청와대, 2018).

1 공론화와 숙의민주주의에 대한 보다 구체적인 설명은 16장에서 제시할 것이다.
2 http://www.koreasummit.kr/sub02/koreasummit.html

둘째, 경제적 환경변화의 주요 특징은 전 세계적으로 보호무역이 강화되고,[3] 양극화 문제가 심화되고 있으며, 복지 수요의 증가로 인한 재정건전성의 우려가 지속되고 있다는 점이다. 또한 우리나라에서는 조선·자동차 등의 산업구조가 급격한 변화를 맞으면서 2018년 5월 고용동향이 고용률 61.3%, 실업률 4.0%로 나타났다(통계청, 2018). 특히, 15~29세 사이의 청년 실업률은 10.5%로 2017년 대비 1.3% 포인트 가량이 상승한 것이다(연합뉴스, 2018). 이러한 경제적 환경변화는 공공부문에서의 일자리 창출 확대 등 공공부문의 역할을 더욱 강조하고 있다.

셋째, 사회·문화적 환경변화의 주요 특징은 저출산·고령화 등으로 인해 사회 구성원의 인구통계학적 특성이 급격히 변화하고 있다는 것이다. 보다 구체적으로 일부 국가들을 제외한 많은 국가들에서 고령화와 저출산 문제로 인해 사회의 '노령화' 현상을 겪고 있다. 우리나라의 경우 2018년 현재 65세 인구가 전체 인구의 14.3% 정도를 차지하는 고령사회에 진입하였으며(행정안전부, 2018), 머지않아 65세 인구가 전체 인구의 20%를 넘어서는 초고령 사회로 진입하게 될 것이다(공감신문, 2018). 2015년 기준으로 살펴본 주요 국가 고령화지수[4]에 따르면, 일본(고령화지수: 200.0), 이탈리아(고령화지수: 163.5), 독일(고령화지수: 161.1) 등에서도 이미 심각한 고령화 현상을 겪고 있는 것이다. 고령화뿐만 아니라 저출산 문제도 오늘날 공공부문의 급격한 환경변화로 고려될 수 있을 것이다. 2015년 기준으로 OECD 회원국의 평균 합계출산율은 1.68명으로 나타났다. 특히 우리나라는 2018년 1~3월 기준으로 합계출산율이 1.07명으로 나타나 심각한 저출산 문제를 겪고 있는 것이다(동아일보, 2018). 이밖에도 우리나라에서는 다문화 가족의 수가 증가하는 추세에 있어 인구구성원의 다양화와 사회적 문화 다양성이 활발히 일어나고 있다. 보다 구체적으로 여성가족부(2016)의 2015년 전국다문화가족실태조사 결과에 따르면, 우리나라에 거주하는 전체 다문화가구는 약 278,036가구로 추정되며, 특히 결혼이민자·귀화자의 수는 약 304,516명으로 추정되어, 2012년 대비 약 7.5% 가량 증가한 것으로 보인다. 이러한 고령화, 저출산, 다문화와 같은 사회·문화적 환경변화는 공공부문 관리에 있어 중요한 영향을 미치고 있는 것이다.

---

3 오늘날 자유무역협정(FTA)은 전 세계 경제 판도를 뒤바꾸는 역할을 하고 있다고 해도 과언이 아닐 것이다.

4 고령화지수=(65세 이상 인구÷15세 미만 인구)×100. 해당 자료는 United Nations, 「World Population Prospects」의 자료를 바탕으로 하며, 통계청의 e-나라지표(http://www.index.go.kr/potal/stts/idxMain/selectPoSttsIdxSearch.do?idx_cd=4029&stts_cd=402904&clas_div=&idx_sys_cd=)를 통해 확인할 수 있다.

넷째, 공공부문을 둘러싼 법·제도적 환경변화도 공직자의 책임성과 윤리성, 전문성을 강화하는 방향으로 상당히 역동적으로 변화하고 있다. 특히 우리나라에서는 정권 교체 때마다 개정이 불가피한 「정부조직법」의 변화 외에도 국가·사회적으로 공공부문 관리의 주체가 되는 공직자들의 책임성과 윤리성, 전문성을 강화하기 위한 다양한 법적 장치들이 마련되고 있다. 예를 들어, 일명 김영란법으로 불리는 「부정청탁 및 금품등 수수의 금지에 관한 법률」이 2016년 5월 29일 공포된 후 2016년 11월 30일부터 시행(국가법령정보센터, 2018)되고 있다. 또한 최근 「국가공무원법」 개정안을 통해 윗사람의 부당한 지시를 거부할 수 있도록 하고 있다(중앙일보, 2018). 이밖에도 '속진임용제' 도입을 통해 9급에서 5급으로의 승진이 평균 25년 정도가 소요되었던 기간을 단축시켜 줌으로써 공직사회의 역량 및 전문성을 강화하고자 하고 있는 것이다(중앙일보, 2018).[5]

마지막으로, 공공부문에 영향을 미치는 기술적 환경은 4차 산업혁명을 중심으로 빠르게 변화하고 있다. 과거 기술적 환경은 조직의 목표를 달성하기 위한 수단적 가치로써 주로 인식되어 왔다(유민봉, 2015). 그러나 최근 전 세계적으로 급격한 정보통신기술(Information & Communication Technology, ICT)의 발달기를 맞이하면서 이제 기술적 환경은 공공부문 변화를 이끌어 가는 견인차 역할을 하고 있는 것이다. 가상화폐(예 비트코인)의 등장, 그리고 사물인터넷(Internet of Things, IoT), 증강현실(Augmented Reality, AR), 가상현실(Virtual Reality, VR), 3D 프린팅 기술의 발달은 공공부문의 영역을 확장시키고, 공공부문 관리의 효과성을 높이는 데에도 상당한 영향을 미치고 있다.

2) 공공부문 인사조직 환경변화의 특징[6]

인사조직에 영향을 미치는 일반환경 중 법적환경은 민간조직보다 공공조직 특히 공무원과 정부조직에 중요한 영향을 미친다. 가장 상위의 법인 「헌법」에서는 공무원과 정부조직의 「헌법」상 지위 등에 대해 명시하고(예 「헌법」 제33조3항 공무원의 노동권) 있다. 「헌법」을 기반으로 법률과 행정명령, 예규가 설정된다. 인사조직과 관련된 대표적인 법률로는 「국가공무원법」, 「부패방지법」, 「정부조직법」 등이 있으며, 이러한 법률

5 속진임용제 등에 대해서는 7장에서 보다 상세히 설명할 것이다.

6 본장에서는 인사조직에 영향을 미치는 환경변화를 일반환경을 중심으로 논의하도록 한다. 그 이유는 과업환경 변화에 대해서는 본서 전반 곳곳에서 이미 충분히 설명되고 있기 때문이다.

을 기반으로 명령과 예규가 존재한다. 이와 같은 법률, 명령·예규 등이 변화하면서 인사조직에 영향을 미치는 법적 환경변화가 발생하는 것이다. 특히, 「국가공무원법」과 「정부조직법」은 인사조직에 영향을 미치는 가장 대표적인 법률로서 정권이 바뀌거나 외부적으로 중요한 사건(예 세월호참사) 등이 발생하였을 때 이러한 법률이 변화하게 된다.

일반환경 중 정치적 환경변화에 중대한 영향을 미치는 주체들은 일반국민, 대통령, 국회, 시민단체, 이익집단 등이 되는데(유민봉·임도빈, 2016: 27), 이러한 주체들은 인사조직에 영향을 미치는 과업환경이 되기도 한다. 이 중 대통령은 인사행정과 정부조직에 가장 큰 영향을 주는 주체이자 과업환경이 된다. 정권이 바뀌면서 정부조직이 개편되고, 이로 인해 인사개편이 단행된다. 특히 최근 정치적 환경이 개방화, 민주화, 다원화 되면서 공무원과 정부조직에 다양한 변화가 발생하고 있다. 예를 들어, 개방적 환경에 있어서 폐쇄적 임용에서 개방형 임용으로의 확대를 통해 외부 민간 인력의 공직채용이 확대되고 있으며, 시민단체와 이익집단의 정책참여가 확대됨으로써 정부위원회 조직이 증가하고 있다.

경제적 환경과 관련해 공무원 인력관리와 정부조직 운영 등은 정부예산에 상당한 영향을 받게 된다. 정부예산에 따라서 공무원 인력충원과 정부조직의 확대 또는 축소가 결정되기 때문이다. 앞서 공공부문에 영향을 미치는 전반적인 환경에서 언급한 바와 같이 최근 경제적 환경과 관련된 가장 큰 변화는 정부 재정건전성의 악화이다. 재정적자로 인해 공무원 임금인상 및 정부조직 운영에 제약을 받게 되는 것이다.

인사조직에 가장 큰 영향을 미치는 것은 바로 사회·문화적 환경변화라고 할 수 있다. 특히 사회구성원의 변화는 인사관리와 조직관리에 중요한 영향을 미친다. 우리나라에서 심화되고 있는 저출산, 고령화, 다문화 등의 환경변화는 공직사회의 인적구성을 바꾸고 이들과 관련된 인사정책에 중대한 변화를 가져온다. 최근 국내 다문화가족 증가로 다문화 관련 인력정책이 변화·발전하고 있으며, 고령화 시대로의 진입으로 조직구성원에 대한 퇴직관리가 중요한 논의 주제가 되고 있다.

기술적 환경변화는 인사조직에 관한 모든 면에서의 변화를 가져왔다. 특히 정보화 사회로 접어들면서 인적자원 채용 방식이 과거보다 훨씬 신속하고 다양해졌으며, 인적자원의 교육훈련에도 정보통신기술을 활용한 새로운 방식이 도입되었다. 정부조직 역시 정보통신기술의 발달을 통해 커뮤니케이션 방식을 변화시키고 있다(예 소셜네트워크서비스 활성화). 또한, 이로 인해 새로운 조직구조 형태도 발생하고 있다.

마지막으로, 공공부문 인사조직에 영향을 미치는 환경변화는 민간부문의 인사와 조직관리 기법이 공공부문 특히, 정부부문에 적극적으로 도입되고 있다는 점이다(유민봉·임도빈, 2016: 32-33). 신공공관리(NPM)와 정부의 성과관리 강화는 공공부문의 인사조직 관리에 상당한 변화를 일으켰다. 예를 들어, 효율성과 생산성 중시, 수요자 중심의 행정서비스 증가, 공무원의 전문성 강화, 정부조직의 효율화 등과 같은 변화를 가져 온 것이다. 비록 최근에는 주 52시간 근무제 도입 논의 등 공공부문 주도로 민간부문의 인사조직 관리 방향이 변화하고는 있으나(파이낸셜뉴스, 2018), 민간부문의 인사조직 관리 기법이 여전히 공공부문에 중요한 영향을 미치고 있음은 부인할 수 없을 것이다.

이처럼 다양한 환경변화에 대응하기 위해 공공부문의 인사조직 운영에 있어서 혁신이 발생하게 된다. 즉, 최근 우리나라에서 중요한 화두가 되고 있는 혁신은 앞서 언급한 환경변화 측면에서 논의될 필요가 있는 것이다. 다음에서는 공공부문에서 발생하고 있는 혁신을 환경변화 차원에서 살펴보도록 한다.

3 환경변화에 따른 공공부문의 혁신

환경변화에 보다 적극적으로 대응하기 위해 공공부문은 '혁신(innovation)'을 도모하게 된다. 혁신의 의미는 광범위하게 사용된다. 일반적으로 혁신은 "묵은 풍속, 관습, 조직, 방법 따위를 완전히 바꾸어서 새롭게 하는 것"이라는 의미로 사용되는데(네이버 국어

그림 1-1 혁신의 단계

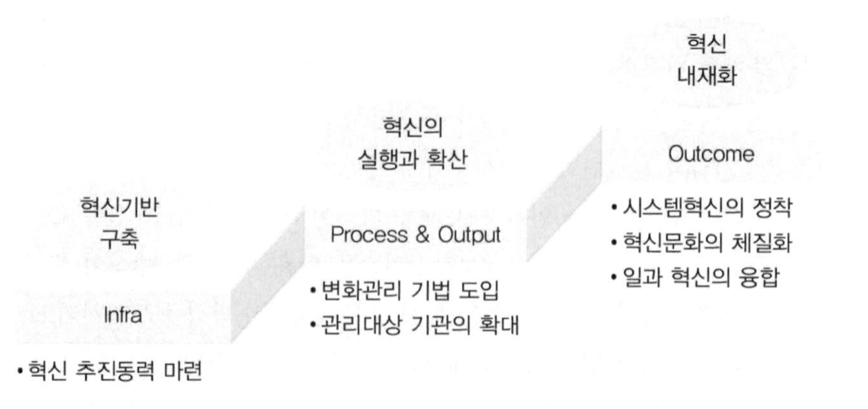

출처: 김판석·홍길표(2011: 27)

사전, 2016), 혁신과 비슷한 용어로는 개혁, 변화, 쇄신 등이 있다. 이 중 혁신은 한 번에 이루어지는 것이 아니라 다음과 같은 단계를 통해서 이루어진다(김판석·홍길표, 2011: 27).

먼저 패러다임의 변화와 환경변화에 따라 혁신 추진동력이 마련되면서 혁신기반이 구축된다. 이처럼 혁신기반이 구축되면 실제 혁신을 실행하고 확산시키기 위해 여러 가지 변화관리 기법을 도입하고 혁신관리 대상을 확대한다. 마지막으로, 혁신을 성공적으로 정착시키기 위해 혁신의 내재화를 이루고자 한다. 이를 위해서는 혁신문화가 체질화되면서 시스템혁신이 정착되어야 한다. 이와 같은 혁신은 공공부문의 인사와 조직 등 모든 분야에서 발생하게 되는데 특히 인사혁신은 인사관리시스템 전반과 관련된 근본적인 변화를 의미하며, 조직혁신은 조직구조, 조직관리, 조직행태 등 전반적인 차원에서의 근본적이고 개혁적인 변화를 의미한다.

이러한 혁신은 앞서 언급한 바와 같이 환경의 변화에서부터 시작된다. 공공부문의 환경 특히, 공공부문 인사조직 환경이 변화하면서 과거의 인사조직 패러다임이 더 이상은 적절하지 않게 된 것이다. 그렇다면 우리나라의 공공부문에서는 환경변화에 따른 혁신 움직임이 어떻게 나타나고 있을까?

4 한국의 공공부문 환경변화에 따른 혁신 노력

최근 우리나라의 공공부문에서는 다양한 인력변화(workforce change)를 경험하고 있다. 예를 들어, 행정부 국가공무원 여성비율은 지속적으로 증가하여 2017년 12월 31일 행정부 국가공무원 총 656,665명 중 329,808명이 여성공무원으로 공무원 전체 중 50.2%를 차지하였다. 우리나라의 국가공무원 여성 비율이 2017년 기준 50%를 돌파한 것이다(인사혁신처, 2018). 이러한 정부조직 인적구성의 변화는 단순히 성별 측면에서만 나타나는 것이 아니다. 정부조직의 장애인 고용현황을 살펴보면, 중앙행정기관의 장애인 고용률은 2007년 2.02%에서 2014년 3.26%, 2016년 3.44%, 2017년 3.47%로 꾸준히 증가하는 것으로 나타났다(인사혁신처, 2018). 이러한 예들은 공공부문의 인력변화를 잘 나타내 주고 있다.

이처럼 끊임없는 인력변화 및 외부환경의 변화에 발맞추어 공공부문에서는 다양한 인사조직 혁신 노력을 기울여 왔다. 예를 들어, 한국의 중앙인사기관은 정부 수립 후 외부환경 변화에 대응하기 위하여 지속적으로 개편되어 왔다. 내무부 총무처(1948년 11월),

내무부와 총무처가 통합된 행정자치부(1998년 2월), 중앙인사위원회(1999년 5월), 행정안전부(2008년 2월), 안전행정부(2013년 3월), 그리고 인사혁신처(2014년 11월)의 모습으로 우리나라 중앙인사기관은 그 형태와 명칭을 변경하며 혁신을 견인해 왔다.[7] 뿐만 아니라, 사회문화적 환경변화에 따른 인사조직의 기능 및 내용에도 혁신이 이루어져 왔다. 일례로, 적극적 임용을 활성화하기 위한 방안으로 「국가공무원법」 제26조의3, 「공무원임용령」 제4조, 「별정직 공무원인사 규정」 제3조의2, 「계약직 공무원 규정」 제4조, 「특수경력직공무원 인사규칙」 제28조 등에 따라 2015년 11월 19일부터 특수경력직공무원 중 정무직, 별정직, 계약직공무원에 외국인 공무원을 임용할 수 있도록 하였다. 또한 정보통신기술 발달과 더불어 인사혁신처에서는 국민과의 소통 및 국민 참여활성화를 위해 정부부처 내 SNS 지도를 만들어 운영하고 있다.

5 공공부문 환경변화에 따른 공공관리 연구변화

과거 예측 가능하고, 선형적이며, 단편적인 공공부문 환경 하에서는 공공관리에 대한 연구가 분절적이고 단절적으로 수행되어 왔다. 예를 들어, 전통적 관점에서는 인사와 조직을 분리하여 연구하고 설명하였다. 인사조직을 주요 연구대상으로 하는 학문 영역은 경영학과 행정학으로, 경영학에서는 인사를 '인적자원관리(human resources management)' 및 '인적자원개발(human resources development)'로, 행정학에서는 '인사행정(public personnel administration)'이라는 과목으로 소개하고 있다. 명칭에서의 차이는 존재하지만, 민간부문 특히 기업의 인사를 중심으로 연구하는 경영학과 공공부문 특히 정부의 공무원 인사를 중심으로 연구하는 행정학에서는 모두 조직 내 구성원들 혹은 인적자원을 어떻게 관리할 것인지 또 어떤 제도적 기반에서 이들을 관리할 것인지에 중점을 두고 있었다. 또한 조직과 관련해서는 경영학과 행정학에서 '조직관리(organizational management)' 및 '조직개발(organizational development)'이라는 과목으로 조직연구 내용을 소개하고 있다. 즉, 조직이론 및 조직구조를 포함한 거시적 차원에서의 조직연구가 주를 이루었고,[8]

7 인사혁신처 홈페이지 참조.

8 기계적 조직구조(예 관료제)가 적절한지 새로운 조직구조(예 애드호크라시 등 유기적 조직구조)가 적절한지 등의 논의와, 조직문화 유형(예 위계적 조직문화와 유연적 조직문화 등)과 그 효과성에 대한 논의가 주요 주제가 된다.

1950년대 후반부터 조직 속의 개인과 집단, 조직의 행태를 연구하는 미시적 차원의 조직연구가 '조직행태론 혹은 조직행동론(organizational behavior)'라는 과목으로 경영학과 행정학 전반에 소개되기 시작한 것이다.[9]

보다 구체적으로, 민간부문과 공공부문 모두에서 인사 분야의 핵심 연구주제가 된 것은 인적자원관리 측면에서의 인사의 핵심기능, 즉 인적자원 확보, 인적자원 교육훈련, 인적자원 유지관리, 인적자원 평가, 인적자원 보상 등이었다. 경영학과 행정학 대부분의 인사관련 교과서에서는 이러한 인사 핵심기능들을 인적자원관리 단계 및 직무를 중심으로 설명하고 있는 것이다.[10] 그러나 행정학 분야에서는 공공부문 인사 특성을 엽관제와 실적제, 직업공무원제 등 인사제도, 그리고 계급제 및 직위분류제 등 공직분류제도와 같은 제도적 기반을 바탕으로 설명하고 있다. 그 이유는 공공부문의 인사는 민간부문의 인사와는 달리 국민의 세금을 통해 운영되기 때문에 법·제도적 영향을 강하게 받을 수밖에 없기 때문이다. 이러한 이유 때문에 대부분의 국내 인사행정 교과서는 실제 비슷한 목차 구성을 가지고 있다.

그러나 급속한 환경변화에서 인사조직에 대한 전통적 접근방식은 더 이상 그 실효성을 인정받기가 어려워졌다. 따라서 환경변화에 보다 능동적이고, 적극적으로 대응하기 위한 인사조직 접근법이 필요해진 것이다. 이를 위해서는 인사와 조직의 분리적 접근방식에서 벗어나 인사조직을 융합할 수 있는 관점을 모색해 볼 필요가 있다. 다시 말해, 인적자원의 구성이 성별, 인종, 지역적 특성에 따라 다원화 되어 가는 오늘날의 상황에서 조직의 다양성만을 언급하는 수준을 넘어서서 다양한 인적자원을 어떻게 적극적으로 활용할 수 있을 것인지, 또 조직에서는 어떻게 조직의 다양성 관리를 할 것인지를 보다 심도 있게 논의할 필요가 있다는 것이다. 성과관리 역시 이러한 차원에서 논의될 필요가 있다. 즉, 기존에 인사 혹은 조직에서 논의되던 개인의 성과 혹은 조직의 성과관리 차원을 넘어서서 개인의 성과와 조직의 성과를 연계시킬 수 있는 방안이 제시될 필요가 있다는 것이다. 이는 오늘날 인사·조직의 영역에서 중시되고 있는 개인-조직 간 적합성(person-organization fit) 논의와도 연계되는 것이다(Chatman, 1989).

9 호젯과 알트만(Hodgetts & Altman, 1979)에 따르면, 조직행태론 혹은 조직행동론(organizational behavior)은 1956년에 발간된 Administrative Science Quarterly(ASQ)에 이와 관련된 논문이 게재되기 시작하면서 조직에 대한 주요 연구분야로 등장하기 시작하였고, 1960년경에는 조직행태론 혹은 조직행동론이 하나의 교과목으로 만들어졌다고 한다.

10 본서에서는 민간부문의 인사조직을 다루는 경영학적 관점보다는 공공부문의 인사조직을 다루는 행정학적 관점에서 인사조직 관점변화를 살펴보고자 한다.

인사조직에 대한 융합적 관점을 제시하기 위해서는 먼저 현재의 인력과 조직을 진단하여 개선이 필요한 문제점 등을 파악하고, 이에 따라 인사와 조직의 개혁방안을 설정하는 것이 필요하다. 이때 인사조직 운영에 영향을 미치는 재원에 대해 주로 논의하는 재무적 관점도 함께 논의될 필요가 있을 것이다. 뿐만 아니라, 공공부문에 있어서는 정부조직개편의 필요성과 원인을 분석해 보는 것도 인사와 조직의 개혁방향을 설정할 때 도움이 될 수 있다. 인력과 조직에 대한 진단이 끝나면 이를 바탕으로 직무를 재설계해야 한다. 직무분석과 직무평가를 기반으로 환경변화에 적극적으로 대응할 수 있는 직무재배치가 이루어져야 할 것이다. 직무재배치 작업이 끝나면 직무에 따른 인적자원의 필수역량 확보가 이루어져야 한다. 인적자원의 필수역량은 관리자 이상의 직급에게 요구되는 역량(예 리더십)과 실무자들 혹은 일반구성원들에게 요구되는 역량(예 팔로워십)으로 구분해 고려할 필요가 있을 것이다. 이러한 과정을 거쳐 직무에 따른 인적자원역량이 충분히 갖추어지면 조직구성원들에 대한 동기부여 시 고려사항도 보다 현실성 있게 제시될 수 있을 것이다. 특히 과거의 수동적 욕구충족 중심의 전통적 동기부여에서 벗어나 외부 혁신환경에 자율적이고 능동적으로 대응하는 현대적 동기부여 방안이 모색될 필요가 있다. 그리고 이러한 현대적 동기부여를 증대시키기 위해 이러닝(e-learning)을 비롯한 다양한 방식의 교육훈련이 제공되어야 한다. 이러한 논의를 위해 본서에서는 최근 공공부문 환경변화에 따른 인사조직 그리고 인사조직 운영을 지원하는 재무적 관점에 대해 살펴볼 것이다. 보다 자세한 본서의 구성 내용은 다음과 같다.

6 본서의 구성

본서는 크게 제5부로 구성되어 있다. 제1부는 전반적 내용, 제2부, 제3부, 제4부는 인사와 조직운영을 위한 인사, 조직, 재무에 관한 공공관리, 마지막 제5부는 인사와 조직의 공통적 논의와 향후 나아갈 방향에 대한 설명이다. 총 3장으로 구성된 제1부의 제1장에서는 인간과 조직에 영향을 미치는 공공부문 행정환경 변화를 다룰 것이다. 행정환경 변화에 따라 공공관리가 어떻게 변화하고 대응하고 있는 가를 살펴볼 것이다. 제2장에서는 전반적인 공공가치와 공무원의 공직가치, 그리고 최근 중요시되는 사회적 가치에 대한 논의를 제시할 것이다. 공공성, 공익, 책임성 등의 공공가치와 그와 관련된 행정이념·가치를 먼저 논의하고, 이를 바탕으로 공직자들이 갖추어야 할 공직관과 공직가치를 설명할 것이다. 특히 공공가치와 공직가치의 이론적 논의 뿐만 아니라, 인사혁신처에서 실무적으로 제공하고 있는 공직가치와 공직관에 대해서도 상세히 설명을 할 것이다. 무엇보다도 본서에서는 문재인 정부에서 강조하고 있는 사회적 가치에 대한 전반적 논의를 살펴본 다음, 사회적 가치가 공공가치 및 공직가치와 연계해 고려될 수 있는 가를 살펴볼 것이다. 제3장에서는 공공관리와 관련된 이론에 대해 보다 심층적으로 논의할 것이다.

제2부에서는 인사제도와 인사과정 전반에 대한 설명이 제시될 것이다. 제4장은 실적제와 직업공무원제, 그 외 공직분류제 등의 인사제도에 대한 설명을 제시한다. 인사행정의 기본원칙이라고 할 수 있는 실적제가 한국에서는 어느 정도 정착되었는지를 살펴보고, 각 국가의 맥락과 역사에 기반한 직업공무원제 적용을 강조하여 논의할 것이다. 무엇보다도 계급제와 직위분류제로 구분되는 공직분류의 특징을 바탕으로 이와 관련된 인사관리 방안을 논의할 것이다. 최근 한국의 인사행정환경이 변화하면서 계급제에 대한 비판이 증가하고, 직위분류제의 다양한 제도들이 도입되고 있다. 그러나 직위분류제 역시 만병통치약이 아니기에 신중한 접근이 요구된다. 제4장에서는 인사제도의 전반적 내용과 한국 인사행정에 적합한 인사제도가 무엇인가를 논의하도록 한다.

제5장부터 제8장까지는 인사관리 단계에 따른 논의를 제시한다. 제5장은 인적자원의 확보단계로서 인적자원의 선발과 채용에 관한 내용을 다룬다. 선발과 채용의 방법과 절차는 무엇인지를 살펴보고 특히 블라인드 채용 강화 등 문재인 정부에서 강조하고 있는 인사채용 방안을 중점적으로 논의한다. 제6장은 인적자원의 교육훈련에 대한 내용을 제시할 것이다. 인적자원의 교육훈련을 논의하기 이전에 역량의 정의와 구성요소, 공공조직에서 역량이 어떤 의미를 지니는지를 설명할 것이다. 그리고 역량과 교육훈련을 연계한 역량기반 교육훈련을 강조하면서, 이를 전통적 교육훈련 방법과 비교하여 설명할 것이다. 제7장은 인적자원의 유지와 활용에 관한 내용으로 보직관리, 인사교류, 승진, 전보, 징계 등을 다룰 것이다. 인적자원의 유지와 활용에 관한 기본적 내용 뿐만 아니라, 한국 공공조직에서 시행되고 있는 제도의 문제점과 이에 대한 개선방안을 보다 상세히 논의할 것이다. 무엇보다도 최근 공직분야의 속진제도에 대한 의의와 방향에 대해서도 살펴볼 것이다. 제8장은 인적자원의 평가와 보상에 관한 내용을 다룰 것이다. 평가와 보상에 관한 원칙, 의의, 방법 등을 통해 공공부문의 인적자원을 어떻게 효과적으로 관리할 것인가를 논의할 것이다. 다양한 인적자원 평가방법과 이에 대한 문제점 및 해결방안, 보수제도의 원칙과 종류를 설명하고 이를 기

반하여 한국에서 운영되고 있는 보수제도의 한계와 이에 대한 해결방안을 살펴보려고 한다. 제2부의 마지막 장에는 인사혁신에 관한 전반적 논의가 제시될 것이다. 인사환경 변화에 따라 어떤 인사혁신 방안들이 진행되어 왔으며, 특히 퇴직관리과 e-러닝 교육훈련 등의 혁신방안들이 공공부문에 어떻게 적용될 수 있는 가를 평가할 것이다. 최근 한국 공공부문의 큰 변화라고 할 수 있는 고위공무원단제도에 대해서도 상세히 논의할 것이다.

제3부는 조직관리에 대한 내용을 다룰 것이다. 제10장은 전반적인 공공조직의 특징을 설명한다. 조직과 집단의 유사점과 차이점은 무엇인지, 조직의 미션과 비전, 전략적 기획과 인적자원 관리, 공공조직과 민간조직의 차이에 대한 설명을 제시할 것이다. 제11장은 조직이론을 논의할 것이다. 제1부의 공공관리 이론에서 전반적인 공공관리 이론을 설명하였지만, 제11장에서는 보다 상세히 고전적, 신고전적, 현대적 조직이론에 대해 설명할 것이다. 특히 현대적 조직이론에서는 조직과 환경과의 관계를 설명하는 이론에서부터, 공공선택론, 거래비용이론, 주인-대리인 이론, 신제도주의이론 등 다양한 이론적 접근을 제시할 것이다. 제12장에서는 조직 내부 차원에서 조직구조에 대한 설명을 제시할 것이다. 조직의 유형과 특징을 설명하고, 이와 관련하여 책임운영기관, 정부위원회 등을 살펴본다. 그리고 대표적인 조직구조 변화라고 할 수 있는 정부조직개편에 대한 논의를 이론과 실제 모두에서 살펴볼 것이다. 특히 김대중 정부이후부터 문재인 정부까지의 한국 정부조직개편 특징을 논의할 것이다.

제13장, 제14장, 제15장은 조직관리와 행태에 관한 내용을 살펴볼 것이다. 제13장에서는 조직문화 의의와 유형, 조직문화의 효과성을 살펴보고, 조직정치와 조직상징이 조직문화 형성과 어떤 관계가 있는지에 설명할 것이다. 제14장에서는 조직구성원들 간의 관계, 즉 리더십과 의사결정을 살펴본다. 고전적 리더십과 현대적 리더십의 유형과 특징 뿐만 아니라, 공공조직에서 리더십의 역할과 의미를 살펴본다. 또한 의사결정의 유형을 논의하며, 공공부문에서 의사결정 시 고려해야 할 내용이 무엇인가를 살펴본다. 제15장은 조직구성원들의 심리적 또는 주관적 상태에 해당되는 조직몰입, 조직시민행동, 직무몰입, 감정부조화 등을 살펴보며, 특히 공공조직에서 조직행태는 어떤 의미가 있는지를 중점적으로 논의할 것이다. 또한 공공조직 구성원들 사이에 커뮤니케이션이 어떻게 진행되는 지를 중점적으로 살펴볼 것이다. 제16장은 변화하는 조직환경에 조직이 어떻게 대응할 것인가와 조직변화로 인해 발생할 수 있는 갈등을 효과적으로 관리할 수 있는 방안을 살펴볼 것이다. 환경변화에 따른 다양한 조직변화 특징을 살펴보며, 공공조직 간의 갈등 뿐만 아니라 공공관리 전반에 발생하는 갈등해

결방안을 최근 강조하는 대안적 갈등해결방안과 공론화 방안을 통해 살펴볼 것이다.

제4부는 인사조직 운영을 위한 정부의 재원관리에 대해 살펴볼 것이다. 제17장에서는 정부예산의 전반적 논의에 대해 살펴볼 것이다. 정부예산의 특징, 기능, 종류가 무엇인지를 살펴보고, 무엇보다도 예산과정이 어떻게 진행되는 가에 대해 논의할 것이다. 이때 한국의 예산과정 특징과 각 과정에서 설명되는 예산제도를 상세히 논의할 것이다. 제18장은 예산운영의 혁신방안에 대해서 논의한다. 예산의 공유재 성격과 예산운영의 대리인 문제로 인하여 예산운영에는 낭비가 발생할 수 있으며 이로 인하여 국가 재정건전성이 낮아질 수 있다. 이를 해결하기 위한 예산개혁 방안을 설명하고, 한국에 도입된 재정개혁 방안들을 제시할 것이다.

마지막 제5부는 인사조직의 공통적 요인으로서 직무와 성과(제19장), 다양성 관리(제20장), 인간과 조직의 관계(제21장), 윤리(제22장)를 설명할 것이다. 먼저 인사와 조직에서 공통으로 이행되고 있는 성과관리 전반에 대한 논의를 제19장에서 설명한다. 직무와 성과의 개념과 성과관리 기법을 설명한 다음, 공공부문의 저성과자 관리방안에 대한 논의를 제시할 것이다. 특히 한국 상황을 고려한 효과적인 성과관리 방안에 대해 논의할 것이다. 제20장에서는 다양성 개념과 유형, 그리고 다양성 관리방안에 대해 설명할 것이다. 다양성 관리의 긍정적·부정적 영향을 살펴보며, 다양성 관리를 균형인사정책과 공무원의 삶의 질 향상, 일과 가정의 조화 정책 차원에서 논의할 것이다. 뿐만 아니라 한국에서 다양성 관리가 잘 성립되지 않는 원인과 이에 대한 해결방안에 대해서도 살펴볼 것이다. 제21장에서는 인간과 조직의 관계, 보다 구체적으로 노사관계에 대해 설명하고, 이러한 관계의 이론적 근거로서 동기부여 이론을 소개할 것이다. 공공부문 노사관계의 특징이 무엇인지, 한국 공직사회에서 바람직한 노사관계가 무엇인지를 살펴보고, 이에 대한 이론적 논의로서 구성원들의 동기부여 이론을 내용론과 과정론 중심으로 논의할 것이다. 또한 공공부문의 특수한 동기부여인 공직봉사동기가 무엇인지를 살펴볼 것이다. 마지막 제22장에서는 한국 공무원이 갖추어야 할 윤리적 가치를 부패와 관련하여 설명할 것이다. 특히 최근 청렴한 공직사회를 달성하기 위하여 도입된 부정청탁금지, 퇴직공직자 취업제한, 내부고발자보호 등의 윤리강화제도를 살펴볼 것이다. 윤리적 차원에서 공무원의 정치적 중립도 설명할 것이다. 공무원의 정치적 중립 의미가 무엇인지, 공무원 정치적 중립성을 어느 정도까지 엄격하게 고수해야 하는 지에 대한 타당성도 논의할 것이다.

People and
Organizations

Chapter 02

공공부문 가치

1. 공공부문 가치의 의의
2. 공공부문의 목적적 가치
3. 공공부문의 수단적 가치
4. 공직가치
5. 사회적 가치

CHAPTER 02

공공부문 가치

핵심 학습사항

1. 공공부문의 가치는 어떤 의미를 가지며, 이러한 가치는 어디에 잘 나타나고 있는가?
2. 「공무원 헌장」의 주요 내용은 무엇인가?
3. 공공부문의 목적적 가치에는 무엇이 있는가?
4. 공공성의 의미는 무엇이며, 어떠한 차원으로 논의될 수 있는가?
5. 공익의 의미는 무엇인가?
6. 공익 실체설과 공익 과정설은 어떠한 특징을 나타내는가?
7. 공공부문의 수단적 가치에는 어떤 가치들이 있으며, 각각의 가치들의 의미와 특징은 무엇인가?
8. 현대사회에서 책임의 중요성이 강조되고 있는 이유는 무엇인가?
9. 책임성의 유형에는 어떤 것들이 있는가?
10. 공공부문에서 책임성이 강조되는 이유는 무엇인가?
11. 공직자의 국가관, 공직관, 윤리관은 무엇이며, 이러한 공직가치는 공공부문 목표 달성에 어떠한 영향을 미치는가?
12. 공직자의 기본권 제한은 어떠한 측면에서 이해될 수 있는가?
13. 공직자의 권익보호는 어떤 의미를 지니는가?
14. 오늘날 사회적 가치가 중요하게 부각되고 있는 이유는 무엇인가?
15. 사회적 경제 관점에서 사회적 가치는 어떻게 논의되고 있는가?
16. 최근 사회적 가치에서 강조되고 있는 개념은 무엇이며, 그 이유는 무엇인가?
17. 한국의 사회적 경제조직 법령에서 사회적 가치의 필요성과 중요성은 어떻게 나타나고 있는가?
18. 사회적 가치의 구성요소들은 무엇인가?
19. 사회적 가치, 공공가치, 공직가치의 관계는 무엇인가?

1 공공부문 가치의 의의

공공부문에서 추구하는 핵심 가치는 무엇이며, 이는 어떻게 실현될 수 있을까? 이러한 질문은 공공부문의 존재 이유와도 연관된 중요한 질문이 될 수 있을 것이다. 물론 공공부문이 추구하는 가치들은 「헌법」, 「정부조직법」, 「국가공무원법」 등 주요 법령 곳곳에 잘 나타나 있다. 그러나 이러한 공공부문의 핵심 가치들을 실현시켜가는 핵심 주체인 공직자들이 함양해야 할 공직가치는 2016년 1월 1일부터 대통령 훈령으로 시행된 「공무원 헌장」과 「공무원 헌장 실천강령」에 보다 잘 나타나 있다. 「공무원 헌장」은 1980년에 시행된 「공무원윤리헌장」을 변화된 시대의 흐름과 국민의 눈높이에 맞게 재정비하여, 미래지향적 공직가치를 실현하고 국민에 대한 봉사자로서 공직자의 역할을 강조함으로써 국민에게 신뢰받는 바람직한 공직자상을 구현할 목적으로 수립되었다(인사혁신처, 2018).[1] 공공부문의 가치와 목표는 국민행복과 공익 증진을 도모하는 공직자들의 행동 및 의사결정에 가이드라인이 되어 주는 것이다. 뿐만 아니라, 공공부문의 가치와 목표는 민간부문과의 차별성을 나타내 주는 핵심 요소가 되기도 한다. 이와 같은 핵심 의의를 지니는 공공부문의 가치와 목표를 담고 있는 「공무원 헌장」과 「공무원 헌장 실천강령」을 살펴보면 다음과 같다.

「공무원 헌장」에 의하면 공직자는 국가에 헌신하고 국민에게 봉사하는 행위자들이다. 보다 구체적으로 공직자는 첫째, 공익 우선과 투명하고 공정한 책임성을 다해야 하고, 둘째, 창의성과 전문성을 바탕으로 적극적인 업무를 수행하며, 셋째, 다양성을 존중하고 국민과 함께 하는 민주행정을 구현하며, 넷째, 청렴을 생활화하고 규범과 건전한 상식에 따라 행동해야 한다. 「공무원 헌장」에서 나타나듯이 공공부문의 가치와 목표는 공직자들이 지닌 국가관, 공직관, 윤리관을 바탕으로 형성된다고 볼 수 있다. 「공무원 헌장 실천강령」은 공직자들이 「공무원 헌장」의 내용을 실천하기 위한 보다 구체적인 지침들을 제시하고 있다. 본장에서는 공공부문의 가치를 공공부문의 존재 이유의 근간이 되는 목적적 가치와 이러한 목적적 가치를 실현하기 위한 수단적 가치로 구분해서 살펴볼 것이다. 또한 이러한 공공부문의 가치를 실현하기 위해 공직자들은 어떠한 가치를 함양해야 하는지에 대한 공직가치에 대해서도 논의할 것이다.

「공무원 헌장」과 「공무원 헌장 실천강령」

「공무원 헌장」

우리는 자랑스러운 대한민국의 공무원이다.
우리는 헌법이 지향하는 가치를 실현하며 국가에 헌신하고 국민에게 봉사한다.

1 인사혁신처(2018). 「공무원 헌장」.

우리는 국민의 안녕과 행복을 추구하고 조국의 평화 통일과 지속 가능한 발전에 기여한다.
이에 굳은 각오와 다짐으로 다음을 실천한다.
하나. 공익을 우선시하며 투명하고 공정하게 맡은 바 책임을 다한다.
하나. 창의성과 전문성을 바탕으로 업무를 적극적으로 수행한다.
하나. 우리 사회의 다양성을 존중하고 국민과 함께 하는 민주 행정을 구현한다.
하나. 청렴을 생활화하고 규범과 건전한 상식에 따라 행동한다.

▌「공무원 헌장 실천강령」

하나. 공익을 우선시하며 투명하고 공정하게 맡은 바 책임을 다한다.
- 부당한 압력을 거부하고 사사로운 이익에 얽매이지 않는다.
- 정보를 개방하고 공유하여 업무를 투명하게 처리한다.
- 절차를 성실하게 준수하고 공명정대하게 업무에 임한다.

하나. 창의성과 전문성을 바탕으로 업무를 적극적으로 수행한다.
- 창의적 사고와 도전 정신으로 변화와 혁신을 선도한다.
- 주인 의식을 가지고 능동적인 자세로 업무에 전념한다.
- 끊임없는 자기 계발을 통해 능력과 자질을 높인다.

하나. 우리 사회의 다양성을 존중하고 국민과 함께 하는 민주 행정을 구현한다.
- 서로 다른 입장과 의견이 있음을 인정하고 배려한다.
- 특혜와 차별을 철폐하고 균등한 기회를 보장한다.
- 자유로운 참여를 통해 국민과 소통하고 협력한다.

하나. 청렴을 생활화하고 규범과 건전한 상식에 따라 행동한다.
- 직무의 내외를 불문하고 금품이나 향응을 받지 않는다.
- 나눔과 봉사를 실천하고 타인의 모범이 되도록 한다.
- 공직자로서의 명예와 품위를 소중히 여기고 지킨다.

출처: 인사혁신처(2016). 「공무원 헌장」 해설서

2 공공부문의 목적적 가치

공공부문의 존재 이유가 되기도 하는 공공부문의 대표적인 목적적 가치는 공공성과 공익으로 제시될 수 있을 것이다. 우선 공공성 가치부터 살펴보도록 한다.

1) 공공성

(1) 공공성의 의미

공공성(公共性, publicness)은 "사회일반의 많은 사람과 관계되는 것"이라는 사전적 의미를 지니고 있다(유민봉, 2015: 112). 즉, 공공성은 소수 혹은 개인과 관계되는 일에 반대 개념으로 이해될 수 있을 것이다. 보다 구체적으로, 공공성이란 "궁극적으로 공직자들이 달성해야 할 가장 중요한 목표이자 공직자의 중요한 행동기준"이 되며(유민봉·임도빈, 2016: 351), 이러한 공공성은 정부의 업무를 적극적으로 공개하고(공개성), 적극적인 참여를 통해 공익을 추구하며(공익성), 공공서비스를 국민들에게 차별 없이 보편적으로 제공하고(보편성), 높은 권위성을 가짐(권위성)으로써 달성될 수 있다(유민봉, 2015: 112–117).

공공성 개념의 어원을 분석한 임의영(2003: 26)의 연구에 따르면 공공성, 즉 'public'은 라틴어인 'pubes'를 어원으로 하고 있으며, 이는 타인을 이해하고 개인을 넘어서 사회 전체를 이해할 수 있는 '성숙성(maturity)'의 의미를 담고 있다고 한다. 'public'이라는 용어가 영어권에서 처음 사용될 때에는 '사회 내의 공동선'을 의미하는 개념으로 사용되었으며, 다양한 논의들에서 초창기 공공성의 의미는 '공동선', '많은 사람들과 관련된 것'이라는 의미로 사용되었다(임의영, 2003: 26). 또한 임의영(2017: 7)은 공공성은 공공부문의 핵심 가치로 그 철학적 바탕을 '관계의 존재론', '공감적 인식론', '공유적 책임론'과 같은 세 가지 담론으로 구분하여 의미를 분석하였다. 먼저 관계의 존재론에서는 공공성(公共性)에서의 '공(公)'을 여러 다양한 사람들이 더불어, 함께 살아가는 방법을 찾아 가는 '공(共)'의 의미로 이해될 수 있다고 한다. 공감적 인식론에서는 상대방을 그 자체의 온전한 가치로 인식하는 데 의미를 두고 소통을 통해 상대방을 이해하는 의미로 '공(公)'을 '통(通)'의 의미로 이해한다. 마지막으로, 공유적 책임론에서는 개인 행위의 책임에 초점을 두며, 자발적인 책임으로 사전적·사후적 책임 모두를 포함하는 것으로 본다(임의영, 2017: 11–20).

또한 공공성은 형식적, 내용적, 과정적 차원에서 논의될 수 있다. 먼저 형식적 차원에서 공공성은 민간조직과 달리 공공조직이 공공성 실현의 주체라는 것이다(소영진, 2003; 김준현, 2014). 이에 따르면 공공성은 정부와 관련된 의미이다. 그러나 이러한 의미는 현대사회의 협력적 거버넌스 시대에는 적절하지 않다. 정부가 사회문제를 해결하는 역할을 더 이상 독점적으로 수행하지 못하는 현상을 의미하는 거버넌스(governance)라는 새로운 개념의 등장으로 공공성에 대한 새로운 시각이 필요해진 것이다(이명석, 2010: 23). 현대사회에서는 공공성이 정부부문 또는 공공조직의 전유물이 아니다. 다음으로 내용 차원의 공공성은 규범적 차원의 공익을 의미하며, 과정 차원에서 공공성은 참여와 접근성을 의미한다(김준현, 2014).

특히 규범적 차원에서 공공성을 강조할 경우 당위론적이며 의무론적 관점의 공공성은 주로 보편성과 형평성 차원에서 공공의 이익 추구관점으로 해석되기 때문에 이는 공리주의(개인주의) 공공성과는 상호 충돌하는 의미를 지닌다. 규범적 차원에서 공공성은 신공공관리 강화로 그 의미가 훼손될 수 있다. 헤이크(Haque, 1996) 논의에 의하면 3가지 차원에서 행정의 위기가 발생한다고 주장한다. 첫째, 공공부문의 사회문제 해결 부족으로 인해 신뢰성 위기가 발생할 수 있다. 민영화로 인하여 공공부문이 해결해야 할 문제가 점차 줄어들고 있다. 둘째, 공공부문의 규범 대신에 민간규범이 대체함으로써 규범적 위기가 발생한다는 것이다. 공공부문에서 규범적 위기는 민영화 시대에 시장과 경영의 규범이 행정 영역을 침범하기 때문에 발생한다. 셋째, 행정학의 정체성 위기가 발생할 수 있다. 특히 신뢰성과 규범의 위기가 행정의 정체성 문제를 초래할 수 있다. 이러한 차원에서 신공공관리 강화는 경쟁, 성과강조, 효율성 추구, 단기적·가시적 이익 추구를 통해 공공성 저해를 초래할 수 있다. 사익과 공익의 분리, 지나친 시장원리 추구로 인해 공공성을 저해할 수 있다는 것이다. 특히 가격에 의한 차별이 이루어져 보편성의 한계가 발생할 수 있으며, 수익자 부담원칙으로 인해 사회적 약자가 배제될 수 있어 공공성이 저해될 수 있다.

그러나 공공성을 의무론적이고 당위론적 차원에서 해석하지 않고 개인주의 또는 공리주의 관점에서 해석한다면 공공성이 반드시 신공공관리에 의해 훼손되는 것만은 아니다. 신공공관리론 학자들이 공공성 자체를 부정한 것이 아니라 공공성 달성의 방법론을 논의한 것이기 때문에 공공부문에 경제학적 접근을 적용한다고 해서 공공성이 저해되는 것이 아니라고 하였다(강명구, 2013). 오히려 개인의 효용극대화를 추구하는 신공공관리에서 시장화와 민영화(시장형 공공서비스 생산과 제공)가 발생한다 하더라도 이것이 공공성을 저해하지는 않는다는 것이다. 공공성은 개인의 효용추구를 통해 형성되기 때문에 공공성 추구의 문제는 수단의 문제이며, 따라서 시장을 통해서도 공공성은 추구될 수 있다는 것이다. 이와 같이 공공성이 무조건적으로 신공공관리와 충돌하는 것은 아니기 때문에 공공성을 어떻게 정의하느냐가 중요하다.

(2) 공공성의 역사적 맥락과 의미변화

공공성의 의미는 역사적 배경에 따라 변화하였다. 행정학에서 공공성에 대한 관심을 지닌 시대는 행정학의 적실성에 대한 반성과 사회적 형평성 등의 민주적 가치를 강조한 신행정학이 시작되고 부터이다(최상옥, 2016). 이전까지는 행정학에서 공공성에 대한 충분한 논의가 이루어지지 않았다. 행정관리시대에 중요하게 고려된 행정이념과 가치는 도구적 합리성으로서, 이는 주어진 목표를 달성하기 위하여 최적의 수단을 설정하는 것이다. 그러나 도구적 합리성은 사회문제 해결에 적합한 방안이 되지 못했으며 특히 1960년대 신행정학에서는 공공성이 사회적 형평성과 민주성의 가치로 간주되었다. 그리고 1980년대 이후의 신공공관리에서는 효율성 또는 능률성을 우선가치로, 뉴거버넌스는 공동체참여, 민주성 등을 우선가치로 고려하여 각 행정패러다임이 중요하게 고려하는 공공성이 다소 다르게 해석되기도 하였다.

특히 1982년 행정학의 자기성찰과 정체성 차원에서 행정에서의 가치 중요성을 강조하는 블랙스버그 선언(Blacksburg Manifesto) 학자들(예 Wamsley, Goodsell, Wolf, Rohr, White)은 행정과 정치는 현실적으로 분리될 수 없다고 보았으며(정치행일원론), 행정의 본질과 역할을 강조하였다(김동원, 2005; 김근세 외, 2013). 이들은 첫째, 행정은 관리(management) 이상이며, 거버넌스와 정치적 맥락에서 해석되어야 하고, 둘째, 관료는 특수한 대리인 관점(distinctive agency perspective)에서 공공정책의 합의를 이끌어 내어 공익을 달성해야 하며, 셋째, 관료는 공익수호자로서 숙의(deliberation)를 통한 장기적 관점과 쟁점의 다중적 측면, 그리고 다양한 이해관계자들의 요구를 고려해야 한다는 것이다. 즉, 블랙스버그 학파에서 주장하는 공공성은 관료의 공직가치 강화와 이를 달성하기 위한 전문직업주의(professionalism) 달성에 있다고 할 수 있다(김근세 외, 2013).

같은 맥락으로 신공공서비스 차원에서 공공성을 해석할 수 있다. 덴하르트와 덴하르트(Denhardt & Denhardt, 2003)에 의하면 권력의 주체는 관료가 아니라 시민이기 때문에 관료는 적극적으로 시민에게 권력을 돌려주어야 한다. 이를 위해서 관료는 권력의 소유주인 시민을 위해서 봉사해야 하며 시민 중심의 공직제도를 구축해야 한다(김태룡, 2010). 공익추구는 시민들이 공유하고 있는 가치에 대한 담론과 대화를 통해 얻어지는 결과물이기에 정부는 사회가 나아가야 할 방향에 대해 진실한 담론이 가능할 수 있도록 분위기를 조성해야 한다. 따라서 신공공서비스의 공공성은 민주적 시민의식과 시민에 대한 봉사를 통해 달성될 수 있다.

이와 같이 공공성의 의미는 다양하게 제시될 수 있으나 최근 뉴노멀 시대에는 과거와는 다른 종합적이고 다양한 의미의 공공성 달성이 요구된다. 신공공관리의 공공성 제약을 극복하며, 뉴노멀 시대의 핵심 공공가치를 구현하기 위해서는 20세기 산업화 시대의 공공성과 다른 공공성 추구가 요구된다(최상옥, 2016). 첫째, 과거 산업사회에서는 도구적 합리성 달성이 주요 정부목표였다면, 뉴노멀 시대에서는 보장성 달성이 주요 정부목표가 되어야 한다. 보장성은 국민에게 공공서비스를 전달함에 있어서 국가가 최종책임자이자 최종적인 보증자로서 역할을 해야 한다는 의미이다. 신공공관리의 대두로 민영화가 확대되면서 공공서비스가 사회적 약자를 비롯한 일부 계층에게 제대로 전달되지 못하는 상황이 발생할 수 있다. 즉, 누구에 의해 어떤 방식으로 공공서비스 전달이 이루어진다 하더라도 정부가 시민에 대한 공공서비스 제공에 최종적인 책임을 져야 한다는 것이다.

둘째, 책임성과 자율성의 관점에서 20세기 산업화시대는 개별적 자율성과 책임성을 강조하였다면 21세기 뉴노멀 시대는 공유적 자율성과 책임성을 강조한다. 공유적 자율성과 책임성의 의미는 정부뿐만 아니라 공공기관, 준정부조직, 이익집단, 시민, 특히 사회적 경제조직 등 다양한 주체들이 정책과정에 참여하기 때문에 다수의 참여자들은 공유된 책임성을 바탕으로 자율적 참여와 상호협력을 달성해야 한다는 것이다. 셋째, 정부개입의 규제 차원에서 20세기 산업화시대의 공공성은 수동적이며 기계적 중립성을 강조하는 데 반해, 21세기 뉴노멀 시대의 공공성은 적극적 중립성을 강조한다는 것이다. 적극적 중립성은 집단 간 분쟁 조정과정에서 기계적이고 수동적인 중립성이 아닌 사회적 약자를 적극적으로 배려하는 행정규범이라고 할 수 있다(최상옥, 2016). 이제까지 공무원의 중립성은 국민 전체를 위해 봉사한다는 명목아래 객관적이고 중립적인 태도를 중요시하였지만 이는 오히려 기계적 또는 수동적 중립성을 야기시켜 결국 공무원의 소극행정으로 나타났다. 넷째, 정부혁신과 관리 차원에서 20세기에는 기계적이고 제한적인 다양성을 중요하게 고려하였지만, 21세기 뉴노멀 시대에는 종합적 다양성을 중요하게 고려한다. 과거의 다양성은 개인과 조직의 단순한 물리적 차이만을 인정하는 균형인사정책(예 양성평등제, 지역인재채용, 장애인의무고용 등) 실시만을 다양성 증진의 중요 방안으로 간주하였지만, 종합적 다양성은 물리적 차이와 문화적 차이를 모두 인식하고 그에 따른 차이에 의미를 부여하면서 이를 인정하는 개방적인 태도를 중요하게 간주한다. 마지막으로, 서비스제공 절차 및 내용 차원에서 20세기 산업화시대의 공공성은 경쟁적 효과성을 강조하였다면, 21세기 뉴노멀 시대의 공공성은 포용적 공감성을 강조한다. 타인의 불행에 대한 감정적 동조현상을 공감이라고 한다면 공감성 증진을 위해서 공공부문은 사회적 약자를 보호하는데 더욱 적극적으로 개입해야 한다는 것이다.

표 2-1 공공성 비교: 산업화시대 vs. 뉴노멀 시대

	20세기 산업화시대 공공성	21세기 뉴노멀 시대 공공성
정부역할(지향목표)	도구성	보장성
책임성과 자율성	개별적 자율성	공유적 자율성
정부개입 및 규제	수동적 중립성	적극적 중립성
정부혁신과 관리	제한적 다양성	종합적 다양성
서비스제공 절차 및 내용	경쟁적 효과성	포용적 공감성

출처: 최상옥(2016)

2) 공익

(1) 공익의 의미: 실체설과 과정설을 중심으로

공공부문의 또 다른 중요한 목적적 가치는 바로 공익(共益, public interest)이 될 것이다. 이는 중요한 가치이자 동시에 공공부문에서 달성하고자 하는 중요 목표이기도 하다. 다시 말해 공공부문에서는 '공익증진'을 중요 목표로 한다는 것이다. 우선 공익의 개념과 관련해, 유민봉(2015: 124)은 공익을 "특정 사회구성원이 아닌 일반 사회 내지 공동체의 여러 구성원에게 차별 없이 두루 관계되는 이익"으로 정의하고 있다. 실제로 공익에 대한 정의는 학자들마다 다양하게 제시될 수 있으나 공익에 대한 관점은 크게 '실체설'과 '과정설' 두 가지로 제시되고 있다. 공익 실체설은 '공익이라는 것에 실체가 있다'고 보는 관점으로 "전체효용의 극대화, 도덕적 절대가치, 사회적으로 공유하는 이익"을 공익으로 본다(유민봉, 2015: 123; 유민봉·임도빈, 2016: 352). 따라서 이러한 보편성을 띠는 공익을 달성하기 위해서는 공직자의 목민자적 역할 및 행정 선도적인 역할이 강조되는 것이다. 그러나 공직자의 목민자적 역할, 즉 공익 설정자 역할을 강조하는 공익의 실체설은 다원화되고 민주화된 사회에서는 더 이상 적절한 공익 실현 방법이 될 수 없다. 예를 들어, 한국의 방폐장입지선정 사례(예 안면도 사태)에서 볼 수 있듯이 과거에는 정부가 폐쇄적이고, 하향적이며, 일방적으로 공익을 설정하는 DAD(Decide-Announce-Defend) 역할 혹은 방법을 강조하였다(정지범, 2010). 그러나 이러한 공익의 실체설은 더 이상 민주사회에서는 적절하지 않은 논의로 인식되고 있다.

공익 실체설과는 달리 공익 과정설은 '공익이라는 것은 실체가 없으며, 다양한 사람들이 서로의 이익을 조정해 가는 가운데 나타나는 결과물'을 공익으로 본다. 즉, 공익 과정설에서는 "공익이 무엇인가를 규명하는 것보다는 어떤 과정이나 절차를 통해 달성될 수 있는가에 주목"한다는 것이다(유민봉·임도빈, 2016: 353). 이러한 관점에서는 이해관계의 타협과 조정 및 적법절차 준수를 강조하며, 공직자의 조정자적 역할 및 행정의 중재역할을 강조한다(유민봉, 2015: 123). 이러한 다양한 관점에도 불구하고 공공부문 특히 정부가 달성하고자 하는 목표는 공익 달성 혹은 공공성 추구 그 자체에 있는 것이다. 최근에는 공익, 공공성 증진의 과정적 측면이 상당히 중요하게 고려되면서 공익 과정설이 공익의 의미를 파악하는 데 중요한 역할을 하고 있다. 다음에서는 공익 과정설의 의미와 한계에 대해 보다 구체적으로 살펴보도록 한다.

(2) 공익 과정설의 의미와 한계

공익 과정설이 가정하는 것은 공익이 사익의 총합이거나 사익 간의 타협 또는 집단 상호작용의 산물이라는 것이다(이종수 외, 2014). 전자는 공익이 개개인 사익의 합을 의미하는 것이기 때문에 공익의 형성은 개인 사익의 합이라는 것이다. 대표적인 공익 실현방안은 다수결주의라고 할 수 있다. 반면에 후자는 공익이 사익 간의 타협 또는 상호작용이기에 조정과 중재를 통해서 형성된다는 것이다. 협의체를 통해서 사회적 합의(social consensus)를 달성하는 대표적인 방안으로 숙의민주주의, 공론화 방안들이 있다(정정화, 2011). 두 가지 공익 과정설 모두 사익을 초월한 공익은 존재하지 않고 개인의 효용, 즉 사익을 기반으로 공익을 형성한다는 것이다.

이러한 공익 과정설은 사회가 다양해지고 민주화되면서 더욱 더 타당성이 높아졌다. 민주주의 사회에서 공익 과정설은 이해관계자들의 의견을 조정하여 적극적으로 행정에 반영할 수 있다는 장점을 가지지만, 현실적인 한계도 존재한다. 전반적으로 다수의 횡포가 발생할 수 있으며, 정책과정의 합리화 과정은 관련 집단의 권력 크기에 따라 다르게 결정될 수 있기 때문에 때로는 오도된 합의 형태로 편향된 정책결정이 발생할 수 있다. 또한 다원화된 주체가 공익결정과정에 참여하기 때문에 갈등으로 인해 높은 사회적 비용이 발생할 수 있다.

보다 구체적으로, 다수결주의의 공익 달성방안은 비현실적으로 될 가능성이 높다. 다수결주의는 소수자 보호가 이루어지기 어렵고, 구성원들의 동질성이 강한 사회에서 적합하게 적용될 수 있으나 구성원들 간 갈등이 심한 경우에는 적합하지 않다(김정인, 2018). 또한 개인 마다 지닌 선호의 강도가 다른데 이를 동일하다고 간주하여 갈등을 해결하는 방안은 적절하지 않다. 뿐만 아니라 사회적 합의가 적절한 공익 달성방안이지만 현실적으로 실천하기 어렵다는 측면이 있다. 사회적 합의는 정책결정과정에 영향을 받는 모든 이해관계자들이 직·간접적으로 참여하는 것으로 배제보다는 수용을,

반대보다는 합의를, 박빙의 다수보다는 지배적 다수를 선호한다(정정화, 2011). 이를 통해서 사회적 약자를 보호하고 권력공유를 제도화할 수 있다. 특히 참여자들 간 숙의과정을 통해 사회적 합의를 달성할 수 있다(김정인, 2018). 그러나 사회적 합의는 사회문화, 구성원들의 인식, 제도, 모든 관점을 고려할 필요가 있다. 이해관계자들끼리 신뢰하지 못하고, 사회자본이 부정적으로 형성되며, 권력이 비대칭적일 때 사회적 합의는 성공적으로 달성되지 못한다. 이는 한탄강댐 사례에서 최초의 '갈등조정위원회'가 성립되었지만 이해관계자들의 상호불신과 반대로 사회적 합의가 달성되지 못한 사례에서 알 수 있다(배귀희 · 임승후, 2010).

3 공공부문의 수단적 가치

1) 민주성[2]

인사행정에서 민주성은 "공직자들이 국민의 대표기관으로서의 대응성(responsiveness) 혹은 책임성을 확보함으로써 실현될 수 있는 가치"로 정의된다(박천오 외, 2016: 15). 공직자들은 국민을 대표하는 기관(예 국회)의 요구나 지시에 따라 국정을 운영하기 때문에 공공부문 인사조직에 있어서 '민주성'은 곧 국민의 의견을 존중하는 것에서부터 시작한다.[3] 따라서 공직자들은 국민의 의견을 적극적으로 수렴하기 위해 노력하며, 이를 바탕으로 민주성이 증대될 수 있다고 믿는다. 이는 공직자들을 관리하는 인사조직 운영에서도 마찬가지이다. 인사조직 관리에 있어서 그 대상이 되는 공직자들의 의견을 적극 수렴하도록 애쓰며, 이것이 법적 절차를 준수하는 바탕에서 이루어 질 수 있도록 노력한다는 것이다.[4] 특히 이번 문재인 정부에서는 대의민주주의 장치들과 더불어 숙의민주주의 장치들(예 공론화)을 적극 도입함으로써 민주성 강화에 박차를 가하고 있다.

---

2 이때의 민주성은 공직자 개개인이 국민에 대해 지켜야할 공직가치인 민주성과 유사한 개념으로도 이해될 수 있다.

3 물론 공직자가 국민의 대표기관인 국회나 선출직 공직자들의 의견에 복종하는 것이 '민주성'을 증진시키기 위한 방안인지에 대한 의문이 제기되기도 한다. 예를 들어, 일부 선출직 공직자들은 자신의 이익을 대변하는 특수계층 혹은 정당에 의해서 영향을 받기도 한다는 것이다(박천오 외, 2016: 16).

4 인사조직에 있어서 핵심 가치가 되는 민주성은 합법성을 의미하기도 한다(유민봉, 2015: 127).

2) 형평성

인사행정에서의 형평성은 소극적 의미의 형평성과 적극적 의미의 형평성으로 구분되어 논의된다. 소극적 형평성은 인종, 성별, 연령, 출신지역과 학교 등 인구학적 특성에 관계없이 누구나 공직에 등용될 수 있는 동등한 기회를 부여받아야 한다는 의미이다. 이에 비해, 적극적 형평성은 과거부터 차별받아 온 사회적 약자들의 불평등과 차별에 보상하기 위하여 사회적 약자에 대한 적극적 보상을 해주어야 한다는 의미를 포함한다(유민봉·임도빈, 2016: 35). 일반적인 경우 적극적 형평성의 실현은 대표관료제를 통해 추구되어 왔다. 대표관료제란 "공직자의 인적구성을 성별, 계층, 지역, 인종과 같은 사회구성원의 인구학적 특성과 비례가 되도록 하자는 것"을 의미한다(유민봉·임도빈, 2016: 40). 그러나 오늘날에는 이러한 적극적 형평성 가치 추구가 다양한 형태로 나타난다. 예를 들어, 우리나라에서는 적극적 형평성 구현을 위해 정부 인사운용에 있어서의 '균형인사제도(Balanced Personnel)'를 운영하고 있다. 이는 "공직 구성원의 다양성과 대표성, 형평성 등을 제고"하기 위함이며, 이를 위해 인사혁신처에서는 "그간 공직임용에서 소외되었던 여성, 장애인, 과학기술인력, 지방인재 등의 공직진출을 확대하고 이들이 공직사회에서 자신들의 잠재역량을 충분히 발휘"할 수 있도록 하였다(인사혁신처, 2018).[5]

3) 공정성과 정의

공정성에 대한 개념은 학자들마다 다양하게 논의되고 있으나, '개인의 조직에 대한 기여가 그가 조직으로부터 받은 보상과 관련된 정도'로 정의될 수 있을 것이다(김호균·김정인, 2013: 163). 공정성은 크게 배분공정성(distributive justice)과 절차공정성(procedural justice)과 같이 2가지로 분류되기도 하며, 상호작용 공정성(interactional justice)을 포함해 3가지로 분류되기도 한다(김호균·김정인, 2013).[6] 일반적으로 인사조직에 있어서의 공정성은 애덤스(J. Stacy Adams)가 제시한 '공정성이론(equity)'을 바탕으로 하고 있는데, 이는 "개

5 그러나 사회적 약자에 대한 적극적인 보호정책이 타당하더라도 그들에 대한 무조건적인 우대정책을 제공하는 것은 오히려 '역차별'과 같은 또 다른 문제를 유발시킨다는 우려도 제기되고 있다(유민봉·임도빈, 2016).

6 일반적으로 공정성은 배분공정성과 절차공정성으로 구분되는 경우가 많으며, 이때 배분공정성은 '결과가 어느 정도 공정하다고 인식하는지'에 관련된 것이고 절차공정성은 '결과가 어떠한 절차를 통해 도출되었는지'에 관련된 것이다(서울경제, 2014).

인의 투입(노력, 성과, 기술, 생산량, 제품과 서비스의 질) 대(對) 결과(보수, 승진, 인정, 칭찬, 지위)의 비율을 동일한 직무 상황 내에 있는 다른 사람들의 투입(input) 대 결과(outcomes)의 비율과 비교"하는 것을 의미한다(강성철 외, 2014: 433). 다시 말해, 인사조직 관리에서 공정성은 공직자들 개개인의 투입 대 결과의 비율이 동일한 직무 상황에 있는 다른 사람의 것과 비교했을 때 불공정성이 느껴지지 않도록 해야 함을 의미한다.

이와 비슷한 개념으로 '정의'를 제시할 수 있다. 정의의 개념을 연구한 대표적인 학자로 롤스(Rawls)를 제시할 수 있다. 롤스(1999)에 의하면 원초적 상태에서 사회구성원들이 합의하는 일련의 법칙을 사회정의 원칙이라고 한다. 이러한 관점에서 롤스는 정의를 사회의 제 1덕목으로 간주하고, 합리적인 개인이 자신의 가치관을 실현하는 데 필요한 사회적 조건이나 범용수단, 그리고 사회적 기본가치를 분배하는 사회제도에 맞춘다(임의영, 2016 재인용). 롤스에 의하면 개인의 통제범위를 벗어난 타고난 자질이나 사회적 배경인 '운'이 사회적 가치 배분에 영향을 미치도록 설계된 사회제도는 정의롭지 못하다고 판단한다. 롤스는 우연적인 요소의 영향을 최소화하고 개인의 사적 이해관계를 초월하여 누구나 공정한 것으로 인정할 수 있는 보편적 정의원칙을 모색했는데, 이를 위해 '원초적 입장(original position)'이라는 가상적인 의사결정 상황을 제시하였다. 이는 무지의 장막(veil of ignorance)과 상호 무관심한 합리성(mutually disinterested rationality) 두 가지 조건을 특징으로 한다. 전자의 의미는 의사결정에 참여하는 사람은 자신의 재능, 능력, 성별 등의 자연적 특성, 가정환경, 교육, 계층 등의 사회적 특징, 가치관, 인생계획, 목적 등의 동기적 특징, 호불호, 고통과 쾌락 등의 감정적 특징을 전혀 몰라야 한다는 의미이며, 후자의 의미는 타인에 대한 감정적 관심이 아니라 순수하게 이성적으로 가장 유리한 것을 고려해야 한다는 것이다(임의영, 2016 재인용).

롤스는 공정한 정의원칙을 구현하기 위해서는 원초적 입장이 먼저 달성되어야 한다는 것을 가정한다. 이러한 가정 하에 롤스는 다음의 원칙이 성립되어야 한다고 주장한다. 첫째, '평등한 자유의 원칙'이다. 이는 다른 사람의 자유와 상충되지 않는 한도 내에서 가장 넓은 자유를 누릴 권리를 갖는다는 것이다. 즉, 사회의 기본가치인 자유와 권리는 평등하게 분배되어야 한다는 것이다. 둘째, 롤스는 자연적 또는 사회적 우연을 고려하지 않는 단순한 기회균등 원칙보다 '공정한 기회균등의 원칙'을 고려해야 한다고 강조한다. 이에 따르면 대상자의 자연적 또는 사회적 우연성을 고려한 공정한 기회균등의 원칙이 이루어져야 한다. 권력 및 특권을 수반하는 직무와 직위는 능력있는 사람에게 누구에게나 공정하게 분배되어야 하며 이러한 경쟁은 공정해야 한다. 셋째, 소득과 부의 분배는 사회적으로 가장 열악한 처지에 있는 사람에게 가장 이익이 되는 방식으로 분배되는 '차등의 원칙'으로 이루어져야 한다. 이러한 세 가지 원칙에 따라 정책을 형성하고 집행할 때 일반적으로 평등한 자유 원칙은 공정한 기회균등의 원칙에 우선하고, 공정한 기회균등 원칙은 차등원칙에 우선한다는 것이다(임의영, 2016 재인용).

4) 효율성

유민봉·임도빈(2016: 36)에 따르면, 효율성은 "비용최소화 측면에서의 경제성(economy), 투입-산출비율로서의 능률성(efficiency), 목표달성도를 의미하는 효과성(effectiveness)을 모두 함축하는 의미로써 생산성(productivity)과 유사한 개념"으로 정의된다. 최근 신자유주의 기조를 근간으로 한 신공공관리(New Public Management, NPM)가 강화되면서 공직자들을 관리하는 인사조직 운영에 있어서도 생산성 혹은 성과달성이라는 가치가 강조되고 있다. 이러한 생산성은 효율성과 유사한 의미로 사용될 수 있는 데, 특히 인사행정에서의 생산성은 최소규모의 인적자원, 즉 공직자들이 최대의 성과를 달성하는 것을 의미한다. 이러한 개념은 오늘날 전략적 인사관리(Strategic Human Resources Management, SHRM)의 핵심 목표로도 제시되고 있다(박천오 외, 2016). 최근에는 효율성과 유사한 '가성비(cost-effectiveness)'라는 개념이 등장하여 사용되고 있다. 한경 경제용어사전(2018)에 따르면 가성비는 "'가격 대비 성능'의 준말로 소비자가 지급한 가격에 비해 제품 성능이 소비자에게 얼마나 큰 효용을 주는지를 나타낸다"고 한다.

5) 가외성

가외성은 란다우(Landau, 1969)에 의해서 처음 제시된 개념으로서 이는 여러 기관에 한 가지 기능이 혼합되는 중첩성(overlapping)과 동일 기능이 여러 기관에서 독립적으로 수행되는 중복성(duplication) 등을 포괄하는 개념으로 사용된다. 정치행정에서 가외성은 불확실한 상황에서 오류 발생 가능성을 최소화하고 체제의 신뢰성과 적응성을 높이기 위해 사용된다. 대표적인 예로 권력분립, 견제와 균형, 연방주의, 거부권 제도, 계선과 참모, 3심제도, 양원제, 합의제, 위원회 제도 등은 모두 가외성 현상이라고 할 수 있다.

그러나 가외성은 중복부담 혹은 비용부담으로 간주될 수 있기에 효율성과 충돌하는 부정적인 의미로 사용되었다. 가외성이 필요이상의 것, 여분의 것, 초과분, 남는 것으로 해석될 때 비용효과성의 문제, 운영상의 문제, 감축관리와의 조화 문제가 존재할 수 있다(최태현, 2017). 그러나 가외성은 불확실성 문제를 해결하고 신뢰성(reliability)을 증진시키기 위한 방안으로 고려될 수 있기에 현대사회에서는 중요시되는 가치라고 할 수 있다.

6) 책임성[7]

오래전부터 공공부문에서의 책임성이 개인에게만 요구되는 것인지 혹은 조직에게도 요구되는 것인지에 대한 논의가 있어 왔다. 최근에는 다양한 사회문제들을 경험하면서 책임성에 대한 중요성과 책임소재의 여부, 책임성 관리방안에 대한 논의가 더욱 중요해지고 있다.

(1) 책임성의 의의와 특징

최근 들어 공공부문에서 책임성이 중요하게 고려되는 이유는 정치적·경제적 환경이 변화하고 공공부문이 다양화되면서 정부의 책임성 강화가 새롭게 요구되고 있기 때문이다. 민주화와 다원화 시대에 들면서 공기업과 준정부기관 등의 공공기관이 증가하고, NGO 등의 비영리단체가 증가하면서 이들에 대한 정부의 책임성을 어떻게 마련하는 가는 중요한 이슈가 되고 있다(한상일, 2013: 124). 이렇게 중요하게 논의됨에도 불구하고 책임성의 개념은 다양한 의미로 사용되고 있다. 일반적으로 행정의 책임성은 "행정관료가 도덕적·법률적 규범에 따라 행동해야 하는 의무"라고 정의할 수 있지만(이종수 외, 2014: 115), 책임성의 개념과 범위는 매우 다양하게 해석되고 있다.

책임성의 의미는 역사적 발달에 따라 달리 해석되었다. 고전적 의미에서 책임성은 개인적 속성과 계층적 속성을 지녔다(한상일, 2013: 131). 전자인 개인적 속성의 책임성은 개인이 자신의 의사결정에 책임을 져야 한다는 개인적·주관적 책임을 의미하며, 후자인 계층적 책임성은 하급자가 상급자에 의해 통제받는 것을 의미한다. 고전적 의미의 책임성은 개인의 소유권이 분명하고 업무소재 역시 비교적 명확하게 규정되어 있기 때문에 책임이 여러 사람에게 분산되기보다는 한 개인에게 귀속되는 경향이 컸다(한상일, 2013: 132). 그러나 현대사회에서 행정현상이 복잡화되고 다원화되면서 책임의 개념

7 책임성은 공공부문에서 중요시되는 수단적 가치이자 동시에 공직자들이 함양해야할 중요 공직가치이기도 하기 때문에 본장에서 보다 구체적으로 내용을 설명하기로 한다.

도 변화하고 있다. 한 사람이 명확한 책임을 지는 것에서 벗어나 다수가 책임을 지는 책임의 공동화(共同化) 현상과 책임의 분산 현상으로 변모하고 있는 것이다. 또한 누가 얼마만큼의 책임을 져야 하는가는 더욱 어려운 문제로 변화하면서 책임의 공동화(空洞化) 현상이 발생하고 있다.

이러한 행정의 책임성 문제는 인사조직에도 적용될 수 있다. 특히 인사조직에서 주의 깊게 논의해야 하는 것은 '누가 책임을 지는가?'의 문제이다. 정치행정이원론 또는 정치행정일원론 논의를 차지하고서라도 개인인 관료(공직자)가 책임을 질 것인가? 아니면 관료제 조직이 책임을 질 것인가?는 매우 중요한 문제이다. 전자의 책임성 문제는 전적으로 관료(공직자) 개개인의 책임이라는 것으로 이는 '관료 때리기(bureaucrat-bashing)' 의미로 해석될 수 있으며 관료(공직자) 개개인의 책임성을 강조한다. 반면에 후자의 경우는 행정의 책임성은 관료(공직자) 개개인이 아니라 관료가 속해 있는 관료조직의 문제라는 것이다(bureaucracy-bashing)(Garrett et al., 2006; 김병섭·김정인, 2014). 그러나 책임성의 범위가 개인과 조직으로 구분된다는 이분법적 논의는 더 이상 적절하지 않다. 인사조직 관점에서 국민에 대한 책임성 부족은 결국 관료(공직자)와 관료조직 모두의 책임이기 때문이다.

(2) 공공관리에서의 책임성 유형

인사조직에 활용되는 책임성 유형은 행정통제와 행정윤리와 같은 차원에서 살펴볼 수 있다. 먼저 책임성에 대한 고전적 논쟁은 관료의 내적책임성과 외적책임성에 대한 것이다. 이는 1940년대 초반 민주주의 체제에서 관료의 책임성을 어떻게 확보하는 것이 가장 효과적인 것인가의 논쟁에서 출발하였다(한상일, 2013: 133). 먼저 프리드리히(Friedrich, 1940, 1946)는 관료의 내적책임성을 강조했다. 관료는 자신의 전문지식이나 기술을 중심으로 책임 판단 기준을 삼으며, 이 과정에서는 관료의 양심과 직업윤리 등을 중요시해야 한다는 것이다. 또한 관료의 자율적 책임성(responsibility)을 강조하면서 국민의 요구, 국민의 정서, 또는 국민감정에 적극적으로 반응하는 민주적이고 정치적인 책임성을 중요하게 고려하였다(김병섭·김정인, 2014: 102). 이와 달리 파이너(Finer, 1941)는 관료의 객관적인 외적책임성을 강조한 것이다. 객관적으로 책임성을 확보할 수 있는 교정과 처벌의 제도적 책임성(accountability)을 강조한 것이다. 즉, 프리드리히는 내적 가치와 규범을 중요하게 고려하여, 개별 공직자들의 책임성을 계발하거나, 도덕적 훈련과 학습을 중요하게 고려한 반면에, 파이너는 조직의 외적 통제나 객관적인 제도적 설계를 강조하면서 외부기관의 정치적 영향력과 관료에 대한 외부통제 제도설계를 중시하였다(한상일, 2013: 134). 인사조직 차원에서는 내적책임성과 외적책임성 모두가 중요하다.

표 2-2 복합적 개념 하에서 책임성의 하위범주

		통제의 원천	
		내부	외부
통제의 정도	높음	① 관료적 혹은 계층제적 (bureaucratic) 책임성	② 법적(legal) 책임성
	낮음	③ 전문가적(professional) 책임성	④ 정치적(political) 책임성

출처: Romzek & Dubnick(1987); 김병섭·김정인(2014: 105)

최근 관료(공직자)들에게 요구되는 공직윤리법(예 「부정청탁금지법」)은 외적책임성 강화를 요구하는 것이지만, 외적책임성 강화만으로는 관료(공직자)의 책임성 확보가 잘 이루어지지 않는다. 따라서 관료의 양심과 직업윤리, 윤리의식 강화 등의 내적책임성이 동반할 때 궁극적인 책임성 확보가 가능해진다.

다음으로 롬젝과 듀브닉(Romzek & Dubnick, 1987: 230)은 관료의 책임성 유형을 통제수준과 통제원천에 따라서 네 가지로 분류하였다. 그들은 챌린저 사고발생을 중심으로 미국항공우주국(NASA)의 실패원인을 책임성 관점에서 분석하였다. 즉, 통제수준이 높고 책임이 내부에 있는 책임성은 관료적 혹은 계층제적 책임성이며, 통제의 수준이 높고 책임이 외부에 있는 경우는 법적 책임성이고, 통제 수준이 낮고 책임이 내부에 있는 경우는 전문가적 책임성이며, 통제 수준이 낮고 책임이 외부에 있는 책임성은 정치적 책임성이다(김병섭·김정인, 2014: 105). 이러한 네 가지 책임성에 우선순위가 있지는 않지만 과거 우리나라 관료들은 지나치게 관료적 또는 계층제적 책임성만을 강조하였기 때문에 문제가 발생하였다. 예를 들어, 세월호 참사의 원인은 관료들이 지나치게 계층제적 책임성만을 우선시 해 다른 책임성이 무시되었기 때문으로 본다(김병섭·김정인, 2014).[8]

(3) 바람직한 책임성 관리 방안

최근 행정의 주체가 다양화되고 민주화되면서 행정의 책임성 범위가 분산되고 책임성의 의미가 쇠퇴해가고 있다. 예를 들어, 민영화 민간위탁 등이 활성화되면서 책임성의 소재가 점차 불명확해지고 있다. 뿐만 아니라 미래사회에서 새로운 다양한 문제

8 지나친 계층제적 책임성에 따른 한계를 극복하기 위한 방안으로 정부는 2018년 3월 20일에 「국가공무원법」 제57조(복종의 의무) 개정안을 국회에 제출하였으나, 현재 계류 중에 있다. 「국가공무원법」 개정안에 따르면 공무원은 상사의 위법한 명령에 이의를 제기하고 불복할 수 있으며, 이로 인해 신분상 불이익을 받는 경우 고충심사를 요청하여 보호받을 수 있도록 하였다(인사혁신처, 2018).

가 발생하면서(예 위험사회로의 전환) 관료들의 책임 수준은 불명확해지고 있다. 이러한 미래사회의 인사조직에서 요구되는 책임성은 관료 개개인의 전적인 책임도 관료제조직의 전적인 책임도 아니라 그들 모두의 공동책임이다. 이러한 상황에서 항상 적용될 수 있는 절대적인 책임성은 존재하지 않는다. 때론 절차적 책임성이 우선될 수 있으며, 때론 정치적 책임성이 우선될 수 있다. 즉, 책임성이 요구되는 상황에 따라 적절한 책임성 확보가 필요하다고 할 수 있다.

4 공직가치

1) 공직가치에 대한 이론적 논의[9]

가치를 "이용 가능한 수단이나 목적들 사이에서 선택에 영향을 미칠 수 있는 지속적인 믿음(enduring beliefs)"으로 정의할 때(Rokeach, 1973: 5), 공직가치는 '공직자들의 의사결정에 영향을 미치는 지속적인 믿음'이라고 정의할 수 있다. 공직가치가 어떻게 형성되는 가에 따라 공직자로서의 소명의식, 업무태도, 역량 등이 달라질 수 있기 때문에 공직가치의 형성은 매우 중요하다(인사혁신처, 2016). 어떤 가치가 공직가치에 포함될 수 있는 가는 학자들마다 다르게 논의되고 있으나, 대표적인 공직가치 유형분류로는 인사혁신처(2016), 커나한(Kernaghan, 2003), 김상묵(2017)의 연구 등을 제시할 수 있을 것이다. 이 세 가지 연구에서 제시되는 공직가치의 유형이 동일하지는 않지만 내용적 측면은 유사하다고 할 수 있다.

인사혁신처(2018)는 공직가치를 국가관(국가와 사회에 대한 가치), 공직관(올바른 직무수행 자세), 윤리관(개인의 윤리적 덕목) 세 가지 대분류로 구분하고, 이를 다시 9개의 세부 공직가치로 구체화하였다. 국가관은 애국심, 민주성, 다양성으로, 공직관은 책임감, 투명성, 공정성으로, 윤리관은 청렴성, 도덕성, 공익성 등의 공직가치로 세분화하였다.[10]

---

9 김정인(2018) 사회적 가치 실현을 위한 공직가치에 관한 시론적 연구: 포용적 성장을 중심으로, 「한국인사행정학회보」, 17(1): 57－83의 내용 일부를 반영하였다.

10 애국심은 대한민국의 「헌법」과 법률을 준수하고 국가와 국기에 담긴 정신과 의미를 수호하는 것을, 민주성은 국민이 자유롭게 참여하고 의견을 이야기할 수 있도록 하여 공개행정을 실천하는 것을, 다양성은 글로벌 시대의 다양한 생각과 문화를 존중하고 인류의 평화와 공영(共榮)에 기여하는 것을, 책임감은 맡은 업무에 대하여 높은 수준의 전문성을 유지하며 어떠한 압력에도 굴하

또 다른 공직가치 유형을 제시한 커나한(2003)은 공직가치를 윤리적 가치(ethical values), 민주적 가치(democratic values), 전문직업적 가치(professional values), 인간적 가치(people values) 등 네 가지 유형으로 구분하였다. 윤리적 가치는 정직성(integrity)과 공정성(fairness), 민주적 가치는 법의 지배(rule of law)와 충성심(loyalty), 전문직업적 가치는 효율성(efficiency)과 혁신(innovation), 그리고 인간적 가치는 배려(caring)와 열정(compassion) 등 공직가치로 세분화하였다.

이밖에 김상묵(2017)은 500명의 국가공무원을 대상으로 개인의 공직가치, 갈등상황

표 2-3 공직가치의 유형

학자	공직가치 유형	
인사혁신처 (2016)	국가관: 국가와 사회에 대한 가치	애국심, 민주성, 다양성
	공직관: 올바른 직무수행 자세	책임감, 투명성, 공정성
	윤리관: 개인의 윤리적 덕목	청렴성, 도덕성, 공익성
Kernaghan (2003)	윤리적 가치	정직성, 공정성, 책임성, 충성심, 뛰어남, 존경, 정직, 성실
	민주적 가치	법의 지배, 중립성, 책임성, 충성심, 공개성, 반응성, 대표성, 합법성
	전문직업적 가치	효과성, 효율성, 봉사, 리더십, 우수성, 혁신, 질, 창조성
	인간적 가치	배려, 공정성, 인내력, 예의바름, 열정, 용기, 자비심, 인간성
김상묵 (2017)	윤리적 가치	공직윤리, 공정성, 공익, 책임성, 합법성, 정치적 중립, 업무 전문성, 국가안보, 정보보안, 정부 안정성, 정부 중립성
	민주적 가치	민주주의, 사회정의, 약자보호, 공평성, 시민참여, 약자보호, 여론수렴, 공동체의식
	혁신적 가치	창의성, 열정, 이타심, 개방성, 도전정신, 독립성, 반응성
	전문직업적 가치	신뢰성, 효과성, 효율성
	전통적 가치	충성심, 조직에의 충성, 정권의 품위, 정치적 충성심

지 않고 소신 있게 처리하는 것을, 투명성은 국민의 알 권리를 존중하며, 공공정보를 적극적으로 개방하고 공유하는 것을, 공정성은 모든 업무를 신중히 검토하고 행정절차에 따라 공정하게 처리하는 것을, 청렴성은 공직자의 청렴이며 국민신뢰의 기본이 되는 것을, 도덕성은 준법정신을 생활화하고 공중도덕을 준수하는 것을, 공익성은 봉사활동과 기부 등을 통해 생활 속에서 국민에 대한 봉사자로서 역할하는 것을 의미한다(인사혁신처, 2016).

에서의 의사결정, 직무태도, 조직행동 등 직무인식 설문조사를 시행하여, 그 결과를 바탕으로 공직가치를 윤리적 가치(ethical values), 민주적 가치(democratic values), 혁신적 가치(innovational values), 전문직업적 가치(professional values), 전통적 가치(traditional values) 등 5개 유형으로 분류하였다. 윤리적 가치에는 공직윤리, 공익 등 공무원의 윤리적 판단 및 지향과 관련된 가치들이, 민주적 가치에는 민주주의, 시민참여, 사회정의 등 민주화를 지향하는 가치들이, 혁신적 가치에는 공무원의 바람직한 태도나 행동과 연관된 창의성, 열정, 이타성, 개방성 등의 가치들이, 전문직업적 가치에는 효과성, 효율성, 신뢰성과 같은 행정의 기본 가치들이, 전통적 가치에는 충성심, 조직충성, 정치적 충성심 등이 포함되었다(김상묵, 2017: 15−16).[11]

2) 공직가치와 의무

인사혁신처에서는 2015년 5월 21일부터 6월 2일까지 전국 19세 이상 성인 남녀 1,000명과 공직자 4,085명을 대상으로 '공직가치에 대한 인식조사'를 시행하였다. 이때 "국가관을 국가와 사회에 대한 가치, 공직관을 올바른 직무수행 자세, 윤리관을 개인의 윤리적 덕목으로 규정"하였으며, 이러한 공직가치에서 가장 중요하게 고려되어야 할 사항들을 조사하였다(파이낸셜 뉴스, 2015년 7월 8일자).[12] 이러한 조사결과를 바탕으로 인사혁신처(2018)에서는 공직가치를 크게 국가관, 공직관, 윤리관으로 제시하였다.[13]

---

11 공직가치 유형에 관한 인사혁신처(2016), Kernaghan(2003), 김상묵(2017)의 연구 결과는 동일하지 않지만 유사점이 존재한다. 특히 Kernaghan(2003)과 김상묵(2017) 두 연구 모두에는 공직가치에 윤리적, 민주적, 전문직업적 가치가 포함되어 있다. 물론 Kernaghan(2003)은 인간적 가치, 김상묵(2017)은 혁신적 가치와 전통적 가치를 상호 차별적으로 논의하고 있지만, 세부 내용은 유사하게 나타난다. 예를 들어, Kernaghan(2003)의 인간적 가치인 열정은 김상묵(2017)의 혁신적 가치에서도 논의되고 있다. 뿐만 아니라 Kernaghan(2003)과 김상묵(2017)의 공직가치들은 인사혁신처가 제시한 9개 공직가치와도 밀접한 관련성을 지니고 있다. 공직가치 유형분류는 동일하지 않지만 공직자가 전반적으로 중요하게 고려해야 할 공직가치는 유사하다고 할 수 있다.

12 파이낸셜 뉴스(2015). 공직자 제1의 덕목은 '청렴성'… 인사혁신처 공직가치 설문조사 발표. http://www.fnnews.com/news/201507081139522246

13 인식조사 결과 국가관 측면에서는 국민과 공직자들 모두 사명감을 가장 중요한 가치로 인식하였다. 일반 국민은 사명감(77.6%), 애국심(67.4%), 역사의식(59.9%) 순으로 주요한 국가관 공직가치라고 응답하였고, 공직자의 국가관 인식 순서는 사명감(82.1%), 자긍심(62.8%), 애국심(60.1%) 순서였다. 둘째, 공직관에 있어 중요한 공직가치를 국민들은 책임감(76.9%), 투명성(59.2%), 공정성(58.4%) 순으로 응답하였으며, 공직자들은 책임감(79.3%), 공정성(69.2%), 투명성(59.9%) 순으로 응답하였다. 마지막으로, 윤리관에 대해 국민들은 청렴성(89.1%)과 도덕성(70.0%), 공익

특히, 국가관에서는 애국심, 민주성, 다양성이, 공직관에서는 책임성, 투명성, 공정성이, 윤리관에서는 청렴성, 도덕성, 공익성이 핵심 공직가치로 제시되고 있다. 이러한 가치는 급변하는 사회 환경에 대응하기 위한 미래지향적인 가치(예 다양성)도 포함하고 있는 것이다. 뿐만 아니라, 인사혁신처(2016)에서는 이들 가치를 수호하기 위한 행동준칙, 즉 의무를 제시하고 있다. 또한 이러한 가치들이 「헌법」과 법률(「국가공무원법」, 「공직자윤리법」)에서는 어떠한 형태로 나타나는지를 제시함으로써 공직자들이 보다 쉽게 공직의 가치와 의무를 이해하고 그 중요성을 인식할 수 있도록 하였다.

그림 2-1 공직가치체계도

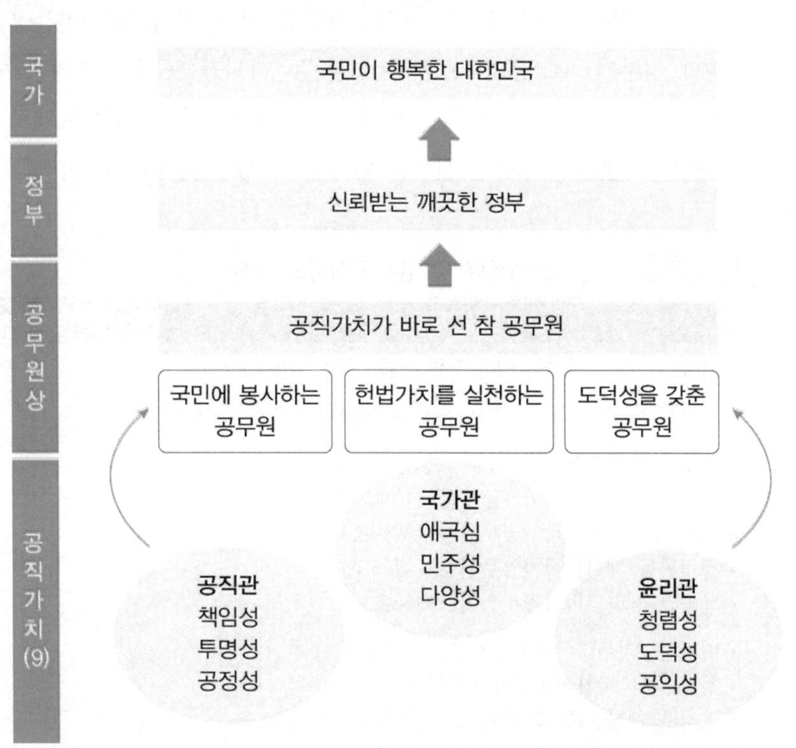

출처: 인사혁신처(2018)

성(60.7%)을 중요한 공직가치로 응답하였으며, 공직자들은 청렴성(92.3%)과 도덕성(83.0%), 성실성(86.2%) 순으로 응답하였다. 또한, 30년 후 미래에 중요시 될 공직가치에 대해서는 국민과 공직자 모두 다양성과 개방성, 민주성, 전문성 등이라고 응답했다. 이러한 내용을 바탕으로 인사혁신처에서는 '공직가치체계도'를 제시하고, 이를 바탕으로 공직자들에게 요구되는 공직가치와 이를 위한 '행동준칙 및 의무'를 명시하였다.

다시 말해, 인사혁신처에서는 공직자들 개개인이 함양해야할 공직가치를 제시함으로써 공직 기강을 바로잡고 공직자의 역할과 기능에 충실할 수 있도록 하는 공직자의 사명(使命), 즉 의무를 명시한 것이다. 공직가치를 바탕으로 공직자의 사명, 즉 공공성 달성을 도모하기 위한 노력이 지속되고 있다.

이와 같은 공직자의 의무는 때론 「헌법」에서 보장하고 있는 인간의 기본권을 제한하기도 한다. 대표적인 예가 바로 공직자의 정치적 중립을 지키기 위한 '공무원의 정치활동 제한'이다. 이는 「헌법」 제7조와 「국가공무원법」 제59조에 명시되어 있으며, 공평성과 책임성이라는 공직가치를 실현시키기 위한 공직자의 의무로 인식되고 있다(인사혁신처, 2018). 뿐만 아니라, 공직자는 「헌법」에서 보장하고 있는 기본권 중 표현의 자유와 사생활의 자유도 어느 정도 제한을 받고 있다. 공직자는 일반 국민으로써의 신분과 정부의 피고용인으로써의 신분 두 가지를 동시에 지니고 있기 때문에(유민봉, 2015; 임도빈, 2018), 일반 국민과는 달리 공직자가 표현하는 의견은 때로 정부를 포함한 공공조직의 의견을 대표하는 것으로 인식될 수 있기 때문이다. 이러한 이유 때문에 공직

표 2-4 「헌법」과 법률에 명시된 공직자의 의무

공무원의 의무	공직가치
• 자유민주주의, 복지, 인류공영 이념(「헌법」 전문)	애국심, 다양성
• 공무원은 국민전체에 대한 봉사자(「헌법」 제7조)	헌신성, 책임성
• 공무원의 정치적 중립의무(「헌법」 제7조) • 친절·공정 의무(「국가공무원법」 제59조) • 종교 중립의무(「국가공무원법」 제59조) • 정치활동 제한(「국가공무원법」 제65조) • 노동권 제한(「국가공무원법」 제66조)	공평성 책임성
• 비밀엄수의무(「국가공무원법」 제60조) • 청렴의무(「국가공무원법」 제61조) • 공직자 재산등록 및 공개의무(「공직자윤리법」) • 퇴직공무원 취업제한(「공직자윤리법」)	청렴성 정직성 투명성
• 직무전념 의무(「국가공무원법」 제56조) • 영리행위 및 겸직금지 의무(「국가공무원법」 제64조) • 직장이탈 금지(「국가공무원법」 제58조)	전문성 책임성
• 법령준수 의무(「국가공무원법」 제56조) • 공무원의 품위유지 의무(「국가공무원법」 제63조) • 복종의무(「국가공무원법」 제57조)	책임성

출처: 인사혁신처(2018)

자들에게는 특정 정치인이나 정당을 지지하는 발언, 특정 종교를 편파적으로 옹호하는 발언 등은 제한을 받게 되는 것이다. 뿐만 아니라 공직자는 공인(公人)으로써의 지위를 가지고 있기 때문에 품위유지의 의무를 가진다. 이는 「국가공무원법」 제63조에서도 잘 나타나고 있으며, 이러한 공무원 품위유지 의무, 공직자 재산등록 및 공개의무(예 「공직자윤리법」) 등은 공직자 개인의 사생활을 일정부분 제한하는 역할을 하게 되는 것이다.[14] 그러나 공직자들에게는 공직가치를 달성하기 위한 의무만 있는 것은 아니다. 공직자들이 공직가치를 보다 잘 수호하기 위해 공직자의 권익도 보호되고 있는 것이다. 다음에서는 공직자의 권익보호에 대해 간략히 살펴보도록 한다.

3) 공직자의 권익보호[15]

공직자들에게는 공직가치에 대한 의무만 존재하는 것은 아니며, 그들이 갖는 권리도 존재한다. 공직자들의 권익보호가 필요한 이유는 공직자 역시 인간의 기본권과 자유를 누릴 권리를 가지기 때문이다. 이러한 기본 권리와 자유는 「헌법」에 의해 보장되고 있다(오석홍, 2013: 527). 예를 들어, 사생활보호의 권리, 언론의 자유, 참정권, 평등권, 정당한 절차를 받을 수 있는 권리 등은 공직자들에게도 보장되어야 할 기본 권리인 것이다.

공직자의 권익보호는 소극적 의미와 적극적 의미에서의 권익보호 모두를 포함한다. 소극적 의미에서의 공직자 권익보호는 부당한 신분상의 불이익 등과 같이 외부로부터 공직자의 권익이 침해받지 않도록 보호하는 것을 의미한다(유민봉·임도빈, 2016: 41). 특히 정치권 등으로부터 공직자가 부당한 권익 침해를 받지 않도록 하기 위해 「헌법」에서도 '공무원의 정치적 중립성'을 명시하고 있으며, 공직자들에 대한 부당한 권익침해를 방지하기 위해 중립적이고 객관적인 법절차에 따라 공직자의 신분상 불이익에 대한 적절한 조치를 취할 수 있도록 하는 규정을 마련하고 있다. 만약 공직자의 권익이 침해당하는 경우에는, 이에 대한 정당한 사유를 정부가 입증할 수 있어야 하며, 근무기간이 긴 공직자일수록 보호의 수준이 높아야 하고, 인사상의 주요 이슈들을 공무원 대표기구 등과 협의해서 논의하여야 한다(Thompson, 1990: 364; 박천오 외, 2016: 17 재인용).

14 개인의 사생활(privacy)을 매우 중요시 하는 미국에서도 마약이나 총기류 등을 다루는 공무원들의 사생활 침해(예 불시에 개인 사물함 점검 등)는 가능하다는 대법원 판결이 존재한다(Nigro et al., 2007).

15 보다 구체적인 공무원의 권리와 의무에 대해서는 22장에서 보다 상세히 다루도록 한다.

적극적 의미에서 공직자 권익보호는 법적인 차원에서의 권익보호뿐만 아니라 공직자가 경제적·사회적·심리적 차원에서 적극적으로 인간다운 삶을 누릴 수 있도록 보장해 주는 것을 의미한다(유민봉·임도빈, 2016: 41). 이러한 적극적인 공직자 권익보호를 위해서는 공직자를 대상으로 한 교육훈련 및 역량개발 등과 같은 적극적 인적자원관리가 기반이 되어야 한다. 이는 공직자들이 공직가치를 보다 적극적으로 수호할 수 있도록 하는 중요한 동기요인이 되기도 하기 때문이다.

5 사회적 가치[16]

1) 사회적 가치의 의의

최근 한국에서 사회적 가치(social values)에 대한 논의가 활발하게 전개되고 있다. 사회적 가치는 유럽 국가들을 중심으로 사회적 경제조직을 형성하는 내용을 바탕으로 발전되어 왔다. 특히 공공부문에서 사회적 가치는 주로 사회적 기업, 협동조합, 마을기업 등 사회적 경제조직 발달과 밀접한 관련성을 가지고 논의되어 왔다(이은선·석호원, 2017). 우리나라에서 2007년 제정된 「사회적 기업 육성법」과 2012년 제정된 「협동조합 기본법」 등에 의하면, 국민들을 위한 충분한 사회서비스 공급확충, 새로운 일자리 창출, 사회적 통합과 국민 삶의 질 향상, 사회통합과 국민경제의 균형 있는 발전 등을 달성하기 위해 사회적 가치의 필요성이 더욱 강조되고 있는 것이다.[17] 사회적 가치의 중요성은 문재인 정부에 들면서 더욱 중요하게 고려되고 있다. 문재인 정부 100대 국정과제 중 '사회적 가치 실현을 선도하는 공공기관' 달성 과제는 문재인 정부의 사회적 가치 실현의지를 잘 나타내 주고 있다(청와대, 2017). 이와 더불어 사회적 가치를 실현하기 위한 제도적 방안으로 '사회적 가치 기본법' 제정 노력이 이루어지고 있다.

16 김정인(2018) 사회적 가치 실현을 위한 공직가치에 관한 시론적 연구: 포용적 성장을 중심으로. 「한국인사행정학회보」, 17(1): 57-83의 내용을 기반으로 하여 수정하여 수록하였다.

17 「사회적 기업 육성법」은 사회적 기업의 설립·운영을 지원하고 사회적 기업을 육성하여 우리 사회에서 충분하게 공급되지 못한 사회서비스를 확충하고 새로운 일자리를 창출함으로써 사회통합과 국민 삶의 질 향상에 이바지함을 목적으로 하며(국가법령센터, 2018), 「협동조합 기본법」은 협동조합의 설립·운영 등에 관한 기본적인 사항을 규정함으로써 자주적·자립적·자치적인 협동조합 활동을 촉진하고, 사회통합과 국민경제의 균형 있는 발전에 기여함을 목적으로 한다(국가법령센터, 2018).

2016년 일부 국회의원들에 의해 발의된 「공공기관의 사회적 가치 실현에 관한 기본법안」은 2018년 2월 현재 국회에서 법안 통과와 관련해 논의가 진행 중이다.[18]

2) 사회적 경제 관점에서의 사회적 가치 개념

사회적 가치에 대한 명확한 학술적 개념정의가 이루어지지 못하고 있는 실정임에도 불구하고, 사회적 가치의 개념은 사회적 경제(social economy)와 밀접한 관련성을 지니면서 발전되어 왔다(Defourny & Develtere, 1999). 사회적 가치는 자본주의 발달에 따른 문제점, 즉 불평등, 빈부격차, 양극화, 환경파괴 등과 같은 다양한 사회문제의 해결방안으로 등장한 사회적 경제 개념을 중심으로 발전해 왔다(김호철·정석, 2016: 162). 따라서 사회적 가치 개념을 사회적 경제와 관련해 논의해 볼 필요가 있을 것이다.

앞서 언급한 대로 사회적 가치에 대한 명확한 개념 정의를 제시할 수 있는 것은 아니지만, 광의의 관점에서 살펴볼 때 사회적 가치는 경제적 가치와 상반되는 개념으로서 화폐적 가치로 판단할 수 없는 '비화폐적 가치'라고 할 수 있다(이승규·라준영, 2009). 물론 사회적 가치가 경제적 가치와 완전히 동떨어진 개념은 아니라 하더라도 사회적 가치는 화폐적 가치로 명확하게 측정할 수 없는 가치로 인식된다(이승규·라준영, 2009; 김정인, 2013). 이러한 관점에서 사회적 가치는 명확하게 측정이 가능한 산출(output)보다는 영향(impact) 측면에 초점을 맞추어 측정되었다. 예를 들어, 사회적 가치를 측정할 때 전통적인 경제적 가치 산출방법인 투자 수익률(Return on Investment, ROI)을 활용하기 보다는 사회적 투자 수익률(Social Return on Investment, SROI)[19]을 활용함으로써 사회적 차원

---

18 의안정보시스템(2018)에 의하면 「공공기관의 사회적 가치 실현에 관한 기본법안」은 더불어 민주당 김경수 의원 등 51명이 발의하여 2016년 11월 3일 상정된 법률로서, 2018년 2월 현재 경제재정소위원회에서 심사 중에 있다. 「공공기관의 사회적 가치 실현에 관한 기본법안」의 제안이유는 다음과 같다. '사회적 가치를 정책수행의 기본원리로 고려하고, 공공기관의 사업수행과 정책집행 과정에 있어 사회적 가치 실현을 공공기관 성과로 평가하는 제도개선이 필요하며, 입법부인 국회가 이러한 제도개선을 선도할 필요가 있음. 이에 사회적 가치 실현을 우리 행정 운영의 기본원리로 삼고, 공공기관의 조직운영 및 공공서비스 공급과 정책사업 수행과정에서 사회적 가치 실현을 촉진할 수 있도록 사회적 가치에 관한 기본법을 제정할 필요가 있음. 이 법은 공공기관이 수행하는 조달, 개발, 위탁, 기타 민간지원 사업에 있어, 비용절감이나 효율성만을 중시하기보다는 사회적 가치를 고려하도록 하며, 이러한 사회적 가치의 실현을 공공기관의 평가에 반영토록 하여, 우리 사회 전반의 공공성을 획기적으로 제고하고, 공동체의 발전을 달성하는 것을 목적으로 함'이다.

19 사회적 투자 수익률 분석은 한 조직이 창출하는 사회적·환경적·경제적 가치의 산출을 유형의 화폐화된 가치로 환산하는 방법으로서, 이 방법은 영국 정부와 제 3섹터가 2008년 11월 여러 조직 간 컨소시엄을 구성하여 개발한 방법이다(김호철·정석, 2016: 162).

의 추상적이고 다양한 가치들을 측정하고 있다(사회적기업연구원, 2013). 또한 한국사회적기업진흥원(2013: 10)에 따르면 사회적 가치는 사회적으로 추구하는 가치로서 사회 환경에 대한 부정적인 영향 방지, 사회적 질서 준수, 도덕적 룰을 침해하는 행위 방지, 개방적인 커뮤니케이션 촉진, 자발적인 사회공헌 등 사회 전반에 미치는 영향에 보다 큰 관심을 가진다. 즉, 광의의 개념으로 사회적 가치는 개인적 관점에서 벗어나 사회 전반에 영향을 미치는 가치이며, 화폐적 가치만으로는 판단할 수 없는 비화폐적 가치를 의미한다고 볼 수 있다.

그러나 사회 전반에 영향을 미치며, 비화폐적 가치로 측정되는 가치 모두를 사회적 가치로 고려할 수는 없다. 협의의 관점에서 사회적 가치는 사회적 경제 개념과 연계해 논의될 필요가 있다. 우선, 사회적 가치는 '사회적 약자보호'라는 '사회적 목적'을 실현할 수 있어야 한다. 사회적 가치에서 사회적 약자 배려가 강조된다는 점은 사회적 경제조직의 특징을 고려했을 때 더욱 명확하게 나타난다(Alter, 2004). 알터(Alter, 2004)는 사회적 경제조직들을 수익성 기준에 따라 여섯 가지 유형으로 분류하였다.[20] 이러한 유형 중 전통적 이윤추구 기업에서는 '경제적 가치 창조(economic value creation)'를 주요 목적으로 하며, 전통적 비영리 조직에서는 '사회적 가치 창조(social value creation)'를 주요 목적으로 한다고 보았다. 특히 알터(2004)는 그의 연구에서 사회적 가치 창조를 주요 목적으로 하는 사회적 경제조직에서는 사회적 약자보호의 사회적 가치를 중요하게 고려하고 있음을 확인하였다. 이처럼, 사회적 가치에서 사회적 약자보호를 중요시한다는 주장은 사회적 경제조직의 역사적 발달과정에서도 잘 나타나고 있다. 사회적 경제라는 용어를 처음 사용한 1830년대 프랑스 경제학자 샤를 뒤노이에(Charles Dunoyer)에 의하면 사회적 경제는 시장경제의 한계를 비판하는 데 초점을 맞추고 있었다(신명호, 2014: 18). 즉, 초기 사회적 경제와 사회적 가치의 개념은 시장경제에 대한 비판적 관점에서 시장경제의 불황을 예방하고 대응하는 차원으로 활용되었던 것이다(신명호, 2014; 김정인, 2014).

그러나 사회적 가치는 단순히 시장경제의 한계를 극복하고 사회적 약자를 보호하는 '형평성' 차원에만 국한해 설명할 수 있는 개념이 아니다. 사회적 가치의 의미는 사회적 경제조직의 발달과 함께 변화해 왔다. 초기 사회적 경제조직에서는 시장경제

20 구체적으로 사회적 가치 창조가 가장 높은 조직은 전통적 비영리조직이며, 다음으로는 수익창출 활동을 하는 비영리조직, 사회적 기업, 사회적 책임 기업(socially responsibility business), 사회적 책임을 수행하는 기업(corporation practicing social responsibility), 전통적 이윤 추구기업 순으로 나타났다(Alter, 2004).

의 한계만을 강조할 뿐 수익성과 경제성에 대해서는 고려하지 않았던 반면, 1990년대 유럽을 중심으로 발전한 사회적 경제조직에서는 사회적 약자보호를 넘어 사회구성원 모두를 포괄하는 포용적 가치를 강조하였다. 이러한 관점에서 사회적 경제조직은 공공부문과 민간부문의 중간 영역 또는 제3의 영역으로 사회문제 해결에 동참하고 있으며, 동시에 정부실패와 시장실패 모두를 극복하는 포용적 대안으로 기능하고 있는 것이다(Defourny & Develtere, 1999). 또한 사회적 경제조직은 정부주도의 관료제와 시장주도의 신자유주의 모두 현대사회의 복잡한 문제들을 효과적으로 해결할 수 없다는 점을 강조하면서 사회적 가치 추구의 중요성을 강조하고 있다. 사회적 가치는 단순히 개인의 이익만을 추구하는 개인 효용극대화를 넘어 타인과 공동체 모두를 중요시 하는 동시에 사회구성원 간 연대성과 상호성을 중요하게 고려하는 포용적 가치이기에 사회적 경제조직에서는 사회적 가치 실현을 중요한 목적으로 하고 있는 것이다.

특히 최근에는 신공공관리의 한계로 인한 사회적 양극화 문제와 공직내부의 공직가치 쇠퇴 우려가 커지고 있어(Kernaghan, 2000), 우리 사회 전반에 사회적 가치의 중요성이 더욱 강조되고 있다. OECD(1999)에 의하면 사회적 가치는 자본보다 사람을 중시, 구성원들의 자율성과 개방성 강조, 구성원들 간 민주적 통제, 보편적 이익 추구, 사회적 연대와 책임, 지속가능한 발전, 사회적 목적과 공익활동 추구, 실업 문제 해결 등을 강조하고 있다. 이는 과거 사회적 가치를 사회적 약자보호라는 측면에 국한해 해석하던 것과는 달리, 사회구성원 모두의 성장, 사회적 연대, 공동체주의, 지역사회 구축 등을 강조하는 개념으로 해석하고 있는 것이다. 더 나아가 오늘날의 사회적 가치는 사회구성원 모두가 배제되지 않는 '포용적 성장(inclusive growth)'을 강조한다(OECD, 2016). 경제적 합리성과 수익성만을 강조하는 성장위주의 논리가 아니라 성장과 복지가 균형을 이루는 지속가능한 포용적 복지국가 건설이 사회적 가치의 중요한 방향이 된 것이다.

최근에는 사회적 가치에서 '사회혁신(social innovation)'이라는 개념도 강조되고 있다. 사회혁신은 시민주도로 사회문제를 해결하는 방안을 의미한다(행정안전부, 2017). 보다 구체적으로, 사회혁신은 시민주도의 다양한 주체(조직)들이 협력을 통해 사회문제를 혁신적으로 해결하고 이를 바탕으로 시민 삶의 질을 개선하는 방안이다(행정안전부, 2017). 현대사회는 양질의 일자리 창출, 지역사회 활성화, 공동체 복원과 발전, 공공이익 추구 등과 관련된 다양한 사회문제에 직면해 있다. 과거에는 정부와 시장중심으로 사회문제를 해결하였으며, 시민은 혁신의 주체가 되지 못했다. 그러나 현대의 사회문제는 너무나도 복잡하게 얽혀 있어 더 이상 정부나 시장중심으로 문제를 해결할 수 없게 되었으며, 정부의 지원 하에 시민 스스로가 주도적으로 사회문제를 해결해야만 하게 된 것이다. 즉, 오늘날의 사회에서는 시민들의 적극적인 참여로 사회문제를 해결하고, 정부는 정부혁신을 통해 이를 뒷받침함으로써 진정으로 국민이 주인이 되는 정부를 구현할 필요성이 제기되고 있는 것이다. 이와 같이 사회적 경제와 관련해 사회적 가치의 개념이 변화·발전해 온 내용들을 종합적으로 고려해 볼 때, 사회적 가치는 '인권, 노동권, 안전한 근로환경, 사회적 약자 배려, 양질의 일자리, 지역사회 활성화 및 지역경제 공헌, 민주적 의사결정과 참여 실현 등 공공이익과 공동체 발전에 기여하는 가치'로 정의될 수 있다(행정안전부, 2017).

3) 사회적 경제조직 법령 관점에서의 사회적 가치 개념

사회적 가치의 개념이 잘 나타나고 있는 사회적 경제조직 법령은 유럽 국가들을 중심으로 발달하였다. 대표적인 예로 2012년 제정된 영국의 「공공서비스(사회적 가치)법(Public Services(Social Value) Act 2012)」의 제정 목적에는 공공서비스 제공 관련 공공기관들은 경제적·사회적·환경적 목적을 추구해야 함을 명시하고 있다. 2013년 1월 31일 발효된 이 법은 공동체 사회에 보다 폭넓은 편익을 제공하고자 시행되었다(U.K. Cabinet Office, 2014). 특히 「공공서비스(사회적 가치)법」에 따르면 공공기관은 국민들에게 공공서비스를 제공할 때 경제적·사회적·환경적 편익을 고려하여야 하며, 모든 사회구성원들은 차별 없이 공공서비스를 제공받을 수 있어야 한다. 즉, 모든 공공서비스 제공 기관들은 사회적 가치를 고려하여 국민들에게 공공서비스를 제공하여야 한다는 것이다.

사회적 가치의 필요성과 중요성은 최근 한국의 사회적 경제조직 법령 등에서 더욱 명확하게 나타나고 있다. 사회적 경제조직과 관련하여 2007년 한국에서 제정된 「사회적 기업 육성법」과 2012년에 제정된 「협동조합 기본법」에서 사회적 가치의 의미를 찾아볼 수 있다. 「사회적 기업 육성법」에서는 사회적 기업의 설립 및 운영 목적을 통해 사회적 가치의 의미를 찾을 수 있다. 사회적 기업은 사회구성원 모두에게 충분한 사회서비스를 제공하며, 새로운 일자리를 창출하여 사회통합과 국민 삶의 질을 향상시키고, 취약계층에게 사회서비스 또는 일자리를 제공하는 것을 목적으로 한다. 또한 사회적 기업은 지역사회와 지역공동체에 공헌하고, 지역주민의 삶의 질을 높이는 등 사회적 목적을 추구하며, 동시에 재화 및 서비스의 생산·판매 등 영업활동을 할 수 있다(국가법령센터, 2018). 이러한 사회적 기업의 설립 목적을 통해 사회적 기업이 추구하는 사회적 가치를 확인할 수 있는 것이다.

또한 「협동조합 기본법」에서도 사회적 가치의 의미를 찾아볼 수 있다. 협동조합의 설립 및 운영 목적은 사회통합과 국민경제의 균형 있는 발전에 기여함이며, 조합원의 권익향상, 지역사회 공헌, 공동이익 추구, 지역주민들의 권익과 복리 증진, 취약계층에의 사회서비스 또는 일자리 제공 등도 협동조합의 설립 및 운영 목적에 포함되어 있다(국가법령센터, 2018). 이러한 점들을 고려해 볼 때, 사회적 가치는 단순한 사회적 약자보호를 넘어서 보장성, 사회통합, 사회서비스와 일자리 제공, 지역사회와 지역공동체 활성화, 삶의 질 향상, 균형 있는 경제발전, 국민 권익향상, 공동이익추구, 지역주민들의 권익과 복리증진 등의 의미도 포함하고 있음을 알 수 있다.

한국에는 사회적 기업과 협동조합 등 사회적 경제조직에 관한 법률은 제정되어 있으나, 영국의 「공공서비스(사회적 가치)법」과 같은 '사회적 가치 기본법'은 아직 제정되어 있지 않다. 현재 「공공기관의사회적 가치 실현에 관한 기본법안」이 발의되어 있기는 하지만, 여야의 의견대립으로 인하여 아직 본회의를 통과하지 못하고 있다(아이뉴스24, 2018). 아직 제정되기 전이기는 하지만, 「공공기관의 사회적 가치 실현에 관한 기본법안」은 사회적 가치의 기본적 개념과 범위를 명확하게 설정하고 있다. 동법 제3조에 의하면, 사회적 가치는 '사회적·경제적·환경적·문화적 영역에서 공공의 이익과 공동체 발전에 기여하는 가치'로 정의되며, 구체적인 사회적 가치로 ① 인간의 존엄성을 유지하는 기본 권리로서의 인권보호, ② 재난과 사고로부터 안전한 근로·생활환경의 유지, ③ 건강한 생활이 가능한 보건복지의 제공, ④ 노동권의 보장과 근로조건의 향상, ⑤ 사회적 약자에 대한 기회제공과 사회통합, ⑥ 대기업, 중소기업 간의 상생과 협력, ⑦ 품위 있는 삶을 누릴 수 있는 양질의 일자리 창출, ⑧ 지역사회 활성화와 공동체 복원, ⑨ 경제활동을 통한 이익이 지역에 순환되는 지역경제 공헌, ⑩ 윤리적 생산과 유통을 포함한 기업의 자발적인 사회적 책임 이행, ⑪ 환경의 지속가능성 보전, ⑫ 시민적 권리로서 민주적 의사결정과 참여의 실현, ⑬ 그 밖에 공동체의 이익실현과 공공성 강화 등이 제시되고 있다. 비록 아직까지 「공공기관의 사회적 가치 실현에 관한 기본법안」이 국회 본회의를 통과하지 못하고 있으나, 이는 공공기관에서 실현해야 할 사회적 가치의 개념과 범주를 제시하고 있다는 점에서 신속한 제정이 요구되는 법안이라 할 수 있다.[21]

21 사회적 가치 실현을 위한 법령 제정 노력과 더불어 우리나라에서는 최근 사회적 가치를 공공기관 및 지방공기업 경영평가의 중요한 평가지표로 고려하고 있다. 2018년도 '공공기관 평가지표'를 살펴보면, 경영관리의 중요한 평가지표로 사회적 가치가 고려되고 있다. 보다 구체적으로, 사회적 가치는 일자리 창출, 균등한 기회와 사회통합, 안전 및 환경, 상생·협력 및 지역발전, 윤리

사회적 경제를 바탕으로 한 사회적 가치의 개념 및 의미를 이론적·법령적 관점에서 살펴보았을 때, 사회적 가치는 사회적 형평성, 공동체주의, 통합성, 보편성, 보장성, 지속가능성, 공유성, 포용적 성장, 민주성, 자율적 개방성, 윤리성, 공개성, 안전성, 건강성 등과 같은 구성요소를 포함하고 있음을 알 수 있다. 특히 이러한 사회적 가치의 구성요소들은 사회적 목적과 공공성 달성이라는 공통의 특성을 가진다는 것을 알 수 있다. 이는 행정학에서 오래 전부터 강조해 온 기본 가치인 공공성 및 공익성과도 일맥상통하며(유민봉, 2015), 최근 공공부문에서 강조되고 있는 사회적 가치 실현이 행정의 기본 가치인 공공성 및 공익성 달성을 위해서도 반드시 필요함을 나타내는 것이다.

4) 사회적 가치 한계와 함의점

사회적 가치 역시 여러 가치들 중 일부이며 내용이 추상적이고 불분명하기 때문에 현실적으로 사회적 가치를 우선하는 법률을 제정하면 이는 「헌법」에 준하는 법률이 되어 실정법에 위반될 수도 있다는 비판이 제기된다(예 아이뉴스24, 2018). 뿐만 아니라, 공직자와 일반 근로자는 신분이 다르기 때문에 포용적 성장을 비롯한 사회적 가치를 공직가치에 포함시킬 수 없다는 논의도 있다. 예를 들어, 대한민국 「헌법」 제33조1항에는 '근로자는 근로조건의 향상을 위하여 자주적인 단결권·단체교섭권 및 단체행동권을 가진다'라고 규정하고 있으나, 2항과 3항에는 '공무원인 근로자는 법률이 정하는 자에 한하여 단결권·단체교섭권 및 단체행동권을 가진다'와 '법률이 정하는 주요방위산업체에 종사하는 근로자의 단체행동권은 법률이 정하는 바에 의하여 이를 제한하거나 인정하지 아니할 수 있다'라고 규정하고 있다. 이러한 측면을 고려해 본다면 사회 구성원들의 사회적 가치를 공직자들의 공직가치에 그대로 반영하는 것은 적절하지 못하다고 할 수 있다.

경영 등의 지표로 평가되고 있다(기획재정부, 2017). 뿐만 아니라, 2018년 '지방공기업 경영평가' 항목에서도 사회적 가치가 중요한 평가지표로 강조되고 있다. 2018년도 지방공기업 경영평가에서는 사회적 가치라는 별도의 평가지표를 신설하여 일자리 확대와 사회적 책임의 하위지표로 측정한다. 구체적으로 일자리 확대는 일자리 창출과 일자리 질 개선 지표로, 사회적 책임은 고객·주민참여, 윤리경영, 노사상생, 재난·안전, 지역사회공헌, 사회적 약자 배려 지표로 평가된다(행정안전부, 2017). 또한 이전까지 지방공기업 경영평가에서는 사회적 가치를 여러 가지 평가지표에 분산해 측정하고 배점 역시 낮게 책정되어 있었으나, 2018년부터는 지방공기업 경영평가에 사회적 가치의 평가점수를 확대(기존 20점에서 35점으로 확대)하였다(행정안전부, 2017).

그럼에도 불구하고 사회적 가치는 공공가치와 공직가치의 일부로서 고려할 필요성이 있다. 공직자들이 사회적 가치와 관련된 공직가치를 함양하기 위해서는 공직자에 대한 교육훈련 방안 개선 특히, 윤리교육, 리더십교육 등의 개선이 필요하다. 공직자들이 실질적이고 우선적으로 사회적 가치를 실현할 수 있도록 하는 구체적인 교육훈련 방안을 마련할 필요가 있다는 것이다. 이를 통해서 공직자들의 사회적 가치 실현을 위한 적극적인 행동변화를 이끌어 낼 필요가 있다. 세월호 참사 사례에서 보여 지듯이 한국의 공직자들은 지나치게 계층제적 책임성과 법적 책임성만을 우선시하는 경향이 있어 국민들을 위한 적극 행정에 한계를 나타내었다(김병섭 · 김정인, 2014). 뿐만 아니라, 조직사회화를 통해 공직자들이 관료조직에 너무 익숙해져버리면, 공직자들은 자신들이 대표하는 사회구성원을 위한 정책 실현에 한계를 나타낼 수도 있다(Roch & Pitts, 2012). 오늘날 뉴노멀 시대에 사회적 가치의 중요성을 고려해 본다면 공직자들은 사회적 가치 실현을 위해 보다 적극적으로 노력해야 한다. 이를 위해 공직자들이 함양해야 할 공직가치를 보다 구체적으로 제시하고, 이러한 가치를 함양할 수 있도록 하는 지속적인 윤리교육과 리더십교육을 시행할 필요가 있다. 이러한 교육훈련의 결과는 근무성적평정 등에도 반영할 필요도 있을 것이다. 예를 들어, 공직자들에게 사회적 약자보호 관련 공직가치인 '사회정의', '책임성', '공정성', '가외성'의 개념과 함양 방안, 또 이러한 가치의 실현 사례 등에 대해 다양한 방식(예 액션러닝 등)으로 교육훈련하고, 이러한 공직가치가 공직자들의 직무에 얼마나 반영되어 실행되었는지를 근무성적평정 등에 포함시킬 필요가 있다는 것이다.

공직자들이 사회적 가치 실현을 위한 공직가치 함양을 위해서는 현재 공직가치에서 적극적으로 고려되지 않고 있는 시대적으로 중요한 공직가치들을 개발하여야 한다. 특히 뉴노멀 시대의 사회적 가치는 단순히 취약계층과 사회적 약자보호만을 중요시 하는 것이 아니라, 사회구성원 통합과 미래가치를 더욱 중요하게 고려한다(Velpen, 2017). 이와 관련해 오늘날에는 '보장성', '공동체주의', '포용성', '지속가능성', '안전성' 등과 같은 사회적 가치의 중요성이 더욱 증대되고 있는 것이다. 지금까지 중요하게 고려하지 못했던 이러한 사회적 가치를 실현하기 위해서는 공직자들이 '가외성', '협업', '포용적 공감성', '사회적 감수성', '사회적 혁신', '예방적 전문성' 등과 같은 가치들을 중요한 공직가치로 개발하고 이를 실현시킬 필요가 있다. 사실 이러한 공직가치들은 공직자들에게 아직 생소하게 느껴질 수 있다. 예를 들어, 포용적 공감성, 사회적 감수성, 사회적 혁신, 예방적 전문성 등의 개념은 공직자들에게 낯설게 느껴질 수 있는 것이다. 뉴노멀 시대에 중요시 되는 이러한 공직가치들은 개념 및 실천방안

등이 보다 구체적으로 정립되어 공직자들에게 보다 실천적인 방법, 체험적인 방법을 통해 교육훈련될 필요가 있다.

마지막으로, 사회적 가치를 실현하기 위해 공직자가 함양해야 할 공직가치 중 일부는 과거에 비해 그 중요성이 낮게 평가되고 있는 것이 사실이다. 예를 들어, 효율성 등과 같은 공직가치는 사회적 가치 실현을 위해 공직자가 함양해야 할 중요 공직가치로 논의되고 있지 못하다. 특히 효율성이라는 가치는 신공공관리에 대한 비판적 논의 강화로 인해 사회적 가치 실현을 위한 공직가치로 중요하게 고려되고 있지 못한 실정이다(OECD, 2016: 14). 효율성 강화가 이윤만을 추구하여 양극화 문제 및 빈부격차 문제를 심화시킨다는 우려에 따라 효율성 가치에 대한 비판이 증대되고 있기 때문이다. 하지만 효율성 가치의 한계가 존재한다고 하여 이를 완전히 배제한다면 오히려 사회적 가치 실현에 도움이 되지 못할 것이다. 예를 들어, 효율적인 자원운영이 이루어지지 않는다면 자원 고갈이 급격히 일어나 지속가능한 성장의 달성이 불가능해질 것이며, 궁극적으로는 사회적 가치 실현이 어려워질 것이기 때문이다. 또한 사회적 가치와 관련된 사회적 경제조직 역시 수익성과 시장성을 완전히 배제하고 있지는 않기 때문에 효율성은 사회적 가치 실현을 위한 보완적 가치로 고려될 필요가 있다. 효율성을 다른 가치보다 우선시해야 하는가에 대해서는 논란이 제기될 수 있지만, 효율성을 완전히 무시한 채 다른 사회적 가치와 공직가치만을 추구하는 것은 오히려 궁극적으로 사회적 가치 실현 가능성을 낮추는 결과를 초래할 수 있을 것이다.

People and
Organizations

Chapter 03

공공관리 이론

1. 전통적 공공관리 이론
2. 시장형 공공관리(신공공관리) 이론
3. 신공공관리의 대안: 탈신공공관리 이론
4. 뉴거버넌스 이론
5. 신공공서비스 이론
6. 사회자본 이론
7. 포스트모더니즘 이론

CHAPTER 03

공공관리 이론

핵심 학습사항

1. 전통적 공공관리의 특징은 무엇인가?
2. 신행정학의 특징은 무엇인가?
3. 작은정부의 흐름이 발생한 이유는 무엇인가?
4. 신공공관리의 특징은 무엇인가?
5. 신공공관리의 한계는 무엇인가?
6. 한국에서 신공공관리 대안은 무엇인가?
7. 뉴거버넌스의 특징, 장점과 한계는 무엇인가?
8. 신공공관리와 뉴거버넌스의 유사점과 차이점은 무엇인가?
9. 뉴거버넌스의 장점과 단점은 무엇인가?
10. 신공공서비스의 특징과 의의는 무엇인가?
11. 사회자본의 구성요소와 특징은 무엇인가?
12. 조직 간 관계에서 사회자본은 어떠한 역할을 하는가?
13. 조직 간 사회자본(네트워크, 신뢰, 규범 등)에 따라 조직 간 관계는 어떻게 달라지는가?
14. 포스트모더니즘이론의 의의는 무엇인가?

1 전통적 공공관리 이론

1) 행정관리로서 공공관리 등장

행정과 정치가 분리되면서 전통적 공공관리에 대한 논의가 시작되었다. 관리 영역의 정체성을 강조하면서 시작된 정치행정이원론의 발달이 전통적 공공관리의 등장배경이 된 것이다. 특히 윌슨(Wilson, 1887)의 '행정의 연구(The Study of Administration)'와 1883년에 제정된 펜들턴 법(The Pendleton Act)을 바탕으로 한 공직의 실적제(merit system) 강화로

부터 전통적 공공관리가 시작되었다고 할 수 있다. 실적제의 도입 이전에는 1829년 잭슨(Jackson) 대통령에 의해 정당의 충성도에 따른 공직임명 결정이 특징인 엽관제(spoils system)가 시행되면서, 공직은 국민의 요구를 반영하여 운영이 되었다. 하지만 비효율성, 공직부패, 전문성 약화 등 엽관주의 폐단이 나타나기 시작하였다(이종수 외, 2014). 이후 미국의 가필드(J. A. Garfield) 대통령이 엽관제를 신봉하는 공화당 당원에 의해 취임 4개월 만에 암살 당하면서(1881년) 엽관제에 대한 우려와 비판이 가중되어 미국을 중심으로 실적제가 본격적으로 등장하게 되었다.

전통적 공공관리는 실적제 도입에 더불어 공직시험제도를 확립하고, 행정의 정치적 중립성을 강조하였다. 또한 엽관제 폐해를 극복하기 위한 진보주의 운동(progressive movement)을 기반으로 하고 있었으며, 테일러(Taylor)의 '과학적 관리기법(scientific management)', 베버(Weber)의 관료제를 행정에 접목시켜 행정의 관리 능력을 강화하였다. 정치행정이원론을 기반으로 하여 과학적 원리와 합리적 관리기법을 행정에 적극적으로 활용한 것이다. 이를 통해서 분업의 원리, 명령통일의 원리, 통솔범위의 원리, 부성화의 원리 등 조직설계 원리를 제시하였다.[1]

2) 사회적 적실성 달성을 위한 공공관리

전통적 공공관리에 변화를 가져온 대표적인 사건은 1930년대 이후에 발생한 세계 대공황이다. 대공황이 발생하자 관료들은 적극적으로 정책에 관여하여 행정문제를 해결하고자 하였다. 정치와 행정은 분리되어야 한다는 정치행정이원론에서 벗어나 관료가 적극적으로 정책결정에 참여하는 정치행정일원론이 강조되기 시작한 것이다. 정치와 행정은 분리될 수 없는 하나의 과정으로 인식되기 시작하였으며, 행정문제를 해결하고 가치를 다루는 관료의 역할이 강조되기 시작하였다. 애플비(Appleby)의 '정책과 행정(Policy and Administration)'에서는 세계 대공황 문제 해결방안은 뉴딜(New Deal) 정책의 시행이라고 설명하면서 행정은 정책형성과정이라고 특징지었다. 뿐만 아니라 디목(Dimock)은 통치를 정치(정책결정)와 행정(정책집행)의 결합으로 간주하면서, 이 두 과정은 상호 배타적인 것이 아니라 상호보완 관계에 있으며 행정과정에서 적극적인 정책결정이 이루어질 수 있다고 강조하였다(이종수 외, 2014). 그러나 정치행정일원론의 등장에도 불구하고 미국을 비롯한 전 세계는 여전히 행정과 정치는 분리되어 행정의 관리영역을 강조

1 자세한 설명은 11장의 조직이론 부분과 12장의 조직구조 부분에서 제시한다.

해야 한다고 주장하는 정치행정이원론의 특성을 나타내고 있었다. 특히 행태주의를 기반으로 하는 실증주의, 객관주의 등 과학적 기법의 발달로 인해 여전히 행정의 관리영역 강조가 공공관리 분야의 주된 흐름을 이루고 있었다.

1960년대 들어 전통적 공공관리의 흐름은 공공조직 내부관리에서 공공조직 외부관리로 바뀌게 된다. 행정의 관리영역 강화, 특히 정치행정이원론의 강화로는 사회문제를 적극적으로 해결할 수 없었다. 행정은 더 이상 내부관리 강화만으로 사회 문제를 해결할 수 없을 뿐만 아니라 사회적 적실성(relevance)을 달성할 수도 없게 된 것이다. 특히 미국 사회에서의 인종갈등, 빈곤문제, 교육률 저하, 취업률 저하 등 사회문제를 적극적으로 해결하기 위해서 관료는 정치행정일원론 차원에서의 가치판단과 적극적 행정을 시행할 필요가 있었다. 관료는 가치중립적(value-neutral)이 아닌 가치함양적(value-laden) 행태를 보여야 한다는 것이다. 보다 구체적으로 1960년대 이후 미국에서는 소수인종을 포함한 사회적 약자를 적극적으로 보호하고자 하였으며, 사회적 형평성을 주요한 가치로 고려하였다. 이를 위해서 복지예산을 증가하였으며 정부가 직접 사회문제를 해결하고자 하였다.

2 시장형 공공관리(신공공관리) 이론

1) 신공공관리 의의와 특징

복지재정 증가와 이로 인한 재정적자 문제를 극복하기 위해 1970년대부터 전 세계적으로 작은정부 운동이 발생하였다. 시민들은 정부적자 해소를 위한 정부의 성과향상과 이를 통한 정부신뢰 증진을 요구하였다(나태준, 2010). 이를 뒷받침해주는 행정개혁이 정부의 기능과 역할 중 일부를 시장으로 이양하는 신공공관리(New Public Management, NPM)인 것이다. 신공공관리는 중앙정부 중심의 집권적 운영원리 보다 분권적·자율적 운영을, 지시·명령·통제 보다 자율성 강화에 따른 성과 책임을 강조하였으며, 정부가 담당하기에 비능률적인 업무를 시장으로 이양하는 민영화 정책을 통해 정부 내 효율성을 달성하고자 하였다(유민봉, 2015).

신공공관리는 사실 이론적 배경과 가치 정향이 다양하기 때문에 명확하게 설명하기 어려운 측면이 있다. 하지만 대표적인 특징으로는 정부조직을 시장의 원리를 통해 더욱 기업적으로, 또 효율적으로 운영하고자 관리하는 측면을 제시할 수있다(Jansen, 2008: 189; 이종수, 2010). 무엇보다도 신공공관리의 특징은 경쟁지향, 성과지향, 고객지향이라는 세 가지 키워드로 정리될 수 있을 것이다(유민봉, 2015). 이는 서로 다른 공공기관 간, 공공기관과 민간기업 간 경쟁, 경제적 유인화, 대규모 관료조직의 분권화와 분절화를 통한 공공관리 방안을 묘사하고 있다고 할 수 있다(Dunleavy et al., 2006). 그리고 신공공관리는 정부조직 내의 새로운 관리방식인 신관리주의와 정부의 기능을 시장으로 이양하는 시장주의 모두를 포함한다(이종수 외, 2014). 신공공관리는 민간부문의 관리방식을 정부조직 내에서 역할모델로 고려하는 관리주의적 사고와 신자유주의와 시장주의 경제철학이 함께 고려된 공공부문의 새로운 관리철학으로 대두되었다(Hammerschmid & Meyer, 2005: 711). 따라서 신공공관리는 하나의 이론체계라기 보다는 시장주의와 성과관리를 기반으로 하는 공공부문의 관리 방식과 관련된 개혁 동향이라고 할 수 있다(Hood, 1991; 유민봉, 2015). 신공공관리가 추구하는 가치는 '더 많은 시장성(more market)', '더 많은 관리성(more management)', 그리고 '더 많은 능률성(more efficiency)'이라고 할 수 있다(이종수, 2010: 32).

정부는 시장의 논리인 경쟁의 원리를 적극적으로 받아들였다. 공공서비스를 생산하고 제공할 때에도 경쟁의 원리에 따라 하나의 부서나 기관에서 이를 생산하고 제공하기 보다는 다수의 조직(기관)에서 경쟁하여 생산·제공하는 것이 시민들에게 양질의 서비스를 저렴한 가격에 제공할 수 있는 방안이라고 본 것이다. 정부조직(기관)들 사이에서도 경쟁의 원리를 도입했을 뿐만 아니라 정부의 기능을 공공기관, 시장으로 이양하여 경쟁을 적극적으로 유도하였다. 신공공관리는 자산매각을 통한 민영화라는 정책수단을 활용해 경쟁을 유도하였으며, 때로는 민간과의 계약을 통한 민간위탁으로, 정책수요자들의 선택권을 확대시키는 바우처 제공으로, 공공기관과 지방공기업 설립 등을 통해 적극적인 경쟁시스템을 도입하여 시민들에게 보다 나은 공공서비스를 제공하고자 하였다(이종수 외, 2014). 경쟁의 원리는 정부조직 내부에서도 발생하였다. 가장 대표적인 예로 조직구성원들 간 공정한 경쟁을 통해 성과를 확대시키기 위한 수단으로 성과급을 도입하였다(유민봉·임도빈, 2015).

정부 내 경쟁의 강화는 정부 내 성과를 향상시키기 위한 수단이었다. 정부성과 향상은 정부의 경쟁력을 증진시킬 수 있으며 이를 통해 궁극적으로는 시민들의 만족도를 높일 수 있는 좋은 서비스를 제공할 수 있는 것이다. 정부성과 향상은 무엇보다도 정부조직 내에서 발생하였다. 정부의 기능을 시장으로 이양하는 것과는 달리, 정부조직 내에서 성과를 증진시키는 성과관리 방안을 강조하였다. 불명확하고 추상적인 공공조직의 특징을 고려해서 가능한 달성할 수 있는 정부조직 목표를 구체적이고 명확하게 설정하고 이를 달성하기 위해 집권화 보다는 분권화, 지시와 명령, 통제, 강화보다는 자율성 제고, 자율성 증진과 성과에 대한 책임성 강화를 중요시 한 것이다(유민봉, 2015). 예를 들어, 책임운영기관을 설립하여 정부부처와 성과계약을 체결한 뒤 이에 따라 인사, 조직, 예산관리의 자율성을 부여하고 성과달성 책임성 의무를 부과한 것이다.

정부성과 향상은 궁극적으로 시민들에게 보다 나은 서비스를 제공하기 위한 방안이었다. 그러나 신공공관리는 시민보다는 고객에게 양질의 서비스를 제공하는 고객지향 행정을 수반한다는 비판을 받게 된다. 가격차별과 수익자부담원칙을 통해 고객들에게 질 좋은 서비스를 제공하는 것이 신공공관리의 목적이었던 것이다.

2) 신공공관리 한계와 비판

신공공관리가 공공부문의 능률성 제고에는 기여하였지만 다양한 비판에 직면하게 된다. 첫째, 가치 측면에서 공공부문에서의 지나친 능률성 제고는 장기적으로 공공부문의 궁극적 가치인 공공성을 저해시킬 수 있다는 비판이 제기된다.[2] 과도한 능률성 강조는 정부조직의 역량을 희생시킬 수 있으며(Newberry & Pallot, 2005), 시민들의 정치참여에 부정적인 영향을 미치고(Vigoda, 2002), 정치적 통제에 대한 훼손문제를 발생시키기도 한다(Christensen et al., 2008). 무엇보다도 능률성 가치는 공공성을 저해하는 중요한 원인이 되기도 한다. 헤이크(Haque, 2001)는 신공공관리가 공공성을 침해한다고 주장하였다. 과거 공공성은 민간부문과 구별되는 정부 영역의 특징이었지만, 시장 지향적 개혁 풍조로 인하여 공사 구별이 모호해 짐으로 인해 공공성은 감소되고, 공공서비스 대상자(service recipients)의 구성과 범위가 가격 차별에 의해 고객중심으로 협소화 되기 시작한 것이다. 또한 공공부문의 역할 약화로 인해 공공성은 감소되었고, 시장기능의 강화로 국민에 대한 책임(public accountability) 수준도 약화되었다. 이로 인해 시민들의 정부 공공서비스 생산과 제공 능력에 대한 신뢰가 감소하여 공공성이 더욱 감소하게 되었다는 것이다(Hague, 2001). 뿐만 아니라 신공공관리에서의 과도한 능률성 강조는 민주성, 책임성, 사회적 형평성 등 다양한 가치들의 훼손을 가져왔다. 특히 공공서비스 제공 대상

2 그러나 이에 대한 반론도 제기된다. 신공공관리 학자들은 공공성 자체를 부정한 것이 아니라 공공성을 달성하는 방법에서 차이가 있다고 주장한다(김근세, 2008). 경제학적 사고에 기초한 경영기법을 공공부문에 적용한 것이 신공공관리이기 때문에(강명구, 2013), 신공공관리에서는 개인의 효용 극대화를 통한 사회의 효용증대가 공공성 향상이라고 주장하였다.

범위가 제한되고 가격 차별에 의해 사회적 약자들이 공공서비스 제공에서 배제되는 등 보편성과 보장성에 문제가 발생하였다(최상옥, 2016).

둘째, 공공부문의 자율성과 성과책임 증진은 오히려 공공관리 내 예기치 않은 부작용을 초래하였다(Jun, 2009: 162). 이는 공공부문의 성과관리 강화의 대표적인 한계이다. 신공공관리의 자율성과 책임성 증진은 오히려 성과를 우선으로 하는 단일 목적 추구 조직을 확산시켰으며, 이처럼 성과향상과 능률성 증진만을 강조하는 공공조직은 때로 성과맹목주의와 터널효과(tunnel vision), 차선추구(suboptimization), 근시안적 관리(myopia), 특정 성과지표에의 고착(measure fixation), 왜곡된 보고와 왜곡된 해석(misrepresentation and misinterpretation), 게임(gaming) 등과 같은 부정적인 효과를 초래하였다(Smith, 1995: 금재덕·이성도, 2009). 특히 공공조직의 과도한 분권화와 관리적 자율성 강화는 오히려 공공조직 내 분절화의 문제를 유발시켰다. 신공공관리는 정부 역할의 모호성과 분절화 문제를 더욱 증진시켰으며, 기관 간 협력(협업) 또한 소홀히 하도록 만들었다. 즉, 신공공관리가 오히려 국민들의 정치적 통제 어려움과 정부에 대한 불신을 창출하는 계기가 된 것이다(Jun, 2009).

셋째, 지나친 경쟁 강조는 또 다른 폐해를 초래하기도 한다. 공정한 경쟁은 사회적 효용을 극대화할 수 있지만, 지나친 경쟁은 오히려 공공부문 내 개인과 집단들의 협업을 저해시킬 수 있기 때문이다. 이로 인해 변화의 주체가 되어야 할 공무원들은 개혁의 객체가 되어 탈인간화 되었으며 그들의 사기는 저해된다(김선명, 2005). 신공공관리에서 강조하는 경쟁은 공공부문의 혁신을 강화하여 공공서비스의 질을 향상시키는 데 기여한다는 측면에서 장점을 지닌다. 하지만 과다한 경쟁은 오히려 부작용을 초래할 수 있다. 즉, 무분별한 경쟁은 오히려 인력 및 예산의 낭비를 초래할 수 있고, 경쟁과정에서 과중한 부담과 혼란이 발생할 수 있으며, 성과관리 담당관과 업무집행 부서들 간 협업을 저해하여 갈등을 유발시킬 수 있다. 또한 이로 인해 공무원들의 심리적 저항과 불만이 증대될 수도 있는 것이다(하미승, 2004).

이와 같이 신공공관리는 능률성을 우선가치로 하고, 정부조직 내·외에 경쟁의 원리를 도입하여 정부성과를 향상시키며 고객의 만족도를 증진시킨다는 점에서 긍정적인 의미를 지니나, 과도한 능률성 강조로 인한 폐해와 자율성·분권성 강화로 인한 과도한 분절성은 부정적 현상을 초래하게 된다는 비판이 제기되는 것이다. 이에 따라 일부 신공공관리 비판학자들(Lynn, 1999)은 신공공관리가 전통행정의 패러다임을 바꾼 것처럼 보일 수 있으나 그 영향력은 제한적이며, 공사부문의 본질적 차이(예 공공서비스 시장적 측정 한계) 때문에 공공부문에 민간기업 운영방식을 그대로 적용하는 데에는 한계가 나타날 수밖에 없다고 강조한다(Vigoda-Gadot & Meiri, 2007; 이종수, 2010). 따라서 공공부문의 새로운 혁신가치로 등장한 신공공관리에 대한 비판이 다양한 측면에서 논의되기 시작하였다.

3 신공공관리의 대안: 탈신공공관리 이론

1) 탈신공공관리의 의의

신공공관리의 한계를 극복하기 위한 대안은 다양한 영역에서 제시되었다. 탈(脫)신공공관리(Post-NPM) 역시 같은 맥락에서 살펴볼 수 있다. 탈신공공관리는 신공공관리의 능률성 강조와 과도한 분절화로 인해 발생한 부작용과 한계를 보완하는 대안으로 제시된 것이다(이종수, 2010). 따라서 탈신공공관리는 신공공관리의 문제점을 극복하기 위한 전반적 흐름이라고 할 수 있다. 탈신공공관리는 신공공관리의 초월(transcending New Public Management)이라는 개념으로 사용되기도 하였다(Minogue et al., 1998). 이러한 점을 고려해 볼 때, 탈신공공관리는 신공공관리에 대한 전반적인 비판들을 담고 있었다고 할 수 있다.

특히 2000년대 들어 발생한 전 세계적인 대형재난들은 신공공관리 개혁에 대한 의구심을 더욱 증폭시켰다. 2001년 미국의 9·11 테러, 2005년 카트리나 재해, 2004년 중국의 SARS 발병, 2005년 인도네시아의 쓰나미 참사 등과 같은 대형사고가 국외적으로 발생하였으며(유민봉, 2015: 161), 국내에서도 2014년 세월호 참사, 2015년 메르스 사태, 2016년 경주·2017년 포항 지진 등 의도하지 않은 대형재난들이 발생하면서 시장지향적 정부운영 방식에 대한 비판을 더욱 증폭시켰다. 뿐만 아니라 무분별한 규제완화의 부작용으로 2007~2008년 미국발 세계 금융위기가 발생하고, 2000년대 이후 저성장·양극화의 심각성이 더욱 커지면서 시장주의, 신관리주의, 신자유주의를 기반으로 한 신공공관리에 대한 비판이 더욱 강화되었다.

앞서 언급한 것처럼 탈신공공관리는 신공공관리의 의도하지 않는 부정적 결과를 극복하기 위한 개혁적 방안으로 제시되었다(Christensen et al., 2008). 다시 말해 신공공관리의 역기능을 보완하고, 통치역량을 강화하며, 정치-행정 체제의 통제와 조정을 개선하기 위하여 탈신공공관리가 강조된 것이다(이종수, 2010: 33). 신공공관리에서의 규제완화는 의도하지 않게 새로운 규제기관들을 등장시키는 규제완화 개혁의 역설을 발생시켰으며, 민영화된 운송체계는 정부가 직접 제공하는 운송체계보다 더욱 비효율적으로 운영되기도 하였다. 또한 시장개혁적 정부혁신은 개혁의 실효성이 크지 않았으며, 특히 성과급제도 시행이 공공부문의 성과향상을 초래한다는 경험적 증거가 명확하지 않은 한계가 나타났다(이종수, 2010: 33 재인용). 신공공관리로 인해 조직단위, 정책영역, 프로그램 별 수직적 분화가 더욱 커지면서 국가 차원의 비효율성은 오히려 더욱 심화되었으며(유민봉, 2015), 공공부문의 자율성과 분화를 통한 능률성과 성과책임 강화, 경쟁과 독립성 강화, 성과관리에 의한 권한위임과 자율경영의 개혁은 오히려 조직의 분절화와 정보 단절현상을 심화시켰다.

이를 극복하기 위하여 탈신공공관리는 가치 간 균형을 강조하였다. 또한 과거 신공공관리의 규제개혁과 시장개혁을 강조한 국가들이 재규제, 재집권, 구조통합 등을 강화하면서 신공공관리 반대 방향으로의 개혁이 발생하기 시작하였다(Christensen et al., 2008). 정부조직 내 전문화된 독립기관의 분절화는 성과책임 강화와 기능배분에 기여하였으나 이로 인해 조정과 협업, 정치적 통제에 어려움을 겪게 되면서 탈신공공관리에서는 이에 대한 재조정도 논의되기 시작하였다(이종수, 2010). 특히 탈신공공관리는 신공공관리의 분절화 강화로 발생한 정부조직 내 조직이기주의와 칸막이 현상 문제를 극복하기 위하여 목표를 공유하고 문제에 공동으로 대응하며, 상호 정보를 적극적으로 교환하는 결합되고(jointed-up), 협업(collaborative)하는 정부를 구축하고자 하였다. 분절되고 독립된 정부기능을 한 곳에 집중하여 부처 간 통합, 조정, 통제 기능을 강화하려는 조직 중심성 개혁이 다시 제기된 것이다(유민봉, 2015). 대표적인 예로 미국에서는 2001년 9·11 테러가 발생한 이후에 국가안보 관련 조직을 조정·통합한 국토안전부(Departmenet of Homeland Security)가 수립되었다. 또한 영연방 국가에서는 수상실에 국가전략이나 내각 협력을 전담하는 기구(예 Strategic Unit, International Collaborative Unit)를 설치하였으며, 호주 정부의 서비스 제공에 있어서도 원스톱 숍(one stop shop)을 구성하여 정책결정과 집행을 통합하거나 부처 간 협업을 도모할 수 있도록 하였다(유민봉, 2015: 161). 한국의 경우에도 세월호 참사 이후 안전기능을 통합하기 위해 2014년 국민안전처를 설립하였다.[3]

3 국민안전처는 국민의 안전과 국가 재난에 대응하기 위해 2014년 11월 「정부조직법」 개편으로 설립된 기관이다. 재난 시 신속한 대응 및 체계적이고 종합적인 재난안전관리시스템의 구축을 위해 설립되었으나, 2017년 「정부조직법」 개편으로 다시 폐지되었다(위키백과, 2018).

2) 탈신공공관리의 특징과 한국에서의 적실성

탈신공공관리는 신공공관리 개혁의 수정과 보완이며, 이는 전통적 관료제와 신공공관리 개혁의 변증법적 통합이라고 할 수 있다(이종수, 2010). 탈신공공관리의 구체적인 특징은 다음과 같다(Jun, 2009: 163; 이종수, 2010: 35). 첫째, 탈신공공관리는 구조적 통합을 통한 분절화의 축소(Reducing fragmentation through structural integration)를 강조한다. 둘째, 탈신공공관리는 규제완화에서 벗어나 재집권화와 재규제를 주창(Asserting recentralization and regulation)한다. 셋째, 탈신공공관리는 분절화되고 분권화된 정부가 아닌 총체적 정부 또는 합체된 정부의 주도(Whole-of-government or joined-up government initiatives)를 강조한다. 넷째, 탈신공공관리는 신공공관리의 역할 모호성을 제거하여 명확한 역할관계를 도출한다(Eliminating role ambiguity and creating). 다섯째, 탈신공공관리는 민영화 또는 민간위탁 보다 민간-공공 부문의 파트너십(Private-public partnerships)을 강조한다. 여섯째, 탈신공공관리는 분권화, 자율성, 독립성 강화 보다는 집권화, 역량 및 조정의 증대(Increased centralization, capacity building, and coordination)를 강조한다. 일곱째, 탈신공공관리는 중앙의 정치적·행정적 역량 강화(Strengthening central political and administrative capacity)를 강조한다. 마지막으로, 탈신공공관리는 환경적, 역사적, 문화적 요소에 유의(Paying attention to environmental, historical, and cultural elements)한다.

탈신공공관리는 신공공관리 한계 극복을 위한 재규제와 재집권 강화, 통합·조정·중재의 구조적인 하드웨어 변화 차원만을 강조한 것이 아니다. 탈신공공관리에서는 구성원들의 규범과 가치 등 소프트웨어 차원에서도 통합과 조정을 강조한 것이다(유민봉, 2015: 162). 탈신공공관리에서는 공직자의 일체감, 신뢰, 응집력, 윤리규범 등을 강조한다. 이러한 맥락에서 「헌법」의 가치와 주권을 지닌 시민 권리를 중요하게 고려하는 공공가치나 신공공서비스 역시 탈신공공관리의 관점에서 설명될 수 있다. 이처럼 탈신공공관리는 명확하게 규정된 이론만을 제시하는 것이 아니라 신공공관리의 한계를 극복하는 전반적인 행정개혁 방안으로도 제시될 수 있는 것이다.

그러나 한국에서 탈신공공관리의 의미는 신공공관리가 충분히 정착된 후 한계를 경험한 영·미 국가들과는 다르게 살펴볼 필요가 있다. 신공공관리의 역사와 전통이 오랫동안 형성되어온 영·미 국가들과는 달리 한국에서의 신공공관리는 1990년대 후반 급속하게 들어온 행정개혁의 일환이었다. 이 때문에 한국에서는 신공공관리에 대한 충분한 이해가 없었으며, 신공공관리가 성공적으로 실행될 수 있는 조건과 상황적 맥락도 없이 형식적으로만 신공공관리를 받아들이게 된 것이다. 이로 인해 한국에서는 신공공관리의 적절한 정착 여부에 대해서도 이견이 많다(이종수, 2010). 따라서 향후 한국에서 탈신공공관리를 일률적으로 논의하기 보다는 우리의 정치적·사회적 풍토를 고려하여 논의하는 것이 필요하다. 또한 무조건적인 재규제와 재집권 강화를 주장하기 보다는 재화와 업무 특성을 고려한 논의가 진행될 필요가 있다.

표 3-1 전통적 행정, 신공공관리, post-NPM 비교

비교국면		전통적 행정	신공공관리	탈신공공관리
개혁의 기본 철학	정부의 기능	• 전통적 정부 기능 강조	• 시장 메커니즘의 활용과 정부기능의 감축 • 규제완화	• 정부기능 및 정치적 통제의 회복 • 재규제화
	강조하는 행정가치	• 전통적 행정가치	• 능률성 강조	• 민주성 등 전통적 가치와의 균형화
	공공서비스 제공 방식	• 정부가 직접 생산·공급 • 공급자 중심	• 민간화·민영화·민간위탁 추구 • 소비자 중심	• 민간화·민영화의 신중한 접근 • 소비자 중심
조직 구조 설계	구조적 설계	• 베버식 관료제 조직 구조	• 단일 목적의 자율적 조직으로의 분절화	• 구조적 통합을 통한 분절화의 축소
	의사결정 구조	• 집권과 분권	• 분권화 강조	• 재집권화
인적 자원 관리	인적자원 관리 기법	• 자질, 행동, 성과의 균형적 평가	• 산출과 성과 강조	• 산출과 성과 강조
업무 과정	업무방식의 특징	• 규정과 규제에 의한 관리	• 민간부문의 관리 기법 도입 • 관리적 자율성 도입	• 책임성의 균형 강조
	통제 메커니즘	• 계서제적 통제 • 투입과 절차의 통제	• 결과·산출 중심의 통제	• 결과·산출 중심의 통제

출처: 이종수(2010: 36)

4 뉴거버넌스 이론

1) 거버넌스와 뉴거버넌스 개념 및 의의

전통적 공공관리의 대안으로 신공공관리와 같은 시장형 공공관리 뿐만 아니라 시민 참여형 공공관리가 제시될 수 있다. 대표적인 참여형 공공관리로 뉴거버넌스(new governance)를 제시할 수 있다. 뉴거버넌스의 개념을 논의하기 이전에 거버넌스에 대한 논의를 간략히 살펴볼 필요가 있다. 1980년대의 개혁 흐름은 정부에 대한 불신을 극복하는 방안으로 대두되었다. 전통적이며 계층적인 관료제가 사회문제를 적절하게 해결하지 못하자 이를 개혁하기 위해 사회를 조정하고 규율하는 방안으로 거버넌스가 제시되었다(이명석, 2002). 정부의 역할, 운영체계, 또는 사회문제 해결방식 등의 변화를 의미하는 거버넌스의 의미는 다양하기 때문에 이를 명확하게 설정할 수 없다. 일반적으로 거버넌스는 누가 어떤 종류의 권한을 소유하고, 구성원들 사이에 어떤 권리와 의무관계가 존재하는지에 따라 세 가지 수준으로 정의할 수 있다(이명석, 2002: 323-325). 첫째, 가장 넓은 최광의 의미로 거버넌스는 '공통문제 해결기제'로 정의될 수 있다. 이는 거버넌스를 조직, 사회체제, 또는 국가 전체와 관련된 문제해결 방안으로 보는 포괄적인 개념이다. 최광의 관점에서 거번넌스를 계층제, 네트워크, 시장형 거버넌스 유형으로 구분할 수 있다. 둘째, 광의의 거버넌스는 '정부 관련 공통문제 해결기제'로 정의될 수 있다. 거버넌스는 정부와 관련된 문제해결 방안이라고 할 수 있다. 이에 의하면 거버넌스는 공동의 문제를 해결하기 위하여 다양한 공식적·비공식적 참여자들의 상호작용 결과로 형성되는 것이다. 이는 사회체제의 조정 원리로서 정부의 역할을 강조하며, 거버넌스를 정부가 주도적인 역할을 하는 '구거버넌스(전통적 거버넌스)'와 정부와 시민사회의 파트너십을 강조하는 '신거버넌스'로 구분한다(Pierre, 2000). 셋째, 가장 협의의 의미로서 거버넌스는 '뉴(新)거버넌스(new governance)'로 정의될 수 있다. 협의의 의미인 뉴거버넌스에서는 시민의 의미를 재정립한다. 과거 시민을 수동적 소비자로 인식하던 것에서 벗어나 공급과정에 적극적으로 참여하는 적극적인 주인으로서의 시민 의미를 강조한 것이다(이명석, 2002).

이에 따라 뉴거버넌스는 다음과 같은 특성을 지닌다. 첫째, 뉴거버넌스는 광의의 거버넌스 개념과 같이 정부주도의 구거버넌스와 대조되는 개념으로 이해될 수 있으며, 둘째, 뉴거버넌스는 협의의 거버넌스 개념과 같이 시민사회의 적극적인 참여를 의미할 수 있다. 보다 구체적으로 광의의 뉴거버넌스를 피터스(G. Peters)의 시장적 정부모형, 참여적 정부모형, 신축적 정부모형, 탈내부규제 정부모형 등 네 가지 정부개혁 모형으로 제시할 수 있다(이종수 외, 2014: 95). 이들 모형은 정부가 어떻게 운영되어야 하며, 정부는 무엇을 해야 하고, 무엇이 좋은 정부인가를 연구한 것으로서, 전통적 정부모형의 특징을 제시하고 그 문제점을 개선하기 위한 네 가지 정부개혁 거버넌스 모형을 제시하였다. 전통적 정부모형에 반대되는 네 가지 정부모형이 뉴거버넌스 모형이라고 할 수 있는 것이다. 다음으로 협의의 뉴거버넌스는 전통적 행정국가의 정부실패와 신공공관리의 시장실패 가능성을 극복할 수 있는 대안으로서, 1990년대 들어 활발히 논의되었다. 1990년대 이후 복잡하고 불확실한 사회문제를 해결하기 위해 정부중심의 관료제 혹은 시장중심의 해결방안보다는 정부, 시장, 시민사회의 다양한 주체가 상호의존적이며, 유연하고, 자율적으로 연계하여 공동으로 복잡한 사회문제에 대응하고자 한 것이다(유민봉, 2015: 165). 협의의 뉴거버넌스에서는 광의의 뉴거버넌스와 달리 전통적 행정학의 관료제 뿐만 아니라 시장주의 개혁 역시 반대하였다(이명석, 2002). 이와 같은 두 가지 뉴거버넌스 논의가 지닌 공통점은 공공서비스 전달 또는 공공문제 해결과정에서 정부라는 공식적인 장치에 전적으로 의존하기 보다 정부와 민간, 비영리부문 간 상호 협력적 네트워크를 구축하고자 하였다는 데 있다(이종수 외, 2014). 향후 뉴거버넌스 논의는 협의의 관점에서 논의할 것이다.

표 3-2 뉴거버넌스 정부개혁 모형의 주요 특징 비교

구분	전통적 정부모형	시장적 정부모형	참여적 정부모형	신축적 정부모형	탈내부규제 정부모형
문제의 기준	전근대적 권위	독점	계층제	영속성	내부 규제
구조의 개혁방안	계층제	분권화	평면조직	가상조직	특정 제안 없음
관리의 개혁방안	직업 공무원제 절차적 통제	성과급 민간부문의 기법	총품질관리 팀제	가변적 인사관리	관리 재량권 확대
정책결정의 개혁방안	정치 행정의 구분	내부시장 시장적 유인	협의협상	실험	기업가적 정부
공익의 기준	안정성 평등	저비용	참여협의	저비용 조정	창의성 활동주의

출처: 이종수 외(2014: 95)

2) 뉴거버넌스와 신공공관리의 관계

1980년대 등장한 뉴거버넌스는 정부중심의 관료제 문제점을 해결하며, 정부의 역할이 방향잡기(steering)에 있다는 점을 강조한 개혁이라는 점에서 신공공관리와 유사성을 지닌다. 하지만 다음과 같은 측면에서 차이를 나타낸다(유민봉, 2015: 166–169; 이종수 외, 2014: 96–97). 신공공관리에서는 결과를 강조하지만, 뉴거버넌스에서는 과정에 초점을 맞춘다는 것이다. 보다 구체적으로 첫째, 신공공관리는 정부 내부의 관리 개혁에 중점을 두지만 뉴거버넌스는 외부주체와의 관계를 중요하게 고려한다. 전자는 조직 내 관계에, 후자는 조직 간 관계를 중요하게 고려한다는 것이다. 이는 뉴거버넌스가 능률성을 강조하는 신공공관리와 달리 민주성과 대응성을 강조하기 때문이다. 신공공관리는 국민을 소비자나 고객으로 간주하였다면, 뉴거버넌스는 국민을 시민으로 인식하여 시장주의에 의해 소홀해진 시민들에 대한 책임성을 확대하였다. 둘째, 신공공관리와 뉴거버넌스는 정부의 방향잡기 기능을 강조하였다는 점에서 공통점을 지니지만, 뉴거버넌스는 시민들의 참여를 중요시하기 때문에 신공공관리보다 정부의 방향잡기 기능은 상대적으로 낮다고 할 수 있다. 특히 뉴거버넌스는 정부, 시장, 시민사회의 균등한 권력관계를 가정하기 때문에 이들 간의 자율적이고 대등한 지위를 간주한다. 셋째, 신공공관리와는 달리 뉴거버넌스는 참여자 간 네트워크적 협력을 중요하게 고려한다. 이러한 관점에서 뉴거버넌스는 네트워크 거버넌스와 유사한 개념으로 이해될 수 있다. 신공공관리는 참여자들 간 경쟁, 소비자들의 개별적 선택, 배타적 관점을 강조하지만, 이와는 달리 뉴거버넌스는 참여자들 간 상호조정과 협력을 강조한다.[4] 그리고 참여자들 간 신뢰를 기반으로 참여자들 간의 상호조정도 중요하게 고려하여 합의 혹은 협치에 노력을 기울인다.

이러한 신공공관리와 뉴거버넌스의 차이에도 불구하고 신공공관리에서도 사회 여러 부문의 참여와 네트워크를 중요시한 측면이 있는 만큼 뉴거버넌스는 신공공관리의 한계를 극복하고 성과를 제고하기 위한 대안으로 고려될 수 있을 것이다(이종수 외, 2014: 97).

4 뉴거버넌스를 네트워크 거버넌스 관점에서 설명할 때, 뉴거버넌스는 정책네트워크와는 다르게 이해될 필요가 있다. 정책네트워크는 참여자들 간 경쟁을 강조하지만, 네트워크 거버넌스 특징을 지닌 뉴거버넌스는 협력관계를 기반으로 한다는 점에서 차이가 있다(Rabb & Milward, 2003).

표 3-3 신공공관리와 뉴거버넌스의 비교

구분	신공공관리	뉴거버넌스
인식론적 기초	신자유주의	공동체주의
관리기구	시장	연계망(network)
관리가치	결과(outcomes)	신뢰(trust)
정부 역할	방향잡기(steering)	방향잡기(steering)
관료 역할	공공기업가(public entrepreneur)	조정자(coordinator)
작동 원리	경쟁(시장 매커니즘)	협력 체제(partnership)
서비스	민영화, 민간위탁 등	공동 공급(시민, 기업 등 참여)
관리 방식	고객 지향	임무 중심
분석 수준	조직 내(intra-organization)	조직 간(inter-organization)

출처: 이종수 외(2014: 97)

3) 뉴거버넌스의 영향

뉴거버넌스는 참여자들 간 균등한 권력관계를 기반으로 상호의존하여 사회문제를 해결하고자 하기 때문에 참여자 모두가 자발적으로 합의에 이를 수 있어야 원만한 문제해결을 이루어 낼 수 있다. 뉴거버넌스는 정부의 기능을 일방적으로 시장에 이양하고 정부기능을 축소하기보다는 정부와 시장, 그리고 시민사회가 정책결정과 집행과정에 공동으로 참여하여 상호의존적이고 협력적으로 사회문제를 해결한다는 데 의의가 있다(유민봉, 2015). 또한 뉴거버넌스는 시민들의 적극적인 참여를 보장할 수 있어 민주성을 증진시킬 수 있다. 뿐만 아니라 거버넌스 참여자들 간 자발적 합의와 상호조정이 가능해져 효과적인 갈등조정 기제로 작용할 수 있다. 복잡한 환경에서는 정부와 시장이 단독으로 사회문제를 해결할 수 없다. 상황에 따라 신뢰를 바탕으로 한 다양한 참여자들이 함께 협력하여 문제를 해결해 나갈 때 복잡한 문제도 효과적으로 해결될 수 있는 것이다(유민봉, 2015: 168).

그럼에도 불구하고 뉴거버넌스는 개념이 매우 모호하고 다양하기 때문에 이에 대한 비판도 제기되고 있다(유민봉, 2015; 이종수 외, 2014). 첫째, 뉴거버넌스는 균등한 권력관계를 기반으로 한 상호조정을 중요시 한다. 하지만 현실은 정부, 시장, 시민사회 간 권력의 균등성을 확보하기 어렵다. 정부는 시장과 시민사회보다 더 많은 정보와 재정적 능력을 보유하고 있어 훨씬 우월적인 위치에 있는 것이다. 이러한 현실을 고려해 볼 때 뉴거버넌스에서 강조하는 자발적이며 수평적인 관계 형성은 한계를 지닌다. 둘째, 뉴거버넌스는 법적 책임성이 높은 관료제, 성과에 대한 책임성이 높은 신공공관리에 비해 낮은 책임성을 가지게 된다. 특히 사회구성원들 사이에서 정책 합의가 어렵고 정책의사결정이 표류하는 경우 책임성은 더욱 낮아질 수밖에 없다(유민봉, 2015).

4) 협력적 거버넌스의 등장

뉴거버넌스와 관련하여 최근에는 협력적 거버넌스의 중요성이 강조된다. 협력적 거버넌스는 첫째, 정부기관이 주도하는 상호작용을 의미하며, 둘째, 비정부 조직이나 사회구성원의 참여를 의미하고, 셋째, 비정부 이해관계자들의 단순한 의견제시나 상담 이상의 직접적인 참여를 의미한다. 넷째, 공식적(정형화된)으로 조직되는 집합적인 행동을 의미하며, 다섯째, 다양한 이해관계자들의 의견일치를 추구하고, 여섯째, 공공문제의 해결과 관련된 상호작용을 의미한다(Ansell & Gash, 2008). 협력적 거버넌스는 참여자들 간 상호조정, 참여, 신뢰, 공동문제 해결이라는 점에서 뉴거버넌스와 유사점을 지니나 정부기관이 주도가 된다는 점에서 차이점을 지닌다고 할 수 있다(이명석, 2010). 즉, 협력적 거버넌스는 "공공기관의 주도에 의한 자율적인 행위자와 조직들 사이의 구조화된 상호작용을 활용하여 기존의 조직적 경계와 정책을 초월하여 새로운 공공가치를 창조하는 사회문제 해결방식"이라고 정의할 수 있다(이명석, 2010: 30).

협력적 거버넌스는 뉴거버넌스의 특징을 가지고 있지만, 정부, 시장, 시민사회의 현실적 권력 불균등을 고려해 볼 때 뉴거버넌스 보다 협력적 거버넌스가 더욱 높은 적용 가능성을 가지고 있다고 할 수 있다. 특히 협력적 거버넌스를 구축하기 위한 정부의 역할을 강조하면서, 정부조직과 구성원들의 수평적 협력 달성을 위한 정부의 노력을 중요시 하였다(이명석, 2010). 즉, 협력적 거버넌스에서는 정부의 역할 축소가 비현실적이라는 점을 인정하고, 협력적 거버넌스를 주도적으로 설계하고 관리하기 위한 정부의 역할이 필요하다는 점을 강조한다.

5 신공공서비스 이론

신공공서비스는 관료의 역할을 재조명하고 시민의 역할을 강조하였다는 점에서 의의가 있다. 신공공관리 역시 정부주도의 방향잡기 역할을 강조하면서 개혁은 관료에 의해 주도되고 시민은 이를 받아들이기만 하는 수동적 지위에 머물러 있었다. 그러나 행정환경이 변화하면서 관료에 역할변화를 강조하는 개혁인 신공공서비스가 제시되기 시작하였다. 신공공서비스는 과거에는 관료가 권력을 소유하였다면, 이제는 관료가 시민들에게 권력을 돌려주어야 한다는 인식에서 출발한다(Denhardt & Denhardt, 2003). 관료는 시민들에게 권력을 돌려주고 시민들이 원하는 맞춤형 공공서비스를 제공해 주어야 한다는 것이다. 관료의 임무는 시민을 위해 봉사하는 것이며, 시민 참여와 시민중심의 공공관리가 이루어질 필요가 있다는 것이다. 모든 시민들에게 '더 나은 생활'을 보장하고 또 이를 달성하는 것이 신공공서비스이다(이종수 외, 2014: 99). 시민들에게 보다 나은 삶을 보장하기 위해 관료들은 시민참여를 적극 권장하고 중재와 조정의 기능을 강화해야 한다는 것이다. 조정과 중재의 역할을 강화한다는 차원에서 신공공서비스는 뉴거버넌스와 유사성을 지닌다. 하지만 시민들이 참여하고 토론할 수 있는 '담론의 장'을 제공한다는 점에서 차이가 있다고 할 수 있다(김태룡, 2009).

시민들이 만족하는 공공서비스를 제공하기 위해 관료는 시민들과 적극적으로 소통하고 상호협력해야 하며, 이를 바탕으로 공공문제를 해결하고자 노력해야 한다. 이 과정에서 관료의 협상·중재 기능이 강조된다. 대의민주주의에 대한 비판으로 정책과정에의 시민 직접참여 확대와 관료의 시민에 대한 봉사강조가 이루어 졌다. 오스본과 게블러의 정부혁신 10대 원칙을 강조한 신공공관리론을 비판하며 신공공서비스는 7가지 원칙을 제시하였다(이종수 외, 2014: 101 재인용). 첫째, 관료는 고객이 아닌 시민에 대해 봉사를 해야 하며, 둘째, 관료는 공익을 달성하기 위해 노력해야 한다. 특히 공익은 시민들의 공유된 가치에 대한 담론의 결과이기 때문에 관료는 시민들이 공익을 달성할 수 있도록 도와주어야 한다. 셋째, 기업가 정신보다는 시민의식에 대한 가치를 받아들여야 하며, 넷째 전략적으로 생각하고 민주적으로 행동해야 한다. 다섯째, 책임성은 단순한 것이 아니라는 것을 관료와 시민 모두에게 인식시켜야 하며, 여섯째, 정부의 방향잡기 역할보다는 시민에 대한 봉사를 강조하고, 마지막으로, 단순한 결과나 생산성에 집착하기 보다는 사람의 가치를 더욱 중요시 해야 한다.

신공공서비스는 시민들의 관료에 대한 인식변화, 특히 관료와 시민의 적극적인 상호관계와 소통의 중요성, 시민의식 강화, 공익달성의 중요성 등을 강조했다는 점에서 의의를 지닌다(김태룡, 2009). 특히 신공공서비스는 관료우위의 한국사회에서 시민중심의 행정을 실현시키는 데 긍정적인 역할을 할 수 있다는 점에서 의의를 지닌다. 그럼에도 불구하고, 신공공서비스 논의에서 관료의 사익 추구 행위 등이 고려되지 않은 점은 비현실적 측면이 크다는 한계를 지닌다고 할 수 있다(김태룡, 2010).

6 사회자본 이론

일반적으로 사회자본은 미시적, 중시적, 거시적 차원 등 다양한 차원에서 정의될 수 있다(신광철 외, 2010: 71). 미시적 차원에서 브루디에(Bourdieu, 1986)는 사회자본을 '상호 면식이 있고 상호 인정하는 지속적인 관계들로 구성된 네트워크를 소유한 덕택으로 얻게 되는 실제적 혹은 잠재적 자원들의 총합'으로 정의하였다. 거시적 차원에서 푸트남(Putnam, 1993)은 사회자본을 '상호이익을 위한 협동과 협력을 촉진시키는 네트워크, 규범, 및 사회적 신뢰와 같은 사회적 특징'으로 정의하였다. 이밖에도, 콜만(Coleman, 1988)은 사회자본이 '기능에 의해서 정의되며, 단일의 실체가 아닌 2가지 공통요소(사회구조의 특정 방면, 개인과 집단의 행동을 촉진)를 포함한 다양한 실체'로 정의될 수 있다고 주장하였다. 이처럼 학자마다 사회자본을 정의하는 방식은 각기 다르지만, 이들 모두는 공통적으로 네트워크, 신뢰, 규범 등을 사회자본의 중요 구성요소로 간주하고 있다.

이러한 일반적인 사회자본 개념은 조직에도 적용될 수 있다. 보다 구체적으로, 조직 사회자본은 조직구성원들 간 사회자본과 조직 간 사회자본으로 구분된다. 조직 내 구성원들 간의 관계(interpersonal relationship)는 "구성원들 둘 이상의 사이에 자원 거래, 이동, 연결이 지속적으로 이루어지는 것"을 의미하며, 조직 간 관계(interorganizational relationship)는 "둘 이상의 조직 사이에 자원 거래, 이동, 연결이 지속적으로 이루어지는 관계"를 의미한다(Daft, 2016: 194). 조직 내 구성원들 간 관계는 주로 조직 행태적 접근에서 논의되는 것이기 때문에 본장에서는 조직 간 관계에만 초점을 맞추어 논의한다.

조직 사회자본을 연구하는 이유는 조직 사회자본이 증가할 때 조직의 효과성이 증가할 것이라는 기대 때문이다. 이와 관련된 연구를 시행한 대부분의 연구자들은 조직 사회자본의 주요 구성요소인 네트워크, 신뢰, 규범은 조직의 효과성을 증진시키는 데 긍정적 역할을 한다고 가정한다. 예를 들어, 샌드퍼와 라우만(Sandefur & Laumann, 1998)에

표 3-4 미시적·중시적·거시적 차원에서의 사회자본 정의

차원	학자	정의
미시	Bourdieu(1986)	상호 면식이 있고 상호 인정하는 지속적인 관계들로 구성된 네트워크를 소유한 덕택으로 얻게 되는 실제적 혹은 잠재적 자원들의 총합
	Portes(1995)	네트워크 혹은 사회적 구조의 구성원이라는 혜택 때문에 희소한 자원을 지배하게 된 개인의 능력
	Lin(2001)	시장에서의 이익을 기대한 투자로서 목적성을 띤 행동과정에서 이용되거나 동원되는 사회적 구조에 배태되어 있는 자원
중시	Nahapiet & Ghoshal(1998)	개인 혹은 사회적 단위가 소유한 사회적 네트워크에 배태되어 있는 실체적 및 잠재적 자원의 총합
	Leana & Van Buren(1999)	구성원들의 공동목표 지향 및 공유된 신뢰를 통하여 실현되는 조직 내의 사회적 관계의 특성을 반영하는 자원
	Oh, Chung & Labianca(2006)	집단의 사회적 구조, 조직의 공식적 및 비공식적 구조 속에서 집단구성원들의 사회적 관계들을 통해 집단에 유용한 자원
거시	Coleman(1988)	기능에 의해서 정의되며, 단일의 실체가 아닌 2가지 공통요소(사회구조의 특정 방면, 개인과 집단의 행동을 촉진)를 포함한 다양한 실체
	Putnam(1993)	상호이익을 위한 협동과 협력을 촉진시키는 네트워크, 규범, 및 사회적 신뢰와 같은 사회적 특징
	Fukuyama(1995)	둘 이상 개인들 사이의 협력을 촉진하는 비공식적 규범

출처: 신광철 외(2010: 71)

의하면 조직 내 신뢰, 규범, 연계가 증가할수록 정보의 획득과 이용이 활발해져 조직의 효과성이 증진된다고 한다.

그러나 조직 간 사회자본의 효과성은 조직 간 사회자본의 특성(네크워크, 신뢰, 규범의 특성)에 따라 긍정적인 영향을 미치기도 하고, 부정적인 영향을 미치기도 한다. 조직 간 사회자본이 긍정적인 영향을 미치는 경우는 조직 네트워크가 수평적이고 개방적으로 이루어지며, 조직 간 상호신뢰가 이루어지고 호혜적 규범이 형성될 때이다. 조직 간 상호관계가 활발히 이루어질 때 상호 간 정보의 흐름을 알 수 있으며, 이를 통해 상호 간 거래비용을 줄일 수 있고, 조직 간 관계를 긍정적으로 형성할 수 있다(염종호·김정수, 2010). 또한 조직 상호 간 정보교환이 원활하게 이루어진 경우, 투명성 확보를 통해 지대발생 가능성을 낮출 수 있어 사회적 효용도 증진될 수 있다. 이러한 경우에 조직 상호 간 신뢰는 더욱 증대되고 조직 간에 기회주의적 행동을 발생시킬 가능성이 낮아진다. 뿐만 아니라 조직 간 상호 호혜적 규범을 형성하는 것(타인에게 호의를 베푸는 것)

이 각 조직에 도움이 될 것이라는 기대를 증진시킬 수 있다(박희봉, 2002).

조직 사회자본의 긍정적 영향에도 불구하고, 사회자본은 조직간 관계에 부정적으로 작용할 수도 있다. 특히 조직 간 배타적이고 폐쇄적인 사회적 자본이 형성될 경우 각 조직은 자신들의 집단이익만을 추구하게 되어(Olson, 1982), 두 조직 간의 효용을 오히려 저해시킬 수도 있다. 물론 조직 내 배타적 사회자본은 조직 내 구성원들의 일탈행위를 통제할 수 있다는 장점도 가지지만(Coleman, 1988), 이러한 조직의 폐쇄성은 오히려 조직 간 상호존중을 저해할 수 있고 이로 인해 사회적 비효율이 증대될 수 있다. 이와 같이 사회자본이 조직 간 관계에 미치는 영향은 사회자본이 어떻게 구성되고, 형성되는가에 따라서 달라진다고 할 수 있다.

조직 간 네트워크는 조직 간 연결관계(연계행태)가 어떻게 형성되어 있는지에 대한 것이다. 네트워크가 수직적이고 폐쇄적인 관계로 형성되어 있는지, 아니면 수평적이고 개방적인 관계로 형성되어 있는지에 따라서 조직 간 네트워크의 유형이 달라진다고 할 수 있다. 조직 간 자원과 정보가 어느 한 조직에 집중되어 있어 권력의 비대칭 현상이 나타난다면 이로 인해 조직 간 수직적이고 폐쇄적인 네트워크가 형성되고, 이 때문에 조직 간 자원 및 정보의 공유가 어려워질 것이다. 이에 반해 조직 간 수평적이고 개방적 네트워크가 형성된다면 조직 간 협력이 강화되어 조직 효과성 달성에 긍정적인 영향을 미치게 될 것이다. 이러한 경우, 조직들은 개별 조직의 경쟁력을 증진시킴과 동시에 희소하고 제한된 자원을 효율적으로 사용하기 위해 공동체를 구성하여 자원을 공유한다. 조직 간 관계가 상호의존적일 때 조직은 외부 환경 위험에 공동으로 대처할 수 있으며, 상호 경쟁을 통해 혁신적인 성과를 달성할 수 있다.

조직 간 동반자 또는 협력적 네트워크 형성은 다음과 같은 장점을 지닌다(Daft, 2016: 208). 첫째, 신뢰 등 공통의 가치를 창출할 수 있는 기회를 가진다. 둘째, 공평하고 공정한 거래 및 쌍방의 이익 추구를 가능하게 한다. 셋째, 조직 간 연결을 통해 핵심 정보에 접근할 수 있으며, 충분한 조직 간 피드백과 토의를 통해 긍정적 관계를 형성할 수 있다. 넷째, 상호 긴밀한 조정 메커니즘을 통해 상대방과 자원을 공유할 수 있다. 특히 조직에 대한 상호의존이 증진될 때 상호간 협력이 강해지고, 쌍방 모두가 더 높은 가치를 추구하기 위해 위험을 분산시키려고 노력하게 된다(Daft, 2016).

앞서 설명한 조직간 협력 네트워크를 형성하기 위해서는 반드시 조직 간 신뢰가 바탕이 되어야 한다. 조직간 관계에서 독립성을 유지하기 보다는 조직간 상호의존성과 신뢰에 기반 할 때 조직 효과성이 증진될 수 있다. 이때, 신뢰는 사회학, 심리학, 행동경제학을 비롯하여 다양한 분야에서 강조되는 개념이며, 이는 조직관점에서도 적용될 수 있다. 이형우(2015: 495-496)가 제시한 바와 같이, 사회학적 논의에 따르면 조직신뢰는 "조직 집단 내에서 형성되는 규범과 가치"를 의미하며, 심리학에 의하면 조직신뢰가 "개인의 믿음과 유사한 신뢰개념"으로 설명될 수 있다. 이밖에도, 행동경제학 관점에 따르면 조직 신뢰는 "딜레마 상황을 극복하는 협동행위"로 간주된다. 개인 및 조직을 포함한 각 차원에서 신뢰가 형성될 때 조직 효과성은 증대될 수 있다. 예를 들어, 개인적 차원인 심리적 차원에서 구성원들 간 신뢰가 형성된다면, 두 조직의 구성원들이 협업을 하는 것이 각 개인의 심리적 안정감 증진에 기여하는 것이 될 것이다. 행동경제학 차원에서 조직간 신뢰는 거래비용을 줄이고 동시에 자신들의 상호이익을 증진시킬 수 있는 수단이 된다(이형우, 2015: 495-496).

7 포스트모더니즘 이론

모더니즘 이론과는 달리 포스트모더니즘 이론은 진리의 기준은 맥락 의존적이며 상대적이라고 간주하면서 인간의 이성과 주체성에 대한 신뢰 및 합리성을 반대한다(이종수 외, 2014: 77). 포스트모더니즘 이론은 실증주의와 객관성을 비판하고 다원성과 상대성을 중요시하면서, 공직자들이 다원성과 상대성을 중요하게 고려하는 관점을 윤리적으로 승화시키는 데 이론적 토대를 마련해 주었다는 점에서 의의가 있다(김동원, 2005). 행정학적 차원에서 포스트모더니즘에 중요한 영향을 미친 주장은 맥스와이트(McSwite)의 주장, 파머(Farmer)의 주장, 그리고 폭스와 밀러(Fox & Miller)의 주장이다. 폭스와 밀러의 포스트모던 행정은 담론이론을 지향하며, 파머는 행정학의 언어 차원에서 중요성을 강조하였다. 또한 맥스와이트는 담론분석을 통해 행정의 정당성을 중요하게 고려하였다(이영철, 2011).

특히 세 학자의 이론 중에서 진보성이 가장 낮은 폭스와 밀러의 인식론에 의하면, 행정의 주요 정책참여자들 특히 비공식적 참여자들이 역동적 담론에 참여할 때 진정한 정책결정이 이루어질 수 있다고 주장한다(김동원, 2005). 행정은 기술이 아닌 담론이기 때문에 담론을 통한 정책참여를 중요하게 고려하였다. 이를 기반으로 한 바람직한 공직자상은 합리적 윤리에서 관계적 윤리를 중요하게 고려한 것이다. 국민을 객관적 관찰대상이 아니라 인격체로 존중해야 할 도덕적 타인으로 간주해야 한다고 주장한다(김동원, 2005). 이러한 포스트모더니즘은 시민의 적극적 참여를 중요하게 고려했다는 점에서 의의를 지닌다고 할 수 있다.

PART 02

조직 속의 인간에 대한 관리

People and
Organizations

Chapter 04

인사제도

1. 인사행정의 이해

2. 인사행정 제도

CHAPTER 04

인사제도

핵심 학습사항

1. 인사행정과 인적자원관리의 공통점과 차이점은 무엇인가?
2. 인사행정과 관련된 환경변화는 인사관리에 어떠한 영향을 미치는가?
3. 최근 인사행정 변화의 특징은 무엇인가?
4. 실적제는 무엇이며, 실적제와 엽관제의 차이는 무엇인가?
5. 실적제의 특징은 무엇이며, 우리나라 실적제 현황은 어떠한가?
6. 직업공무원제의 특징과 장·단점은 무엇인가?
7. 실적제와 직업공무원제는 어떠한 관련이 있는가?
8. 공직분류의 두 기준은 무엇이며, 그 특징은 무엇인가?
9. 계급제와 직위분류제의 장·단점은 무엇인가?
10. 우리나라 공직분류 현황과 문제점, 그리고 해결방안은 무엇인가?

1 인사행정의 이해

1) 인사행정의 의의

인사행정은 경영학의 인사관리 또는 인적자원관리와 유사한 의미를 지니고 있지만 다음과 같은 차이를 나타낸다(유민봉·임도빈, 2016: 10–13). 첫째, 공공부문의 인적자원관리는 민간부문 보다 법적 제약이 엄격하기 때문에 인사행정 전반에 있어서의 제약이 강하게 나타난다. 둘째, 인적자원관리 운영의 경직성이 높아 인적자원관리가 탄력적이지 못하다. 셋째, 공공부문에서는 인적자원에 대한 정확한 노동가치를 산출할 수 없다. 넷째, 인사행정에서는 효율성뿐만 아니라 다양한 가치를 포함한다. 특히 인사행정에서는 형평성과 민주성이 중요한 가치로 고려된다. 인사행정은 인적자원 확보, 인적

표 4-1 인사행정의 하위체제

	체제의 경계	주요연구대상	인사권자의 수단	인사행정의 예
상징체제	국가전체	국가사회(국민) 와의 관계	상징조작	공직사회정화운동, 공직윤리
통치체제	행정조직 내 집단	조직 내 관리자와 직원 간 관계	협상, 게임, 권력관계	리더십, 노조
개인관리체제	개인	개인	관리기술, 능력발전	성과급, 근무성적

출처: 임도빈(1999: 117)

자원 교육훈련, 인적자원 유지 및 활용, 인적자원 평가, 인적자원 보상과 같은 인사의 핵심기능 측면에서는 인적자원관리와 공통점을 나타내지만, 인사행정이 경영학에서 말하는 인적자원관리보다 법적·정치적 환경 등에 많은 영향을 받는다는 점에서는 큰 차이를 나타낸다.

인사행정 체제는 개인, 집단, 국가 또는 사회 전체적 차원에 따라 다르게 설명될 수 있다(임도빈, 1999: 116–118). 가장 전통적인 관리기법 관점에서는 인사행정을 조직 내 개인, 즉 공직자를 주요 분석단위로 연구한다. 이러한 측면에서의 인사행정은 인적자원에 대한 효과적인 관리영역을 가장 중요하게 고려한다. 전통적인 관리기법에서는 주로 정치행정이원론적인 입장을 취하며, 공직분류제도 중 직위분류제가 이에 해당한다고 볼 수 있다(정성호, 1993). 두 번째로, 보다 거시적 차원인 집단 통치체제로서의 인사행정에서는 조직 또는 집단 차원에서 관리자가 구성원들을 잘 관리할 수 있는가를 가장 중요하게 고려한다. 이러한 관점에서는 정치행정일원론적 입장을 취하며, 공직분류제도 중 계급제가 이에 해당한다고 볼 수 있다. 마지막으로, 가장 넓은 범위에서의 인사행정에서는 국민들이 인사행정 체제에 어떠한 이미지를 가지고 있는지가 가장 중요하게 고려된다. 국가사회와의 관계가 주요 연구대상이 되며, 공직사회정화운동 혹은 공직윤리가 이에 해당하는 인사행정의 예가 된다.

2) 환경변화에 따른 인사행정 변화

개방체제의 특징을 지닌 인사행정은 외부환경에 큰 영향을 받는다. 최근 공직제도를 둘러싼 인사행정환경은 급속도로 변화하고 있다. 정보화, 민주화, 다원화, 지방화 등과 같은 인사행정 환경변화로 인해 우리나라 공직제도에도 상당한 변화가 일어나고 있다(강일규, 2010: 175). 예를 들어, 최근에는 성과관리, 고객관리, 지식관리 강화 등과 같은 민간부문의 우수 인사관리전략이 공직 운용의 중요 방침으로 제시되면서 오늘날의 인사행정은 과거와는 다른 모습으로 변화하고 있다.

과거부터 공직자의 수는 끊임없이 증가하고 있다(인사혁신처, 2018).[1] 1962년 약 25만 명밖에 되지 않았던 전체 행정부 공무원의 수는 2017년 12월 31일 현재 1,034,562명으로 증가하였다. 2005년 이후 일반직 공무원의 수는 전체 행정부 국가공무원 수 566,086명의 약 15.9%인 89,971명에 그쳤으나, 이후 그 규모가 지속적으로 증가하여 2017년에는 전체 행정부 국가공무원 수 656,665명의 24.8%인 162,530명이 되었다. 즉, 일반직 공무원 수는 2005년에 비해서 약 80.6%가 증가한 것이다. 이처럼 공무원 수

그림 4-1 인사 트랜드 변화

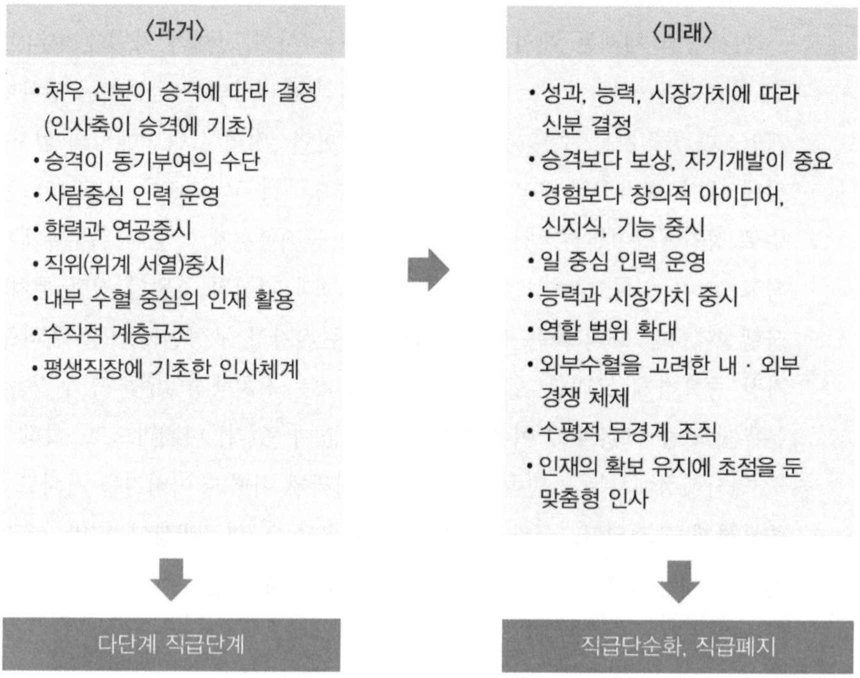

〈과거〉		〈미래〉
• 처우 신분이 승격에 따라 결정 (인사축이 승격에 기초) • 승격이 동기부여의 수단 • 사람중심 인력 운영 • 학력과 연공중시 • 직위(위계 서열)중시 • 내부 수혈 중심의 인재 활용 • 수직적 계층구조 • 평생직장에 기초한 인사체계	➡	• 성과, 능력, 시장가치에 따라 신분 결정 • 승격보다 보상, 자기개발이 중요 • 경험보다 창의적 아이디어, 신지식, 기능 중시 • 일 중심 인력 운영 • 능력과 시장가치 중시 • 역할 범위 확대 • 외부수혈을 고려한 내 · 외부 경쟁 체제 • 수평적 무경계 조직 • 인재의 확보 유지에 초점을 둔 맞춤형 인사
⬇		⬇
다단계 직급단계		직급단순화, 직급폐지

출처: 삼성경제연구소(2000: 3)

1 인사혁신처(2018). 2017년 행정부 국가공무원 인사통계.

는 끊임없이 증가하고 있지만, 행정의 복잡화, 전문화, 세분화라는 행정환경 변화에 인사행정은 적극적이고 능동적으로 대응하지 못하고 있다. 예를 들어, 과거에는 공직자 수가 오늘날처럼 많지 않아 사람 중심의 인력운용 및 위계서열 중심의 승진 등이 중요한 인사 수단으로 활용될 수 있었으나, 오늘날 변화하는 환경에서 요구되는 인사수단은 승진보다는 보상과 자기개발, 단순한 경험보다는 창의적 아이디어, 신지식, 기능 등이 되고 있다. 다시 말해, 환경변화에 따른 인사행정의 변화는 사람 중심에서 일중심으로 변화하고 있는 것이다(삼성경제연구소, 2000).

과거에는 주로 사람 중심의 경험과 경륜이 중요하게 고려되었고, 수직적인 직급체계를 유지하고자 하였으며, 근속 및 연공에 대한 보상과 승진체계를 중요시하는 수직적이고 위계적인 구조에 기반한 계급제가 전형적인 인사행정 체제로 운용되었다. 그러나 오늘날의 인사행정은 역량과 성과 중심의 인재상을 강조하고, 성과와 시장가치 원리에 기반한 수평적 계층구조를 유지하고자 하며, 미래 인재에 대한 기대와 책임 속에 유연한 인력운영을 중요하게 고려하고 있다(박준우, 2011). 그렇다면, 이러한 인사트렌드의 변화는 어떠한 인사제도를 기반으로 하고 있을까? 다음에서는 인사행정에서 주요하게 고려되는 인사행정 제도에 대해 살펴보도록 한다.

2 인사행정 제도

1) 인사행정의 제도적 기반 구성 체계

최근 환경변화에 따른 인사행정의 특징을 살펴보기 위해서는 인사행정의 기반이 되는 제도적 장치에 대한 이해가 선행되어야 한다. 인사행정에서 제도적 기반은 크게 실적제, 직업공무원제, 공직분류제로 구분될 수 있다. 인사행정의 제도적 기반이 무엇인지에 따라 인사관리 체계 전반이 달라진다고 할 수 있다. 또한 이러한 인사행정의 제도적 기반과 인적자원관리·개발활동은 인사행정을 둘러싼 환경변화에 큰 영향을 받게 된다.

그림 4-2 인사행정환경, 인사제도와 인적자원관리 관계

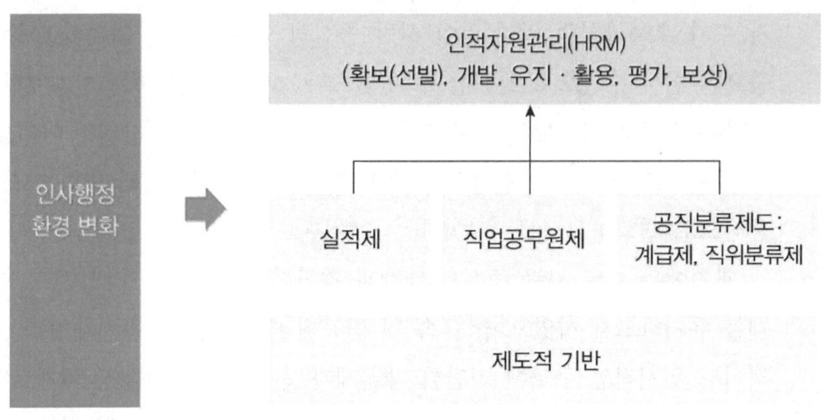

출처: 유민봉(2015: 469) 기반 재구성

2) 실적제

(1) 실적제의 역사와 의의

실적제(merit system)는 "공직의 임용 등이 실적을 토대로 이루지는 실적주의에 바탕을 둔 인사제도"이다(박천오 외, 2016: 31). 실적제는 "오늘날 인적자원관리의 근간"이 되는 제도이다(유민봉, 2015: 469). 역사적으로 실적제의 발달은 엽관제의 폐해를 극복하기 위한 노력에서부터 시작되었다. 엽관제(spoils system)는 공무원 임용에 있어 인사권자와의 정치적 성향과 관계를 기준으로 공무원을 선발하고 인사조치하는 제도이다. 엽관제는 정실주의(patronage system)와 다른 개념으로 사용되는데, 정실주의는 인사권자와의 개인적이고도 사적인 유대 관계(예 학연, 혈연, 지연 등)를 중심으로 인사권자가 자의적으로 공무원을 선발하고 인사관리하는 제도를 의미한다. 이에 비해, 엽관주의는 인사권자가 인사조치를 함에 있어 정치적 성향과 같은 비교적 공식적인 기준을 중요하게 고려한다(백종섭 외, 2016: 52–53).[2]

미국에서의 엽관제는 1829년 잭슨(Jackson) 대통령이 취임하면서 공식적으로 채택되

2 엽관제를 의미하는 'spoils system'에서 'spoils'는 전리품이라는 뜻으로(네이버영어사전, 2016), 엽관제는 인사권자가 정권이나 권력을 획득하는데 도움을 준 지지자 혹은 같은 정치적 성향을 지닌 사람들에게 공직을 전리품으로 나누어준다는 의미를 지닌다.

었다. 계급적 배경과 관계없이 정당에 대한 충성도와 봉사 기준에 따라 공직자를 임명하고 정권이 바뀌면 이들을 교체하는 엽관주의가 도입된 것이다. 이때에는 정치와 행정이 뚜렷하게 구분되지 않고 정치가 행정에 중요한 영향을 미치게 되는, 정치행정 일원론적 관점이 팽배해 있었다. 정치적 성향이 같은 사람이 공직에서 행정을 담당하다 보니 국정운영방향이 수립되면 이에 대한 추진은 원활하게 이루어질 수 있었다. 즉, 엽관제는 공직제도에서의 민주성을 증진시키고 행정에 대한 통제력 강화하였다는 장점을 지닌다(박천오 외, 2016: 32). 그럼에도 불구하고 엽관제는 공직의 질 저하를 발생시켰으며, 공직의 부패를 증대시켰고, 정권이 교체될 때마다 공직자들이 경질되어 교체됨으로써 행정의 지속성과 전문성을 저하시키는 한계를 지녔다(유민봉·임도빈, 2016: 54–55). 이러한 엽관제의 한계를 극복하기 위한 개혁운동이 일어나는 과정에서 1881년 공화당의 대선 패배를 예견한 한 공화당 당원이 가필드(Garfield) 대통령을 암살하는 사건이 발생하게 되었다(박천오 외, 2016: 33).[3] 이러한 사건을 계기로 1883년에 펜들턴 의원

표 4-2 행정가치에 따른 엽관제와 실적제 비교

행정의 가치	엽관제	실적제
행정의 대표성 및 형평성	높음	낮음
	인사권자와 정치적 관계를 맺고 있다면 누구나 공직 진입이 가능함	교육의 기회가 불평등한 사회에서는 공직 진입이 구조적으로 어려운 소외집단이 발생함
행정의 개방성 및 역동성	높음	낮음
	직업공무원 아닌 외부인사가 공직에 진입하여 활력소를 제공함	직업공무원 아닌 외부인사의 영입과 통제가 적으므로 무사안일 등 관료제적 정체성이 심화됨
행정의 대응성	높음	낮음
	정치지도자와 유대가 높은 인물을 통해 관료들이 공약실천이나 여론청취에 적극적으로 동참하도록 관리함	성과가 유지되는 한 신분보장이 강하여 관료들이 정치인의 정책방향과 국민 요망에 대해 무감각함

출처: 한국국정관리학회(2014: 212)

3 미국은 공화당과 민주당, 양당체제로 운영되고 있으며 당시 Garfield 대통령은 공화당 소속이었다. 다가오는 대선에서 공화당이 패배할 것을 우려한 한 공화당 당원이 대통령을 암살하는 사건이 벌어짐으로써 엽관제는 그 문제점을 여실히 드러내게 된 것이다.

이 발의한, 정치적 성향보다는 능력위주의 공직운용을 골자로 한 펜들턴법(Pendleton Act)이 제정됨으로써 미국에서의 실적주의 인사행정의 시대가 개막되었다. 대통령 암살이라는 극단적인 사건을 통해 엽관제의 폐해가 더욱 부각되기는 하였지만, 엽관제의 운영에 있어서 긍정적인 측면도 존재했다. 특히, 실적에 상관없이 정치적 뜻이 있는 사람은 공직에 임용될 기회를 얻을 수 있어 민주성이나 형평성 가치 실현을 도모할 수 있었고, 행정의 국민에 대한 대표성도 높았다. 국민들의 의견을 적극적으로 받아들이기 위해 노력했다는 측면에서는 행정의 대응성 또한 높았다고 할 수 있으며, 개방성과 역동성도 강해 공직의 활력소를 증진시켜 주기에 적합한 제도였다고 할 수 있다(백종섭 외, 2016: 55-58).

앞서 언급한 것처럼, 미국에서 실적제 개혁이 시작된 것은 1883년에 펜들턴법(Pendleton Act)이 제정되면서 부터이다. 이 법을 통해 공직 임용에 있어서 개인의 정치적 충성심이나 연고(예 혈연, 지연, 학연 등)가 영향을 미치는 것을 금지하였다. 공직자들이 정치적인 이유로 신분상 불이익을 받지 않도록 하였으며(신분보장 강화), 공직의 채용 역시 경쟁시험을 통해 선발하도록 하였다(유민봉, 2015: 470). 다시 말해, 정치와 행정을 분리하는 정치행정이원론적 관점을 취함으로써 행정이 정치권으로부터 받는 영향을 최소화하고자 하였다. 또한 이를 통해 행정의 전문성과 능률성을 증진시키고자 하였다. 이러한 실적제 운용안은 1887년에 윌슨이 Political Science Quarterly에 기고한 'The Study of Administration'에도 잘 나타나 있다. 윌슨은 이 논문에서 행정인의 전문성과 능률성 증진 필요성을 강조하였고 이는 실적제의 기본 원리와도 일맥상통하는 것이다.[4]

미국에서 실적제의 의미는 계속해서 진화하였지만 그 핵심 내용은 ① 정치적 중립성, ② 신분보장, ③ 기회의 균등, ④ 능력중심을 포함한다. 1900년대 초 과학적 관리 기법이 인사관리에 있어서도 중요한 영향을 미치면서, 채용 이후 승진, 교육훈련, 능력개발, 보수 등과 같은 인사관리 전반에 실적제가 적극 도입되었다. 1923년에 미국에서는 직위분류법(Classification Act of 1923)이 제정되기도 하였다. 미국의 실적주의 원칙은 1978년 도입된 공직인사개혁법(Civil Service Reform Act of 1978)에 잘 나타나 있다(유민봉·임도빈, 2016: 56-58).

4 Woodrow Wilson은 미국의 1913년부터 1921년까지 28대 미국대통령직을 역임하였다(위키피디아, 2016). https://en.wikipedia.org/wiki/Woodrow_Wilson

표 4-3 실적제의 아홉 가지 원칙

① 공무원의 임용은 사회 각계각층에서 자격을 갖춘 사람을 대상으로 이루어진다. 선발과 승진에 있어 균등한 기회가 보장되어야 하며 공정하고도 공개적인 경쟁을 통해 인사관리가 이루어져야 한다.
② 모든 공무원과 공무원 응시자는 인사관리 차원에서 정치성, 지역성, 혈연성, 종교, 성별, 결혼, 연령 또는 신체적 장애상태의 이유로 차별받지 않는다.
③ 공무원에게는 동일직무에 동일보수가 지급되도록 하며, 실적이 탁월한 공무원에게는 그에 응하는 인센티브와 명예를 부과한다.
④ 공무원은 개인의 품행이 바르고, 공익을 실현시키기 위해 항상 직무를 성실하게 수행할 것이 요구된다.
⑤ 정부의 인력은 능률적이고 효과적으로 활용되어야 한다.
⑥ 공무원들은 그들의 실적에 근거하여 공직에 남아 있어야 한다. 실적수준에 미달하는 공무원은 개선이 이루어지도록 해야 하며, 요구하는 수준에 도달할 수 없다고 판단되는 공무원은 퇴출되어야 한다.
⑦ 교육훈련을 통해 조직이나 개인의 실적을 향상시킬 수 있도록 공무원에게 교육훈련 프로그램을 제공해야 한다.
⑧ 공무원은 자의적인 행동, 개인적인 정실 또는 당파적인 정치압력으로부터 보호되어야 한다. 또한 선거 또는 후보지명의 결과에 간섭하거나 영향을 미칠 목적으로 공직의 권위나 영향력을 행사하지 못하도록 해야 한다
⑨ 법규정의 위반, 관리상의 실책, 자원낭비, 권력남용 또는 국민의 건강과 안전에 직접적이고도 구체적인 위협을 가할 수 있다고 판단되는 정보를 합법적으로 공개한 공무원은 보복 받지 않도록 보호되어야 한다.

출처: 유민봉·임도빈(2016: 57-58) 재인용

(2) 우리나라 실적제의 의의

우리나라에서는 비실적(非實績) 관행이 여전히 남아 있음에도 불구하고 "법·제도적 장치에서는 실적제의 바탕이 되는 실적주의 원칙을 기본"으로 하고 있다(박천오 외, 2016: 40-43). 우리나라 법·제도에 나타난 실적주의 원칙은 다음과 같다. 첫째, 공직에의 기회균등이다. 「헌법」과 「국가공무원법」에서는 균등한 공무담임권, 공개경쟁시험 및 채용시험의 평등 공개 등을 규정하고 있으며, 성별·종교·교육·출신지역·재산 등과 무관하게 누구나 공무원이 될 수 있는 권리를 부여하고 있다. 둘째, 「국가공무원법」에 의하면 능력과 실적에 의한 임용이 중요한 원칙이 된다. 신규채용과 승진을 비롯한 모든 인사관리에 있어서 개인의 능력, 자격 및 성적이 중요 기준이 됨을 규정하고 있다.[5] 셋째, 정치적 중립의 의무가 「헌법」과 「국가공무원법」을 통해 공무원들에게

5 그러나 현실에서는 여전히 인사관리 전반에 연공이나 경력이 중요한 기준으로 적용되고 있으며,

적용된다. 넷째, 공무원 신분보장과 관련해 「헌법」과 「국가공무원법」에서는 부당한 이유로 공무원의 신분을 박탈하는 것을 금지하고 있다.[6]

이처럼 우리나라의 인사행정은 실적주의를 근간으로 운영되고 있다. 그러나 전통적 사회·문화의 영향으로 우리나라의 공직사회에는 여전히 정실주의 인사 관행이 잔존해 있다. 이러한 정실주의 인사 관행으로 인해 '관피아(관료제+마피아)'라는 폐해가 나타나기도 한다. 이러한 문제를 극복하고 실적제의 원칙을 공직에 정착시키기 위해, 우리 정부에서는 정실주의와 연공서열로 인한 공직기회균등 저해 문제 등을 적극적으로 해결하고자 노력해야 한다. 그리고 '신분보장은 곧 정년보장'이라 인식함으로써 공직에서 발생되는 무사안일 및 복지부동과 같은 문제를 극복하기 위해 노력해야 한다. 이를 위해서는 실적과 보수를 연계시켜 공직자들이 적극적으로 역량 개발에 매진할 수 있도록 해야 한다. 또한, 균형인사제도 등을 강화해 능력·실적을 중요시하는 실적제가 가질 수 있는 한계(예 사회적 약자에 대한 보상관점 취약 등)를 극복할 수 있도록 하여야 한다(유민봉, 2015: 473–474).

표 4-4 우리나라 실적주의 보장 관련 법 조항

실적주의 원칙	「헌법」	「국가공무원법」
공직의 기회균등	제25조: 모든 국민은 법률이 정하는 바에 의하여 공무담임권을 가진다.	제28조(신규채용): ① 공무원은 공개경쟁 채용시험으로 채용한다. 제35조(평등의 원칙): 공개경쟁에 따른 채용시험은 같은 자격을 가진 모든 국민에게 평등하게 공개하여야 하며 시험의 시기와 장소는 응시자의 편의를 고려하여 결정한다.
정치적 중립성	제7조: ① 공무원은 국민전체에 대한 봉사자이며, 국민에 대하여 책임을 진다. ② 공무원의 신분과 정치적 중립성은 법률이 정하는 바에 의하여 보장된다.	제65조(정치 운동의 금지): ① 공무원은 정당이나 그 밖의 정치단체의 결성에 관여하거나 이에 가입할 수 없다. ② 공무원은 선거에서 특정 정당 또는 특정인을 지지 또는 반대하기 위한 다음의 행위를 하여서는 아니 된다. ③ 공무원은 다른 공무원에게 제1항과 제2항에 위배되는 행위를 하도록 요구하거나, 정치적 행위에 대한 보상 또는 보복으로서 이익 또는 불이익을 약속하여서는 아니 된다.

학연·지연 등의 요소도 영향을 미치고 있다(박천오 외, 2016: 42).

6 그럼에도 불구하고 우리나라는 여전히 공무원의 신분보장을 정년보장으로 해석하고 있어 보신주의와 무사안일주의 같은 병폐를 초래할 가능성이 있다(유민봉, 2015: 472).

능력주의		第26조(임용의 원칙): 공무원의 임용은 시험성적·근무성적, 그 밖의 능력의 실증에 따라 행한다. 다만, 국가기관의 장은 대통령령 등으로 정하는 바에 따라 장애인·이공계전공자·저소득층 등에 대한 채용·승진·전보 등 인사관리상의 우대와 실질적인 양성 평등을 구현하기 위한 적극적인 정책을 실시할 수 있다 第32조의5(보직관리의 원칙): ② 소속 공무원을 보직할 때에는 그 공무원의 전공분야·훈련·근무경력·전문성·적성 등을 고려하여 적격한 직위에 임용하여야 한다. 第40조(승진): ① 승진임용은 근무성적평정·경력평정, 그 밖에 능력의 실증에 따른다. 第50조(인재개발): ④ 교육훈련 실적은 인사관리에 반영하여야 한다. 第51조(근무성적의 평정): ① 각 기관의 장은 정기 또는 수시로 소속 공무원의 근무성적을 객관적이고 엄정하게 평정하여 인사관리에 반영하여야 한다.
신분보장	제7조: ② 공무원의 신분과 정치적 중립성은 법률이 정하는 바에 의하여 보장된다.	第68조(의사에 반한 신분 조치): 공무원은 형의 선고, 징계처분 또는 이 법에서 정하는 사유에 따르지 아니하고는 본인의 의사에 반하여 휴직·강임 또는 면직을 당하지 아니한다. 다만, 1급 공무원과 제23조에 따라 배정된 직무등급이 가장 높은 등급의 직위에 임용된 고위공무원단에 속하는 공무원은 그러하지 아니한다. 第75조(처분사유 설명서의 교부): 공무원에 대하여 징계처분 등을 할 때나 강임·휴직·직위해제 또는 면직처분을 할 때에는 그 처분권자 또는 처분제청권자는 처분사유를 적은 설명서를 교부(交付)하여야 한다.

3) 직업공무원제

(1) 직업공무원제의 역사와 의의

직업공무원제는 "젊고 유능한 인재가 공직에 들어와서 국민에 대한 봉사를 보람으로 알고 공직을 일생의 본업으로 하여 일할 수 있도록 계획한 인사제도"이다(유민봉, 2015: 475). 직업공무원제는 역사적으로 절대 군주국가들이 통치체제를 구축하기 위해 만든 제도적 장치이다(박천오 외, 2016: 45). 유럽의 분권화된 봉건사회가 중앙집권적 통일국가로 변화하는 과정에서 관료제와 직업공무원제의 발달이 시작된 것이다(백종섭 외, 2016: 36).

직업공무원제는 역사적 발달과 함께 지속적으로 변모해 왔다. 특히, 직업공무원제는 의원내각제를 중심으로 하는 영국과 대통령제를 중심으로 하는 미국에서 각기 다르게 발달되어 왔다. 의회민주주의가 발달한 영국에서의 직업공무원제는 1700년경부터 시작되었는데, 이는 관직 임명권자를 가진 국왕으로부터 공직자들의 신분을 보장받기 위한 제도였다(유민봉, 2015: 475). 영국에서는 종신형 공무원제도를 도입하여 직업공무원제도를 확립하였다. 직업공무원제는 의회 구성원의 교체로 인하여 발생될 수 있는 국정 공백을 극복하고 연속성과 지속성을 가진 행정 운영을 목표로 수립·발전되어 온 것이다. 영국의 직업공무원제는 초기에 정실주의를 기반으로 운영되었지만, 1800년 대 중반부터는 공무원 채용에 있어서 경쟁시험이 제도화됨으로써 직업공무원제에 실적주의를 가미시키게 되었다. 영국에서의 직업공무원제 발달은 정치행정이원론적 관점을 취하고 있다기보다는 직업공무원제 자체에 실적제가 도입되는 형태로 이루어졌다(유민봉, 2015: 475).

미국의 직업공무원제 발달과정은 영국과는 달랐다. 19세기 후반 펜들턴법이 제정되고, 윌슨의 정치행정이원론 주장이 확산되면서 행정은 정치와 분리되고, 행정에 있어서의 실적제가 강조되기 시작하였다. 앞서 설명한 것처럼, 실적제는 남녀노소 구분없이 누구에게나 공직의 기회가 열려있고, 능력과 실적에 의해 공직자가 선발되도록 하는 제도이다. 그러나 미국에서는 전문성과 능력을 강조하는 실적제를 근간으로 하는 직위분류제도가 도입되고 정착되면서, 역설적으로 젊고 유능한 인재들의 공직에 대한 관심이 현저히 떨어지는 상황이 발생했다. 미국 정부에서는 이러한 문제를 적극적으로 해결하기 위하여 인사관리 전반, 즉 채용 및 교육훈련, 보수, 신분보장과 같은 모든 인사과정에서 직업공무원제의 요건을 보완하기에 이른다(유민봉, 2015: 476). 즉, 영국이 직업공무원제를 기반으로 하여 실적제를 도입하였다면, 미국은 실적제를 기반으로 하여 직업공무원제를 확립하기 시작하였다고 할 수 있다.

(2) 직업공무원제와 실적제의 관계

인사제도에 있어 실적제와 직업공무원제의 관계는 다음과 같다. 직업공무원제는 공무원을 천직으로 생각하는 젊고 유능한 사람이 행정을 담당하는 제도이다. 따라서 공직의 안정성이 매우 높다고 할 수 있다. 또한, 직업공무원제에서는 공무원이 정치적 영향을 받지않고 국민 전체에 봉사할 수 있도록 하는 환경을 제공하고자 한다. 나아가 공직의 윤리성을 확보하고 공직의 우수성을 달성할 수 있도록 한다는 차원에서 직업공무원제는 실적제의 특성을 지닌다고 볼 수 있다. 왜냐하면, 실적제 역시 정치로부터의 공직자 신분보장 및 공직에의 기회균등, 공직자의 정치적 중립성 강조 등의 특성을 가지고 있기 때문이다. 이는 직업공무원제의 특성과 유사성을 가지는 점이다. 뿐만 아니라 직업공무원제는 젊고 유능한 인재를 채용하고 육성하기 위해 적극적인 인사관리 방안을 채택하고자 하는데, 이러한 우수한 인재의 적극적인 채용과 인적자원의 능력개발 노력은 실적제 강화와 같은 맥락이라고 볼 수 있다.

그러나 실적제의 공직자 성적·능력주의가 직업공무원제의 그것과 반드시 일치하는 것은 아니다. 특히 우리나라와 같이 젊고 유능한 공직자들을 폐쇄형 충원으로 모집하는 경우에는 실적제에서 강조하는 성적·능력 우선주의의 장점이 명확하게 나타나지 않는다. 직업공무원제에서는 내부구성원들의 능력과 역량을 적극적으로 개발하기 위해 폐쇄형 충원이 주를 이루지만, 실적제에서는 상황에 따라 능력과 전문성을 고려한 개방형 임용제를 선호할 수도 있어 직업공무원제와 실적제의 가치가 충돌하는 경우도 있다. 또한 직업공무원제와 실적제는 정치적 중립을 기반으로 하고 있지만 정치적 중립성이 강조되는 정도에는 차이를 나타낸다. 직업공무원제의 역사가 오래된 독일이나 프랑스 등과 같은 나라에서는 공직자들의 정치적 참여가 활발한 편이다(박천오 외, 2016: 48). 그러나 미국이나 우리나라 등 실적제를 강조하는 나라에서는 공직자들의 정치적 참여를 금지하고 있다. 뿐만 아니라, 직업공무원제는 계급제, 폐쇄형 충원체제, 일반행정가의 원리 등의 특징을 지닌다는 점에서(박천오 외, 2016: 46), 직위분류제, 개방형 충원체제, 전문행정가의 원리 등의 특징을 지니는 실적제와 차이를 나타내고 있다.[7]

(3) 직업공무원제 한계

직업공무원은 단순히 국가의 녹(祿)을 받는 모든 공무원을 의미하는 것이 아니라 "젊고 유능한 인재가 공직에 들어와서 이를 평생의 업으로 삼고 일생 동안 공직에 긍

7 직업공무원제는 정무직과의 관계에서도 고려될 필요가 있다. 직업공무원은 변화하는 정치 환경에 적극적으로 대응하지 못한다는 한계를 가진다. 특히 중·하위직의 직업공무원과는 달리 고위 공직자의 경우에는 행정의 효율성, 민주성, 정치성 등과 같은 행정 가치를 조화롭게 이해할 수 있어야 한다. 따라서 고위 공직자의 경우에는 행정의 안정성과 효율성을 강조하는 직업공무원과 민주성을 우선시 하는 정무직으로 이분화할 필요가 있다는 주장이 제기되고 있다(유민봉·임도빈, 2016: 75). 이와 관련해, 직업공무원제와 관련된 이슈는 다음과 같다. 첫째, 고위직의 경우 직업공원과 정무직의 경계를 구분함에 있어 고위직에 엽관적 성격이 강한 정무직을 어느 정도까지 도입할 것인가 하는 문제이다. 둘째, 외부인사에 대한 개방형 임용제를 어느 정도까지 도입할 것인가도 직업공무원제에서 중요하게 고려해야 할 문제이다. 셋째, 전문행정가와 일반행정가 사이의 내부교류를 어느 정도 허용해야 하며, 신분보장을 어디까지 허용할 것인가 하는 문제도 직업공무원제에서 다루어져야할 주요 이슈가 된다(유민봉·임도빈, 2016: 77-78).

지를 갖고 충성을 다하여 근무하는 공무원"을 의미한다. 직업공무원은 국민을 위한 봉사자로서, 공직의 안정성을 증진시키고, 행정업무의 효율성을 도모하였다는 점에서 중요한 의의가 있다(Mosher, 1968). 그럼에도 불구하고 직업공무원제는 다음과 같은 약점을 지닌다(박천오 외, 2016: 50-56). 첫째, 직업공무원제에서는 신분보장과 폐쇄형 충원을 강조하기 때문에 공직자들이 환경의 변화에 둔감한 특권집단으로 변질될 우려가 있다. 둘째, 일반행정가 확보에는 유리하지만 전문성을 지닌 전문행정가를 확보하는 데에는 큰 한계를 지닌다. 이로 인하여 무사안일과 복지부동 같은 관료제 병폐가 나타날 가능성이 높다. 이러한 한계를 적극적으로 개선하기 위해서는 개방성, 전문성, 성과주의를 강조할 필요가 있다. 실제 우리나라에서는 직업공무원제의 한계를 극복하기 위한 방안으로 개방형 임용제, 고위공무원단, 성과급제 등의 도입을 활성화하고 있다.

4) 공직분류제도: 계급제와 직위분류제

(1) 공직분류제도의 의의

박천오 외(2016: 100)에 따르면, 공직분류란 "공무원(사람)과 직위(일 또는 직무)를 일정한 기준에 따라 구분하여 정부조직 내의 작업구조를 형성하는 과정 및 그 결과"를 의미한다. "공직의 분류는 공직의 구조화 또는 공직의 배열을 의미한다(유민봉·임도빈, 2016: 84)." 이러한 공직분류에 따라 인적자원관리 방식이 달리지기 때문에 공직분류제도를 설정하는 것은 인사행정 운용에 있어 매우 중요한 이슈가 된다. 일반적으로 공직을 분류하는 중요 기준은 사람과 일, 이 두 가지가 된다. 다시 말해, 사람과 일 중 어느 것에 더 중요도를 두는 가에 따라 공직분류가 계급제와 직위분류제로 구분될 수 있다는 것이다. 계급제(rank-in-person)는 사람을 중심으로 공직을 분류하는 방식을 의미하며, 직위분류제(position classification)는 직무를 중심을 공직을 분류하는 방식을 의미한다(유민봉·임도빈, 2016: 84).

계급제는 사람이 가지는 특성, 즉 학력이나 경력 등을 바탕으로 계급을 구분하는 제도이며, 신분제가 발달한 영국, 독일 등에서 발달한 제도이다. 우리나라의 과거제도(정 1품에서 정 9품, 종 1품에서 종 9품) 역시 전형적인 계급제도의 예로 제시될 수 있다(유민봉·임도빈, 2016: 84). 이와는 달리 직위분류제는 직무의 성격이나 가치에 따라서 공직을 분류하고 이에 따라 등급을 부여한 제도이며, 실적제가 강한 미국 등에서 발달한 제도이다(박천오 외, 2016: 100).

(2) 계급제의 의의와 특징

계급제는 유사한 개인적 특성(예 경력, 자격, 능력 등)을 지닌 공직자들을 하나의 범주나 집단으로 구분하여 계급을 형성하는 제도이다. 계급(rank)은 개별적으로만 존재하는 것이 아니라 자격과 질적 수준이 유사한 계급들을 묶어 이를 계급군(class, group)으로 명명하기도 한다(백종섭 외, 2016: 70−71).

계급제의 특징(유민봉·임도빈, 2016: 87−89; 박천오 외, 2016: 109−110)으로는 첫째, 계급 또는 계급군 간의 구분이 엄격하고 각 계급 또는 계급군 간에 평가와 보수의 차이가 명확하게 존재해 계급 또는 계급군 간의 폐쇄성과 차등성이 존재한다. 둘째, 계급제는 다양한 경험과 일반적 교양을 갖춘 일반행정가를 양성하고 선호한다. 셋째, 충원은 폐쇄형으로 이루어진다. 공석(空席)이 발생하였을 경우 내부인사이동이나 승진을 통해 충원이 이루어진다. 넷째, 계급에 따라 인사관리 상 모든 대우가 달라지기 때문에 계급의 신분화가 이루어진다. 뿐만 아니라 계급제에서는 강력한 신분보장이 이루어진다.

이러한 계급제는 다음과 같은 장·단점을 가지고 있다(박천오 외, 2016: 111−113). 계급제에서는 일반행정가의 원리를 강조하다 보니 인적자원을 보다 탄력적으로 운영할 수 있으며, 탄력적 인력운영은 신축적이고 종합적인 인적자원관리를 가능하게 한다. 이를 통해 부서 내의 다양한 경험을 숙지하고 다른 조직을 이해할 수 있으며, 부서 간 또는 기관 간의 협력을 증진시킬 수 있다. 또한 계급제에서는 승진이 주로 내부 경쟁을 통해서만 이루어지기 때문에 현직자의 사기와 조직몰입을 증진시킬 수 있다는 장점이 존재한다.

반면에 계급제에서는 인력이 폐쇄적으로 운영되다 보니 외부환경에 적극적으로 대응하지 못하고 다양한 가치를 반영할 수 없다는 한계가 존재한다. 평가의 기준이 사람이기 때문에 연공서열과 같은 요소가 작용하여 인사관리의 객관성을 저해할 가능성이 높다. 뿐만 아니라 사람의 특성을 고려한 평가기준으로 평가의 자의성과 주관성이 높아져, 결국 보수의 형평성과 공정성이 저해될 가능성도 높아진다. 소속부처 내에서 인사이동이 이루어지기 때문에 부처와 조직에 대한 충성도는 높지만 자칫하면 부처 혹은 조직에 대한 지나친 충성심으로 인해 부처 이기주의에 빠질 가능성도 있다. 계급제에서는 일반행정가 원리를 채택하기 때문에 인력의 탄력적 운영에는 용이하나 인적자원의 전문성 향상에는 한계를 나타내기도 한다. 계급제에서 나타나는 한계를 극복하기 위해 고안된 공직분류제도가 바로 직위분류제이다.

(3) 직위분류제의 의의와 특징

직위분류제는 직무수준과 종류에 따라 공직을 수직적·수평적으로 분류하여 체계화한 제도이기 때문에 사람보다는 일의 특성을 우선적으로 고려한다. 일의 특성은 조직 내에서 일의 난이도와 중요도, 책임성의 수준을 나타내는 수직적 기준과 어떤 전문분야별 종류와 관련이 되는가에 관한 수평적 기준 모두를 종합하여 논의한다(백종섭 외, 2016: 71). 직위분류의 가장 중요한 특징은 동일직무에 대해 동일보수를 제공하는 것이다. 다시 말해, 일의 난이도와 중요도, 책임성 정도에 따라 보수 수준이 달라진다는 것이다. 직위분류제에서는 직무의 세분화를 강조하는 전문행정가(specialist) 선발 및 양성을 주요 특징으로 한다. 새로운 인력 충원 요구가 있을 때 해당 직무에 대한 자격요건이 제시되고 그 직무에 대한 적합도가 가장 높은 인재를 선발하는 개방형 충원도 직위분류제의 주요 특징이 된다. 그리고 직위분류제에서는 직무와 직무 사이의 경계가 엄격하고 직무 간 상호이동이 어려워 직무 간 수평적 폐쇄성이 강하게 나타난다. 이러한 직무 중심적 사고는 조직 전체 보다는 자신의 일에 더 중요함을 느끼게 하고 자신과 자신의 직무를 동일시하게 하는 경향이 있다(유민봉, 2015: 486–487).

공조직에 직위분류제를 도입하자

새 정부는 공직자의 성과급 및 성과평가 제도를 더이상 추진하지 않기로 했다. 대선 공약이어서 예상은 했지만, 이렇게 급하게 중단하리라고는 생각지 못했다. 성과급 제도는 보수 정부에서만 추진한 것이 아니라, 외환위기 이후 시도되어 각 정부에서 꾸준히 공을 들여왔던 좋은 정책이었다. 목표 고지를 눈앞에 두고 원점으로 되돌아가게 된 셈이다. 그동안 쏟아부은 정부 지원과 관련자들의 땀이 물거품이 되어 무척 안타깝고 유감이다. 최근 양대 노총은 성과연봉제에 적극적이었던 12개 공기업 사장의 해임을 요구했다. 성과에 대한 이런 부정적 시각은 오해와 편견의 결과이다.

어떤 공장에서 직원들이 하루 평균 100개의 상품을 만든다고 하자. 어떤 사람은 숙련이 되고 열심이어서 좋은 품질의 상품을 하루에 120개 넘게 만들어 낸다면, 다른 사람보다 보수를 더 받아야 되지 않을까. 그것이 땀 흘리고 노력한 만큼 대접을 받는 것이다. 훨씬 적게 만들거나 불량품이 많은 사람도 똑같은 보수를 받는다면, 그것이 오히려 불공평한 일이 아닐까. 좋은 성과에는 더 보상을 해야 일을 잘하려고 노력하게 된다. 그래야 회사가 더 잘된다. 회사가 잘되면, 결국 그 이익은 모든 직원에게 돌아간다. 차이의 합리적인 인정이 사회를 발전시킨다. 차이를 부정하면 물이 고여 썩게 된다. 공산주의가 소멸한 것이 좋은 사례다. 영국이나 독일 등이 정체기에 빠졌다가 약화된 경쟁력을 살려서 다시 도약하게 되었다. 이들 모두가 더 경쟁적인 사회가 더 발전한다는 것을 웅변적으로 말해 주고 있다.

우리 「헌법」은 수평적 평등만이 아니라 수직적 평등도 주창하고 있다. 「헌법」 전문은 '모든 영역에 있어서 각인의 기회를 균등히 하고 능력을 최고도로 발휘하게' 하겠다고 천명하고 있다. 최고의 능력을 발휘하게 하는 것은 노력한 만큼의 보상을 하는 것이다. 그래야 진정한 기회의 제공이 된다.

그리고 더 중요한 것은 정부나 공기업은 결국 국민 세금으로 유지된다는 사실이다. 그러면서도 특성상 민간 분야보다 효율성이 떨어질 수밖에 없다. 철밥통이라는 비난도 받는다. 우리나라 공직자는 정부예산이 지원되는 사립학교 교사와 공기업 직원 등을 포함하면 200만명에 달할 것이라 한다. 경제활동인구의 13~14%나 된다. 이들의 경쟁력을 높여야 국가의 경쟁력이 높아진다. 우리나라는 특히 공공분야의 경쟁력이 절망적이다. 세계경제포럼(WEF)이 조사한 2014~2016년 우리나라 국가경쟁력은 138개국 중 26위인데, 공공분야의 경쟁력은 대부분 100위 전후에 머물러 전체 경쟁력을 끌어내리는 암적인 존재가 되고 있다.

노조 측에서 제기하는 성과연봉제의 반대 논리로는 대상자를 줄 세움, 성과의 공정한 평가가 어려움, 공공서비스가 악화됨, 충분한 협의가 없었음 등이다. 이런 논리를 극복하며 성과연봉제를 시행하는 것은 이제 불가능하다. 정부의 공식 결정도 이루어졌다.

이런 현실을 존중하면서도 공조직의 경쟁력을 높일 수 있는 대안이 있다. 우리의 공무원 및 공기업의 인사제도를 일반적인 계급제도에서 전문적인 직위분류제도로 전환하는 것이다. 직위분류제도는 선진국에서는 이미 일반화되어 있는 제도이다. 공직의 자리마다 자격요건이 주어지고, 임용이 독립적이며, 그에 상응하는 보수가 설정된다. 이것이 미래에 가야 할 방향이다.

더구나 4차 산업혁명이 진행되는 시대에 가장 중요한 것이 전문성이다. 현재의 계급제도는 공직자에게 계급을 부여하고, 온갖 업무에 순환보직을 해 전문성이 부족하고, 일의 성격이나 노력에 상관없이 계급별로 보수를 지급한다. 이러한 신분적 계급제도는 시대에도 맞지 않는다. 1~2년이 지나면 바뀌는 공직자들로 이 시대에 적응하는 것은 불가능하다. 공직관리를 전문성 중심으로 바꾸고, 내부에서 부족하면 외부에서 전문가를 영입해야 한다. 공직제도를 과감하게 직위분류제로 개혁하자.

서울신문, 2017년 8월 1일자 기사 중 일부 발췌

직위분류제의 장·단점은 다음과 같다. 첫째, 직위분류제는 행정의 전문화를 향상시키는 데 큰 기여를 한다(박천오 외, 2016: 106). 둘째, 대부분의 경우 충원에 있어 폐쇄형보다는 개방형 충원을 활용하기 때문에 외부 환경변화에 적극적으로 대응할 수 있다. 셋째, 동일직무에 대한 동일보수의 원칙을 따르기 때문에 보수의 합리화가 달성될 수 있고, 보수의 형평성과 공정성을 확보할 수 있다. 그럼에도 불구하고 직위분류제에는 한계점도 존재한다. 직무 간 인사이동이 쉽지 않고 오랫동안 자신의 직무만을 다루기

표 4-5 계급제와 직위분류제의 특성과 차이 비교

구분		계급제	직위분류제
특성	경계 간의 이동성	계급/계급군 간의 수직적 이동 곤란	경직적
	전문성 요구	일반행정가	전문행정가
	중상위직에의 충원	폐쇄형	개방형
	신분보장	강	약
	동일시 경향	부처의 조직차원	담당직무와 역할
장·단점	인적자원의 채용과 인사이동	탄력적	경직적
	직업공무원제의 확립	기여	장애+기여 공존
	공무원의 시각	종합적, 광범	부분적, 협소
	행정의 전문화	장애	기여
	보수 및 직무수행의 형평성 확보	낮음	높음
	인사관리(교육훈련, 승진, 평가, 보상 등)	연공서열의 중심, 상관의 자의성 개입 용이	능력·실적 중심, 객관적 기준 제공

출처: 유민봉·임도빈(2016: 95-96) 재구성

때문에 인사관리가 탄력적이지 못하고 경직적이며, 자신의 직무만을 가장 중요하게 여기기 때문에 타인 혹은 타 부처와의 업무 협조나 의사소통에 어려움을 겪을 수 있다. 뿐만 아니라 하나의 직무에 오랫동안 머무르기 때문에 그로 인한 부패가능성이 발생할 수 있으며, 직무몰입이나 자아실현의 동기부여에 있어 한계가 나타난다. 그리고 무엇보다도 외부 개방형으로 충원이 이루어지기 때문에 직업공무원제의 확립에 한계를 나타낸다(유민봉·임도빈, 2016: 96).

(4) 우리나라 공직분류제도

우리나라는 1949년 「국가공무원법」이 제정된 이후 줄곧 계급제를 유지해 왔다. 그러나 1963년 4월 17일 공포된 「국가공무원법」에서는 직위분류제 조항을 신설하였다. 이로 인하여 우리나라 「국가공무원법」에서 공식적으로 직위분류제에 관한 조항(제22조)이 처음으로 제정되었으며, 직위분류제와 관련된 내용은 지금까지도 유지되고 있다. 따라서, 우리나라의 공직분류는 실질적으로는 계급제를 기반으로 하고 있으나, 직위

표 4-6 우리나라 공직분류제도 현황

<table>
<tr><td rowspan="4">현행</td><td rowspan="2">계급</td><td colspan="2">고위공무원단</td><td rowspan="2">3급</td><td rowspan="2">4급</td><td rowspan="2">5급</td><td rowspan="2">6급</td><td rowspan="2">7급</td><td rowspan="2">8급</td><td rowspan="2">9급</td></tr>
<tr><td>가급</td><td>나급</td></tr>
<tr><td rowspan="2">직위</td><td colspan="2">본부 실국장급</td><td>과장급</td><td colspan="2">담당급</td><td colspan="4" rowspan="2">실무직</td></tr>
<tr><td colspan="5">소속기관장 · 부서장</td></tr>
</table>

출처: 「공무원임용령」 참조 재구성

분류제 요소가 부분적으로 도입되어 형식적으로 포함된 상태이다(유민봉, 2015: 487). 보다 구체적으로, 현재 우리나라의 공직은 고위공무원단 가, 나 등급과 3~9급의 계급제를 중심으로 분류되고 있다.

그러나, 다음과 같은 측면에서 우리나라의 공직분류제도에 직위분류제적 요소가 포함되어 있음을 알 수 있다(김영우, 2005: 279). 첫째는, 공직의 횡적 분류과정에서 직위분류제 요소(직군, 직렬, 직류 등)를 포함하고 있다. 예를 들어, 행정직군-행정직렬-인사조직 직류 등으로 구분되는 것이다. 둘째는, 현실적으로 엄격히 직위가 서열화 되어 있어 직위가 직급에 강력한 영향을 미친다는 것이다(김영우, 2005: 279).

표 4-7 우리나라 일반직 행정직군의 직급표 현황

<table>
<tr><td rowspan="2">직군</td><td rowspan="2">직렬</td><td rowspan="2">직류</td><td colspan="7">계급 및 직급</td></tr>
<tr><td>3급</td><td>4급</td><td>5급</td><td>6급</td><td>7급</td><td>8급</td><td>9급</td></tr>
<tr><td rowspan="6">행정</td><td>교정</td><td>교정</td><td rowspan="6">부이사관</td><td rowspan="6">서기관</td><td>교정관</td><td>교감</td><td>교위</td><td>교사</td><td>교도</td></tr>
<tr><td>보호</td><td>보호</td><td>보호
사무관</td><td>보호
주사</td><td>보호
주사보</td><td>보호
서기</td><td>보호
서기보</td></tr>
<tr><td>검찰</td><td>검찰</td><td>검찰
사무관</td><td>검찰
주사</td><td>검찰
주사보</td><td>검찰
서기</td><td>검찰
서기보</td></tr>
<tr><td>마약
수사</td><td>마약
수사</td><td>마약
수사
사무관</td><td>마약
수사
주사</td><td>마약
수사
주사보</td><td>마약
수사
서기</td><td>마약
수사
서기보</td></tr>
<tr><td>출입국
관리</td><td>출입국
관리</td><td>출입국
관리
사무관</td><td>출입국
관리
주사</td><td>출입국
관리
주사보</td><td>출입국
관리
서기</td><td>출입국
관리
서기보</td></tr>
<tr><td>철도
경찰</td><td>철도
경찰</td><td>철도
경찰
사무관</td><td>철도
경찰
주사</td><td>철도
경찰
주사보</td><td>철도
경찰
서기</td><td>철도
경찰
서기보</td></tr>
</table>

행정	일반행정			행정 사무관	행정 주사	행정 주사보	행정 서기	행정 서기보
	인사조직							
	법무행정							
	재경							
	국제통상							
	운수							
	고용노동							
	문화홍보							
	교육행정							
	회계							
직업 상담	직업 상담				직업상 담주사	직업 상담 주사보	직업 상담 서기	직업 상담 서기보
세무	세무				세무 주사	세무 주사보	세무 서기	세무 서기보
관세	관세				관세 주사	관세 주사보	관세 서기	관세 서기보
사회 복지	사회 복지			사회 복지 사무관	사회 복지 주사	사회 복지 주사보	사회 복지 서기	사회 복지 서기보
통계	통계			통계 사무관	통계 주사	통계 주사보	통계 서기	통계 서기보
사서	사서			사서 사무관	사서 주사	사서 주사보	사서 서기	사서 서기보
감사	감사		감사관	부 감사관	감사 주사	감사 주사보	감사 서기	감사 서기보
방호	방호			방호 사무관	방호 주사	방호 주사보	방호 서기	방호 서기보
	경비							

출처: 「공무원임용령」

이러한 특징을 지니는 우리나라 공직분류제도에 있어서 가장 큰 문제점은 직군·직렬 간 경력발전 기회의 형평성 부족에 있다(한국행정학회, 1999: 38-41). 물론 최근에는 과거에 비해 직군·직렬 간 규모의 형평성은 어느 정도 충족되고 있다. 하지만, 일반직 공직분류 현황(2017. 12. 31. 기준)을 보면, 일반직의 경우 우정직군이 하나의 직렬인

표 4-8 일반직 공직분류 현황과 인원(2017. 12. 31. 기준)

구분	직군	직렬
일반직	계	54(150,958명)
	행정직군	15(96,013명)
	기술직군	24(28,814명)
	관리운영직군	14(5,770명)
	우정직군	1(20,361명)

출처: 인사혁신처(2018) 재구성[8]

경우만 제외하고, 행정직군은 15개 직렬, 기술직군은 24개 직렬, 관리운영직군은 14개의 직렬로 운영되고 있다. 이에 해당하는 인원은 2017년 기준으로, 행정직군이 96,013명으로 가장 많고, 기술직군이 28,814명이며, 관리운영직군이 5,770명으로 나타났다. 이러한 내용을 바탕으로 살펴볼 때, 일반직 행정직군은 다른 직군과 비교해 소속 인원은 많으나 직렬과 직류수가 상대적으로 적어 행정직군의 전문화가 부족한 경향이 나타났다. 반대로 기술직군과 관리운영직군은 적은 인원에 비해, 직렬과 직류수가 상대적으로 많아 승진과 관련된 한계가 존재할 수 있다.

우리나라의 공직분류 체계는 강한 수직성을 나타내, 계급제의 피해가 심각한 것으로 나타나고 있다. 예를 들어, 공무원 승진의 기회가 제한되었으며, 승진기회를 확보하기 위해 직렬 간 정원 확대 경쟁이 발생하였고, 이러한 과정에서 승진기회를 박탈당한 기존의 세력은 조직의 기능·인력 재배치 결과를 쉽게 받아들이지 못하고 조직적으로 저항하기도 했다(중앙인사위원회, 2006: 18). 이로 인해 정부조직의 폐쇄성은 더욱 증가하였으며, 정부경쟁력은 하락하였다. 뿐만 아니라 공직사회의 전문성과 책임성이 저해되기도 하였다. 특히, 승진이 쉬운 보직으로 공무원들이 쏠리는 부작용이 나타나기도 하였다(중앙인사위원회, 2006: 18–19).[9]

8 인사혁신처(2018). 2017년 행정부 국가공무원 인사통계.

9 이러한 문제는 계급제에 기반한 것이다. 보다 구체적으로 계급제로 인하여 부처별 칸막이 현상이 초래되고 부처별 승진적체 현상이 발생하였다. 계급제의 폐쇄성으로 인하여 공직 내부, 특히 부처 간 칸막이 현상이 나타났다(중앙인사회원회, 2006: 18). 계급제의 내부임용과 승진 시 부처별 정원 차이로 인하여 부처 간 형평성이 저해되기도 하였다. 뿐만 아니라 계급제는 합리적인 성과관리 기반구축 및 공무원 역량강화를 저해시키고, 연공서열에 의한 평가와 보상으로 인해 객관적 평가를 어렵게 하기도 하였다(중앙인사위원회, 2006: 18).

이러한 문제를 극복하기 위해 정부에서는 공직분류제도에 직위분류제 요소를 도입하고자 노력하고 있다. 이러한 노력의 일환으로 2008년 3월 28일 「국가공무원법」을 개정하여 제22조에 직위분류제 원칙을 명시적으로 포함시켰다. 「국가공무원법」 제22조에 의하면 '직위분류를 할 때에는 모든 대상 직위를 직무의 종류와 곤란성 및 책임도에 따라 직군·직렬·직급 또는 직무등급별로 분류하되, 같은 직급이나 같은 직무등급에 속하는 직위에 대하여는 동일하거나 유사한 보수가 지급되도록 분류하여야 한다.'

그러나 직위분류제 또한 완벽한 대안이 될 수는 없다. 직위분류제를 실시하고 있는 미국에서는 오히려 계급제적 요소(예 Broadbanding)[10]를 공직분류체계에 포함시키려고 한다는 점은 우리나라에 시사하는 바가 크다. 따라서 바람직한 직위분류제 도입을 위해서는 이 제도의 무조건적인 도입·시행보다는 직무분석과 직무평가를 체계적으로 시행해 현재 공직분류제도의 현황 및 개선필요 사항을 파악하고, 이를 기반으로 각 부처 또는 직무의 특성을 고려해 순차적으로 제도를 도입할 필요가 있다. 특히, 기존의 제도를 보다 합리적으로 개선하는 차원에서 균형잡힌 공직분류제를 운영할 필요가 있을 것이다.

(5) 환경변화에 따른 공직분류제도 변화

정치·사회·경제·기술·문화 등 급격한 환경변화에 대응하기 위해 오늘날의 인사제도도 변화하고 있다. 이러한 변화는 단순히 공공분야에서만 발생하는 현상이 아니다. 민간부문에서도 같은 현상이 발생하고 있다(박준우, 2011). 과거 우리나라를 비롯한 동양계 조직에서는 계급제에 기반을 둔 사람 중심 혹은 연공 중심의 인사제도가 주축이 되었다면, 대부분의 서양계 조직에서는 직위분류제에 기반을 둔 일 또는 직무 중심의 인사제도가 주축이 되었다. 그러나 최근에는 환경변화에 대응하기 위해 계급제와 직위분류제의 장점을 적절히 혼합시킨 형태의 인사제도가 확산되고 있다. 이러한 특징은 민간조직 뿐만 아니라 정부조직에서도 나타난다. 이와 관련한 대표적인 예가 고위공무원단제도가 될 것이다. 계급제와 연공을 중심으로 하는 우리나라에서는 2006년 직무성과를 강조하는 고위공무원단제도를 도입하였다. 이 제도를 통해 고위직 공무원들의 경쟁력 및 전문성을 강화하고자 한 것이다. 반면, 오랜 기간 동안 직위분류제를 유지해 온 미국에서는 최근 오히려 고위공직자의 정치적 책임성을 강조하고 있으며, 직업공무

10 브로드밴딩(Broadbanding)은 직무의 등급별로 일정 임금구간을 설정하고 직원의 업무숙련도와 성과에 따라 임금을 차등 지급하는 방식을 의미한다(박경규, 2016).

표 4-9 인사제도의 수렴

핵심 가치	직무 중심	역할 중심	역량 중심	연공 중심
초점	• 일 중심 apprcach • 직무의 크기 (직무 가치)	• 일+사람 중심 approach • 직무 수행자의 역할 −직무의 크기와 지식, 기술, 경험 등의 능력	• 사람+일 중심 approach • 직무 수행자의 역량 −지식, 기술, 행동양식 등의 역량	• 사람 중심 approech • 직무 수행자의 근무경험
가치 결정 방식	• 직무분석 및 직무 평가 −개별 직무 중심	• 역할분석 및 평가 −역할단계 중심	• 역량의 측정 −역량 Level 설정	• 직무 경험연수
장점	• 인건비 통제 용이 • 내부 공정성 유지 가능	• 복합적 요소 반영하기 때문에 다른 가치의 장점을 취할 수 있음	• 보상 기회 확대로 인해 승진 관리상 부담이 경감	• 내부 공정성 기준 명확
단점	• 직무 관리 부담 큼 • 직무가치별 승진 단계 한계	• 전하는 메시지가 모호할 수 있음	• 역량수준 측정의 곤란함 • Skill block 형성 • 비용 통제상 어려움	• 다른 요소 무시 • 성과 무관 운영 가능성
일반적 제도	직무급	역할급	역량급	호봉제
인사 Trend	서양계 기업: 지나친 관료화 방지 및 인력 운영의 유연성 필요 →		← 동양계 기업: 경영환경 변화에 따라 새로운 가치관 필요(직무와 성과)	

출처: 박준우(2011: 34)

원제 확대를 통한 공직개혁을 도모하고 있는 실정이다(유민봉·임도빈, 2016: 76−77).

우리나라에서 가장 두드러지게 나타난 공직제도의 변화는 '공직분류의 간소화와 합리적인 통합'이다. 2012년 12월 개정된 「국가공무원법」에 의하면, 공직분류에 있어 기존의 '기능직'과 '계약직'을 폐지하고 공무원의 업무성격을 중심으로 재편하였으며, 공무원의 구분을 4개로 간소화하였다. 이전의 기능직은 일반직에, 계약직은 일반직 또는 별정직에 통합시켰다. 이는 공직사회의 통합을 도모하고 합리적이고 효율적인 인사행정 체계를 구축하기 위한 변화의 노력으로 볼 수 있을 것이다. 즉, 관리 방식과 직무분야가 유사한 일반직과 기능직을 통합하여 인사관리의 효율성을 제고하였고, 계약직은 업무성격에 따라 일반직 또는 별정직에 통합함으로써 직종 체계의 구분과 인사행정의 합리성을 도모하였다.[11] 이는 공직분류제도에 있어 합리적이고 효율적인 제도개선 노력이 지속적으로 이루어진 결과로 볼 수 있을 것이다.

표 4-10 2012년 「국가공무원법」 개정 이후 공무원의 종류 구분

구분		내용
경력직	일반직	기술·연구 또는 행정일반에 대한 업무를 담당하며 직군·직렬별로 분류되는 공무원 예시 행정, 기술, 연구·지도직공무원
	특수직	법관·검사·외무공무원·경찰·소방·교육공무원·군인·군무원·국가정보원 직원 등 담당업무가 특수하여 자격·신분보장·복무 등에 있어서 특별법이 우선 적용되는 공무원
특수 경력직	정무직	선거, 국회 동의에 의하여 임용되는 공무원, 고도의 정책결정업무를 담당하거나 보조하는 공무원 예시 국무총리, 장·차관, 감사원장 등
	별정직	비서관·비서 등 보좌업무 등을 수행하거나 특정한 업무 수행을 위하여 법령에서 별정직으로 지정하는 공무원 예시 국회수석전문위원, 감사원사무차장, 비서관, 비서, 비상계획업무담당관, 노동위원회상임위원 등

출처: 인사혁신처[12]

11 「국가공무원법」의 재·개정 이유를 기반으로 작성하였다.

12 http://www.mpm.go.kr/business/040301_employmentSystem_1.do

People and
Organizations

Chapter 05

인적자원 확보

1. 인적자원관리(HRM)
2. 인력진단
3. 인적자원 확보

CHAPTER 05

인적자원 확보

핵심 학습사항

1. 전통적 인적자원관리의 핵심 기능은 무엇인가?
2. 인적자원의 핵심 기능들은 조직의 인력계획과 어떤 연관성을 가지는가?
3. 인력진단의 의의는 무엇인가?
4. 인력계획의 절차와 방법에는 어떤 것이 있는가?
5. 우리나라 정부조직 인력계획의 특징은 무엇인가?
6. 공무원 임용의 유형에는 어떤 것이 있는가?
7. 개방형 임용제의 특징, 장점과 단점은 무엇인가?
8. 개방형 직위와 공모직위의 특징과 차이는 무엇인가?
9. 우리나라에서 개방형 임용제(개방형 직위)가 성공적으로 이루어지지 못하는 이유는 무엇인가?
10. 적극적 모집의 방법과 장점은 무엇인가?

1 인적자원관리(HRM)

1) 전통적 인적자원관리 의의

실적제, 직업공무원제, 공직분류제도 등의 제도적 기반은 인사관리 전반에 중대한 영향을 미친다. 이러한 제도적 기반은 절대적이거나 고정불변(固定不變)인 것은 아니며, 환경의 변화에 따라 유동적으로 변화할 수 있다. 이렇게 변화된 인사제도는 인적자원관리 방향 수립 전반에 영향을 미치고, 이로 인해 각각의 인사관리 단계 혹은 인사기능에 영향을 미치게 된다. 과거의 인사행정환경은 대부분 정태적이고 안정적이었기 때문에 전통적 인사관리의 방향은 소극적인 형태로 나타났다. 직업공무원제도 및 계급제가 강하게 나타나는 우리나라에서는 폐쇄형 임용제도가 기반이 되어 소극적이고 수동적인 공무원 모집과 선발이 이루어졌다. 인적자원의 유지·활용을 위한 인적자원의 이동 역시 폐쇄적으로 이루어지거나, 교육훈련과 평가·보상 역시 모두 수동적인 형태를 나타내고 있었다. 그러나 최근에는 인사행정을 둘러싼 여러 가지 환경의 변화로 새로운 인적자원관리 방안이 요구되고 있다.

2) 인적자원관리 발달

공공부문의 인사행정 역시 민간부분의 인적자원관리와 유사한 기능을 가지고 있기에, 우선 민간부분의 인적자원관리 발전 과정을 간략히 살펴보도록 한다. 인적자원관리 발달 초기(1930년대 이전까지)에는 주로 과학적 관리방안이 인사관리의 주축이 되었다(임창희, 2015: 492-494). 과학적 관리를 바탕으로 각각의 인사기능들이 합리화되고 체계적으로 운영되면서 인사관리(personnel management)의 발전기를 맞이하기 된다. 이때 관료제를 중심으로 개별적 인사기능이 체계화되기 시작하였다. 이후, 개별적 인사기능을 합리화하는 단계에서 벗어나 권한위임 중심으로 인적자원 요소의 개발과 육성을 중요하게 고려하는 인적자원관리(human resources management) 방안이 제시되었다. 이러한 시기부터 조직에서는 독립적인 인사부서를 수립하여 종합적으로 인사를 관리하는 방

표 5-1 민간부문의 인적자원관리의 발전

		태동기	인사관리 (PM)	인적자원관리 (HRM)	전략적 인적자원관리 (SHRM)
시기	서구	산업화~1930년대	1940~1970년대 초	1970~1980년대	1990년대 이후
	한국	1960~1970년대	1980~1990년대	1990~2000년대	2000년대 이후
배경		• 경제발전 초기 • 과학적 관리 시대	• 안정적 경제성장 • 노동조합 압력	• 국내외 경쟁심화 • 노동시장 다양화	• 글로벌화 • 극심한 환경변화
관리방식		관료화/통제	관료화/통제	권한 위임	참여/자율
기능역할		• 인사기록 • 문서관리 • 복지관리 • 기본적인 인사	• 개별적 인사기능 • 인사기능 체계화 • 인사부서의 전문화 • 노사관계 비중의 증대	• 인사부서의 기능 강화 • 인적자원개발 중시 • 인사부서 독립 기능	• 인적자원의 핵심역량 • 인사와 전략의 적합성 • 인사부서의 중추적 역할

출처: 임창희(2015: 494)

안을 모색하기 시작하였다. 그리고 최근에는 개인과 조직의 특성을 고려한 전략적 인적자원관리(Strategic Human Resources Management, SHRM)로 발전하였다.[1]

3) 인적자원계획

효과적인 인적자원관리는 조직이 필요로 하는 인적자원의 확보와 활용 방안이 체계적으로 수립되었을 때 가능하다. 이를 위해서는 단기적인 인적자원계획보다 조직에

그림 5-1 인력확보계획의 수립과정과 집행

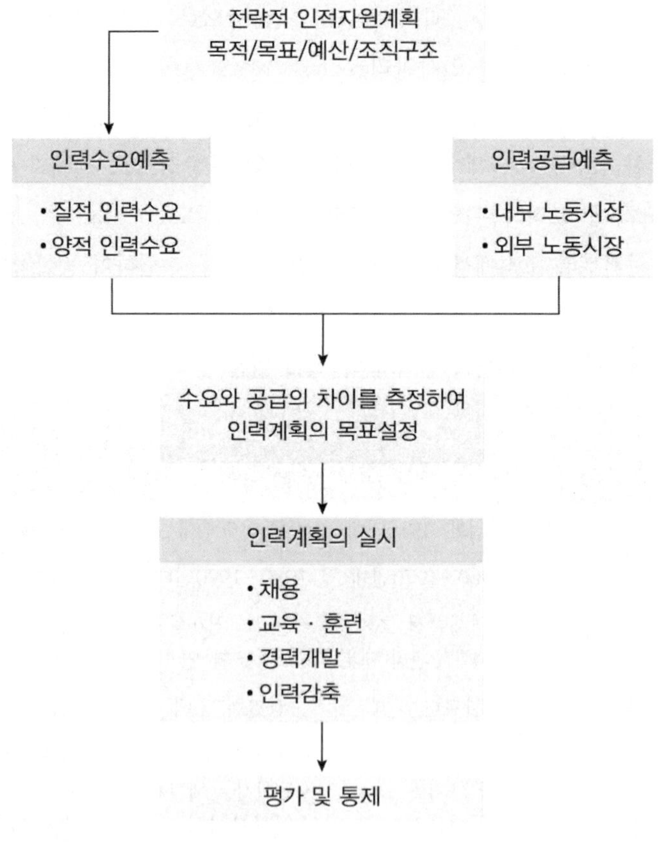

출처: 박경규(2016: 169)

1 전략적 인적자원관리에 대한 설명은 19장 성과관리 부분에서 보다 자세히 설명할 것이다.

서 필요로 하는 인적자원의 수요를 장기적인 안목으로 예측하고 그에 따라 인적자원 공급계획을 수립할 필요가 있다. 인적자원계획은 "인적자원의 확보, 관리, 개발 등 모든 단계에서 인사관리 전반 방안에 대한 계획을 수립하는 것"을 의미한다(백종섭 외, 2016: 136).

인적자원계획의 절차는 다음과 같다. 첫째, 인력계획의 목표, 인력계획과 관련된 예산, 인력계획 조직구조를 기반으로 하여 전략적 인적자원계획을 설정한다. 둘째, 이에 따라 각 조직이 미래에 어느 정도의 인력을 필요로 할 것인지에 대한 양적 인력수요(예 인력 인원수) 뿐만 아니라 인력의 전문성 등과 같은 질적 인력수요(예 인력이 갖추어야 할 자격조건)도 분석을 통해 결정해야 한다. 이와 동시에 조직 외부의 노동시장과 조직 내부의 노동시장 분석을 통해 인력공급을 예측한다. 다음으로 인력 수요와 공급에 대한 예측을 바탕으로 인력계획의 목표를 설정하고, 이에 따라 채용, 교육훈련, 유지관리, 평가와 보상 순서로 인력에 대한 계획을 수립한다.

우리 정부에서도 급변하는 환경에 대응하기 위해 각 부처별로 비전과 목표를 설정하고 이를 달성하기 위한 우수인재 적시 확보를 위해 전략적인 인적자원관리 계획을 수립하고 있다. 부처별로 인사자율성이 확대됨에 따라 단순 결원보충이 아닌, 충원·교육·보직관리 등이 연계된 장기적·체계적 계획에 따른 인력관리가 필요해졌기 때문이다. 우리나라에서는 정부 부처별 비전 및 전략목표에 따라 현재 보유인력의 수준과 미래 요구수준 간 차이 분석을 토대로 조직 내 인적자원을 적재·적소·적시에 확보·활용하기 위해 전략적인 중장기 계획을 수립하고 있다. 현재 정부 인적자원계획은 5년 단위의 중장기계획을 중심으로 작성되며, 이에 대한 실천계획은 매 2년 단위로 작성되고 있다.[2]

2 인력진단

1) 인력진단과 인력계획의 의의와 특징

인력진단은 "현재 상태의 조직 미션과 기능, 업무유형별 특성에 기준을 두고 조직 및 과업 목표 달성에 필요한 업무 수행의 효율화를 위한 인력 재배치 기준을 수립하

2 인사혁신처 홈페이지 참조.

는 것을 포함하는 인력 운용의 효율화를 기하기 위한 총체적 활동"으로 정의될 수 있다(이홍민 외, 2009: 64). 이러한 인력진단은 성공적인 인력계획(인적자원계획)의 기반이 된다. 인력계획은 "조직의 목표를 효율적으로 달성하기 위해 인적자원의 수요를 결정하는 과정과 그러한 수요를 충족시키기 위한 수단을 포괄하는 개념"이다(강성철 외, 2014: 262). 인력진단을 통해 현재 수행 중인 업무에 필요한 인력이 어느 정도 투입되어 있는가를 알 수 있으며, 조직의 기능별 업무 순위를 평가할 수 있고, 이를 바탕으로 인력재배치 방안을 도출해 낼 수 있다(이홍민 외, 2009: 64). 그리고 인력계획을 통해 조직목표 달성을 위한 우수인력 확보의 중요성을 제고하고, 기관 특성에 맞는 인력관리체계를 구축할 수 있다(행정안전부, 2011: 253).

2) 인력진단과 인력계획 방법

인력진단은 인적자원의 수요 예측을 기반으로 한다. 인적자원의 수요 예측방법은 다음과 같다. 첫째, 인력수요에 영향을 미치는 요인을 탐색하고 일정한 기간이 지난 후 필요한 인적자원 총수요를 예측하며, 둘째, 기존 인적자원의 공급을 예측하고, 총수요와 기존 인적자원의 공급을 비교하며, 셋째, 인적자원의 순수요를 예측한다(강성철 외, 2014: 264).

인적자원 수요 예측방법 중 '인적자원의 총수요 예측'은 현재 직위 수를 조사하고 이를 바탕으로 장래의 인적자원 수요 변동분을 예측하는 방법이다. 구체적인 방법으로는 ① 외부의사결정을 그대로 받아들이는 수동적 방법, ② 총예산 가운데 인건비가 일정하다는 가정 하에 예산총액의 증감에 따라 인적자원 총수요를 예측하는 점증적 방법, ③ 추세분석, 회귀분석 및 시계열 분석 등의 계량분석을 통해 예측하는 방법, ④ 전문가의 지식이나 판단에 의존하는 델파이기법 등과 같은 질적 분석을 활용하는 방법 등이 있다(오석홍, 2013: 130−132).

'기존 인적자원의 공급 예측방법'으로 인적자원의 수요를 예측할 수 있다. 이를 위해서는 먼저 현존하는 인적자원의 양과 질을 분석하고, 이후 인적자원 공급과 수요의 관계 변동에 영향을 주는 요인, 즉 퇴직예측, 조정예측, 채용예측 등을 분석한다(강성철 외, 2014: 266). 마지막으로, '인적자원의 순수요 예측방법'은 인력 갭(Gap) 분석을 활용하여 현재 수준과 미래 수준 간 인력수요의 차이를 분석한다.

3) 우리나라 정부조직의 인력진단과 인력계획

우리나라는 2005년부터 급변하는 환경 속에서 부처별 비전 및 목표 달성과 우수인재 적시확보를 도모하기 위해 정부조직의 인력관리계획을 시행하고 있다. 2005년 12월 30일에 「공무원임용령」(제8조, 제34조)과 「공무원임용시험령」(제3조, 제42조)에 인력관리계획에 대한 법적근거를 마련하였다(강성철 외, 2014: 263). 인력관리계획은 현재 각 부처의 보유인력 수준과 환경변화에 따라 미래에 요구되는 인력수준 차이를 기반으로 조직 내 인력을 적재적소에 활용하기 위한 전략적 중장기 계획을 의미한다.[3] 인력관리계획에서 조직의 중장기 비전·목표, 인력분석·전략개발 등 필요인력 예측, 인력관리계획의 목표 등은 계획수립 후 이를 집행하고 평가한다. 일반적으로 인력관리계획 단계는 4단계로 운영되나, 기관 특성에 따라 수립과정이 다르게 나타난다(인사혁신처, 2017: 78).

최근 들어 각 부처의 인사자율성이 확대됨에 따라 과거 중앙통제식의 단순 결원보충이라는 인력수급계획은 더 이상 적절하지 않게 되었으며, 충원·교육·보직관리 등을 연계해 장기적이고 체계적인 인력관리가 필요하게 되었다. 이를 위해 정부에서는 5년마다 중장기적 인력계획을 설정하고 2년 단위로 실천계획을 작성하도록 하였다. 인력관리계획의 주요 내용은 다음과 같다. 먼저 각 부처는 소속공무원의 채용·승진·

그림 5-2 인력관리계획 단계

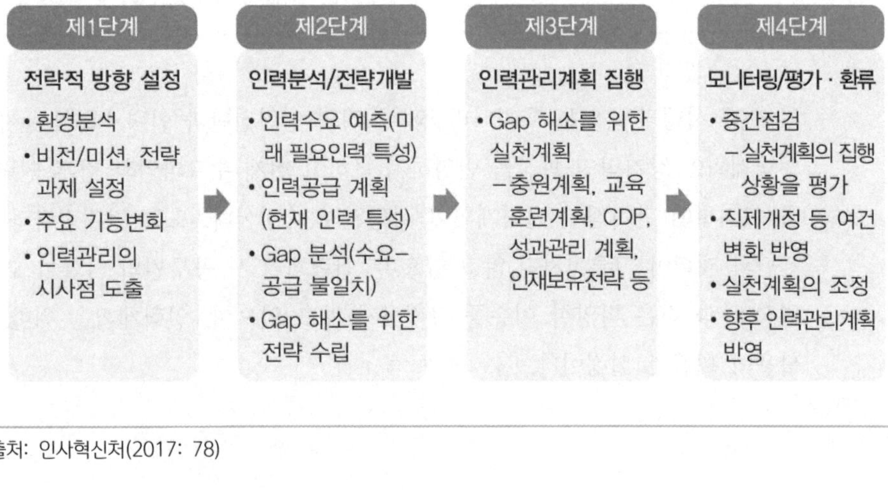

제1단계	제2단계	제3단계	제4단계
전략적 방향 설정	인력분석/전략개발	인력관리계획 집행	모니터링/평가·환류
• 환경분석 • 비전/미션, 전략과제 설정 • 주요 기능변화 • 인력관리의 시사점 도출	• 인력수요 예측(미래 필요인력 특성) • 인력공급 계획(현재 인력 특성) • Gap 분석(수요-공급 불일치) • Gap 해소를 위한 전략 수립	• Gap 해소를 위한 실천계획 -충원계획, 교육훈련계획, CDP, 성과관리 계획, 인재보유전략 등	• 중간점검 -실천계획의 집행 상황을 평가 • 직제개정 등 여건 변화 반영 • 실천계획의 조정 • 향후 인력관리계획 반영

출처: 인사혁신처(2017: 78)

3 보다 자세한 내용은 http://www.mpm.go.kr/mpm/info/infoBiz/BizHr/bizHr02/를 참조바란다.

배치 및 경력개발 등을 다룬 인력관리계획을 수립하여, 이를 매년 9월 말까지 인사혁신처에 제출하고, 인사혁신처는 각 부처의 인력관리계획을 토대로 조정·지원하여 전체적인 연간 충원계획을 수립하게 된다.[4]

인력관리계획의 구성(예시)

Ⅰ. 개요

Ⅱ. 중장기 비전과 목표

1. 환경분석 및 예측
2. 중장기 비전과 미션
3. 주요 목표와 추진전략

Ⅲ. 인력현황 분석

1. 인력규모와 구조(직위, 직종, 연령, 성별 등)
2. 인력운영(채용, 승진, 전보 등)
3. 필요역량과 보유역량(기본역량, 공통역량, 직무역량, 관리자역량 등)

Ⅳ. 인력관리 5개년 계획의 목표

5년 뒤에 도달해 있을 인적자원의 목표수준으로서, 조직구성원들이 갖추어야 할 역량과 이를 뒷받침하기 위한 인력관리의 방향이 나타나야 함. 계량화된 수치로 표현할 수 있으면 바람직하지만 반드시 수치화해야 하는 것은 아님

Ⅴ. 실천계획 20××~20××

예측가능성이 높은 향후 2년간의 구체적인 충원·육성·활용계획

출처: 행정안전부(2011: 255). 공무원 인사실무

현재 시행되고 있는 우리나라 정부조직의 인력진단과 인력계획의 문제점은 부처의 인력계획이 장기적인 관점을 반영하지 못하고 현재 수요파악과 향후 인력 수요파악만을 고려하여 단기적인 인력계획이 설정된다는 점이다. 또한 발전전략과 연계된 인력진단과 계획이 이루어지지 않고 있으며, 인력계획 시 공무원의 역할이 모호하고, 정년연장 등과 같은 다양한 이슈를 고려하지 않고 있으며, 인력계획을 위한 과학적 방법 활용이 미흡한 실정이다(박천오 외, 2016: 199).

4 보다 자세한 내용은 http://www.mpm.go.kr/mpm/info/infoBiz/BizHr/bizHr02/를 참조바란다.

4) 전략적 인적자원관리

전략적 인적자원관리(Strategic Human Resources Management, SHRM)는 민간부문에서 먼저 활용되기 시작하였다. 1980년대에 들면서 글로벌 환경의 경쟁심화, 기업의 불확실성 증대, 제품수명주기 단축, 품질혁신의 필요성 대두, 경쟁력 하락 등의 문제를 적극적으로 극복하기 위한 새로운 인적자원관리의 필요성이 제기되었기 때문이다(임창희, 2015: 493). 전략적 인적자원관리는 "조직의 목표 및 성과달성을 목표로 개인과 조직이 일치성을 가지고 조직의 전략을 수행할 수 있도록 하는 인적자원관리 방식"으로 정의된다(유민봉·박성민, 2013: 203).

표 5-2 전통적 인사관리와 전략적 인적자원관리 비교

	전통적 인사관리	전략적 인적자원관리
분석 초점	개인의 심리적 측면	조직의 전략 및 성과와 인적자원관리 활동 연계
관점	미시적: 인적자원관리 기능 부분 최적화	거시적·통합적: 인적자원관리 기능 간 연계 및 수직적·수평적 통합을 통한 전체 최적화
범위	단기: 인사관리 상의 단기적 문제해결	장기: 조직의 전략수립에 관여 및 인적자원 육성
역할	통제메커니즘	권한 부여 및 자율성 확대 인적자본의 체계적 육성 및 개발
인사담당자 책임	스태프(인사부서 소속)	라인(현장의 책임자)
핵심기능	종업원관계관리(수직적)	내부·외부 고객과의 파트너(수평적)
인사부서 역할	거래적 리더, 수동적 변화 추종자	변혁적 리더, 변화주동자 역할
주도권	느림, 피동적, 반응적, 개별적	신속, 능동적, 주도적, 통합적
통제수단	관료적, 규정, 절차	유기적, 유연함
시간	단기적	중·장기적
직무설계	노동의 분업화, 전문화	팀, 교차기능, 집단
투자대상	제품, 자본	교육, 정보, 지식
권한과 책임	비용감축(비용센터)	가치 창출(투자센터)

출처: 임창희(2015: 495); 유민봉·박성민(2013: 204) 재구성

전략적 인적자원관리는 조직의 미션과 비전을 인적자원 각 단계에 적용하고, 각 인적자원 단계를 종합적으로 검토하는 과정이다. 과거의 인적자원관리는 인적자원의 채용, 훈련, 보상, 유지 등 각각의 독립적인 단계에서 효율성만을 추구하였으나, 전략적 인적자원관리에서는 전략을 중심으로 각 단계별 상호 보완기능을 강조한다(임창희, 2015: 499). 예를 들어, 조직이 경쟁사 보다 빠른 시장점유 및 선점을 우선 전략으로 고려한다면 채용비용, 우수인재 선발, 신입사원의 효과적인 교육 자체에 우선순위를 두기 보다는 인적자원의 종합적 관리를 위해 빠른 채용과 빠른 배치를 더 중요하게 고려한다.

이와 같이 전략적 인적자원관리는 조직의 미션·비전·전략을 중심으로 인적자원관리 전 단계를 운영하는 방안이라고 할 수 있다. 인사조직의 전략적 관리를 위해서는 조직의 미션·비전·전략에 기반을 둔 인력·조직진단이 필수적이라 할 수 있다.

3 인적자원 확보

1) 임용: 인적자원 모집과 선발

(1) 모집과 선발

인적자원 모집은 "선발시험에 응할 잠재적 인적자원을 찾아내어 지원하도록 유도하는 행위"를 의미한다(유민봉·임도빈, 2016: 191). 과거에는 이러한 인적자원 모집의 방법이 상당히 소극적으로 이루어졌다. 채용계획을 일반대중에게 공개하고(예 부처 홈페이지 공지, 구인구직 사이트 공지, 신문 광고 공지 등) 이에 관심이 있는 지원자가 찾아오도록 기다리는 방식의 인적자원 모집을 해 온 것이다. 이에 비해, 적극적인 인적자원 모집은 "젊고 유능한 인적자원이 공직에 대한 매력을 느끼고 적극적으로 지원할 수 있도록 하는 모집방안"이다(유민봉·임도빈, 2016: 191). 최근에는 앉아서 지원자가 찾아오기를 기다리는 소극적 모집보다는 우수한 인재를 직접 발굴하고자 하는 찾아가는 모집, 즉 적극적 모집이 주를 이루고 있다.

적극적 모집 방안에는 근본적 혹은 기본적 모집 여건을 개선하는 방안과 모집활동을 적극화하는 방안이 있다(백종섭 외, 2016: 140). 전자는 공직의 사회적 지위를 개선하여 젊고 우수한 인재가 스스로 공직에 매력을 느껴 적극적으로 지원하도록 하는 방안이다. 후자는 합리적인 인력계획을 수립하고, 홍보활동의 강화, 지원 절차의 간편화, 정기적인 시험 실시, 합격자 임용의 신속·객관화, 공급원의 개척 등을 통해 우수인재를 적극적으로 발굴하는 방안이다. 특히, 모집활동을 적극화하는 방안으로 우리 정부에서는 2011년부터 "공직 채용정보를 종합적으로 제공"하기 위한 '공직박람회'를 매해 개최하고 있다(인사혁신처, 2016).[5] 또한, 인사혁신처에서는 최근 강조되고 있는 공직의 다양성 확보를 위해 역량 있는 글로벌 우수인재 발굴 노력의 일환으로 '찾아가는 해외공직설명회'를 개최하고 있다. 5급 경력채용 모집 공고에서 선발 우대요건에 '글로벌 인재'가 포함된 경우는 2014년 43명(33.1%), 2015년 26명(18.6%) 등으로 모집인원 대비 26%(69명) 수준이며, 국·과장급 '경력개방형 직위' 확대의 경우에는 2015년 165개(35%)에서 2016년 218개(50%)로 대폭 확대되었다(인사혁신처, 2016).[6]

선발은 "모집 후에 이루어지는 인적자원 확보과정"이다(이창길, 2016: 254). 즉, 지원자 중에서 직무에 가장 적합한 사람을 선발하는 과정을 우리는 '선발'이라고 명명하는 것이다. 선발과정에서 가장 중요하게 고려되어야 하는 것은 선발도구, 즉 선발을 위한 평가도구의 타당성과 신뢰성이다(유민봉·임도빈, 2016: 218–223). 선발의 과정은 지원자가 지원서류를 기관에 제출하면서부터 시작된다. 지원서에 대한 서류심사를 통해 직무 적합 가능성이 있는 지원자들을 일부 선정하여, 선발시험(selection test)을 치르게 된다. 선발시험은 주로 필기시험, 면접시험, 체력검사 등으로 구성되며, 비용적인 측면을 고려하여 실제 일부 기관에서는 필기시험이나 체력검사 등 일부 시험을 생략하기도 한다. 하지만, 최근 공공기관의 경우에는 필기시험을 해당 직무와 관련된 과목으로 시험문제를 출제하거나, 지원자의 인·적성을 검사하거나, 국가직무능력표준(National Competency Standards, NCS)[7] 검사로 대체하는 경우가 많다. 필기시험 이후에는 면접시험이 있는데, 면접시험은 개별면접, 집단면접, 토론면접 등 다양한 형태로 제시된다.[8] 이 시험을 통해 지원자의 직무수행능력을 검토하기도 하지만, 지원자의 행동·태도 등을 통해 개인적 성격이나 습관 등 내적 특성을 파악하기도 한다. 면접시험까지 통과

---

5 http://injae.go.kr/user/fes/event_info.do

6 인사혁신처(2016). 글로벌 인재 발굴을 위한 「찾아가는 해외공직설명회」 개최.

7 보다 자세한 내용은 http://www.ncs.go.kr/ncs/page.do?sk=indexView를 참조바란다.

8 우리나라에서는 5급 공무원 공개채용 3차 시험이 면접시험이 되며, 면접은 행동관찰면접 및 블라인드 인터뷰제(blind interview) 방식으로 진행된다. 블라인드 인터뷰제는 면접자에게 피면접자의 개인정보(예 출신지, 전공, 출신학교 등)를 전혀 제공하지 않음으로써 면접자의 편견이나 선입견을 배제하고자 한 것이다(유민봉·임도빈, 2016: 211). 2017년 기준으로 5급 공무원 면접시험은 하루에 걸쳐서 시행되며, 오전에는 집단심화면접이, 오후에는 직무면접과 공직가치·인성면접이 시행된다(인사혁신처, 2017).

한 지원자의 경우에는 신원조사나 체력검사 혹은 신체검사를 통해 선발을 확정하게 된다. 이후 '수습'이라고 불리우는 시보임용(probation) 기간을 거치게 되며, 이때 직무 적격성을 확인받으면 정식으로 임용이 된다. 선발과정의 공정성을 위해 선발시험은 표준화된(standardized) 도구를 활용하게 되며(유민봉·임도빈, 2016: 209), 이때 중요하게 검토되어야 할 것이 바로 선발도구의 타당성과 신뢰성이다.

선발도구의 타당성(validity)은 선발도구가 선발하고자 하는 내용을 '정확하게' 측정했느냐의 문제에 대한 것이다. 선발도구의 타당성에는 기준타당성, 내용타당성, 구성타당성이 있다. 이들 각각에 대해 살펴보면 다음과 같다. 첫째, 기준타당성(criterion validity)은 선발도구의 시험성적과 본래 시험으로 예측하고자 했던 기준 사이에 얼마나 밀접한 상관관계가 있는지에 대한 논의이다. 이러한 기준타당성 검증방법에는 두 가지가 있는데, 동시적 타당성 검증(concurrent validation)과 예측적 타당성 검증(predictive validation) 방법이 그것이다. 동시적 타당성 검증 방법은 재직자에게 응시자용 시험문제를 풀게 한 점수와 재직자의 근무성적을 가지고 "시험성적과 근무실적에 대한 자료를 동시에 수집하여 (이들 간) 상관관계를 검토"하는 것이다(유민봉·임도빈, 2016: 218). 동시적 타당성 검증방법에 따르면, 재직자의 시험점수와 근무성적의 상관관계가 높을수록 기준타당성은 높아진다. 이에 비해, 예측적 타당성 검증방법은 시험합격자들의 시험성적을 확보해 두고 이후 일정기간이 지난 후 이들이 재직하면서 나타내는 근무실적, 즉 근무성적을 수집해 이들 간 상관관계를 분석하는 것이다. 즉, 예측적 타당성 검증방법은 "시험성적과 근무실적을 시험합격자를 대상으로 시차를 두고 수집하여 비교"하는 것이다(유민봉·임도빈, 2016: 219). 예측적 타당성 검증방법은 시험합격생을 대상으로 그들의 시험성적과 근무성적 간 상관관계를 검토하는 방법이기 때문에, 자료를 수집하는 데는 다소 시간이 걸릴 수 있지만 "시험점수가 근무성적을 얼마나 정확히 예측·추론하는가 하는 타당성의 개념에는 더 잘 부합"된다고 할 수 있다(유민봉·임도빈, 2016: 219).

둘째, 내용타당성(content validity)은 "직무를 성공적으로 수행하는 데 필요한 지식이나 기술의 내용을 시험에 얼마나 반영시키는 가의 정도"이다(유민봉·임도빈, 2016: 220). 내용타당성을 검토하기 위해서는 해당 직무를 잘 아는 전문가들이 시험의 내용 및 항목이 직무의 내용과 어느 정도 적합한지를 판단하게 된다. 정확한 내용타당성 검증을 위해서는 성공적인 직무분석이 우선되어야 하며, 시험의 문항들이 직무의 핵심 내용에 얼마나 잘 부합되는지가 신중히 검토될 필요가 있다(유민봉·임도빈, 2016).

마지막으로, 구성타당성(construct validity)은 측정하고자 하는 추상적인 개념이 실제로 측정되었는지를 판단하는 것이다. 이때 행태과학적인 조사방법이 활용되기도 한다.

예를 들어, 소방공무원 모집 시 지구력, 근력, 균형감각 등의 평가요소가 적절한 평가요소 인가를 고려할 때 구성타당성이 고려된다. 또한, 직무만족이나 공공성 등과 같이 인간의 내적 심리상태나 추상적 개념을 구성내용 별로 측정지표를 만들어 분석함으로써 그 타당성을 검증하는 방식이 바로 구성타당성이다.

선발도구의 신뢰성(reliability)은 "측정도구의 측정결과가 얼마나 일관되게 나타나는가와 같은 일관성(consistence)" 정도를 의미한다(유민봉·임도빈, 2016: 215). 일관성은 서로 다른 시기에 측정된 선발도구의 측정결과가 일관되게 나타나는 종적 일관성과 동일시기 서로 다른 집단에 적용한 선발도구의 측정결과가 일관되게 나타나는 횡적 일관성으로 구분된다. 선발도구의 신뢰성을 검증하는 대표적인 방법으로는 재시험법, 동질이형법, 내적 일관성 검증 등이 있다. 첫째, 재시험법(test–retest)은 시험을 본 수험생이 일정시간이 지난 후 같은 문제로 재시험을 보았을 때 두 시험에 대한 점수 간에 일관성을 검토하는 방법이다. 두 시험 점수 간에 일관성이 나타나면, 이때 선발도구의 신뢰성은 높다고 볼 수 있다(유민봉·임도빈, 2016: 216). 둘째, 동질이형법(同質異形法, equivalent forms)은 문제의 내용 및 수준이 비슷한 두 개의 시험유형을 동일 대상에게 제시하고 두 개 시험의 결과에 대해 상관관계를 분석하는 방법이다. 두 시험 결과 간에 상관관계가 높게 나타날 경우, 우리는 선발도구의 신뢰성이 높다고 말할 수 있다. 마지막으로, 내적 일관성(internal consistency) 방법은 "하나의 시험유형 내에서 각 문항 간의 상관관계를 종합하여 시험의 내적 일관성을 검증하는 방식"이다(유민봉·임도빈, 2016: 216). 예를 들어, 시험에서 리더십(leadership)을 측정하는 문항들 사이에는 응답의 결과가 유사하게 나타나야 한다는 것이다. 선발시험에 있어서는 이러한 타당성과 신뢰성 외에도 난이도(difficulty)와 객관성(objectivity) 등을 검토함으로써 그 효용성을 높일 수 있다. 선발을 통한 공무원 임용은 어떤 의의를 지니며, 그 유형에는 무엇이 있을까? 다음에서는 임용의 의의 및 유형에 대해 살펴보도록 한다.

(2) 임용의 의의와 유형

합리적인 인력수요와 공급을 중심으로 인력계획이 수립되고 난 이후에는 이러한 인적자원계획에 따라 해당 직무에 필요한 인적자원을 확보해야 한다. 인적자원 확보를 공직 임용(任用)과 관련해 살펴볼 수 있을 것이다. 임용은 "공무원의 신분관계를 설정하는 임명과 일정한 직무를 부여하는 보직행위"를 의미한다(백종섭 외, 2016: 138). 임용이라는 용어는 단순히 '선발'이라는 측면에서만 사용되기 보다는 넓은 개념으로 사용된다. 예를 들어, 「공무원임용령」에 의하면 임용은 신규채용, 승진임용, 전직, 전보,

겸임, 파견, 강임, 휴직, 직위해제, 정직, 강등, 복직, 면직, 해임 및 파면 등 다양한 차원으로 해석될 수 있는 것이다.[9]

임용이 조직 내부에서 발생하는지 혹은 조직 외부에서 발생하는지에 따라 '내부임용'과 '외부임용'으로 구분될 수 있다. 내부임용은 승진 혹은 강임과 같이 조직 내에서 상하로 이동하는 수직적 임용과 배치전환 뿐만 아니라, 전직과 같이 횡(橫)으로 이동하는 수평적 임용도 포함한다(백종섭 외, 2016: 138). 이에 비해 외부임용은 조직 외부에서 인력을 확보하는 일련의 절차를 의미한다. 대부분의 경우, 내부임용은 조직 내 수직적 이동과 수평적 이동을 모두 포함하기 때문에, 이 내용은 인적자원의 유지·활용 차원에서 설명하기로 한다. 그리고, 여기서는 주로 모집과 선발을 위주로 하는 외부임용에 대해서만 설명하고자 한다.

그림 5-3 공개경쟁채용과 경력경쟁채용 절차

① 공개경쟁채용절차

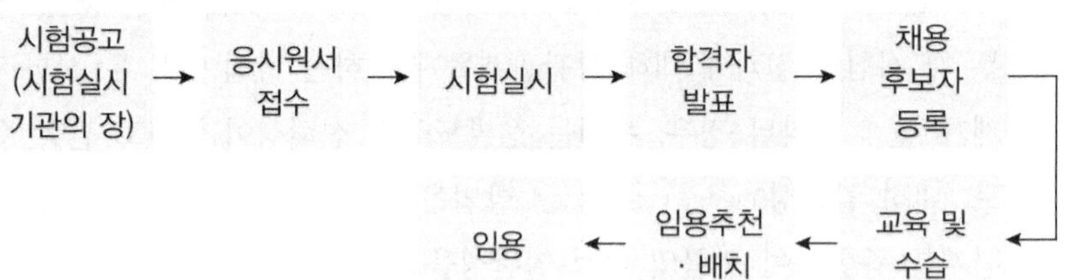

※ 7 · 9급의 경우, '임용추천 · 배치' 후 '교육 및 실무수습' 실시

② 경력경쟁채용 절차

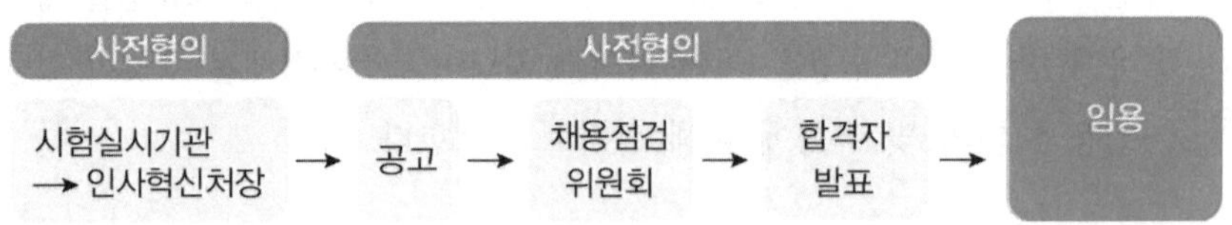

출처: 인사혁신처(2017: 22-23)

9 공무원 시보임용예정자와 공무원의 차별 없는 인사관리를 위해 2018년 6월에 「공무원임용령」을 개정하였다. 예를 들어, 공무원 시보임용예정자가 직무를 수행하다가 사망한 경우 공무원과 동일하게 예우를 받게 되었다(인사혁신처, 2018). 이는 2018년 3월 30일에 충남 아산 소방서에 실무수습을 하던 중 현장에서 교통사고로 사망한 소방공무원 시보임용예정자를 공무원으로 소급 임용하여 「공무원연금법」의 적용을 받을 수 있도록 한 제도 개선안을 일반공무원에게 확대 적용한 것이다(인사혁신처, 2018).

「공무원임용령」에 의하면 신규채용인 외부임용은 크게 '공개경쟁채용'과 '경력경쟁채용'으로 구분된다. 공개경쟁채용은 "공무원의 결원보충이 있을 경우 불특정 다수인을 대상으로 공개경쟁을 통해 공무원을 선발하는 제도"이며, 경력경쟁채용은 "특수한 직무분야에서 공개경쟁채용이 적절하지 않을 때 제한적으로 시행하는 제도"이다(박천오 외, 2016: 204).

먼저 공개경쟁채용시험은 공무원 신규채용 시 '불특정 다수인을 대상으로 경쟁시험을 실시하여 공무원을 선발하는 제도'로서 균등한 기회보장을 통해 보다 우수한 인재를 선발하고자 하는 제도이다.[10] 대표적인 예로는 5급 공채－일반직(행정·기술직), 7급 공채－(행정·기술직), 9급 공채－(행정·기술직) 등이 있다. 이에 반해 경력경쟁채용은 '공개경쟁채용시험에 의하여 충원이 곤란한 분야에 대하여 채용하는 제도'로서 해당 직무에 우수 전문인력 및 유경력자를 선발하기 위한 제도이다.[11]

공무원 선발에 있어서 내부임용과 외부임용의 특성을 동시에 가지는 혼합형 임용제도가 있다. 혼합형 임용은 "정부 밖의 인사뿐만 아니라 정부내부의 공무원이 동시에 지원해서 적격자를 선발하는 제도"를 의미하며(박천오 외, 2016: 204), 이는 개방형 임용제로 설명될 수 있을 것이다.

(3) 개방형 임용제

개방형 임용제는 "직업공무원제의 폐쇄형 임용제의 한계를 극복하기 위하여 원칙적으로 모든 직급에 대하여 외부로부터의 신규채용을 허용하는 제도"를 말한다(박천오 외, 2016: 130). 우리나라는 1999년에 「국가공무원법」을 개정하여 개방형 임용제도를 본격적으로 도입하였다. 이 제도의 도입으로 실·국장급 직위 중에서 업무의 성질 상 전문성이 강하게 요구되거나, 효율적인 정책이 요구되는 직위에 대해서는 개방형 직위제도와 공모직위제도를 운영할 수 있도록 하였다.

즉, 「국가공무원법」 제28조의4(개방형 직위)에 의하면 "임용권자나 임용제청권자는 해당 기관의 직위 중 전문성이 특히 요구되거나 효율적인 정책 수립을 위하여 필요하다고 판단되어 공직 내부나 외부에서 적격자를 임용할 필요가 있는 직위에 대하여는 개방형 직위"로 지정하여 운영할 수 있도록 하였다. 또한 제28조의5(공모 직위)에 의하면 "임용권자나 임용제청권자는 해당 기관의 직위 중 효율적인 정책 수립 또는 관리를

10 인사혁신처 홈페이지 참조.
11 인사혁신처 홈페이지 참조.

표 5-3 개방형 직위와 공모직위의 비교

구분	개방형 직위	공모직위
제도 개요	민간과 경쟁하여 최적격자 임용	타 부처 공무원과 경쟁하여 최적격자 임용
지정 범위	고위공무원단 또는 과장급 직위 총수의 20% 범위 내	경력직 고위공무원단 직위 총수의 30% 범위 내
대상 직종	일반·특정·별정·계약직 공무원으로 고위공무원단 및 과장급 직위	일반·특정직 고위공무원으로 보하는 직위
지정 기준	전문성, 중요성, 민주성, 변화필요성, 조정성	직무공통성, 정책통합성, 변화필요성
임용기간	2년 이상 5년 범위 내	최소 2년
임용 만료 후	원 소속 복귀 가능	원 소속 복귀 가능

출처: 인사혁신처(2016); 박천오 외(2016: 212) 재구성

위하여 해당 기관 내부 또는 외부의 공무원 중에서 적격자를 임용할 필요가 있는 직위에 대하여는 공모 직위"로 지정하여 운영할 수 있도록 하였다.

2004년도부터 2017년까지 우리나라에서 운영된 개방형 임용제의 특성은 다음과 같다. 첫째, 개방형 직위의 수는 전반적이고 지속적으로 증가하였다고 볼 수 있다. 2008년과 2010년 사이에 개방형 직위 수는 다소 감소하는 추세를 나타냈지만, 제도 도입 초반부 보다는 개방형 직위 수 및 충원 수는 분명히 증가한 것으로 나타났다. 둘

표 5-4 공무원 개방형 임용 추이 (단위: 명)

연도	2004	2005	2006	2007	2008	2009	2010	2011	2012	2013	2014	2015	2016	2017
직위 지정수	154	156	207	220	188	182	198	246	311	421	430	443	442	444
충원수	136	146	166	196	136	149	157	194	235	227	228	300	341	334
내부 임용	75	79	94	86	64	82	86	108	147	145	193	172	138	123
외부 임용	61	67	72	110	72	67	71	86	88	82	95	128	203	211

출처: 나라지표 재구성[12]

12 http://www.index.go.kr/potal/main/EachDtlPageDetail.do?idx_cd=1020

째, 개방형 임용제의 구성을 살펴보면 내부임용과 외부임용의 비율은 일관적이지 않다. 외부임용의 경우에는 2007년까지는 증가하다가 그 이후에는 외부임용 수가 비슷하게 유지되거나 혹은 오히려 감소하는 추세를 보이다 다시 2014년부터 급속하게 증가하고 있다. 특히 2016년과 2017년 외부임용 비율은 59.5%와 63.2%로 매우 높게 나타났다.

이처럼 개방형 임용제도의 한계가 나타나는 이유는 우리나라가 강력한 폐쇄형 임용체계를 갖추고 있기 때문이라고 할 수 있다. 대부분의 기존 공무원들은 이제까지 개방형 직위제가 아닌 폐쇄형 경로를 통해 공직에 입문하였기 때문에 개방형 임용에 대해 부정적인 인식을 갖는 경우가 많다. 예를 들어, 조성한 외(2011: 141-142)의 연구에 의하면 기존에 폐쇄형 경로로 임용된 공무원들은 개방형 임용제도로 임명된 공무원들이 지닌 전문성, 개혁성, 민주성, 개방성 등의 업무성과에 대해 부정적인 인식을 나타내었다. 또한, 현실적으로도 폐쇄형으로 임용된 공직자들이 개방형 직위의 대부분을 점유하고 있었으며, 이로 인해 폐쇄형 조직문화가 형성되어 개방형 임용제가 원활하게 운영되지 못하였다(조성한 외, 2011: 143).

경력개방직, 혁신과 역차별 사이

▌공직사회 뒤집으려 민간인만 뽑는 경력개방직

지난달 19일 문재인 정부가 발표한 100대 국정과제에는 민간인만 지원할 수 있는 경력개방형 직위를 내년부터 단계적으로 확대하는 정책이 포함됐다. 민간 전문가를 공직사회에 많이 유입시켜 혁신적인 정책을 수립하고 폐쇄적인 공직문화도 바꿔보겠다는 취지다. 기존 개방형 직위를 공무원이 대부분 차지하는 경우가 많아 아예 울타리를 쳐서 민간인만 뽑도록 한다는 것이다.

▌우린 승진 언제하라고... 부글거리는 관가

2015년 경력개방형 직위제가 처음 도입됐을 당시 강하게 반발했던 관가는 또다시 부글거리고 있다. 민간인만 갈 수 있는 국·과장 자리가 많아지면 승진 기회가 사라진다는 이유가 가장 크다. 수십년 행정경험을 쌓은 공무원을 전문가로 대접해 주지 않는 시각에 대한 불만도 터져 나온다.

개방형 직위제도는 2000년부터 시행됐다. 공직을 개방함으로써 행정의 전문성과 생산성을 높이는 목적이었다. 한번 들어가면 신분이 보장되고 연공서열에 따라 관리되는 직업 공무원 제도는 시시각각 바뀌는 외부 환경에 대한 적응력이 떨어지는 측면이 있다. '철밥통'이 공무원을 무사안일하고 복지부동하게 한다는 비판도 끊이지 않았다. 이런 공직사회의 단점을 보완하고자 고안된 제도가 개방형 직위제다.

▌무늬만 개방형... 민간인 국·과장 고작 2%

도입 당시에는 중앙부처의 실·국장 직위의 20% 범위인 130개를 개방형 직위로 지정했다. 2006년부터는 과장급으로 확대됐다. 그러나 '무늬만 개방형'인 자리가 적지 않다는 비판이 제기됐다. 개방형 직위를 해당 부처 내부 공무원이 독식하고 민간인은 '들러리'만 선다는 것이다. 명지대 정부혁신연구소의 '개방형 직위제도 성과 분석 및 발전방안 연구' 보고서에 따르면 경력개방형 직위제가 도입되기 바로 전해인 2014년 6월 말 기준 개방형 직위 428개 가운데 민간인이 차지한 자리는 79개로 18.5% 수준이었다. 국·과장급 전체 직위 3,780여개를 기준으로 잡으면 민간인 임용은 고작 2.1% 남짓이다.

그래서 나온 보완책이 경력개방형 직위제다. 2015년부터 도입된 이 제도는 민간 경험과 전문성을 활용할 수 있는 분야에 대해서 민간인만 지원하고 뽑도록 했다. 2015년 말 165개 국·과장급 직위(국장급 56개, 과장급 109개)이 경력개방형 직위로 지정됐다. 홍보, 정보화, 문화예술, 국제협력, 정보화 등 민간 전문성이 높고 인재 풀이 풍부한 직책 중심이었다.

그 결과 민간인이 공직에 도전하는 사례가 늘고 있다. 지난해 113개 개방형 직위 모집에 민간인 응시자 1,061명이 몰렸다. 해당 부처 공무원(146명)과 다른 부처 공무원(128명)을 크게 웃돈다. 이에 따라 민간인 응시자의 경쟁률이 2010년 2.95배에서 지난해 9.38배까지 높아졌다.

민간 전문가는 순환보직의 일반 공무원과 달리 3년 이상 같은 업무를 다루기 때문에 정책의 질적 완성도가 높다는 장점이 있다. 또 민간의 경험을 공직사회에 불어넣어 혁신을 유입하기도 한다. 그러나 업무 세부 내용이 자신의 전문성과 딱 떨어지지 않을 수 있다. 또 본연의 업무보다는 다른 부처와의 정책 조정, 상급자 보고 등 현안을 처리하는 데 많은 시간을 할애하기 때문에 전문성을 발휘하기 쉽지 않다.

서울신문, 2017년 8월 6일자 기사 중 일부발췌

2) 현 정부의 공직분야 채용제도 개선

(1) 한국의 공공분야 채용제도의 한계

앞서 논의한 바와 같이 우리나라의 공공분야 채용은 크게 공개경쟁채용과 경력경쟁채용으로 구성된다고 볼 수 있다. 그러나 현재 우리나라의 공직 채용은 여러 가지 한계점을 지니고 있다. 먼저 이수영(2017: 25)에 따르면, 우리나라의 공직분류는 기본적으로 계급제를 따르고 있기 때문에 공개경쟁채용에 있어서 과거 고시 중심의 폐쇄이고, 경직적인 공직문화가 팽배해 있다는 문제가 있다. 뿐만 아니라, 일반행정가(generalist)의 원리를 취하고 있어 공직자의 전문성과 창의성, 문제해결능력 등 4차 산업혁명시대에 필요한 역량 있는 공직자 채용의 한계를 경험하고 있다. 이와 관련해 부처별 맞춤형 인재채용도 어려움을 겪고 있는 것이다. 경력경쟁채용에 있어서도 서류전형과

면접으로 이루어지는 채용과정에 있어서의 채용 공정성에 대한 우려가 커지고 있으며, 민간부문 종사자가 경력경쟁채용을 통해 공직에 들어왔을 때 공직문화에 적응하는데 어려움을 겪는다는 한계점도 가지고 있다(이수영, 2017: 25). 경력경쟁채용을 통해 민간부문의 새로운 아이디어, 혁신적인 사고 등을 공직에 도입하고자 했던 원래 의도는 여러 가지 한계점을 나타내며, 미래형 인재채용 방안 마련의 필요성을 제기하고 있는 것이다.

(2) 문재인 정부의 공공분야 채용제도 개선

위에서 언급한 우리나라 공공분야 채용제도의 문제점들을 개선하기 위해 문재인 정부에서는 공직채용제도 개선에 심혈을 기울이고 있다. 특히 인사혁신처에서는 2018년 1월에 '국민이 체감하는 신뢰받고 일 잘하는 정부!'라는 모토를 내세우고 2018년 업무계획을 발표하였다(인사혁신처, 2018). 공직자 채용과 관련하여서는 '사람 중심 경제 정부혁신을 뒷받침하는 인재 등용'을 강조하며, 현장 공무원(예 근로감독, 경찰, 소방직 공원 등) 충원 확대와 블라인드 채용 정착, '균형인사 기본계획'에 따른 고위공무원 및 본부 과장 중 여성비율 제고 등과 같은 방안을 제시하였다(인사혁신처, 2018). 무엇보다 최근 더욱 심각해지고 있는 청년실업 문제를 개선하기 위해 공공분야 일자리 창출 노력[13]이 더욱 커지고 있는 오늘날의 공직채용제도 개선의 특징은 다음과 같다.

첫째, 공직 채용에 있어서의 공정성과 투명성, 전문성을 강화하고자 한다. 공공부문과 민간부문을 막론하고 우리나라의 채용제도에서 고질적인 문제로 지적되던 학연, 지연, 혈연에 의한 연고주의 탈피를 위해, 또 이를 통해 공정성과 투명성을 강화하기 위해 공공분야 채용에 있어서는 '블라인드 채용'을 확대 시행하고 있는 것이다. 인사혁신처 2018년 업무계획에도 제시되어 있듯이, 면접을 더욱 강화하여 직무역량을 중심으로 공정하고 투명한 인재채용을 도모하겠다는 뜻을 밝히고 있다. 특히 공채시험 과목개편 등을 통해 직무역량 중심의 평가와 선발 방식을 도입하고, 미래 수요에 대비한 직렬과 직류를 개편함으로써 역량 있는 공직자들을 채용하고자 한다(인사혁신처, 2018).

둘째, 공직의 입직경로를 다양화 하고자 한다. 국민추천제 활성화와 국가인재풀의 다양화를 통하여 사회 각 분야의 인재풀을 체계적으로 관리함으로써 입직경로의 다양

13 예를 들어, 이번 정부에서는 2020년까지 공공부문 기관별 '사이버보안 전담부서'를 설치하여 인력을 확충함으로써 공공부문의 일자리를 창출하기로 하였다(뉴시스, 2017).

화를 강화하고자 하고 있는 것이다(인사혁신처, 2018). 보다 구체적으로, 2016년 934명이 국민추천제로 임용된 것에 비해 2017년에는 1,384명이 국민추천제로 임용되는 등 국민추천제를 통한 공직채용이 활성화 되는 추세에 있다(인사혁신처, 2018: 13).[14] 뿐만 아니라, 국가인재풀에 여성 및 이공계 인력 등 희소, 전문분야 인재풀을 확충함으로써 미래사회에 적합한 인재 데이터베이스를 구축하게 되어 입직경로는 더욱 다양해 질 것으로 보인다.

셋째, 채용에 있어서의 대표성과 다양성을 확보하고자 한다(인사혁신처, 2018). 이를 위해, 인사혁신처에서는 2018년 7월 17일 '균형인사 기본계획'을 수립하였고, 이를 바탕으로 다양하고 균형잡힌 시각에서 공직 업무를 수행할 수 있도록 노력하고 있다. 보다 구체적으로, 여성관리자 임용확대(예 고위공무원단 2017년 6.1% → 2022년 10%, 본부 과장급 2017년 14.0% → 2022년 21%)를 통해 여성 대표성을 확보하고 또 지역인재 및 다문화가정 등 균형인사 대상 확대 등을 통해 공공조직의 다양성 확충에 기여하겠다는 것이다(인사혁신처, 2018: 13).

넷째, 문재인 정부의 공공부문 채용 특징으로 공공기관 채용비리 근절을 통한 채용의 공정성 확보가 제시될 수 있다. 2018년 5월 정부는 국민권익위원회를 중심으로 부처 간 합동회의를 개최하여 대대적인 채용비리 점검에 돌입하였으며, 이에 머무르지 않고 채용비리로 인해 실질적인 피해를 입은 청년들을 적극 구제하는 방안도 마련하였다. 보다 구체적으로 국민권익위원회는 채용비리 신고센터를 운영하는 한편, 기획재정부(공공기관)·행정안전부(지방공공기관)와 함께 전수점검을 실시하여 채용비리 무관용 원칙을 적용하도록 권고하였다(국민권익위원회, 2018). 채용비리 피해자 구제와 관련해서는 2013년 강원랜드 교육생 선발과정에서 발생한 채용비리 피해자 225명이 특별채용을 통하여 정식직원으로 채용된 사례가 있다(중앙선데이, 2018). 또한 공공기관 내부규정 개정을 통해 채용비리 근절을 위한 제도적 장치도 마련하기로 하였다(기획재정부, 2018).

마지막으로, 채용에 있어서의 편리성과 신속성을 증진시켜 공직자 채용에 있어서

14 인사혁신처는 공직 인사운용에 있어 국민들의 견해를 적극적으로 반영하는 '국민추천제'를 2015년에 도입하여 상시적으로 운영하고 있다. 국민추천제는 참신한 인재발굴을 목적으로 국민이 직접 참여하여 공직후보자를 추천하는 국민참여형 선진인사시스템이다(인사혁신처, 2018). 2003년부터 2005년까지 2년여 간은 국민추천제가 한시적으로 운영되었으나, 2015년부터는 상시적으로 운영되고 있다(한국경제신문, 2015). 추천 분야는 장·차관 등 정무직, 과장급 이상의 개방형직위, 공공기관장, 정부위원회 위원 등 관리자급 인사이다. 국민추천제에 의해서 공직에 입각한 예로는 김대철 식약처 바이오생약심사부장(국민추천제 1호 공무원), 이철 국립정신건강센터장 등이 있다(인사혁신처, 2018).

의 사회적 비용을 절감하고자 한다. 인사혁신처에서는 원서접수에서 최종합격까지 소요되는 선발소요기간을 2개월 이상 단축하여 수험생 부담을 완화하고 이를 통해 사회적 비용도 절감하고자 한다. 예를 들어, 5급 행정직 선발소요기간은 2017년 기준 296일이 소요되었으나, 2018년에는 236일로 단축하여 60일 정도를 단축시키고자 한다(인사혁신처, 2018: 11).

People and
Organizations

Chapter 06

인적자원 교육훈련

1. 역량에 대한 이해
2. 인적자원개발(HRD) 의의
3. 공공부문에서 인적자원개발의 중요성과 공무원 교육훈련
4. 교육훈련 유형
5. 우리나라 정부의 공무원 인재개발

CHAPTER 06

인적자원 교육훈련

핵심 학습사항

1. 역량의 개념과 특징은 무엇인가?
2. 인사조직관리에서 역량의 역할은 무엇인가?
3. 역량의 구성요소는 무엇인가?
4. 역량기반 인적자원관리 및 교육훈련의 특성은 무엇인가?
5. 인적자원개발은 역사적으로 어떻게 발전되어 왔는가?
6. 인적자원개발과 교육훈련의 공통점과 차이점은 무엇인가?
7. 인적자원개발의 정의는 무엇인가?
8. 인적자원개발과 인적자원관리의 공통점과 차이점은 무엇인가?
9. 개인차원과 조직차원에서의 인적자원개발 중요성은 무엇인가?
10. 교육훈련 방법 중 OJT와 Off JT의 정의와 장점과 단점은 무엇인가?
11. 교육훈련 방법 중 OJT의 훈련방법에는 어떤 것이 있으며, 그 특징은 무엇인가?
12. 교육훈련 방법 중 Off JT의 훈련방법에는 어떤 것이 있으며, 그 특징은 무엇인가?
13. 멘토링 시스템과 OJT의 차이는 무엇인가?
14. 액션러닝의 정의와 6가지 주요 구성요소는 무엇이며, 어떠한 절차에 의해서 실행이 되는가?
15. 액션러닝의 구체적인 적용기법에는 무엇이 있는가?
16. 경력개발제도의 개념과 목적은 무엇인가?
17. 학습조직은 무엇이며 셍게의 학습조직모형은 어떻게 구성되어 있는가?
18. 우리나라 공무원 인재개발 법령과 지원 체계는 어떠한가?
19. 우리나라 공무원 인재개발 방안에는 어떤 것이 있는가?
20. 공무원 연구모임이 가지는 의의는 무엇인가?

1 역량에 대한 이해

1) 인사조직에서의 역량

역량은 인사와 조직을 연계하는 중요한 요인이 된다. 개인의 역량에 따라 조직의 성과와 생산성 등이 달라질 수 있기 때문이다. 뿐만 아니라, 조직구성원들의 역량증진은 교육훈련과 능력개발 같은 인사관리 및 조직구성원의 자아실현이라는 조직관리 차원 모두에서 중요한 의미를 지닌다.

(1) 역량의 의의와 특징

역량이라는 개념은 1973년 욕구이론(needs theory)을 제시한 맥클랜드(David McCelland)에 의해서 처음으로 제시된 것이다. 성공적인 성과달성과 직무수행을 위해서는 전통적 의미의 지능(intelligence) 검사보다 개인이 직접 수행하는 직무와 관련된 역량평가를 수행하는 것이 더 바람직하다는 것이다(McCelland, 1973). 예를 들어, 미국 보스톤에서 경찰이 되기 위해서는 직무에 전혀 연관되지 않는 세 가지 지적능력 테스트를 통과해야 한다. 맥클랜드는 이러한 테스트 방법에 반대하면서, 상관이 중요하다고 생각한 것이 아니라 실제 업무에서 활용될 수 있는 자질과 능력(역량)에 관한 테스트를 시행해야 한다고 주장하였다.

조직 내에서 역량(competency)은 "특정한 상황이나 직무에서 준거에 따른 효과적이고 우수한 수행의 원인이 되는 개인의 내적인 특성(underlying characteristics causally related to criterion-referenced effective and/or superior performance)"이라고 정의할 수 있다(Spencer & Spencer, 1993: 9; 민병모 외 역, 1998: 19). 여기서 제시되는 내적인 특성(underlying characteristics)은 '조직이 직면한 상황에서 발생할 수 있는 조직구성원들의 다양한 행동들을 예측할 수 있도록 도와주는 지속적이고 심층적인 개인의 특성'이라고 할 수 있다. 역량의 정의는 우리나라 인사혁신처에서도 명확하게 제시하고 있다. 역량을 "조직의 목표 달성과 연계하여 뛰어난 직무수행을 보이는 고성과자의 차별화된 행동특성과 태도"로 정의하면서(인사혁신처, 2016),[1] 이는 개인측면의 특성과 자질에 초점을 맞춘 '능력'과 차이가 있다고 설명한다. 즉, 역량은 단순히 개인의 능력과 자질이 아닌 조직의 적극적인

1 보다 자세한 내용은 http://www.mpm.go.kr/mpm/info/infoJobs/0011/hrSystemInfo02/를 참조 바란다.

성과를 창출하기 위한 능력 또는 자질이라고 할 수 있다.

역량에 있어서는 역량의 범위와 관련해 역량이 '누구의 역량'을 의미하는 가에 주의할 필요가 있다. 역량의 범위에 대한 가장 명확한 차이는 역량을 "뛰어난 성과를 보이는 사람의 특성"으로 간주할 것인지, 아니면 "평균이상의 성과를 보이는 사람의 특성"으로 간주할 것인지에 대한 것이다(강성철 외, 2014: 576). 다시 말해, 역량을 전자인 '차별화 역량'으로 볼 것인지, 후자인 '필수역량'으로 볼 것인지에 따라서 역량의 정의나 특성이 달라진다는 것이다.[2]

캐롤과 맥크랙킨(Carroll & McCrackin, 1998)에 따르면 역량은 다음과 같은 특징을 지닌다(이홍민, 2013: 65). 첫째, 역량은 조직의 미션과 비전, 그리고 전략과 성과목표를 지원하는 중요한 성공기준이 된다. 조직의 고객기반을 확대하고 부가가치를 증진시키는 것이 역량의 중요한 목적이기 때문에, 역량은 조직의 전략을 조직구성원들의 행동과 연계시키는 행위라고 할 수 있다. 둘째, 역량은 조직구성원들이 조직에서 중요하게 고려하는 가치와 원리를 실천할 수 있게 해 준다. 셋째, 역량은 지속적인 피드백을 통해 조직구성원들을 발달 또는 육성시키는 데 긍정적인 영향을 미친다. 마지막으로, 역량은 조직이 학습할 수 있도록 도움을 주며, 동시에 조직의 변화를 능동적으로 이끌어 가는 데 중요한 기능을 한다.

이러한 측면에서 최근 역량기반 인적자원관리가 각광을 받고 있다. 이러한 기류는 앞으로도 지속될 것으로 보인다. 역량기반 인적자원관리(competency-based HRM)는 "조직목표·전략 달성에 관련된 성과를 산출하는 데 필요한 핵심적인 인적특성·행태를 구체적, 경험적으로 밝혀내어, 이를 인사 활동의 제반 분야에 활용"하는 것을 의미한다(박천오 외, 2016: 293 재인용). 역량기반 인적자원관리는 직무중심 인적자원관리(job-based HRM)의 대안으로 발생하였다. 과거 서유럽이나 미국에서 수행된 직무중심 인적자원관리에 관한 연구는 첫째, 해당 직무의 점직자가 해야 하는 직무와 책임만을 언급하고 직무수행에 필수적인 학력과 경력 요건만을 제시할 뿐, 조직의 성공을 위해 점직자에게 필요한 측정 가능한 직무수행 결과물이 무엇인지에 대해서는 언급하지 않는다. 둘째, 직무중심 인적자원관리의 직무기술서와 직무명세서의 내용은 탄력적으로 수정되기 어려워 변화하는 환경에 쉽게 적응할 수 없는 한계를 지닌다(강성철 외, 2014: 30). 이러한 직무중심 인적자원관리의 한계를 극복하기 위해 역량기반 인적자원관리 방법이 발달되고 있으며, 서구뿐만 아니라 우리나라에서도 적극 활용되고 있다.

2 현재 우리나라 정부조직에서는 후자인 필수역량이라는 개념으로 역량을 사용하고 있다(강성철 외, 2014: 587).

(2) 역량의 구성요소

조직 내에서 활용되는 역량의 구성요소는 다양하게 논의된다. 미시적 관점에서의 역량은 조직구성원 개개인이 우수한 성과를 달성할 수 있도록 하는 개인의 특징과 능력으로 간주될 수 있으며, 거시적 관점에서의 역량은 조직 전체를 하나의 유기체로 보고 조직 전략차원의 경쟁력 확보를 달성할 수 있는 능력으로 간주할 수 있다(박우성, 2002: 5). 인사와 조직 관리 모든 차원에서 중요하게 고려되는 역량은 스패로(Sparrow, 1994)의 역량 분류에서 더욱 명확하게 나타난다. 그는 역량을 조직역량(핵심역량), 관리역량, 개인역량(직무역량)으로 구분하고, 각각의 역량은 인사조직관리에서 모두 우수한 성과를 달성하는 데 필수적이며 이는 중첩적으로 나타난다고 강조하였다. 조직역량은 모든 조직구성원들이 갖추어야 할 역량을 의미하고, 관리역량은 개인의 직무를 떠나 다른 조직에서도 활용될 수 있는 역량을 의미하며, 개인역량은 개인의 직무수행과 관련된 행동목록을 의미한다(박우성, 2002: 9).

버락 등(Burack et al., 1997)의 역량모델에서의 역량구성요소도 구체적으로 살펴볼 필요가 있다. 이 역량모델에서는 두 가지 역량유형을 제시하고 있는데, 첫째는 일반적 역량(generic competency)으로 이는 조직구성원 모두가 공통적으로 갖추어야 할 역량이 된다. 둘째는 차별적 역량(organic competency)으로 이는 역할이나 직위에 따라 다르게 요구되어지는 역량이 된다(이홍민, 2013: 84). 차별적 역량모형은 지위와 역할에 따라 각각에 적합한 역량모델을 제시한다는 측면에서 리더와 팔로워의 역량을 연구하는 데 도움이 된다.

표 6-1 스페로의 역량 구분

역량	정의	응용	보상
조직역량(핵심역량)	조직의 전반적 자원과 능력	비즈니스프로세스 및 전략	지속적인 고용 및 안정
관리역량	직업 또는 부문의 지식, 기술, 행동	일반적 직업교육 및 훈련	외부적으로 활용 가능한 업적 및 자격
개인역량(직무역량)	직무 수행과 관련된 행동 목록	HR의 전반적 영역에서 사용	내부적으로 보상 가능한 업적 및 인정

출처: Sparrow(1994); 박우성(2002: 9) 재인용

표 6-2 역량모델의 두 가지 관점

역량	적용 직급	역량	특징
일반적 역량	모든 구성원	• 유연성·변화적응 • 위기관리 • 고객·서비스 지향성 • 개방성 • 팀워크 • 협조성	• 간단하고 명료하여 조직구성원들이 이해하기 쉬움 • 경영환경의 변화에 관계없이 지속적으로 활용이 가능 • HR 시스템 연계가 용이
차별적 역량	임원	• 변화리더십 • 효과적인 의사소통 • 전략가적 주도성	• 차별적인 역량으로 세부 기능별 역량 파악이 가능 • 측정 및 보상수준 결정이 용이 • 역량모델 개발 및 유지비용이 큼
	팀장	• 변화실행 • 창의성 • 전략적 사고 • 팀 관리	
	팀원	• 일반적 역량 적용	–

출처: Burack et al.(1997); 이홍민(2013: 84) 재인용

2) 공공조직에서의 역량

우리나라 공공조직 특히, 정부조직에서 중요하게 고려되는 역량 관련 개념은 바로 역량평가이다.[3] 일반적으로 역량평가는 "개인이 조직과 관련하여 우수한 성과를 올리기 위해 행동으로 발휘하는 능력을 평가하는 것"을 의미한다(하미승 외, 2007: 42). 역량평가는 실제와 유사한 상황을 제시하여 피평가자의 직무역량을 측정하는 방안이다. 역량평가는 모든 조직구성원들에게 적용되어야할 기본 요소이지만, 현재 우리나라에서는 역량평가를 '고위공무원단 후보자' 평가방법과 '과장급 후보자' 평가방법으로 활용하고 있다. 정부조직의 실질적인 리더라고 할 수 있는 실·국장과 과장이 되기 위해서는 그들의 직위에 요구되는 역량시험을 통과해야 한다. 고위공무원단과 과장으로서

3 역량평가와 관련된 개념으로는 역량모델, 역량진단, 역량평가센터를 제시할 수 있다. 역량모델은 "조직에서 하나의 역할을 효과적으로 수행하기 위해 필요한 지식과 기술, 특성의 특정한 조합을 의미"하며(박천오 외, 2016: 293), 역량진단은 "역량모델에서 제시된 역량항목에 대해 조직구성원의 요구수준 및 현재수준을 측정하고 이들 간의 역량격차(gap)를 도출"하는 것이고(박천오 외, 2016: 297), 역량평가센터는 "평가대상자가 특정 역량에 대하여 갖고 있는 역량수준을 평가하기 위하여 다수의 기법과 평가자를 활용하여 평가대상자가 다수의 모의상황에서 보여준 역량을 평가하는 방법"을 의미한다(박천오 외, 2016: 299).

필요한 역량을 갖추었을 때 효과적인 리더십을 발휘할 수 있다고 가정하는 것이다. 고위공무원으로서의 역량·자질·태도를 갖추었는지를 평가하여 고위직 선발의 신뢰성과 공정성을 향상시키고자 하였다.[4]

과장급 공무원과 민간인이 고위공무원단에 진입하기 위해서는 고위공무원단 역량평가를 통과해야 한다. 고위공무원단에게 요구되는 역량은 사고역량군, 업무역량군, 관계역량군 중에서 전략적 사고, 문제인식, 성과지향, 변화관리, 고객만족, 조정통합 등의 6가지의 역량이 된다. 현행 고위공무원단의 역량평가 방법은 1 : 1 역할수행(interview, 1:1 role play, presentation), 1 : 2 역할수행(1:2 role play), 서류함기법(in-basket), 집단토론(group discussion)으로 각 실행과제의 핵심은 실제 과제가 일어날 수 있는 모의상황이 제시된다는 점이다. 과장급[5]에게 요구되는 역량은 사고역량군, 업무역량군, 관계역량군 등 3가지 역량군과 정책기획, 성과관리, 조직관리, 의사소통, 이해관계조정, 동기부여 등의 6가지의 역량이 된다. 평가방법은 1 : 1 역할수행(1:1 role play), 발표(presentation), 서류

part 02

표 6-3 고위공무원단 역량평가

역량군	역량명	역량 정의
사고역량 (thinking)	문제인식	정보의 파악 및 분석을 통해 문제를 적시에 감지·확인하고 문제와 관련된 다양한 사안을 분석하여 문제의 핵심을 규명함
	전략적 사고	장기적인 비전과 목표를 설정하고 이를 실행하기 위한 대안의 우선순위를 명확히 하여 추진방안을 확정함
업무역량 (working)	성과지향	주어진 업무의 성과를 극대화하기 위한 다양한 방안을 구축하고, 목표달성 과정에서도 효과성과 효율성을 추구함
	변화관리	환경변화의 방향과 흐름을 이해하고, 개인 및 조직이 변화상황에 적절하게 적응 및 대응하도록 조치함
관계역량 (relation)	고객만족	업무와 관련된 상대방을 고객으로 인식하고 고객이 원하는 바를 이해하고 그들의 요구를 충족시키려 노력함
	조정·통합	이해당사자들의 이해관계 및 갈등상황을 파악하고 균형적 시각에서 판단하여 합리적 해결책을 제시함

출처: 이선우(2012: 9)

4 보다 자세한 내용은 http://www.mpm.go.kr/mpm/info/infoJobs/0011/hrSystemInfo02/를 참조 바란다.

5 과장급 후보자 역량평가와 관련해서는, 2015년부터 중앙부처 과장 진급 시 역량평가 통과자에게만 과장 보직을 부여하도록 의무화하였다.

함기법(in-basket), 집단토론(group discussion) 등으로 4개의 실행과제를 통해 평가가 시행되고 있다.[6]

3) 역량기반 인적자원관리와 역량기반 교육훈련

(1) 역량기반 인적자원관리

진재구(2009: 10)에 따르면, 역량기반 인적자원관리(competency-based HRM)은 "기존의 직무기반 인적자원관리 방식의 약점을 극복하고자 인적자원관리의 제 활동국면인 인적자원계획, 모집 및 선발, 승진, 교육훈련, 성과관리, 보상체계 등 전반에 걸쳐서 역량과 역량모델을 활용하는 것"을 의미한다. 공공부문에서는 전문성을 갖춘 양질의 인적자원을 확보하고, 개발하며, 유지·활용함으로써 국민에게 보다 나은 서비스를 제공하고 이를 바탕으로 국가경쟁력을 향상시키고자 노력하고 있다(박천오 외, 2016). 따라서 역량기반 인적자원관리를 하기 위해서는 직무에 필요한 역량이 무엇인지를 명확하게 파악하고, 이러한 역량을 갖춘 인적자원을 확보하거나 혹은 이미 확보된 인적자원을 교육훈련, 유지·활용을 통해 역량개발을 시킬 필요가 있다. 보다 체계적인 역량기반 인적자원관리를 위해서는 역량모델링을 시행할 필요가 있는데, 이때 인적자원관리 기능에 따른 역량모델을 설정해 줄 필요가 있다(박천오 외, 2016: 294).

무엇보다 공공부문의 인적자원관리에 있어서 역량모델을 구축하는 목적은 ① 자기주도적 학습조직으로의 변화, ② 인사제도의 합리적 운영, ③ 인적자원 확보, 교육훈련, 평가, 유지·활용 등에 있어서의 적절성과 타당성 확보, ④ 바람직한 인재상 정립 및 내재화 등에 있다(박천오 외, 2016: 294). 이러한 목적을 달성하기 위한 역량모델링의 기본 원칙은 ① 역량진단과 역량개발에 있어서의 용이성, ② 조직 및 직무의 특성에 대한 구체적이고 정확한 반영, ③ 직무별·직무계층별 역량 요소 포괄, ④ 역량과 교육훈련의 연계 강화(박천오 외, 2016: 295) 등이 있다. 보다 구체적인 인적자원관리에 있어서의 역량모델링 필요성은 <표 6-4>를 통해 확인할 수 있을 것이다.

---

6 보다 자세한 내용은 http://www.mpm.go.kr/mpm/info/infoJobs/0011/hrSystemInfo02/를 참조 바란다.

표 6-4 인적자원관리에서의 역량모델링 필요성

인적자원 관리	필요성
선발	• 업무필요 요소 이해 • 업무적합 인재 채용 가능성 증진 • 저성과자에 대한 투자비용 절감 가능 • 습득가능 역량 여부 파악 가능
교육훈련	• 업무효과성을 높이는 지식(knowledge), 기술(skills), 특성(abilities)에 집중 • 조직의 가치와 전략을 교육훈련으로 전달 가능 • 교육훈련에 소요되는 비용을 효율적으로 운용 가능 • 지속적인 코칭 및 피드백 체계 수립
평가	• 전반적인 평가과정(예 관찰, 측정)에 대한 상호이해 증진 • 역량에 초점을 맞춘 성과평가 가능 • 업무관련 개인행동과 행동결과에 대한 정보수집 가능
승진 및 업무인수인계	• 해당 직무 및 역할수행에 필요한 지식, 기술, 특성을 명확하게 함 • 체계적이고 명확한 업무인수인계를 가능하게 함 • 높은 잠재력을 지닌 인적자원을 조사할 수 있게 함

출처: 박천오 외(2016: 294) 재구성

(2) 역량기반 교육훈련

위에서 살펴본 역량기반 인적자원관리에서 언급한 바와 같이 인적자원관리 전반에서 역량을 중요하게 고려할 필요가 있지만, 특히 교육훈련과 관련해 역량은 그 중요성이 더욱 부각된다. 조직 내 개인에게 부족한 역량이 무엇이며, 얼마만큼의 역량을 어떻게 보충할 수 있을지를 명확하게 파악하는 것이 효과적인 교육훈련을 결정짓는 중요한 요인이 된다는 측면에서 역량기반 교육훈련의 중요성이 더욱 커지고 있는 것이다(최무현·김영우, 2010). 역량기반 교육훈련은 "조직이 필요로 하는 역량요소를 설계하고 이를 근거로 조직구성원의 개인별 역량을 체계적으로 진단하여 피드백한 후, 부족한 역량을 보완하는 다양한 교육과정 및 교육지원체계를 확립함으로써 교육훈련의 효과성을 제고하는 것을 주된 목적으로 하는 것이며, 이를 통해 조직이 필요로 하는 핵심인재의 육성을 도모하는 동시에 개인의 성장욕구를 적극적으로 충족시키는 교육훈련체계"로 정의될 수 있다(권용수, 2006; 최무현·김영우, 2010: 36 재인용).

역량에 기반한 교육훈련은 ① 조직의 비전 및 전략과 연계된 조직성과 및 개인성과를 증진시킬 수 있는 지식, 기술, 능력에 중점을 둔 체계적인 교육훈련 시행을 가능하게 하며, ② 학습자가 교육훈련에 참여하여 자신의 역량을 정확하게 파악하고 현재 보유역량과 필요역량의 격차를 줄일 수 있는 방안을 구체적으로 모색할 수 있게 해 주고, ③ 개인 및 조직의 발전을 함께 도모할 수 있게 해 주며, ④ 교육훈련 효과의 평가를 구체적이고 명확하게 파악할 수 있도록 해 준다는 측면에서 그 유용성이 크다고 할 수 있다(최무현·김영우, 2010: 36). 교육훈련을 역량기반으로 수행하기 위해서는 우선 조직 내외의 환경분석을 통해 요구되는 역량을 확인할 필요가 있다. 이후 요구되는 역량, 즉 필요역량(기본역량 및 핵심역량 등)을 중심으로 역량모델을 개발하고, 역량을 진단하여 현재 보유역량과 필요역량 사이의 격차를 명확히 파악하여야 한다. 이러한 분석내용을 바탕으로 교육훈련 프로그램을 개발 및 설계하고, 교육훈련 프로그램을 체계적이고 전문적으로 전달할 수 있는 교육훈련자를 확보하여 교육훈련을 시행한다. 이후 교육훈련 프로그램에 대한 평가를 시행하고 환류(feedback)과정을 거치게 된다(최무현·조창현, 2007). 다음에서는 인적자원개발에 대한 보다 구체적인 논의를 전개할 것이다.

2 인적자원개발(HRD) 의의

1) 인적자원개발의 역사적 발달

인적자원개발의 역사는 산업혁명 때부터 시작되었다고 할 수 있다(이홍민, 2013: 19–21). 산업혁명이 확산된 19세기의 인적자원개발은 산업화에 따른 직무수행에 적합한 훈련 중심으로 이루어졌다. 이후, 1910년대는 전문화된 직업훈련, 1920년대는 각 대학의 산업교육 프로그램 개발을 중심으로 인적자원개발 활동이 이어졌다. 1930년대의 대공황 발생으로 산업현장이나 대학에서의 교육훈련 프로그램이 일시 중단되었지만, 1930년대 후반부터는 산업·경제 활성화를 위해 숙련공 양성을 위한 교육훈련 활동이 재개되었다. 1940년대에 제2차 세계대전이 발발하여 많은 인력들이 군에 입대하게 되면서, 산업현장에는 미숙련공과 여성들이 주를 이루게 되었다(Training within Industry, TWI). 이때에는 미숙련공과 여성들의 현장 업무 숙지 및 생산성 향상을 위해 역할 연기(role playing)가 교육훈련 방법으로 활용되었다(Ruona, 2001). 이러한 과정에서, 1943년 미국교육훈련협회(American Society for Training and Development, ASTD)가 설립되었다(Swanson, 2010).

제2차 세계대전이 끝나고 1960년대에 들면서 전문적인 이론체계를 갖춘 교육훈련 전문가들이 생겨나기 시작했으며, 시청각을 활용한 교육훈련 방법이 주목을 받기 시작했다. 1970년대에는 조직개발(OD)에 대한 관심이 커지면서, 행동과학에 근거한 교육훈련 방법이 적극 도입되기 시작했다. 1980년대에 들어 경력개발(career development program)에 대한 필요와 요구가 사회적으로 확산되면서 조직 내 개인의 전 생애에 걸친 경력개발을 조직의 성과와 연계하는 방안이 연구되기 시작하였다. 경력개발연구가 시작되면서 개인과 조직이 상생하는 인적자원개발에 대한 연구가 관심을 받기 시작했다(이홍민, 2013: 21). 이후, 1990년대와 2000년대에는 이전의 인적자원개발이 훈련과 개발(training & development) 중심의 관점에서 벗어나 학습과 성과(learning & performance) 중심의 관점으로 전환되었다. 현업의 학습과 성과(Workplace Learning & Performance, WLP)가 중요 연구대상이 되기 시작한 것이다. 그렇다면, 인적자원개발과 교육훈련은 동일 개념인 것일까? 다음에서는 인적자원개발과 교육훈련에 대한 개념비교에 대한 논의를 제시하도록 한다.

2) 인적자원개발 개념과 교육훈련 비교

인적자원개발(Human Resources Development, HRD)이라는 용어는 하비슨과 마이어스(Harbison & Myers, 1964: 2)가 "사회 모든 구성원의 지식, 기술 및 가용능력을 증대시키는 과정"으로 인적자원개발을 소개하면서 많은 학자들에 의해 개념 정의가 시도되었다. 예를 들어, 1970년에 나들러(Nadler)는 인적자원개발을 "행동 변화를 위해 설계되고 특정 시간 동안에 실시되는 일련의 조직화된 활동"로 정의하였으며(Nadler, 1970: 151), 1960~1970년경 대부분의 학자들은 인적자원개발을 조직개발의 의미보다 개인의 훈련, 교육, 개발의 의미로 정의하였다(황성준·김진모, 2011: 110).

이처럼 인적자원개발이라는 용어가 사용되기 시작한 초기에는 '인적자원개발은 곧 개인의 개발'로 인식되었기 때문에, 인적자원개발과 개인의 훈련·개발(training & development)은 교육훈련이라는 용어와 거의 유사하게 사용되었다(나인강, 2011: 239; 백평구·이희수, 2009). 다시 말해, 인적자원개발은 '개인의 행동변화를 유도하기 위해 일정한 기간 동안 행해지는 개인 활동 변화과정'으로 인식되었기 때문에 초기 인적자원개발은 개인에 대한 교육과 훈련이 주된 관심사가 되었던 것이다.[7] 따라서, 인적자원에 대한

7 인적자원개발은 개인의 능력향상에 초점을 두고 있었으며, 개인의 능력향상을 적극적으로 달성하기 위해 지식, 기술, 태도, 가치관을 발전적으로 변화시키는 활동인 교육훈련과 인적자원개발은 거의 유사한 개념으로 사용된 것이다.

표 6-5 인적자원개발과 교육훈련 비교

	인적자원개발	교육훈련
목적	개인과 조직의 효과성 달성+ 개인의 역량개발+학습과 성과	개인의 훈련과 개발
범위	넓은 범위(교육훈련 포함)	좁은 범위
기간	장기	단기
초점	미래	현재
중심 분야	경력(career)	직무(job)
교육자	자신(self)	훈련자(trainer)
프로그램 예	역량기반	OJT와 Off JT

출처: Haslinda(2009: 181), http://keydifferences.com/difference-between-training-and-development.html 재구성

교육훈련 기법은 인적자원개발 과정에서 그대로 적용되어 왔다.

그러나 이후 인적자원개발의 발달과정에서 볼 때, 인적자원개발과 교육훈련은 동일 개념은 아니다. 1970년대와 1980년대에 들면서 인적자원개발은 단순히 개인의 능력발전에만 초점을 두었다기보다는 개인과 조직 모두의 효과성 달성에 초점을 두었다. 이를 위해 인적자원개발 과정에서 개인과 조직의 성장욕구를 통합적으로 확충하는 방안을 추구한 것이다. 이러한 측면에서 볼 때, 인적자원개발은 근로자의 훈련과 개발에만 중점을 두는 교육훈련과 차이를 나타낸다(나인강, 2011: 239). 인적자원개발은 개인의 능력개발과 훈련에 초점을 맞추는 교육훈련 보다 광범위한 개념으로 활용되는 것이다. 다시 말해, 인적자원개발은 단순히 개인의 행동변화를 강조한 교육훈련과는 달리 조직의 효과성 증대도 적극 고려하고 있다.

이러한 측면을 고려해 볼 때 현대적 관점에서 인적자원개발은 "조직의 효과성을 증진시키기 위하여 개인의 지식, 기술, 태도의 역량을 증진시키고 행동을 개선하기 위한 학습, 성과, 변화 활동"으로 정의될 수 있다(이홍민 외, 2009: 447). 인적자원개발은 "개인, 그룹 혹은 팀, 조직, 지역사회, 국가, 궁극적으로 전 인류를 위하여 업무를 기반한 지식, 전문성, 생산성, 만족도를 발전시킬 수 있는 장단기적 잠재력을 지닌 모든 프로세스 또는 활동"이 되는 것이다(매클린, 2014: 36 재인용).[8] 이는 "직무수행능력을 향상시킬 목적으로 지식, 기술, 태도, 가치관의 변화를 촉진하는 계획된 활동"으로 정의되

8 원문은 McLean & McLean(2001: 332) 참고.

표 6-6 교육훈련의 기여

차원	기여측면	내용
조직차원	생산성·경쟁력	• 교육훈련은 직무수행능력을 향상시켜 조직경쟁력의 개선에 기여함 • 태도와 인식의 변화를 통해 국민에 대한 행정서비스의 신속성이나 친절성 등 질적 수준을 높일 수 있음
	조직관리	• 이직이나 인사이동 등에 의해 생긴 빈 자리에 대하여 내부인력의 신축적 운영을 가능하게 함으로써 조직의 지속성을 유지할 수 있음
	통제·조정	• 교육훈련이 잘 되어 있을수록 자율적으로 직무를 수행할 수 있기 때문에 상관이 개입할 필요성이 줄어들고 다른 사람과의 업무협조도 용이해짐
개인차원	직무만족도	• 교육훈련을 통한 능력향상은 직무수행에 대한 자신감을 길러주어 근무의욕을 고취시킬 수 있음 • 정규교육기관에의 위탁교육은 이를 통해 학위를 취득할 수 있어 성취감을 느낄 수 있음
	경력발전	• 전통적으로 교육훈련은 조직의 현재적 필요에 의해서 실시되어 왔으나 현대에는 장기적인 생애목표 내지는 경력목표달성에도 기여할 수 있음 • 교육훈련은 조직의 목표달성뿐만 아니라 개인의 경력발전을 동시에 충족시킬 수 있는 수단적 역할을 함

출처: 유민봉·임도빈(2016: 247)

는 교육훈련과는 그 범위나 기간, 중점분야 등에서 다소 차이를 나타낸다(유민봉·임도빈, 2016: 245).[9] 하지만, 최근에는 교육훈련분야에 있어서 직무만족이나 경력발전과 같은 개인차원의 관점뿐만 아니라 생산성이나 경쟁력, 조직관리나 통제·조정과 같은 조직측면의 관점까지도 고려되는 경향이 있어 인적자원개발과 교육훈련 개념의 차이가 더욱 모호해지는 측면이 있다(유민봉·임도빈, 2016: 247).

따라서, 본장에서는 교육훈련을 인적자원개발의 한 영역으로 보고 인적자원개발의 역사적 발전과 개념적 특성, 그리고 기본적으로 고려되는 인적자원개발 기법 및 우리나라 정부조직의 인적자원개발에 대한 논의를 제시하고자 한다. 다음에서는 인적자원

9 유민봉·임도빈(2016: 245－246)에 따르면, '교육'은 "직무수행 전반에 걸쳐 기초가 되는 지식이나 가치관을 변화시키는 의미"를 내포하고 있다면, '훈련'은 "현재 담당하고 있는 구체적인 직무수행에 필요한 지식이나 기술을 향상시키는 의미"를 내포한다. 그러나, 이들에 따르면 두 개념을 구분해 사용할 필요는 없으며 '교육훈련'이라는 용어로 "두 개념을 포괄하여 이해"하면 된다고 한다.

개발과 인적자원관리를 비교하고, 최근 우리나라 정부분야에서도 인적자원개발을 인적자원관리와 별개의 독립된 연구 영역으로 고려하기 시작하게 된 배경에 대해 살펴보도록 한다.

3) 인적자원개발(HRD)과 인적자원관리(HRM) 비교

인적자원개발과 인적자원관리의 관계에 대한 대표적 논의는 맥라건(McLagon)에 의해 제기되면서 ASTD에서 맥라건이 발표한 11가지의 인적자원 바퀴(Human Resource Wheel) 모형으로 발전되었다(McLagan & Bedrick, 1983). 맥라건은 인적자원 바퀴를 크게 인적자원관리 영역과 인적자원개발 영역으로 구분하였다. 인적자원개발 영역은 7가지 세부영역인 교육과 개발(training and development), 조직개발(organization development), 경력개발(career

그림 6-1 인적자원 바퀴

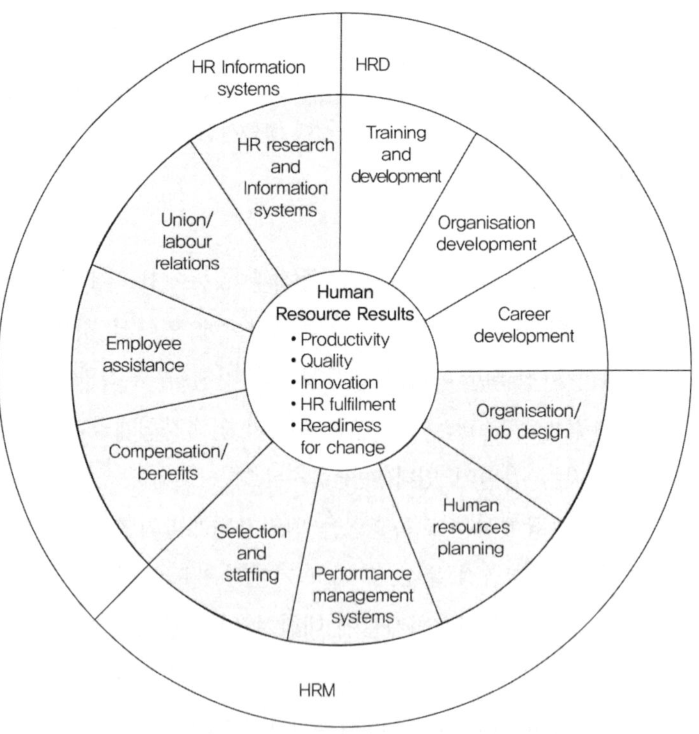

출처: McLagan & Bedrick(1983: 23); Wittayaprasart et al.(2014: 21) 재인용

development), 조직·직무설계(organization·job design), 인력자원계획(human resource planning), 성과관리 시스템(performance management systems), 선발과 배치(selection and staffing)로 구분된다. 또한, 인적자원관리 영역은 8가지 세부영역인 인적자원의 정보시스템(HR research and information systems), 노조·노사관계(unions·labor relations), 근로자 지원(employee assistance), 보상·복리후생(compensation·benefits), 조직·직무설계(organization·job design), 인력자원계획(human resource planning), 성과관리 시스템(performance management systems), 선발과 배치(selection and staffing)로 구분된다.

맥라건의 인적자원바퀴 모형에 의하면 인적자원개발과 인적자원관리는 조직·직무설계, 인력자원 설계, 성과관리 시스템, 선발과 배치 차원에서는 공통점을 지닌다. 그러나 인적자원관리와는 달리 인적자원개발은 교육과 개발, 조직개발, 경력개발이라는 고유의 영역을 지니며, 인적자원관리는 인적자원의 정보시스템, 노조·노사관계, 근로자 지원, 보상·복리후생이라는 고유의 영역을 지닌다(McLagan & Bedrick, 1983). 뿐만 아니라, 인적자원관리는 단기적 관점에서의 접근법을 포함하는 반면, 인적자원개발은 보다 장기적인 관점에서의 접근법을 포함하고 있다(McLean, 2014: 37).

인적자원개발과 인적자원관리의 관계를 인사관리의 단계적인 측면에서 살펴보면 다음과 같다(Haslinda, 2009: 183). 인적자원관리가 선발, 동기부여, 보상에 관련된 정책을 포함한다면, 인적자원개발은 선발된 인적자원 개인 및 경력, 조직의 개발과 성과 관리 등에 관련된 정책을 포함한다. 인사관리의 주요 기능인 모집, 선발, 동기부여, 보상의 각 단계는 개인개발, 경력개발, 조직개발과 상호작용을 하면서 결국 개인 및 조

그림 6-2 인적자원개발과 인적자원관리의 공통점과 차이점

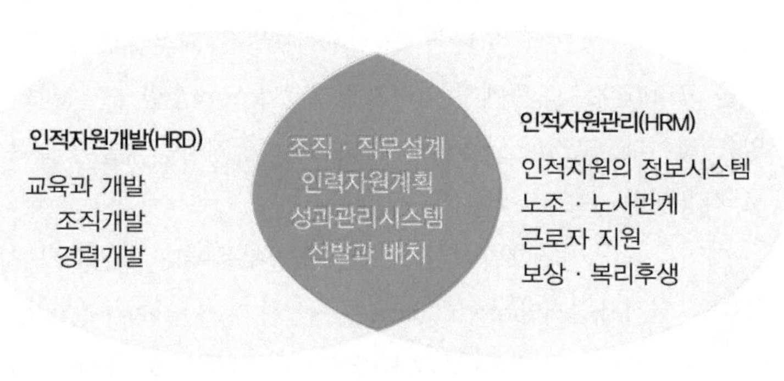

인적자원개발(HRD)
교육과 개발
조직개발
경력개발

조직 · 직무설계
인력자원계획
성과관리시스템
선발과 배치

인적자원관리(HRM)
인적자원의 정보시스템
노조 · 노사관계
근로자 지원
보상 · 복리후생

출처: McLagan & Bedrick(1983) 재구성

그림 6-3 인적자원관리와 인적자원개발의 관계

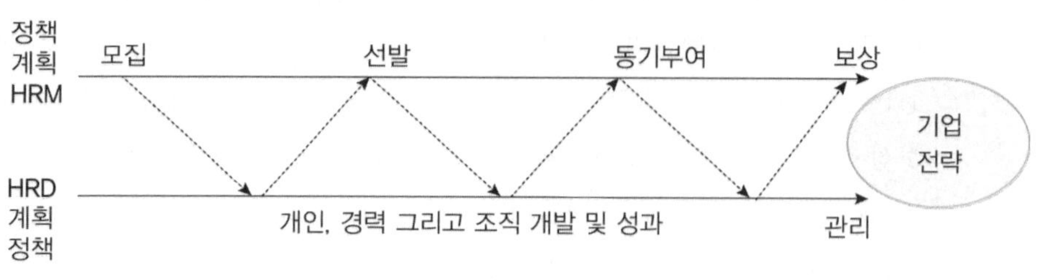

출처: Haslinda(2009: 183)

직의 성과를 달성하게 되는 것이다. 그러므로 인적자원관리와 인적자원개발은 상호작용을 하는 가운데, 각각의 고유한 특수성을 가지게 되는 것이다. 그렇다면 공공부문에서의 인적자원개발은 어떠한 중요성을 가지며, 인적자원개발을 위한 프로그램의 종류에는 어떤 것이 있을까?

3 공공부문에서 인적자원개발의 중요성과 공무원 교육훈련

1) 공공부문에서 인적자원개발의 중요성: 교육훈련을 중심으로

앞서 논의한 바와 같이 인적자원개발은 조직과 개인의 효과성 증진을 목표로 한다는 측면에서 최근 그 중요성이 더욱 부각되고 있다. 교육훈련이 개인의 훈련과 개발에 주로 초점을 두고 있다면, 인적자원개발은 교육훈련과 달리 개인과 조직 목표 모두를 고려한다는 측면에서 인적자원개발이 교육훈련 보다 광의의 개념으로 이해될 수 있을 것이다. 그러나, 협의의 개념으로는 인적자원개발이 교육훈련과 유사한 의미로도 사용된다.

이러한 인적자원개발의 중요성은 공공부문에도 확산되기 시작하였다. 특히, 국가차원의 인적자원개발(National Human Resource Development, NHRD)의 중요성이 부각되기 시작한 것은 하비슨과 마이어스(1964)가 그들의 저서 'Education, Manpower, and Economic Growth: Strategies of Human Resource Development'에서 개별 조직을 넘어선 국가·사회적 차원의 인적자원개발의 중요성을 강조하면서부터였다. 이후 국가차원의 인적자원개발은 UN의 아시아 태평양 경제·사회 위원회(Economic and Social Commission for Asia and the Pacific)에서 국가공공정책에 인적자원정책을 포함시키기 위한 노력의 결과로 1988년 'Jakarta Plan of Action'에 인적자원개발에 대한 중요성을 언급하면서 해당 분야에 대한 연구가 활성화 되었다(United Nations, Economic and Social Commission for Asia and the Pacific, 1988). 나아가 1994년에 공공부문 인적자원개발에 대한 UN 전문가회의가 개최되면서 중요 연구 분야로서의 입지를 공고히 하였다(United Nations, 1994). 이러한 과정에서 공무원에 대한 교육훈련 및 인적자원개발에 대한 중요성이 더욱 부각된 것이다.

최근 우리나라에서는 "공무원 개인 또는 정부조직이 급속한 행정환경 변화에 신속하게 대응하기 위해", "과학기술의 발전과 새로운 사회문화의 발전으로 인한 지식인력(knowledge manpower)의 필요성이 더욱 커져가는 상황에서 개인의 역량개발과 이를 위한 교육훈련의 중요성이 더욱 커지고 있기 때문에", "환경변화에 주도적으로 대응하기 위해 조직구성원의 새로운 의식, 태도 및 행동의 변화를 일으켜야 하는 상황에서 조직구성원의 저항과 반발이 있을 수 있는데 교육훈련이 이 같은 저항과 반발을 극복하는데 효과적이기 때문에" 공무원에 대한 교육훈련 나아가 인적자원개발의 중요성이 더욱 커지고 있다(박천오 외, 2016: 240-241). 특히, "과거 1~3급 공무원을 대상으로 고위공무원단이 신설되면서 고위공무원단 진입을 위한 핵심역량 교육의 중요성"이 커지고 있으며(박천오 외, 2016: 239), 최근에는 성과평가 대상을 5급 공무원까지로 확산시키고자 하는 정부방침이 보도되면서 공무원 교육훈련 및 경력개발을 포함한 인적자원개발 전반에 대한 중요성이 더욱 부각되고 있다. 본장에서는 공무원 인적자원개발을 교육훈련에 중점을 두어 설명하고자 한다.[10] 공무원 교육훈련은 공무원인적자원계획, 직무분석, 인사이동 및 경력개발, 근무성적평정, 인적자원 유지·활용(예 동기부여) 등과 같은 인사기능 전반과 연계되어 있기 때문에 교육훈련방법을 중심으로 논의될 필요가 있을 것이다.

2) 공무원 교육훈련

선발된 인적자원은 조직의 필요에 따라 담당 직무에 해당하는 교육훈련을 받게 된

10 박천오 외(2016: 240)에 따르면 공무원 교육훈련은 "공무원의 역량을 개발하고, 현재와 미래의 직무수행에 필요한 지식과 기술을 향상시키며, 가치관 및 태도를 발전적으로 변화시키기 위한 의도된 활동"으로 정의될 수 있다.

다. 교육은 개인의 잠재력을 개발하는 과정을 의미하며, 훈련은 담당 직무 수행 능력을 향상시키는 것으로 상호 구분되는 개념으로 사용되기도 하지만, 교육훈련은 유사 개념으로 활용되기도 한다. 특히 행정학에서는 "공직자가 업무를 성공적으로 수행하기 위한 지식이나 기술 습득과 잠재적인 능력을 개발하는 활동"을 교육훈련이라 정의하고 있는 것이다(백종섭 외, 2016: 158).

공직자들은 새로운 환경변화에 적극적으로 대응하기 위하여 교육훈련을 받게 된다. 교육훈련은 개인과 조직차원 모두에서 중요한 의의를 가지는데, 개인차원에서는 교육훈련을 통해 공무원 개개인의 능력을 적극적으로 개발하고, 자신의 직무에 대한 만족도를 증진시킬 수 있으며, 직무에 대한 몰입을 증대시킬 수 있다. 조직차원에서도 인적자원의 교육훈련은 중요한 의의를 지닌다. 즉, 인적자원의 교육훈련을 통해 인적자원 개인의 역량이 개발되며 이를 통해 조직의 생산성을 증진시킬 수 있어, 인적자원의 효율적인 관리가 가능해 지는 것이다(백종섭 외, 2016: 159).

공무원 교육훈련은 ① 교육훈련에 대한 수요조사, ② 교육훈련 프로그램의 개발, ③ 교육훈련 프로그램의 실시, ④ 교육훈련의 평가 및 환류 과정을 거쳐 이루어지게 된다(박천오 외, 2016: 244–246; 유민봉·임도빈, 2016: 248–265).

(1) 교육훈련에 대한 수요조사

교육훈련의 첫 번째 단계인 교육훈련에 대한 수요조사는 조직의 목표와 연계해 공무원이 직무를 수행함에 있어 필요로 하는 지식, 기술, 태도를 파악하는 것이다. 교육훈련 수요조사를 통해 피교육자인 공무원이 변화하는 업무환경에 대응하기 위해 어떠한 지식, 기술, 태도를 훈련받기를 원하는지, 혹은 공무원 스스로가 개선이 필요하다고 생각하는지를 파악할 수 있다. 또한 각 부처에서도 수요조사를 통해 공무원에게 필요한 교육훈련의 적정 내용과 수준 및 교육훈련 강도 등을 파악할 수 있어 합리적이고 효과적인 교육훈련을 제공할 수 있다. 유민봉·임도빈(2016: 248–249)에 따르면, 교육훈련에 대한 수요는 크게 잠재적 수요와 실질적 수요로 구분될 수 있으며, 잠재적 수요는 "직무와 관련된 기술의 변화와 이에 대한 조직의 대응으로 발생하는 것"으로 본다. 반면 실질적 수요는 "직무기술이나 공무원 신분의 변화에서 발생하는 것이 아니라, 공무원이 지속적인 업무수행과정에서 능력이 부족하여 직무수행의 목적을 달성하지 못하기 때문에 발생"하는 것으로 본다.

교육훈련에 대한 수요를 조사하는 방법은 크게 개인적 차원과 조직적 차원에서의 수요조사 방법으로 구분될 수 있다. 개인적 차원에서의 교육훈련 수요조사는 주로 공무원이 직무와 관련된 지식, 기술, 태도에서 부족한 점이 무엇인지를 파악하는 것이다. 이는 주로 공무원의 근무성적평정을 통해 이루어질 수 있다. 현재 우리나라에서는 고위공무원단을 중심으로 성과계약을 하고 있으며, 역량평가를 통해 고위직 공무원들의 실적이 평가 요소별로 파악되고 있다. 개인적 차원에서의 교육훈련에 대한 수요는 이와 같은 근무성적평정결과에서 부족한 영역이나 개선이 필요한 영역을 중심으로 결정될 수 있다. 이밖에도 공무원에 대한 면담이나 설문조사, 관찰 등을 통해 공무원 개개인이 개발하고자 하는 분야에 대한 교육훈련 수요를 조사할 수 있다. 반면 조직적 차원에서의 교육훈련 수요조사는 각종 자료, 특히 "행정서비스에 대한 국민의 만족도, 이직률, 결근율, 현장업무인 경우에는 사고율, 비리공무원의 수, 목표달성도 등에 대한 자료"를 활용하게 된다(유민봉·임도빈, 2016: 249). 그러나 조직적 차원에서의 수요조사는 포괄성이 강해 합리적 교육훈련 수요조사를 위해서는 이후 직급별, 부서별, 개인별 교육훈련 조사가 추가적으로 이루어질 필요가 있다. 교육훈련에 대한 수요조사가 어느 정도 이루어지고 나면, 어떤 교육훈련을 우선적으로 시행할 것인지에 대해 판단을 해야 한다. 이때에는 교육훈련의 시행효과 정도와 교육훈련에 대한 예산의 범위 등이 반드시 고려되어야 할 것이다. 만약 교육훈련을 통해 개선하기 어려운 부분이 있다면 보직이동이나 직무재설계 등의 방법을 활용할 수도 있다.

(2) 교육훈련 프로그램 개발 및 실시

교육훈련에 대한 수요조사가 이루어지고 나면, 주어진 예산 범위에서 가장 효과성이 높을 것으로 예상되는 교육훈련 프로그램 개발이 이루어지게 된다. 이때에는 교육훈련 대상자 및 교육훈련 담당자, 교육훈련 장소 및 사용 가능 장비 등 다양한 요소들도 함께 고려된다. 이 중 가장 중요한 것은 교육훈련 프로그램에 대한 목표설정이다. 유민봉·임도빈(2016: 251–252)은 프로그램의 목표설정을 "교육훈련을 통해 달성해야 할 구체적인 상태"로 보고, "① 교육훈련 프로그램을 이수한 후 습득해야 하는 지식수준, ② 교육훈련을 통해 실기로 보여 줄 것이 기대되는 기술수준, ③ 교육훈련을 이수한 후 변화되어야 할 태도수준, ④ 근무지로 돌아가서 실제 근무활동 중에 나타나야 할 행동수준, ⑤ 근무지로 돌아가서 업무수행 중 나타나는 서비스의 질, 효율성, 이직률 등의 조직성과 수준" 등과 같은 유형으로 기술하고 있다.

이러한 목표를 바탕으로 교육훈련 중 가르칠 프로그램 종류 및 내용이 설계되는데, 이때에는 공무원이 담당하는 직무와 직급을 우선적으로 고려할 필요가 있다. 즉, 직무별 교육훈련과 직급별 교육훈련을 중심으로 프로그램을 개발하고 실시할 필요가 있다는 것이다. 직무별 교육훈련은 공무원이 담당하는 직무와 관련해 능력개발이나 문제해결을 필요로 하는 영역을 중심으로 교육훈련 프로그램의 내용을 구성한다. 따라서, 이는 민원이나 인사, 회계, 토지관리, 도시계획, 보건위생, 법제 등과 같은 직무와 관련된 전문적 교육훈련 내용을 상당부분 포함하게 되는 것이다. 이에 비해, 직급별 교육은 해당 직급에서 기본적으로 파악해야 할 내용들을 중심으로 교육훈련을 구성하게 된다. 따라서 직급별 교육은 관리자, 감독자, 실무자, 초급자 등을 중심으로 한 기본교육으로 구성되며, 고위직 공무원들(예 고위공무원단 등)을 중심으로 하는 관리자 훈련(executive training, management development)은 주로 "정책결정능력 및 리더십 배양을 위한 교육" 프로그램을 중심으로 구성된다(유민봉·임도빈, 2016: 254). 이에 비해, 4급 공무원 등으로 구성된 중견관리자를 위한 감독자훈련(supervisory training)은 일선행정업무 전반을 이해하고 총괄할 수 있는 상황파악력, 이해력, 리더십 등을 중심으로 교육훈련 프로그램을 구성하게 된다. 6, 7급 공무원을 포함한 중견실무자, 8, 9급 등을 포함한 초급실무자를 대상으로 하는 실무훈련에서는 급변하는 행정환경에 대한 이해와 담당 직무에 관련된 일반 지식 및 기술, 태도 등에 대해 교육훈련 할 수 있는 프로그램 내용을 포함한다. 5급 공무원 시험에 합격한 신임관리자나 7, 9급 신규 공무원 채용자를 대상으로 하는 적응훈련에서는 조직에 대한 전반적인 이해를 돕고 조직문화에 적응할 수 있도록 하는 정신자세 및 태도 등을 중심으로 교육훈련 프로그램을 구성하게 된다. 이밖에도 퇴직예정자를 대상으로 하는 교육훈련이나 영어, 중국어 등과 같은 언어교육 등은 특별교육의 형태로 제공되기도 한다. 이러한 직무별 전문교육, 직급별 기본교육, 특별교육은 교육훈련 수요 및 프로그램 목표에 따라 Off JT(off job training) 형태로 제공되는 경우가 많다. 이밖에도 필요에 따라서는 근무현장에서 교육훈련 하는 OJT(on-the-job training)가 활용되기도 한다.

교육훈련 프로그램을 시행함에 있어서는 교육훈련을 담당하는 교관의 자질이나 전문성, 피교육자와의 소통능력 등이 중요하게 고려되어야 한다. 교관은 피교육자에게 프로그램 내용을 일방적으로 전달하려고 하기보다는 쌍방향소통을 통해 피교육자의 요구와 수준에 맞는 프로그램 내용을 전달하는 맞춤형 교육훈련제공 방안을 모색해야 한다. 이때 강화이론(reinforcement theory)[11]과 같은 학습이론 등을 활용할 수 있는데, 이때에는 교육훈련에 대한 동기부여 및 목표설정, 프로그램의 중요성에 대한 인식 공유,

11 '보상이 따르는 행동은 반복하고 처벌이 따르는 행동은 피하도록 하는 것'을 의미한다(유민봉·임도빈, 2016: 260).

실습, 피드백, 협동, 상호신뢰와 수용 등과 같은 학습원리도 고려될 수 있을 것이다(유민봉·임도빈, 2016: 260–261).

(3) 교육훈련 프로그램 효과성 평가

교육훈련이 이루어지고 난 후에는 반드시 프로그램에 대한 평가가 이루어져야 한다. 이러한 교육훈련 프로그램 효과성 평가는 크게 두 가지로 이루어지게 된다. 그 첫 번째는 피교육자, 즉 교육훈련대상자의 프로그램에 대한 만족도 조사이다. 이러한 만족도 조사는 주로 설문조사 형태로 이루어지게 되며, '교관, 강의방식, 훈련시설, 프로그램 자체' 등에 대한 피교육자의 만족정도 및 개선요구 사항 등이 조사된다(유민봉·임도빈, 2016: 261). 이때 피교육자에게 낮은 만족도 점수를 받은 교관, 강의방식, 프로그램 등은 문제점 분석 등을 통해 수정·보완되거나 교체되어야 한다.

두 번째로 교육훈련에 대한 효과성 평가는 "교육훈련이 구체적인 훈련의 목적을 어느 정도 달성하였는지를 분석·평가"하는 것이다(박천오 외, 2016: 245). 이러한 효과성 평가는 교육훈련 전후 평가점수를 비교(예 전후비교법, before–and–after test)하거나 교육훈련 유무 평가점수를 비교(예 통제집단을 가진 전후 비교법, before–and–after test with control group)[12] 하는 객관적인 방법을 활용할 수도 있고, 개인의 미묘한 태도·능력 변화에 대한 피교육자의 자체평가 및 상사평가 등을 고려하는 주관적인 방법을 활용할 수도 있다.

이러한 효과성 평가는 '피교육자가 교육과정을 통해 무엇을 배웠는지?', '교육훈련 프로그램이 달성하고자 설정했던 목표를 얼마나 달성했는지?'와 같은 학습효과(learning effect)를 평가하는 교육훈련 타당도(training validity)를 통해 검증이 된다. 뿐만 아니라, '피교육생이 교육을 마치고 직장에 돌아와서 직무 수행 상 달라진 것이 무엇이고 조직의 생산성에 나타난 변화는 무엇인지?', '그 변화는 교육훈련 수요조사에서 진단된 조직 차원의 문제를 얼마나 해결하였는지?'와 같은 전이효과(transfer effect)를 평가하는 성과 타당도(performance validity)를 통해 검증되기도 한다(박천오 외, 2016: 245–246; 유민봉·임도빈, 2016: 262–263). 이와 같이, 교육훈련 프로그램으로 인한 개인의 지식, 기술, 능력, 태

12 통제집단을 가진 전후비교법은 비슷한 근무환경과 업무성격, 업무능력 등을 가진 두 집단에 대해 한 집단에는 교육훈련을 시행하고(실험집단), 다른 집단에는 교육훈련을 시행하지 않았을 때(통제집단) 교육훈련의 효과는 실험집단의 교육훈련 후 평가점수에서 통제집단의 점수변화를 빼 주는 것이 교육훈련의 순수한 효과라고 보는 것이다. 즉, "통제집단은 교육훈련 전후 등 두 평가기간 중에 교육훈련 이외의 요소가 미치는 영향을 격리시켜 주는 역할을 수행"한다고 본다(유민봉·임도빈, 2016: 264).

도, 행동 등의 변화를 측정하거나(학습효과), 개인의 변화가 조직의 성과에 어떠한 영향을 미치는지를 평가(전이효과)하여 환류(feedback)함으로써 교육훈련 프로그램을 합리적이고 효과적으로 발전시킬 수 있다. 다만, 이러한 효과성을 평가함에 있어서 영향요인을 명확하게 파악할 필요가 있는데 특히 공무원 교육훈련은 예산이나 당시 국가·사회·조직 차원의 상황적 요인이 교육훈련의 전 과정(수요조사, 프로그램(체제, 교과목, 내용, 교육훈련방법, 교관, 교육훈련대상자 선정 등), 교육훈련 평가 등)에 영향을 미칠 수 있기 때문이다. 따라서 이러한 요인들을 체계적이고 명확하게 분석하여 교육훈련의 순효과를 정확하게 측정할 필요가 있다(유민봉·임도빈, 2016: 264-265). 그렇다면, 공무원 교육훈련의 유형에는 어떤 것들이 있는지를 살펴보면 다음과 같다.

4 교육훈련 유형

1) OJT와 Off JT

전통적인 교육훈련 프로그램은 교육훈련이 실시되는 장소가 직장 내인지, 아니면 직장 외인지에 따라서 직장훈련(On-the-Job-Training, OJT)과 교육원훈련(Off-the-Job-Training, Off JT)으로 구분될 수 있다(유민봉·임도빈, 2016: 252-253). 전자가 현장에서 업무를 수행하면서 교육훈련하는 방법이라면, 후자는 교육훈련만을 목적으로 특별히 마련된 장소와 시설에서 특정기간 동안 실시하는 교육훈련을 의미한다(유민봉·임도빈, 2016: 252-253).

OJT 프로그램에는 실무지도(coaching), 직무순환(job rotation), 임시배정(transitory experience), 시보(probation), 인턴십(internship) 등이 있으며, Off JT 프로그램에는 강의(lecture), 프로그램화 학습(programmed learning), 시청각 교육(audio-visual method), 회의·토론(conference, discussion), 감수성 훈련(sensitivity training, T-group training), 사례연구(case study), 역할연기(role playing), 모의게임(games) 등이 있다. <표 6-7>에서는 OJT와 Off JT의 세부 프로그램 종류 및 내용을 제시하고 있다.

표 6-7 OJT와 Off JT의 종류

	세부 교육훈련 방안	내용
OJT	실무지도 (coaching)	일상근무 중에 상관이 부하에게 직무수행에 관련된 기술을 가르쳐 주거나, 질문에 답을 해 주는 등의 각종 지도역할을 일컬음
	직무순환 (job rotation)	여러 분야의 직무를 직접 경험하도록 하기 위해 계획된 순서에 따라 직무를 순환시키는 방법
	임시배정 (transitory experience)	특수지위나 위원회 등에 잠시 배정하여 경험을 쌓게 함으로써 맡게 될 임무에 대비하는 방법
	시보 (probation)	합격한 사람에게 일정기간 동안 시험적으로 근무하게 한 후 일정조건이 충족하면 임용하는 방법
	인턴십 (internship)	조직의 전반적인 구조·문화·과정에 대한 이해와 함께 간단한 업무를 경험할 수 있는 기회를 부여
Off JT	강의 (lecture)	다수의 인원을 대상으로 똑같은 정보를 가장 효율적으로 전달해 줄 수 있는 대표적인 방법
	프로그램화 학습 (programmed learning)	일련의 질의와 응답에 체계적이고 단계별로 구성된 책자나 컴퓨터 프로그램을 활용하는 방법
	시청각 교육 (audio-visual method)	각종 시청각 기재를 활용하여 다량의 정보를 많은 사람들에게 제공하는 방법
	회의·토론 (conference, discussion)	쌍방 간 정보를 직접 주고받는 과정
	감수성 훈련 (sensitivity training, T-group training)	지식의 변화가 아니라 태도와 행동의 변화를 통해 대인관계 기술을 향상시키려는 것이 주된 목적임. 소집단을 만들어 허심탄회하게 자신의 느낌을 말하고 다른 사람이 자신을 어떻게 생각하는지 귀담아 듣는 방법
	사례연구 (case study)	실제 조직생활에서 경험한 사례나 또는 가상의 시나리오를 가지고 문제를 해결하는 방법
	역할연기 (role playing)	실제 근무상황을 부여하고 특정역할을 직접 연기함으로써 학습하는 방법
	모의게임 (games)	기업의 사장, 자금부장, 영업부장 등 가상으로 역할을 부여하고 인력, 자금, 상품, 가격 등에 대한 기업차원의 결정을 내리도록 하는 방법

출처: 유민봉·임도빈(2016: 255-257) 재구성

2) OJT와 Off JT의 장·단점

현장에서 직접 직무관련 사항을 교육훈련하는 OJT는 교육훈련 내용이 현실적이며 피교육자의 수준에 맞게 교육훈련 수준이나 내용 등을 조정할 수 있다는 장점 등을 지닌다. 뿐만 아니라, 직장 내 상사와 동료 간 이해를 증진시키고 협동정신을 강화할 수 있으며 피교육자의 학습 동기를 고취시킬 수 있다는 장점도 가지고 있다. 그러나, OJT는 많은 구성원을 한꺼번에 훈련시키기 어렵고, 교육훈련의 내용에 대한 표준화가 어려우며, 전문적인 고도의 지식과 기능을 교육훈련하는데 어려움이 따른다는 한계도 가진다. 그에 비해, Off JT는 예정된 계획에 따라 교육훈련을 시행할 수 있고, 전문화되고 표준화된 교육훈련을 시행할 수 있으며, 많은 인원을 한꺼번에 교육할 수 있다는 장점을 가진다. 그러나 교육훈련과 현장업무를 정확하게 연계시키기가 어렵고, 교육훈련비용에 대한 부담이 크다는 등의 한계도 가지고 있다.

이러한 전통적인 교육훈련 방식의 한계를 극복하고, 급속한 환경변화에 보다 능동적이고 적극적으로 대응할 수 있는 학습역량을 구축하기 위해 최근에는 다양한 유형의 교육훈련 방식이 활용되고 있다.

표 6-8 OJT와 Off JT의 장·단점 비교

구분	장점	단점
OJT	• 훈련이 추상적이 아니고 실제적 • 실시가 Off JT보다 용이 • 훈련으로 학습 및 기술향상을 알 수 있으므로 구성원의 동기를 유발할 수 있음 • 상사나 동료 간의 이해와 협동정신을 강화·촉진시킴 • 낮은 비용으로 가능 • 훈련을 하면서 일을 할 수 있음 • 구성원의 습득도와 능력에 맞게 훈련할 수 있음	• 우수한 상관이 반드시 우수한 교관이 아님 • 일과 훈련 모두 소홀히 할 가능성이 있음 • 많은 구성원을 한꺼번에 훈련시킬 수 없음 • 교육훈련의 내용과 수준을 통일시키기 힘듦 • 전문적인 고도의 지식과 기능을 가르치기 힘듦
Off JT	• 현장의 업무수행과는 관계없이 예정된 계획에 따라 실시할 수 있음 • 많은 구성원을 동시에 교육할 수 있음 • 전문적인 교관이 실시 • 교육생은 업무부담에서 벗어나 훈련에 전념하므로 교육의 효과가 큼	• 교육훈련결과를 현장에 바로 활용하기 어려움 • 직무수행에 필요한 인력이 줄어듦. 즉, 부서에 남아 있는 구성원의 업무 부담이 늘어남 • 비용이 많이 드는 경향이 있음

출처: 유민봉·임도빈(2016: 253) 재인용

3) 최근 주목받는 교육훈련 유형[13]

최근 인적자원개발을 목적으로 제공되는 주요 교육훈련 프로그램으로는 멘토링 시스템, 액션러닝, 경력개발제도, 학습조직, 역량기반 교육과정(competency-based curriculum) 등이 제시될 수 있다. 이러한 최신 교육훈련 프로그램 중 본장에서는 멘토링 시스템(mentoring), 액션러닝(action learning), 경력개발 프로그램(career development program), 학습조직(learning organization) 등에 대해 살펴보도록 한다.

(1) 멘토링 시스템

멘토링(mentoring) 시스템은 "조직 내 후진들(mentee)에게 역할모델을 제시해 줄 뿐만 아니라 도전적 직무부여, 상담 및 조직에 대한 지식제공 등을 통해 그의 대인관계 개발 및 경력관리에 도움을 주는 시스템"으로 이해될 수 있을 것이다(박경규, 2016: 313). 멘토(mentor)는 멘티(mentee)에게 조직생활에 필요한 사항에 대해 지도활동을 해 주고, 멘티에게 심리적 상담 및 개인적 지원활동을 제시하기도 한다. 또한, 멘토는 멘티가 조직에 잘 적응할 수 있도록 다양한 측면에서 적극적으로 개입하게 된다.

이러한 멘토링 시스템의 효과는 다음과 같다(이홍민 외, 2009: 473). 첫째, 멘토링을 지속적으로 시행하면 조직 내 핵심인재를 효과적으로 유지·활용할 수 있으며, 둘째, 멘토와 멘티와의 지식이동 및 지식공유(knowledge sharing)를 통해 조직 내 경쟁력을 확보할 수 있다. 셋째, 멘토링을 통한 조직구성원의 학습효과도 증진시킬 수 있다. 넷째, 개인 차원에서 멘토는 멘토링 활동을 통해 자신이 보유한 지식을 체계적으로 정리할 수 있으며, 멘티는 자신의 직무와 관련된 전문지식을 보다 효과적으로 숙지할 수 있다.

멘토링 시스템이 OJT와 다른 점은 다음과 같다. OJT는 직장 내에서 이루어지는 교육훈련 프로그램으로 교육훈련의 목표는 피교육자가 담당하는 업무를 원활히 수행할 수 있도록 하는 것이며, 이 프로그램은 직장 내 상하관계를 중심으로 업무지식을 적극적으로 전수하는 것을 목적으로 한다. 반면에 멘토링 시스템은 단순히 직장 내

13 이는 새로운 교육훈련 프로그램이라고 해석할 수 있다. 박천오 외(2016)는 새로운 교육훈련 방법으로 액션러닝, 역량기반 교육훈련, 사이버학습, 혼합학습 등을 제시한다. 이러한 교육훈련 방법은 인적자원의 역량을 중심으로 운영된다. 이때 역량기반 교육과정은 "개인을 대상으로 하는 역량진단·평가의 결과를 토대로 설계·시행되는 교육과정"을 의미한다(박천오 외, 2016: 248). 이는 개인의 역량과 역량모형을 기반으로 한 교육과정으로 조직과 개인을 모두 만족시켜 실제 성과와 연계시키는 인적자원개발 프로그램을 포함하는 것이다.

표 6-9 멘토링 시스템과 OJT 차이

구분	멘토링 시스템	OJT
영역	On The Life Training	On The Job Training
목표	인생목표의 달성	담당업무의 수행
요소	역할	직능자격
관계	공동학습과 성장관계	상하관계
내용	자립 지원	업무지식의 전수

출처: 이홍민(2009: 475)

업무전달만을 목적으로 하는 것이 아니라 피교육자, 즉 멘티의 인생전반에 대한 목표 달성에 관심을 가지며, 멘토링에 있어서는 단순히 상하관계를 중시하는 것이 아니라 멘토와 멘티의 공동학습과 공동성장관계 구축을 강조한다. 이러한 차원에서 멘토링 시스템은 멘토와 멘티의 관계를 통해 각 개인의 역량을 끊임없이 증진시키고 학습, 성과, 변화를 촉진시키는 활동이라고 할 수 있을 것이다.

(2) 액션러닝

액션러닝(action learning)은 "행동학습 또는 실천학습으로 불리며, 이는 소규모로 구성된 조직 또는 그룹이 실질적인 업무현장의 문제와 원인을 규명하고, 이를 해결하기 위하여 실행계획을 수립하여 현장에 적용한 그 실천과정에 대한 성찰을 통해 학습하는 것"이다(중앙공무원교육원, 2008: 221; 박천오 외, 2016: 246). 즉, 액션러닝은 "조직 내 문제해결을 하는 데 있어서 학습을 활용하는 것이며, 이러한 과정을 통해 조직 및 구성원들의 학습역량을 향상시키는, 실질적이고 행동위주의 교육훈련 방법"이다(이홍민 외, 2009: 491). 보다 구체적으로, 액션러닝은 행동함으로써 배운다는 학습원리를 근간으로 하며, 4~6명이 한 팀으로 구성된다. 팀 구성원들은 현장에서 발생하는 실제 문제 상황을 부여 받아 함께 학습하고, 이를 통해서 다양한 아이디어를 도출하여 현장 문제에 적용하는 과정에서 배우는 학습방안이다(HRD 용어사전, 2010). 실제, 액션러닝은 1945년 영국의 레번스(Revans) 교수가 국가석탄위원회(National Coal Board)의 요청으로 광부들을 대상으로 처음 시행한 교육훈련 프로그램이다. 관리자급 광부들을 4~5명씩 소그룹으로 나누고, 각 그룹별로 다른 그룹이 담당하는 광산 갱도 개발을 위한 컨설턴트 역할을 하도록 하였더니 이후 20% 가량의 생산성 증대 효과가 나타났다고 한다(이홍민 외, 2009: 488).

액션러닝의 핵심은 문제에 대한 답이 다른 곳에 있는 것이 아니라 문제 안에 있다

그림 6-4 액션러닝의 6가지 구성요소

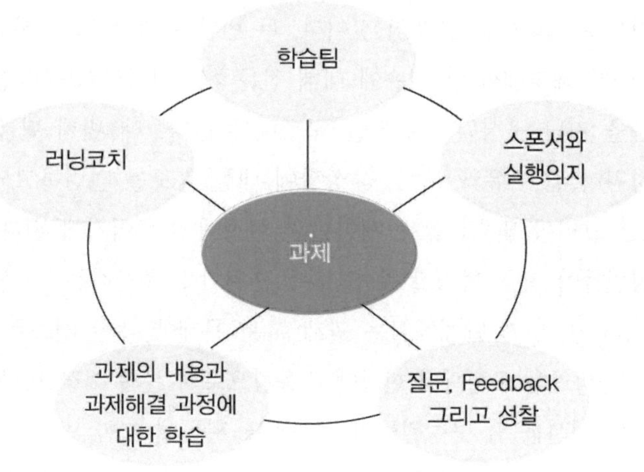

출처: 서영태·봉현철(2008: 80)

고 가정하는 것이다. 액션러닝에서 전문가의 역할이 매우 중요하나, 전문가는 문제해결을 위한 답을 직접 제시해 주지 않고 문제해결을 위한 촉진자 역할만을 수행한다. 그리고 팀 별로 문제 해결 방안을 찾아가는 과정에서 자발적 교육훈련이 이루어지는 것이다. 이는 실천학습의 일환이며, 실천학습이 원활하게 이루어지기 위해서는 학습자가 적극적으로 참여하여 문제를 해결하기 위해 노력해야 한다(HRD 용어사전, 2010).

액션러닝의 구성요소는 다음과 같다(서영태·봉현철, 2008: 80-81). 첫째, 조직의 여러 부분에 영향을 미치는 과제가 존재한다. 둘째, 학습팀은 과제의 내용 및 해결과정에 대한 지식을 가지고 있으며, 해당 문제를 해결할 수 있는 팀원은 4~8명으로 구성된다. 셋째, 질문, 피드백 그리고 성찰이 존재해야 한다. 액션러닝은 이미 알고 있는 답변보다는 모르는 문제에 더 많은 관심을 가지고 탐구해 나가는 성찰과정이다. 넷째, 스폰서와 실행의지가 존재해야 한다. 아이디어를 집행하려고 하는 팀은 자신들의 아이디어가 성공적으로 집행될 것이라는 믿는 강력한 실행의지를 가져야 한다. 또한, 이러한 의지를 지지하는 스폰서가 있어야 한다. 다섯째, 러닝코치로서 액션러닝 프로그램이 실행될 수 있도록 돕는 촉진자(facilitator)가 존재해야 한다. 마지막으로, 주어진 과제를 해결하려는 강력한 학습의지가 존재해야 한다.

이홍민(2013: 196-197)에 따르면, 로스웰(Rothwell, 1999)은 과거 액션러닝에 대해 연구한 학자들이 제시한 다양한 액션러닝 단계들을 통합하여 7단계의 액션러닝 단계를 제시하였다. 첫 번째 단계는 상황인식 단계이다. 조직차원에서 액션러닝을 최적의 학습방법으로 인식하는 단계인 것이다. 두 번째 단계는 팀을 선정하거나 조직하는 단계이다. 이때 해결해야 할 이슈에 대해 전문성을 지니면서도 다양한 관점을 지닌, 즉 열린 마음을 지닌 구성원으로 팀을 구성해야 한다. 세 번째 단계에서는 조직된 학습팀의 구성원이 된 이유와 문제 및 상황에 대한 정보를 설명하고 팀 활동의 범위를 제한하는 팀 브리핑 및 팀 활동 제한범위 설정이 이루어지게 된다. 넷 번째 단계에서는 팀 구성원들이 상호 협력할 수 있도록 분위기를 조성하는 등 상호작용 촉진을 도모하게 된다. 다섯 번째 단계에서는 과제 혹은 문제에 대한 정보를 수집하여 원인을 규명하고 해결방안을 모색하여 현장에 적용함으로써 문제 해결방안을 검증하게 된다. 여섯 번째 단계에서는 팀 구성원들의 액션러닝 활동에 대한 만족도를 평가하게 되며, 마지막 일곱 번째 단계는 액션러닝의 성과를 바탕으로 향후 개선 방안에 대해 논의하게 된다.

마쿼트(Marquardt, 1999)에 의해서 액션러닝 프로그램의 유형분류와 유형별 특징분석이 최초로 시도되었는데, 그는 액션러닝 프로그램 학습팀이 해결하는 과제의 수에 따라 액션러닝의 유형을 복수문제(open group program)와 단일문제(single project program)로 구분하였다. 전자는 학습자들 각자가 문제를 해결하는 과정에서 상호 도움을 주고받는 것을 의미하며, 후자는 최고경영층이 부여한 한 가지 과제를 팀원 전체가 함께 해결하는

표 6-10 액션러닝의 유형

구분/유형	복수문제	단일문제
문제	여러 개의 문제를 다룸	한 개의 문제를 다룸
	멤버들이 문제를 선택함	조직이 문제를 선택함
실행주체	개인이 실행에 대해 관심을 가짐	조직이 실행에 대해 관심을 가짐
그룹	지원자들로 구성	조직이 멤버를 결정함
	멤버가 떠나면 대체함	그룹이 해산될 때까지 멤버들은 그대로 남음
질문	성찰과 질문과정이 사용됨	
학습	실행과 학습 모두에 초점을 둠	
실행	개인이 해결안을 실행함	제안과 실행을 모두 하는 경우도 있음
코치	일반적으로 멤버가 코치 역할을 함	그룹 멤버가 교대로 코치 역할을 하거나 외부 코치를 활용함

출처: Marquardt(2004); 이홍민(2013: 197)

표 6-11 액션러닝 적용기법

① Ice Breaking: 교육시작 전에 교육생들 간의 서먹한 분위기를 깨고 교육에 집중할 수 있는 분위기를 조성하는 활동 ② PEST: 조직을 둘러싸고 있는 거시적 외부환경을 분석하는 방법 P: 정치(Political), E: 경제(Economic), S: 사회 · 문화(Social-cultural), T: 기술정보(Technological) ③ SWOT: 전략 혹은 전략과제 도출을 위해 외부환경 측면에서의 기회요인(Opportunity)과 위협요인(Threats)을 도출하고, 내부환경 측면에서의 강점(Strengths)과 약점(Weaknesses)을 도출하여, SO(강점 이용 기회포착), ST(강점 이용 위협 극복), WO(기회 이용 약점 극복), WT(약점 · 위협 극복) 과제들을 도출하는 방법[14] ④ 명목집단법(Nominal Group Technique, NGT): 특정 주제에 대하여 본격적으로 토론을 진행하기 전에 참가자 각자가 5분 정도 안에 자신의 생각을 기록하여 일정시간이 지나면 이를 공개해 설명하는 방법 ⑤ 다중투표법(Multi-Voting): 긴 길이의 항목 목록을 줄여 가장 중요하다고 인식되는 몇 개의 항목만 남기는 방법. 투표를 할 때 마다 목록을 반으로 줄이는 방법 ⑥ Logic Tree: 주요 이슈를 상호 간에 중복되지 않고 전체적으로 누락 없이 상위단계에서 하위단계로 줄이는 방법 ⑦ Action Plan: 과제의 근본 원인을 파악하고 이를 기반으로 해결방안을 도출하며, 해결방안에 대한 고려 및 기대사항을 정리하고, 이에 따라 실행 우선순위를 결정하는 방법

출처: 이홍민(2013: 198-201) 재구성

방안을 의미한다(이홍민, 2013: 197).

액션러닝에서 활용할 수 있는 문제해결 기법으로는 Ice Breaking, PEST분석, SWOT분석, 명목집단법(Nominal Group Technique, NGT), 다중투표법(multi-voting), Logic Tree, Action Plan 등이 있다.

액션러닝은 다음과 같은 장점을 지닌다(이홍민 외, 2009: 490). 첫째, 업무와 교육이 현장에서 함께 이루어지기 때문에 교육을 위해 업무현장을 떠나지 않아도 된다. 둘째, 실제 비즈니스 이슈를 해결하는 과정에서 학습이 효과적으로 이루어질 수 있다. 셋째, 일과 학습, 이론과 실제의 적절한 연계를 도모할 수 있다.

(3) 경력개발프로그램

경력개발제도(Career Development Program, CDP)는 "개인의 경력목표를 설정하고 이를 달성하기 위한 경력계획을 수립하여 조직의 욕구(organizational need)와 개인의 욕구(individual need)가 합치될 수 있도록 각 개인의 경력을 개발하고 지원해 주는 활동"을 의

14 SWOT 분석에 대해서는 19장 성과관리에서 보다 자세히 논의될 것이다.

미한다(이홍민 외, 2009: 457–458). 공무원에 대한 경력개발 프로그램은 미국에서 연방정부의 비능률을 극복하기 위하여 1955년에 구성된 제2차 후버위원회의 권고안으로 제시되었으며, 1975년 '육군 경력개발제도'를 실시함으로써 활성화되었다. 우리나라 공공분야에서의 경력개발제도는 1999년 김대중 정부에서 공무원의 전문성을 강화하기 위한 방안으로 도입하고자 하였으나 무산되었다가, 2003년 노무현 정부 때 본격적으로 도입·시행되기 시작하였다. 그러나 이명박 정부 이후로부터는 공공분야에서의 경력개발제도 시행이 활발하게 이루어지지는 못하고 있다(최순영, 2013: 216).

경력개발제도는 개인과 조직의 상생 및 상호발전을 위해 고려될 필요가 있는 제도이다. 이 제도에서는 조직 내 인적자원의 합리적 개발을 통해 조직의 유효성을 증대시키고자 다양한 방안을 모색한다. 조직구성원들의 잠재적 역량을 제고하여 조직의 성과를 증진시킬 수 있으며, 인력을 적재적소에 배치하는 데 도움이 된다. 뿐만 아니라 개인의 역량개발을 위해서도 경력개발제도는 시행될 필요가 있다. 경력개발제도를 통해 직무만족과 직무몰입 등을 증진시키고 개인의 자아실현 추구도 도모할 수 있는 것이다(이홍민 외, 2009: 459). 이와 같이 경력개발제도는 인적자원의 계획 및 개발에 있어서 개인과 조직의 욕구를 연계시킨 모형으로 최근 개인과 조직의 동반성장을 도모하는 업무환경에서 그 활용가치가 더욱 높아지고 있다고 볼 수 있다.

이홍민 외(2009: 470)에 따르면, 경력개발제도에 있어서의 일반적인 단계는 다음과 같다. 첫째, 조직구성원 개인이 경력개발에 대한 필요성을 인식하고 조직 내에서의 직무관련 정보를 수집하여 경력개발제도 매뉴얼에 따라 경력목표를 구체화 한 후에 경력계획을 수립하여 리더와 면담을 함으로써 경력개발계획을 확정한다. 둘째, 리더와의 면담과정에서 리더와 부하는 서로 경력개발계획을 확인하고 지원을 약속함으로써 경력개발계획의 실행력을 확보한다. 셋째, 인적자원개발부서의 제도 개발 및 연구,

표 6-12 경력개발제도의 목적

조직측면	구성원 측면
조직 유효성 확보 • 조직구성원의 잠재된 역량 제고를 통한 조직성과로 연결 • 전략적 인재의 조기발굴 및 육성(succession plan) • 적재적소 실현	개인 역량 개발 • 직무만족, 직무몰입 • 개인의 성장 비전을 통한 개인의 자아실현과 생활의 질 향상 • 개인의 사회적 가치 증대

출처: 이홍민 외(2009: 459)

개선방안 마련 등을 통해 경력개발제도를 설계하는 등 조직구성원 개인의 경력개발을 지원하는 육성체계 및 여건조성 마련 노력을 기울인다.

(4) 학습조직

셍게(Senge, 1990)에 의하며 학습조직(learning organization)은 "조직원들이 진실로 원하는 성과를 달성하도록 지속적으로 역량을 확대시키고, 새롭고 포용력 있는 사고능력을 함양하여, 집중될 열정이 자유롭게 설정되고, 학습방법을 서로 공유하면서 지속적으로 배우는 조직"이다(이홍민, 2013: 212 재인용). 이홍민 외(2009: 478)에 따르면, "학습조직은 지식을 창출하고 공유시키고 이를 조직 내에 저장하고 잘못된 지식을 폐기하는 역량을 갖춘 조직"을 의미한다. 이처럼 학습조직은 조직구성원이 함께 배우고 변화해가는 과정을 의미하기 때문에 이는 개인차원의 학습방법에서 벗어나 집합체가 학습하는 방법이라고 할 수 있다(오석홍, 2011: 436). 이홍민 외(2009: 478)에 따르면 학습조직의 형태는 '조직의 인적자원개발 시스템을 통해 개인에 의해 받아들여지는 모든 학습 또는 기타 다른 방법을 통한 학습'을 의미하는 개인학습과 '그룹, 팀, 단위조직 또는 다른 조직의 하위단위들에 의한 학습'을 의미하는 그룹학습, '학습지원에 필요한 적절한 구조, 조직 학습문화, 권한과 역량의 함양, 환경분석, 지식의 창출과 이전, 학습기술, 품질, 전략, 지원 분위기, 팀워크와 네트워킹, 비전의 각 핵심 요소들을 내용'으로 하는 조직학습이 있다.

학습조직은 조직구성원들의 교호작용을 통해 자기실현적 인간관계를 도모하는 것을 기본 가정으로 하고 있다. 셍게(1990)가 제시한 학습조직의 다섯 가지 주요 구성요소는 다음과 같다. 첫째, 공유의 비전(shared vision)이다. 공유의 비전은 조직구성원들이 공유하는 조직의 사명과 목표를 의미한다(이홍민 외, 2009: 480). 둘째, 시스템 사고(system thinking)는 사명과 구조, 전략, 행정관행, 문화와 같은 조직의 일상적인 면을 검토하고 반성하는 것을 의미한다(이홍민 외, 2009: 479). 특히 학습조직 모형에서는 외재적인 요인보다 내부 구성원들의 사고와 상호작용을 더욱 중요하게 고려한다(오석홍, 2011: 437). 셋째, 사고모형(mental model)은 조직구성원들의 가치, 신념, 태도 모두를 포괄하는 것으로 이는 개인의 행동지침에 중요한 기반이 된다. 넷째, 개인적 숙련(personal mastery)은 각 개인이 교육, 학습활동 등을 통해서 전문성을 숙달해 가는 것을 의미한다. 마지막으로, 팀 학습(team learning)은 의사소통과 협력을 통해 조직구성원들 간 시너지 효과를 향상시키는 것을 의미한다(이홍민, 2013: 213).

이러한 학습조직은 학습조직 활성화 활동, 즉 학습실행공동체(Community of Practice, CoP)를 통해 더욱 강화될 수 있다. 이홍민 외(2009: 483)에 따르면 학습실행공동체는 "특

그림 6-5 Senge의 학습조직모형

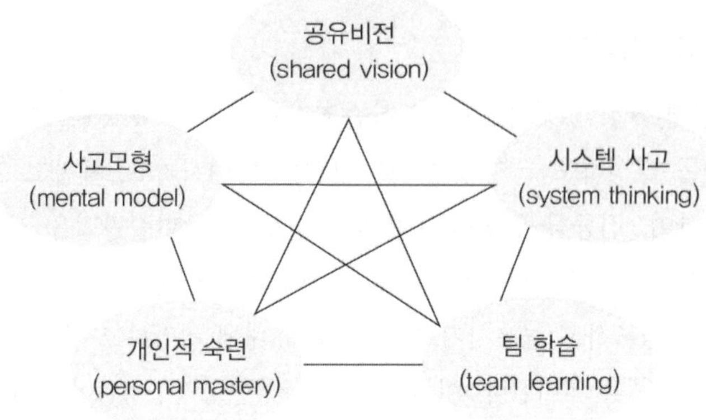

출처: Senge(1990: 5-11); 이홍민 외(2009: 479)

정 주제에 대한 관심과 일련의 문제 및 열정을 공유하고, 지속적인 상호작용을 통해 해당 주제 영역에 대해 조직구성원들의 이해와 지식을 깊이 있게 만드는 집단"을 의미한다. 학습실행공동체는 조직구성원과 조직의 역량을 강화할 뿐만 아니라 다양한 의사소통 노력 및 부서 간 협력·교류 증진을 통해 조직 내 벽 허물기(부처 간 칸막이 해소)에 기여하기도 한다. 학습활동의 성격에 따라 학습실행공동체는 토론형, 학습형, 문제해결형으로 구분될 수 있으며, 토론형은 조직 내 의사소통 및 조직구성원 의견반영 활성화에, 문제해결형은 조직의 문제해결 역량강화 및 조직구성원 핵심지식 창출에 기여하는 바가 크다는 특징을 지닌다(이홍민 외, 2009: 484). 그렇다면, 우리나라에서는 공무원 교육훈련 강화를 통해 공공부문 인적자원을 개발하기 위해 최근 어떠한 노력을 기울이고 있을까? 다음에서는 우리나라의 인적자원개발 노력에 대해 보다 구체적으로 살펴보도록 한다.[15]

15 최근 우리 정부에서는 '인적자원개발'이라는 용어와 '인재개발'이라는 용어를 혼용하고 있다. 따라서 본장에서 우리 정부의 공무원 교육훈련을 통한 인적자원개발을 논의함에 있어서도 이 두 가지 용어를 섞어서 사용하도록 한다.

5 우리나라 정부의 공무원 인재개발

1) 공무원 교육훈련 환경변화

과거 우리나라 공무원 교육훈련은 여러 가지 문제점을 내포하고 있었다. 특히, ① 공급자 중심의 교육운영으로 인한 교육훈련수요와 교육내용 간의 연계성 미흡, ② 교육훈련의 효과에 대한 검증체계 미흡, ③ 교육훈련의 형식화로 인한 활용성 미흡, ④ 교육훈련기관의 비효율성 및 대외적 협력체계 미흡 등이 대표적인 한계점으로 제시될 수 있을 것이다(박천오 외, 2016: 260–261). 뿐만 아니라 공무원 교육훈련에 대한 예산은 과거보다는 증가하였지만 아직도 많이 부족한 형편이며, 교육훈련에 대한 수요 조사가 체계적이고 종합적으로 이루어지지 못하고 있다. 교육훈련 시 피교육자의 교육훈련에 대한 필요성이 거의 반영되지 못해 자발적인 교육동기가 부족하였으며, 교육훈련 프로그램의 체계·내용·교육방법이 직장 외 교육훈련인 Off JT에 주로 의존하다 보니 공무원 직무수행 향상에 직접적인 도움을 주지 못했다. 또한 공무원을 교육훈련할 우수 교관을 확보하기 어려웠으며, 교육프로그램의 외부위탁(contracting out)이 부족하고 경직적이고 폐쇄적으로 운영이 되었다. 이밖에도 피교육자의 반응평가인 만족도 조사는 정형화된 설문지 조사로 이루어져 정확한 교육훈련 피드백이 이루어지지 않았으며, 교육훈련의 효과성 평가도 제대로 시행되지 못했다(유민봉·임도빈, 2016: 265–273). 이러한 과거 공무원 교육훈련에 대한 한계점 인식과 더불어 최근 국가·사회적으로 백세시대를 대비하기 위한 '평생교육(lifelong education)' 개념이 확산됨으로써 공무원 교육훈련방안 개선을 통한 조직 인적자원개발 혹은 인재개발에 대한 요구가 더욱 강화되고 있다.

이러한 새로운 환경변화에 대응하기 위한 공무원 교육훈련 혹은 공공부문 인적자원개발 방안은 학자들에 의해 다양하게 제시되고 있다. 예를 들어, 박천오 외(2016: 256–257)는 21세기 지식기반 정보사회에 필요한 지식공무원 육성 방안을 제시하고 있다. 지식공무원 양성을 위한 교육훈련은 비정형적으로 이루어지며, 개방체제와 학습 중심 체제에 초점을 맞추고, 피교육자인 수요자 중심으로 참여와 현장체험식 교육훈련과 학습체계를 중심으로 운영되어야 한다는 것이다(박천오 외, 2016: 256–257). 이와 관련해 공직사회의 환경요인 변화로 인하여 공무원들에게 요구되는 인적자원개발 방향은 조직인본주의에 기반한 조직–개인의 목표달성 추구, 정보화시대에 부합하는 숙련도–전문성 제고를 위한 투자 확대, 창의적인 공공인재 역량개발을 통한 글로벌 경쟁력

그림 6-6 전통적 교육훈련제도와 지식창조형 교육훈련제도의 비교

전통적 교육훈련		지식창조형 교육훈련
• 정형적 교육훈련 • 폐쇄적 체제(closed system) • 교수(teaching) 중심 체제 • 공급자 중심 사고 • 강의식 교육훈련 • 커리큘럼(curriculum)의 사고	➡	• 비정형적 교육훈련 • 개방체제(open system) • 학습(learning) 중심 체제 • 피교육자인 수요자(고객) 중심 사고 • 참여와 현장체험식 교육훈련 • 학습체계(learning format)

출처: 박천오 외(2016: 257)

제고, 공직가치를 내재화한 공직인재 양성, 조직 핵심인재의 양성을 위한 실전적 교육훈련의 정착, 지식과 정보의 자율적 습득·관리 역량을 갖추기 위한 자기주도적 학습의 확대 등으로 제시된다(박천오 외, 2016: 257–259). 이러한 노력의 일환으로 우리 정부는 공무원 인적자원개발(이하, 공무원 인재개발)의 근간이 되는 법령을 정비하였다. 즉, 「공무원 교육훈련법」을 2015년 12월 29일에 「공무원 인재개발법」으로 개정하고(법률 제13696호), 2016년 1월 1일부터 법을 시행함으로써 공무원 인재개발의 중요성을 더욱 부각시킨 것이다.

2) 공무원 인재개발 관련 법령

우리나라 공무원 인재개발 법령 체계는 법률로는 「국가공무원법」 일부와 「공무원 인재개발법」, 대통령령으로는 「공무원 인재개발법 시행령」과 「공무원임용령」 일부(제10조의2, 제41조, 제42조), 인사혁신처 예규로는 「공무원 인재개발 업무처리 지침」을 포함한다(행정안전부, 2011: 475).[16] 특히 「공무원 인재개발법」은 42년 동안 시행되어 온 「공무원 교육훈련법」을 대체하여 2016년 1월 1일부터 시행되고 있다.

이전의 「공무원 교육훈련법」에서는 공무원의 직무수행을 위한 단순 교육훈련에만 초점을 두어 공무원 개인과 부처조직 모두의 성과향상 기여에는 큰 역할을 하지 못했다. 그러나, 2016년부터 이를 대신해 시행되기 시작한 「공무원 인재개발법」에서는 공

16 행정안전부(2011). 공무원 인사실무.

무원의 직무현장학습과 자기개발 달성을 강조하고 있다(인사혁신처, 2015).[17] 즉, 「공무원 교육훈련법」의 목적이 '교육훈련을 통한 국가공무원의 정신자세 확립 및 기술과 능력의 향상'으로 제시되었다면, 「공무원 인재개발법」의 목적은 '국가공무원을 국민 전체

표 6-13 「공무원 인재개발법」 개정 주요 내용

구분	주요 내용
① 법률 제명 및 목적 변경	〈법률 제명〉 • (과거) 「공무원 교육훈련법」 • (현재) 「공무원 인재개발법」 〈법률 목적〉 • (과거) 교육훈련을 통한 국가공무원의 정신자세 확립 및 기술·능력 향상 • (현재) 국가공무원을 공직가치 및 미래지향적 역량·전문성 갖춘 인재로 개발
② 중앙교육기관 개편	〈명칭〉 • (과거) 중앙공무원교육원 • (현재) 국가공무원인재개발원 〈기능〉 • (과거) 5급 이상 공무원 등 교육훈련 관장 • (현재) 5급 이상 공무원 등 교육훈련 외에도, 공직가치·리더십 등 국가공무원 인재상 정립, 교육과정의 연구·개발·평가, 국내외 교육기관 등과 교류·협력 기능 수행
③ 교육기관 간의 교육과정 개방·공유	• (과거) 2개 이상 중앙부처 소속 공무원 교육을 위해 설치된 통합교육훈련기관에서만 타 부처 소속 공무원 교육 가능 • (현재) 각 부처에 소속된 전문교육훈련기관에서도 타 부처 소속 공무원 교육 가능
④ 교육기관에 교수요원 파견	• (과거) 국가인재개발원 및 통합교육훈련기관에서만 타 부처 소속 공무원을 교수요원으로 파견받을 수 있음 • (현재) 각 부처에 소속된 전문교육훈련기관에서도 타 부처 소속 공무원을 교수요원으로 파견받을 수 있음
⑤ 공무원의 자기개발	• (과거) 행정기관 장의 소속 공무원 교육과정 이수 지원 의무 • (현재) 공무원의 자기주도적 학습 의무 및 행정기관 장의 소속 공무원 자기주도적 학습 및 교육과정 이수 지원 의무
⑥ 교육기관 협의체 구성·운영	• (과거) 교육기관의 성과측정을 위한 평가 • (현재) 교육기관 성과평가 외에도 정보공유 및 협업 활성화를 위해 교육기관 등과의 협의체 구성·운영

출처: 인사혁신처(2015)

17 인사혁신처(2015). 공무원 교육훈련법, HRD(인재개발) 중심으로 바뀐다.

에 대한 봉사자로서 공직가치가 확립되고 직무수행의 전문성과 미래지향적 역량을 갖춘 인재로 개발하는 것'으로 제시되고 있다.[18] 「공무원 인재개발법」의 주요 특징은 공무원의 자기주도적 학습 의무를 강조하고, 소속 공무원이 자기주도적 학습 및 교육과정을 이수할 수 있도록 행정기관 장의 지원을 강조하는 것에 있다.

그렇다면, 우리나라 공무원 인재개발 체계는 어떠한지 다음에서는 이에 대한 구체적인 설명을 제시하도록 한다.

3) 공무원 인재개발 체계와 유형

(1) 우리나라 공무원 인재개발 체계

우리나라 공무원 인재개발의 체계는 다음과 같다. 중앙행정기관인 인사혁신처(인재개발과)는 교육훈련기관의 중심이 되어 각 행정기관과 그 기관의 교육훈련기관을 종합 관리한다. 또한 국가공무원인재개발원(구 중앙공무원교육원)[19]에서는 5급 이상 공무원들의 교육훈련과 타 교육훈련기관을 지원한다. 「공무원 인재개발법」에 의하면 국가공무원인재개발원에서는 5급 이상 공무원의 교육 외에도, 새로운 시대에 부합하는 공직가치와 공직리더십에 대한 연구·확산, 미래지향적 국가인재상 정립, 정책수립 고도화 및 교육과정의 연구·개발·평가, 국내외 교육기관 등과의 교류·협력 등을 수행하게 된다.[20]

특히 2018년 4차 산업혁명으로 대표되는 사회변화와 혁신을 선도하는 전문성을 갖춘 인재개발[21]을 목표로 국가공무원인재개발원에서는 고위급과정, 과장급과정, 5급과정, 6급 이하 과정으로 구성된 기본교육과, 공직가치교육, 공직리더십교육, 글로벌교육, 직무/전문성교육, 이러닝 등을 포함한 교육훈련 프로그램을 제공하고 있다(국가공무원인재개발원, 2018).

18 「공무원 인재개발법」 제1조 참고. http://www.law.go.kr/lsInfoP.do?lsiSeq=178204&efYd=20160101#0000

19 '중앙공무원교육원'은 '국가공무원인재개발원'으로 개편되어 인재개발이라는 용어가 인사행정에서 매우 중요하게 사용되고 있다(인사혁신처, 2015).

20 이밖에도 국가공무원인재개발원에서는 2016년 3월 20일부터 2016년 4월 2일까지 아세안(동남아국가연합, ASEAN) 회원 10개국의 인사공무원 19명을 대상으로 「인적자원개발 과정」을 운영하였다. 특히, 이 과정에서는 국가발전 전략 실행의 핵심인 '공무원 인적자원개발'에 초점을 맞춰 프로그램의 내용을 구성하여 한국 국가발전에 있어서의 공무원의 역할 및 역량 강화 방안 등에 대해 논의하였다(인사혁신처, 2016). http://www.mpm.go.kr/mpm/news/newsPress/newsPressRelease/?boardId=bbs_ 0000000000000029&mode=view&cntId=1045&category=&pageIdx=

21 https://www.nhi.go.kr/Introduce/introduce1.htm

그림 6-7 국가공무원인재개발원 교육체계

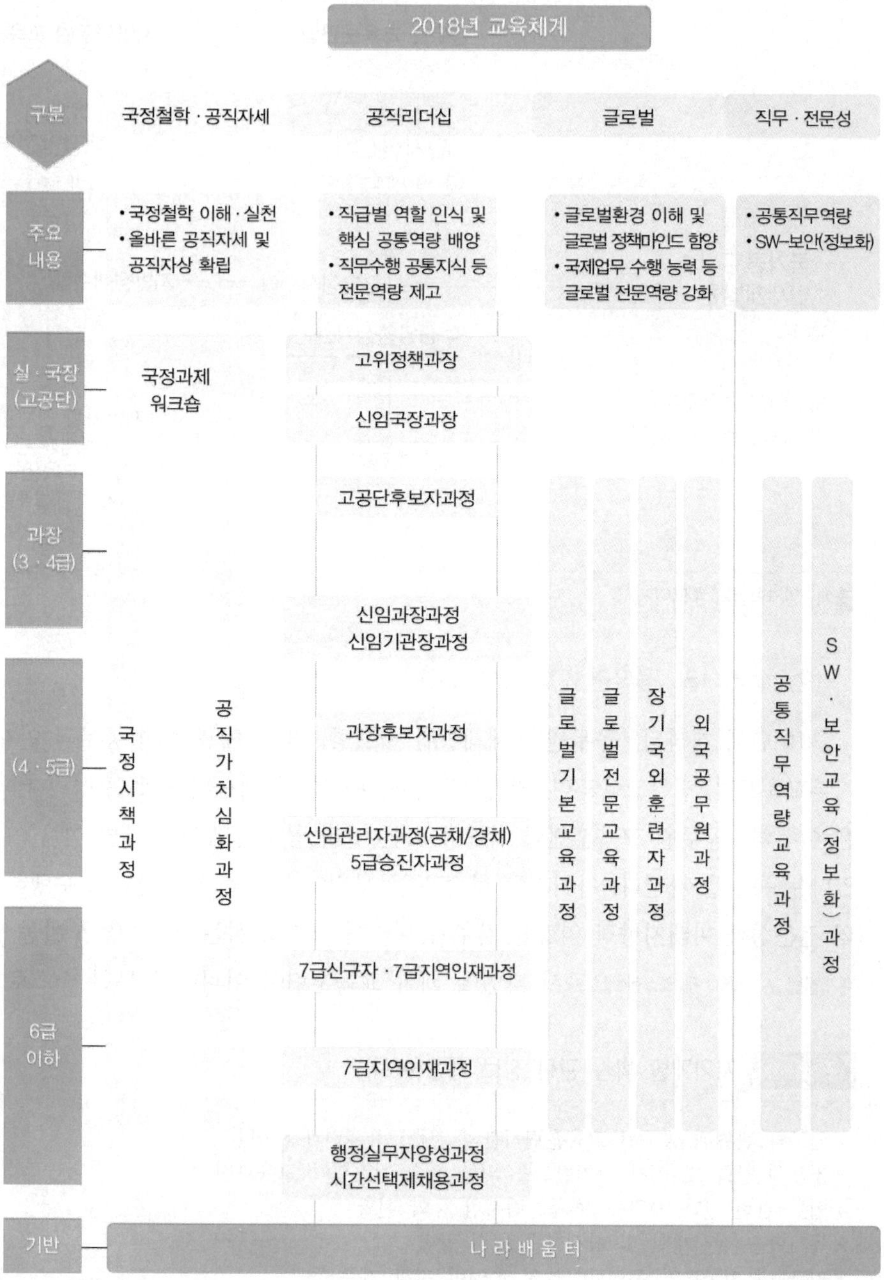

2018년 교육체계

구분	국정철학 · 공직자세	공직리더십	글로벌	직무 · 전문성
주요 내용	• 국정철학 이해 · 실천 • 올바른 공직자세 및 공직자상 확립	• 직급별 역할 인식 및 핵심 공통역량 배양 • 직무수행 공통지식 등 전문역량 제고	• 글로벌환경 이해 및 글로벌 정책마인드 함양 • 국제업무 수행 능력 등 글로벌 전문역량 강화	• 공통직무역량 • SW-보안(정보화)
실 · 국장 (고공단)	국정과제 워크숍	고위정책과정 신임국장과정		
과장 (3 · 4급)		고공단후보자과정 신임과장과정 신임기관장과정		
(4 · 5급)	국정시책과정 공직가치심화과정	과장후보자과정 신임관리자과정(공채/경채) 5급승진자과정	글로벌기본교육과정 글로벌전문교육과정 장기국외훈련자과정 외국공무원과정	공통직무역량교육과정 SW · 보안교육(정보화)과정
6급 이하		7급신규자 · 7급지역인재과정 7급지역인재과정 행정실무자양성과정 시간선택제채용과정		
기반	나라배움터			

출처: 국가공무원인재개발원 홈페이지[22]

22 https://www.nhi.go.kr/education/eduList/eduInfomation.htm#none

그림 6-8 우리나라 공무원 인재개발 체계

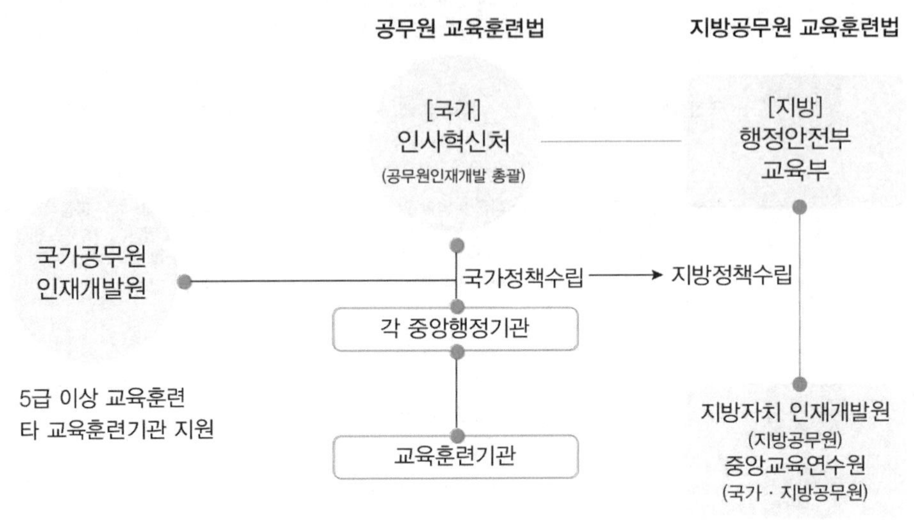

출처: 인사혁신처 홈페이지[23]

(2) 우리나라 공무원 인재개발 유형

2016년에 개정된 「공무원 인재개발법 시행령」 제7조에 의하면 공무원 인재개발은 기본교육훈련, 전문교육훈련, 기타교육훈련, 자기개발 학습 등으로 구성된다. 이 법령은 이전의 「공무원 교육훈련법 시행령」과는 달리 공무원의 '자기개발 학습'이 포함되었다는 특징을 가진다. 자기개발 학습은 '공무원이 직무를 창의적으로 수행하고 공직의 전문성과 미래지향적 역량을 갖추기 위하여 스스로 하는 학습·연구 활동(「공무원 인재개발법 시행령」 제7조5항)'으로서 타인에 의한 교육훈련이 아니라 공무원 스스로 학습할

표 6-14 자기개발 학습 관련 정보 제공(예시)

- 업무와 관련된 공무원 교육훈련기관의 전문교육훈련과정 현황
- 전문성 강화 및 기타 자기발전을 위한 우수 민간위탁 교육과정
- 업무 관련 민간 자격증, 어학능력시험 등의 현황
- 독서학습 실시계획 및 상시학습 인정 방법
- 기관 내 연구모임 운영 현황 및 운영비 지원 기준 등

출처: 「공무원 인재개발 업무처리지침」 인사혁신처예규 제21호(2016. 3. 24.)

23 http://www.mpm.go.kr/mpm/info/infoEdu/EduPolicy/eduPolicy01/

표 6-15 인재개발의 내용별 구분(「공무원 인재개발법 시행령」 제7조와 제8조)

구분	개념	실시방법
기본교육훈련	신규채용후보자 또는 신규채용자, 승진임용예정자(승진시험 합격자 및 승진심사 통과자를 말한다. 이하 같다) 또는 승진된 사람이 공무원으로서 필요한 공직가치를 확립하고 역량을 제고할 수 있도록 하기 위한 교육훈련	국가공무원인재개발원 및 인사혁신처장이 정하는 전문교육훈련기관 예외 인사혁신처장이 인정하는 직장훈련이나 위탁교육훈련
전문교육훈련	담당하고 있거나 담당할 직무분야에 필요한 전문성을 강화할 수 있도록 하기 위한 교육훈련	직장교육 교육훈련기관 위탁교육훈련
기타교육훈련	기본교육훈련 및 전문교육훈련에 속하지 아니하는 교육훈련으로서 소속기관의 장의 명에 따른 교육훈련	국가기관·공공단체 또는 민간기관의 교육과정이나 원격강의시스템 등 교육훈련용 시설을 최대한 활용
자기개발학습	공무원이 직무를 창의적으로 수행하고 공직의 전문성과 미래지향적 역량을 갖추기 위하여 스스로 하는 학습·연구 활동	

출처: 「공무원 인재개발법 시행령」(2016. 2. 3. 개정) 제7조와 제8조 재구성

수 있는 인재개발 방법이 된다.

인재개발 목적을 가장 효율적으로 달성할 수 있는 방법으로 인재개발 훈련 방안이 선택된다(「공무원 인재개발법 시행령」 제8조). 기본교육훈련은 일반적으로 국가공무원인재개발원 및 인사혁신처장이 정하는 전문교육훈련기관에서 실시하고, 예외적으로 인사혁신처장이 인정하는 직장훈련이나 위탁교육훈련이 시행되기도 한다. 그리고 전문교육훈련의 기본적 교육훈련 방법은 직장훈련이 되며, 이것이 불가능한 경우 교육훈련기관에서 교육훈련을 시행하고, 그리고 이것 역시 불가능한 경우 위탁교육기관에서 공무원 전문교육훈련을 실시하게 된다.

이밖에도 정부는 공무원 인재개발을 목적으로 공공부문 우수 인적자원개발(Best Human Resources Development, Best HRD) 인증제도를 2006년부터 적극 도입·시행하고 있다. 이 제도는 민간부문 뿐만 아니라 공공부문에서의 인적자원관리(HRM)와 인적자원개발(HRD) 우수 사례를 발굴하고, 이러한 우수 사례를 공유함으로써 범국가적으로 우수한 인적자원 운용방안을 벤치마킹 할 수 있도록 하기 위해 시행되었다. 특히, 인증 평가에 있어서 인적자원개발 영역을 더욱 중시함으로써 향후 국가차원에서의 교육훈련에 대한 요구와 필요성이 더욱 부각될 것임을 강조하고 있다. 최근 정부부처(예 관세청)

에서도 Best HRD 인증에 대한 관심이 높아지고 있으며, 이에 대비한 공무원 인재개발 활성화 추진을 강화하고 있다.[24]

(3) 우리나라 공무원 인재개발 사례: 공무원 연구모임

2016년에 개정된 「공무원 인재개발법 시행령」의 특징은 공무원의 자기개발계획을 적극적으로 지원한다는 점에 있다. 즉, 앞서 살펴본 교육훈련 유형 중 경력개발제도 및 학습조직에 중점을 둔 공무원 인재개발을 도모한다는 것이다. 이와 관련해, 행정기관 장은 공무원의 인재개발을 위해 자기개발계획 수립 및 실천을 위한 정보 제공과 같은 공무원 자기개발계획 지원체계 구축에 노력해야 한다. 「공무원 인재개발법 시행령」 제8조의3에 따르면, 행정기관의 장은 공무원의 업무 전문성을 증진시키기 위한 '공무원 연구모임' 활동을 적극 지원해야 한다. 보다 구체적으로, 「공무원 인재개발 업무처리 지침」에 의하면 공무원의 자기주도적 학습을 통한 창의적 직무수행과 공직의 전문성 향상을 도모하기 위해 각 정부 부처에서는 '공무원 연구모임'을 운영할 수 있다. 이 지침에 의하면 공무원 연구모임은 '공무원과 외부 전문가가 정부의 각 분야에 대한 전문적 연구 또는 학습활동 등을 수행하고 그 결과물을 정책에 반영하고자 하는 모임'으로 정의된다. 각 행정기관의 장은 소속 공무원 연구모임을 정기적으로 평가하여 우수 사례를 선정하여 전파하고, 연구모임을 실시하는 경우 운영비를 지원해야 하며, 성과에 따른 표창을 수여하고, 다수 부처 간 연구모임을 활성화하는 등 공무원 연구모임 운영에 따른 인센티브를 연구모임 참여 공무원들에게 제공하여야 한다.[25]

(4) 최근 우리나라 공무원 인재개발 특징

2016년 우리나라 공무원 인재개발의 가장 중요한 특징은 인재개발 체계를 재정립하였다는 것이다. 국가 전체적으로 흩어져 있던 공무원 교육자원을 공무원들이 공동으로 활용할 수 있도록 체계적으로 통합해 인재개발의 효율성을 증가시켰으며, 직급별 교육을 강화시키고, 자기개발 학습을 강화함으로써 공무원 역량을 강화하였다(인사

24 한국직업능력개발원(2015). 2015년 공공부문 Best－HRD 인증기관. http://www.nhrd.net/board/view.do?boardId=BBS_0000021&menuCd=DOM_000000104001003000&orderBy=&startPage=1&dataSid=25778

25 최근 인사혁신처에서는 공무원들이 '비교행정연구회'를 만들어 국내외 법제를 연구하고 있다. 국제협력 활성화에 따른 해외국가제도 지원 목적, 그리고 남북교류 활성화에 따른 북한제도 지원 목적으로 사무관, 주무관들이 주축이 되어 연구회를 자율적으로 운영 중이다(서울경제, 2018).

혁신처, 2016).[26] 이러한 바탕 하에 2018년에는 '국민의 나라, 정의로운 대한민국' 실현을 위한 국정철학, 공직자세 교육추진, '국가 핵심 전문리더' 배출을 위한 공직 양성체계 선진화, '글로벌 행정한류' 확산을 위한 글로벌 교육과 교육협력 강화, '공공 HRD 허브' 정립을 위한 연구개발 고도화, '공직자 스마트 자기개발학습' 촉진을 위한 나라배움터 고도화와 같은 다섯 가지 교육운영 방향을 중심으로 인재개발 체계의 고도화에 주력하고 있다(국가공무원인재개발원, 2018).

보다 구체적으로 최근 우리나라 공무원 인재개발의 특징은 다음과 같이 나타난다. 첫째, 공무원 인재개발 네트워크를 구축하였다. 중앙공무원교육원을 국가공무원인재개발원으로 개편하여 국가 인재개발 허브(hub)로서의 역할을 하도록 하였다. 또한 중앙·지방·민간 교육기관들 간 네트워크를 구축하여, 공무원들이 언제 어디서든지 필요한 교육을 받을 수 있도록 All-in-One 교육체계를 구축하고자 하였다. 둘째, 공무원 인재개발에서 직급별 교육체계를 구축하였다. 이를 위해 직급단계별로 필요역량 및 필요 지식, 기술, 태도 등의 내용을 재정립하고 이를 바탕으로 직급별 핵심역량교육 및 고위직 진입교육을 강화하고 있으며, 신임사무관의 합숙교육 강화 및 지도직원(멘토)제 도입, 민간임용자 공직 정착을 위한 특화교육도 실시하고 있다.

셋째, 보다 구체적인 자기개발 학습 촉진을 위해 조직목표와 연계한 개인별 자기개발계획의 수립 및 기관장 부서장의 지원코칭제도를 내실화하고 있다. 또한, 원격강의 시스템, 이러닝(e-learning) 강화 등 상시 학습 여건을 조성하고, 자기개발휴직제를 도입하는 등 자기개발 학습문화를 조성하여 공무원 자기개발의 학습기반을 마련하고 있다. 특히 2018년에는 '내 손안의 학습'체계를 구축하여 언제, 어디서든 손쉽게 최신 맞춤형 교육훈련 컨텐츠를 학습할 수 있도록 하였다.[27] 마지막으로, 공무원의 글로벌 역량강화를 위해 능력 및 실적이 뛰어난 인재를 선발하고, 지역·분야별 전문가로 육성하고 있으며, 인사혁신처가 해외 기관 대상 수요 조사를 실시하여 부처와 매칭하는 방식의 국외훈련 도입을 추진하고 있다.[28]

26 인사혁신처(2016). 2016년 인사혁신처 업무계획.

27 https://www.nhi.go.kr/upload/eduList/06/06-1.pdf

28 뿐만 아니라, 남북교류가 발전하면서 인사혁신처에서는 '남북협력리더과정'을 2018년 6월과 7월에 수행한다. 경제부처와 비경제부처의 주무과장급 이상 공무원 40여명이 독일 베를린자유대에서 사회주의와 민주주의의 상이한 체제 간 제도 교류 및 개선 방안을 교육훈련하는 것이다(서울경제, 2018).

People and Organizations

Chapter 07

인적자원 유지 · 활용

CHAPTER 07

인적자원 유지·활용

핵심 학습사항

1. 인적자원 유지·활용의 의의는 무엇인가?
2. 수평적 인적자원이동에서 전직과 전보의 차이점은 무엇인가?
3. 우리나라 순환보직제도의 특성은 무엇인가?
4. 우리나라 보직관리제도의 문제점은 무엇인가?
5. 합리적인 보직관리제도를 실현하기 위해 최근 도입된 제도에는 어떤 것이 있는가?
6. 우리나라에 승진적체 현상이 발생하는 이유는 무엇인가?
7. 최근 승진문제를 해결하기 위해 우리나라에서 도입한 제도는 무엇인가?
8. 징계의 의의는 무엇이며, 징계의 유형에는 어떤 것들이 있는가?

1 인적자원 유지·활용의 의의[1]

인적자원의 유지와 활용은 인적자원의 조직 내부 이동 차원에서 논의될 수 있다. 인적자원의 내부 이동은 내부임용 차원으로도 설명될 수 있을 것이다. 조직 내부의 효과적인 수평적 이동 및 수직적 이동, 그리고 공직자의 적절한 유지·활용을 위한 수단으로도 활용되는 징계는 조직의 효과적인 관리를 위해서도 반드시 필요하다. 이와 관련한 보다 자세한 내용은 다음과 같다.

1 인적자원 유지·활용과 관련해 반드시 알아두어야 할 '동기부여' 관련 내용은 21장 인간과 조직의 관계에서 살펴보도록 한다.

1) 수평적 인적자원 이동

수평적 인적자원 이동은 "조직 내부에서 인적자원이 수평적으로 이동하는 것"을 의미하며, 전보, 전직, 파견, 겸임, 전출입, 인사교류를 포함한다(백종섭 외, 2016: 154). 전보는 "동일한 직급 내에서 직위·부서·부처만 바꾸는 것"이며, 전직은 "직렬 자체를 옮기는 것"을 의미한다. 이와 같은 전보와 전직이 "보수나 계급의 변동 없이 수평적으로 직위를 옮기는 배치전환의 대표적인 형태"가 된다(유민봉·임도빈, 2016: 292). 파견은 "소속부처를 바꾸지 않고 원래 직위를 유지한 채 일정기간 동안 다른 기관에서 근무하는 것"을 의미하며, 겸임은 "한 사람에게 둘 이상의 직위를 부여하는 것"을 의미한다. 전·출입은 "인사 관할을 달리하는 기관 간 이동(예 행정부 직원이 국회로 이동)"을 의미한다(백종섭 외, 2016: 154).

여기서는 보직이동과 인사교류를 중심으로 인적자원의 유지와 관리에 대해서 살펴보도록 한다. "보직(placement)은 공직자를 일정한 직위에 배치하는 행위"로 정의된다(강성철 외, 2014: 295). 우리나라 보직제도의 대표적인 형태는 바로 순환보직이다.

우리나라는 'Z형 보직경로'를 나타낸다. 우리나라의 보직이동은 같은 계급이라도 중요성이 서로 다르기 때문에 처음에는 하위보직에 임명이 되었다가, 전보를 통해서 상위보직으로 이동하는 Z형 보직경로 형태를 나타내는 것이다(김광호, 2008: 6). 이러한 순환보직제도로 인하여 공직자들은 다양한 업무 경험을 할 수 있게 되는데, 이는 일반행정가 양성에 있어서 긍정적인 측면을 지닌다. 그러나, 순환보직제를 지속적으로 운영함으로써 공직자들의 업무 연속성과 전문성이 결여되는 부정적인 측면도 나타내게 된다. 특히 통상분야나 농림, 축산분야, 보건복지 분야 등 일부 분야에서는 오랜

그림 7-1 Z형 보직경로

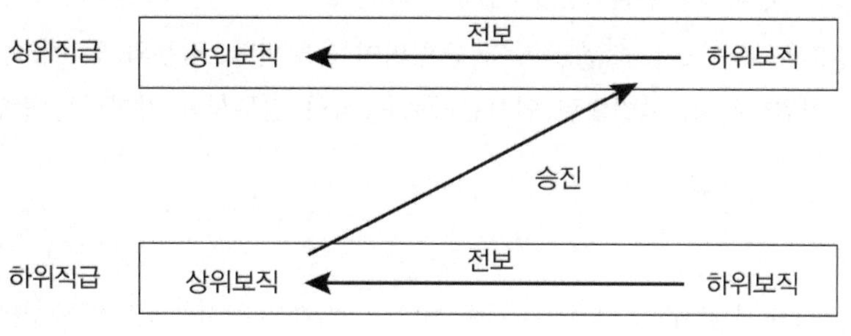

출처: 김광호(2008: 6)

기간 동안의 전문성 축적과 네트워크 구축이 중요한데 이러한 분야에서는 순환보직이 적절하지 않을 수 있다는 것이다(서울경제, 2018).[2]

2) 합리적인 보직관리와 인사교류

(1) 보직관리

순환보직제의 한계를 극복하기 위해 「공무원임용령」과 「공무원임용규칙」에서는 '임용권자 또는 임용제청권자가 해당 직위의 직무요건과 소속 공무원의 인적요건을 고려하여 적재적소에 보직하여야 한다'고 명시하고 있다. 특히 개인의 성과평가 결과를 보직관리에 연계시키는 보직관리 원칙을 제시하고 있다.

순환보직제의 한계를 극복하고 전문성 강화를 통한 보직관리의 내실화를 도모하기 위한 전략으로 세 가지 방안이 제시된다(인사혁신처, 2016).[3] 첫째, 필수보직기간을 이전의 2년에서 3년으로 확대하여 시행한다. 현재 「공무원임용령」 제45조에 의하면 임용권자 또는 임용제청권자는 소속 공무원이 해당 직위에 임용된 날부터 필수보직기간(3년)이 지나야 다른 직위에 전보할 수 있다. 이때 보직기간은 승진, 인재개발, 인사감사 등과 연계해 준수되어야 한다.

둘째, 전문성 강화를 위해 전문직위가 도입되어 운영되고 있다. 「공무원임용령」 제43조의3에 따라 소속 장관은 해당 기관의 직위 중 전문성이 특히 요구되는 직위를 전문직위로 지정하여 관리할 수 있고, 제3항에 따른 직무수행요건이나 업무분야가 동일한 전문직위의 군(群)을 전문직위군으로 지정하여 관리할 수 있다. 전문직위에 임용된 공무원은 4년의 범위에서 인사혁신처장이 정하는 기간이 지나야 다른 직위에 전보할 수 있고, 제2항에 따라 지정된 전문직위군에서는 8년의 범위에서 인사혁신처장이 정하는 기간이 지나야 해당 전문직위군 외의 직위로 전보할 수 있다.

셋째, 「공무원임용규칙」에 의하면 2016년 7월 11일부터 이원화된 보직관리제도(Two-Track 인사관리: 전문직제)가 도입되어 운영된다. 직무와 인재유형에 따라 경력경로를 이원화하고, 차별화된 인사관리로 공직의 전문성을 강화하는 방안이 마련된 것이다.

2 이러한 문제점을 개선하기 위해 2018년 인사혁신처에서는 전문직공무원제도의 확대 시행을 추진 중에 있다(서울경제, 2018).

3 인사혁신처(2016). 2016 인사혁신처 업무계획.

표 7-1 직위유형의 구분

구분		장기 근무의 필요성	
		장기 근무형(전문가형)	순환 근무형(관리자형)
전문지식·정보의 수준	높음(高)	【유형 1】	【유형 3】
	낮음(低)	【유형 2】	【유형 4】

출처: 인사혁신처(2016)

직무의 특성에 따라 직위를 '장기근무형(전문가형)'과 '순환근무형(관리자형)'으로 구분하여 운영한다(인사혁신처, 2016).[4] 유형 1과 유형 2는 전문가형으로 장기근무형이며, 유형 3과 유형 4는 관리자형으로 순환근무형이다.[5] 첫째, 유형 1은 동일한 직위 또는 업무분야에 장기간 근무할 필요성이 있고, 업무 수행을 위해 요구되는 전문지식·정보의 수준이 높은 경우를 의미한다. 대표적인 영역은 국제관계에서의 조정 능력, 경험을 통한 노하우(역사적 맥락의 이해 등) 축적 및 국제네트워킹 등이 필요한 분야, 국민의 생명·안전과 직결되거나, 생활에 미치는 경제적 파급효과가 큰 분야, 장기적인 관점에서 국가의 미래 전략을 수립하고, 성장 동력의 발굴이 필요한 분야, 기타 소속 장관이 전략적으로 전문인력을 육성해 나갈 필요가 있다고 판단하는 분야의 인사·홍보·예산·감사·법제·전산 업무 등이다. 따라서 해당 분야의 노하우 경험이 축적된 전문가를 육성하기 위하여 소속 장관은 동 유형에 해당하는 직위를 전문직위(4년 범위)로 지정하고 동일한 분야에 속하는 다수의 전문직위는 전문직위군(8년 범위)으로 지정하여 보직자가 장기간 근무를 통해 해당 분야의 전문성을 축적할 수 있도록 한다. 그리고 소속 장관은 전문직위에 보직된 공무원에 대해 수당, 평가, 전보 시 보직부여 등 인사 상 혜택을 부여한다.

둘째, 유형 2는 동일한 직위 또는 업무분야에 장기간 근무할 필요성이 있으나, 업무 수행을 위해 요구되는 전문지식·정보의 수준은 상대적으로 낮은 경우를 의미한다. 대표적인 예는, 감정·조사 등 특수 분야에 대한 전문성이 필요한 분야, 정비·제작 등 특정 기능에 대한 숙련성이 필요한 분야이다. 실무적 전문성 및 기능적 숙련성을 갖춘 인재를 육성하기 위하여 해당 분야와 직접적으로 관련된 연구 및 기술 인력 등이 보직될 수 있도록 직제상 복수직 불인정 등 직렬별 보직관리를 엄격히 적용한다(예 방

4 인사혁신처(2016). 공무원임용규칙. 일부개정 2016. 7. 11. 인사혁신처예규 제28호.
5 아래의 내용은 모두 인사혁신처(2018)의 「공무원임용규칙」을 재구성한 것이다.

송무대기술직렬, 등대관리직렬, 방호직렬, 운전직렬, 위생직렬, 조리직렬 등). 특히, 업무의 특수성이 요구되는 경우에는 '전문경력관'으로 임용하여 전보 없이 동일 직위에서 평생토록 근무하도록 한다.

셋째, 순환근무형인 유형 3은 동일한 직위 또는 업무분야에 장기간 근무할 필요성이 낮으며, 민간의 우수한 기술 도입 등을 위해 민·관 간 인사교류가 필요한 경우를 의미한다. 기술 진보가 빨라 전문성의 상시 업그레이드가 필요한 분야, 기타 민간 전문가들이 보다 더 잘할 수 있는 분야를 포함한다. 공직 내 최신의 기술적 전문성을 유지하기 위하여, 민간의 우수 인력 유치를 위한 '임기제공무원' 및 '개방형 임용'을 확대하며 공직 내 최신의 기술적 전문성 등이 유지될 수 있도록 하고, 개방형 직위의 외부 임용률이 제고될 수 있도록 노력한다. 그리고 민간 부문과의 상시적 인사교류체계를 구축하기 위해 노력하여야 하며, 기존 재직자의 전문성이 지속적으로 유지·관리될 수 있도록 대학·연구기관 위탁교육 등 전문교육체계를 구축·운영한다.

마지막 네 번째 유형은 순환근무형으로서 동일한 직위 또는 업무분야에 장기간 근무할 필요성이 낮고, 업무 수행을 위해 요구되는 전문지식·정보의 수준도 상대적으로 낮은 영역을 의미한다. 다양한 업무경험을 통한 종합적 시각 정립이 필요한 분야, 기관 내 업무 동질성이 높거나 전국적 통일성이 요구되어 순환근무가 바람직한 고유 업무분야, 부처 간 갈등 해소 및 행정현장 이해 등을 위해 인사교류를 통한 협업기반 조성이 필요한 분야, 장기 근무 시 유착가능성이 있는 분야가 이에 해당된다. 유형 4 영역에서는 종합적 시각과 융합적 사고를 가진 인재를 육성하는 것을 목적으로 한다. 순환보직을 통해 다양한 업무경험이 축적될 수 있도록 하되, 업무 연속성 확보 등을 위해 「공무원임용령」 제45조1항에 따른 기간이 엄격히 준수될 수 있도록 한다. 협업·소통 및 종합적 능력발전 기회 부여 등을 위해 인사교류를 적극 실시한다.

최근 빈번한 순환보직과 Z형 보직경로의 문제점인 전문성 부족과 경쟁력 향상을 위해 핵심정책 전문직공무원제도를 도입하였다. 이 제도를 2017년 5월에 6개 부처를 대상으로 시범 운영하여 핵심정책 분야별 전문가를 적극적으로 양성하고, 전문가 자신도 자신의 분야에서 보람을 지니고 오랫동안 근무할 수 있도록 생애주기형 맞춤형 인사관리를 제공하였으며, 업무분야별 특화된 핵심 직무전문가를 양성하고 있다(인사혁신처, 2016).

그림 7-2 일반공무원과 전문직공무원 트랙 비교

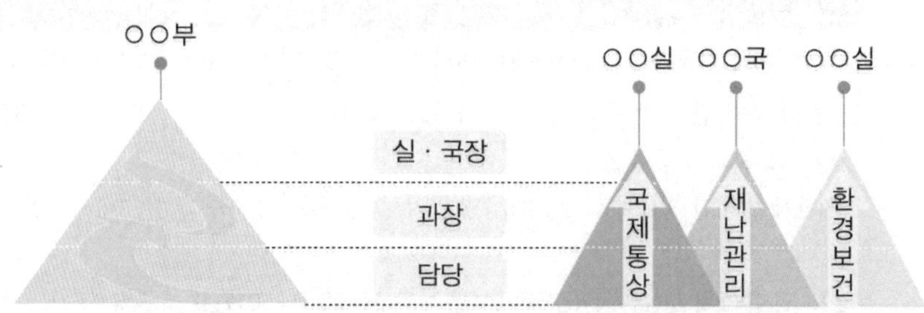

1. 일반공무원 트랙
- 창의성(다양한 경험+종합적 시각)
- 순환근무 하되 필수보직기간 준수

2. 전문직공무원 트랙
- 전문성(고도의 전문성+장기재직)
- 하나의 전문분야 내에서 평생 근무

출처: 인사혁신처(2016)

표 7-2 일반공무원과 전문직공무원 비교

구분	일반공무원(행정·기술직)	전문직공무원
계급	• 5급 → 4급 → 3급 → 고위공무원	★ 전문관 → 수석전문관 → 고위공무원
정원	• 계급별·직급별 정원 배정	★ 전문관·수석전문관 정원 통합관리
전보	• 전보범위 무제한, 기간 제한	★ 전보가능범위 제한(전문 분야 내)
보직	• 일정요건(역량평가 등) 필요	★ 일정요건 필요 및 임용가능분야 제한
승진	• 상위직급 결원 및 심사(또는 근속승진)	★ 포인트방식 및 심사
평가	• 근무성적평가(5급↓), 성과계약(4급↑)	★ 전문역량평가제
보수	• 호봉제(6급↓), 연봉제(5급↑)	★ 연봉제('전문직무급' 신설)

출처: 인사혁신처(2016)

(2) 인사교류

앞서 설명한 순환근무형 직위에 대한 효과적인 관리방안은 인사교류의 확대에 있다. 과거 우리나라 정부부처는 계급제적 공직분류 특성으로 인하여 부처 간 인사교류가 활발하지 못했던 한계를 지녔다. 2010년부터 2017년 사이에 부처 간 인사교류 현황을 살펴보면 부처 간 인사교류(부처 간 전보) 인원이 차지하는 비율은 여전히 미미한 수준이다.

표 7-3 부처 간 인사교류 현황(2010~2017년) (단위: 명)

	2010년	2011년	2012년	2013년	2014년	2015년	2016년	2017년
일반직 전체 전보 수	40,440	40,020	53,318	52,061	59,242	54,419	48,310	54,996
일반직 부처 간 전보 수	919	1,521	994	930	917	1,059	949	1,149
부처 간 인사교류 비율 (일반직 부처 간 전보 수/ 일반직 전체 전보 수)	2.27%	3.80%	1.86%	1.79%	1.55%	1.94%	1.96%	2.08%

출처: 인사혁신처 행정부 국가공무원 인사통계 재구성(2010~2017년)

인사 교류대상은 행정부 및 지방자치단체 소속 4급 내지 9급 일반직 공무원을 포함한다. 인사교류의 유형은 중앙부처 상호 간 교류: 중앙행정기관 ↔ 중앙행정기관, 중앙·지방 간 교류: 중앙행정기관 ↔ 지방자치단체, 지방자치단체공무원 상호 간 교류(「지방공무원법」 제30조), 중앙부처와 공공기관의 교류, 민간휴직 등이 있다.[6] 이러한 인사교류를 통하여 부처 간 업무조정과 상호 정책협정을 고취하고자 하는 것이다. 중앙행정기관 간, 중앙과 지방 간, 지방자치단체 상호 간 인사교류의 목적은 정부 내 협업을 증대시키고 소통의 공직문화를 형성하는 데 있다. 이러한 노력을 통해 다양한 경험을 바탕으로 하는 통(通)인재를 양성하고자 하는 것이다(인사혁신처, 2016).[7]

특히 최근 민간근무제도를 확대 실시하여 공무원이 휴직하고 민간기업 등에 근무하면서 민간부문의 업무수행방법, 경영기법 등을 습득하여 정책의 현장 적합성과 업무 전문성을 제고하고 민간에서는 공무원의 전문지식과 경험을 활용함으로써 민·관 간 이해 증진 및 상호 발전을 도모할 수 있도록 하고 있다. 민간근무제도는 공직과 민간

그림 7-3 인사교류절차

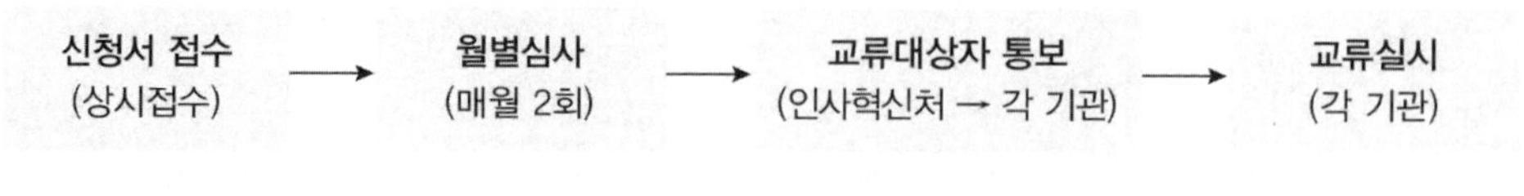

신청서 접수 (상시접수)	→	월별심사 (매월 2회)	→	교류대상자 통보 (인사혁신처 → 각 기관)	→	교류실시 (각 기관)

출처: 인사혁신처 홈페이지[8]

6 인사혁신처 홈페이지 참조.
7 인사혁신처(2016). 정책실명제 중점관리 대상사업 사업내역서.
8 http://www.mpm.go.kr/mpm/info/infoBiz/bizHr04/

표 7-4 민간근무휴직 신청 기업규모별, 업종별, 직급별 현황

■ 기업 규모별 현황

계	대기업	중소·중견	단체·협회
65	29(44.6%)	27(41.6%)	9(13.8%)

■ 업종별 현황

계	제조	금융	서비스	통신	건설	선박	운수	전기	기타
65	23	11	9	5	3	1	1	1	11

■ 직급별(기업요청) 현황

계	3급	3~4급	4급	4~5급	5급	5~6급	6급이하
74	3	21	29	10	7	2	2

출처: 인사혁신처(2015)

의 체계적인 인사교류를 통해 지식과 정보를 교류함으로써, 궁극적으로는 국가인력의 균형 있는 활용을 도모하는 것을 그 목적으로 한다. 이 제도는 2002년에 처음 도입되었으나, 민관유착 등 일부 부작용이 불거지며, 2008~2011년 사이에 잠시 중단되었다가 2012년에 다시 부활한 제도이다. 2015년 다시 제도를 개선하여 민·관 인적교류 활성화를 위해 대기업을 휴직 대상에 포함시켰으며, 조기퇴직 방지를 위한 의무복무 기간을 설정하여 제도 운영에서 나타날 수 있는 부작용을 방지하였다(인사혁신처, 2015).[9] 그 결과 대기업, 중견·중소기업, 기타 등 다양한 기업들에서 공무원들의 민간근무휴직 신청이 증가하였다. 민간근무제가 공무원의 산업현장 이해와 공무원의 정책 전문성을 결합시킨 시너지 효과를 창출하기 위해서는 향후에도 민간유착 가능성에 대한 문제점을 적극적으로 극복해 나가야 한다.

3) 수직적 인적자원 이동

"승진(promotion)은 결원보충의 한 방법으로 하위직급에 재직하고 있는 공무원 가운데 일정요건을 갖춘 자를 근무성적, 경력 및 기타 능력의 실증에 의하여 우수한 자를 상위직급에 임용하는 것"을 의미한다(박천오 외, 2016: 266). 승진의 기준으로는 연공주의와 근무실적 두 가지가 모두 활용된다. 승진과 유사한 용어로 "같은 계급 또는 등급 내에서 호

9 인사혁신처(2015). 공무원 민간근무휴직, 민간기업 열기 뜨거워.

봉이 높아지는 승급", "하위계급 또는 하위직급으로 직위가 하락하는 강임(demotion)"이 있다(강성철 외, 2014: 299–300). 강등은 "파면과 해임 다음으로 징계수준이 높은 중징계 제도로서, 1계급 아래로 직급이 하락하고 공무원 신분은 유지하나 3개월간 직무에 종사하지 못하며 그 기간 동안 보수가 2/3 삭감되는 것"을 의미한다(강성철 외, 2014: 299–300).

우리나라에서의 승진은 일반승진, 특별승진, 근속승진으로 구분된다. 일반승진의 기준은 계급에 따라 다른 기준이 적용되지만, 일반직 승진소요 최저연수는 다음과 같다. 예를 들어, 6급으로 승진하는 데 있어 3년 6개월, 5급으로 승진하는 데 있어서 4년, 4급으로 승진하는 데 있어 최저연수는 3년이어서 9급으로 입사한 공무원이 5급이 되는 데 있어서는 이론상으로 10년이 걸리지 않지만, 현실은 그렇지가 못하다.[10] 2017년 인사통계에 의하면 평균재직 기간은 4급이 4년 2개월, 5급이 4년 3개월, 6급이 5년 3개월, 7급이 4년 2개월, 8급이 2년 10개월, 9급이 1년 5개월로 나타났다(인사혁신처, 2017: 41).[11]

표 7-5 일반직 직급별 승진인원

(단위: 명)

	2010년	2011년	2012년	2013년	2014년	2015년	2016년	2017년
일반직 승진 전체 인원	10,604 (100%)	10,468 (100%)	11,912 (100%)	12,592 (100%)	23,910 (100%)	18,329 (100%)	13,529 (100%)	16,617 (100%)
고위 공무원	223 (2.10%)	247 (2.36%)	231 (1.94%)	123 (0.98%)	200 (0.84%)	207 (1.1%)	218 (1.6%)	206 (1.2%)
3급	466 (4.39%)	531 (5.07%)	582 (4.89%)	407 (3.23%)	506 (2.12%)	591 (3.2%)	607 (4.5%)	399 (2.4%)
4급	868 (8.19%)	945 (9.03%)	1,129 (9.48%)	783 (6.22%)	1,246 (5.21%)	1,277 (6.9%)	1,339 (9.8%)	982 (5.9%)
5급	1,261 (11.89%)	1,493 (14.26%)	1,399 (11.74%)	1,542 (12.25%)	2,570 (10.75%)	2,438 (13.3%)	1,978 (14.6%)	1,862 (11.2%)
6급	2,178 (20.54%)	2,518 (24.05%)	2,326 (19.53%)	2,579 (20.48%)	3,846 (16.09%)	4,119 (22.4%)	3,154 (23.3%)	4,134 (24.9%)
7급	2,138 (20.16%)	2,243 (21.43%)	2,852 (23.94%)	3,734 (29.65%)	4,613 (19.29%)	5,894 (32.1%)	3,384 (25%)	5,314 (32%)
8급	3,385 (31.92%)	2,407 (22.99%)	3,266 (27.42%)	3,322 (26.38%)	5,760 (24.09%)	3,703 (20.2%)	2,682 (19.8%)	3,582 (21.6%)

출처: 인사혁신처 행정부 국가공무원 인사통계 재구성(2010~2017년)

10 인사혁신처 홈페이지 참조.

11 인사혁신처(2018). 행정부 국가공무원 인사통계.

즉, 승진에 걸리는 최저연수는 이론상과는 달리 현실적으로는 부처의 정원과 승진 가능 인원을 고려해 산출될 수 있으며, 현실에서는 상당한 승진적체 현상이 발생한다는 것이다.

이러한 승진적체 현상은 부처에 따라 다르게 나타난다. 일반직의 경우 매년마다 승진인원은 다르게 나타나지만, 승진분포는 비슷한 경향을 나타낸다. 고위직으로 갈수록 승진인원이 전체에서 자치하는 비율은 줄어들고 있다. 이러한 각 직급마다의 승진 차이는 부처의 특성에 따라 더욱 심각하게 나타날 수 있다.

이러한 현실을 극복하기 위해, 인사혁신처는 2016년 6월 7일부로 승진적체로 침체된 공직사회에 활력과 경쟁력을 높이는 '특별승진 활성화 지침'을 시행하였다. 능력과 자질을 갖춘 실무직 공무원의 특별승진을 통해 승진적체로 침체된 공직사회에 활력

표 7-6 특별승진 관련 주요 개선사항

	5급 ← 6급	6급 ← 7급	7급 ← 8급	8급 ← 9급
현행	9년 이상	7년 이상	6년 이상	4년 이상
	27년 이상			
↓	5급 ←9 급			
개선	10년 이내에도 가능			

	As-Is (현행)	To-Be (개선)
인원(비율)	부처 자율로 결정(2.2%)	일정비율 특별승진 실시(10% 내외)
승진소요 최저연수*	(9급 → 5급) 9년	폐지(2015.11.18)
절차	내부적으로 대상자 결정 역량검증 없이 특별승진	경쟁 및 외부심사 통한 대상자 결정 역량평가 등 검증 후 특별승진
요건	추상적 (국정과제 추진, 규제완화 등)	구체적 (규제위원회 관리과제 담당해 개선완료, 정부업무평가 과제 수행해 우수기관 선정에 기여, 국민신문고 민원 만족도 평가 우수, 업무 관련 부처 주관 경진대회 입상, 대한민국공무원賞 수상 등)
관리	×	부처별 운영현황 점검 및 개선 권고

* 상위 계급으로 승진하기 위해 재직해야 하는 법정 최소 근무연수(「공무원임용령」 제31조)
출처: 인사혁신처(2016)

및 경쟁력을 증진시키고자 하는 것이다(인사혁신처, 2016).[12] 이전까지는 9급 공무원이 5급으로 승진하는 데 평균 27년이 걸렸는데, 이를 10년 안에 가능하도록 하였다. '특별승진 활성화 지침'은 탁월한 성과를 창출한 공무원들의 특별승진을 대폭 확대하여 능력과 성과중심의 인사관리를 강화하고, 공직에 일 잘하는 사람이 우대받는 인사풍토를 정착시키고자 하였다.

문재인 정부에서는 과거 공직사회에 심각한 문제로까지 인식되던 승진적체를 막고 하위직에 있는 공무원들의 역량발휘를 장려하고 사기를 진작시키기 위해 "입직경로와 연공서열 중심이었던 승진관행을 직무역량 중심의 '속진임용제(fast-track)' 도입"을 통

그림 7-4 속진임용제

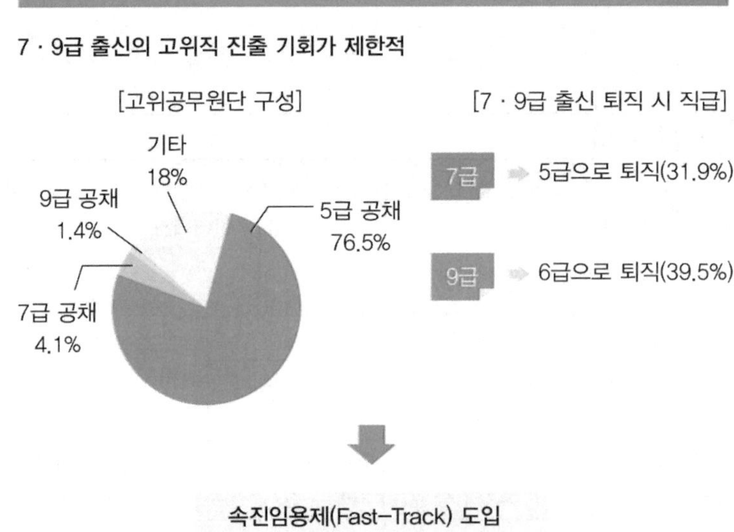

출처: 인사혁신처(2018: 14)

12 인사혁신처(2016). 9급에서 5급 승진 10년 이내에도 가능해진다.

해 개선하고자 하고 있다(인사혁신처, 2018: 4). 보다 구체적인 속직임용제의 특징은 2018년 1월 인사혁신처 연두 업무보고 자료를 통해 확인할 수 있다.

<그림 7-4>에서 살펴본 바와 같이 속진임용제는 과거 행정고시출신들이 독점하다시피 한 고위직 승진을 역량 있는 7·9급 공무원들도 빠른 시일 내에 경험할 수 있도록 지원하는 제도로 이해될 수 있을 것이다(중앙일보, 2018). 이러한 수직적 인적자원의 이동은 공직자들의 역량강화 노력을 증폭시킬 것으로 예상되고 있다.

2 행동규범

1) 징계

일반적으로 공무원 징계는 "공무원의 의무 위반에 대한 제재로서 법령, 규칙, 명령 위반자에 대한 처벌"을 의미한다(강성철 외, 2014: 552). 공무원에 대한 징계를 실시하는 이유는 일탈행위를 한 자를 처벌함으로써 공직의 기강을 바로 세우고, 행정의 원활한 수행을 도모하며, 공무원들이 맡은 바 직무를 보다 성실하게 수행하고, 행동규범을 준수하도록 하는 것을 목적으로 한다. 징계는 공무원들의 잘못된 행동을 교정하는 데 목적이 있을 뿐만 아니라, 단순처벌을 넘어 교육훈련의 목적 및 공무원의 잘못된 행위(예 부정부패 등의 행위)를 예방하려는 목적도 있다(강성철 외, 2014: 552; 유민봉·임도빈, 2016: 372).

「국가공무원법」 제79조에 의하면 징계는 파면, 해임, 강등, 정직, 감봉, 견책으로 구성된다. 파면은 "공무원 신분을 완전히 잃는 것으로 5년간 공무원 임용의 결격사유가 되며", 해임은 "파면과 같으나 3년간 공무원 임용의 결격사유가 되는 것이며", 정직은 "1개월 이상 3개월 이하의 기간 동안에 공무원의 신분은 보유하나 직무에 종사할 수 없는 것"을 의미한다(유민봉·임도빈, 2016: 373). 특히 정직은 직위해제와 신분보장 차원에서는 유사하나, 정직은 미리 정한 시간이 지나면 자연스레 복직이 되지만, 직위해제는 해제사유가 발생하고 이와 함께 복직명령이 있어야 한다. 뿐만 아니라 감봉은 "보수의 불이익을 받는 것으로 감봉기간 동안 보수액의 1/3이 감해지는 것이며", 견책은 "잘못된 행동에 대하여 훈계하고 회계토록 하는 것으로 6개월간 승진과 승급이 제한되는 효력"을 지닌다(유민봉·임도빈, 2016: 373).

이와 같은 징계처분을 의결하고 결정하는 것은 행정기관장이 단독적으로 행할 수 없으며, 징계위원회를 구성하여 이를 처리한다. 징계위원회는 5급 이상 공무원의 징계사건을 다루는 중앙징계위원회와 6급 이하 공무원·연구사·지도사 및 기능직 공무원의 징계를 심의·의결하는 보통징계위원회로 나뉜다(강성철 외, 2014: 555). 징계절차는 공정하고 투명하게 이루어져야 하나 그렇지 못할 경우 소청심사제도를 활용할 수 있다. 소청심사제도는 "공무원이 징계처분, 그 밖에 그 의사에 반하는 불리한 처분이나 부작위에 대해 이의를 제기하는 경우 이를 심사·결정하는 특별행정심판제도"를 의미한다(강성철 외, 2014: 558).

2) 적극행정 보호

적극행정의 개념은 각 국가마다 조금씩 다르게 논의되지만, 일반적으로 "국내외 환경이 요구하는 바를 주도적이고 선도적으로 정부가 수용하여 대응하는 것"이라고 정의할 수 있다(이종수, 2016: 4–5).[13] 특히 한국 행정에서는 적극행정의 의미가 다음과 같은 특징을 가지고 있다. 첫째, 소수집단이 차별받지 않는 것을 적극행정으로 정의하는 미국과 영국 등의 국가와는 달리 한국에서는 공무원이 성실하고 진취적이며 대응적인 행동을 취하는 것을 적극행정이라고 한다. 둘째, 적극행정은 선출직 공무원들 보다 직업공무원들을 대상으로 하고 있다. 셋째, 적극행정은 과거 중앙집권화된 통제와 개입의 의미보다 민주적 촉진과 지원 위주의 새로운 행정패러다임을 근간으로 한다(이종수, 2016: 5). 이와는 반대로 소극행정은 "해야 할 일을 하지 않거나 할 수 있는 일을 하지 않아 국민생활과 기업 활동에 불편을 주거나 권익을 침해하고 예산상 손실이 발생하게 하는 업무행태"로 정의되며, 해야 할 일을 하지 않는 '부작위'와 할 수 있는 일을 하지 않는 '복지부동'으로 구분된다(박희정, 2016: 28 재인용).

최근 행정환경의 복잡성과 불확실성이 증대되면서 사회문제 해결에 다양한 행위자들이 참여하게 되는 오늘날의 상황에서 공무원들의 소극행정은 그 적절성을 잃어가고

---

13 미국에서는 적극행정(affirmative action)의 개념이 주로 "차별받는 집단 출신자에게 채용·보상·승진·교육 등에 혜택을 주어 사회적 다양성을 보호하고 차별을 시정하려는 조치"로 사용되며, 유럽에서는 적극행정의 의미가 "직장과 학교 사회기관에서 소수집단이 편견에 불이익을 받지 않고 채용이나 승진에 혜택을 받을 수 있도록 하는 조치"로 이해된다(이종수, 2016: 4). 이에 반해 우리나라 감사원의 「적극행정면책 등 감사소명제도의 운영에 관한 규칙」 제2조에서는 적극행정을 "감사원 감사를 받는 자가 불합리한 규제를 개선하거나 공익사업을 추진하는 등 공공의 이익을 증진하기 위하여 성실하고 적극적으로 업무를 처리하는 행위"로 규정하고 있다(국가법령센터, 2018). 특히 감사원의 적극행정에 따른 면책사유는 ① 목적의 공익성, ② 내용의 타당성, ③ 절차의 투명성 조건을 충족해야 한다(박희정, 2016: 28).

있다(Matei & Antonie, 2015: 345). 특히 공무원의 무사안일과 소극행정 행태는 국민의 정부 신뢰를 감소시키고, 공공부문의 비효율성을 증진시키는 요인이 되기 때문에(이윤수, 2013: 29) 공무원의 적극행정이 더욱 강하게 요구되고 있는 것이다. 해야 하거나 할 수 있는 일을 하지 않는 공무원의 부작위, 직무태만, 무사안일 등 소극행정은 공직사회의 생산성을 약화시키고, 공직사회의 대국민 불신을 초래하며, 국민권익을 침해하고 피해를 입히는 행위이기에 때문에 이는 반드시 근절되어야 한다(인사혁신처, 2015).[14] 글로벌 경쟁시대에서 공무원의 적극행정은 국가경쟁력을 증진시킬 수 있으며, 주민의 행복과 정부신뢰 증진이라는 측면에서도 긍정적인 역할을 하게 된다(이종수, 2016: 5). 전 세계적으로도 대민업무를 담당하는 공무원들에게 민원문제 해결, 창의적 문제 해결, 다양한 규제의 극복, 부족한 자원에 대한 행정적 대처 필요성이 더욱 중요해 지고 있는 만큼(이종수, 2016: 7), 적극행정에 대한 필요성이 더욱 중요하게 인식될 필요가 있다. 이를 위해 공직사회의 소극행정에 대해서는 엄중 징계가, 적극행정에 대해서는 파격적인 인센티브 제공이 고려될 필요가 있다. 또한 공직사회에서 적극행정이 필요한 영역이 정해져 있지는 않지만, 규제개혁, 지역발전 활성화와 위기관리, 장기적 투자와 혁신 등 공직사회에서 '잘못하는 것보다는 안하는 것이 낫다'라는 의식이 팽배해 있는 영역에서는 적극행정이 더욱 활발하게 시행될 필요가 있다(이종수, 2016: 11).

그렇다면 공직사회에서 적극행정보다 소극행정이 발생하는 이유는 무엇일까? 소극행정의 발생이유는 다음과 같이 제시될 수 있다(이하 이종수, 2016: 8–9 재구성). 첫째, 환경적 차원에서의 불확실성 증가이다. 환경의 불확실성이 증가하면서 공무원은 정책결정과 집행에 있어 높은 학습비용을 지불해야 하기 때문에 책임의 회피와 지연 전략으로서 소극적 행위를 선택할 수밖에 없다는 것이다. 둘째, 공무원의 역할과 관련하여 공무원에 대한 중립성 요구 강화와 역할 모호성으로 인해 소극적 행위가 나타날 수밖에 없다는 것이다. 다시 말해 공무원의 탈정치화 요구, 공무원의 중립성 강조 등으로 인해 공무원은 적극행정을 하지 않으며, 관료제에 따른 업무 분화, 조직칸막이 현상, 부서 간 관료의 역할 모호성 역시 업무처리의 비용과 시간을 증대시키기 때문에 공직사회에서 소극적 행위가 나타날 수밖에 없다는 것이다. 셋째, 공무원의 행태적 측면에 있어서도 소극행정의 발생 원인을 찾아볼 수 있다. 공익을 추구해야 하는 공무원 역

14 보다 자세한 내용은 인사혁신처(2015)의 '국민과 기업 불편 초래하는 복지부동 공무원 엄중 처벌한다 – 인사혁신처, 소극행정은 엄중 징계, 적극행정은 파격적 인센티브 –' 내용을 참조하기 바란다.

그림 7-5 공직사회의 소극행정 원인

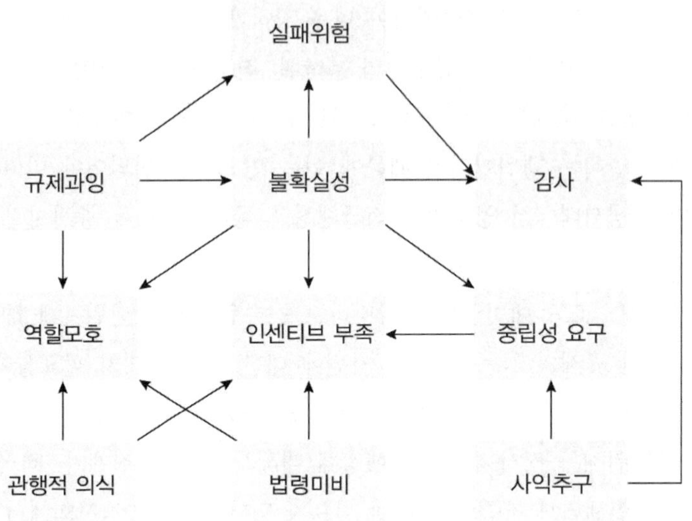

출처: 이종수(2016: 10)

시 실질적으로는 개인의 이익을 우선적으로 고려하고 위험 기피적인 성향을 나타내면서 소극적 행위를 하게 된다는 것이다. 공무원의 사익추구와 지대추구행위는 적극적인 공익추구를 어렵게 하며, 복잡한 사회문제 발생 등으로 공무원에 대한 다양한 이해관계 조정 요구가 강해지면서 이 역시 소극행정이 나타나는 주요 원인이 되고 있다. 또한 공무원은 실패 위험이 큰 정책에 적극적으로 개입하지 않으려 하는 자기 방어적 행태를 보이는 등 위험 기피적인 성향을 나타냄으로써 소극행정이 발생하게 된다는 것이다.

공직사회에서의 적극행정 활성화를 위해 다음과 같은 방안이 제시될 수 있다. 첫째, 공무원의 적극행정을 위한 면책제도(qualified immunity system)가 구축될 필요가 있다. 면책제도는 "법률이 규정하는 권리와 의무 그리고 실정법을 명백히 위반하지 않는 한 공무원에게 책임을 묻지 않는 것"을 의미한다(이종수, 2016: 15). 공무원 면책제도는 각 국가마다 다르게 운영되고 있다. 예를 들어, 미국에서는 판례를 통해 공무원에 대한 면책제도를 실시하고 있다.[15] 반면 우리나라에서는 「감사원법」 제34조의3(적극행정에 대

15 1971년 Bivens vs. 6명의 Narcotics 조직원 사이의 소송에서 판시되었고 1983년에는 USC

한 면책)에서 "감사원 감사를 받는 사람이 불합리한 규제의 개선 등 공공의 이익을 위하여 업무를 적극적으로 처리한 결과에 대하여 그의 행위에 고의나 중대한 과실이 없는 경우에는 이 법에 따른 징계 요구 또는 문책 요구 등 책임을 묻지 아니한다"라고 규정하고 있으며, 「적극행정면책 등 감사소명제도의 운영에 관한 규칙」 제2조에서도 "감사원 감사를 받는 자가 고의 또는 중과실 없이 적극적으로 업무를 처리한 결과에 대하여 「감사원법」에 따른 불이익한 처분요구를 하지 않는 등 그 책임을 면제하는 것"이라고 명시하고 있다. 특히 「적극행정면책 등 감사소명제도의 운영에 관한 규칙」 제5조(적극행정면책의 기준)에서는 "① 감사원 감사를 받는 자의 업무처리가 불합리한 규제의 개선, 공익사업의 추진 등 공공의 이익을 위한 것일 것, ② 감사원 감사를 받는 자가 업무를 적극적으로 처리하였을 것, ③ 감사원 감사를 받는 자의 행위로 인하여 결과가 발생하였을 것, ④ 감사원 감사를 받는 자에게 고의 또는 중대한 과실이 없을 것"의 기준을 충족할 때 적극행정면책의 대상이 될 수 있다고 규정하고 있다(국가법령센터, 2018).

인사혁신처도 2018년 5월 30일 「공무원 징계령 시행규칙」 제3조2(적극행정 등에 대한 징계면제) 조항을 신설하였다(인사혁신처, 2018).[16] 이에 의하면 "① 국가적으로 이익이 되고 국민생활에 편익을 주는 정책 또는 소관 법령의 입법목적을 달성하기 위하여 필수적인 정책 등을 수립·집행하거나, 정책목표의 달성을 위하여 업무처리 절차·방식을 창의적으로 개선하는 등 성실하고 능동적으로 업무를 처리하는 과정에서 발생한 것으로 인정되는 경우, ② 국가의 이익이나 국민생활에 큰 피해가 예견되어 이를 방지하기 위하여 정책을 적극적으로 수립·집행하는 과정에서 발생한 것으로서 정책을 수립·집행할 당시의 여건 또는 그 밖의 사회통념에 비추어 적법하게 처리될 것이라고 기대하기가 극히 곤란했던 것으로 인정되는 경우"는 징계위원회가 징계의결 또는 징계부가금 부과 의결을 하지 아니한다고 명시하고 있다. 나아가 인사혁신처 소속 공무원들을 대상으로 적극행정 수행에 앞서 '사전컨설팅 감사'를 신청할 수 있도록 해 인용되면 사후감사를 면제 받도록 했다(인사혁신처, 2018).[17] 이와 같이 인사혁신처 「공무원 징계령

Section 42에 의하여 주공무원을 대상으로 도입되었다(이종수, 2016: 15).

16 보다 자세한 내용은 인사혁신처(2018)의 '공무원 성 비위 엄벌, 적극행정은 징계 면제'를 참조 바란다.

17 사전컨설팅 감사는 "규제개선 등 적극적 수행업무에 대해 사전에 집행부서의 신청에 따라 감사부서에서 사전컨설팅을 시행하고, 적극행정에 필요한 사항이라고 판단하는 경우에는 사후감사 미실시 또는 면책하는 제도이다(인사혁신처, 2018)".

시행규칙」 제3조2의 신설과 '사전컨설팅 감사'제도 도입은 과거 감사원 위주의 적극행정면책제도에서 탈피하여 공무원의 징계에 대한 면책제도를 구체적으로 보완했다는 점에서 의의가 있다고 할 수 있다.

둘째, 적극행정을 활성화하기 위해서는 적극행정에 대한 보상과 학습을 증진시킬 필요가 있다(이종수, 2016: 19–20). 적극행정을 이행한 공무원들에게 포상 이외에 보다 적극적인 보상(예 인사고과, 승진 등)을 제공해 줄 필요가 있다는 것이다. 예를 들어, 규제개혁 영역에서 적극적 행정을 한 공무원들에게 단순 면책이나 포상 등의 인센티브 외에 휴가 확대, 보직이동, 승진 혜택 등을 제공하여 적극행정에 대한 동기부여를 강화할 필요가 있다는 것이다. 또한 공무원들에게 적극행정에 대한 학습을 증진시킬 필요가 있다. 이와 관련해 인사혁신처에서는 공직사회의 무사안일과 복지부동을 타파하고 적극·능동적인 공직문화를 확산하기 위한 '적극행정 우수사례집'을 발간하고, 이를 중앙행정기관, 지방자치단체, 공공기관 등에 배포하여 '찾아가는 적극행정 사례교육'의 교재로 활용하고 있다(인사혁신처, 2018).[18]

표 7-7 적극행정 우수사례

정부부처 또는 공공기관	적극행정 내용	적극행정 효과
경찰청	소방·구급차 등 긴급차량 우선 교통신호 연동시스템으로 골든타임 확보	• 소방·구급차 등이 인명구조 등을 위해 신속하게 현장에 도착하려다 보니 신호위반 등 교통법규 위반 등으로 교통사고가 빈번 • 이에 경찰·소방기관 간 공동대응체계를 만들어 소방·구급차 출동노선의 교통신호가 연동되도록 하여, 긴급차량 출동시간이 단축되고, 사고피해액(7,000만 원가량)도 줄였음
한국서부발전(주)	굴 껍데기 폐기물로 "발전소 미세먼지는 줄이고 어민소득은 늘리다"	• 해안가에 굴 껍데기를 무단 투기하여 환경오염, 악취 발생 등의 문제가 있었는데, 한국서부발전은 굴 껍데기를 발전소 탈황제로 활용하는 기술을 상용화하였음 • 어민들은 굴 껍데기 처리 비용을 지불하는 대신, 발전소에 이를 판매하여 수익을 창출하였고(어민소득 연간 4.6억 원 증대), 서부발전도 굴 껍데기를 탈황제로 활용하여 온실가스를 연 1,900톤 감축하였음

출처: 인사혁신처(2018)

18 보다 자세한 내용은 인사혁신처(2018)의 '국민을 위한 적극행정, 공직사회에 전면 확산–인사혁신처, 적극행정 우수사례집 발간–' 내용을 참조바란다.

3) 성 비위 근절

최근 공직사회에서의 성 비위 문제가 심각한 사회 이슈로 부각되고 있다. 공직에서의 여성에 대한 차별금지는 균형인사제도에서 소개하고 있기 때문에 여기서는 조직 내 권력적 지위에 의한 성차별 행위인 성희롱에 초점을 맞추어 논의하도록 한다. 성희롱은 "상대방이 원하지 않는 성과 관련된 행위로 개인의 고용에 영향을 미치며 적대적인 직장 분위기를 조성"하는 것을 의미한다(Robbins & Judge, 2014: 499). 오늘날 성희롱은 원하지 않는 신체접촉, 지속적인 데이트 신청, 성적 요구 등을 포함한다. 뿐만 아니라 원하지 않는 시선이나 말, 점잖지 않는 농담과 행동, 희롱과 친근한 것의 경계를 잘못 해석하는 경우 등도 성희롱에 포함된다. 이러한 성희롱은 범죄로써의 법적 위험뿐만 아니라 조직 내 개인 및 조직의 업무성과에 부정적인 영향을 미치기 때문에 반드시 근절될 필요가 있다. 성희롱은 권력의 차이 등에 의해 주로 발생하기 때문에 조직의 리더를 포함한 조직구성원 전체를 대상으로 성차별행위 금지(성희롱 금지 등 포함) 교육훈련을 시행하는 등 이를 적극적으로 관리할 필요가 있다.

이와 관련해 최근 중요하게 강조되고 있는 공무원 징계제도의 하나로 성 비위 징계가 있다. <표 7-8>에서 나타나듯이 국가·지방공무원들의 성관련 비위(성폭력, 성희롱, 성매매) 징계 현황은 지속적으로 증가하고 있다(인사혁신처, 2017). 특히 2012년 직장 내 성희롱으로 징계를 받은 공무원은 29명이었지만, 2016년에는 105명으로 급속하게 증가하였다.

성 비위 문제를 예방하고 해결하기 위해서는 엄격한 처벌 수준을 마련하고 성희롱을 포함한 성 비위가 심각한 범죄라는 인식을 조직구성원들에게 교육시킬 필요가 있다. 즉, 직장 내 성희롱 문제에 공직사회가 적극적으로 대응하고 성희롱 없는 직장분위기를 조성해야 한다. 이를 위해 최근 정부는 성 비위 관련 징계수준을 강화하였다.

표 7-8 국가·지방공무원 性관련 비위 징계 현황 (단위: 명)

구분	2012년	2013년	2014년	2015년	2016년
계	89	126	127	223	260
성폭력	44	66	60	108	101
성희롱	29	30	43	90	105
성매매	16	30	24	25	54

출처: 인사혁신처(2017)

성 관련 비위의 정도가 심하고 경과실이거나, 비위의 정도가 약하고 중과실인 경우 과거 경징계(감봉)에서 '정직' 이상 중징계 처벌을 할 수 있도록 「공무원 징계령」과 「공무원 징계령 시행규칙」을 개정하였다(인사혁신처, 2018).[19]

19 보다 자세한 내용은 인사혁신처(2018)의 '공무원 성 비위 엄벌, 적극행정은 징계 면제'를 참조 바란다.

People and Organizations

Chapter 08

인적자원 평가와 보상

1. 인적자원의 평가와 보상 이해
2. 인적자원에 대한 평가제도
3. 인적자원에 대한 보상
4. 공공조직에서의 인적자원 평가와 보상

CHAPTER 08

인적자원 평가와 보상

핵심 학습사항

1. 인적자원에 대한 평가와 보상은 어떤 의미로 이해될 수 있는가?
2. 인적자원평가에 있어서의 오류에는 어떤 것들이 고려될 수 있는가?
3. 인적자원평가방법에는 어떤 것들이 있는가?
4. 인적자원의 성과보상에 대한 기준과 원칙은 무엇인가?
5. 인적자원의 성과보상에 있어서 공정성이 강조되는 이유는 무엇인가?
6. 인적자원에 대한 보수의 공정성은 어떻게 구성되어 있는가?
7. 인적자원에 대한 성과보상에 있어서 내부 공정성의 주요 구성요소는 무엇인가?
8. 직무급, 연공급, 직능(역량)급, 성과급의 차이는 무엇이며, 어떤 차원에서 보수의 공정성이 존재하는가?
9. 연금의 의미는 무엇이며 어떤 체계로 운영되는가?
10. 후생복지는 왜 필요한가?
11. 공무원 보수의 특징은 무엇인가?
12. 정부조직에의 성과급 도입에 있어서 그 장점은 무엇이며, 정부조직에 성과급을 도입하고 실행하는 것이 어려운 이유는 무엇인가?
13. 우리나라 보수체계의 현황은 어떠한가?
14. 우리나라 보수체계가 성과지향적으로 변화하고 하고 있음을 알 수 있는 근거는 무엇인가?
15. 2015년 「공무원연금법」 개정의 주요 내용은 무엇인가?

1 인적자원의 평가와 보상 이해

인적자원의 유지와 활용 이후에는 인적자원이 수행한 업무에 대한 성과평가와 이에 대한 적절한 보상을 해 주어야 한다. 특히 성과평가의 결과는 인적자원의 승진과 보상의 중요한 기준이 될 수 있으며, 부족한 평가를 받은 인적자원은 직무와 관련된 재교육훈련을 받아야 하거나 또는 자신에게 필요한 직무를 새로 부여받아야 한다(유민봉·임

표 8-1 인적자원평가, 직무평가, 정책평가 비교

구분	인적자원평가	직무평가	정책평가
평가성격	동태적 (평가 대상 변화)	정태적 (평가 대상 일정)	정태적+동태적
평가대상	사람(역량·실적)	직무	정책
평가시기	사후평가	사전평가	사후평가

출처: 이창길(2016: 375)

도빈, 2016: 426). 이는 효과적인 인적자원관리를 위해서는 인적자원에 대한 객관적이고 공정한 평가와 보상이 필수적임을 의미하는 것이다. 인적자원에 대한 평가는 직무를 수행할 능력에 대한 역량평가와 개인이 직접 수행한 결과에 대한 성과평가로 구분되는데, 인적자원에 대한 평가는 직무를 수행한 후 나타난 결과 또는 성과에 대한 평가가 주를 이룬다(이창길, 2016: 375). 구체적인 평가요소는 업무량, 업무완성도, 목표달성도, 업무 적시성, 업무 난이도와 곤란도 등 업무와 관련된 실적이 주로 포함된다. 인적자원 평가는 사람에 대한 평가이기 때문에 직무에 대한 평가와 정책에 대한 평가와는 다른 특징을 지닌다.

인적자원에 대한 능력, 가치관, 태도를 평가하는 작업은 인적자원의 능력발전과 조직의 능률성 향상, 구성원들의 공정하고 공평한 보상의 기회를 부여하는 데 필수적인 작업이라고 할 수 있다(박천오 외, 2016: 335). 즉, 인적자원평가의 주요 목적은 보상 정도 및 내용을 결정하기 위한 목적(인사관리 전반에 활용)과 인적자원과 조직의 발전방향을 설립하기 위한 목적으로 구분된다(이창길, 2016: 376). 전자는 인적자원에 대한 평가 결과가 승진, 이동, 전보, 징계, 교육훈련, 보상 등의 모든 인사관리 단계에 적용될 수 있음을 나타낸다. 또한, 인적자원평가를 통해서 개인은 자신이 부족한 능력과 역량을 적극적으로 개발할 수 있고 또 조직은 인적자원의 능력과 역량에 맞는 업무를 재배치할 수 있다. 이와 같이 인적자원평가는 인적자원관리의 모든 영역에 중요한 영향을 미친다고 할 수 있다.

인적자원평가는 결국 인적자원에 대한 보상의 중요한 근거가 된다. 높은 평가를 받은 인적자원에게는 긍정적 보상을 해 주어야 한다. 특히 조직의 목적을 달성하기 위하여 인적자원을 활용하였으면 이에 대한 정당하고 공정한 보상을 해 주어야 한다(유민봉·임도빈, 2016: 500). 대부분의 보상은 보수, 연금, 후생복지 등 금전적인 형태로 제공된다. 보상이 어느 정도 공정하고 객관적으로 제공되는 지에 따라서 인적자원의 동기부여와 사기가 달라질 수 있기 때문에 인적자원의 보상은 중요한 인사관리 전략이 되기도 한다.

2 인적자원에 대한 평가제도

1) 인적자원에 대한 평가의 의의

개인차원에서 고려되는 성과평가는 "개인의 능력과 근무태도 및 직무수행실적을 정기적·체계적으로 평가하는 활동"을 의미한다(백종섭 외, 2016: 178). 개인차원에서의 성과관리와 평가는 전반적으로 인적자원평가를 기반으로 이루어진다. 인력확보 단계에서는 인력 공급예측과 선발도구의 개발, 인력개발 단계에서는 교육훈련의 필요성 분석 및 배치·이동 의사결정, 승진의사결정, 경력욕구조정을 위해서, 인력유지 단계에서는 인적자원의 사기(morale)를 증진시키기 위해서, 인력보상 단계에서는 임금책정과 인센티브 책정을 위해서, 인력방출 단계에서는 인력감축을 결정하기 위해서, 직무재설계 단계에서는 합리적인 직무설계를 설정하기 위해서 인적자원평가가 이루어진다(박경규, 2016: 256).

이처럼 다양한 목적으로 시행되는 인적자원평가의 구성요소로는 첫째, 평가내용이

그림 8-1 평가목적과 평가내용의 관계

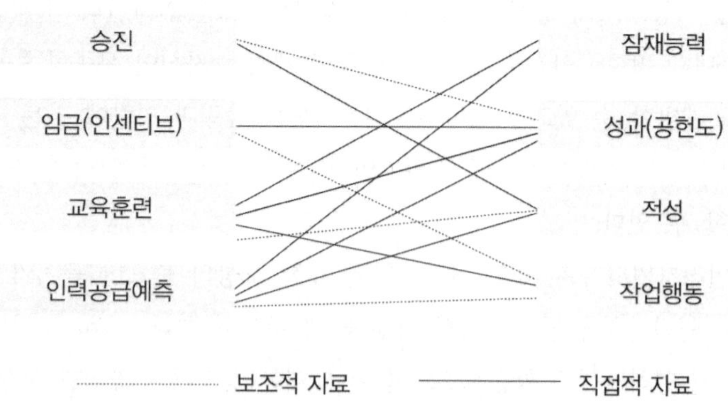

출처: 박경규(2016: 260)

어느 정도 잘 반영되어 있는가에 대한 타당성(validity), 둘째 평가하는 내용이 일관적인가를 의미하는 신뢰성(reliability), 셋째, 인적자원평가제도를 피평가자가 정당하다고 인식하는 수용성(acceptance), 넷째, 비용·효과 측면에서의 실용성(practicability) 등이 고려되어야 한다(박경규, 2016: 258-271). 보다 구체적으로, 타당성은 직무수행이 우수한 직원이 실제로 우수한 평가를 받았는지에 관한 것이다. 평가의 타당성을 높이기 위해서는 평가목적이 평가요소 또는 평가내용과 일치해야 한다. 타당성 확보를 위해 평가목적별(예 임금책정, 교육훈련, 승진 등)로 평가가 이루어져야 하며, 평가집단을 보다 세분화하여 각 직종별 또는 직급별에 맞는 평가요소를 개발하여야 한다.

신뢰성은 측정하고자 하는 평가내용 또는 항목이 얼마나 일관적인가에 관한 것이다. 신뢰성을 증진시키기 위해서는 평정자의 주관적이고 자의적인 요소가 평정에 개입되지 않도록 해야 한다(유민봉·박성민, 2013: 536). 특히, 평가 시에 오류가 발생하지 않도록 주의할 필요가 있다. 평가의 오류는 평가자의 오류, 피평가자 오류, 제도적 오류로 구분될 수 있다. 평가의 오류 문제를 적극적으로 해결하기 위해서는 상대평가와

표 8-2 인적자원 평가 오류의 종류

오류의 원천	원인	오류 종류와 설명
평가자 오류	심리적 원인	연쇄효과(halo effect): 평가자가 피평가자의 어느 한 면을 기준으로 다른 것까지 영향을 주어 평가해 버리는 오류
		근접효과(regency effect): 평정시점에 가까운 실적이나 사건일수록 평정에 더 크게 반영되는 경향과 관련된 오류
	통계분포 원인	집중화 경향(central tendency): 평정척도상의 중간등급을 중심으로 평가하는 경향
		관대화 경향(leniency tendency): 실제점수보다 관대하게 평가하는 경향
		엄격화 경향(strictness tendency): 평가기준을 엄격하게 적용하여 실제수준보다 낮은 평가결과가 도출되는 경향
피평가자 오류	선입견 또는 편견(bias): 평정대상자의 개인적 특성인 종교, 성, 연령, 교육수준, 출신학교 등에 대하여 평정자가 지닌 편견이 평정에 반영되는 경향	
	연공오류(seniority error): 피평가자가 지닌 연공적 속성, 즉 연령, 학력, 근속연수가 평가에 영향을 미치는 오류	
제도적 오류	직무분석의 부족, 연공서열 의식, 인간관계 유지, 평가결과의 미공개, 평가기법의 신뢰성 등과 관련된 오류	

출처: 임창희(2015: 277); 박경규(2016: 262-267); 유민봉·박성민(2013: 554-557) 재구성

절대평가의 적절한 사용이 필요하며, 평가결과를 적극적으로 공개하고, 다면평가를 시행하는 것이 바람직하다(임창희, 2015: 278).

수용성은 "인적자원평가제도의 피평가자들이 평가결과를 적법하고 공정하게 이루어졌다고 받아들이는 것"이다(임창희, 2015: 278). 수용성을 증진시키기 위해서는 구성원들의 적극적인 참여가 보장되어야 하며, 교육훈련을 통해 조직구성원들에게 평가의 타당성을 설명하고, 적극적인 피드백을 제공하는 작업이 필요하다. 마지막으로, 실용성은 평정제도가 모든 사람에게 이해될 수 있도록 쉽고 단순해야 한다는 것이다(임창희, 2015: 278-279).

개인차원의 성과관리와 성과평가는 인적자원에게 주어진 업무에 대한 성과달성 정도를 관리하고 평가하는 것이다. 성과관리와 성과평가가 인사차원에서 중요한 이유는 성과에 대한 평가결과가 개인의 성과달성에 대한 보상으로 이어질 수 있으며, 또한 직무재설계 및 교육훈련 시 중요한 정보를 제공해 줄 수 있기 때문이다. 따라서, 조직구성원들의 성과측정에 있어서 객관성과 중립성을 유지하는 것이 매우 중요하다. 그러나 성과측정과 관련된 대부분의 오류는 성과측정이 객관적이고 중립적으로 측정될 수 있을 것이라고 맹신하는 데 있다. 성과측정의 동기와 목적이 다르기 때문에, 아무리 객관적인 측정방법을 활용하여 성과측정을 하더라도 오류가 발생할 수밖에 없다. 따라서 이러한 한계를 극복하기 위해서는 성과측정 시 측정의 목적과 동기에 따른 정당성이 우선적으로 확보될 필요가 있다(Bouckaert & Balk, 1991: 230).

2) 인적자원에 대한 성과평가 방법

(1) 평가요소

개인차원의 평가는 주로 조직구성원이 지닌 개인적 특성에 대한 평가로 이루어진다. 개인적 특성은 역량, 적성, 태도, 신뢰 등과 같은 조직구성원이 지닌 내면적 특성을 의미한다. 내면적 특성에 있어서, 적성(aptitude)은 "개별종사자가 직무에 종사할 때 해당 직무와 직무수행자 사이의 적합성(fitness)"을 의미하며, 태도(attitude)는 "특정한 사람, 사물, 이슈, 사건 등에 대한 호의적이거나 비호의적 느낌"을 의미한다(박경규, 2016: 257). 이와 관련된 전반적인 평가요소는 다음과 같다.

특히 성과와 관련된 평가요소는 다음과 같다. 우선, 양적 성과와 질적 성과가 구분되어 평가될 수 있는데, 양적 성과는 주로 계량화 할 수 있는 결과를 평가하게 된다. 예를 들어, 업무달성량, 정확성, 일정완수, 원가절감 등이 평가 항목이 되는 것이

표 8-3 인적자원 개인 평가 요소

능력	태도·성격	행동	업적
지식 기술 자격증	인간관계 창의력 리더십 신뢰성	규정준수 명령수행 고객서비스	매출액 생산량 불량률 사고율

출처: 임창희(2015: 286)

표 8-4 인적자원의 성과평가 항목

성과	평가기준	세부항목
양적 성과	업무량, 업무의 질, 시간비용	업무달성량, 정확성, 일정완수, 원가절감
질적 성과	업무수행 과정, 유효성	업무능력, 업무혁신과 개선, 제안정도, 리더십

출처: 임창희(2015: 286)

다. 이에 비해, 질적 성과는 눈에 보이지 않는 구성원들의 태도와 능력에 대해 평가하게 된다. 업무능력이라든지, 업무혁신과 개선, 제안정도, 리더십 등이 평가 항목이 되는 것이다.

(2) 평가방법

인적자원의 평가방법은 '누가 평가자가 되느냐'에 따라서 달라질 수 있다. 먼저 평정자의 수에 따라 일면평가와 다면평가로 구분될 수 있다. 일면평가는 "평가자 한 사람이 평가하는 방법"이고, 다면평가는 "여러 사람(예 부하, 동료, 고객, 상급자 등)을 평정자로 활용하는 방법으로서 평가에 참여하는 소수인의 주관과 편견, 그리고 이들 간의 개인편차를 줄여서 평가 시 객관성과 공정성을 높일 수 있는 방안"이다(유민봉, 2015: 520). 이는 360° 평정법, 집단평정법, 복수평정법이라는 용어로도 사용된다. 특히 다면평가제는 참여정부 때 강행규정으로서 승진결정, 보직임용, 모범공무원선발, 성과상여금 결정 등에 있어서 적극적으로 활용되었다. 그러나, 이명박 정부 이후 임의규정으로 바뀌어 역량개발과 교육훈련과 같은 능력발전 관련 사항에만 활용되고 있는 실정이다(유민봉, 2015: 520).

현재 우리나라 정부조직에서 활용되는 중요한 평가기법은 다음과 같다. 첫 번째, 도표식 평정척도법(graphic rating scales)이 있다. 이는 가장 일반적인 평정방법으로서 평정양식은 "다수의 평정요소와 각 평정요소마다 평가할 수 있는 등급을 부여하는 방법"이다(유민봉, 2015: 516). 현재 우리나라 5급 공무원 이하 공무원들에게 적용되는 근무성적평가 방법으로 활용된다. 이 방법은 작성이 쉽고, 빠르며, 경제적이라는 점에서 장점을 지니고 있으며, 공통적인 속성을 평가한다는 차원에서 적용범위가 넓다. 따라서, 평정대상의 상대평가를 명확하게 하여 상벌을 결정하는 목적에는 적합하나, 평정자의 자의적인 해석가능성이 높고, 연쇄효과, 집중화, 관대화, 중심화 경향이 작용하기 쉽다는 점에서 한계를 가진다(유민봉, 2015: 518; 박경규, 2016: 277).

두 번째, 목표관리제 평정법(MBO appraisals)이 있다. 이는 피터 드러커(Peter Drucker)에 의해 도입된 경영기법인 MBO를 인적자원평가에 도입한 제도이다(박경규, 2016: 284). 목표관리제 평정법에서는 개인의 능력이나 태도가 성과목표를 설정할 때 이미 반영되기 때문에 실제 평가에서는 실적만이 평가의 대상이 된다(유민봉, 2016: 518). 현재 우리나라에서는 4급 이상 공무원들에게 적용하는 '성과계약 등 평가'에서 사용되고 있다. 목표관리제 평정법에 따르면, 개인의 실적 또는 성과에 의해서만 평가가 이루어지기 때문에 목표가 뚜렷하여 평정이 용이하고, 평가의 대상자가 목표설정과정에 직접 참여하기 때문에 평가 신뢰성은 높다고 할 수 있다(박경규, 2016: 286). 특히 개인의 실적이 명확하게 드러나기 때문에 성과를 평가는 데 가장 용이한 방법이라고 할 수 있다. 그러나 공공부문에서 이를 적용할 때에는 평가에 있어 목표설정이 쉽지 않고, 평가대상자의 참여를 통해 목표가 설정되기 때문에 의사결정에 있어서의 비용과 시간이 많이 든다는 점에서 한계를 가진다.

그 외 우리나라에서 현재 성과계약 등에 있어 평가기법으로 사용되는 방법들이 있다. 성과목표, 평가지표, 실행기획, 주요 성과를 자신이 직접 기술하는 '자기평정법'과 '서술법'이 바로 그것이다. 그리고 평가 시 평가결과 이외에 특수지역 근무, 특정직위 근무, 자격증 소지 등에 대해 가점을 부여하는 '가점법'도 활용하고 있다. 뿐만 아니라, 평가에 있어서의 집중화와 관대화 경향을 극복하기 위해 '강제배분법'을 시행하기도 한다. 특히, 우리나라에서는 현재 평가단계에서는 강제배분법을 적용하지 않으나, 평가등급을 부여할 때 이를 적용하고 있다(유민봉, 2015: 520).

현재 우리나라 정부조직에서 활용되고 있지는 않지만 사용가능한 평가기법으로는 서열법(ranking method)과 중요사건기술법(critical incident description) 등이 있다(유민봉·임도빈, 2016: 442–446). 서열법은 "평정대상자를 상대적으로 비교하여 서열을 정하는 방법"이다(유민봉·임도빈, 2016: 446). 서열법에는 평정 대상자들의 실적, 능력, 특성, 장·단점을 포괄하여 우열을 정하는 단순서열법이 있으며, 이외 평정요소를 선정하고 평정요소에 따른 등급을 정한 후 등급마다 평정대상자에 대한 비교 기준이 되는 대표인물을 선정하여 평정대상자가 비교하는 대인비교법이 있다.

중요사건기술법은 "평가자가 일상 작업생활에서 관찰 등을 통해 피평가자가 보여준 특별히 효과적인 혹은 비효과적인 행동 내지 업적을 기록하여 이를 평가시점에서 정리하여 평가하는 방법"이다(박경규, 2016: 280).

이밖에도, 행태기준 평정척도법(Behaviorally Anchored Rating Scales, BARS)과 행태관찰 척도법(behavioral observation scales) 등의 평가기법을 고려해 볼 수 있다. 행태기준 평정척도법은 "도표식 평정척도법이 갖는 평정요소 및 등급의 모호성과 해석상의 주관적 판단 개입, 그리고 중요사건 평정법이 갖는 상호 비교의 곤란성을 보완하기 위하여 두 방법을 통합한 것"이다(유민봉·박성민, 2013: 544). 그리고 행태관찰 척도법은 BARS의 단점을 극복하기 위하여 도입된 제도로서, "행태에 관한 구체적인 사건과 사례를 기준으로 평정하고, 다른 한편 등급에서는 도표식 평정척도법과 유사하게 사건의 빈도 수를 표시하는 방법"이다(강성철 외, 2014: 366). 이는 BARS와 도표식 평정척도법을 혼합한 것이라 볼 수 있다.

3 인적자원에 대한 보상

1) 보상의 구조와 기준

조직에서 인적자원의 업무성과에 대한 보상은 당연히 이루어져야 한다. 정당하고 공정한 보상이 이루어질 때 조직 내 인적자원은 더욱 업무에 매진하게 된다. 하지만, 정당하고 공정한 보상을 제공받지 못하는 경우에는 인적자원의 직무불만족이 증가하고, 직무스트레스가 증가하여 결국은 조직을 이탈하는 현상까지도 발생할 수 있다. 따라서 인적자원에 대한 보상은 매우 중요한 인적자원관리 방안이라고 할 수 있다.

보상은 주로 경제적 보상으로 이루어지는 경우가 많은 데, 경제적 보상은 금전적 보상과 비경제적 보상으로 구분될 수 있다. 그리고 금전적 보상 역시 직접적 보상인 보수와 간접적 보상인 연금 또는 후생복지로 분류될 수 있다. 여기서는 경제적 보상 중에서 금전적 보상을 중심으로 보다 자세히 논의한다.

금전적 보상에서 가장 중요하게 고려되는 것은 직접적인 보상인 보수(pay)이다. 보

그림 8-2 보상의 구조

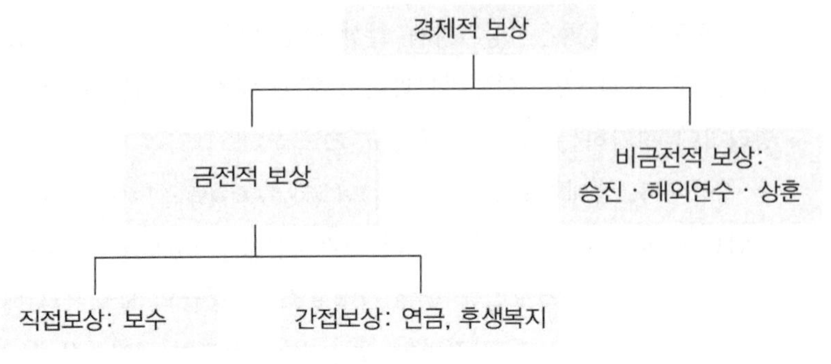

출처: 유민봉 · 임도빈(2016: 500) 재구성

수는 조직구성원들이 일한 대가로 받는 경제적 보상이기 때문에 인적자원관리 차원에서 매우 중요한 제도라고 할 수 있다. 이를 성공적으로 운영하기 위해서는 무엇보다도 보수에 대한 안정성(security)이 유지되어야 하며, 보수에 대한 공정성(fairness)이 확보되어야 한다(임창희, 2015: 310).

보수는 조직구성원들에게 중요한 생계수단이 된다. 따라서, 보수는 일정하고 안정적으로 조직구성원들에게 제공되어야 한다. 보수가 불규칙적으로 조직구성원들에게 제공된다면, 조직구성원들의 조직(직장)에 대한 불안감이 커질 것이다. 보수의 안정성을 확보하기 위해서는 조직구성원들에 대한 '생활보장의 원칙'이 이루어져야 하는데, 이는 기본급이 일정하게 주어질 때 달성될 수 있다(임창희, 2015: 310). 그러나 보수의 안정성만을 추구하기 위해 기본급의 비중을 확대한다면 조직구성원들의 노동에 대한 대가를 보수에 정확하게 반영할 수 없다. 즉, 보수가 일정하다고 가정하고 고정임금인 기본급의 비중을 증가시킨다면 보수의 안정성은 증가할 수 있지만, 직무의 성과에 따른 실적급이나 성과급과 같은 변동임금의 비중은 줄어들 수밖에 없다. 이러한 문제는 결국 보수의 공정성 문제로 귀결된다.

2) 보수의 공정성

(1) 보수의 공정성 기준

보수의 공정성은 조직이 달성해야 하는 가장 중요한 원칙이다. 블라우(Blau, 1964)의 '사회교환이론(social exchange theory)'에 의하면 노동과 보수와의 관계는 교환관계로 설명될 수 있다. 조직구성원들은 조직에 노동을 제공하고 이에 대한 대가로 보수를 받는 것이다. 이와 같은 교환관계가 지속적으로 이루어지기 위해서는 거래 당사자들 간 교환에 대한 공정성 인식이 명확하게 수립되어야 하고, 호혜적인 관계가 형성되어야 한다.

보수의 공정성은 <그림 8-3>과 같이 크게 '절차 공정성(procedural justice)'과 '분배 공정성(distributive justice)'으로 분류될 수 있으며, 분배 공정성은 다시 조직 내부 구성원 사이에서 고려되는 '내부 공정성'[1]과 조직 외부 조직과의 관계에서 고려되는 '외부 공정성'으로 구분될 수 있다(박경규, 2016: 402). 우선, 절차 공정성은 보수가 결정되는 근거와 과정에 대한 절차적 문제가 존재하지 않아야 한다는 것을 전제로 한다. 특히 절차 공정성은 성과급 측정과 높은 관련성이 있다. 성과급이 결정될 때 주로 상관의 평가에 의존하는 경우가 많다. 이때 평가결과를 공개하지 않고, 평가가 평가자의 편향에 의해 자의적으로 이루어진다면 보상의 절차 공정성은 낮아질 수밖에 없다. 그리고 평가에 대한 충분한 소명과 제청의 기회가 보장되지 않는다면, 절차 공정성은 더욱 낮

그림 8-3 보수의 공정성

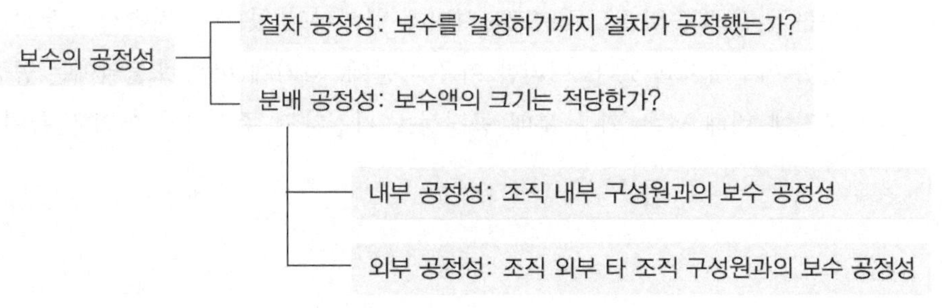

출처: 임창희(2015: 312) 재구성

1 내부적 공정성 외에 개인적 공정성도 제시되는 데, 이는 근무연한, 성과, 직책 등과 관련해서도 보수가 공정하게 제공되어야 한다는 것이다(박천오 외, 2016: 377).

아진다. 절차 공성성의 저하를 방지하기 위해서는 정보의 정확성과 결과의 수정가능성이 수반되어야 한다. 뿐만 아니라, 평가 시에 조직구성원들의 의사가 적극적으로 반영되고, 평가과정이 도덕적으로 운영되어야 한다(박경규, 2016: 401).

그러나 절차 공정성만이 확보되었다고 해서 보수의 공정성이 모두 확보된 것은 아니다. 무엇보다 조직 내·외적으로 분배 공정성이 확보되어야 한다. 보수의 분배 공정성은 조직구성원들에게 지급되는 보수의 규모가 적절해야 한다는 것이다. 이는 애덤스(1963)의 형평이론을 기반으로 한다.[2] 조직구성원들은 자신들이 투입(input)한 조직에 대한 노력, 공헌, 헌신 등과 조직이 자신에게 부여하는 유인 또는 산출(output)의 비율(ratio)이 조직 내 다른 구성원들과 같아야 하고, 다른 조직에서 자신과 비슷한 일을 하는 구성원들과 비교했을 때 비슷한 수준이어야 한다고 생각한다. 만약 자신의 투입과 산출의 비가 조직 안팎의 다른 사람보다 더 낮다고 인식된다면, 조직구성원들은 보수의 불공정에 불만을 가지게 되고 자신들의 조직에 더 이상 공헌하려 하지 않을 것이다.

(2) 보수의 외부 공정성

보수의 외부 공정성은 “해당 조직의 보수수준과 타 조직의 보수수준의 갭(gap)이 어느 정도 되어야 공정한가에 관한 이슈”로 정의될 수 있다(박경규, 2016: 403). 사실 민간조직, 특히 기업의 경우 이와 같이 타 조직과의 보수수준의 차이를 고려하는 것은 매우 중요한 이슈가 된다. 그러나, 공공조직은 임금체계가 법령에 의해 정해져 있고 부처 간 동일하게 적용되기 때문에 공공조직 간 보수수준 비교는 사실상 무의미하다. 물론 공공조직과 민간조직 간 직접적인 보수 비교도 사실상 힘들다. 현재 공무원 보수는 민간 보수의 약 83~93% 사이에 형성되어 있으며, 지속적으로 보수관련 처우개선이 이루어지고 있다. 이러한 이유 때문에, 과거에 비해 오늘날에는 공공조직이 민간조직에 비해 낮은 외부 분배 공정성을 가진다고 주장하기 어려운 측면이 있다.[3]

---

2 자세한 내용은 21장의 동기부여이론을 참조하기 바란다.

3 하지만, 불과 몇 년 전까지만 하더라도 공공조직의 보수는 민간조직에 비해 현저히 낮은 수준으로 형성되어 있었다. 이 때문에 공공조직과 민간조직 간 보수의 외부 공정성은 매우 낮았다.

그림 8-4 공무원 보수와 민간보수 비교

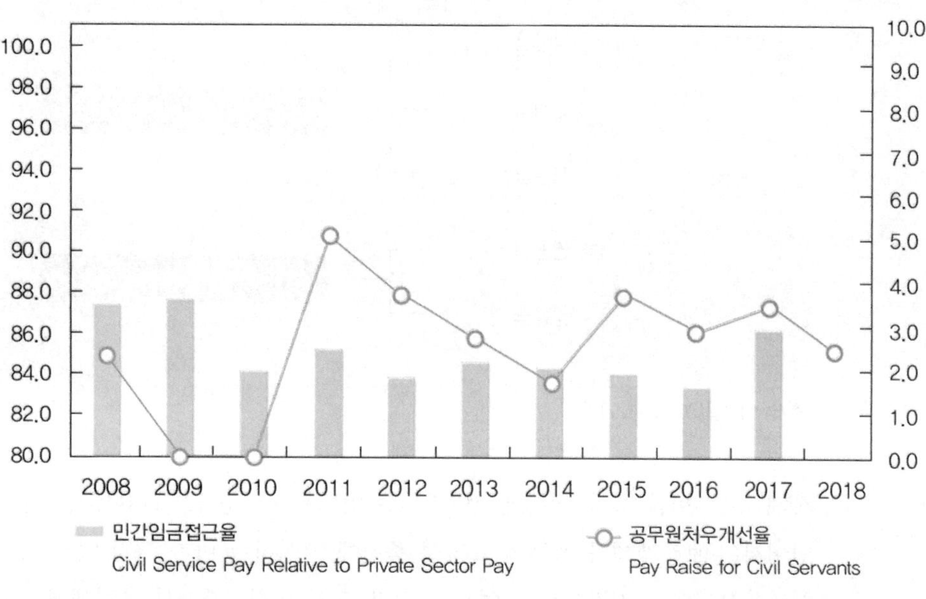

출처: 인사혁신처(2017: 89)

(3) 보수의 유형과 내부 공정성

보수의 내부 공정성은 조직 내에서 구성원들에게 어떻게 보수를 배분하는 가의 문제이다. 여기서 중요하게 고려해야 할 점은 어느 배분기준을 선택하느냐이다. 이에 따라서 보수의 내부 분배 공정성이 달라지기 때문이다. 보수의 배분 기준은 직무가치, 조직구성원의 가치, 그리고 결과가치가 된다(박경규, 2016: 414). 직무가치는 조직 내 존재하는 직무들의 상대적인 가치를 의미한다. 직무의 곤란도와 난이도가 상대적으로 높은 직무를 담당하는 직원들에게 더 많은 보상을 해 주어야 한다는 것이다. 이것이 '직무급'이다. 또한 구성원들의 가치에 따라서는 그들의 근무연수를 적극적으로 반영하는 '연공급'과 그들의 역량을 중요하게 고려하는 '역량급'을 고려할 수 있다. 마지막으로, 조직구성원들의 성과에 따른 '실적급' 또는 '성과급'도 고려할 수 있다. 최근 보수제도는 생활급과 연공급 중심의 고전적 방식에서 벗어나 직무급, 성과급, 역량급 중심으로 변화하고 있다(이창길, 2016: 443). 배분 기준에 따른 보수 유형 각각을 살펴보면 다음과 같다.

가장 기본적인 보수 유형으로는 '생활급'이 있다. 이는 조직구성원들의 보수수준을 결정하는 가장 기본적인 기준으로 조직구성원들의 생활유지 비용을 고려하는 것이다(이창길, 2016: 427). 공공조직에서는 생활급을 지급함으로써 공무원의 안정된 생활을 보

그림 8-5 보수 기준에 따른 보수 유형

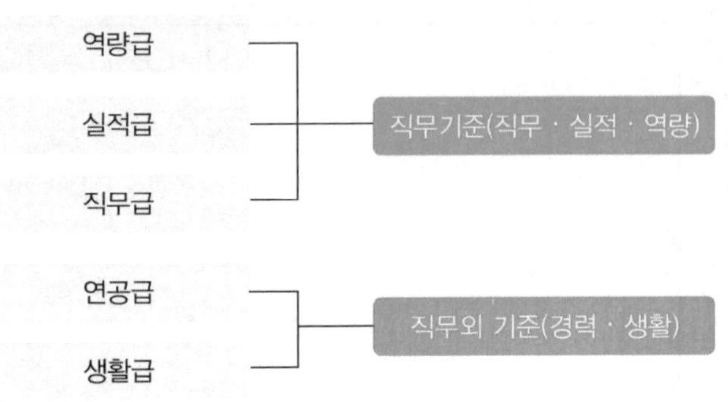

출처: 이창길(2016: 427)

장해 주고 이를 통해 직무에 전념할 수 있도록 해 준다. 그러나, 생활급을 적용함에 있어서는 보수체계가 직무의 효과성 증진에 기여하는 바가 크지 않으며, 또한 보수가 성과향상에도 직접적으로 기여하는 바가 크지 않다. 따라서 조직에서는 생활급을 최소한의 비중으로 하고 다른 보수의 보완적 보수유형으로 활용한다(이창길, 2016: 427).

조직구성원의 연령, 학력, 경력, 근속연수 등 속인적 요인에 따라 보수를 지급하는 제도로 '연공급(seniority-based pay)'이 있다(박성준, 2009: 13; 유민봉·임도빈, 2016: 528). 대표적인 연공급으로는 호봉을 바탕으로 보수를 지급하는 호봉제가 있다. 연공급이 많은 조직에서 보수 지급의 기준 유형으로 채택되는 이유는 근속연수가 오래된 경험이 많은 근무자일수록 축적된 경험과 지식, 기술 등을 바탕으로 수월하게 업무를 처리할 수 있을 것이라고 보는 경험주의적 인식 때문이다(이근주 외, 2007: 100). 뿐만 아니라, 연공급의 타당성은 <그림 8-6>에서도 나타나고 있다. 연령에 따른 생산성 그래프에 의하면 처음에는 자신의 생산성보다 보수를 더 많이 받는 것으로 나타나지만, 일정 시점을 지나면 보수보다 생산성이 더 높아지게 된다. 그리고 연공급이 지속적으로 유지될 경우, 일정 시점이 지나면 다시 보수보다 생상선이 낮아지게 되는 것이다. 이와 관련해, 연공급 운영의 타당성은 대리인 이론으로 설명될 수 있다. 만약 연공급을 시행하지 않는다면, 조직에서는 구성원들의 근무태만을 관리·감독하기 위해 추가 비용을 들여야 한다. 그러나 연공급을 운영하면 조직구성원들 스스로가 자신들이 생애후기에 받을 임금, 즉 이연임금(deferred payment)을 받기 위해서라도 근무에 충실할 것이다.[4] 이러한 측면에서

4 만약 근무태만에 의해서 직장에서 해고된다면 자신에게 손해라고 판단하기 때문이다.

그림 8-6 연령과 임금에 따른 생산성 곡선

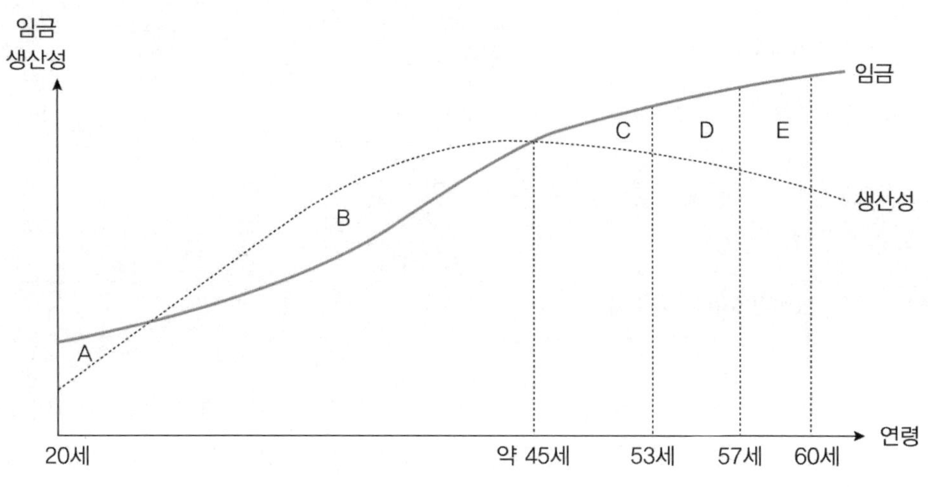

출처: 박호환(2014: 71)

연공급은 조직의 관리·감독비용을 줄이는 효과가 있다(Lazear, 1979; 이병희, 2008: 98–99).

직무급(job–based pay)은 "해당 조직에 존재하는 직무들을 평가하여 이에 대한 상대적 가치에 따라 보수를 결정하는 제도"이다(박경규, 2016: 416). 직무급은 동일한 가치(직무의 난이도와 책임 정도)의 직무에 동일한 보수를 부여하고자 마련된 제도이다. 직무급을 결정하는 방안은 크게 세 가지로 분류될 수 있다(박경규, 2016: 416–418; 유민봉·임도빈, 2016: 530). 첫 번째 방안인 A형은 직무평가 점수와 비례하여 임금수준을 결정하는 방안이다. 이는 직무의 수가 많지 않은 경우에 주로 활용되기 때문에 대규모 조직에서는 거의 활용되지 않는다. 두 번째 방안인 B형은 직무평가 점수 구간을 설정하여 구간별로 보수를 동일하게 지급하는 방안이다. 방법이 간편하기는 하지만 직무평가 동일 구간 내 최고 점수와 최저 점수가 동일한 보수를 받는 것으로 책정되는 것은 형평성에 맞지 않다. 마지막 방안인 C형은 B형을 기본으로 하면서 업적 내지 연공 기준을 가미하는 방안이다. 예를 들어, 평가점수 40~60점에 속하는 직무를 수행하는 조직구성원들에게 기본적으로 50만원을 주고 그들의 연공과 업적을 고려하여 차등 보수를 지급하는 방안이 되는 것이다.

다음으로 성과급(performance–based pay or pay–for–performance)이 있다. 성과급은 "개인 혹은 집단이 달성한 근로의 성과를 측정하여 그 결과에 따라서 보수를 차등적으로 지급

그림 8-7 직무급 설계유형

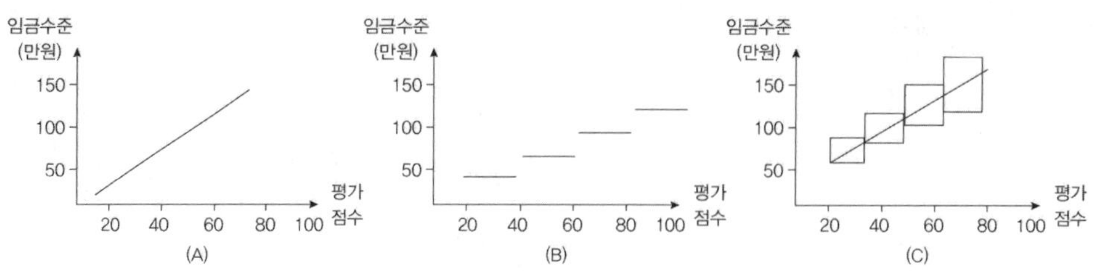

출처: 박경규(2016: 417)

하는 방식"으로 정의할 수 있다(유민봉, 2015: 535). 이는 개인 혹은 집단이 조직에 공헌한 정도에 따라 차등 보상하는 제도이기 때문에 성과와 보상을 직접 연계시킬 수 있다. 따라서, 성과급은 분배 공정성을 높이는 대표적인 제도가 된다고 할 수 있다. 대리인이론에 의하면 정보비대칭성으로 인해 주인이 대리인을 효과적으로 통제할 수 없는 경우에 주인은 대리인에게 성과급을 부여하여 대리인 문제를 극복할 수 있다(Bowman, 2010: 81). 그러나, 성과급제도에는 성과평가에 대한 객관성과 신뢰성 확보 문제가 존재하여 보상 시스템의 정치화(politicization) 현상이 발생할 수 있다. 이 때문에 보수 공정성은 오히려 더 저하될 수도 있다(진종순 외, 2016: 124).[5]

5 보다 구체적으로, 최근 정부조직을 비롯한 공공부문의 생산성과 경쟁력 강화를 위해 신공공관리 기조에 기반한 성과급(performance-based pay or pay-for-performance)제도의 적극도입이 추진되고 있다. 기존 정부조직의 보수체계는 대부분 연공급에 기초하였으나, 노동과 보수의 직접적인 연결관계가 불명확하여 보수에 대한 내부 공정성 부족이 한계로 제시되었다. 따라서, 이를 극복하는 차원에서 성과급이 도입되었다. 성과급은 조직구성원들의 실적을 바탕으로 보상을 제공하는 제도이기 때문에 조직구성원들을 동기부여 시킬 수 있고, 이에 따라 조직의 생산성도 증가시킬 수 있다. 그럼에도 불구하고 과연 성과급이 공공부문 특히 정부조직에 적합한 제도인가에 대한 논의는 끊임없이 제기된다(Kellough & Lu, 1993). 무엇보다도 공공부문의 업무조직의 특성상 공동업무 특성이 강하기 때문에 개인의 업무에 대한 정확한 평가가 어렵다. 이로 인해 '일한만큼의 보수 제공'이 원천적으로 불가능할 수 있다. 업무에 대한 보상의 원칙이 명확하지 않은 상태에서 계속해서 성과급제도를 유지하는 것은 오히려 정부조직 구성원들 간 지나친 경쟁을 유발하고 협력과 협업을 저해시킬 가능성이 높아 이는 결국 성과를 저해시킬 수도 있다(Kim, 2016). 또한 성과급은 주로 장기적 보다는 단기적 업무 적용에 더 적합하기 때문에 중·장기 업무가 많고 업무의 연속성을 강조하는 정부조직의 업무에 성과급을 그대로 적용하는 것은 무리가 있다(Bowman, 2010: 74; Kim, 2016). 뿐만 아니라 정부조직의 종사자들은 민간부문 종사자들 보다 외재적 동기부여 보다는 내재적 동기부여를 더 우선시하기 때문에 외적 보상을 우선시 하는 성과급만을 도입하는 것은 제도의 성공적 운영을 저해할 수도 있다(Perry et al., 2009: 46). 즉, 지나친 외적 보상

표 8-5 개인 성과급과 팀/집단 성과급 장·단점 비교

구분	개인 성과급	팀/집단 성과급
장점	• 개인별로 직무동기와 의욕 고취 • 직무성과와 보수체계 연계 • 개인의 창의적인 아이디어 활용 • 무임승차하는 직원의 최소화	• 생산성·서비스·비용절감 효과 • 개인 간의 경쟁보다는 협력 증진 • 업무 분위기 개선, 개인 고충 감소 • 권한위임을 통한 팀조직 활성화 • 집단 내 응집력 강화
단점	• 조직응집력 및 개인 안정성 약화 • 성과평가와 교육훈련의 연계 미흡 • 성과목표만 중시, 다른 목표 경시 • 과도한 경쟁 유발, 협동·협조 약화 • 성과급 예산 증가 우려 • 성과급 배분의 온정주의 적용	• 개인 단위 보상보다 생산성 저하 우려 • 열심히 하는 개인들의 불만 증가 • 집단의 성과 측정 곤란 • 성과와 보상의 연계 약화 • 협력과 신뢰 조직에 적용 불필요 • 내부 집단 간 경쟁 심화

출처: 이창길(2016: 434)

마지막으로, 역량급 또는 직능급(competency-based pay or skill-based pay)이 있다. 역량급 또는 직능급은 "조직구성원이 보유하고 있는 직무수행능력(직능 또는 역량)을 기준으로 보수를 결정하는 제도"이다(박경규, 2016: 423). 역량급 또는 직능급에 의하면, 능력이 우수한 조직구성원이 보수를 더 많이 받는 제도이다. 이 제도는 개인이 현재 보유하고 있는 능력(지식, 기술 등)이 직무가 요구하는 능력과 얼마나 차이를 나타내는지에 따라 보수를 지급하는 것이다.[6] 이 제도는 보수와 직무수행 능력을 연계한다는 측면에서 긍정적인 의미를 가질 뿐만 아니라, 개인의 학습과 자기계발에도 도움을 준다(유민봉, 2015: 532). 이는 개인의 욕구 중 고차원적 욕구충족을 가능하게 해, 조직구성원들의 직무만족도 증진에도 기여할 수 있다.[7]

의 강화는 공무원들의 봉사정신, 자아실현, 자기계발과 같은 내재적 동기부여를 오히려 저해시키는 구축효과(crowding-out effect)를 유발시킬 가능성이 있다(Deci & Ryan, 1985; 진종순 외, 2016: 122). 이러한 다양한 이유 때문에 공공부문에 성과급을 실제로 도입할 때에는 공무원의 저항이 심하게 나타난다. 특히 젊고 유능한 공무원들은 성과급 도입에 큰 저항이 없지만, 오랫동안 연공급을 유지해 왔던 기존의 공무원들은 성과급이라는 새로운 보수체계로 인해 자신들이 보유한 자원과 권력관계가 저해된다고 인식해 제도의 도입을 강력하게 반대하는 것이다(Bellé, 2015; 진종순 외, 2016: 123). 뿐만 아니라, 공무원들에게 성과급은 자신들을 통제하는 외부적 통제수단으로 간주되기 때문에 이러한 외부적 통제수단에 대한 반대(disapproval of external control)가 더욱 심각하게 나타나는 것이다(Brehm & Gates, 1997; 진종순 외, 2016: 124).

6 직능급은 "직무를 기준으로 한 속직급과 사람을 중심으로 한 속인급의 혼합상태로서 일정한 직무를 전제로 이를 수행한 사람에 대한 보수"를 의미한다(유민봉·임도빈, 2016: 529).

7 또한, 직능급(역량급)은 현실적으로 승진적체 문제를 해결하는 방안으로 제시될 수도 있다.

표 8-6 보수제도의 내부·분배 공정성 비교

	장점	단점
직무급	• 능력주의 인사풍토 조성 • 인건비의 효율성 증대 • 개인별 임금차 불만 해소 • 동일노동에 대한 동일임금 실현	• 절차 복잡 • 학력, 연공주의 풍토에서 오는 저항 • 종신고용 풍토의 혼란 • 노동의 자유이동이 수용되지 않는 사회에서는 적용이 제한적
연공급	• 생활보장으로 조직에 대한 귀속의식 증진 • 연공존중의 유교문화적 풍토에서 질서 확립과 사기 유지 • 폐쇄적 노동시장 하에서 인력관리가 용이함 • 실시가 용이함 • 성과평가가 어려운 직무에서 적용이 용이함	• 동일노동에 대한 동일임금 실시가 곤란함 • 전문 기술인력의 확보가 곤란함 • 능력 있는 젊은 구성원의 사기 저하 • 인건비 부담 가중 • 소극적인 근무태도 야기
직능급 (역량급)	• 능력주의 임금관리를 실현 • 유능한 인재를 계속 보유 • 구성원의 성장욕구 충족기회를 제공 • 승진적체를 완화시킬 수 있음	• 초과능력이 바로 성과로 이어지지 않기 때문에 임금부담이 가중 • 직능(역량)평가가 어려움 • 적용할 수 있는 직종이 제한적(직능이 신장될 수 있는 직종에만 적용가능) • 직무가 표준화되어 있어야 적용이 가능
성과급	• 개인의 공헌에 대한 정당한 보상 • 조직 내 정보비대칭성 문제 해결 • 성과와 보상의 직접적인 연계	• 성과평가에 대한 객관성과 신뢰성 확보 어려움 • 평가시스템의 정치화 가능성

출처: 박경규(2016) 재구성

3) 보수결정이론

보수 결정에 전제가 되는 주요 이론은 다음과 같이 제시될 수 있다. 대부분의 내용은 제21장 동기부여 이론에서 보다 자세히 다루어질 것이기 때문에, 본장에서는 박천오 외(2016: 377–379)의 내용을 토대로 간략한 특징정도만 제시하도록 한다. 첫째, 강화 및 기대이론(reinforcement and expectancy theory)이 있다. 이 이론은 성과에 대한 보상이 제공되지 않으면, 조직구성원들의 성과 달성 노력이 감소할 것이라는 내용을 포함한다. 둘째, 공평성이론(equity theory)은 앞서 언급한 바와 같이 조직구성원들이 투입한 노력, 기여 등에 대해 조직에서 제공하는 보상이 다른 구성원에 비해 적정하다고 인식하는지의 여부에 대한 것이다. 셋째, 구조이론(structural theory)은 조직 내 각 계층의 사회적 표준(social standard)에 기초하여 보수를 결정하는 것이다. 전통적 규범에 의해 각 계층의 보수를 차별화하는 것을 정당화하는 이론이다. 넷째, 상징이론(symbolism theory)은 경제적 성과보다 조직 내 권력관계에 관심을 둔 이론으로서 상위계층에 있는 조직구성원일수록 조직의 희소자원을 동원할 수 있는 능력이 커지기 때문에 성공적으로 업무를 수행할 확률이 높아져 더 많은 보수를 받게 된다는 것이다.

그러나 이러한 보수결정이론을 공공부문에 그대로 적용하기는 어렵다. 정부조직에서의 보수결정은 주로 형평성을 기초로 이루어지고, 정치과정적 이론이 많이 적용된다(박천오 외, 2016: 379–380). 다시 말해, 정부에서 수행하는 업무와 유사업무를 수행하는 민간기업의 보수를 기초자료로 해 외부적 형평성을 고려하지만, 내부적 보수결정은 대부분이 정치과정적으로 이루어진다는 것이다. 직급 간의 보수차이는 정치권력적 관계를 반영하고 있으며, 직무급을 반영함에 있어서도 가중치 책정 등과 관련해 상징적 기준을 많이 활용한다.

4) 연금과 후생복지

(1) 연금

간접보상 형태인 연금(pension)과 후생복지(fringe benefit)는 보수를 보완하는 금전적 보상제도이다. 민간조직에서 연금은 그다지 중요하게 고려되지 않지만, 공공부문에서 특히 공무원들에게 연금은 매우 중요한 보상수단이 된다. 연금은 "퇴직한 공무원과 그 가족에게 안정적인 생계유지를 위해서 지급되는 금전적 보상"제도로 정의된다(백종섭 외, 2016: 209). 이에 반해 퇴직금 제도는 "근로자가 일정기간 동안 해당 기업에 근무한 후 퇴직할 때 기업이 근로자에게 일정액을 지급하는 제도"를 의미한다(박경규, 2016: 455).

연금제도의 이론적 근거는 다음과 같다(유민봉·임도빈, 2016: 546). 첫째, 공로보장설(gratuity theory)이 있다. 이는 고용주 입장을 강조하는 이론으로 평생 동안 근무한 데에 대한 감사의 표시로 조직구성원들에게 연금을 지급한다고 보는 것이다. 둘째, 사회보장설(social security theory)이 있다. 이는 조직구성원들이 퇴직 후 수입이 없을 경우에 그들과 그 가족들의 생계유지를 위해 경제적 보상을 해 주어야 한다는 관점을 취하고 있다. 마지막으로, 보수후불설(deferred wage theory)이 있다. 이는 근로자가 노동의 대가를 매달 한꺼번에 보수로 받기 보다는 재직기간 중 지급되어야 할 보수의 일부를 적립해 두었다가 퇴직 이후에 받도록 한다는 것이다.

그림 8-8 연금의 관리체계: 기금의 조성·운용·배분

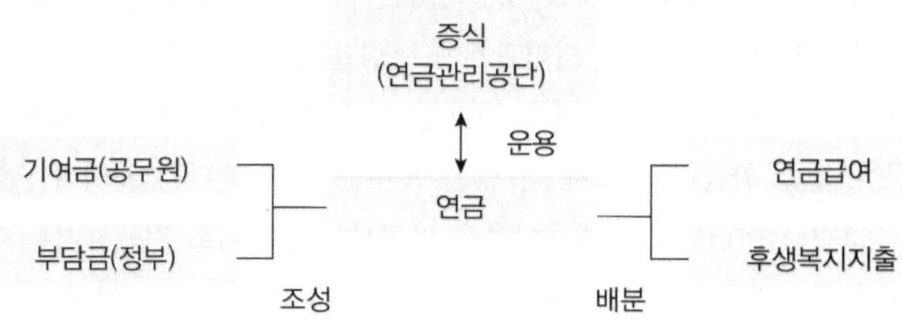

출처: 유민봉·임도빈(2016: 550)

공무원연금에 있어서는 연금을 조성하는 방식이 공무원의 기여금과 정부의 부담금으로 구분된다. 이때 정부가 부담하는 비용부담방식은 기여제(contributory system)와 비기여제(non-contributory system)로 구성된다. 기여제는 급여에 소요되는 비용을 국가 또는 지방자치단체와 공무원이 공동으로 부담하는 방식이고, 비기여제는 공무원은 비용을 부담하지 않고 국가 또는 지방자치단체가 소요비용 전액을 부담하는 방식이다. 반면, 연금재정 운용 방식으로는 적립방식(funded system)과 부과방식(pay-as-you-go)이 있다. 적립방식은 장래에 소요될 급여비용의 부담액을 제도가입기간 동안의 평준화된 보험료로 적립시키도록 계획하는 재정방식이며, 부과방식은 일정기간 동안의 급여비용을 동일기간 내에 조달하도록 계획하는 재정방식이다. 부과방식의 경우에는 적립금을 보유하지 않으며 보유하더라도 급여의 일시적 과다지출에 대비한 위험준비금 정도를 보유한다.[8]

(2) 후생복지

보수가 조직구성원들의 노동에 대한 직접적인 보상정책이라고 한다면 후생복지(fringe benefits)는 "임금을 제외하고 근로자들에게 제공되는 모든 간접적인 보상정책"이라고 할 수 있다(박경규, 2016: 445). 연금을 제외한 대표적인 후생복지제도로는 급식비, 경조비, 학비보조비, 문화비, 보육비 등의 지급과 통근승차 지원제도 및 여러 교육훈련비 지급 등이 있다. 이러한 후생복지 제공이 필요한 이유는 근로자들의 동기부여를 통한 생산성 증진과도 관련이 있지만, 후생복지가 근로자뿐만 아니라 그들의 가족에

8 http://www.mpm.go.kr/mpm/info/infoRetire/RetireAnnuity/RetireAnnuity03/

표 8-7 후생복지 제도의 도입 근거

목적	내용
경제적 목적	• 성과향상 • 신체적 · 정신적 성과창출 능력 유지 • 결근율, 이직률 감소 • 노동시장에서 경쟁력 제고
사회적 목적	• 기업 내 주변인력 보호(청소년, 노령자 등) • 인간관계 형성 지원
정치적 목적	• 노조의 영향력 감소 • 조직의 충성도 강화
윤리적 목적	• 근로자의 생계 지원

출처: 박경규(2016: 449) 재구성

게도 혜택을 주기 때문이다. 사회적 측면에서는 후생복지를 통해 사회구성원들의 삶의 질 제고를 도모할 수 있고, 정치적 측면에서는 후생복지를 통해 근로자들의 조직에 대한 충성도와 몰입도를 증대시킬 수 있다(임창희, 2015: 354–355).

4 공공조직에서의 인적자원 평가와 보상

1) 공무원(인적자원) 평가 현황

우리나라 공무원 평가제는 근무성적평정제도를 근간으로 하고 있다. 근무성적평정은 "공직에 대한 공무원의 능력과 실적 및 가치관·태도를 체계적으로 평가하는 것"을 의미한다(박천오 외, 2016: 336). 근무성적평정제도를 통해 공무원의 능력과 실적을 평가하고, 성실하고 능력 있는 공무원을 우대하는 실적제 원칙을 강조하는 것이다(박천오 외, 2016: 347). 즉, 근무성적평정제도의 도입 목적은 공무원의 능력발전과 능률향상 및 윤리관 확립, 인사관리의 평가기준 확보, 공정한 인사행정의 기준 확보 등에 있다(박천오 외, 2016: 336–347).

이러한 근무성적평정제도는 대상자에 따라 고위공무원단과 4급 이상의 공무원을 위한 '성과계약등 평가'제도와 5급 이하의 공무원을 위한 '근무성적평가'제도로 나뉘어 시행되고 있다. 그리고 이와 관련된 법령으로는 「공무원 성과평가 등에 관한 규정」

표 8-8 근무성적평정 이외에 우리나라 정부조직에서 활용하는 평정제도

① 경력평정: 경력(직업상의 경험과 그 근무연한)과 직무수행능력은 서로 상관관계가 있다고 가정하고 이를 평가하는 것으로 승진제도의 기준으로 활용됨
② 가점평정: 공무원평정에 있어서 직무관련 자격증 소지, 특정직위에서의 근무경력, 특수지역에서의 근무경력, 업무혁신 등을 점수로 계산하여 가점하는 것

출처: 박천오 외(2016: 359 - 364)

과 「공무원 성과평가 등에 관한 지침」이 있다. 다음에서는 우리나라 공무원 성과평가제도를 '성과계약등 평가'제도와 '근무성적평가'제도를 중심으로 설명하고, '성과관리카드제도'에 대해서도 간략히 논의하도록 한다.

(1) 성과계약등 평가제[9]

성과계약등 평가제도는 4급 이상 공무원(고위공무원단 포함)에 대한 개인업무 실적평가, 부서단위 실적평가, 그리고 그 밖에 직무수행과 관련된 자질 또는 능력 등에 대한 평가결과 중 하나 또는 그 이상으로 평가항목을 정하여 평가대상자와 평가자 간에 성과목표 및 지표 등에 관해 합의하고, 평가기간 중 평가대상 공무원이 달성한 성과목표의 추진결과 등을 평가지표 또는 평가항목의 특성에 맞게 설정한 평가기준에 따라 평가하여 그 결과를 인사관리에 반영하는 성과평가제도이다(인사혁신처, 2018). 평가항목은 부처 내 직종·직위·직무특성 등을 감안하여 개인의 업무 실적에 대한 성과목표 달성도에 대한 평가결과, 부서 또는 조직단위의 각종 부서운영 평가결과, 그 밖에 직무수행과 관련된 자질 또는 능력 등에 대한 평가결과 중 하나 또는 그 이상으로 정할 수 있다(인사혁신처, 2018).

성과관리시행계획 구조에서 알 수 있듯이 성과계약등 평가제도는 조직목표와 개인목표를 시스템적으로 연계하고 성과중심의 평가지표를 설정하였다는 측면에서 전형적인 개인차원의 성과평가이자 부서(조직)차원의 성과평가라고 할 수 있다. 이를 통해 개인의 능력발전과 더불어 조직의 성과도 동시에 달성하고자 하는 것이다(인사혁신처, 2018).

성과계약등 평가의 방법과 절차는 먼저 4급 이상의 공무원은 기관의 임무 등을 고려

9 이 부분은 인사혁신처(2018)의 「공무원 성과평가 등에 관한 지침」과 「공무원 성과평가 등에 관한 규정」을 참고로 하여 작성되었다.

하여 <표 8-9>와 같이 개인의 목표와 성과계약을 체결한다. 그리고 평가자는 체결한 성과계약이 제대로 시행되고 있는지를 중간 점검하고, 그 결과와 주기적 성과기록 관리 등을 참고하여 평가대상자와 성과면담을 진행하고 최종평가를 한다(박천오 외, 2016: 351).

그림 8-9 성과관리시행계획 구조

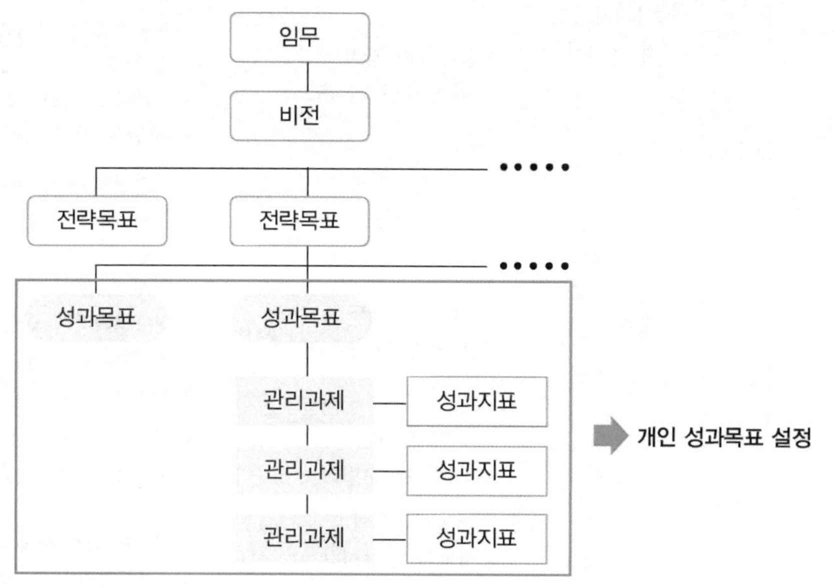

출처: 인사혁신처(2018)

표 8-9 성과계약등 평가에서 사용되는 성과계약서와 최종평가서 예

① 성과계약서

■ 평가대상기간 : 2014년도

	소속	직위	성명	서명
평가대상자	B국 C과	C과장	○○○	●●●
평가자	B국	B국장	□□□	■■■

기관의 임무와 목표를 달성하기 위해 甲과 乙은 상호 합의에 의해 다음과 같이 성과계약을 체결한다.

작성일: 2014. 1. 20. (승계시 사유도 추가 기재)

■ 개인성과목표

No.	성과목표	평가지표		실행계획
		평가지표명 (측정방법 포함)	목표점	
1	성과평가제도 정착 지원	성과평가 절차 준수 정도	80%	• 성과평가제도 설명회 개최 • 성과관리자 교육 매뉴얼 보급 및 활용 지원 • 운영실태 모니터링 및 우수사례 발굴 • 성과관리 점검, 환류 시스템 마련 • 성과관리자 사이버 교육과정 개발
		성과관리 강화 필요성에 대한 인식도	60%	
2	성과정보 종합관리 체계 구축	성과관리카드 입력 정도	80%	• 성과관리카드 매뉴얼 마련 및 설명회 개최 • 관련 시스템과 성과관리카드 간 연계 추진 • 성과관리카드 운영실태 모니터링 및 만족도 조사 • 성과관리카드 개선방안 마련
		성과관리카드 운영관련 만족도	60%	
3	다면평가제도 개선	다면평가제도 개선방안 수립	일정 준수	• 역량평가 중심으로 개선방안 마련 • 전문가 및 내부공무원 만족도 조사
4	소속 직원의 능력개발 지원	소속 직원의 상시학습 평균시간	100 시간	• 월 1회 이상 성과주의 연구회 주관 • 소속 직원의 상시학습 및 교육 이수 독려
		성과면담 및 코칭 횟수	5회	
5	소속 직원의 연가사용 활성화 지원	연가사용 실적 개선도 (전년도 기관평균 연가사용 실적 대비 증가율)	10% 증가	• 연가활성화 추진계획 수립 및 독려

② 최종평가서

■ 평가대상기간: 2014년도

	소속	직위	성명	서명
평가대상자	B국 C과	C과장	○○○	●●●
평가자	B국	B국장	□□□	■■■
확인자	A기관	D차관	◇◇◇	◆◆◆

No.	성과 목표	평가지표			주요실적
		지표명 (측정법)	목표점	결과	
1	성과평가제도 정착 지원	성과평가 절차 준수 정도	80%	86%	• 성과평가제도 설명회 개최 및 성과관리 교육 매뉴얼 보급 • 모니터링 및 우수사례 발굴·배포
		성과관리 필요성 인식도	60%	65%	
2	성과정보종합 관리체계 구축	카드 입력 정도	80%	82%	• 성과관리카드매뉴얼 마련 및 설명회 개최 • 관련부처 간 협의회를 통해 시스템 간 연계체제 구축하여 성과정보관리를 체계화 • 성과관리카드 운영실태 모니터링 및 만족도 조사 실시
		카드 운영 만족도	60%	50%	
3	다면평가제도 개선	제도 개선방안 적시 수립	일정 준수	일정 내 완료	• 역량평가 중심으로 개선방안 마련 －만족도 조사결과 전문가 및 일반공무원의 만족도 80%
평가자 의견		관대화 경향지수 개발 및 성과정보종합관리체계 구축 시 관련 민간 전문가, 유관부처 등과의 적극적인 의사소통과 더불어 조정·통합 능력을 발휘함. 다만 부처 관리자를 대상으로 성과관리교육을 강화하는 등 엄정하고 객관적인 성과평가제도 정착을 위해 더욱 적극적인 노력 필요			

최종등급	우수

작성일 : 2015. 1. 30.

※ 기타 성과목표별 실적

No.	성과목표	주요 실적
1	소속 직원의 능력개발 지원	• 소속 공무원의 상시학습 및 교육이수를 독려함 * 소속 직원 상시학습 평균시간 100시간 달성(목표 80시간), 성과면담 및 코칭 횟수 5회(목표 3회)
2	소속 직원의 연가사용 활성화 지원	• 소속 공무원의 연가활성화 추진계획을 수립하고 독려함 * 연가사용 실적 개선도 11% 증가 달성(목표 10% 증가)

출처: 인사혁신처(2018)

(2) 근무성적평가[10]

근무성적평가제도는 5급 이하 일반직 공무원에게 적용되는 근무성적평정제도로서 평가대상자의 근무실적, 직무수행능력 등을 평가하여 그 결과를 인사관리에 반영하는 개인 성과평가제도이다(인사혁신처, 2018). 평가자는 평가대상 공무원의 업무수행 과정 및 성과를 관찰할 수 있는 상급 또는 상위 감독자 중 소속 장관이 지정하는 자이며, 확인자는 평가자의 상급 또는 상위 감독자 중 소속 장관이 지정하는 자이다. 근무성적평가의 평가항목은 근무실적과 직무수행능력을 기본항목으로 하며, 평가항목의 총점은 100점으로 한다(인사혁신처, 2018).

5급 이하의 공무원 근무성적평가의 방법과 절차는 첫째, 5급 이하 공무원은 매년 1년간의 업무목표에 관한 성과계획을 작성하고, 둘째, 평가항목은 근무실적과 직무수행능력을 기본항목으로 하여 총 100점으로 평가하며, 셋째, 평가자는 수시로 대상자의 업무수행을 점검하여 평가하며, 이때 평가단위는 조직전체의 평가결과 조정을 위해 직무의 유사성, 직급별 인원 수 등을 고려해 평가한다. 넷째, 근무성적평가위원회에서는 전체 공무원들을 상대평가하여, 순위를 정하고 등급을 구분하여 평가점수를 부여한다. 이때 근무성적평가점수의 만점은 70점으로 하고 등급은 3단계 이상으로 할 수 있다(박천오 외, 2016: 353-357).

표 8-10 근무성적평가 예

공무원 성과평가서

■ 평가대상기간

성명	소속	직위	직급	현직급임용일	현보직일

Ⅰ. 평가자 사전진단

* 평가자는 반드시 평가자 사전진단을 작성한 후 성과평가서를 기재해주시기 바랍니다. 사전진단 결과는 평가에 반영되지 않으며 비공개사항으로 인사관리를 위한 자료로만 활용됩니다.

10 이 부분은 인사혁신처(2018)의 「공무원 성과평가 등에 관한 지침」과 「공무원 성과평가 등에 관한 규정」을 참고로 하여 작성되었다.

* 1~2번 문항은 4단계(매우 그렇다 – 그렇다 – 보통 – 아니다), 3~5번 문항은 예/아니오로 답하고 6번 문항에 대해서는 자유롭게 서술

연번	측정지표	문항	답변
1	성과	나는 이 직원에게 최상위등급의 성과급을 주고 싶다.	
2	역량	나는 직원을 당장 상위직급으로 승진시키고 싶다.	
3	협업·대인관계	나는 이 직원과 언제든지, 계속 함께 일하고 싶다.	
4	직무수행 태도	나는 우리 부서의 모든 직원들이 이 직원처럼 일해야 한다고 생각 한다.	
5	발전 가능성	나는 이 직원에게 앞으로 난이도·책임도가 더 높은 업무를 맡길 것이다.	
6	1~5문항 중 '아니오' 답변이 있다면, 이 직원의 (　　　　) 향상을 위해 나는 (　　　　) 지원을 할 것이다.		

다음 문항에 대해서는 자유롭게 서술
• 내가 이 직원에게 칭찬할 점은 • 향후 보완, 발전을 위해 지원해야 할 점은

년　　월　　일

평가자　직위(직급):　　　　성명:　　　　서명:

Ⅱ. 근무성적평가서

■ 평가대상기간

성 명	소속	직위	직급	현직급임용일	현보직일

1. 담당업무

2. 근무실적 평가(50점)

연번	성과목표 또는 단위과제	업무 비중(%)	주요실적	평가결과(예시)	소계 점수
				성과산출실적 또는 과제해결정도	
1				① ② ③ ④ ⑤	
2					
3					
4					
추가 업무					
추가 업무					
총 점					

1) 추가업무는 연초에 성과계획을 수립한 이후에 추가된 업무를 의미
2) 각 평가요소별로 매우 미흡(①)－미흡(②)－보통(③)－우수(④)－매우 우수(⑤)의 5단계로 평가하되, 매우 미흡(①)은 당초 계획을 현저히 미달한 경우, 미흡(②)은 당초계획을 미달한 경우, 보통(③)은 당초 계획을 달성한 경우, 우수(④)는 당초 계획을 초과한 성과를 달성한 경우, 매우 우수(⑤)는 획기적인 성과를 달성한 경우에 부여하도록 함

3. 직무수행능력 평가(50점)

연번	평가 요소	요소별 배점	정의	평가등급	소계 점수
1	기획력	9점	• 창의적인 시각을 가지고 문제를 예측하고 실행가능한 계획을 만든다. • 효과적인 설명이 가능하도록 일목요연한 계획을 만든다.	① ② ③ ④ ⑤	
2	의사전달력	6점	• 표현이 간결하면서도 논점이 빠지지 않도록 문서를 만든다. • 논리적이면서 설득력 있는 말로 설명을 한다.	① ② ③ ④ ⑤	
3	협상력	6점	• 상대방의 의도를 적절히 파악하여 자신의 입장을 설득한다. • 서로 상반되는 이해관계에 대하여 효과적으로 조정을 한다.	① ② ③ ④ ⑤	

4	추진력	5점	• 맡은 업무에 책임감을 가지고 목적한 바를 완수한다. • 열정을 가지고 환경적인 불리함을 극복한다.	① ② ③ ④ ⑤	
5	신속성	5점	• 계획된 일정에 따라 지연됨이 없이 일을 처리한다. • 주어진 과제에 대한 집중력을 가지고 예상되는 소요시간 보다 빨리 일을 처리한다.	① ② ③ ④ ⑤	
6	팀워크	8점	• 타인을 존중하며 팀원들과 협조적인 분위기를 만든다. • 타인의 적절한 요구와 건설적인 비판을 수용한다.	① ② ③ ④ ⑤	
7	성실성	5점	• 무단조퇴·무단결근 등 조직 운영에 장애가 되는 행위를 하지 않는다. • 맡은 업무 및 조직의 발전에 헌신적인 자세를 갖는다.	① ② ③ ④ ⑤	
8	고객·수혜자 지향	6점	• 업무와 관련하여 국민이나 내부수혜자(타 공무원)가 하는 바를 이해하며, 그들의 요구를 충족하도록 배려하는 능력	① ② ③ ④ ⑤	
총 점					

* 평가요소별로 '전혀 그렇지 않다(①)－거의 그렇지 않다(②)－가끔 그렇다(③)－자주 그렇다(④)－항상 그렇다(⑤)'의 5단계로 평가함

4. 평가자 의견 및 종합평가

성과면담 결과 및 평가자 의견		
성과면담 실시일		
평가자 최종의견 (면담결과 포함)	성과목표달성도	직무수행 자질·능력
평가등급 및 점수		

평가자 직위(직급): 성명: 서명:
확인자 직위(직급): 성명: 서명:

출처: 인사혁신처(2018)

(3) 성과관리카드제도

성과관리카드제도는 인사기록카드제도와는 구분된다. 종전의 인사기록카드는 경력과 신상 위주로 되어 있어 실제 인사관리에 있어서 활용가치가 낮았고, 개인의 성과 및 평가정보가 체계적으로 관리되지 못하였다. 이러한 문제점을 극복하기 위하여, 공무원의 업무성과에 대한 각종 평가 및 감사결과 등을 종합적·누적적으로 관리하여 실적과 성과에 따른 인사운영 기반을 구축하기 위한 개인별 성과관리제도가 도입되었는데 이것이 바로 성과관리카드제도이다.[11] 성과관리카드에 반영되는 정보는 개인의 주요 성과, 상사의 평가의견, 외부평가와 감사결과 등이 포함되며, 개인별로 성과관리카드를 매년 작성하여 누적관리한다(박천오 외, 2016: 368).

우리나라에서는 2005년 7월 1일 성과관리카드제도가 시행되면서 각 부처에서 성과관리카드 기록관리시스템을 활용하여 4급 이상 공무원을 대상으로 운영하고 있는데, 작성된 성과관리카드는 고위직 인사심사 및 인재추천 등에 활용되고 있다.[12] 또한, 성과계약등 평가제도와 같은 성과평가시스템과 성과관리카드를 전자인사관리시스템(e–사람) 상에 연계하여 성과관리카드 관리 및 활용의 편리성을 제고하였다. 뿐만 아니라, 전자통합평가시스템(e–IPSES) 및 감사원 e–감사시스템 등 각종 성과정보 관련 시스템과의 연계체제를 구축하여 기존 오프라인 상에서 관리되던 각종 성과정보를 온라인으로 효율적으로 관리하고 있다.

그림 8-10 성과관리제도 운영

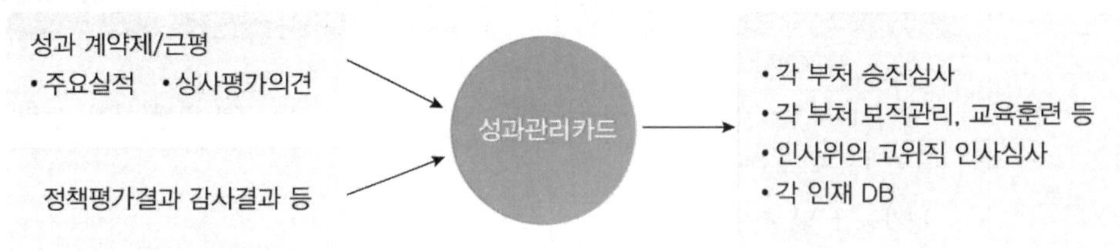

출처: 인사혁신처 홈페이지[13]

11 인사혁신처 홈페이지 참조.

12 인사혁신처 홈페이지 참조.

13 http://www.mpm.go.kr/mpm/info/infoBiz/bizSal/bizSal04/

2) 우리나라 공무원에 대한 평가 문제점과 해결방안

우리나라 공무원에 대한 성과평가의 문제점과 해결방안은 다음과 같다(박천오 외, 2016: 370–372; 강성철 외, 2014: 396–399). 첫째, 아직까지 인적자원에 대한 평가제도가 공무원의 직무수행 통제라는 소극적인 측면만을 강조하고 있어, 성과평가의 목적인 공무원 개인 능력발전과 인사관리의 합리적 관리가 부족한 경향이 있다. 이러한 현상은 결국 인적자원 평가가 조직의 생산성과 효율성을 증진으로 연계되는 것을 방해한다. 따라서 이를 극복하기 위해서는 평가제도를 공무원 능력발전의 기초자료로 삼아 능력발전의 기회를 마련할 수 있도록 해야 한다.

둘째, 인적자원평가 시 평정자와 확인자의 정치적 관계가 작용할 가능성이 높다. 무엇보다도 평정자가 평정오류를 범할 가능성이 높으며 특히 학연, 지연 등의 비실적제 요소가 평가에 영향을 미치게 될 가능성이 있다. 이로 인해 평가의 공정성과 객관성이 저해될 가능성이 높다. 이러한 문제를 극복하기 위해서는 평정자에 대한 충분한 사전 교육이 있어야 한다.

셋째, 성과에 대한 평가가 명확하게 이루어지지 않을 가능성이 높다. 근무성적평정제도가 공무원의 성과와 실적을 평가하는 제도이기는 하지만, 성과계약등 평가제와 근무성적평가제도 모두 객관적인 평가기준을 제공하고 있지는 못하다. 즉, 평가자의 주관에 의해 평가가 이루어지기 때문에 성과에 대한 평가가 정확하게 이루어지기 어렵다. 이러한 문제를 극복하기 위해서는 성과 평가결과를 적극적으로 공개하고, 결과에 대한 불만이 있으면 공정한 절차를 통해 해결할 수 있도록 하는 제도적 장치를 마련해야 한다.

넷째, 평가결과를 있는 그대로 받아들이는 조직문화가 형성되어 있지 않다. 계급제 전통으로 인해 명확한 직무분석이 이루어지지 않고, 능력과 실적이 우선되는 것이 아니라 역산제와 좋은 평정점수의 나누어먹기에 의한 평가가 이루어지는 경향이 있다. 역산제는 "경력이나 선임 순으로 평정점수를 부여하거나 정실에 의해 순위를 미리 정해 놓고 그 순위대로 평점점수를 부여하는 방식"이다(박천오 외, 2016: 371). 따라서 이러한 문제를 극복하기 위해서는 평가가 연공서열에 의해 일방적으로 배분되는 것이 아니라, 능력과 실적을 바탕으로 이루어지는 것이라는 것을 조직구성원들이 인식할 수 있도록 하는 조직문화를 마련하여야 한다.

3) 공공조직의 보수 특징

공공부문의 보수 특히 공무원 보수는 민간부문과는 다른 특성을 가진다(유민봉·임도빈, 2016: 503). 공무원 보수는 보수의 가장 일반적인 특성이라고 할 수 있는 노동에 대한 보상 측면도 있지만 생활보장적 성격이 강하다. 공무원이 공직에 최선을 다해 전념할 수 있게끔 최소한의 생활을 영위할 수 있도록 하는 금전적 보장의 성격을 가진다는 것이다. 또한, 공무원 업무의 특성 상 노동의 대가를 정확하게 파악할 수 없다. 특히 공공성이 높은 국방, 치안, 소방 등의 업무에 대해서는 노동의 대가를 명확하게 파악할 수 없다. 따라서, 공무원의 보수는 최소한 생활보장급은 보장해 주어야 한다(박천오 외, 2016: 373).

무엇보다도 보수의 결정은 단순히 노동의 대가인 관리 상의 이유로 결정되는 것은 아니다. 이밖에 보수의 결정에는 정치적·법적·경제적 외부 환경이 상당한 영향을 미치게 된다. 보수(예 대상자, 금액 등 포함)는 관리자가 임의로 결정할 수 있는 것이 아니라 법령에 근거하여 결정되며, 보수의 책정 역시 외부 경제적 환경에 따라 달라질 수 있다. 국가 경제상황이 좋지 않을 때 공무원들의 임금을 우선적으로 동결하는 것이 대표적인 예이다. 그리고 공무원의 인건비, 즉 보수 인상은 세금증가 등에 직결되어 국민경제에 부담이 될 수 있기 때문에 정치권에서는 찬성하지 않는 경우가 많다. 반대로 선거가 있을 때에는 공무원들의 지지를 얻기 위해 공무원 보수 인상을 지지하는 경우도 있다(유민봉·임도빈, 2016: 503–504). 마지막으로, 공무원 임금협상은 노사 간 합의가 아니라 정부에 의해 일방적으로 결정되는 경향이 있다. 즉, 공무원 보수는 합리적으로 결정되지 않고, 정치적 영향을 많이 받으며, 외부통제로 인하여 상대적으로 민간보다 낮게 책정되는 경향이 있다(박천오 외, 2016: 375). 따라서 공무원 보수의 결정요인으로는 사회적 최저생계비, 민간부문과 보수 비교, 정부의 지불능력, 물가수준 등이 고려된다(박천오 외, 2016: 385–388).

4) 우리나라 공무원 보수제도

(1) 우리나라 공무원 보수제도의 의의

공무원 보수에 관한 법령은 대통령령인 「공무원 보수규정」과 「공무원수당 등에 관한 규정」, 그리고 인사혁신처 예규인 「공무원 보수 등의 업무지침」 등에 근거한다. 이를 중심으로 현재 우리나라 정부조직에서 운영 중인 보수제도를 살펴보도록 한다.

그림 8-11 우리나라 공무원 보수제도

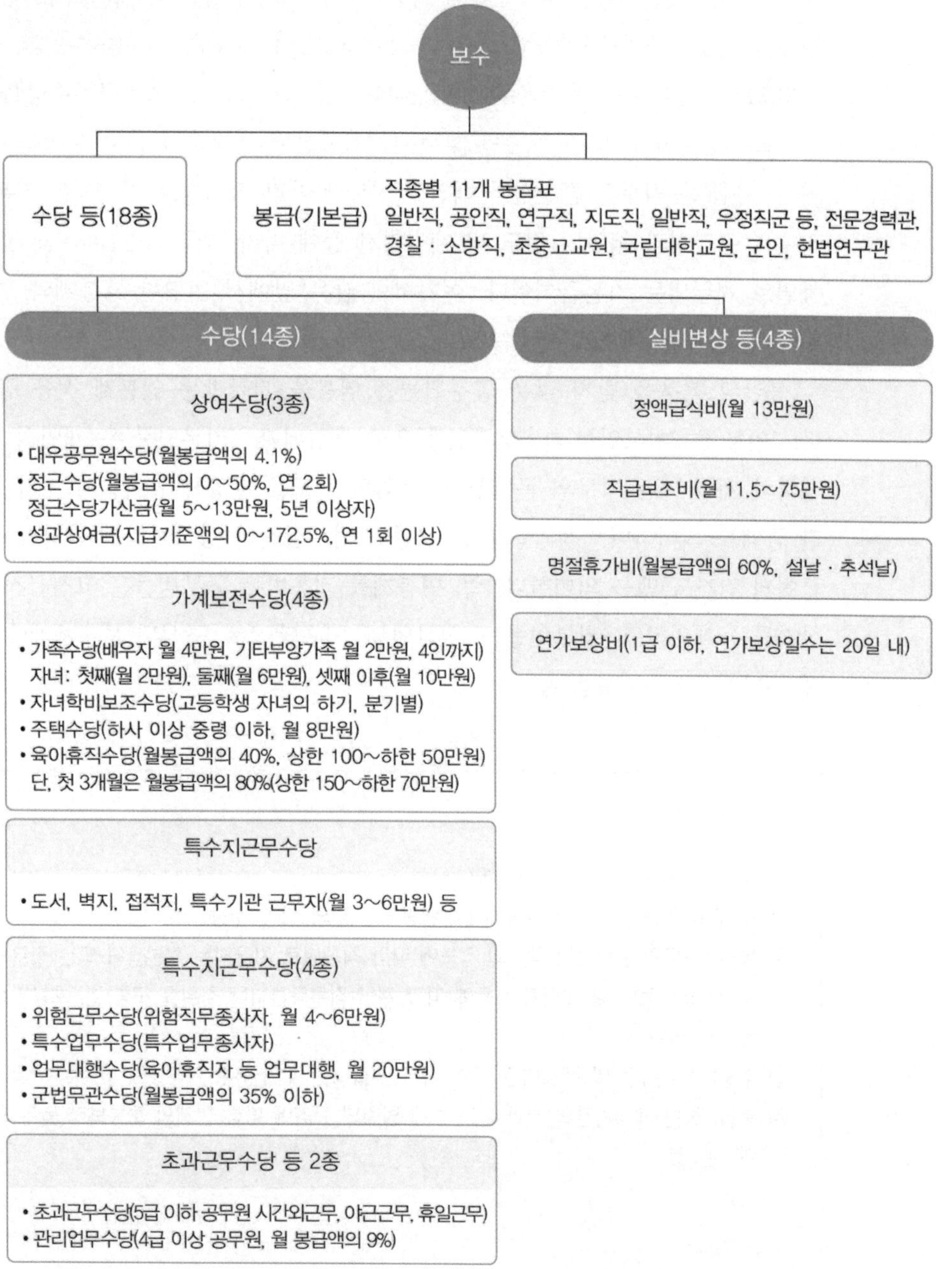

보수

수당 등(18종)

봉급(기본급) 직종별 11개 봉급표
일반직, 공안직, 연구직, 지도직, 일반직, 우정직군 등, 전문경력관, 경찰 · 소방직, 초중고교원, 국립대학교원, 군인, 헌법연구관

수당(14종)

상여수당(3종)
- 대우공무원수당(월봉급액의 4.1%)
- 정근수당(월봉급액의 0~50%, 연 2회)
  정근수당가산금(월 5~13만원, 5년 이상자)
- 성과상여금(지급기준액의 0~172.5%, 연 1회 이상)

가계보전수당(4종)
- 가족수당(배우자 월 4만원, 기타부양가족 월 2만원, 4인까지)
  자녀: 첫째(월 2만원), 둘째(월 6만원), 셋째 이후(월 10만원)
- 자녀학비보조수당(고등학생 자녀의 하기, 분기별)
- 주택수당(하사 이상 중령 이하, 월 8만원)
- 육아휴직수당(월봉급액의 40%, 상한 100~하한 50만원)
  단, 첫 3개월은 월봉급액의 80%(상한 150~하한 70만원)

특수지근무수당
- 도서, 벽지, 접적지, 특수기관 근무자(월 3~6만원) 등

특수지근무수당(4종)
- 위험근무수당(위험직무종사자, 월 4~6만원)
- 특수업무수당(특수업무종사자)
- 업무대행수당(육아휴직자 등 업무대행, 월 20만원)
- 군법무관수당(월봉급액의 35% 이하)

초과근무수당 등 2종
- 초과근무수당(5급 이하 공무원 시간외근무, 야근근무, 휴일근무)
- 관리업무수당(4급 이상 공무원, 월 봉급액의 9%)

실비변상 등(4종)

정액급식비(월 13만원)

직급보조비(월 11.5~75만원)

명절휴가비(월봉급액의 60%, 설날 · 추석날)

연가보상비(1급 이하, 연가보상일수는 20일 내)

출처: 인사혁신처 홈페이지[14]

14 http://www.mpm.go.kr/mpm/info/infoBiz/BizPay/bizPay01/

먼저 「공무원 보수규정」에 나타난 공무원 보수관련 용어를 간략히 살펴본다.[15] '보수'는 기본적으로 '봉급'과 그 밖의 각종 '수당'으로 구성된다. 여기서 '수당'은 상여수당(예 정근수당), 가계보전수당(예 가족수당, 자녀학비보전수당, 주택수당, 육아휴직수당 등), 특수지보전수당(예 특수지근무수당), 특수근무(예 위험근무수당, 업무대행수당 등), 초과근무수당(예 시간외근무수당, 현업공무원 등에 대한 야근수당, 관리업무수당 등)이 포함된다(「공무원수당 등에 관한 규정」 참조).[16] 여기서 '봉급'은 직무의 곤란성과 책임의 정도에 따라 직책별로 지급되는 기본급여 또는 직무의 곤란성과 책임의 정도 및 재직기간 등에 따라 계급(직무등급이나 직위를 포함)별, 호봉별로 지급되는 기본급여이다. 여기서 봉급은 앞에서 설명한 호봉제와 연공급의 성격이 강한 보수 체계로 볼 수 있다.

봉급의 적용을 받지 않은 공무원들은 연봉을 지급받는 연봉제 적용 공무원이 된다. '연봉'은 '기본연봉'과 '성과연봉'으로 구성된다. '기본연봉'은 개인의 경력, 누적성과와 계급 또는 직무의 곤란성 및 책임의 정도를 반영하여 지급되는 기본급여의 연간 금액을 의미하며, '성과연봉'은 전년도 업무실적의 평가결과를 반영하여 지급되는 급여의 연간 금액을 의미한다. 즉, 연봉제를 적용받는 공무원들은 고정급적 연봉제 대상자들을 제외하고 '기본연봉'+'성과연봉'+'수당'으로 구성된 보수체계에 적용을 받게 된다(「공무원 보수 규정」 참조).[17]

보수관련 용어

① 보수=봉급+그 밖의 각종 수당
※ 연봉제 적용대상 공무원 보수: 연봉+그 밖의 각종 수당

② 봉급: 직무의 곤란성과 책임의 정도에 따라 직책별로 지급되는 기본급여 또는 직무의 곤란성과 책임의 정도 및 재직기간 등에 따라 계급(직무등급이나 직위를 포함)별, 호봉별로 지급되는 기본급여

③ 수당: 직무여건 및 생활여건 등에 따라 지급되는 부가급여

④ 승급: 정한 재직기간의 경과나 그 밖에 법령의 규정에 따라 현재의 호봉보다 높은 호봉을 부여하는 것

15 자세한 사항은 법령정보센터(2018)의 내용을 참조하기 바란다. http://www.law.go.kr/lsInfoP.do?lsiSeq=184134&efYd=20160625#0000

16 대통령령 제27258호인 「공무원수당 등에 관한 규정」은 아래 사이트에서 확인할 수 있다. http://www.law.go.kr/lsInfoP.do?lsiSeq=184135&efYd=20160625#0000

17 http://www.law.go.kr/lsInfoP.do?lsiSeq=184134&efYd=20160625#AJAX

⑤ 승격: 외무공무원이 현재 임용된 직위의 직무등급보다 높은 직무등급의 직위(고위공무원단 직위는 제외한다)에 임용되는 것
⑥ 보수의 일할계산: 그 달의 보수를 그 달의 일수로 나누어 계산하는 것
⑦ 연봉: 매년 1월 1일부터 12월 31일까지 1년간 지급되는 '기본연봉'+'성과연봉'
다만, 고정급적 연봉제 적용대상 공무원의 경우에는 해당 직책과 계급을 반영하여 일정액으로 지급되는 금액
- 기본연봉: 개인의 경력, 누적성과와 계급 또는 직무의 곤란성 및 책임의 정도를 반영하여 지급되는 기본급여의 연간 금액
- 성과연봉: 전년도 업무실적의 평가결과를 반영하여 지급되는 급여의 연간 금액

출처: 「공무원 보수규정」 제4조[18]

(2) 우리나라 공무원 보수 현황

우리나라 공무원 보수는 대부분의 경우 봉급제로 운영되고 있기 때문에 이를 중심으로 공무원 보수 현황을 살펴보도록 한다. 공무원의 봉급체계는 크게 호봉제와 연봉제로 구분되며, 연봉제는 고정급적연봉제, 성과급적연봉제, 직무성과급연봉제로 구분된다.[19] 먼저 우리나라 호봉제에 적용을 받는 공무원들은 <표 8-11>의 보수표와 같이 근무연수와 계급에 따라 봉급이 결정된다. 예를 들어, 2018년 현재 기준으로 9급으로 처음 입사한 1호봉 공무원의 월 봉급급여는 1,448,800원이다. 여기에 각종 수당과 성과상여금을 더해 자신의 보수가 결정되는 것이다.

표 8-11 일반직공무원과 일반직에 준하는 특정직 및 별정직 공무원 등의 봉급표

(월지급액, 단위: 원)

계급·직무등급 / 호봉	1급	2급	3급	4급·6등급	5급·5등급	6급·4등급	7급·3등급	8급·2등급	9급·1등급
1	3,877,000	3,490,300	3,148,900	2,698,800	2,411,800	1,989,600	1,785,500	1,591,900	1,448,800
2	4,012,900	3,619,800	3,265,500	2,809,100	2,509,300	2,082,100	1,866,900	1,669,200	1,504,400
3	4,152,300	3,751,000	3,385,400	2,921,100	2,610,400	2,177,700	1,953,200	1,750,800	1,575,900
4	4,294,800	3,883,500	3,506,300	3,035,700	2,715,600	2,275,300	2,043,800	1,834,000	1,652,100
5	4,440,700	4,017,700	3,629,100	3,151,900	2,823,500	2,375,700	2,137,600	1,920,500	1,732,300

18 http://www.law.go.kr/lsInfoP.do?lsiSeq=184134&efYd=20160625#0000
19 인사혁신처 홈페이지 참조.

6	4,588,400	4,152,200	3,753,100	3,269,200	2,933,600	2,479,000	2,233,700	2,009,200	1,813,200
7	4,738,300	4,288,400	3,878,600	3,387,600	3,045,400	2,582,500	2,330,600	2,098,200	1,893,700
8	4,889,600	4,424,500	4,004,400	3,506,600	3,158,600	2,686,400	2,427,900	2,183,600	1,971,400
9	5,042,800	4,561,500	4,131,300	3,625,900	3,272,100	2,790,600	2,520,500	2,265,200	2,045,700
10	5,197,000	4,698,500	4,258,100	3,745,100	3,386,500	2,888,300	2,609,000	2,342,200	2,117,200
11	5,350,900	4,836,000	4,385,000	3,865,400	3,493,200	2,981,000	2,692,400	2,417,000	2,185,400
12	5,509,900	4,978,200	4,516,700	3,978,500	3,596,300	3,072,200	2,774,300	2,490,000	2,253,200
13	5,669,900	5,121,400	4,639,100	4,084,500	3,694,100	3,158,100	2,852,100	2,560,200	2,318,200
14	5,830,300	5,250,900	4,752,600	4,183,300	3,785,400	3,239,200	2,926,500	2,627,100	2,381,300
15	5,970,400	5,370,400	4,857,200	4,276,300	3,871,500	3,317,100	2,997,500	2,691,500	2,441,600
16	6,094,800	5,479,900	4,954,900	4,364,000	3,952,600	3,390,000	3,064,800	2,753,600	2,500,000
17	6,205,200	5,580,800	5,045,600	4,445,500	4,028,800	3,459,700	3,129,300	2,811,600	2,557,000
18	6,303,500	5,672,800	5,129,900	4,521,600	4,100,800	3,525,600	3,191,000	2,868,000	2,610,100
19	6,391,500	5,757,900	5,207,900	4,592,700	4,168,700	3,588,000	3,249,000	2,922,000	2,662,300
20	6,470,400	5,835,600	5,280,900	4,659,100	4,232,200	3,646,800	3,304,400	2,973,500	2,712,200
21	6,543,100	5,906,500	5,348,500	4,721,200	4,292,000	3,703,400	3,357,200	3,022,700	2,759,100
22	6,607,800	5,971,700	5,411,100	4,779,400	4,348,200	3,756,600	3,407,100	3,070,000	2,804,200
23	6,662,500	6,031,300	5,468,900	4,834,100	4,401,300	3,806,500	3,455,200	3,114,900	2,847,100
24		6,080,000	5,522,800	4,885,500	4,450,800	3,854,100	3,501,100	3,158,300	2,888,400
25		6,126,500	5,567,200	4,932,700	4,497,700	3,899,400	3,544,400	3,199,400	2,927,800
26			5,609,500	4,972,600	4,541,800	3,942,000	3,585,900	3,239,400	2,963,300
27			5,648,800	5,009,400	4,578,400	3,982,600	3,621,100	3,272,600	2,993,900
28				5,044,600	4,613,600	4,016,600	3,653,800	3,304,700	3,023,500
29					4,645,900	4,048,500	3,685,500	3,335,000	3,051,900
30					4,677,300	4,080,000	3,715,700	3,364,400	3,079,600
31						4,109,100	3,744,100	3,392,900	3,106,700
32						4,136,600			

비고: 1. 국가정보원 기획조정실장의 봉급월액은 7,866,600원으로 한다.

2. 다음 각 목의 공무원의 봉급월액은 해당 계급 및 호봉 상당액으로 한다. 다만, 제8조, 제9조 및 제11조(제61조에 따라 제8조, 제9조 및 제11조를 준용하는 경우를 포함한다)에 따라 획정한 호봉이 높은 경우에는 유리한 호봉을 적용한다.

가. 교섭단체 정책연구위원 중 4급 상당: 4급 21호봉

나. 국회의원 보좌관: 4급 21호봉, 국회의원 비서관: 5급 24호봉, 국회의원 비서 중 6급 상당: 6급 11호봉, 7급 상당: 7급 9호봉, 8급 상당: 8급 8호봉, 9급 상당: 9급 7호봉

출처: 「공무원 보수규정」(2018. 1. 18)

표 8-12 성과상여금 지급등급과 지급률 현황

지급등급 (인원비율)	S등급 (상위 20%)	A등급 (20% 초과 60% 이내)	B등급 (60% 초과 90% 이내)	C등급 (하위 10%)
지급률 ('기준액' 기준)	172.5% 이상	125%	85% 이하	0%

출처: 인사혁신처(2018)

최근에는 공무원들의 경쟁력을 향상시키기 위해 근무성적과 기타 업무실적에 따라 성과급(실적급)인 성과상여금을 차등 지급하고 있다. 성과상여금의 대상자들은 일반직 공무원들은 6급 이하 공무원에게 적용된다. 성과상여금의 지급 방법은 개인별로 차등 지급하는 방법, 부서별 또는 지급 단위 기관별로 차등 지급한 후 개인별로 균등하게 지급하는 방법, 개인별로 차등 지급하는 방법과 부서별 또는 지급 단위 기관별로 차등 지급하는 방법을 병용하는 방법, 부서별 또는 지급 단위 기관별로 차등 지급한 후 부서 또는 지급 단위 기관 내에서 개인별로 다시 차등 지급하는 방법, 그 밖에 인사혁신처장과 협의하여 정하는 방법 중에서 어느 하나를 성과급심사위원회의 심사를 거쳐 결정하게 된다. 성과상여금의 지급등급과 등급별 지급률은 <표 8-12>와 같다. 「공무원수당 등에 관한 규정」 제7조2의6항에 의하면 '소속 장관은 근무성적이나 업무실적 등이 우수한 상위 2퍼센트 이내의 공무원에게는 해당 공무원에게 지급되는 성과상여금 또는 「공무원보수규정」 제4조제7호 나목에 따른 성과연봉 지급액의 50퍼센트를 특별성과가산금으로 지급할 수 있다'고 규정되어 있다.

다음으로 살펴볼 것은 연봉제이다. 우리나라는 보수의 공정성을 증진시키기 위하여 1999년부터 연봉제를 도입하였다. ① 고정급적 연봉제, ② 직무성과급적 연봉제, ③ 성과급적 연봉제 중, 고정급적 연봉제는 차관급 이상 정무직공무원 등을 대상으로 적용되며 직위별로 연봉이 고정되는 제도로서 연봉이외 가족수당, 자녀학비보조수당, 직급보조비, 정액급식비 등을 보수관련 법령에 따라 지급받는다. 특히, 정무직 공무원에 대한 성과측정이 어려워 이들에게는 고정급적 연봉제가 실시된다.[20] 둘째, 고위공무원단에 적용되는 직무성과급적 연봉제는 기본연봉, 성과연봉, 수당으로 구성되고, 기본연봉은 기준급과 직무급으로 구분되고 있으며, 성과급 비중이 더 높은 것으로 나타난다.

마지막으로, 성과급적 연봉제는 일반직, 별정직 등 1~5급(상당) 공무원에게 적용된

20 인사혁신처 홈페이지 참조.

그림 8-12 직무성과급적 연봉제 구성

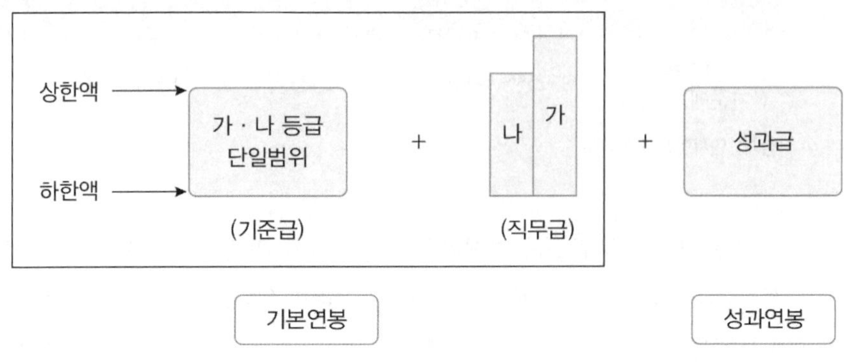

출처: 인사혁신처(2018)

표 8-13 성과연봉 지급을 위한 평가등급별 인원비율 · 지급률

평가등급	S등급	A등급	B등급	C등급
인원비율	20%	30%	40%	10%
지급률 (지급기준액 기준)	8%	6%	4%	0

출처: 인사혁신처(2018)

다. 이는 기본연봉, 성과연봉, 수당으로 구성되는 데, 성과연봉은 업무실적에 따라 차등 지급된다. 성과연봉 지급을 위한 평가등급별 인원비율 · 지급률은 <표 8-13>과 같다.

종합적으로, 우리나라 공직보수제도의 현황은 <표 8-14>와 같다. 기본적으로 호봉제와 연봉제로 나누어지고, 정무직 공무원을 비롯한 일부를 제외하고 실적급 또는 성과급의 적용을 받는다. 그리고 성과급적 연봉제 대상자로 5급 공무원을 확대 적용시켰다.

표 8-14 우리나라 보수제도 현황

구분		구성	적용대상
연봉제	고정급적 연봉제	고정연봉	정무직공무원
	직무성과급적 연봉제	• 기본연본(기준급 + 직무급) • 성과연봉 • 수당	고위공무원단에 속하는 공무원
	성과급적 연봉제	• 기본연본(기준급) • 성과연봉 • 수당	1~5급(상당) 공무원, 외무 5등급 이상, 경찰(치안정감 – 경정) 및 소방(소방정감 – 소방령)공무원, 임기제공무원, 국립대학교원
호봉제			「공무원보수규정」 별표3, 별표3의2, 별표4 내지 별표6, 별표8, 별표10 내지 별표14 적용공무원(예 전문경력관, 공안업무공무원 등)
성과상여금 + 호봉제		• 호봉 • 성과상여금 • 수당	6급 이하(임기제공무원 제외)

출처: 「공무원 보수 등의 업무지침」 재구성(2018. 기준)

그림 8-13 우리나라 보수 체계

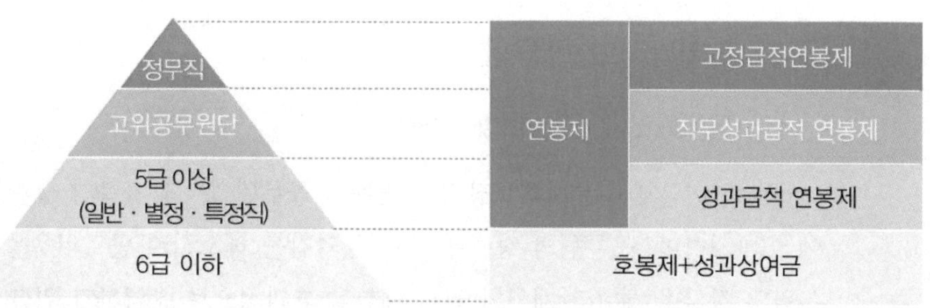

※ 교원(단, 국립대학의 장을 제외한 국립대학의 교원은 성과급적 연봉제 적용), 군인, 검사, 국가정보원직원, 대통령경호실 직원은 연봉제 적용 제외

출처: 인사혁신처(2017)

총액인건비제

각 부처별 인건비 예산총액을 관리하고 해당 부처에서는 인건비 예산총액의 한도 내에서 인력의 직급별 규모, 직렬, 직류 등의 종류, 기구의 설치 및 인건비 배분 등을 자율적으로 운영하되, 그 결과에 책임을 지는 제도이다. 총액인건비제를 시행하는 목적은 부처의 업무특성을 반영하여 적절한 조직·보수제도의 자율적인 운영을 보장하여 조직의 생산성을 증진시키기 위한 것이다(박천오 외, 2016: 401).

(3) 우리나라 공무원 보수제도의 문제점

우리나라의 공무원 보수는 경제적·정치적 이유 등으로 인하여 보수수준 인상에 상당한 제약을 받아왔다. 현재까지 많은 제도적 개선이 있어 왔지만, 보수관리 차원에서 보수결정의 원칙이 제대로 지켜지지 않아 합리적인 보수관리가 이루어지지 않았다(강성철 외, 2014: 478–482). 직종 간의 곤란도와 특성이 보수에 명확하게 반영되지 못했다. 또한, 과거보다 실적급 보급이 향상되고는 있지만 아직까지 제도가 완전히 정착되지 못했으며, 공무원 보수에 있어서 기본급 보다 수당의 비중이 더 높아 보수체계가 왜곡되었다. 이를 개선하기 위해서는 우선 구체적이고 명확한 직무분석이 우선시 되어야 한다. 이러한 체계적인 직무분석을 바탕으로 보수가 결정되어야 하며, 보수의 구조를 합리적으로 바꾸려는 제도적 노력도 필요하다.

5) 우리나라의 공무원연금과 후생복지

(1) 공무원연금제도 의의와 현황

공무원연금제도는 사회보장적 측면에서 공무원 및 그 가족의 생활안정과 복리향상에 이바지하며, 공무원의 장래에 대한 불안감을 해소시켜 근로의욕을 고취시키고, 공무원의 정치적 제한과 개인의 권리 제한을 효과적으로 운영하기 위한 반대급부로서의 의의를 가진다(박천오 외, 2016: 405–406). 이러한 공무원연금제도는 관료제 발달과정에서 도입·시행되기 시작하였다. 관료제가 일찍 발달한 유럽대륙국가에서의 공무원연금은 '은급'으로서[21] 국가부양적 공무원연금제도로 운영되었다. 하지만, 공무원을 특별한 직업이 아니라 여러 직업 중의 하나라고 인식한 국가들은 공무원연금을 보험료에 기

21 은혜로서 베푸는 급여를 의미한다.

초한 '사회보험'의 하나로 운영하였다. 우리나라의 공무원연금도 사회보험제를 바탕으로 한다(박천오 외, 2016: 406).

우리나라의 공무원연금제도는 1960년에 도입되어 공무원이 20년 이상 성실히 근무하고 퇴직하거나 공무상 질병·부상으로 퇴직 또는 사망한 때에 연금 또는 일시금을 지급하는 제도이다. 이는 공무원과 그 유족의 노후 소득보장을 도모하는 한편, 장기재직과 직무충실을 유도하기 위한 인사정책적 차원에서 실시되고 있다.[22] 공무원연금정책과 관련된 업무에 있어서는 인사혁신처가 공무원연금제도를 총괄하고, 공무원연금공단이 공무원연금업무의 집행을 총괄하며, 각 연금 취급기관에서 소속 공무원에 대한 연금업무를 수행하고 있다.

(2) 공무원연금제도 개혁

공무원연금제도와 관련해 중요하게 논의되어야 하는 사항 중에 공무원 연금개혁이 있다. 공무원연금제도가 실시 된지 약 50년 정도가 경과되어 사회적·재정적 환경이 변화하였으며, 1990년대 이후부터는 고령화 문제와 공무원 연금의 내부 수급구조 문제, 국민연금과의 형평성 문제가 심화되어 연금관련 재정악화가 지속되었다. 이러한 문제를 적극적으로 해결하기 위하여 1995년, 2000년, 2009년 3차례의 공무원 연금개혁이 단행되었으나, 재정적자 문제를 완전히 해소하지 못해 2015년 「공무원 연금법」을 재개정하게 되었다(인사혁신처, 2016: 2-3).

2016년 1월 1일 시행된 「공무원 연금법」의 주요 내용은 다음과 같다(인사혁신처, 2016: 212). 공무원의 기여율과 정부의 부담률을 종전 기준소득월액의 7%에서 9%로 단계적으로 인상하였다. 2016년에는 8%에서, 2017년에는 8.25%, 2018년에는 8.5%, 2019년에는 8.75%, 2020년부터 9%로 인상한다. 반면에 연금지급률을 인하하였는데 종전 재직기간 1년당 1.9%에서 단계적으로 인하하여 재직기간당 1.7%로 인하하였다. 2016년에는 1.878%, 2020년에는 1.79%, 2025년에는 1.74%, 2030년에는 1.72%, 2035년에는 1.7%로 인하한다. 이전에는 소득재분배 요소 조항이 없었으나 2015년 개혁에서는 이를 도입하여 지급률 1.7% 중 1.0%를 국민연금상당분으로 배정하는 등 재분배 요소를 도입하였다. 소득상한을 강화하여 종전 1.8배(전체 공무원 평균기준소득월액 대비)에서 1.6배로 하향조정하였으며, 연금수급 요건 조정 역시 20년에서 10년으로 줄였다. 그리고 재직기간 상한 연장은 종전 33년에서 36년으로 연장하였다(재직 21년 미만부터 단계적

22 http://www.mpm.go.kr/mpm/info/infoRetire/RetireAnnuity/RetireAnnuity01/를 참조바란다.

연장). 그리고 연금지급개시 연령을 연장하였다. 종전의 「공무원 연금법」에서는 연금수령자가 2009년 이전 임용자는 60세, 2010년 이후 임용자는 65세로 규정하였으나, 최근 「공무원 연금법」 개정을 통해 공무원 연금수령 연령을 단계적으로 65세로 통일하였다. 2022년에는 61세, 2024년에는 62세, 2027년에는 63세, 2030년에는 64세, 2033년에는 65세로 연장하였다.

(3) 공무원연금제도 한계와 해결방안

우리나라 공무원연금제도의 가장 큰 문제점은 재정적자에 있다(박천오 외, 2016: 420-421). 첫째, 비용부담률은 거의 변화하지 않고 장기간 고정되어 있는 수준이었으나 공무원 연금 지급 수준은 지속적으로 증가하여 재정적자 문제를 더욱 심화시켰다. 이러한 연금인상은 낮은 공무원 보수를 보전하기 위해 이루어지고 있지만 이로 인한 사회적·정치적 영향이 크다.

둘째, 연금기금의 목적 외 사용이 증가하고 있으며, 비합리적 선심성 행정으로 기금의 비효율적 운영이 이루어지고 있다. 이러한 문제를 해결하기 위하여 공무원연금의 선심성 지급을 어떻게 정리할 것인가를 고려해야 한다. 특히, 공무원 후생복지 사업은 조세로 운영되는 것이 바람직하며, 노후생활연금기금을 활용하는 것은 공무원연금을 더욱 악화시키기에 이를 자제해야 한다. 또한 연금재정의 안정화를 위해 예탁수익률을 향상시켜야 하며, 과도한 부동산 매입을 자제해야 한다(박천오 외, 2016: 423). 공무원연금이 가지는 특수성을 고려한 재정건전성 확충방안이 필요한 것이다.

(4) 기타 보상제도

우리나라 공무원의 후생복지로는 앞서 설명한 수당이 대표적인 예가 된다. 현재 우리나라 공무원에 대한 수당은 「공무원수당 등에 관한 규정」에 따라 5개 분야 14종으로 구분되며, 동 규정은 실비변상 4종도 함께 규정하고 있다. 구체적인 내용은 다음과 같다.[23] 상여수당(3종)은 상위직급의 대우공무원으로 선발된 공무원에게 지급하는 대우공무원수당, 근무연수에 따라 지급되는 정근수당, 근무실적 등이 우수한 사람에게 지급하는 성과상여금으로 구성되며, 가계보전수당(4종)에는 부양가족이 있는 공무원에게 지급하는 가족수당, 고등학교에 다니는 자녀가 있는 공무원에게 지급하는 자녀학비보조수당, 군인 및 재외공무원에게 지급하는 주택수당, 육아휴직한 공무원에게

23 인사혁신처 홈페이지 참조.

지급하는 육아휴직수당이 있다. 또한 특수지근무수당은 교통이 불편하고 문화·교육 시설이 거의 없는 지역이나 근무환경이 특수한 기관에 근무하는 공무원에게 지급하며, 특수근무수당(4종)은 위험한 직무에 종사하는 공무원에게 지급하는 위험근무수당, 특수한 업무에 종사하는 공무원에게 지급하는 특수업무수당, 병가·출산휴가·유산휴가·사산휴가나 육아휴직 중인 공무원의 업무 등을 대행하는 공무원에게 지급하는 업무대행수당, 군법무관에게 지급하는 군법무관수당이 있다. 초과근무수당(2종)은 5급 이하 공무원으로서 규정된 근무시간 외에 근무한 공무원에게 지급하는 초과근무수당과 4급 이상의 관리자에게 지급하는 관리업무수당이 있다. 2016년부터는 「공무원 보수·수당 규정」을 개정하여 고위험 현장공무원, 대민접촉 현업부서 근무자의 처우를 개선하였다(인사혁신처, 2016). 그리고 공무여행 중 필요한 경비에 충당하기 위해 지급하는 비용인 여비로 운임, 숙박비, 식비, 일비, 이전비, 가족여비, 준비금 등을 지급하고 있다. 또한 저출산 문제를 극복하고 부부육아를 촉진하기 위해 「공무원수당 등에 관한 규정」을 개정하여 2018년 7월 1일부터 '아빠 육아휴직 보너스'제도를 도입하였다. 이를 통해 이전에 자녀별로 상한액을 차등(첫째 150만원, 둘째 이후 200만원) 지급하던 것을 모든 자녀에 대해 월 200만원으로 동일하게 적용하였다(인사혁신처, 2018).

특히 2018년 「공무원 재해보상법」을 제정하였다. 이는 공무원의 공무로 인한 부상·질병·장해·사망에 대하여 적합한 보상을 하고, 공무상 재해를 입은 공무원의 재활 및 직무복귀를 지원하며, 재해예방을 위한 사업을 시행함으로써 공무원이 직무에 전념할 수 있는 여건을 조성하고, 공무원 및 그 유족의 복지 향상에 이바지함을 목적으로 한다(국가법령센터, 2018).[24]

24 http://www.mpm.go.kr/mpm/lawStat/infoLaw/lawList/

People and
Organizations

Chapter 09

인사혁신

1. 전반적인 인사혁신 방향
2. 환경변화에 따른 인사혁신의 세부 내용

CHAPTER 09

인사혁신

핵심 학습사항

1. 혁신과 환경변화는 어떤 관계에 있는가?
2. 인사조직에 영향을 미치는 환경에는 어떤 것들이 있는가?
3. 인사혁신의 역사적 배경은 무엇인가?
4. 우리나라 인사혁신에 있어서 대표적인 법령 변화는 무엇인가?
5. 오늘날 이직·퇴직 관리의 중요성이 부각되는 이유는 무엇이며, 이직·퇴직 관리를 위한 구체적인 방안에는 어떤 것들이 있는가?
6. 퇴직관리 방안 중 '퇴직억제전략'과 '퇴직촉진전략'의 차이는 무엇인가?
7. e-러닝이 중요하게 고려되는 이유는 무엇이며, e-러닝 교육방법에는 무엇이 있는가?
8. 고위공무원단의 도입으로 인해 우리나라 공직사회는 어떻게 변화되었는가?
9. 행정서비스헌장제의 도입 목적은 무엇인가?

1 전반적인 인사혁신 방향

급변하는 외부환경에 적극적으로 대응하기 위해 정부에서는 다양한 방안을 모색하고 있으며, 이러한 움직임은 2014년 4월 16일 발생한 세월호 참사의 사고 발생원인 규명과정에서 더욱 확대되었다. 예를 들어, 세월호 승객을 구조하는 과정에서 상부의 지시만 기다리다 현장에서 늑장 대응을 한 것은 공무원들의 '무사안일(無事安逸)주의', '복지부동(伏地不動)'을 여실히 보여준 것이라는 비난의 여론이 높았다(뉴시스, 2014). 이러한 공무원의 비효율적 업무 수행 및 공직윤리 실추 등의 문제에 해법으로 제시된 것이 바로 정부조직개편을 통한 인사개혁(civil service reform) 단행이었다.

공무원 인사개혁에 대한 강인한 의지를 보여주기 위해 공무원 인사 전반을 책임지고 관리·운영하는 '인사혁신처'를 2014년 11월에 신설하였으며, 효율성과 생산성을 바탕으로 하는 '일 잘하는 대한민국 공무원'을 발굴·육성·관리하고자 노력하고 있다. 그러나 이러한 인사혁신은 우리나라에서 뿐만 아니라 해외에서도 오늘날 중요 이슈가 되고 있다. 따라서 다음에서는 인사혁신 전반에 대한 이해를 돕기 위해 인사혁신과 관련된 전반적인 내용을 살펴보고, 다음으로 우리나라에서의 인사혁신 체계를 살펴보도록 한다. 이후 환경변화에 따른 세부적 인사혁신을 사회인구적·법적 환경변화에 따른 이직·퇴직관리, 기술적 환경변화에 따른 e-러닝, 경제적·정치적 환경변화와 민간관리기법의 도입에 따른 고위공무원단제도 및 행정서비스헌장제 도입·확산 차원에서 인사혁신의 세부내용을 살펴보도록 한다.

1) 인사혁신에 대한 이해

인사혁신은 1990년대 정부서비스의 효율성과 생산성 증진에 대한 요구가 강력하게 일어났던 미국에서 가장 활발하게 논의되었다. 1981년부터 1989년까지 재임한 미국의 제40대 대통령인 레이건(Ronald W. Reagan)에 의해 주창된 레이거노믹스(Reaganomics)는 미국 경제 부흥을 위한 다양한 노력을 요구했고, 이러한 노력의 일환으로 규제완화와 시장체제 강화 등이 중요시 되었다(두산백과, 2016). 이는 당시 신공공관리론(New Public Management, NPM)의 기조와 조화를 이루면서 세계 전반에 신자유주의를 바탕으로 한 여러 가지 정책들이 생성·운영되기 시작하였다. 미국에서도 신공공관리론에 입각한 효율적 정부운영이 강조되었고, 이러한 움직임은 제41대 대통령인 부시(George Bush), 제42대 대통령인 클린턴(Willam J. Clinton)까지 이어지게 된다.

미국에서의 인사혁신은 1978년에 제정된 인사혁신법(Civil Service Reform Act)에 의해 주도되었다고 보아도 무방하다. 이러한 인사혁신법에 따라 인사관리국(Office of Personnel Management, OPM)이 신설되었고, 불필요한 많은 규칙과 규제들이 폐지되었으며, 인사관리 과정 전반이 단순화되고 체계화 되었으며, 고위공무원단제도(Senior Executive Sevices, SES)가 신설되었다(Nigro et al., 2007; Riccucci & Naff, 2008). 이후 Grace Commission (1984)나 Volker Commission(1989) 등을 거쳐 미국 정부의 인사혁신은 그 형태를 갖추어 간다. 특히, 1991년 설립된 The National Commission on the State and Local Public Service(Winter Commission)에 의해 오늘날 우리나라에서도 잘 알려진 클린턴 정부의 '정부재창조(reinventing government)' 운동이 본격화 된 것이다(Nigro et al., 2007). 오스본(Osborne, D.)과 개블러(Gaebler, T.)가 1992년 발표한 저서, 'Reinventing government: How the entrepreneurial spirit is transforming the public sector'에서는 정부재창조

10계명이 포함되어 있으며, 이는 오늘날 인사혁신의 중요 근간이 되고 있다. 오스본과 개블러가 제시한 정부재창조 10계명은 다음과 같다.

정부재창조 10계명

① 노 젓기보다는 방향잡기(steer, not row) - 서비스를 제공하는 것이 정부의 의무가 아니고 서비스가 제대로 제공되는지를 감독하는 것이 정부의 의무
② 단순히 서비스를 제공하기 보다는 커뮤니티에 그들 자신의 문제를 스스로 해결할 수 있도록 권한 부여(empower communities to solve their own problems rather than simply deliver services)
③ 독점보다는 경쟁을 독려(encourage competition rather than monopolies)
④ 규칙보다는 미션에 의한 업무 추진(be driven by missions, rather than rules)
⑤ 투입보다는 결과에 의한 성과지향(be results - oriented by funding outcomes rather than inputs)
⑥ 관료가 아닌 고객의 수요 중시(meet the needs of the customer, not the bureaucracy)
⑦ 지출보다는 수익에 집중(concentrate on earning money rather than spending it)
⑧ 문제 해결보다는 문제 예방에 투자(invest in preventing problems rather than curing crises)
⑨ 권한의 분산(decentralize authority)
⑩ 공공정책을 만드는 것으로 문제를 해결하기 보다는 시장성에 의한 문제 해결(solve problems by influencing market forces rather than creating public programs)

이러한 기조 하에 정부는 정부의 생산력과 공무원의 생산력을 높일 수 있는 다양한 방안을 모색하게 되었다. 인사혁신의 대표적인 예는 성과급 도입 및 확산 등을 바탕으로 한 성과강조 및 임의고용(at-will employment) 등 비정규직 확대, 정년연장 및 임금피크제를 바탕으로 한 공무원 연금 개혁, 공무원 보수체제 개혁, 공무원 단체 활용 및 공직윤리 강화 등이 있다. 미국 등 해외의 경우에는 인사혁신의 대표적인 전략으로 성과급제(pay-for-performance)와 임의고용제도(at-will employment)의 정부조직 도입 및 확대를 선택했다. 우리나라에서도 정부조직에 성과급제를 도입·확산함으로써 성과지향적 조직문화를 형성하고자 애쓰고 있다. 뿐만 아니라 시간선택제 공무원제를 확대 운영함으로써 임의고용제도의 확산에 박차를 가하고 있다. 행정서비스헌장제[1]를 도입

1 유민봉(2015: 367)에 따르면, 행정서비스헌장제는 "행정기관이 제공하는 행정서비스의 기준과 내

함으로써 공무원들에게 고객지향적인 서비스제공 인식을 제고시키고자 노력하고 있다. 성과지향적이고 시장지향적이며, 고객지향적인 유연하면서도 효율적인 인사제도 운영을 통해 공직에 새로운 활력을 불어넣고자 하고 있는 것이다. 최근 문재인 정부에서는 사람 중심 경제·정부혁신을 뒷받침하는 인재 등용, 공직사회의 전문성 및 책임성 확대, 공직윤리 강화를 바탕으로 신뢰받은 공직사회 구현, 공직사회 근무여건 개선과 사기 제고 등을 추구하고 있다(인사혁신처, 2018). 그렇다면 우리나라의 인사혁신은 어떤 형태로 나타났을까? 다음에서는 우리나라 인사혁신 체계를 살펴보도록 한다.

2) 우리나라 인사혁신 체계

우리나라의 인사혁신은 주로 「정부조직법」 제·개정에 따른 정부조직 개편 혹은 「국가공무원법」 제·개정과 그 맥을 같이 한다고 볼 수 있다. 1948년 대한민국 정부 수립 이후 1948년 11월 내무부 총무처가 설치되고 1949년 8월 고등고시령이 제정 및 공포됨으로써 1950년 1월 제1회 고등고시 행정과가 실시되었다. 이후 1963년에는 제1회 행정고등고시가 실시되었으며, 이 체제는 1998년 2월까지 지속되게 된다. 1998년 2월에 내무부와 총무처가 통합된 행정자치부가 설립되면서 인사와 관련된 업무 전반은 행정자치부가 담당하게 되었으며, 이듬해 5월에 중앙인사위원회가 신설되어 약 9년여 동안 인사혁신의 전반을 중앙인사위원회가 담당하게 된다. 2008년 2월에 행정자치부, 중앙인사위원회 등이 통합된 행정안전부가 신설되면서 인사의 전반적인 기능을 이 조직에서 담당하게 되었으며,[2] 2013년 3월부터는 안전행정부가, 2014년 11월부터는 인사혁신처에서 정부 인사관리 전반을 담당하게 된다(인사혁신처, 2016).

1949년 8월, 「국가공무원법」이 제정된 이후 법 개정 등을 거듭하면서 우리나라 공무원들의 인사 전반이 관리되어 오는 가운데, 인사혁신이라고 불릴 만큼 획기적인 변화는 2006년 「정부조직법」과 「국가공무원법」 개정을 바탕으로 시행된 고위공무원단제도의 시행으로 볼 수 있다. 고위공무원단제도는 "공무원의 1, 2, 3급(관리관·이사관·부이사관) 계급을 없애고 해당 공무원을 고위공무원단 소속으로 관리해 지방자치단체 및 중앙·지방부처 간 인사교류를 활성화" 하는 것이다(한국경제, 2005). 이 제도로 인해 "기

용, 이를 제공받을 수 있는 절차와 방법, 잘못된 서비스에 대한 시정 및 보상조치 등을 구체적으로 정하여 공표하고 이의 실현을 국민에게 약속하는 것"으로 정의된다.

2 2011년에는 '고등고시'가 폐지되고 이 시험이 5급(행정직), 5급(외무직), 5급(기술직)공채로 개편되었다(인사혁신처, 2016).

그림 9-1 인사혁신처 조직도

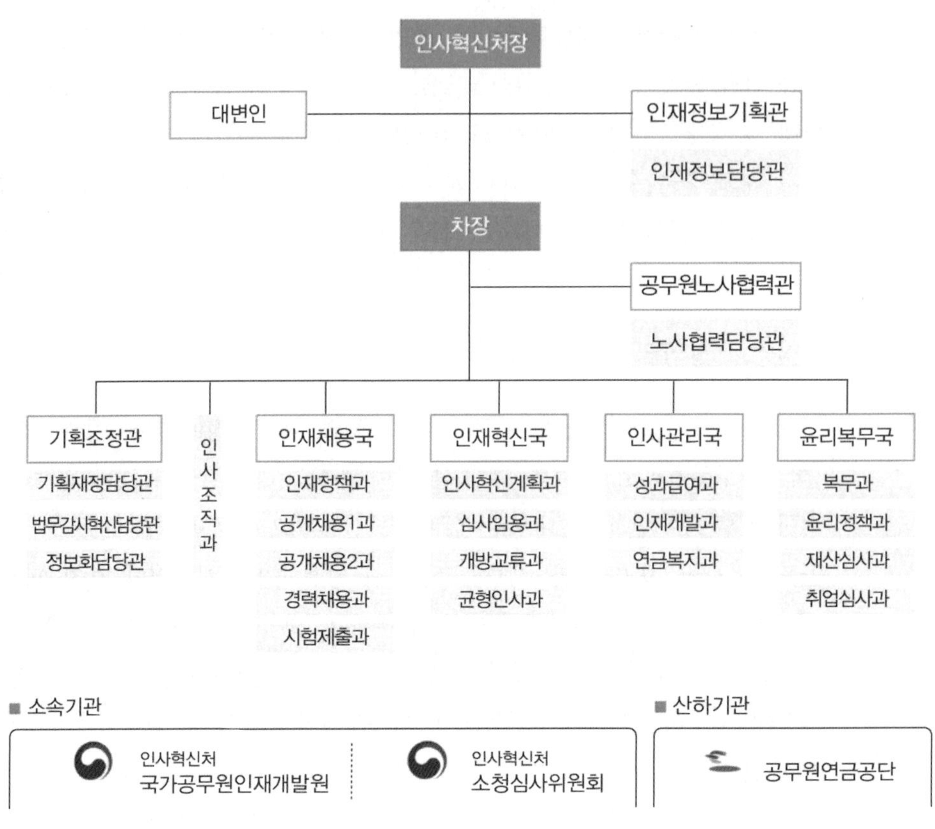

출처: 인사혁신처 홈페이지[3]

존 중앙행정기관의 1, 2, 3급 공무원은 고위공무원단으로 일괄 편입되지만, 고위공무원단으로의 신규 진입을 위해서는 개방형 직위를 통한 민간인사들과의 경쟁 및 부처 간 경쟁"을 거쳐야만 하는 것이다(한국경제, 2005). 즉, 우리나라에서도 고위공무원단제도를 통해 정부조직에 '경쟁' 체제를 도입한 것이다.

이후 2015년 12월에는 인사혁신을 위한 3법, 즉 「공무원인재개발법」, 「국가공무원법」, 「공직자윤리법」이 국무회의에서 의결됨으로써 우리나라 정부의 공무원 인사혁신을 위한 발판을 마련하게 되었다(정책브리핑, 2015). 해당 법안에서 강조되고 있는 인사

3 보다 자세한 내용은 http://www.mpm.go.kr/mpm/about/aboutorg/orgchart/를 참조바란다.

혁신관련 내용은 다음과 같다. 인사혁신처에서는 공무원의 경쟁력을 강화하고 성과지향적 공직 분위기를 조성하며, 공직기강을 확립하여 '일 잘하고 경쟁력 있는 공직사회', '반듯하고 신나는 공직사회'를 구현하고자 하였다.[4]

그러나 문재인 정부에서 인사혁신의 방향은 국민이 체감하는 신뢰받고 일 잘하는 공무원 양성에 있다. 따라서 다음에서는 보다 구체적인 문재인 정부의 인사혁신 방향을 살펴보고자 한다.

3) 문재인 정부의 인사혁신[5]

문재인 정부의 인사혁신은 '국민이 신뢰하는 공직사회'와 '국가혁신을 선도하는 공무원'이라는 두 가지 키워드를 통해 살펴볼 수 있다(인사혁신처, 2018). 공직사회가 자긍심을 가지고 국민을 위해 소신껏 일할 수 있도록 인사혁신을 추진하고 있는 것이다. 첫째, 그동안 정부에서는 신뢰받는 공직사회를 구현하기 위하여 재산등록·취업심사·징계 등 공직윤리제도를 지속적으로 강화하고 있지만, 국민들의 공직윤리에 대한 신뢰는 여전히 낮은 편이다(국민권익위원회, 2018). 이러한 문제를 극복하기 위해 문재인 정부에서는 소신을 가지고 국민을 위해 일하는 공무원을 양성하고자 노력하고 있다. 예를 들어, 「국가공무원법」 제57조를 개정(위법한 명령에는 이의제기할 수 있으며 불복종을 명확화 할 수 있음)하여 국회에 입법예고 하였으며, 인사 불이익 방지를 위해 공무원 고충심사 기능을 강화하였다. 또한 2018년 5월 「공무원 징계령 시행규칙」 제3조2(적극행정 등에 대한 징계면제) 조항을 신설하여 적극적 업무추진 과정의 과실을 면책할 수 있도록 하였고, 적극행정 우수사례를 발굴하고 이러한 내용을 바탕으로 공무원을 대상으로 찾아가는 교육을 시행하도록 하였다. 그리고 주요 비위에 대한 엄정관리에 각고의 노력을 기울이고 있다(인사혁신처, 2018). 특히 성(性)과 음주운전에 대한 비위를 근절할 수 있도록 징계기준을 강화하고, 각 부처 징계위원회의 공정성과 객관성을 제고하도록 하였으며, 부처별 특성에 맞는 복무와 징계강화 방안을 마련하고자 하였다. 또한 공무원들의 이해충돌 보직을 제한하고, 재산심사를 강화하였으며, 퇴직 후 공무원의 이해충돌행위 방지제도를 강화하였다. 마지막으로, 신뢰받는 정부가 되기 위하여 공직자 재산공개

4 인사혁신처(2016). 인사혁신처 미션 참고.

5 대부분의 내용은 인사혁신처(2018) 연두 업무보고를 기반으로 하여 작성되었다. 세부 내용은 관련 부분에서 상세히 설명하였다.

그림 9-2 문재인 정부의 사람 중심의 인사혁신

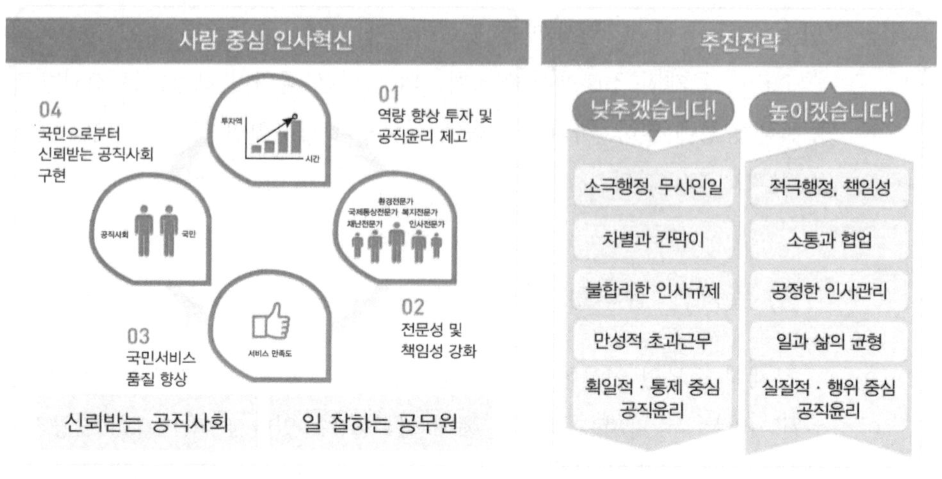

출처: 인사혁신처(2018: 2)

를 확대하고, 취업제한을 강화하였으며, 위반 시 벌칙을 강화하였고, 재산등록 범위를 합리화하였으며, 생계형 취업 제한을 완화하였다.

둘째, 일 잘하는(역량 있는) 공무원을 선발·육성하기 위하여 우선적으로 '일 잘하는'에 대한 개념을 변화시켰다. 예를 들어, '상사 눈높이 맞추기 → 국민 눈높이 맞추기', '절차 준수 선례 답습 → 창의적 문제 해결', '수직적 지시 → 전방위적 소통', '혼자서 결정·집행 → 함께 판단·협력'으로 '일 잘하는' 공무원 상(像)을 변화시킨 것이다. 이를 바탕으로 선발과정은 '지식중심 평가·선발 → 직무능력 중심 평가·선발', 인사관리는 '입직경로에 따른 차별 → 능력·성과에 따른 공정한 대우', 교육훈련에서는 '강의식 교육·이론 위주 → 자기주도 학습·문제 해결 중심', 근무방식은 '만성적 초과근무 → 스마트 행정 일과 삶의 균형'으로 변화시켰다.

특히 문재인 정부에서는 일자리 창출·정부혁신을 뒷받침하는 인재 등용을 추진하고 있다. 보다 구체적으로 국민생활안전 현장 공무원(예 경찰, 해양경찰, 소방 등)을 충원 확대하였으며, 공무원 시험기간을 단축하여 공무원 채용관련 사회적 비용을 절감하였다. 또한 공무원 채용에 있어 면접강화 등을 통한 직무역량 중심 평가·선발 노력을 기울이고 있으며, 4차 산업혁명시대에 걸맞은 새로운 전문 인력을 양성하기 위하여 직렬·직류 재분류를 시도하였다. 또한 국민추천제를 적극 활용하고 국가인재풀을 다

그림 9-3 문재인 정부 인사혁신 추진 과제

추진과제		입직	재직	퇴직
신뢰받는 공직사회 구현	1 적극행정		①-1 국민을 위해 소신있게 일하는 여건 조성 ①-2 국민 편익을 위한 적극행정 활성화	
	2 징계제도		②-1 주요 비위 징계 강화 ②-2 각 부처 징계위원회 객관성 제고 ②-3 징계심사 공정성 제고 및 부처특성에 맞는 징계운영	
	3 이해충돌 방지		③-1 이해충돌 보직 제한 ③-2 재산심사 강화	③-3 퇴직 후 행위제한
	4 공직윤리 내실화		④-1 국민안전, 방위사업 분야 취업제한 강화 ④-2 생계형 재취업 대상 취업심사 제외	
일 잘하는 공무원 선발·육성	5 채용	⑤-1 생활안전분야 현장 공무원 확충 ⑤-2 공무원 채용관련 사회적 비용 절감 ⑤-3 직무역량 중심 평가·선발	⑤-4 미래 수요 대비 직렬·직류 개편 ⑤-5 사회 각 분야의 인재풀 체계적 관리 ⑤-6 공직사회 균형인사의 실질적 정착	
	6 인사관리		⑥-1 직무역량 중심 승진제도 도입 ⑥-2 조직성과·역량향상을 위한 성과관리	
	7 직무역량 강화		⑦-1 직무 관련 대화·토론을 위한 전문성 제고 ⑦-2 현장공무원 상황 대처능력 강화 ⑦-3 사회적 감수성 함양 ⑦-4 순환보직 관행 개선	
	8 근무혁신		⑧-1 일하는 방식 개선 ⑧-2 복무제도 혁신 ⑧-3 부처 간 협업 강화	

출처: 인사혁신처(2018: 17)

양화하여 사회 각 분야의 인재풀을 체계적으로 관리하고 있으며, 여성 관리자 임용확대와 균형인사 중장기 계획 수립을 통해 공직사회 균형인사의 실질적 정착을 도모하고 있다. 그리고 능력·성과에 따라 대우하는 체계적 인사관리제도(예 속진임용제)를 도입하고, 관리자의 책임강화, 보상방식 다양화, 협업 증진 등의 노력을 기울이고 있다. 또한 대화와 토론 중심의 현장 공무원 직무역량을 강화하기 위하여 직무관련 대화·토론을 통한 전문성을 제고하고, 사회적 감수성 함양 기회를 제공하며,[6] 현장 공무원의 상황 대처능력을 강화하고, 전문직 공무원 제도 확대를 통한 순환보직 관행을 개선하고자 노력하고 있다. 마지막으로, 일하는 방식을 개선(예 형식적 보고서 최소화, 관행적 대

6 국장급 관리자 교육과정에 리빙랩(Living Lab) 등 사회혁신 기법을 도입하고 협력·소통을 통한 정책문제 해결 경험을 축적하는 것이다.

기근무 근절)하고, 복무제도를 개선(예 유연한 근무환경 정착, 재충전을 위한 연가 사용 활성화 등)하며, 근무혁신 이행확보를 위한 부처 간 협업을 강화하여 스마트하게 일하는 업무환경을 조성하도록 애쓰고 있다.

2 환경변화에 따른 인사혁신의 세부 내용

1) 사회인구적 · 법적 환경변화: 이직 · 퇴직 관리

우리나라의 가장 큰 변화는 사회 · 인구학적으로 평균수명이 증가한 것이다. 우리나라 전체 인구 숫자는 점점 줄어들고 있지만, 65세 노인 인구의 수는 지속적으로 증가하고 있다. 통계청이 발표한 '2015 한국의 사회 지표'에 따르면, 2015년 13%였던 65세 이상 인구는 2017년 14.7%를 넘어 고령사회로 진입하였으며 2030년 24%, 2040년 32%로 지속 증가할 것으로 예상되고, 2030년에는 우리나라가 초고령화 사회를 넘어설 것으로 예상되고 있다(KBS, 2017).[7] 이러한 사회 · 인구학적 변화로 인해 민간조직 뿐만 아니라 정부조직에서도 조직구성원들에 대한 다양한 이직 · 퇴직 관리방안이 제시되고 있다. 이러한 사회 · 인구학적 변화와 관련한 구체적인 법적 환경의 변화는 2013년 개정된 「고용상 연령차별금지 및 고령자고용촉진에 관한 법」을 고려해 볼 수 있다. 이 법에 의하면 60세 정년의무화를 2016년부터 상시 300명 이상의 근로자를 사용하는 사업 또는 사업장, 「공공기관의 운영에 관한 법률」 제4조에 따른 공공기관, 「지방공기업법」 제49조에 따른 지방공사 및 같은 법 제76조에 따른 지방공단에 적용하고, 2017년부터는 상시 300명 미만의 근로자를 사용하는 사업 또는 사업장, 국가 및 지방자치단체에 적용한다는 것이다. 이러한 사회 · 인구학적 · 법적 환경변화로 인해 퇴직을 앞둔 장년층의 인적자원관리가 매우 중요한 화두로 대두되면서, <표 9-1>과 같이 인사부문에서 고령자 인식전환, 건강의료비 지원, 인사제도 개편, 인력운영 유연화, 연금제도 및 자산형성, 직군 · 직급제도 개편, 장년층의 적합한 업무개발, 채용, 경력관리, 개발 및 교육훈련, 평가, 임금 및 후생복지, 이직관리, 규정정비, 노사관계 · 갈등관리 등의

---

7 유엔 기준에 따라 초고령화 사회는 전체 인구 중 65세 이상 고령인구 비율이 20% 이상인 사회를, 고령사회는 14% 이상인 사회를, 고령화 사회는 7% 이상인 사회를 일컫는다(매일경제용어사전, 2016).

표 9-1 정년 연장에 따른 사용자의 점검 사항

분야	점검 사항
적합 업무의 개발	장년층에게 적합한 업무의 개발, 직무재설계
직급·직군제도, 배치·이동·승진	별도 직급과 직군의 신설, 배치·이동·승진 원칙 정비
경력관리	관리직과 전문직의 two-track 직군 설계
채용 강화	부정적 성향의 선별, 역량측정의 정확도 제고
교육훈련·경력관리	장년층 인식전환 교육, two-track별 교육훈련 제공, 맞춤형 생애주기 경력관리
평가(고과)	고과제도 도입, 엄격한 고과 실시, 고과 시 계속 근무 가능성 평가
임금·복리후생	임금피크제, 성과급, 직무급 적용이 가능한 업무의 파악, 카페테리아식 복리후생, 연금제도 검토
이직·문제직원 관리	입사 시부터 전직지원제도 가동, 고성과자 계속 근무 유도, 저성과자 조기퇴직 유도, 문제직원의 파악 및 관리
제 규정 정비	취업규칙, 인사규정, 단체협약, 퇴직금규정, 징계규정 등
갈등관리·노사관계	임금피크 적용 교섭, 권고사직과 징계해고에 따른 분쟁해결, 인사고과 배치전환에 따른 고충해결

출처: 박호환(2014: 72)

방안이 중요하게 고려되고 있다(박호환, 2014: 68-69).

특히 조직구성원들의 정년연장과 관련하여 고려해야 할 것은 장년층의 성과하락, 즉 저성과자 문제이다. 장년층의 보수는 연공급을 기반으로 지급되기 때문에 시간이 지날수록 생산성이 임금보다 낮아 이를 조정할 필요가 있다. 이에 대한 대표적 논의가 바로 임금피크제이다. 임금피크제는 "고령자의 고용을 연장 또는 보장하면서 일정 연령 이후의 임금을 감액하는 제도"이다(기획재정부, 2015).[8] 이는 정년연장과 연계해 도입되어야 할 기본적인 제도로서 적용방법으로 모든 고령 근무자들에게 일률적인 적용을 할 것인지, 아니면 직무 특성에 따라 성과와 연계해서 차등적용 할 것인지에 대한 논의가 존재한다(박호환, 2014: 78).

본장에서 장년층 인사관리에 있어서 중요한 이슈가 되는 이직관리와 퇴직관리에 초점을 맞추어 논의를 전개하고자 한다. 먼저 고령화와 정년연장에 따른 이직관리

8 2015년 12월 3일에 313개 전 공공기관에서 임금피크제 도입을 완료하였다(기획재정부, 2015).

표 9-2 정년60세 시대 저성과자 관리 변화 방향

	As - Is	To - Be
목표	• 인건비 절감	• 개인과 기업의 상생
주체	• 회사 주도	• 근로자 참여와 자발성에 기초
방식	• 방임 또는 퇴출의 양극단적 선택과 소극적인 네거티브 관리 • 블랙박스 인사 • 준비와 교육 부재·미흡	• 역량개발, 직무조정, 관계변화, 퇴직관리 등 전략적 대안을 가진 적극적 관리 • 투명하고 공정한 프로세스 • 적극적 지원(퇴직관리, 전직지원)
대상	• 특정인력 대상 • 성과 부진자라는 낙인	• 전체 인력 대상 • 미스매치로 인한 성과부진
시기	• 기업 필요 시 일시적 • 사후 통보와 조치	• 입사단계부터 장기적으로 상시관리 • 사전 조기경보를 통한 예방관리
효과	• 낙오자라는 실망과 실업 발생, 빈곤의 악순환 • 사회안전망 미흡 속에 적응 곤란	• 역량 재개발과 적합한 직업 탐색 기회 모색과 일을 통한 복지 가능 • 사회경제적 균형점 모색 과정으로 기능

출처: 성상현 외(2013: 3263)

(turnover management)에 대해 살펴보도록 한다. 이직(turnover)은 "조직으로부터 금전적 보상을 받는 개인이 조직에서 구성원 자격을 종결짓고 조직을 떠나는 것"이다(박경규, 2016: 541). 고령화와 정년연장에 따른 이직관리는 연령의 증가로 인한 저성과자 문제와 연계해 살펴볼 필요가 있다. 조직구성원의 연령 증가로 인해 각 인력의 성과차이는 더욱 증대되고 있다. 특히, 60세 정년연장법이 도입되면 저생산성–고임금의 구조가 발생할 수밖에 없다. 따라서, 반드시 저성과자 인력관리가 필요하게 된다. 이 중 이직관리 방안으로 조기퇴직제도인 명예퇴직과 권고사직제도를 고려할 수 있으며, 보다 자발적인 퇴직을 유도하기 위해서 퇴직 후 재계약, 관계사 파견·전적, 전직지원서비스, 퇴직휴가제도 등을 제시할 수 있다(박호환, 2014: 79–80).

보다 현실성 있는 이직관리 방안으로는 조기퇴직제도와 전직지원제도가 제시될 수 있다. 특히 조기퇴직제도는 "정년에 도달하지 않은 종업원을 자발적인 의사에 따라 퇴직시키는 제도"이다(박경규, 2016: 546). 이직 의사가 없는 구성원들에게 조직이 퇴직수당 등, 조기 퇴직에 대한 경제적 보상을 제시하여 구성원들이 이를 받아들이는 제도인 것이다. 반면, 전직지원제도는 "사업구조조정 등 기업이 피치 못할 이유로 종업원을 퇴직시켜야 할 때 퇴직자에 대해 제공하는 전직지원 활동(outplacement)"이다. 특히 전직지원제도는 고령화 사회를 대비해 이직준비를 하는 구성원들에게 반드시 필요한 제도가 된다. 이를 통해서 이직에 대한 심리적 저항을 줄일 수 있기 때문이다. 이러한 전직지원제도 프로그램은 첫째, 퇴직자들을 대상으로 그들의 불만과 불안을 이해하는 심리적 지원 시스템을 운영하고, 둘째, 퇴직자들의 강점과 약점, 적성 그리고 경험을 바탕으로 하여 경력개발을 지원하고 문제해결을 위한 개인개발 단계를 지원하며, 셋째, 퇴직자들의 구직활동을 지원하며, 마지막으로, 지속적인 상담과 지원을 통하여 성공적인 재취업정착을 도울 수 있도록 한다(박경규, 2016: 550).

이밖에도 고령화에 따른 퇴직관리(retirement management) 방안을 살펴볼 필요가 있다. 퇴직은 "인적자원이 투입되어 일정기간 활동하다가 이를 종료하는 것"을 의미하며(유민봉·임도빈, 2016: 543), 퇴직관리는 "조직 내 인력의 퇴직 상황을 파악·예측하고, 적정한 퇴직 수준을 유지하며, 퇴직 결정을 전후해 발생하는 문제들을 해결하는 일련의 조직관리 활동"을 의미한다(오석홍, 2013: 219). 퇴직을 인력 감축차원에서 고려할 때 퇴직자에 대한 관리방안을 중요하게 논의해야 하며, 퇴직과 관련된 연금과 보상 등은 여전히 중요한 관리방안이기 때문에 인적자원관리 차원에서 매우 중요하게 다루어질 필요가 있다. 또한, 조직은 퇴직으로 인한 업무공백과 조직의 안정성 및 연속성 차원을 고려해야 하기 때문에 퇴직관리는 조직차원에서도 매우 중요한 이슈가 된다. 특히 공무원의 경우에는 신분보장과 관련해 퇴직관리가 매우 중요한 의미를 지닌다고 할 수 있다(이창길, 2016: 455-456).

퇴직관련 중요 용어

① 의원면직(voluntary retirement): 자발적 퇴직의 형태로서 스스로 퇴직을 결정
② 명예퇴직(honorary retirement): 장기간 조직에 기여한 공로를 인정하여 명예롭게 이루어지는 자발적 퇴직
③ 조기퇴직(early retirement): 장기간 근무로 인한 공로를 인정하기 곤란할 때 발생하는 자발적 퇴직
④ 비자발적 퇴직(강제퇴직): 개인의 의사보다는 조직의 결정에 의한 퇴직
⑤ 정년퇴직: 연령정년·근속정년·계급정년으로 구분
⑥ 연령정년: 일정 연령에 도달하면 신분을 상실하는 제도
⑦ 근속정년: 연령이라는 비직무적 요소보다는 근무기간이라는 직무적 요소를 정년 산정의 기준으로 하는 제도
⑧ 계급정년: 정년의 기준을 동일 계급 재직기간으로 하는 방법으로 계급 내 위계질서를 유지하기 위한 제도

⑨ 징계퇴직: 위법한 활동이나 부정한 행동, 그리고 불충분한 성과를 보인 공무원을 공직에서 배제하는 제도
⑩ 직권면직: 직무수행 능력이 현저히 부족하거나 직제 변경으로 인해 조직이 강제퇴직을 명하는 제도
⑪ 유사퇴직: 자발적 퇴직이나 강제퇴직과는 달리 일정기간 직무에서 배제하는 조치로 정직, 휴직, 직위해제, 대기명령 등이 대표적인 예

출처: 이창길(2016: 458 - 463)

대표적인 퇴직제도의 하나인 정년제도는 조직 내 신진대사를 활발히 하고, 조직의 효율성을 증진시킬 수 있으며, 나태함을 극복하고 능동성을 증진시키고, 재직기간에 안정적으로 근무할 수 있도록 해 인사조직의 예측가능성을 증진시킬 수 있다. 또한, 재직기간 내 신분을 보장해 정치적 중립성을 증진시킬 수 있는 장점이 있다. 그럼에도 불구하고 퇴직제도가 활성화 되면 조직구성원들의 심리적 불안감이 증대되고, 업무에 소극적이 되며, 조기퇴직이 발생해 구성원들의 사기를 떨어뜨려 조직의 생산성도 저해될 수 있다(이창길, 2016: 460).

퇴직의 부정적 기능을 극복하기 위해서는 효과적인 퇴직관리가 필요하다. 특히 퇴직으로 인한 비용과 편익을 명확히 구분하여 퇴직비용>퇴직편익인 경우에는 '퇴직억제전략'을 활용하고, 퇴직비용<퇴직편익인 경우에는 '퇴직촉진전략'을 활용할 필요가 있다(오석홍, 2013; 이창길; 2016).[9]

퇴직억제 또는 통제전략은 조직에서 필요한 인력이 퇴직하려할 때, 혹은 퇴직률이 적정선을 넘은 경우 퇴직관련 요인들을 분석해 퇴직을 억제하는 방안을 모색하는 것이다. 보다 구체적으로, 직무와 직무담당자 사이의 부적응을 해소하고, 직무에 대한 만족도를 증진시키며, 경력발전의 기회를 확대하고, 보수 등 근무조건을 개선하는 전략을 사용해야 한다(오석홍, 2013: 225). 이를 위한 구체적인 퇴직 전 관리전략으로 근무기간 중 경력계획을 수립하고, 퇴직 전 일정기간 근무기간을 줄여주며, 단계적으로 퇴

9 퇴직비용으로는 사기저하, 동료에게 미치는 부정적 영향, 숙련기술의 손실, 퇴직연금비용, 퇴직처리에 드는 행정경비, 퇴직과 대체 사이의 업무중단비용과 초과근무수당 비용, 초과근무로 인한 감독비용, 신규자의 미숙달로 인한 비용 등이 있으며, 퇴직편익으로는 새로운 사람이 들어옴으로써 발생하는 생산성 제고와 기술전파 효과, 문제 행동자의 퇴직으로 인한 재직자의 사기충전, 젊은 사람으로의 대체 임용으로 인한 비용 절감, 승진 및 경력발전 기회의 확대 등이 있다(오석홍, 2013: 234).

직할 수 있도록 퇴직일정을 조정하고, 퇴직 후에는 직업알선·파트타임 제공·자원봉사나 취미생활 기회 제공·후생복지 제공 등을 제안할 수 있다(이창길, 2016: 465).

반면 퇴직편익이 퇴직비용보다 더 큰 경우 퇴진촉진전략을 모색할 수 있는데, 주로 인적자원의 신진대사 활성화가 필요하거나, 인력을 감축할 필요가 있을 때, 조직에 도움이 되지 않는 인력을 퇴출시킬 때 고려할 필요가 있다(오석홍, 2013: 235). 특히, 오늘날 고령화 사회에 접어들면서 퇴직 기피현상이 증가하여 퇴직촉진전략이 필요한 시점이며, 구체적인 촉진전략으로 퇴직장려금 등 조기퇴직 혜택을 확대할 필요가 있다. 또한, 일정기간 동안 의료보험 연장, 퇴직 후 생활 보장 및 취업알선, 직업재교육 등의 방안을 제시할 수 있다(이창길, 2016: 466).

2) 기술적 환경변화: 4차 산업혁명에 대비한 교육훈련 및 이러닝

인사조직에 영향을 미치는 급격한 환경변화로 정보통신기술의 발달로 인한 기술적 환경변화를 제시할 수 있다. 특히 4차 산업혁명의 물결은 공공부문의 인사조직 전반에도 영향을 미치고 있다.[10] 무엇보다 혁신촉발기술(AI, VR, 3D 프린팅 등), 기저결합기술(IoT, Cloud, Big Data 등) 등과 같은 기술환경 변화는 인사조직 관리 전반에 상당한 영향을 미치고 있으며, 무엇보다 교육훈련(예 e-러닝)과 경력개발 등에 혁신을 가져왔다.[11]

4차 산업혁명에 대비하기 위해 교육훈련과정에 큰 변화가 일어났다. 특히 국가공무원인재개발원에서는 '4차 산업혁명의 파괴적 영향에 따른 사회전반의 패러다임 변화를 예측'하고, '4차 산업혁명관련 핵심기술에 대해 이해하고 관련 정책을 기획, 실

10 향후 스마트 기계와 공무원의 협업이 필요할 것이다. 예를 들어, 공공질서와 안녕을 위해서 공공질서 기능에 사물인터넷, 경찰로봇 활용이 증대하면서 공무원의 인력 재배치 요구도 커질 것이다(인사혁신처, 2017).

11 전자인사관리시스템('e-사람')을 활용한 인사관리의 효율화도 기술적 환경변화를 바탕으로 한 인사혁신의 하나로 볼 수 있다. 특히, 전자인사관리시스템은 "각 중앙행정기관의 인사업무를 지원하는 '표준인사관리시스템'과 인사혁신처의 인사정책 및 인사업무처리를 돕는 '중앙인사정책지원시스템' 모두 또는 '표준인사관리시스템'과 '중앙인사정책지원시스템'을 연계한 전체시스템을 일컫는다. 최초 전자인사관리시스템의 기틀을 마련한 C/S기반의 1세대와 새로운 환경의 차세대 시스템으로 전환한 Web기반의 2세대로 구분할 수 있는 'e-사람'에서는 공무원 인사, 급여, 성과평가, 교육훈련, 복무 등과 관련된 자료를 통합 관리하고 있으며, IT 기술을 활용하여 관련 업무를 자동화, 효율화하였다(인사혁신처, 2018c)." 이밖에도 기술적 환경변화를 고려한 혁신제도로는 국가인재DB 활성화 등도 고려될 수 있다. 그러나 본서에서는 기술적 환경변화에 가장 신속하고 다양하게 대응하고 있는 교육훈련에 초점을 맞추어 혁신 내용을 소개한다.

행하는 데 필요한 전문성을 함양'한다는 교육목표를 설정하였다. 이러한 교육목표를 바탕으로 과장급 이하 공무원과 처장급 이하 공공기관 근무자를 대상으로 AI, VR, 3D 프린팅이나 IoT, Cloud, Big Data 등에 대해 교육훈련을 시행하고 있다.[12] 이러한 기술적 환경변화에 대한 대응은 e-러닝을 통해서도 나타난다.

인사혁신처(2016)의 공무원 인재개발 업무지침에 의하면 e-러닝은 "인터넷 등 다양한 정보통신기술에 의한 사이버 공간을 활용하여 학습자가 시간과 공간의 제약 없이 원하는 교육시스템에 편리하게 접근하여 학습자와 강사 간 또는 학습자 간 상호작용을 통해 학습자 중심의 자기 주도적인 학습이 가능한 교육방법"으로 정의된다. 즉, e-러닝은 교육의 진도와 내용을 학습자가 통제하고 온라인 커뮤니티를 통해 서로 의견을 주고받다가 시뮬레이션 또는 그룹 토의와 같은 다른 교육방법과 연계하는 것이다(Robbins & Judge, 2014: 674). 특히 e-러닝의 e는 'effectiveness(효과성)'와 'efficiency(효율성)'의 의미로서 e-러닝은 학습자의 지식향상과 수행향상을 위한 인터넷 기술 활용 학습방법이라고 할 수 있다(이홍민, 2013: 111).

e-러닝이 새로운 교육훈련과 능력개발 시스템으로 주목 받고 있는 이유는 수요자들이 필요한 교육내용을 필요한 시간에 필요한 장소에서 바로 시행할 수 있어, 시간적·공간적 제약을 거의 받지 않고 교육비용을 획기적으로 줄일 수 있기 때문이다. 또한, 자기주도적 학습이 가능하며, 무한 반복학습이 가능하기 때문이다(박천오 외, 2016: 249). 뿐만 아니라, 컴퓨터기반을 통해 강의와 같은 전통적 교육방법 보다 학습자들이 수업에 더 열중할 수 있도록 해준다. 나아가 학습자들은 배움에 있어 단기적 목표보다는 장기적 목표에 초점을 두고 계획을 세우며, 효과적인 학습전략을 사용하고, 교육 진도를 확인할 수 있어 교육효과가 더욱 크게 나타나게 된다(Robbins & Judge, 2014: 674). 이와 같이 e-러닝은 유연성이 높으며, 빠르고 효율성이 높다는 점에서 장점을 지닌다.

그러나 이러한 장점에도 불구하고 e-러닝은 심층적인 학습평가가 어렵고, 교육생들이 적극적으로 학습하지 않을 가능성이 높으며, 현장학습이나 대면 코칭이 발생하는 경우 이를 도입하기 힘들다는 단점이 있다(박천오 외, 2016: 249). 또한, 온라인 과정을 설치하는 비용이 많이 들며, 강의실에서 얻을 수 있는 학습자들 간 상호작용 효과를 얻을 수 없고, 수업에 있어 집중력이 떨어지며, 실습활동 없이 클릭을 통해 학습하는 방안에는 효과가 없을 수 있다는 단점이 존재한다(Robbins & Judge, 2014: 674).

12 https://www.nhi.go.kr/upload/eduList/05/05-7.pdf

표 9-3 e-러닝의 구성요소

구성요소	내용
기관	행정업무, 교육생 서비스
전략	내용분석, 학습자분석, 목표분석, 매체분석, 설계전략, 내용 조직과 e-러닝 방법과 전략
기술	기술적인 환경 기획, 하드웨어·소프트웨어
인터페이스 설계	페이지 설계, 사이트 설계, 내용 설계, 검색 설계, 사용성 평가와 사용 용이성
평가	학습자의 학습성과 측정, 교수와 학습환경 평가
관리	학습환경 관리, 정보공급
자원	온라인자원, 자원공급
윤리	사회적·정치적 영향력, 문화적 차이, 편견, 지리적 다양성, 학습자 특성의 다양성, 정보검색의 수월성, 에티켓, 관련 법규

출처: 이홍민(2013: 112)

e-러닝의 종류로는 M-러닝과 U-러닝이 존재한다. M-러닝은 Mobile-러닝으로서 무선인터넷 및 위성통신 기술을 기반으로 개별학습의 결과를 학습자간 상호작용을 통해 공유하는 특성을 지녔으며, U-러닝은 유비쿼터스 컴퓨터 기술을 활용하는 학습체제를 말한다(이홍민, 2013: 112). 어떠한 종류이든 e-러닝은 인터넷 자원과 기술자원을 통해 개방성(openness), 융통성(flexibility), 분산성(distributed)을 지닌 학습환경을 제공한다(Khan, 2004; 이홍민, 2013: 111-112). 따라서, e-러닝이 성공적으로 운영되기 위해서는 기관, 전략, 기술, 인터페이스 설계, 평가, 운영, 자원제공, 윤리 측면 등 8가지의 구성요소가 통합적으로 운영되어야 한다.

e-러닝이 성공적으로 이루어지기 위해서는 다음과 같은 사항이 고려될 필요가 있다(Horton, 2001; 이홍민, 2013: 112-114 재인용). 첫째, 프로젝트 기획 및 관리 차원에서 프로젝트 매니저는 e-러닝 프로젝트 기획 및 관리담당, 사업기획 및 예산 수립, 경영진 및 고객과 프로젝트 협의, 프로젝트 예산과 일정 수립 등 프로젝트 진행을 책임을 져야 한다. 둘째, 콘테츠 설계 차원에서 내용전문가(subject matter expert)는 학습내용에 대한 전문성을 보유하며, 콘텐츠 설계를 담당하고, 교수설계자(instructional designer)는 구체적인 교수-학습 전략을 수립하며 메시지, 화면, 상호작용을 설계해야 한다. 셋째, 콘텐츠 개발과 관련하여 저술자는 학습내용을 구조화하고, 멀티미디어 개발자는 교수설계자가 설계한 교수-학습 전략과 방법을 적용해 각종 멀티미디어 데이터를 구현한

다. 넷째, 시스템 구축 및 관리를 위해 시스템 구축자는 하드웨어, 소프트웨어, 네트워크 인프라를 설계 및 구축하거나 건설팀을 지원하는 역할을 한다. 마지막으로, e-러닝 실행·운영·관리자는 교수자, 학습자, 촉진자를 관리하고 학습환경을 점검하며, 학사 행정과 교육운영을 진행하고, 코스 촉진자는 각종 학습 활동을 관리하며, 학습의 안내자로서 동기유발과 상호작용을 촉진하는 역할을 담당한다. 그리고 온라인 교수자는 음성과 동영상 등으로 강의를 진행하며, 학습자의 질문에 대한 답변 및 토론을 진행하는 등 학습자들과 교류하면서 피드백과 조언을 제공한다.

현재 우리나라 정부조직에서는 공무원 e-러닝을 지원하고 있다(인사혁신처, 2016). 공무원 인재개발 업무지침에 의하면 공무원 e-러닝시스템 구축 및 코스웨어[13] 개발에 있어서 기관 간 체계적 조정을 통해 중복투자를 방지하고 효율적 운영을 유도하여 공무원 e-러닝을 활성화하고자 한다.[14] 현재 국가공무원인재개발원은 공무원 e-러닝 운영, 코스웨어 개발·보급 및 각급 기관의 e-러닝 지원 등을 위하여 '공무원 e-러닝센터'를 운영하고 있다.[15]

공무원 e-러닝의 추진체계에 의하면 이를 총괄하는 부서는 인재개발 담당부서인 인사혁신처로서 공무원 e-러닝에 대한 기본정책을 수립·총괄하고, 중앙행정기관 및 교육훈련기관의 e-러닝에 대해 사전협의·승인한다. 국가공무원인재개발원은 '공무원이러닝센터' 및 기관 간 협의체를 운영하며, 중앙행정기관 및 교육훈련기관 역시 e-러닝을 운영한다.[16] 특히 2018년 국가공무원인재개발원에서는 '내손안의 학습, 내 삶을 바꾸는 나만의 나라배움터'라는 e-러닝 기조를 바탕으로 '언제 어디서나 All-In-One 서비스', '빅데이터 기반 맞춤형 학습 추천', '모바일 중심의 지식공유, 소통 플랫폼'을 통해 공직가치, 리더십역량, 직무관련 전문성, 정보화, 외국어, 글로벌 소양, 인문 소양 교육훈련을 위해 노력하고 있다.[17]

향후 기술의 발달로 인해 e-러닝에 대한 수요는 더욱 증가할 것으로 보인다. 따라서, 각급 기관은 e-러닝을 활성화하고 내실 있는 교육이 이루어질 수 있도록 하기

13 e-러닝을 위하여 제작되며, 분량에 따라 과정 또는 과목으로 운영할 수 있는 일련의 콘텐츠이다.

14 공무원 교육훈련에 있어서 전체 교육시간의 60%이상이 e-러닝으로 진행되는 'e-러닝 과정'이 있다.

15 또한, 국가공무원인재개발원에서는 e-러닝 관련 정보교환 및 e-러닝 운영시스템·코스웨어의 공동 활용에 관한 자발적 협의·조정 등을 위하여 각급 행정기관 및 교육훈련기관 간에 협의체를 구성·운영할 수 있다.

16 이때에는 주로 민간위탁 교육기관을 통해서 e-러닝이 실시되고 있다.

17 https://www.nhi.go.kr/upload/eduList/06/06-1.pdf

위해 기관 간 협조체제를 강화하고 교육과정 개선에 적극 노력할 필요가 있다. 또한, 중앙행정기관의 장은 e-러닝과정을 이수 중인 소속 공무원에 대하여 e-러닝을 위한 적정기간의 휴무를 명하고, 교육운영요원에 대하여는 업무부담 및 교육과정(과목)의 특성, 학습자 수 등을 고려하여 예산의 범위 내에서 수당을 지급하도록 해야 한다.

3) 정치적·경제적 환경변화와 민간관리 도입: 고위공무원단과 행정서비스헌장

최근 정부조직에 새롭게 발생하는 정치적·경제적 환경변화의 특징은 신공공관리 강화로 인한 민간관리기법의 도입이다. 특히, 정부조직에 대한 성과와 생산성 향상 및 대응성 강화 요구에 부응하기 위해 우리나라 정부에서 도입·시행하고 있는 고위공무원단제도 및 행정서비스헌장제도 등에 대해 살펴보도록 한다.

(1) 성과강조: 고위공무원단제도

정치적·경제적 환경변화에 부응하기 위해 정부에서는 성과를 강조하며 인사조직의 혁신을 단행하고 있다. 이러한 정부 노력의 대표적인 예가 바로 고위공무원단 제도의 도입·확산이다. 고위공무원단제도는 1978년 미국에서 공무원개혁법에 의해 최초 도입한 이후 영국, 호주, 캐나다 등 OECD 정부혁신 선도국가들이 도입·시행 중이며, 우리나라에서는 2006년 7월 1일부터 이 제도가 시행되었다. 고위공무원단제도를 통해 정부는 정부의 주요 정책 결정 및 관리에 있어서 핵심적 역할을 담당하는 실·국장급 공무원을 범정부적 차원에서 적재적소에 활용하고 개방과 경쟁을 확대하며, 성과책임을 강화함으로써 역량 있는 정부를 구현하고자 하였다.[18]

우리나라 고위공무원단제도의 특징은 첫째, 민간의 유입을 가능하게 한 개방형직위제도와 부처 간 경쟁을 유도하는 직위공모제도 등을 통해 고위직의 개방과 경쟁을 강화하였으며, 둘째, 역량평가제, 교육훈련, 최소보임기간 설정 등을 통하여 고위공무원의 능력을 발전시키려고 하였고, 셋째, 직무등급제, 성과계약 등 평가제, 적격성심사 등을 통해 고위공무원단의 성과와 책임성을 증진시켰으며, 마지막으로, 소속 부처의 편협한 시각에서 벗어나 범정부적 관점에서 고위공무원들이 폭넓은 시야로 국익을

18 보다 자세한 내용은 http://www.mpm.go.kr/mpm/info/infoJobs/0011/hrSystemInfo01/를 참조바란다.

위해 일할 수 있도록 통합 관리하였다는데 있다(박천오·조경호, 2013: 148).

고위공무원단은 행정기관 국장급 이상 공무원으로 구성된다. 일반직·별정직·계약직과 외무공무원 등 약 1,500여명이 고위공무원단의 구성원이 된다. 부지사·부교육감 등 지방자치단체 고위직도 고위공무원단에 포함된다. 과거에는 4급에서 아무리 유능

표 9-4 고위공무원단 도입 전후 비교

구분	도입 전	도입 후
인사운영 기준	• 계급제 –보수, 정원관리, 승진, 전보 등을 계급 기준에 따라 운영	• 직무등급제 –보수, 정원관리, 승진, 전보 등을 직위 또는 직무등급 기준에 따라 운영
충원 보직 이동	• 부처 내 폐쇄적 임용 –부처내부 공무원을 연공서열에 따라 승진 전보시켜 충원	• 부처 내의 개방적 임용 –부처내외 공무원 간 또는 공직내외 경쟁을 통해 충원 –과장급은 기본교육 역량평가 등을 거쳐야 승진
성과관리	• 연공서열 위주의 형식적 관리 –목표관리제가 있으나 연공서열위주로 형식적 운영	• 엄격한 성과관리 –성과계약 등 평가제에 따라 성과계약을 체결하고 평가 결과에 따라 신분상 불이익도 부여
보수	• 계급제적 연봉제 –계급에 따라 보수 차등 –성과의 차이에 따른 연봉차이가 미미	• 직무성과급제 –직무값의 차이에 따라 보수 차등 –성과차이에 따라 연봉 차등 확대, 특별상여금 지급
자질 능력 평가	• 주관적·추상적 평가 –다면평가 등에 의한 주관적 평가	• 역량평가제 –역량모델을 과학적으로 설정하여 객관적이고 구체적으로 평가
교육훈련	• 획일적 교육 –교육프로그램이 다양하지 못하고, 능력 발전 기회로 미인식	• 개별적 맞춤식 교육 –부족한 역량과 자질을 파악하여 향상시키고, 개인이 처한 상황에 따른 맞춤형 교육 실시
검증	• 인사심사 –채용 계급승진 시 인사심사	• 인사심사+적격성심사 –채용 직위 승진 시 인사심사, 정기적으로 적격성 심사 실시
신분관리	• 안정적 신분보장 –성과와 역량이 미달하여도 특별한 문제가 없으면 직위 유지	• 엄격한 인사관리 –성과와 역량이 일정 수준 계속 미달하면 신분상 불이익 부과

출처: 권영주·권경득(2010: 13)

해도 3급으로만 승진할 수 있었고, 1~2급에서 미흡한 직무역량을 나타낸다 하더라도 1~2급에게 할당된 자리와 처우를 보장받았다. 하지만, 오늘날에는 고위공무원단제도가 시행되면서 고위공무원단으로 진입할 때 몇 등급의 직위로 임용되느냐에 따라 처우가 달라지게 되었다.[19]

<표 9-4>와 같이, 고위공무원단의 도입으로 인해 고위직은 신분중심에서 탈피하여 직무와 일 중심의 인사관리를 지향하고 있으며, 고위직의 개방과 경쟁, 성과와 책임의 변화를 강조하게 되었다. 고위공무원단의 인사관리 전반에 있어서 각 부처 장관의 권한이 확대되고, 고위공무원에 대한 부처별 인사자율권이 확대되었다. 이러한 고위공무원단제도의 도입은 고위공무원의 성과를 체계적으로 관리하고 능력개발을 강화하였다는 점에서 긍정적인 측면을 지닌다(권영주·권경득, 2010: 11-12).[20]

고위공무원단제도의 긍정적 측면에도 불구하고 운영상의 한계가 나타났다(박천오·조경호, 2013: 157-158; 강성철 외, 2014: 242; 유민봉·임도빈, 2016: 77-78). 첫째, 개방형 직위의 경우 불확실한 신분과 상대적으로 낮은 보수 수준으로 인해 유능한 민간 전문가의 지원이 여전히 미흡한 실정이다. 둘째, 개방형 직위로 공직에 입직한 민간 전문가들은 공직에 대한 관리 및 운영에 관한 사전지식이 부족하고 공직문화에 잘 적응하지 못하여 조직 및 인력관리에 어려움을 겪는 경우가 많다. 특히 민간 전문가들은 공직 내 인적 네트워크가 부족하여 타 부처와의 업무 협조를 원활하게 수행하는데 많은 어려움을 겪고 있다. 셋째, 공모직 고위공무원의 경우 임용기간이 만료된 후 보직경로의 불확실성을 경험하게 된다. 공모직 고위공무원 지원자 대부분은 고위공무원 스스로가 본인의 경력발전을 위해 지원했다기 보다 부처 인사운영의 일환 또는 인사운영의 숨통 터주기의 일환으로 자의반 타의반으로 어쩔 수 없이 고위공무원에 지원한 경우가 많다는 것이다.[21] 넷째, 고위공무원단 직무등급을 5등급에서 2등급으로 바꿈으로써 직무중심의 인사관리에서 계급 중심의 인사관리로 회귀할 가능성이 제기되고 있다. 마지막으로, 고위공무원의 인사관리가 객관적 성과보다는 정치적 영향에 의해 이루어질 가능성이 높다. 대통령의 국정철학에 따라 고위공무원단제도가 운영이 될 가능성이

19 보다 자세한 내용은 http://www.mpm.go.kr/mpm/info/infoJobs/0011/hrSystemInfo01/를 참조바란다.

20 또한 이번 문재인 정부에서는 2022년까지 여성 고위공무원 비율을 10%(2018년 현재 6.5%)까지 높임으로써 과거 유리천장, 유리사다리의 장벽을 깨고 역량 있는 인재들을 고루 등용하고자 한다(서울경제, 2018).

21 이 때문에 대부분의 고위공무원들은 부처자율직위의 비율 확대를 원하는 것이다.

높으며, 성과 또한 객관적으로 측정되지 않을 가능성이 높아 고위공무원의 정치화(politicization) 발생 가능성이 높아진다는 것이다.

(2) 대응성 강조: 행정서비스헌장

행정의 정치적·경제적 환경변화 특징 중 하나는 행정이 공급자 중심에서 수요자 중심으로, 시민중심에서 고객중심으로 변화하면서 고객지향적 행정서비스가 강조되고 있다는 점이다. 이러한 행정서비스 경향을 대표적으로 나타내는 것이 바로 행정서비스헌장이다. 행정서비스헌장제는 "행정기관이 제공하는 행정서비스의 기준과 내용, 이를 제공받을 수 있는 절차와 방법, 잘못된 서비스에 대한 시정 및 보상조치 등을 구체적으로 정하여 공표하고 이의 실현을 국민에게 약속하는 것"을 의미한다(유민봉, 2015: 367). 행정서비스헌장제는 영국의 시민헌장제도(Citizen's Charter System)를 기반으로 시작되었다. 영국의 시민헌장제도는 1991년 메이저 수상에 의해 도입되었으며, 이는 시민들이 직접 질 높은 행정서비스를 요구할 수 있는 권리를 보장하는 제도로서 행정서비스의 질 향상과 고객 서비스 개선을 약속하는 행정상의 규범이 된다(이해하기 쉽게 쓴 행정학용어사전, 2010).

행정환경의 변화로 공무원들은 시민들, 즉 고객들에게 최고 품질의 행정서비스를 지속적으로 제공하고 그들의 의견을 적극 반영해야 한다. 그리고 공무원들이 제공해야 할 행정서비스 품질의 기준을 명확하게 제시해야 하며, 행정서비스 관련 정보를 체계적으로 안내하여 고객들이 이용할 수 있도록 해야 한다. 또한, 잘못된 일에 대하여 시정 및 보상 내용을 명확히 알려주어야 하고, 서비스헌장 제정에 일선공무원들과 주민들의 적극적인 참여가 이루어져야 한다(유민봉, 2015: 367–368).[22]

22 행정서비스헌장제의 예로 천안시의 행정서비스헌장을 살펴볼 수 있다. 자세한 내용은 천안시청 홈페이지를 참조바란다. http://www.cheonan.go.kr/kor/sub03_09_01.do

PART 03

조직에 대한 관리

People and
Organizations

Chapter 10

조직의 이해

1. 조직이란?
2. 조직에서의 미션 · 비전 · 전략
3. 조직목표의 주요 이슈
4. 공공조직의 이해

CHAPTER 10

조직의 이해

핵심 학습사항

1. 조직의 의미는 무엇인가?
2. 조직과 집단의 유사점과 차이점은 무엇인가?
3. 조직은 어떻게 구성되는가?
4. 미션·비전·전략은 무엇인가?
5. 전략적 기획은 무엇인가?
6. SWOT 분석은 어떻게 실행되는가?
7. 조직의 목표는 미션·비전 및 효과성과 어떤 관계가 있는가?
8. 조직의 효과성은 무엇인가?
9. 조직목표와 수단의 관계는 무엇인가?
10. 조직목표의 충돌은 왜 발생하는가?
11. 공공조직의 특성은 무엇인가?
12. 공공조직과 민간조직의 차이는 무엇인가?
13. 공공조직의 종류는 무엇인가?

1 조직이란?

1) 조직의 의미

사람들은 누구나 한번쯤은 '내가 속한 조직은, 혹은 내가 만들려고 하는 조직은 이러이러했으면 좋겠다'라고 생각한다. 그러나 사람들이 이상적으로 생각하는 '조직이 도대체 무엇인지?'라는 질문을 받는다면 쉽게 답을 하기는 어려울 것이다. 또한 사람들은 간혹 자신이 다양한 조직에 둘러싸여 있다는 것을 잊고 살기도 한다. 두산백과사전에서는 '조직(organization)'을 '어떤 기능을 수행하도록 협동해 나가는 체계'라고 정의한다. 행정학사전에 따르면, 조직은 '공동의 목표를 달성하기 위해 분업과 통합의 활동 체계를 갖춘 사회적 단위(social unit)'를 의미한다. 이러한 조직은 '구조와 과정 및 규범을 내포하며, 환경과 교호작용을 한다.'[1] 사실 이러한 정의는 다양한 학자들의 의견을 종합적으로 반영한 결과이다. 조직을 연구한 대표적인 학자 중 레이니(Rainey, 2014: 18)는 조직을 "목표(goal)달성을 위해 함께 일하는 사람들의 집단(group)"으로 정의한다. 사람들은 목표달성을 위해 외부 환경으로부터 자원을 획득하고자 하며, 기술(technologies)을 활용하여 보다 효과적으로 임무(tasks)를 완수하고 나아가 효과적으로 목표를 달성해 간다. 사람들은 이러한 활동을 하는 과정에서 수많은 불확실성 상황과 도전에 직면하게 된다. 뿐만 아니라, 많은 사람들이 집단(group)과 조직(organization)의 차이에 대해서도 명확한 인식을 하지 못하고 있다. 때로는 집단을 조직으로, 조직을 집단으로 이해하기도 하는 것이다.

(1) 집단의 정의

그렇다면 '집단(group)'과 '조직(organization)'은 같은 것일까? 다른 것일까? 조직이 무엇인지를 이해하기 위해서는 조직과 혼동해서 쓰이기도 하는 개념인 '집단(group)'에 대해 먼저 이해를 할 필요가 있다.

학자들(예 민진, 2014)은 집단에 대해 다양한 정의를 내리고 있다. 특히, 국내 대표적인 조직학자 중 한 사람인 민진(2014: 198)은 집단의 대표적인 개념적 요소인 소수의 인원, 공동의 목표, 상호작용 등의 용어를 활용하여, 집단을 "공동 목표를 달성하기 위해 조직된 소수의 상호의존적이고 상호작용적인 인간의 집합체"로 정의한다. 조직학에서의 이러한 정의는 오래전부터 집단에 대해 연구해 온 심리학의 영향을 받은 것이다.

커텔(Cattell, 1951: 169)은 집단을 "특정한 사람들의 욕구를 충족시키는 데 필요한 모든 존재들의 유기체적 집합(a collection of organisms)"으로 정의하고 있으며, 호먼스(Homans, 1950)는 집단 내 멤버들의 상호작용을 중심으로 집단을 정의하고 있다. 즉, 그는 상호작용이 많은 사람들을 집단으로 보고, 그 외의 사람들은 아웃사이더(outsiders)나 다른 집단의 멤버로 규정한 것이다. 이 밖에도 크레치와 크러치필드(Krech & Crutchfield, 1948)는 "두 사람 이상이 서로 심리적인 관계(psychological relationship)를 형성하고 표현하는 것"으로 정의하면서, 집단구성원들의 심리적 상호작용을 강조하였다. 이에 비해, 뉴컴(Newcomb, 1963)은 집단에 있어서의 '공유된 규범(shared norms)'을 강조하고 있다. 이러한

1 행정학전자사전(2016). http://terms.naver.com/entry.nhn?docId=77791&cid=42155&categoryId=42155

여러 심리학자들의 연구를 종합 정리하여, 드라마터(DeLamater, 1974: 36–37)는 집단의 특성을 세 가지로 제시하고 있다.

첫째, 집단은 구성원들의 상호작용(interaction)을 중요시한다.

둘째, 집단의 구성원들은 멤버십에 대한 공유된 인식(shared perceptions of membership) 혹은 공유된 규범인식(shared norms)을 가진다.

셋째, 집단구성원들의 역할분담 및 집단임무 수행 등을 위한 상호의존성(interdependence)을 가진다.

이처럼 심리학에서는 집단구성원들 간 심리작용에 초점을 맞추어 집단을 정의하고 또 집단의 특성을 제시한 데 비해, 행정학 혹은 조직학에서는 집단을 조직의 불가피한 현상으로 인식하고 있다(오석홍, 2011). 오석홍(2011: 219–220)은 집단을 "대면적인 접촉을 통하여 교호작용하고, 서로의 존재를 심리적으로 의식하며(서로가 서로를 알며), 자기들이 한 집단의 구성원들이라고 지각하고, 공동의 목표를 추구하는 사람들의 모임"으로 정의한다. 그는 집단에 있어서의 구성원들 간 지속적인 교호작용, 서로 안다는 인식, 집단구성원이라는 인식, 목표의 존재, 구조와 규범의 존재 등의 특징을 강조하며, 집단을 정의하고 있는 것이다.

(2) 집단과 조직의 유사점과 차이점

① 목표 공유성과 공식성

공동의 목표를 지니고 조직된 소수 구성원 간 의존성을 지니면서, 상호작용적 인간관계를 유지하는 집단과 조직의 유사점과 차이점은 <그림 10–1>에서도 잘 나타난다. 집단과 조직은 단순히 개인의 집합체가 아니라 공동의 목표를 공유한다는 측면에서 공통점을 지닌다. 예를 들어, 학생들이 과제를 수행하기 위해 학습집단을 형성했다면 이 학생들은 과제 수행이라는 공동의 목표를 지니는 것이다. 마찬가지로 조직 또한 구성원 개개인이 공유하는 공통의 목표를 지닌다. 민간조직 특히 기업은 이윤창출이라는 중요하고도 명확한 공유 목표를 지니고 있으며, 정부조직은 공익과 공공성을 유지하면서 국민들에게 최상의 공공서비스를 제공한다는 목적을 지니고 있다.

그러나 모든 조직이 공동의 목표를 지니고는 있지만, 목표가 어느 정도의 공식성을 지니느냐에 따라 집단과 조직, 특히 집단과 공식적 조직이 차이를 나타내게 된다.[2]

2 물론 조직은 공식성에 따라 공식적 조직과 비공식적 조직으로 분류할 수 있다. 이에 대한 자세한 설명은 조직의 유형 파트에서 제시하도록 한다.

조직은 집단에 비해서 공식성이 높은 목표를 지니고 있다. 앞서 예로 제시된 바와 같이 학생들이 과제를 수행하는 것 보다 국민들에게 높은 공공서비스를 제공하는 조직의 목표가 훨씬 높은 공식성을 지닌다고 할 수 있다.

② 구성원들의 상호의존성과 계층성

뿐만 아니라 집단은 집단구성원 간 상호의존성을 지니면서 이를 바탕으로 인식 혹은 문화를 공유한다. 집단은 개인들의 단순 결합체가 아니라 구성원들 사이에 상호의존성을 바탕으로 조직력을 유지한다. 조직 역시 조직구성원들의 상호협력과 의존성이 없이는 유지되지 못한다. 특히 공공조직은 민간조직에 비해 집단적으로 달성해야 할 공동업무와 상호의존 업무를 많이 내포하고 있다. 이러한 점에서 집단과 조직은 유사성을 가진다고 할 수 있다.

그러나 조직이 집단구성원들의 상호작용과 상호의존성을 바탕으로 형성됨에도 불구하고, 조직구성원들의 상호의존성의 강도는 일반 집단에 비해 높은 공식성과 강제성을 지닌다고 할 수 있다. 특히 조직에서는 규칙과 규정에 따라 구성원들의 상호관계가 조정되기도 한다. 다시 말해, 조직은 업무규율에 따라 구성원들 간 인간관계를 조정하고, 특히 계층적 특징에 따라 집단 내 수평적 인간관계뿐만 아니라 상명하복(上命下服)과 같은 수직적 인간관계를 형성한다는 측면에서 집단과의 차이를 나타낸다.

그림 10-1 개인, 집단과 조직

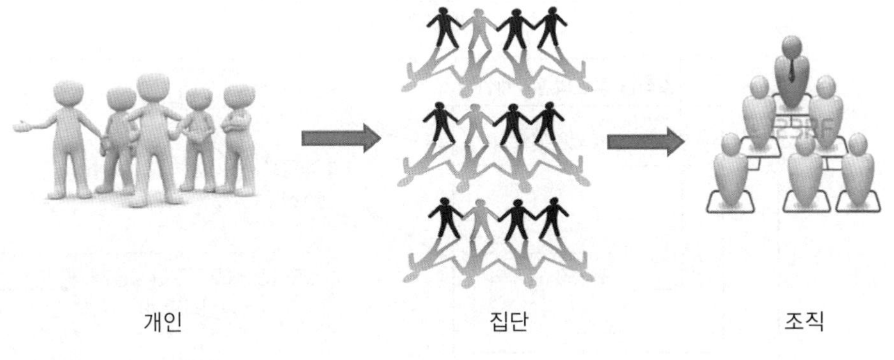

2) 조직의 구성요소

조직은 어떻게 구성되는가? 조직의 구성요소를 명확하게 정의할 수 있는 것은 아니다. 그러나 일반적으로 조직은 ① 조직환경, ② 조직목표, ③ 조직가치와 이념, ④ 조직구조와 구성원 등과 같은 요소로 구성된다고 할 수 있다.

<그림 10-2>에서 알 수 있듯이 조직은 조직 내 개인 및 집단과 상호작용을 하며 다른 조직과도 상호작용을 한다. 각 조직은 구체적인 목표를 설정하고 있으며 이를 달성할 수 있는 최적의 목표수단을 추구하게 된다. 그리고 조직의 목표는 외부 조직환경에 의해 영향을 받아 변화하며 수정된다. 조직의 구성요소에 대한 보다 자세한 설명은 다음에서 제시한다.

그림 10-2 조직 간 관계와 조직구성 요소

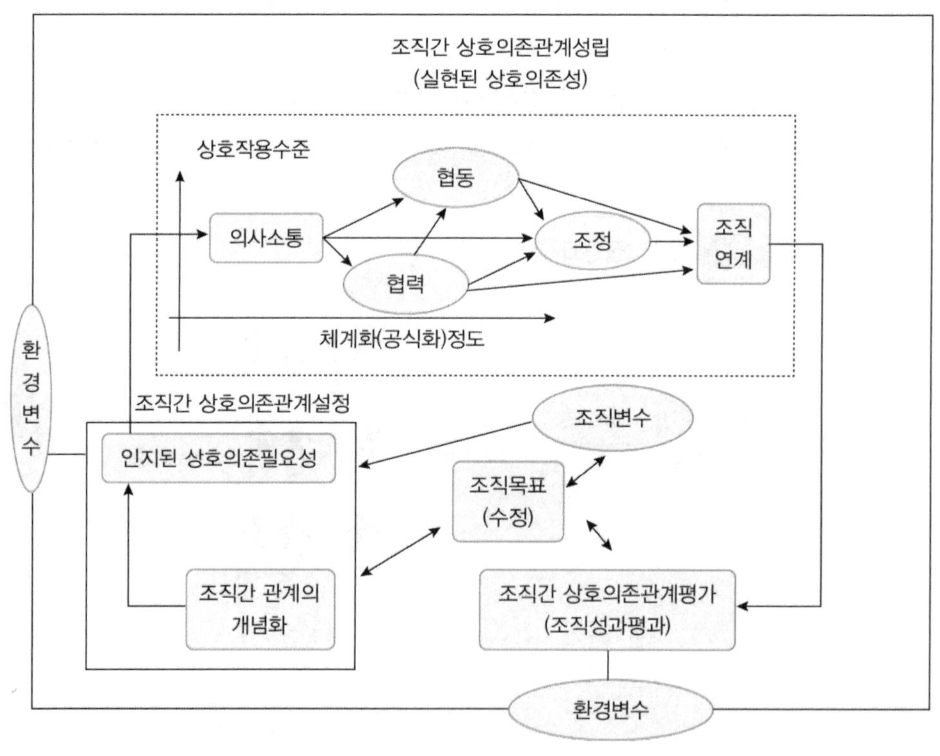

출처: 조경식·이양수(2008: 231)

(1) 조직환경[3]

조직환경은 조직을 둘러싼 외부적 환경과 조직 내부적 환경을 모두 포함한다. 일반적으로 조직에 미치는 경제적·사회적·정치적·문화적·기술적 환경은 모두 조직의 외부적 환경으로 제시될 수 있다. 조직 내 과업 수행과 관련된 업무환경 또는 과업환경 등 조직의 내부환경도 관심의 대상이 되고 있지만(윤영채·배응환, 2007: 112-113), 일반적으로 조직환경은 조직을 둘러싼 외부환경에 한정하여 논의된다.

최근 들어 조직의 외부환경은 조직에 더욱 중요한 영향을 미치고 있기 때문에 조직을 이해함에 있어서 조직의 핵심 구성요소로 논의될 필요가 있다. 조직의 외부환경 특징에 따라 조직의 운영척도가 달라지고, 조직에서 생산하는 상품이 달라지며, 조직구조 형성 방식이 달라지는 것이다(Ranson et al., 1980). 최근에는 정보통신기술이 급속도로 발달하면서 이러한 기술환경의 변화가 조직의 변화(예 조직의 보고 체계가 변화)에 막대한 영향을 미치고 있다. 이러한 외부환경의 변화를 조직 운영에 적극 반영하기 위해 오늘날 우리 정부에서도 많은 노력을 기울이고 있다.

part 03

(2) 조직목표

① 조직목표의 중요성

조직이 달성해야 할 조직목표 역시 조직의 중요한 구성요소가 된다. 조직목표는 조직이 존재하는 중요한 이유가 된다. 조직은 주어진 목표를 달성하기 위한 의도적이며 합리적인 도구이자 수단으로 간주된다. 뿐만 아니라, 조직의 목표는 조직 활동의 방향성을 제시해 준다. 조직목표는 조직이 나아가야 할 미래의 방향성을 설정해 주며, 이를 위해 조직 설계는 어떻게 이루어져야 하는지도 달라진다. 조직의 목표 설정은 조직구성원들의 일체감 형성과 동기부여에 중요한 영향을 주며, 조직목표가 무엇인가에 따라 조직의 성과 평가 기준이 달라질 수 있다. 또한, 조직목표 설정에 따라 조직 활동의 정당성 근거가 달라질 수 있다(김병섭 외, 2009: 43-45).

② 조직목표의 정의와 특징

조직의 중요 구성요소인 조직목표는 다양하게 정의될 수 있다. 예를 들어, 민진(2014: 90)은 조직목표를 "조직이 달성하려는 미래의 바람직한 상태, 조건이나 산물"이라고 정의한다. 조직목표의 일반적인 특성은 다음과 같은데(민진, 2014: 92 재구성; Daft &

3 조직환경에 대한 보다 상세한 논의는 12장에서 제시하도록 한다.

Marcic, 2004), 첫째, 조직목표는 구체성과 측정가능성이 있어야 한다. 예를 들어, '조직 부패 10% 감소' 등은 다소 구체적이고 측정 가능한 목표라고 할 수 있다. 둘째, 조직목표는 핵심적인 결과 영역을 포함해야 하는 데 해당 조직의 핵심 기능이 조직목표로 설정될 수 있다. 셋째, 도전적이지만 달성할 수 있는 현실적인 조직목표를 제시해야 한다. 넷째, 조직목표 달성을 위한 시간 계획이 명확하게 제시되어야 한다. '회계연도 기간 동안 부채 30% 감소' 등이 조직목표 달성을 위한 시간 계획을 명확히 제시한 예가 될 수 있을 것이다. 마지막으로, 조직목표는 보상과 연계되어야 한다. 즉, 조직목표 달성 정도에 따라 그에 상응하는 보상이 제공되어야 한다는 것이다.

(3) 조직가치와 이념

① 조직가치와 이념의 의의

조직의 가치와 이념은 '조직활동의 일반적인 지도 정신이나 지도 지침'으로 정의될 수 있다(민진, 2014: 77). 조직이 지향하는 가치이자, 규범이자, 지침이 바로 조직의 가치와 이념인 것이다. 따라서 이러한 조직가치와 이념에 따라 조직의 목표가 달라질 수도 있다. 뿐만 아니라, 조직의 가치와 이념이 어떻게 형성되느냐에 따라서 조직의 유형과 기능이 다르게 형성될 수도 있다. 공공조직은 민간조직에 비해 국민들에 대한 공익과 공공성 추구를 우선으로 하기 때문에 이러한 조직가치와 이념에 따라 공공조직의 목표는 민간조직에 비해 높은 추상성을 지닌다고 할 수 있다.

② 조직가치와 이념의 종류

조직이 달성해야 할 가치와 이념은 조직의 유형과 기능에 따라 달라진다. 민간조직 중 기업은 이윤 극대화를 위해 효율성과 생산성 증진이라는 분명한 가치를 지향하게 되고, 조직은 이러한 가치를 반영하여 목표를 설정하게 된다.[4] 그러나 공공조직은 다양한 가치를 추구한다. 공공조직이 추구하는 대표적인 가치로는 공공성과 공익이 제시될 수 있으며, 이외에도 민주성, 형평성, 효율성 등이 공공조직이 추구하는 가치로 제시될 수 있다.

(4) 조직구조와 구성원

조직이 형성되기 위해서는 환경과 구분되는 조직경계와 영역도 필요하지만, 조직 내부의 구성원과 조직구조가 조직의 중요한 구성요소가 된다. 조직구성원은 '조직의

4 물론 최근 들어 기업에서도 '기업의 사회적 책임(Corporate Social Responsibility)'이 강조되고 있다.

목표와 가치를 공유하고 조직목표 달성을 위해 함께 행동하는 사람'을 의미하며, 조직 내에서 중요한 업무를 담당한다. 조직구성원들에게는 직무가 주어지며, 구성원들은 적극적으로 이를 달성하려고 한다. 뿐만 아니라, 조직구성원들은 그들 사이에 유형화된 상호작용(patterned interaction)을 하는 가운데 조직구조를 형성한다(유민봉, 2015). 이처럼 조직구성원 개개인과 그들의 상호작용인 조직구조는 조직을 형성하는 중요한 구성요소가 된다.

2 조직에서의 미션·비전·전략

환경변화에 따른 성공적인 조직 혁신을 위해서는 체계적이고 정확한 조직진단이 우선되어야 한다. 이러한 조직진단은 조직의 미션·비전·전략에 기반을 두고 이루어져야 한다.

1) 미션·비전·전략의 의의

인력·조직진단을 논의하기 이전에 미션·비전·전략이라는 용어를 숙지할 필요가 있다. 미션(mission)은 "왜 우리 조직이 존재해야 하는지? 우리의 조직이 없으면 무엇이 문제인지?에 대한 답을 제시하는 것"으로 조직은 미션을 달성하기 위해 존재한다(유민봉, 2015: 257). 이러한 미션은 성공적인 조직 운영의 필수조건이 된다. 특히 조직의 존립과 활동에 대한 정당성의 근거를 제시하고, 결정과 행동의 방향을 제시하며, 불확실성 감소와 구성원들에 대한 동기부여를 제공할 수 있다는 점에서 미션은 중요한 의의를 지닌다(유민봉, 2015: 259-260).

비전(vision)은 "조직의 미래상이 무엇인가?"를 알려주는 것이다(유민봉, 2015: 262). 미션이 주로 조직이 왜 존재하는 지에 대해 논의하는 것이라면, 비전은 미래에 달성해야 할 조직의 모습에 초점을 맞추고 있다. 따라서, 비전은 미션 보다 분명하고 구체적으로 제시되는 것이다. 이러한 비전은 외부에서 주어진 것이 아니라 구성원들 사이에서 공유되는 '공유된 비전(shared vision)'이어야 한다. 비전을 달성하기 위하여 조직구성원들이 원하는 미래의 모습이 무엇인가를 탐색하는 절차가 필요하고, 이를 실현시키기 위해 팀을 구성하여 개인의 비전을 팀 단위별 비전으로 바꿀 필요가 있다는 것이다(유민봉, 2015: 263).

이에 비해 전략(strategy)은 일반적으로 "문제를 해결하거나 과제를 수행하기 위해 실행하는 체계적인 인지적 조작활동"을 의미한다(교육심리학용어사전, 2015). 본장에서는 조직 차원에 초점을 맞추어 전략을 논의한다. 전략은 "단기적 대응이 아니라 조직의 미션과 비전 달성을 목표로 한 장기적이고 종합적인 계획"이다(유민봉, 2015: 267). 전략의 주요 요소는 목적과 임무, 환경에 대한 이해, 자원의 분석, 효과적인 집행이 된다(유종해·이덕로, 2015: 442). 전략은 조직의 외부환경을 체계적으로 고려할 뿐만 아니라, 조직 내부차원에서 자원을 진단하고 통합적으로 관리하는 방안이다. 특히 전략은 자원의 제약 조건을 고려하여 수립되기 때문에 자원의 효율적인 사용을 위해 선택과 집중을 강조한다. 즉, 전략은 "조직의 미션과 비전을 달성하고자 할 때 조직의 자원을 배분하고 이를 위한 기능을 배열하는 우선순위를 반영하는 작업"을 의미하는 것이다(유민봉, 2015: 267). 그렇다면, 변화하는 환경에 보다 적극적으로 대응하기 위해 인사조직에서 중요하게 고려하여야 할 전략적 관리의 의미는 무엇인가?

2) 전략적 관리

전략적 관리(strategic management)는 전략적 기획(strategic planning)의 영역을 확장시킨 것이다. 전략적 기획이 최적의 의사결정에 초점을 둔다면, 전략적 관리는 조직의 새로운 영역 개척, 즉 조직의 기술개발 등을 포함한 포괄적인 관점에서 접근하는 방안이다. 따라서 전략적 관리는 "조직의 역동적인 전략과 전술을 집행하여 급변하는 환경에 대응하는 조직의 새로운 변화 과정을 주도하는 적극적인 행위"로 정의할 수 있다(유종해·이덕로, 2015: 443). 전략적 관리는 장기적인 관점, 조직목표와 계층 간의 융화, 독자적이지 않은 전략적 관리와 기획 인식, 환경에 대한 예측과 대응 등을 중요하게 고려한다 (Bozeman & Straussman, 1990: 29–30).

앞서 언급한 것처럼, 전략적 관리는 급속한 기술발전과 환경변화에 능동적으로 대응하기 위해 전략을 결정하는 전략적 기획을 기반으로 한다. 전략적 기획은 "조직 내·외부 환경을 적극적으로 고려하면서 조직의 미션과 비전을 구체화하는 데 관계되는 우선순위가 높은 핵심 전략을 취하고 그렇지 않은 전략은 버리는 과정"을 의미한다(유민봉, 2015: 268). 이는 조직의 내·외부 환경분석을 통해 조직에 필요한 정보를 습득하고 분석하여 미래 상황을 예측하는 것이다. 특히 브라이슨(Bryson, 1988)은 공공부문에 적합한 전략적 기획모형을 제시하였는데, 그의 모형은 법률에 근거하여 공공조직과 구성원들의 행동 범위를 확인하였으며, 임무와 가치를 보다 명확하게 설정하였다. 또한,

표 10-1 SWOT 분석 전략

내부 / 외부	강점(S)	약점(W)
기회(O)	SO 전략 공격적 전략: 강점을 가지고 기회를 살리는 전략	WO 전략 방향전환전략: 약점을 보완하여 기회를 살리는 전략
위협(T)	ST 전략 다양화 전략: 강점을 가지고 위협을 회피하거나 최소화하는 전략	WT 전략 방어적 전략: 약점을 보완하면서 위협을 회피하거나 최소화하는 전략

출처: 유민봉(2015: 272)

환경평가를 통해 전략을 형성할 때 구성원들의 적극적인 참여와 다양한 가치를 종합적으로 반영한다는 점을 강조하였다는 측면에서 의의를 지닌다. 이러한 전략적 기획의 과정은 전략기획의 기획(예 종합적인 전담 팀을 구성), 미션과 비전의 확인(예 주된 고객과 이해관계 확인), 환경분석(예 SWOT 분석 활용), 전략적 이슈 결정과 전략형성 등의 순서로 이루어진다(유민봉, 2015: 268–274).

이러한 전략적 기획을 위한 구체적인 방안으로 SWOT 분석 기법이 제시된다. SWOT 분석은 "조직 내부의 강점(Strength)과 약점(Weakness), 조직 외부의 기회(Opportunity)와 위협(Threat) 요소를 찾아 환경에 보다 효과적으로 대응하기 위한 전략분석 방법"이다(유종해·이덕로, 2015: 443). SWOT 분석을 통해 다음과 같은 구체적인 대응 전략들(SO 전략, WO 전략, ST 전략, WT 전략)이 제시될 수 있다.

전략적 관리 또는 전략적 기획은 급속하게 변화하는 조직의 내·외부 환경을 분석하여 장기적이고 다양한 관점에서 전략을 수립한다는 측면에서 성과관리에 미치는 영향이 크다. 특히 공공조직의 법적·절차적 한계와 조직 외부의 정치적 개입 등으로 인해 공공조직에 전적으로 전략적 관리 또는 전략적 기획을 도입하는 것은 불가능하지만, 환경변화에 보다 적극적이고 전략적으로 대응한다는 측면에서는 이러한 기법이 공공조직에 긍정적인 영향을 미칠 수 있다(유종해·이덕로, 2015: 453). 그럼에도 불구하고, 전략적 관리 또는 전략적 기획은 다음과 같은 한계를 지닌다. 이러한 기법들은 조직과 인사를 연계하는 접근 방법이지만 조직중심으로 논의되어 왔기 때문에 조직구성원들, 즉 인적자원에 대한 고려가 상대적으로 미흡하였다는 한계를 가지는 것이다(이환범, 2002: 35).

3 조직목표의 주요 이슈

1) 조직목표와 미션, 비전의 관계

조직목표와 유사한 개념인 조직의 미션과 비전을 살펴볼 필요가 있다. 조직의 미션(mission)은 '조직이 하는 일, 조직에게 부여된 역할과 기능'을 의미한다(민진, 2014: 84). 이에 비해 조직의 비전(vision)은 '조직이 추구해야 할 가치'를 의미한다. 조직의 비전은 조직의 미래를 전망하는 강력한 방향체계가 된다. 이러한 비전의 핵심 구성요소로는 핵심 이념과 비전화된 미래가 제시된다(민진, 2014: 86). 유민봉(2015: 257-264)에 따르면, 조직의 미션은 '조직의 존재 이유'가 된다. 이러한 미션을 형상화 시킨 것이 비전으로 비전은 '미래의 모습에 대한 그림', 즉 '조직의 미래상'이 되는 것이다. 특히 조직의 미션은 조직의 '존립과 활동에 대한 정당성의 근거'를 제시해 주며, '조직 의사결정 및 행동의 방향을 제시'해 주고, '조직의 불확실성 감소와 조직구성원에 대한 동기부여'와 같은 기능을 담당하게 된다(유민봉, 2015: 259-260). 이러한 기능을 담당하는 미션을 보다 구체화 시킨 것이 비전으로 이때 비전은 반드시 조직구성원이 함께 공유하는 '공유의 비전'이 되어야 한다(유민봉, 2015: 263).

조직의 미션이 어떻게 설정되는지에 따라서 조직의 정체성이 결정된다. 또한, 조직의 미션에는 조직의 가치, 사회적 책임, 윤리적 책임과 철학 등이 포함된다. 조직의 목표와 미션, 그리고 비전은 그 추상성 때문에 개념의 중요도에 있어 분명한 상하관계를 형성하기 어렵다. 조직목표의 규모에 따라 미션 혹은 비전과의 관계가 달라질 수 있다는 것이다. 예를 들어, 조직목표를 추상적이고 거시적으로 제시한다면 조직목표와 미션, 비전은 동일 차원에서 논의될 수 있을 것이다. 그러나 조직목표를 전략목표 차원에서 논의한다면 전략목표는 조직의 미션과 비전에 대한 하위개념으로 사용된다. 이러한 관계는 전략적 기획(strategic planning)에서 뚜렷하게 나타난다. <그림 10-3>은 조직의 비전인 가치체계와 조직목표와의 관계를 나타내고 있는데, 조직이 추구하고자 하는 가치체계가 제시되면 이에 따른 구체적인 조직목표가 설정됨을 보여준다(권선필, 2008).

그림 10-3 조직 비전과 조직목표의 관계

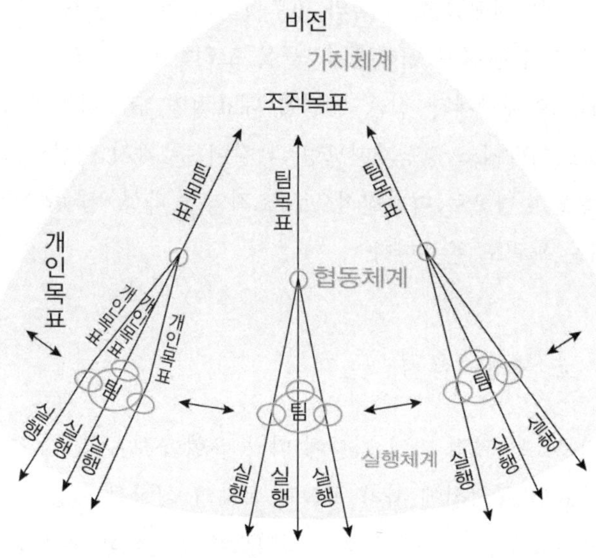

출처: 권선필(2008: 79)

2) 조직목표와 효과성

조직목표와 유사한 용어로 조직의 효과성이 제시될 수 있다. 조직의 효과성(effectiveness)은 조직의 목표달성정도(goal attainment)를 의미한다. 조직이 추구하고자 하는 목표가 어느 정도 달성되었는지를 평가하는 것이 조직 효과성이라는 것이다. 조직 효과성은 좁은 의미에서 조직의 목표 달성도를 의미하지만 넓은 의미에서는 조직의 평가 기준 또는 판단 기준 전체를 의미하기도 한다(김병섭 외, 2009: 53).

조직의 효과성 달성 여부는 다음과 같은 기준을 고려해 판단될 필요가 있다(김병섭 외, 2009: 53). ① 누구의 관점에서 효과성인가, ② 어떤 활동에 대한 효과성인가, ③ 어떤 분석의 수준에서 효과성을 평가할 것인가, ④ 무슨 목적으로 효과성을 평가하는 것인가, ⑤ 어느 시점에서 효과성을 평가할 것인가, ⑥ 어떤 종류의 자료를 통해서 효과성을 평가할 것인가, ⑦ 무엇을 기준으로 평가할 것인가 등이 조직 효과성 달성 평가의 기준이 된다.

이밖에도 조직 효과성은 다양하게 정의되고 측정될 수 있다. 일반적으로 조직의 효과성은 조직목표의 달성정도를 의미하는 것으로서(Gibson, 1982; Price, 1979), 주로 단일

차원에서의 목표 달성정도를 말한다. 예를 들어, 구체적인 목표를 어느 정도 달성하고 있는가에 관한 목표달성 접근, 체제로서 조직이 어느 정도 바람직하게 유지될 수 있는지에 관한 체제접근, 조직의 내부적 건강과 능률성을 중심으로 측정되는 내부과정 접근, 조직과 관련된 이해관계자들을 고려하여 그들의 가치와 존재에 초점을 맞추어 측정하는 이해관계자 접근 방법이 대표적인 단일차원의 효과성 측정이다(민진, 2012: 102-104). 이밖에도 경쟁가치모형[5]과 같이 두 가지 이상의 기준(내부와 외부 지향, 통제와 유연성 지향)을 바탕으로 다차원적으로 조직의 효과성(개방체제, 합리목표, 내부과정, 인간관계)을 제시하려는 노력도 존재한다.

3) 조직목표 유형

조직목표는 여러 가지 기준에 따라 유형화될 수 있다. 가장 대표적인 조직목표 유형은 목표의 공식성에 따라 공식적 목표와 실질적(운영상) 목표로 구분하는 것이다. 공식적 조직목표는 규정에 의해 공식적으로 명문화한 목표를 말한다(김병섭 외, 2009: 47; 민진, 2014: 95; Etzioni, 1967). 예를 들어, 우리나라 「정부조직법」[6]에는 공식적 조직목표의 특징이 명확하게 나타난다. 이에 반해 실질적 또는 운영상 목표는 조직에서 명시적으로 제시되는 목표가 아니라 실제 조직 운영을 위해 존재하는 비공식적 목표라고 할 수 있다.

4) 조직목표와 수단의 관계

조직목표를 달성하기 위하여 조직수단을 활용한다. 조직수단 활용을 위해서는 우선 조직의 목표가 어떻게 구성되었는가를 살펴보아야 하는데, 이러한 단계가 바로 목표정렬(goal alignment) 단계가 된다. 목표정렬은 성과달성을 위한 가장 중요한 단계이다. 효과적인 성과달성은 조직의 목표를 지원해 줄 수 있는 명확한 직무기대(job expectations)로부터 시작된다. 만약 직무기대가 명확하지 않다면 조직은 혼란에 빠질 가능성이 높

5 경쟁가치모형은 13장 조직문화에서 자세히 언급하도록 한다.

6 「정부조직법」 제1조에는 「정부조직법」의 목적을 제시하고 있는데, 이는 다음과 같다. '이 법은 국가행정사무의 체계적이고 능률적인 수행을 위하여 국가행정기관의 설치·조직과 직무범위의 대강을 정함을 목적으로 한다.' 즉, 「정부조직법」에서는 국가행정사무의 체계적이고 능률적인 수행이 정부조직의 목적임을 제시하고 있는 것이다.

그림 10-4 목표정렬

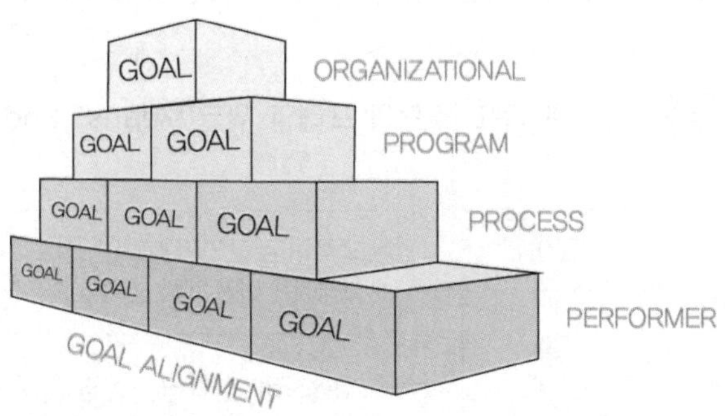

출처: IntraHealth International(2002)

다.[7] 조직목표들 사이에는 전략적인 연계가 형성되어야 하며, 전략적 목표정렬을 위해서는 조직목표와 목표달성 수단 사이에 명확한 관계가 우선적으로 형성되어야 한다.

조직목표와 수단의 관계는 조직정렬 외에도 목표·수단의 연쇄(means-ends chain) 측면에서 살펴볼 수 있다. 여기서 목표·수단의 연쇄는 '낮은 수준의 목표달성이 높은 수준의 목표달성을 가능하게 하는 것을 의미'하는데, 즉 조직의 하위목표는 상위목표의 수단이 되지만 하위목표는 그보다 하위에 있는 목표의 상위목표가 되는 것으로 목표와 수단의 관계가 연쇄적임을 의미한다(김병섭 외, 2009: 45). 정부부처 목표를 달성하기 위하여 국(局)의 목표가 정부부처 목표의 하위목표가 되는 동시에 과(果) 목표의 상위목표가 되는 것이다. 또한 이는 전형적인 성과관리 전략과 유사한 측면을 지닌다(〈그림 10-5〉 참조). 각 부처는 궁극적으로 달성해야 할 미션과 비전을 설정한 다음, 이를 바탕으로 실·국장급에서 중·장기 달성목표인 전략목표를 설정하고, 그리고 이를 바탕으로 과장급에서 성과목표를 설정하게 된다. 여기서 각 부처의 미션과 비전 → 전략목표 → 성과목표 관계가 목표·수단의 연쇄관계를 나타내게 된다.

그러나 이러한 조직 목표·수단의 연쇄관계가 현실에서는 목표와 수단이 대치(displacement)되는 현상으로 나타날 가능성이 높다. 특히, 이러한 목표-수단 대치(전치) 현상은 달성해야 할 목표가 추상적인 정부조직에서 더욱 빈번히 나타나게 된다. 예를 들어, 정부조직이 기회의 공정성을 확보하기 위한 수단으로 절차적 기회균등을 강조

7 http://www.prime2.org/sst/step0-3.html

하는 경우, 정부조직은 누구에게나 공정한 기회를 제공하려고 절차적 기회균등이라는 수단을 활용하고자 하지만 '공정한 기회'라는 조직목표의 추상성으로 인해 보다 달성

그림 10-5 부처 내 목표·수단의 프레임 워크(Means-End Chain Framework)[8]

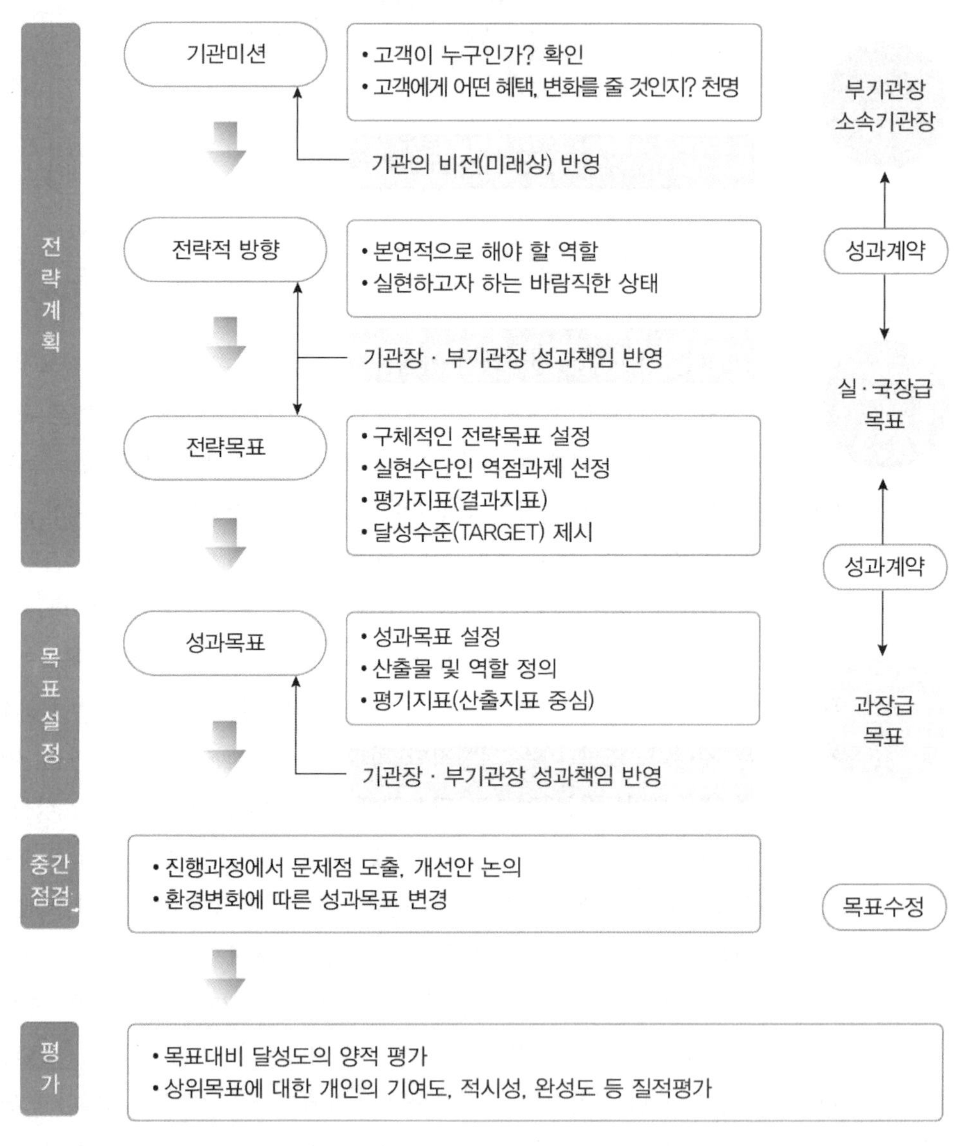

8 인사혁신처(2016) 홈페이지 참조.

하기 쉬운 수단인 '누구에게나 평등한 기회균등 보장'이라는 절차적 평등을 추구하는 데만 몰두하게 된다는 것이다. 이는 전형적인 관료제 병폐현상을 유발시키기도 한다.

5) 조직목표 간 충돌

조직목표와 수단의 연쇄 현상이 부정적으로 나타나는 이유는 목표 간 충돌이 발생하기 때문이다. 다양한 조직목표가 존재하기 때문에 때로는 상충하는 목표들도 존재할 수 있다. 이러한 현상은 조직 간에도 발생할 수 있으며, 조직 내에서도 발생할 수 있다. 우리나라 정부부처 중에서 환경부와 산업통상자원부는 목표 충돌을 이루는 대표적인 부처들로 제시된다. 환경부는 환경보전에, 산업통상자원부는 기업들의 경제발전에 핵심 목표를 두고 있기 때문에 이들 부처 간의 목표는 충돌하는 경우가 많다. 일례로 배출권거래제도 도입을 둘러싸고 환경부와 산업통상자원부(전 지식경제부)는 심각한 갈등을 겪어야만 했다. 또한 하나의 조직 내에서도 조직목표의 갈등이 발생할 수 있다. 예를 들어, 부처의 목표와 하위부서인 국(局)의 목표가 달라서 충돌할 수도 있다. 또한 개인목표와 조직목표가 달라서 충돌할 수도 있다.

이러한 다양한 조직목표 충돌 가운데, 조직 내에서 상위부서와 하위부서와의 충돌, 개인과 조직의 목표가 충돌하는 경우가 발생한다면 이에 대한 조정이 필요하다. 목표 갈등 해결에 대한 명확한 원칙이 존재하는 것은 아니지만, 상위목표인 조직목표를 우선시하고 이에 따라 하위부서의 목표 및 개인의 목표를 수정하는 것이 바람직하다.

6) 조직목표의 변동

조직목표는 불변하는 것이 아니다. 달성해야 할 조직목표를 이미 달성하였거나, 변화하는 조직환경에 기존의 조직목표가 더 이상 적합하지 않은 경우에 조직목표를 변경할 필요가 있다. 조직승계는 가장 대표적인 조직목표 변동이 된다. 조직승계 시에는 조직목표를 근본적으로 수정하거나(정책의 중요한 일부분을 없애거나, 새로운 부분을 추가하는 경우), 기존 조직목표를 없애고 새로운 목표를 설정하는 등 조직목표를 완전히 대체하는 경우 등을 포함한다. 대부분의 경우, 정부조직에 있어서 기본적인 조직목표는 전면 재설정되는 경우가 드물어 조직의 목표는 '종결'되는 것이 아니라 '계승'되어 진다. 이러한 경우, 조직목표를 기존과 유사하게 유지하지만 사업이나 그 사업을 담당하는 조직 그리고 예산을 변경시키는 경우가 많다(정정길 외, 2013).

4 공공조직의 이해

1) 공공조직의 의의

공공조직과 민간조직은 무슨 차이가 있을까? 공공조직에서는 민간조직의 특징이 나타나지 않을까? 이러한 질문에 답을 하기 위해서는 무엇보다 공공조직이 무엇인지를 이해할 필요가 있다. 공공조직에 대한 정의는 다양하게 제시될 수 있다. 그러나 정도에 따라 다르기는 하지만 공공조직은 정부조직일 수도 있으며, 공익(public interest) 달성을 책임지는 조직일 수도 있다. 그럼에도 불구하고 공공조직은 공공재(public goods)의 특성을 지닌 재화나 서비스를 제공하는 조직으로 이해될 수 있다(Bozeman & Bretschneider, 1994: 194).

공공조직은 민간조직과의 유사성도 지니고 있다. 공공조직과 민간조직은 "모든 중요하지 않은 영역에서 근본적으로 유사하다(fundamentally alike in all unimportant respects)"라는 세이어(Sayre, 1953: 102)의 명제를 고려할 수 있다. 이에 따르면 공공조직과 민간조직은 모든 중요한 영역에서 차이점을 나타낸다고도 할 수 있다. 이러한 공공조직과 민간조직의 유사점과 차이점은 최근 공공조직에 신공공관리 기법이 도입되는 과정을 주의 깊게 살펴봄으로써 이해될 수 있을 것이다. 두 조직 사이에 유사점이 존재하기 때문에 민간조직의 우수한 성과관리 기법(예 BSC, MBO 등)을 공공조직에 도입할 수는 있지만, 민간조직에서 성공한 관리기법들이 공공조직에서도 항상 성공을 거두는 것은 아니다.

2) 공공조직의 특성

공공조직의 특성은 민간조직과의 비교를 통해 보다 명확히 이해될 수 있다. 공공조직은 다음과 같은 측면에서 민간조직과 차이를 나타낸다(Christensen et al., 2007: 6-7). 공공조직은 민간조직에 비해 대중에 의해 선출된 리더의 통치가 조직에 중대한 영향을 미치게 된다. 또한 공공조직은 정치가, 국회, 정책 수혜집단, 비용 부담집단 등 다양한 이해관계자들과 관계가 있다. 민간조직은 고객을 최우선으로 고려할 수 있지만, 공공조직은 다양한 이해관계자들을 고려하여야 한다.

보즈만과 브레트슈나이더(Bozeman & Bretschneider, 1994)가 논의한 바와 같이 공공조직은 무엇보다도 공공성에 의해 영향을 받는데, 이러한 공공성은 단일 차원이 아닌 다차원적으로 해석될 수 있다. 그 예로 공공성은 조직이 자원을 획득하는 과정인 자

그림 10-6 공공조직에 영향을 주는 공공성

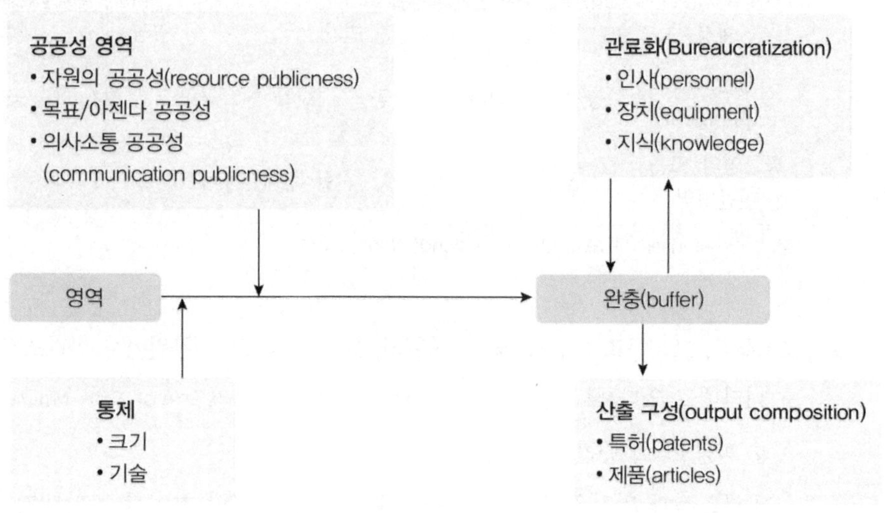

출처: Bozeman & Bretschneider(1994: 205)

원 공공성(resource publicness)에 따라서, 조직의 목표와 아젠다가 공공의 성격을 띠는지의 여부에 따라서, 의사소통의 상대와 과정이 어느 정도 민주적 절차를 따르고 있느냐에 따라 다르게 나타나며, 이는 공공조직과 민간조직을 결정하는 중요한 요소가 된다.

3) 공공조직과 민간조직의 차이

(1) 공공조직과 민간조직 차이 연구 경향

① 공공조직과 민간조직의 차이 연구

공공조직은 '조직'이라는 측면에서 민간조직과의 유사성을 나타낸다. 실제 보인(Boyne, 2002)의 연구에 의하면 공공조직과 민간조직을 비교한 1960년부터 1999년 사이의 연구 논문들은 두 조직 사이에서 조직환경, 조직목표, 조직구조, 관리적 가치에 대한 차이는 거의 나타나지 않는 것으로 설명하고 있다고 한다.[9] 그럼에도 불구하고 공공조직은

9 그러나 보인(2002)의 연구는 34개의 논문만을 메타분석해 경험적으로 입증하였기 때문에 대상이 된 연구의 수가 한정되어 있으며, 규범적이고 철학적인 연구들은 포함하지 못한 한계가 존재한다(전영한, 2009: 62).

표 10-2 공공조직과 민간조직의 상호관련성

<table>
<tr><th>조직/인사</th><th colspan="4">공공</th><th colspan="4">민간</th></tr>
<tr><td>재정</td><td colspan="2">공공</td><td colspan="2">민간</td><td colspan="2">공공</td><td colspan="2">민간</td></tr>
<tr><td>생산도구
(equipment)</td><td>공공</td><td>민간</td><td>공공</td><td>민간</td><td>공공</td><td>민간</td><td>공공</td><td>민간</td></tr>
<tr><td>공공영역 또는
민간영역</td><td>공공</td><td colspan="6">혼합 형태, 하이브리드</td><td>민간</td></tr>
</table>

출처: Christensen et al.(2007: 7); Killand(1986) 재구성

조직목표, 조직구조, 조직환경, 조직원리, 대상자 등 모든 차원에서 민간조직과 다른 차이를 나타내고 있다(Blau & Scott, 1962; Dahl & Lindblom, 1953; Downs, 1967; Mintzberg, 1979).

② 공공조직과 민간조직 통합 연구 경향

공공조직과 민간조직은 추구 목표에 있어 본질적인 차이를 나타내지만, 최근에 제시되는 공공조직과 민간조직의 특성은 상당히 닮아 있는 것을 확인할 수 있다. <표 10−2>에 의하면 공공조직과 민간조직은 재정적 측면과 생산도구 측면 등 다양한 분야에서 서로 유사해지고 있다. 따라서, 공공조직과 민간조직만의 특징이라고 할 수 있는 고유의 영역은 점차 줄어들고 있다. 공공조직은 민간조직의 특성에 영향을 받고, 민간조직은 공공조직의 특성에 영향을 받아 각각의 영역에서 서로의 장점을 중심으로 유사성을 나타낸다.

1980년대 이후로 공공조직에서 신공공관리 기조가 강화되어 민간의 다양한 성과관리 제도·기법 등(예 BSC, TQM, 전략적 기획 등)이 도입되고 있다. 뿐만 아니라 민간조직에서는 점차 기업의 사회적 책임(corporate social responsibility)이 강조되고 있다. 기업의 사회적 책임은 기업이 사회의 일부로써 사회와 환경에 미치는 영향에 대해 책임의식을 갖고, 투명경영·봉사 등에 앞장서는 것을 의미하는 것이다(한경 경제용어사전, 2005).

(2) 구체적인 공공조직과 민간조직의 차이

공공조직과 민간조직에 유사점이 존재하고, 이들이 점차 동화되는 경향을 나타내지만 이들 공공조직과 민간조직은 근본적인 차이점을 지니고 있다. 다음에서는 조직목표, 조직환경, 조직구조, 조직행태, 조직변화와 혁신 등의 다섯 가지 영역에서 두 조직이 가지는 차이점을 보다 구체적으로 살펴보도록 한다.

① 조직목표의 차이

공공조직과 민간조직은 달성하고자 하는 조직목표에서 분명한 차이를 나타낸다. 민간조직은 이윤극대화라는 명확한 조직목표를 가지고 있으며, 공공조직의 경우에는 앞서 언급한 것처럼 다양한 목표(예 공정성, 민주성 등)를 가지고 있다(Solomon, 1986). 정치학자인 달과 린드블럼(Dahl & Lindblom, 1953)에 따르면 공공조직은 민간조직에 비해서 명확하지 않은 조직목표를 지니고 있다. 또한 블라우와 스콧(Blau & Scott, 1962)은 공공조직이 일반 대중들에게 편익을 주는 조직이며, 정치적 책임성(political accountability)을 가장 중요한 이슈로 삼는다고 주장했다. 이에 반해 민간조직은 소유자들의 편익을 제공하는 데 초점을 맞추며, 생산성이 가장 중요한 이슈가 된다. 민간조직에 비해 공공조직은 낮은 직무명료성을 가지며, 모호한 목표를 가지고 있고, 목표 측정도 또한 낮다는 것이다. 뿐만 아니라 공공조직에는 달성해야 할 목표도 많다(전영한, 2009).[10]

② 조직환경의 차이

공공조직과 민간조직은 조직환경에 의해 얼마나 영향을 받는지에 있어서 차이점을 나타낸다. 민간조직에 비해서 공공조직은 외부환경, 특히 정치적 환경에 많은 영향을 받게 된다. 다운스(Downs, 1967)에 의하면 공공조직은 민간조직에 비해서 정치적 환경에 상당한 영향을 받으며, 이러한 외부적 정치환경은 공공조직 내부 의사결정에 중요한 영향을 미친다는 것이다. 특히 정부조직은 선출직 공무원의 영향을 강하게 받는다. 우리나라의 경우 대통령이 바뀔 때마다 정부조직 개편이 일어났으며, 뿐만 아니라 각 조직 내 공무원들의 인사이동과 승진도 달라졌다.

뿐만 아니라 공공조직은 민간조직 보다 강력한 법적 제약을 받게 된다. 예를 들어, 「정부조직법」, 「지방자치법」, 「공공기관의 운영에 관한 법률」 등 공공조직에 미치는 강력한 법적 근거가 존재하는 것이다. 이러한 법적 환경은 공공조직 설립 및 운영에 중요한 근거가 되며, 이에 의해 공공조직의 구조, 문화, 구성원들의 행태 대부분이 영향을 받게 된다.

③ 조직구조의 차이

공공조직의 조직구조는 민간조직에 비해 더 강력한 관료제적 특징을 나타낸다. 일반적으로 공공조직의 조직구조는 민간조직의 조직구조 보다 더 집권화 되어 있으며, 더욱 공식적이고, 강한 수직적 복잡성을 나타낸다.[11] 다시 말해, 공공조직은 계층화된

10 그러나 다른 연구들(Rainey, 1983)에서는 목표 명료성에 대한 관리자들의 지각정도는 공공조직과 민간조직이 유사하게 나타난다고 보았다.

11 집권성, 공식성, 복잡성에 관한 논의는 12장 조직구조에서 자세히 설명한다.

조직구조를 나타내며, 권한과 권위가 대부분 상층부에 집중되어 있고 상명하달의 의사소통구조를 지니고 있다. 또한, 유연한 조직구조보다는 엄격하고 경직적인 조직구조를 유지하고 있다. 달과 린드블럼(1953)에 의하면 공공조직에는 민간조직에 비해 레드테이프와 엄격성(rigidity) 등 관료제의 부작용이 더 크게 존재한다. 다운스(1967) 역시 공공조직은 민간조직처럼 조직 내에 시장 경쟁의 원리가 존재하지 않기 때문에, 공공조직들은 더 정교한 계층제를 구성하고 있다고 하였다. 민츠버그(Mintzberg, 1979)는 공공조직은 외부적 제약이 심하기 때문에 엄격한 관료제의 유형을 취할 가능성이 높다고 강조하였다. 일부 선행연구(Kurland & Egan, 1999)는 공공조직과 민간조직의 차이가 존재하지 않거나, 민간조직이 더 관료적이라는 주장도 제기하지만(Buchanan, 1975), 대부분의 공공조직과 민간조직의 선행연구에서는 공공조직이 민간조직에 비해 더 경직적이고, 덜 유연하고, 레드테이프가 더 많이 존재하여 관료제적 성격이 강하게 나타난다고 주장한다.

④ 조직행태의 차이

공공조직의 구성원들은 민간조직의 구성원들과 다른 행태를 나타낸다. 공공조직의 구성원들은 민간조직 구성원들에 비해서 강력한 윤리규정 준수(예 「공직자윤리법」 준수), 신분상 제약(예 공무원의 정치적 중립성) 등과 같은 규칙의 제약을 받고 있다. 뿐만 아니라 공공조직의 구성원들은 민간조직에서 근무하는 구성원들보다 더 높은 공직봉사동기(Public Service Motivation, PSM)를 가진다. 공직봉사동기는 이타심과 같은 항목을 포함하며, 이는 민간조직 구성원들에게 나타나는 동기기재와 사뭇 다르다(Perry & Wise, 1990).[12]

동기부여뿐만 아니라 공공조직과 민간조직의 구성원들에게 나타나는 조직몰입, 직무만족, 직무몰입 등에는 차이가 나타난다. 일부 연구를 제외한(Davis & Ward, 1995) 대부분의 선행연구에서는 공공조직 구성원들의 직무태도(직무만족과 조직몰입) 정도가 민간조직 구성원들의 직무태도 보다 더 낮게 나타났다. 이와 같은 결과에 대한 원인은 다양하게 제시될 수 있으나 앞서 설명된 조직목표, 조직구조, 조직환경 등의 차원에서 공공조직은 민간조직과 다른 차이를 나타내기 때문으로 볼 수 있다. 다시 말해, 공공조직은 민간조직보다 다소 불명확한 조직목표를 가지고, 계층적이고 위계적인 조직구조를 지니고 있으며, 조직의 외부환경에 상당한 영향을 받아 조직운영에 있어서의 제약이 크다는 것이다(전영한, 2009). 이로 인해, 공공조직에서 업무를 담당하는 조직구성원

12 동기부여에 따른 공공조직과 민간조직의 차이는 동기부여를 설명하는 21장에서 자세히 설명하도록 한다.

들의 근로 의욕은 오히려 민간조직 구성원들보다 낮게 나타날 수 있다.[13]

⑤ 조직변화와 혁신 차이

공공조직과 민간조직은 조직변화와 혁신에서도 차이가 나타날 수 있다. 조직변화와 혁신의 차이는 공공조직과 민간조직에서 변화와 혁신이 일어날 때 조직구성원들이 어떻게 대응하느냐에 달려 있다. 이러한 대응의 차이는 각 조직구성원들의 성향에 따라서도 달라질 수 있을 것이다. 공공조직 구성원들은 민간조직 구성원들보다 위험회피적이며 소극적인 태도를 나타내는 경향이 있다. 따라서, 공공조직의 구성원들은 조직의 변화에 더욱 강력하게 저항하게 되고 복지부동한 행태를 나타내게 된다(Bozeman & Kingsley, 1998). 대부분의 공공조직 구성원들은 민간조직 구성원들 보다 조직변화와 혁신을 더욱 위협적으로 받아들이며, 변화와 혁신에 적절히 적응하지 못하는 것으로 나타난다.

(3) 공공조직의 종류

위에서는 공공조직과 민간조직이 조직목표, 조직환경, 조직구조, 직무태도, 조직변화와 혁신 등에 차이를 나타냄을 살펴보았다. 민간조직과는 다른 특징을 지니는 공공조직의 종류는 다양하게 제시될 수 있으나, 공공조직의 기본적 이념이자 가치인 공공성의 정도에 따라서 분류된 공공조직의 종류는 <표 10－3>과 같다(곽채기, 2012). 공공조직은 공공부문 조직으로서 민간부문 영역의 조직인 기업 또는 비영리단체(NGO) 등과 차이를 보인다. <표 10－3>의 표에서 나타나듯이 공공조직은 민간조직에 비해서 기업성 보다는 공공성의 성격을 강하게 나타내는 조직이다. 이러한 공공조직은 정부부문과 공공기관으로 분류될 수 있다. 정부부문은 「정부조직법」의 영향을 받는 정부부처와 「책임운영기관의 설치·운영에 관한 법률」의 적용을 받는 책임운영기관, 「공공기관 운영에 관한 법률」의 적용을 받는 공공기관으로 나눌 수 있다. 이 중 정부부처는 다른 공공조직에 비해 가장 높은 공공성을 지닌다고 할 수 있다. 또한 공공조직 중 가스공사와 같은 시장형 공기업이 가장 높은 시장성을 지닌다고 할 수 있다.

13 그러나 이는 일반적인 논의가 아니기 때문에 조직의 상황과 맥락에 따라서 달리 논의될 수 있을 것이다.

표 10-3 공공조직 분류

<table>
<tr><th colspan="8">공공부문</th><th colspan="3">민간부문</th></tr>
<tr><th colspan="3">정부부문</th><th colspan="5">공공기관</th><th colspan="2">비영리부문</th><th>영리부문</th></tr>
<tr><td rowspan="2">정부부처
(정부기업)</td><td colspan="2">책임운영기관</td><td rowspan="2">기타
공공
기관</td><td colspan="2">준정부기관</td><td colspan="2">공기업</td><td rowspan="2">시민
단체
(NGO)</td><td rowspan="2">공익
법인
(NPO)</td><td rowspan="2">사기업</td></tr>
<tr><td>행정형
기관</td><td>기업형
기관
(정부
기업)</td><td>위탁
집행형
기관</td><td>기금
관리형
기관</td><td>준
시장형
공기업</td><td>시장형
공기업</td></tr>
<tr><td>기획
재정부</td><td rowspan="2">현대
미술관</td><td rowspan="2">경찰
병원</td><td rowspan="2">KDI</td><td rowspan="2">KOTRA</td><td rowspan="2">국민
연금
공단</td><td rowspan="2">조폐
공사</td><td rowspan="2">가스
공사</td><td rowspan="2">참여
연대</td><td rowspan="2">대한
상공
회의소</td><td rowspan="2">삼성</td></tr>
<tr><td>우정사업
본부</td></tr>
</table>

출처: 곽채기(2012) 재구성

People and
Organizations

Chapter 11

조직이론

1. 조직이론의 의의
2. 조직이론의 구분
3. 고전적 조직이론
4. 신고전적 조직이론
5. 현대적 조직이론

CHAPTER 11

조직이론

핵심 학습사항

1. 조직이론의 의의는 무엇인가?
2. 고전적 조직이론, 신고전적 조직이론, 현대적 조직이론의 구분 기준은 무엇인가?
3. 고전적 조직이론의 특징은 무엇이며 세부적인 고전적 조직이론에는 무엇이 있는가?
4. 관료제론의 특징과 장점, 그리고 한계는 무엇인가?
5. 고전적 조직이론과 신고전적 조직이론의 차이는 무엇인가?
6. 신고전적 조직이론의 특징은 무엇이며, 세부적인 신고전적 조직이론에는 무엇이 있는가?
7. 인간관계론의 특징과 장점, 그리고 한계는 무엇인가?
8. 현대적 조직이론의 특징은 무엇이며, 세부적인 현대적 조직이론에는 무엇이 있는가?
9. 후기인간관계론의 특징과 장점 및 단점은 무엇인가?
10. 조직이론에서 조직과 환경의 관계를 어떻게 설명할 수 있는가?
11. 자원의존이론과 조직군 생태학의 차이는 무엇인가?
12. 제도적 관점에서는 조직과 환경의 관계를 어떻게 설명하고 있는가?
13. 거래비용의 판단 기준은 무엇이며, 거래비용이론은 공공조직에서 어떻게 적용될 수 있는가?
14. 공공조직에서 주인 - 대리인이론은 어떻게 적용될 수 있는가?
15. 공공조직에서 공공선택론과 합리적 선택이론은 어떻게 적용될 수 있는가?

1 조직이론의 의의

본장에서는 우리가 왜 조직이론을 공부해야 하는지, 즉 조직이론의 의의는 무엇인지에 대해 살펴보고, 조직이론의 다양한 구분기준을 논의한 뒤 고전적 조직이론, 신고전적 조직이론, 현대적 조직이론 각각에 해당되는 세부 조직이론들을 살펴보도록 한다.[1] 또한, 이러한 조직이론들을 사례에 접목해 논의를 진행해 보도록 한다.

1 유종해 · 이덕로(2015: 213)에 따르면, 조직이론을 고전적 이론, 신고전적 이론, 현대적 이론으로

이론(理論, theory)은 "사물의 이치나 지식 따위를 해명하기 위하여 논리적으로 정연하게 일반화한 명제의 체계"로 정의될 수 있다(네이버사전, 2016). 즉, 사회현상에 대한 설명력과 예측가능성을 높이기 위해 사람들은 '이론'을 활용한다(최창현, 2012). 조직이론도 마찬가지이다. 조직과 관련된 다양한 현상들을 이해하기 쉽게 설명하고 또 향후에 발생 가능한 조직관련 현상들을 예측하기 위해 조직이론들이 활용된다. 이에 대해 행정학용어표준화연구회(2010)에서는 조직이론을 "조직의 구조를 비롯한 조직의 요소를 연구하여 조직을 보다 바람직하게 유지·발전시키는데 도움을 주고자 체계화한 이론"으로 정의한다. 이창원 외(2012: 47)는 오석홍(2003: 5)의 조직이론 정의를 그대로 받아들여 조직이론을 '우리가 연구 대상으로 하는 조직과 그에 연관된 요인의 상호관계에 대해 체계적·논리적으로 기술·설명·처방하는 이론'으로 정의하고 있다. 이러한 조직이론은 사용 목적에 따라 서술적 조직이론(descriptive organization theory)과 규범적 조직이론(normative organization theory)으로 구분할 수도 있고, 분석 단위에 따라 미시조직이론(micro organization theory)과 거시조직이론(macro organization theory)으로 구분할 수도 있다(유종해·이덕로, 2015: 213; 이창원 외, 2012: 48). 서술적 조직이론(예 조직구조론)은 조직과 관련된 명백한 사실만을 기술하고 설명하는 이론이며, 규범적 조직이론(예 대부분의 고전적 조직이론 포함)은 조직의 미래 상태가 어떠해야 하는지를 설명하는 이론이다. 미시조직이론의 경우에는 분석 수준이 개인(예 개인의 성격, 학습 및 지각, 태도, 욕구 등) 및 집단(예 리더십, 의사결정 등)에 머물러 있는 경우가 많고, 거시조직이론은 분석 수준이 조직 전체(예 조직의 효과성, 조직문화 등)에 중점을 두는 경우가 많다(이창원 외, 2012). 조직을 이해하고 설명하는 데 있어서 어떤 조직이론이 더 유용한지의 여부는 상황에 따라 달라질 수 있겠지만, 조직이론이 조직에 대한 사람들의 이해 수준을 높이는데 기여한다는 것은 분명한 사실이라 할 수 있다.

이처럼 조직이론은 우리 사회를 유지함에 있어서 중요한 기능을 담당하고 있는 조직의 여러 가지 요소들(예 조직구조, 조직구성원, 조직문화 등)을 연구하여 조직의 목표를 보다 잘 달성할 수 있도록 한다는데 큰 의의가 있다고 하겠다. 보다 구체적으로, 조직이론은 다음과 같은 측면에서 중요한 의의를 가진다고 할 수 있다(Daft, 2016).

첫째, 조직이론은 조직에 관한 사실들을 담고 있다.

구분한 학자는 왈도(D. Waldo)이다. 물론 피프너(J. Pfiffner)와 같이 전통적 조직이론과 현대적 조직이론으로 이분화시켜 조직이론을 설명하는 학자들도 있으나, 유종해·이덕로(2015)의 논의에서와 마찬가지로 본서에서도 조직이론을 고전적 이론, 신고전적 이론, 현대적 이론으로 구분하여 논의하고자 한다.

둘째, 조직을 바라보는 다양한 시각이 담겨 있다.

셋째, 조직의 행동이 보여주는 일정한 패턴과 규칙을 관찰하여 구조화시킨다.

넷째, 조직이론을 통해 조직의 효율성이나 효과성을 높일 수 있는 방안을 모색할 수 있다.

다섯째, 조직이론은 시대적 흐름에 따라 조직을 바라보는 시각 혹은 통찰의 변화를 알 수 있게 한다.

대프트(Daft, 2016)가 제시한 조직이론의 의의에서도 살펴볼 수 있듯이, 조직이론은 조직에 대한 다양한 사실 특히 조직에서 나타나는 일정한 패턴과 규칙을 당시의 시대적 흐름에 따른 시각을 바탕으로 조직의 효율성 혹은 효과성 증진과 연계해 구조화시키고 있다. 이처럼 시대에 따라 다양하게 발전해 온 조직이론을 바탕으로 오늘날 우리에게 필요한 조직이론이 무엇인지도 고민해 볼 필요가 있다. 김인수(2005: 30)의 논의에 따라 오늘날 우리에게 필요한 조직이론에 대해 언급한 이창원 외(2012: 48)는 "조직현상을 정확하게 기술하며, 현실 조직의 문제를 진단하고, 처방하는 데 도움이 되는 (조직)이론"의 중요성을 강조했다. 이러한 조직이론과 관련해 다양한 학자들이 조직이론의 분류기준을 제시하고 있다(Pfeffer, 1982).

2 조직이론의 구분

1) 조직이론의 구분 경향

농경사회에서 산업사회로 변화하는 과정에서 공장들이 들어서기 시작하면서 조직에 대한 관심이 커지기 시작하였다. 특히 산업혁명 이후에 급격히 성장·발전하기 시작한 조직에 대해 정치, 경제, 사회, 인문학자 등이 연구를 시작하면서 조직에 대한 이론적 틀을 구축해 갔다. 조직이론은 조직을 구성하는 요인들 중 조직구조나 조직구성원, 그리고 이러한 구성요소들을 둘러싼 환경과의 상호작용 등을 중심으로 발전하였는데, 초기 조직이론의 경우에는 연구 대상 조직이 공장들이 대부분이었으며 이들 공장에서 어떻게 생산량을 증대 시켜 이윤을 극대화 시킬 것인지에 주목하였다. 즉, 조직의 구조를 통해 조직구성원들을 통제함으로써 조직의 능률성을 최대화 시킬 수 있다고 본 것이다. 우리는 이러한 관점을 취하는 조직이론을 고전적 조직이론이라고 명명한다. 이후 시민들의 교육수준이 향상되고 삶의 질이 개선됨에 따라 인격이나 인권 측면에도 관심을 가지기 시작하면서 조직이론의 방향이 조직구조보다는 조직구성원들에게 집중되는 시기를 거치게 된다. 고전적 조직이론에서는 조직을 기계로, 조직구성원을 기계의 부속품 정도로 인식하였다면, 조직구성원의 인간성을 고려하여 인간관계적 측면을 부각시킨 이론들이 등장하게 된 것이다. 우리는 이러한 관점을 취하는 조직이론을 신고전적 조직이론이라고 명명한다. 고전적 조직이론에 신(新, new)이라는 접두어만 붙인 이유는 신고전적 조직이론 또한 여전히 조직목표의 효율적 달성(예 이윤극대화)을 중심으로 하고 있었기 때문이다. 뿐만 아니라 고전적 조직이론과 신고전적 조직이론은 폐쇄적인 관점을 취하고 있었다. 다시 말해 조직의 내부 환경만 고려하였지 조직을 둘러싼 외부 환경에 대해서는 거의 관심을 두지 않았던 것이다. 그러나 사회가 변화하면서 더 이상 조직 내부의 환경만을 고려해 조직을 운영할 수 없는 시대가 도래하게 되었다. 정보·통신기술의 발달과 더불어 교통이 발달하면서 조직구성원들은 다른 조직의 구성원들과 소통하기 시작하였고 정보를 교환하기 시작하였다. 다른 조직의 경영상황 혹은 조직 운영전략이 특정 조직에 중요한 영향을 미치기도 하였다. 이제 조직 운영에 있어서 해당 조직의 구조나 조직 내부 구성원만 고려할 수 없는 시대적 상황에 직면하면서 많은 조직관련 학자·연구자·실무자들은 다양한 조직이론들을 제시하고 있다. 조직 외부 환경과의 상호작용을 중심으로 개방적 관점을 취하면서 조직의 관리 혹은 조직의 발전에 대해 정리한 이론을 우리는 현대적 조직이론이라고 명명한다. 이밖에도 학자들이 제시하는 다양한 분류 기준 중 본서에서는 국내 조직학자들 사이에서 가장 많이 활용되고 있는 스콧(Scott, 1998)의 조직분류기준을 살펴보도록 한다.

2) 조직이론의 구분 기준: 스콧의 분류기준을 중심으로

스콧(1998)은 인간의 관점이 합리적 인간관인지 혹은 자연적 인간관인지, 조직의 관점이 환경과의 관계에 있어 폐쇄적 조직관을 취하고 있는지 아니면 개방적 조직관을 취하고 있는지에 따라 조직유형을 구분하였다. 즉, 조직이론을 인간의 관점과 조직의 관점에 따라 분류한 것이다. 다음에서는 각 인간 혹은 조직이라는 조직이론 분류 기준에 따른 조직이론 유형을 보다 상세히 살펴보도록 한다.

표 11-1 스콧의 조직이론 분류기준

		인간의 관점	
		합리적 인간관	자연적 인간관
조직의 관점 (환경과의 관계)	폐쇄적 조직관	A(고전적 조직이론)	B(신고전적 조직이론)
	개방적 조직관	C(현대적 조직이론)	D(현대적 조직이론)

(1) A 조직이론: 조직 내부 효율성 향상

A 조직이론의 특징은 합리적 인간관과 폐쇄적 조직관이 지배하는 관점의 조직이론으로 대표적인 이론으로 베버의 관료제론과 테일러의 과학적 관리론이 제시될 수 있다. 주로 1900년부터 1930년까지 발생한 조직이론을 포함하고 있으며 고전적 조직이론이라고 한다. 특히 이 이론은 산업혁명 이후 조직의 내부적 효율성 달성을 가장 중요한 조직목표로 제시하고 있다.

보다 구체적으로 농경사회에서 산업사회로 진입하면서 사람들은 엄청난 변화를 경험하게 된다. 특히, 산업혁명을 거치면서 대량생산을 목표로 하는 대규모 농장주들이 공장을 설립하고 이윤을 극대화하기 위해 효율적 생산에 집중하는 상황이 벌어진 것이다. 당시에는 교통·통신수단도 제대로 발달하지 않아 조직은 조직 내부의 구조를 체계화시킴으로써 조직구성원들을 관리하고 이를 바탕으로 생산량을 증진시키는 데에 집중하게 된다. 즉, 조직은 환경과 유기적으로 상호작용하지 못했으며 조직구성원들을 기계적이고 비정의적(impersonal)으로 대함으로써 조직의 효율성 증진에 매진하였다(이창원 외, 2012).

(2) B 조직이론: 사회적·감정적 존재로서 인간

B 조직이론은 자연적 인간관과 폐쇄적 조직관이 지배하는 관점의 조직이론으로 대표적인 이론으로는 인간관계론이 있다. 이는 1930년부터 1960년까지 발생한 조직이론들을 포함한다. 고전적 조직이론과는 달리 인간은 조직의 단순한 부속품이 아니라고 주장하며, 인간을 감정적·사회적 동물로 간주하고 있다. 주요 특성은 사회적 능률성, 비공식적 요인 중시, 환경에 대한 관심, 사회적 인간 모형 등의 강조로 나타난다.

보다 구체적으로 고전적 조직이론이 발달한 이후 1930년에서 1960년경에는 여전히 교통·통신 발달이 제한적이었다. 조직 대부분은 외부 환경과의 상호작용에는 관심이 없고 내부 관리를 통해 조직의 효율성을 증진하고자 노력하고 있었다. 그러나 한 가지 달라진 점이 있다면 조직 내부의 구성원이 합리적 경제인이 아니라 제한된 합리성을 바탕으로 하고 있다는 점을 인식하게 된 것이다. 다시 말해 인간은 기계가 아니라 감정과 생각을 가진 존재이며, 따라서 이러한 인간적인 문제에 관심을 가질 때 조직관리도 효율적으로 이루어질 수 있음을 깨닫게 된 것이다.

(3) C 조직이론: 조직의 환경에 대한 대응

C 조직이론은 합리적 인간관과 개방적 조직관이 지배하는 관점의 조직이론이다. 주로 조직이 환경에 어떻게 대응할 수 있는가에 관심을 가진다. 주로 1960년대와 1970년대의 상황적응이론과 전략적 선택이론 등이 여기에 해당된다. 특히, 1960년대부터는 여러 가지 기술의 발달로 인해 조직은 이제 더 이상 조직 내부관리에만 집중할 수 없게 되었다.

보다 구체적으로, 1960년대 이후의 사회적 변화는 기술변화와 함께 더욱 급진적이 됨으로써 이제 조직은 다른 조직 혹은 사회적·경제적·정치적 환경 등에 큰 영향을 받게 된다. 따라서 조직은 과거 폐쇄적 관점에서 벗어나 개방적 관점을 택하게 되고 다른 조직과의 상호작용 과정을 보다 합리적인 관점에서 분석하고자 노력하게 되었다. 이러한 시점부터를 우리는 현대적 조직이론의 발달이 시작된 기점으로 여긴다. 초기 현대적 조직이론은 조직이 상황에 어떻게 적응해 가는지 혹은 조직은 상황 변화에 따라 어떠한 전략적 선택을 하게 되는지를 객관적인 사실을 중심으로 분석하고 있다.

(4) D 조직이론: 개방성과 다양성 중시

D 조직이론은 자연적 인간관과 개방적 조직관이 지배하는 관점의 조직이론이다. 인간의 본성을 중시하면서 조직 외부 환경과의 관계를 중요하게 고려하는 조직이론을 포함하며 주로 1970년대 이후의 조직이론을 포함하고 있다.

보다 구체적으로, 1970년대 이후는 정보·통신기술의 발달로 산업사회에서 지식·정보사회로 진입하는 토대가 마련되었다. 이로 인해 조직은 더욱 빠르게 변화하는 환경에 적응하고 또, 환경과 상호작용하는 방법도 찾아야만 했다. 이러한 과정에서 학자들은 다양한 조직이론들을 제시한다. 그 중에서 현대사회에서의 조직 현상을 가장 잘 표현하고 있는 조직이론이 바로 포스트모더니즘에 입각한 '혼돈이론'이다. 현대적 조직이론의 세부 이론에 대해서는 다음에서 보다 자세하게 다루도록 한다.

3) 조직이론 구분의 특징

위에서 설명한 바와 같이 스콧(1998)이 제시한 조직이론 분류는 국내에서도 다양한 학자들에 의해 보다 간단한 조직이론 구분 노력으로 이어지게 된다. 한국국정관리학회(2014)에서는 조직이론을 폐쇄형 조직이론과 개방형 조직이론으로 구분하였고, 폐쇄형 조직이론으로 테일러의 과학적 관리론, 굴릭과 어윅(Gulick & Urwick) 및 파욜(Fayol)의 행정관리론, 베버의 관료제론 등을 제시하였다. 또한 개방형 조직이론으로는 하난과 프리먼(Hannan & Freeman)의 조직군 생태학, 페퍼와 샐러닉(Pfeffer & Salanick)의 자원의존론 등을 제시하였다. 이창원 외(2012)는 Scott의 조직이론 분류에 따라 조직이론을 폐쇄–합리적 조직이론, 폐쇄–자연적 조직이론, 개방–합리적 조직이론, 개방–자연적 조직이론으로 구분하였다. 폐쇄–합리적 조직이론의 세부 이론으로는 과학적 관리론, 관료제론, 행정관리학파를 제시하였으며, 폐쇄–자연적 조직이론의 세부 이론으로는 인간관계론, 생태론(환경유관론) 등을 제시하였다. 개방–합리적 조직이론의 세부 이론으로는 체제이론,

표 11-2 스콧의 조직이론 분류

		체제의 본질	
		폐쇄적	개방적
조직의 특성	합리적	폐쇄–합리적 조직이론 • 과학적 관리론(Taylor, 1911) • 행정관리학파(Fayol, 1919) →POSDCoRB(Gulick & Urwick, 1937) • 관료제론(Weber, 1924)	개방–합리적 조직이론 • 제한된 합리성(Simon, 1957). • 구조적 상황이론(Lawrence & Lorsch, 1967) • 전략적 선택이론(Child, 1972) • 조직경제이론(Williamson, 1975)
	자연적	폐쇄–자연적 조직이론 • 인간관계론(Mayor, 1927~1932) • 생태론(환경유관론)(Selznick, 1949; Barnard, 1938)	개방–자연적 조직이론 • 조직군 생태학(Hannan & Freeman, 1977) • 자원의존이론(Pfeffer & Salanick, 1978) • 사회적 제도화 이론(DiMagio & Powell, 1983) • 조직화이론(Weick, 1979) • 혼돈이론(Prigogine & Stengers, 1984)

출처: 이창원·최창현(2008: 95) 재구성

표 11-3 조직이론의 구분

	고전적 조직이론	신고전적 조직이론	현대적 조직이론
조직의 가치관	기계적 능률	사회적 능률	다양한 가치
조직의 구조관	공식적 구조	비공식 구조	조직구조 전반
조직의 인간관	합리적·경제적 인간	사회적 인간	자아실현인·복잡인
조직의 환경관	폐쇄체제관	소극적·폐쇄적 환경관	적극적·개방적 환경관
조직의 주요 관점	조직구조	조직구성원(인간)	조직구조와 인간, 그리고 외부환경

출처: 민진(2014: 74) 재구성

구조적 상황이론을 제시하였으며, 마지막으로, 개방－자연적 조직이론으로는 와이크의 이론, 마치의 쓰레기통모형, 환경조작관, 자연선택관, 상호작용관, 혼돈이론 등을 제시하였다. 유종해·이덕로(2015)는 조직이론을 고전적 조직이론과 인간관계론, 또 고전이론과 인간관계론을 개방체제적 관점으로 융합한 구조론으로 구분하고 있다. 이에 비해 이상철(2012)은 조직이론을 역사적 관점에서 고전적 조직이론, 신고전적 조직이론, 현대적 조직이론 등 세 가지로 구분하고 있으며, 앞서 언급한 바와 같이 본서에서는 조직이론을 이러한 세 가지 측면에서 구분하여 살펴보고자 한다.

다음에서는 고전적 조직이론과 신고전적 조직이론, 그리고 현대적 조직이론 각각의 특성 및 세부 이론에 대해 살펴보도록 한다.

3 고전적 조직이론

고전적 조직이론은 대체적으로 조직구조 관리를 통한 조직의 효율성 증대 방안을 모색하는 것을 중심으로 발전해 왔다.[2] 기업에서는 대량생산을 통한 이윤 극대화를 위해 한 사람이 물품 하나를 생산하는 시간을 절약하고 또 물품 생산 분야를 전문화시키는 등 분업화가 일어났으며, 이후 이는 정부조직 구조의 효율성 증대 방안 모색

2 김병섭 외(2009)는 고전적 조직이론이 조직의 구조적인 측면에 중점을 두고 발전하였다고 하여 '고전적 구조론'이라는 표현을 사용하기도 한다.

에도 영향을 미치게 된다. 뿐만 아니라 산업사회의 발달로 점차 규모가 증대되는 조직의 효율적 운영을 위해 규칙을 정하고 의사결정과 이에 대한 전달 등을 체계화시키기 위한 노력들도 나타나기 시작하였다. 그렇다면, 고전적 조직이론의 대표적인 세부이론인 과학적 관리론과 행정관리론, 관료제론은 어떠한 핵심 내용들을 담고 있는 것일까? 우선 과학적 관리론의 내용 및 특성을 살펴보도록 한다.

1) 과학적 관리론

(1) 과학적 관리론의 등장배경

테일러(1856~1915)[3]

과학적 관리론을 주창한 테일러는 1856년에 미국 필라델피아에서 변호사인 아버지와 청교도(Puritan) 신앙심이 깊은 어머니 사이에서 태어나 부유한 환경에서 자라났다. 아버지처럼 법률가가 되기 위해 하버드 법대에 우수한 성적으로 입학은 하였으나(프레드릭테일러, 방영호 역, 2010), 시력에 심각한 이상이 발생하여 중도에 학업을 포기하게 된다. 그러나 테일러는 소명의식, 금욕주의적 삶을 강조하는 청교도 정신이 강했던 탓에 집에서 무위도식(無爲徒食) 하지 않고 병약한 몸을 이끌고 철강공장에서 일을 하게 된다. 공장에서 일을 하는 동안 테일러는 주위 동료들을 관찰하면서 생산량이 높은 근로자들과 생산량이 현저히 낮은 근로자들의 업무 행태 등을 비교하게 되었다.

(2) 과학적 관리론의 핵심 내용

공장에서 근무하는 동안 테일러는 '시간-동작 연구(time and motion study)'를 하게 되는데, 이때 그는 오늘날 '달인(達人)'으로 불릴만한 생산량이 높은 숙련공들은 ① 손을 움직일 때 지그재그로 움직이거나 갑작스럽게 방향을 바꾸는 동작을 하기 보다는 부드러운 선을 그리는 동작을 하며, ② 표준화된 작업 도구와 자료를 똑바로 작업자의 얼굴 가까이에 둔다는 것을 발견하였다(김병섭 외, 2009: 72). 또한, 이들 숙련공들은 분업을 통해 동일한 작업을 수만 번 반복함으로써 가장 간결하고 능률적인 동작을 스스로 체화함으로써 작업시간을 단축시켜 생산량을 증대시킨다는 것을 발견하였다. 생산량에 따른 성과

3 출처 https://en.wikipedia.org/wiki/Frederick_Winslow_Taylor

급 지급이 근로자들에게 가장 효과적인 동기부여 기재가 됨은 당연한 일이었다.

과학적 관리론에서는 '능률성' 혹은 '생산성'을 가장 중요한 가치로 여겼으며, 인간의 경제적 합리성을 중시하였다. 과학적 관리론에서는 다음과 같은 기본 전제를 제시하고 있다(김병섭 외, 2009; 민진, 2014; 유종해·이덕로, 2015).

첫째, 생산량 최적화를 위한 유일최선의 작업방법(one best way)이 있다.

둘째, 과학적인 방법에 의한 생산성 향상은 근로자와 고용자를 동시에 이롭게 하고, 이는 국가경제 발전을 가져와 종국에는 국민전체 생활수준 향상에 기여하게 된다.

셋째, 조직구성원 특히 근로자들은 금전적, 물리적 동기요인에 영향을 받는다.

넷째, 근로자들은 생산량 증대라는 조직목표를 명확히 이해하며, 근로자들의 담당업무는 반복적인 것이 대부분이다.

이러한 전제를 바탕으로 테일러가 주장하는 조직에 대한 과학적 관리는 업무설계에서부터 인력선발, 인력에 대한 적절한 업무 배치 등까지 이어지게 된다. 다시 말해, 테일러는 조직을 과학적으로 관리함에 있어서 다음과 같은 다양한 노력이 수반되어야 한다고 본 것이다. 테일러가 제시한 과학적 관리원칙은 다음과 같다(이상철, 2012; 최창현, 2012).

① 과학적 업무설계: 개인이 담당하는 직무는 과학적으로 분석되고 설계되어야 하며, 이렇게 설계된 업무 수행을 가장 능률적으로 수행할 수 있는 유일최선의 방법이 제시되어야 한다.

② 과학적 인력선발: 과학적이고 합리적인 방법을 통해 근로자들을 선발하고 훈련시켜야 한다.

③ 업무와 인력의 적정한 결합: 선발된 인력은 과학적이고 합리적인 교육훈련과정을 거쳐 그들이 가장 큰 역량을 발휘할 수 있는 직무에 배치되어야 한다.

④ 협력과 동기유발: 작업장에서는 관리자와 근로자에게는 적정한 책임을 분담시키고 지속적이고 긴밀한 협력체계를 구축하도록 한다.

테일러의 과학적 관리론은 이후 포드(H. Ford)의 컨베이어 시스템 도입을 바탕으로 한 작업장 관리에 영향을 주기도 하였다. 뿐만 아니라, 오늘날까지도 조직을 합리적으로 운영하는 기틀을 마련하는데 근간이 되는 이론으로 자리 잡고 있다. 특히 업무의 분화나 전문화, 성과급 지급을 통한 동기부여 등은 오늘날 조직 운영에도 중요한 함의점을 제시하고 있는 것이다.

(3) 과학적 관리론에 대한 평가

테일러의 과학적 관리론은 오늘날의 조직관리에도 중요한 영향을 미치고 있는 것이 사실이다. 과학적 관리론에 대한 긍정적인 평가는 다음과 같다(김병섭 외, 2009).

첫째, 조직의 생산성 증대를 위한 구체적이고도 과학적인 방법을 제시하였다.

둘째, 직무분석을 통한 과학적 업무 설계 및 인력 배치 등을 제안하였다.

셋째, 금전적·물질적 보상과 같은 외재적 동기부여(extrinsic motivation)의 중요성을 강조하였으며, 성과급제도 필요성의 근간을 마련해 주었다.

넷째, 조직이론 발전과정에 있어서 객관적이고 과학적인 방법을 추구하는 장을 열어주었다.

그러나, 과학적 관리론에 대한 비판도 존재한다(김병섭 외, 2009; 민진, 2014; 이상철, 2012).

첫째, 과학적 관리론에서는 지나치게 인간의 감정, 사회성 등을 간과하였다. 즉, 찰리 채플린이 주연한 세계적인 명작 '모던타임즈(modern times, 1989)'에서처럼 조직 속의 인간을 기계의 부속품처럼 여긴 것이다. 또한 인간을 지나치게 경제적 보상만을 강조하는 존재로 보아 인간의 내재적 동기부여(intrinsic motivation)를 간과하였다.

둘째, 과학적 관리론에서는 노사 갈등문제를 고려하지 못했다. 인간관계 혹은 근로자들과 관리자들의 소통 등에 대한 관심은 소홀한 측면이 있었던 것이다.

셋째, 과학적 관리론을 공공조직에 적용하기는 어려운 측면이 있다. 공공조직은 기업과 같은 민간조직과는 다른 특성을 나타내기 때문에 능률성, 생산성을 지나치게 강조하는 과학적 관리론을 공공조직에 적용하기는 어려움이 따른다는 것이다.

2) 행정관리론

(1) 행정관리론의 등장배경

과학적 관리론이 미시적 차원의 조직구조 관리를 통해 조직의 효율성을 증대시키고자 한 이론이라면, 행정관리론은 거시적 차원에서 조직구조를 설계하고 관리하고자 한 이론이다(김병섭 외, 2009). 이러한 행정관리론은 파욜(Henri Fayol)에 의해 기초가 마련되었다고 볼 수 있다.

파욜(1841~1925)[4]

파욜은 1841년에 이스탄불의 교외도시에서 태어났다. 군

4 출처 https://en.wikipedia.org/wiki/Henri_Fayol

인이었던 아버지 밑에서 자란 파욜은 1847년에 프랑스로 돌아왔고, 1860년에 광산전문학교(mining academy)를 졸업한 이후 줄곧 광산 전문가로 일하게 된다. 1888년경부터 30여 년간 광산회사에서 최고경영자로 근무하면서 기업이 수행하는 활동을 관리하는 방법에 대해 연구한 파욜은 1916년에 『산업 및 일반관리론(General and industrial administration)』을 출판하여 조직관리에 대한 자신의 경험을 일반에 알리게 된다(김병섭 외, 2009; 이상철, 2012). 이후, 파욜의 행정관리론을 무니(James D. Mooney)와 레일리(Alan C. Reiley)가 활용하고, 굴릭(Luther Gulick)과 어윅(Lyndall F. Urwick)이 집대성하게 된다.

(2) 행정관리론의 핵심 내용

파욜리즘(Fayolism)으로도 잘 알려져 있듯이, 조직의 관리 기능은 계획(planning), 조직(organizing), 인사(staffing), 지휘(directing), 통제(controlling)와 같은 다섯 가지로 구분이 된다. 이러한 기능에 대해 파욜은 14가지 관리의 원칙을 제시하고 있다. 이에 대한 내용은 다음과 같다.[5]

① **분업의 원리**(Division of work): 주의를 기울여야 할 업무의 수를 줄여 업무의 전문화를 기한다.

② **권한과 책임의 원리**(Authority and Responsibility): 권한이 있는 곳에 책임이 있다.

③ **규율의 원리**(Discipline): 규율은 사용자와 근로자 사이의 협약에 의해서 만들어진 것으로 규율은 근로자나 사용자 모두가 지켜야 한다.

④ **명령통일의 원리**(Unity of command): 근로자는 단일 상관으로부터 명령을 받아야 한다.

⑤ **지휘통일의 원리**(Unity of direction): 목적이 같은 활동은 한 사람의 책임자가 하나의 계획 하에 추진한다.

⑥ **전체 이익 우선의 원리**(Subordination): 근로자 개인이나 일부 집단의 이익이 조직의 이익을 우선해서는 안 된다.

⑦ **보수의 원리**(Remuneration): 보상은 노동의 대가로 공정해야 하며, 노력에 상응하도록 하여 근로 의욕을 북돋울 수 있도록 하되 합리적인 수준을 넘어 과다하게 지급되어서는 안 된다.

⑧ **집권화의 원리**(Centralization): 조직관리의 집권과 분권은 관리자의 경험에 의해 달

---

5 파욜이 제시한 14가지 관리의 원칙은 김병섭 외(2009: 76−77)와 이상철(2012: 26−27)이 제시한 내용을 재인용하도록 한다.

라질 수 있다.

⑨ 위계서열의 원리(Scalar chain): 최고관리자로부터 최하위 계층까지 이어지는 명령은 연쇄관계를 이룬다. 그러나 모든 의사소통을 여기에만 의존해서는 안 되고 상급자의 이해를 전제로 하여 하급자 간의 직접적·수평적 의사전달도 가능해야 한다.

⑩ 질서의 원리(Order): 물건이나 사람은 제자리가 할당되어 항상 자기자리에 놓여 있도록 해야 한다.

⑪ 형평의 원리(Equity): 근로자가 실제로 형평성을 느낄 수 있도록 해야 한다.

⑫ 직원 신분보장의 원리(Stability of tenure of personnel): 근로자가 신규 업무를 익히기 위해서는 시간이 필요하기 때문에 안정된 인력 운영이 필요하다.

⑬ 자발성의 원리(Initiative): 조직의 성공을 위해서는 구성원들의 자발적인 솔선수범이 필요하다.

⑭ 단결의 원리(Esprit de corps): 조화와 단결은 조직의 큰 힘이 되므로 단결을 위해 노력해야 한다.

이러한 14가지 원칙을 발전시켜 조직의 관리를 보다 효율적으로 하고자 하였던 무니와 레일리는 GM(General Motors Corporation)에서 최고경영자를 역임하는 동안 조직의 관리를 위해서는 ① 조정의 원리(coordination principle), ② 계층의 원리(scalar principle), ③ 기능적 원리(functional principle), ④ 계선과 참모 간의 관계를 밝히는 원리가 충족되어야 한다고 주장하였다.[6]

첫째, 조정의 원리에 있어서 모든 조직의 활동은 조직의 목표달성 방향으로 조정되어야 한다는 것이다.

둘째, 계층의 원리에 있어서는 조직 활동의 수직적 분화를 의미한다.

셋째, 기능적 원리에 있어서는 조직 활동의 수평적 기능분화를 의미한다.

넷째, 계선과 참모 간의 관계에 있어서는 계선은 의사결정 및 명령의 주요 기능을 담당하고, 참모는 조언 등 보좌기능을 담당한다는 것이다.

파욜에 의해 기초가 마련된 행정관리론의 조직이론을 집대성한 학자로는 굴릭과 어윅이 있다. 굴릭은 1892년 태어나 1920년 콜롬비아 대학에서 박사학위를 받고 콜롬비아 대학에서 교수로도 재직하였으며, 루즈벨트 대통령 시기에는 오늘날 브라운로

6 무니와 레일리에 대한 내용은 김병섭 외(2009: 77)의 내용을 재인용하였다.

위원회(Brownlow Committee)라고 알려진 정부조직위원회 위원으로도 활동하였다. 어윅은 영국에서 1891년에 탄생하여 'Fownes Brothers'라는 유서 깊은 장갑회사의 공동설립자의 아들로 유복하게 자랐다. 옥스퍼드에서 교육을 받으면서 어윅은 관리 컨설턴드(management consultant) 및 기업사상가(business thinker)로 성장하게 된다. 굴릭과 어윅은 본인들 스스로가 파욜의 영향을 받은 후학이라 칭하며, 관리의 핵심 기능 일곱 가지를 제시하고 있다. ① 계획(Planning), ② 조직(Organizing), ③ 인사(Staffing), ④ 지휘(Directing), ⑤ 조정(Coordinating), ⑥ 보고(Reporting), ⑦ 예산(Budgeting)이 바로 그것이다. 이들 기능들의 영문 앞 글자를 따서 POSDCoRB라고 명명하였다. 특히 굴릭은 브라운로 위원회에서 발표할 발표문을 만들 때 '최고관리자(chief executive)는 무엇을 해야 하는가?'라는 질문을 제시하며 관리자에게 있어서 POSDCoRB 기능이 필수적임을 강조하였다.[7] 또한 조직 내에서 전문화된 근로자들의 조직은 다음과 같은 기준을 충족할 때 가능함을 주장하였다.

첫째, 근로자들이 수행해야 하는 목적(purpose)

둘째, 근로자들이 활용해야 하는 과정(process)

셋째, 고려되어야 할 고객(clientelle), 문제(material), 사람(persons), 혹은 사물(things)

넷째, 근로자들이 일하는 장소(place)

(3) 행정관리론에 대한 평가

파욜, 무니, 레일리, 굴릭, 어윅 등과 같은 학자에 의해 발전해 온 행정관리론 또한 긍정적인 평가와 부정적인 평가를 받고 있다. 행정관리론에 대한 긍정적인 평가는 다음과 같다(민진, 2014; 이상철, 2012).

첫째, 행정관리론을 주창한 학자들은 자신들의 기업 혹은 공공조직 경험을 바탕으로 조직관리의 원리를 제시함으로써 실용성이 높은 조직관리 기법을 제시하였다.

둘째, 다양한 경험과 관찰에 의해 제시된 조직관리의 보편적인 원리와 원칙들(예 계획, 조직화, 명령, 조정, 통제 등)은 오늘날 조직 문제 해결에도 시사하는 바가 크다.

그러나, 행정관리론에 대한 부정적인 평가도 존재한다(김병섭 외, 2009; 민진, 2014; 이상철, 2012).

첫째, 행정관리론에서 제시되는 원리와 원칙에는 과학성이 부족하고, 보편성이 부족하며, 일부 원리들 사이에서는 서로 모순되는 특성도 나타난다(예 명령통일의 원칙과 전문

7 https://en.wikipedia.org/wiki/POSDCoRB 내용 참조.

화 혹은 자발성의 원리는 모순될 수 있음).

둘째, 인간적인 요인을 배제한 채 관리를 언급하고 있다.

셋째, 원리에 대한 정의가 불분명하며 개념도 모호하다.

3) 관료제론

(1) 관료제론의 등장배경

관료제(官僚制, bureaucracy)라는 용어를 사용한 것은 18세기 프랑스 상공대신인 구르네(M. de Gournay)였다. 그리스식 고전 정치 분류 형태인 군주정, 귀족정, 민주정과는 다른 새로운 형태의 통치 형태가 프러시아에 나타나는 것을 보고 구르네는 이를 사무실(bureau) 지배(cratie), 즉 관료제(bureaucracy)로 명명하였다(김병섭 외, 2009; 유광호·박기관, 2007). 사회가 복잡해지고 조직의 규모가 커지면서 통치의 형태가 관료제의 특성을 나타냈다는 것이다. 이후 19세기에는 유럽 각국에서 관료제라는 용어가 사용되었는데, 특히 영국의 학자들은 관료제에 대한 우려를 표명하기도 하였다. 예를 들어, 영국의 밀(John S. Mill)과 벤담(Jeremy Bentham)은 관료들의 권력 남용을 우려하며, 시민의 자유 보장을 위해 관료들을 통제할 수단 혹은 장치를 마련할 것을 강조하였다. 또한 프랑스 소설가 발자크(Honore de Balzac)가 관료제의 문제점을 부각시키는 소설을 출판하면서 관료제는 프랑스인들에게 경멸적 대상이 되기도 하였다(양창삼, 2005: 90).

관료제는 조직사회학적 관점에서, 정치경제학적 관점에서, 또 행정학적 관점에서 다양한 형태로 발전해 왔다. 관료제에 대한 시각도 다양하게 발전해 왔다(유광호·박기관, 2007). 예를 들어, 관료제를 합리적 조직으로 보는 관점도 있으며(예 베버), 비능률적 조직으로 보는 관점도 있다(예 디목). 이러한 다양한 관점들 중에서 본서에서는 오늘날 우리가 '관료제'라고 부르는 규범적 관료제의 기틀을 마련한 베버의 관료제 논의를 중심으로 관료제론의 내용을 파악해 보도록 한다.

(2) 관료제론의 핵심 내용

베버는 1864년에 독일에서 출생한 사회학자이자 철학자이며, 법학자이자 정치·경제학자였다. 또한, 그는 자신의 아버지 베버가 독일의 공무원으로 또 이후 정치활동을 하는 과정을 곁에서 지켜보면서 조직을 어떻게 효율적으로 통치할 수 있을지에 대해 고민하며 성장하였다. 베버는 조직 통치 권한(authority)은 크게 세 가지 형태로 나타날 수 있다고 보았다. 즉, 베버는 관료제의 통치 권한이 세 가지 이념형(ideal type)으로 나타나는데 전통적

베버(1864~1920)[8]

권한(traditional authority), 카리스마적 권한(charismatic authority), 합법적 권한(legal authority)이 그것이라는 것이다.

전통적 권한은 조직에서 나타나는 명령·복종은 전통이나 관습 등에 의해 정당화 될 수 있다는 것이다(이상철, 2012: 30). 예를 들어, 우리나라의 경우 한 가문의 종갓집에서 의사결정을 하고 이에 대해 다른 집안 구성원들이 복종하는 형태가 나타나는데 이는 전통적 권한으로 볼 수 있다. 카리스마적 권한의 경우에는 한 개인이 지닌 신성하거나 비범한 특성 때문에 그의 명령을 따르게 되는 경우가 있다는 것이다(김병섭 외, 2009: 82; 이상철, 2012: 30). 동양에서 신관(神官) 혹은 제관(祭官)은 그 특별한 능력을 인정받아 막강한 권한을 가지기도 했다. 마지막으로, 합법적 권한은 조직구성원은 법규 규정에 의해 조직의 명령에 복종한다는 것이다(김병섭 외, 2009: 82; 이상철, 2012: 30; 이창원 외, 2012: 54). 이러한 합법적 권한은 오늘날 조직사회에 가장 필요한 것이며, 따라서 베버도 합법적 권한을 가장 이상적인 이념형으로 보고 이를 중심으로 합리적 관료제 조직을 구축하고자 하였다. 특히 베버는 이러한 합법적 권한을 바탕으로 나타나는 규범적 관료제의 특징을 다음과 같이 제시하고 있다(유민봉, 2015: 192–93; 이상철: 2012; 이창원 외, 2012: 54–55).

① 법규화: 조직에서의 모든 직위의 권한과 책임은 법규에 의해 규정되며, 권한은 사람이 아닌 직위에 부여된다.

② 계서제적 조직구조: 권한의 계층이 뚜렷하게 나타나며, 하위계층은 상위계층의 명령에 복종하여야 한다(상명하복, 上命下服).

③ 문서주의: 업무 및 의사소통 책임의 소재를 명확히 하고 공식화하기 위해 조직의 모든 업무는 문서화한다.

④ 비정의적 행동(impersonal conduct): 조직에서의 업무 수행에 있어서는 개인의 사사로운 감정(예 동정심, 시기심 등)을 배제하고 객관성과 공정성을 강조한다. 관료들은 항상 자신의 감정을 절제하며 절차에 따라 객관적이고 합리적으로 일을 처리해야 한다. 이러한 비정의적 행동은 학연, 지연, 혈연 등 개인적 연고에 의한 감정적 일처리를 방지하는데 기여하는 측면이 있다.

⑤ 전문화에 따른 분업구조: 조직 운영은 전문적 훈련에 따른 전문인 양성에 기초하

8 출처 http://terms.naver.com/entry.nhn?docId=800834&cid=41978&categoryId=41982

며, 이를 바탕으로 분업구조를 형성한다. 즉, 관료제 내에서 구성원들은 제한된 범위의 공식 임무를 부여 받으며, 이들은 각자 자신이 담당한 전문화된 업무에 대해서만 책임을 진다.

⑥ 전임성(專任性): 조직의 업무에 전념하고 헌신할 수 있도록 전임성을 가진다. 조직 구성원들이 심리적 안정성을 느끼고 조직에 충성할 수 있도록 하기 위해서는 조직구성원들의 정년보장(종신제, tenure for life)을 이상적 근무 형태로 본다.

베버는 이러한 관료제의 특징들이 충족된다면, 조직을 가장 효율적으로 관리할 수 있을 것으로 보았다. 베버에게 있어 관료제는 조직목표 달성을 위한 가장 이상적인 수단이며, 업무 수행의 신뢰성을 담보할 수 있는 가장 합리적인 수단으로 여겨진 것이다(유민봉, 2015). 특히, 산업사회로 조직의 수가 많아지고 그 규모가 방대해지면서 최소 비용으로 최대 목표 달성을 이끌어낼 수 있는 조직관리의 방법으로 계층제, 법규에 의한 조직 운영 등을 활용하는 관료제가 주목을 받기 시작한 것이다.

(3) 관료제론에 대한 평가

그러나 관료제론에 대한 평가는 긍정적인 평가와 부정적인 평가로 상반되게 나타난다. 특히 이러한 평가들은 관료제의 특성과 연관되어 있는데, 우선 관료제에 대한 긍정적인 평가는 다음과 같은 측면에서 제시될 수 있다(최창현, 2012).

첫째, 법규 및 문서에 의한 업무 처리를 통해 조직 활동의 정확성·일관성·예측가능성을 제고할 수 있다.

둘째, 계층제에 입각하여 명령·복종관계와 질서를 확립함으로써 대규모 조직과 인원 그리고 작업을 효율적으로 관리할 수 있다.

셋째, 비정의적 업무 처리를 통해 공평무사한 업무 처리가 가능하다.

넷째, 전문성에 의해 업무의 효율성을 제고할 수 있다.

다섯째, 전임성과 항구성을 통해 공공업무의 일관성 및 안정성을 가져올 수 있다.

그러나, 관료제론은 오늘날의 관료병폐를 야기 시킨 원인으로 지목되는 문제점을 안고 있었다. 유민봉(2015: 194-197)은 이를 '관료문화'라 명하며 다음과 같은 관료제의 한계를 지적하고 있다. 또한, 이상철(2012), 이창원 외(2012), 최창현(2012) 등도 관료제의 문제점을 다음과 같이 지적하고 있다.

첫째, 법규만능주의이다. 업무수행과 관련된 공식적 규정, 규칙 등에 지나치게 집착하는 나머지 상황변화나 불확실성에 유연하게 대응하지 못한다. 특히, 관료들이 조직의 목표보다 이러한 목표를 달성하는 수단인 규정, 절차 등을 지나치게 중시하는 목표－수단 대치(goal displacement) 현상도 나타나게 된다.

둘째, 과잉동조이다. 권한의 계층에 있어 상사의 명령에 절대적으로 복종하는 과잉동조 현상을 나타내기도 한다. 회식자리에서 상사가 특정 메뉴를 주문하면 이내 부하직원들이 동일한 메뉴를 주문하는 것과 동일한 현상이 조직 의사결정 과정에서 나타난다는 것이다. 이는 결국 조직의 다양한 가치 반영을 저해하여 조직 발전의 정체, 조직 분위기 침체 현상을 가져오게 된다.

셋째, 무사안일주의이다. 관료의 위험회피적 성향과 변화저항적 성향이 새로운 변화를 저해하는 결과를 초래하게 된다. 특히 정치권 개입으로 가해질 수 있는 관료 신분 위험을 보호하기 위해 전임성, 신분보장제도가 도입되었으나 이는 오히려 관료의 보신주의를 부추기게 된 것이다.

넷째, 형식주의이다. 관료제의 복잡하고 까다로운 규정, 절차 등이 심각한 사회비용을 초래하기도 한다. 관료제의 병폐 중 형식주의는 레드테이프(red－tape) 혹은 번문욕례(繁文縟禮)라고도 불리는데, 17세기 영국 정부에서 공식적인 문서를 봉인할 때 붉은색 끈을 사용한 데서 레드테이프라는 용어가 사용되기 시작하였으며 이는 불필요한 행정절차, 번거로운 처리 과정 등을 나타내는 대표적인 용어로 사용되고 있다.

다섯째, 할거주의이다. 관료제에서 전문성에 따른 업무의 분업화를 강조하면서 관료들은 자신이 담당하는 업무에 대해서는 많은 정보와 지식을 가지고 있으나 다른 업무에 대해서는 문외한이 되는 전문화에 의한 무능 현상까지를 나타내고 있다. 특히, 자신의 업무를 중요시하고 타인의 업무를 경외시 하는 등 전문화와 분업화로 인한 할거주의가 나타나 이로 인한 갈등이 심각한 사회문제로 부각되고 있다.

여섯째, 인간소외현상이다. 규칙과 절차만을 지나치게 중요시하고 개인의 의견이나 감정 등은 고려하지 않아 인간성에 대한 상실감을 느끼게 하는 부작용도 초래되고 있다.

앞서 살펴본 과학적 관리론, 행정관리론, 관료제론 등과 같은 고전적 조직이론은 ① 조직을 명확하게 주어진 목표의 추구를 위하여 만들어 놓은 도구 또는 기계와 같은 것이라고 생각하고, ② 조직의 관리자들은 합리적으로 설정된 목표 달성을 위해 조직구성원들을 조종·통제할 수 있다고 전제하며, ③ 공식적으로 예정하지 않은 불확실한, 또는 비공식적인 요인의 고찰을 게을리 하였고, ④ 조직 내의 인간문제보다는 조직의 구조와 조직에 의한 통제에 더 많은 관심을 보이며, ⑤ 경제적 욕구를 합리적으로 추구하려는 인간 속성을 중시한다는 특징을 지닌다(김병섭 외, 2009). 비록 고전적 조직이론이 조직의 합리화에 대한 시대적 요청에 부응하려 노력하고, 조직의 공식적인 구조를 가능한 대로 합리화하여 조직의 기본적인 질서를 정비하는 데 기여하였으나, 다음과 같은 한계점을 지니고 있었다(오석홍, 2011: 15).

① 가치문제 경시: 형평성, 민주성 등의 가치 경시
② 비공식적 요인의 간과: 오늘날 사회적 자본, 조직시민행동 등과 같은 비공식적 요인
③ 환경적 요인의 간과: 조직은 환경의 영향을 받음(일반환경-법적, 경제적, 사회적, 기술적, 글로벌 환경; 과업환경-행정조직인 경우는 대통령, 법원, 국회, 언론기관, 시민단체, 국민, 정당, 이익집단 등을 포함)
④ 원리의 비과학성: 보편적이지 못한 원리들을 과학적인 법칙처럼 제시
⑤ 인간문제의 경시: 쾌락주의적, 경제적 논리로 규정한 인간모형은 너무 편협한 것
⑥ 한정된 연구대상: 연구대상이 국한

이러한 고전적 조직이론의 한계를 극복하기 위해 신고전적 조직이론이 등장하게 된다.

4 신고전적 조직이론

신고전적 조직이론의 세부 내용을 살펴보기 전에 이러한 이론들이 발전하기 시작한 1930년대의 시대적 상황을 살펴볼 필요가 있다. 교통·통신 기술이 점차 발달해 가면서 조직의 규모는 더욱 팽창하였으며, 환경의 복잡성도 증대하게 되었다. 뿐만 아니라 정치적·경제적 방임주의에 수정이 가해지면서 근로자의 위상도 변화하게 된다. 근로자들의 교육수준 및 인식수준이 제고되면서 기계적 조직관에 대한 비판도 일게 된다(오석홍, 2011: 22-23). 나아가 고전적 조직이론의 한계에 대한 학계의 반성이 더해지면서 조직구성원들의 관계, 정서적 측면을 고려하였을 뿐만 아니라 이론의 경험적 측면을 더욱 강조한 인간관계론, 생태론 혹은 환경유관론 등의 이론들이 주창되었다. 다음에서는 신고전적 조직이론의 세부 이론들을 살펴보도록 한다.

1) 인간관계론

(1) 인간관계론의 등장배경

메이요(1880~1940)[9]

인간관계론이 처음 등장한 것은 메이요(George Elton Mayor)가 1927년부터 1932년까지 약 5년여 간에 걸쳐 미국의 서부전력 회사의 호손공장(West Electric Company's Hawthorne Works)을 대상으로 조직의 생산성 향상을 위한 방안을 모색하는 연구를 시작하면서부터였다. 당시 메이요는 심리학자이자 산업연구가로서 하버드대학교 경영대학원의 교수로 재직 중이었으며, 1926년 하버드대에 임용되어 그 다음해인 1927년부터 역사적인 중요 연구를 시작하게 되었다. 메이요가 연구를 시작하기 이전에 이미 호손공장에서는 국립학술조사연구회와 함께 조명도 밝기에 따른 종업원 생산성 증가 연구를 시행한 바 있었으나 이러한 물리적인 작업조건과 생산성 증대와는 별다른 상관관계가 존재하지 않는다는 것이 밝혀진 상태였다(오석홍, 2011; 이상철, 2012: 35). 이러한 연구 결과를 보완하기 위해 메이요가 이끄는 하버드대 경영대학원 연구진이 호손공장 연구를 시작하게 되었다.

(2) 인간관계론의 핵심 내용

메이요는 호손공장의 다양한 물리적 작업조건 혹은 근로자들의 육체적 작업조건을 변경해 가면서 이러한 요인들이 근로자들의 생산량 증가에 어떠한 영향을 미치는지를 관찰하였고(예 계전기 조립작업실험),[10] 마침내 근로자들은 물리적 환경변화 보다는 심리적·정서적 요인에 의해 생산량 증가 노력을 기울이게 된다는 것을 발견하였다. 즉, 작업장의 생산능률이 근로자가 속한 비공식 집단 내의 인간관계, 근로자의 감정, 태도 등에 더 많은 영향을 받고 있음을 발견한 것이다(이상철, 2012). 뿐만 아니라 작업장의 감독관이 근로자들에게 지속적인 관심을 표명할 때 근로자들은 그에 대해 반응하여 생산량 증진을 위해 노력한다는 것도 발견했다. 이는 고전적 조직이론에서 인간의 경제적 합리성을 강조하던 것과는 달리 인간의 사회적 욕구를 부각시키고 있다. 인간은 물질적·

9 출처 https://en.wikipedia.org/wiki/Elton_Mayo

10 계전기 조립작업 실험(relay assembly test room experiment)은 "1927년부터 1929년까지 계선기 조립작업에 종사하면서 평소 사이가 좋은 6명의 여자 작업자를 하나의 소집단으로 구성해 실험을 실시한 것이다. 그들에게 근무시간 단축, 휴식시간 부여, 간식 제공 등의 작업 환경을 개선하는 자극을 주어 보았지만 생산 능률에는 큰 변화를 보이지 않았다(이상철, 2012: 36)."

금전적 요인에 의해 동기부여 될 뿐만 아니라 비(非)물질적·비(非)금전적 요인에 의해서도 동기부여 될 수 있다는 것을 보여 주는 것이다.

인간관계론에서는 다음과 같은 기본 가정을 내포하고 있다(오석홍, 2011: 31-32).

첫째, 인간은 강한 사회적 욕구를 가지고 있으며 내재적 동기부여(intrinsic motivation)에 의해 동기가 유발된다.

둘째, 조직구성원의 감정, 태도, 행복감, 만족 등 내재적 동기부여의 충족이 생산성 향상을 가져올 수 있다.

셋째, 인간은 조직의 규칙보다 자신이 속한 비공식집단의 사회적 규범에 의해 많은 영향을 받게 된다.

넷째, 조직구성원이 속한 비공식집단은 개인의 태도나 직무수행에 중대한 영향을 미치게 된다.

다섯째, 조직의 관리자들은 조직구성원들을 다루는 인간관계 기술(예 소통의 기술 등), 즉 사회적 기술을 갖추어야 한다.

여섯째, 조직 내 비공식집단은 조직의 공식적 역할 혹은 규범과는 다른 개인의 규범 혹은 역할을 설정할 수 있다.

(3) 인간관계론에 대한 평가

인간의 사회적 욕구 혹은 인간의 비(非)물질적·비(非)금전적 동기부여 기재를 밝혀낸 인간관계론은 긍정적인 평가를 받기도 하고, 부정적인 평가를 받기도 한다. 긍정적인 평가는 다음과 같다(오석홍, 2011; 이상철, 2012).

첫째, 과거 인간성상실 혹은 비인간화의 한계를 지적받았던 고전적 조직이론의 문제점을 극복하고 조직 내에서의 인간적 요인을 강조시켰다.

둘째, 조직구성원의 감정적·정서적 측면을 중요시하고 공식적인 관계보다는 비공식적 관계에 관심을 집중시켰다.

셋째, 비경제적(사회적) 유인에 의한 동기유발전략을 처방할 수 있게 하였다.

넷째, 조직관리자의 민주적 리더십과 의사소통의 중요성을 인식하는 계기를 마련하였다.

그러나, 인간관계론은 다음과 같은 측면에서 비난을 받기도 한다(오석홍, 2011: 32-33).

첫째, 인간관계론에서는 조직의 목표보다는 개인의 감정이나 태도, 혹은 비공식집단의 중요성만을 중요시한 측면이 있어 조직의 기강을 어지럽히고 관리방향성을 모호하게 하였다.

둘째, 인간관계론에서는 지나치게 내재적 동기부여의 중요성을 강조하여 외재적 동기부여의 중요성을 간과한 측면이 있다.

셋째, 인간관계론에서는 조직구성원들의 비윤리성을 증대시키는 측면이 있다. 즉, 작업장에서 감독관과 개인의 인간관계를 강조하다보면 뇌물 혹은 아부 등의 개인적 유대관계를 통해 문제를 해결하려는 노력들이 속출하여 결국 조직 내 개인의 비윤리성이 증가하는 상황이 발생될 수 있다.

넷째, 인간관계론에서도 여전히 관리자 중심적인 엘리트지배적인 관리의 원리는 지속되었다. 여전히 고전적 조직이론에서 강조된 계서제적 명령·복종 구조가 잔재했으며, 폐쇄적인 시각이 만연해 있었다.

2) 생태론(환경유관론)

(1) 생태론(환경유관론)의 등장배경

조직과 환경의 상호작용에 관심을 가지고 생태론(환경유관론)을 발전시키기 시작한 대표적인 학자로는 파슨스(Talcott Parsons),[11] 셀즈닉(Philip Selznick), 버나드(Chester Barnard) 등이 있다. 이들 중 셀즈닉과 버나드는 생태론(환경유관론)을 주장한 대표적인 학자로 손꼽히는데, 우선 셀즈닉은 법사회학자로 유명하다. 1919년 미국에서 출생한 셀즈닉은 콜롬비아 대학에서 사회학 박사를 받고 버클리대학 교수로 재직하면서 조직이론에 한 획을 긋는 생태론(환경유관론)을 제시하게 된다.

셀즈닉(1919~2010)[12]

버나드는 1886년 미국에서 출생하여 하버드 대학에서 경제학을 공부하였으며, 1909년에 'American Telephone and Telegraph Company(현 AT&T)' 근무를 시작으로 1927년에는 'New Jersey Bell Telephone Company' 사장이 되는 등 다양한 실무경험을 쌓게 된다. 1938년에는 그의 기업근무 경험을 바탕으로 『관리자의 기능(The Functions of the Executive)』이라는 책을 펴냄으로써 무엇이 조직관리의 핵심요소가 되는지를 설파하였다.

버나드(1886~1961)[13]

11 파슨스는 조직을 생태적 차원으로 보고 이를 사회 전반의 기능과 연계시켰다(오석홍, 2011: 28).
12 출처 https://www.law.berkeley.edu/research/center-for-the-study-of-law-society/philip-selznick-memorial-page/
13 출처 https://www.geni.com/people/Chester-Barnard/6000000024347891252

(2) 생태론의(환경유관론)의 핵심 내용

생태론 혹은 환경유관론은 인간관계론 이후 등장한 이론으로 조직은 환경적 영향에서 자유로울 수 없으며 환경이 조직에 어떠한 영향을 미치는지를 중심으로 이론을 전개시키고 있다. 당시 시대적 배경과 관련해 교통·통신 기술이 급진전하다 보니 이제 조직은 더 이상 자주적 존재가 아니며 환경과의 상호의존관계는 불가피함이 경험적으로 나타나기 시작한 것이다.

셀즈닉은 조직의 비공식적 측면을 강조하였으며, 조직구성원의 특성 및 외부환경에 의해 조직은 많은 영향을 받게 된다고 주장하였다(오석홍, 2011: 28; 이창원 외, 2012: 63-64). 또한, 셀즈닉은 조직의 공식적 혹은 비공식적 관행 혹은 절차가 조직의 구성원들에게 내재화되고 공유된다는 부분을 강조하며 조직의 제도화 과정에도 주목하였다. 다시 말해 조직은 다른 조직의 등장과 함께 소멸할 수도 있지만, 조직의 제도화가 조직 스스로 환경에 적응·변화하도록 하여 소멸을 방지할 수 있다는 것이다. 셀즈닉은 조직을 폐쇄적 관점이 아닌 개방적 관점에서 이해하려고 노력하였으며, 이는 이후 현대적 조직이론의 등장에 많은 영향을 미치게 된다.

버나드는 자신의 공공·민간 조직 근무 경험을 바탕으로 조직의 성과를 증대시키고 조직목표를 효과적으로 달성하기 위해서는 조직관리자의 역할이 매우 중요함을 설파하였다. 특히, 버나드는 조직목표 달성을 위한 조직구성원 간의 협력 및 의사소통의 중요성을 강조하였으며, 이를 위해 일반 목표와 세부 목표를 세분화 하고 이들을 체계적으로 연결시켜야 한다고 주장하였다(한국국정관리학회, 2014). 보다 구체적으로 버나드는 조직관리의 핵심 요소를 다음과 같이 제시하고 있다(이상철, 2012: 38-39).

첫째, 조직은 도덕적인 공동의 목표(common purpose)를 제시할 수 있어야 한다.

둘째, 조직구성원들은 이러한 공동의 목표를 달성하기 위해 노력하고자 하는 협동의지(willingness to cooperate)를 가져야 한다.

셋째, 협동을 원활히 할 수 있는 의사소통(communication)의 기제가 마련되어야 한다.

또한, 버나드는 이러한 조직관리를 위해서 조직관리자는 다음과 같은 기능과 역할을 해야 함을 강조하였다(이상철, 2012: 38-39).

첫째, 조직관리자는 조직 내의 의사소통을 원활히 하기 위해 적절한 커뮤니케이션 네트워크를 구축하여야 한다.

둘째, 조직구성원들이 조직목표 달성을 위해 최선을 다할 수 있도록 사기 진작 프로그램 개발에 노력해야 하며, 조직구성원들에게 적절한 인센티브를 제공할 수 있도록 하여야 한다.

셋째, 조직관리자는 조직목표의 구체화를 위해 목표와 관련된 상호 의견 교환 과정이 적절히 이루어질 수 있도록 한다.

(3) 생태론(환경유관론)에 대한 평가

조직과 환경의 상호작용 및 조직구성원들 간의 상호작용을 강조한 생태론(환경유관론)도 긍정적인 평가와 부정적인 평가를 동시에 받고 있다. 생태론(환경유관론)에 대한 긍정적인 평가는 다음과 같다.

첫째, 조직관리자의 도덕성과 책임성을 강조할 뿐만 아니라 조직구성원들이 이를 공유할 수 있도록 적절한 의사소통 체계를 이루어야 함을 강조하였다.

둘째, 조직 내외부의 연결을 통해 조직을 바라보는 관점의 폭을 넓혔으며, 이를 바탕으로 현대적 조직이론의 발달의 발판을 마련하였다(민진, 2014).

그러나, 생태론(환경유관론)에 대한 부정적인 평가도 존재한다.

첫째, 조직에 대한 조직 환경의 영향을 지나치게 강조하다보니 조직 내부의 문제나 조직이 환경에 미치는 영향을 간과한 측면이 있다(민진, 2014).

둘째, 조직이 환경과 어떻게 상호작용하는지에 대해 명확하게 논의를 전개하지 못하였다.

이와 같이 살펴본 신고전적 조직이론은 ① 인간적 요인에 주의를 기울였고, ② 조직구성원의 감정적·정서적 측면을 중요시하고 공식적인 관계보다는 비공식적 관계에 관심을 집중하였으며, ③ 조직과 환경의 교호작용에 눈을 돌리기 시작하였고, ④ 비경제적(사회적) 유인에 의한 동기유발전략을 처방하였다는 특징을 지니고 있다. 특히, 신고전적 조직이론은 비공식적 요인의 개척 및 인간의 사회적 내지 집단적 속성 강조, 그리고 환경과 조직의 교호작용 확인 및 경험주의의 강조라는 측면에서 긍정적인 평가를 받는다. 또한, 인간적 요소를 중시했던 연구태도는 조직 내의 인간주의를 구현하려는 행태과학의 발전을 선도하였다는 데 큰 의의를 가진다. 그러나 신고전적 조직이론은 한정된 연구대상을 중심으로 발전하였고, 편협한 안목을 가졌으며, 욕구체계의 단순화와 획일화를 나타냈고, 하향적 관리에 대한 전제를 여전히 바탕으로 하고 있었으며, 보편화의 오류와 미숙한 경험과학주의의 한계도 가지고 있었다(오석홍, 2011). 이러한 한계점들을 보완하기 위해 다양한 현대적 조직이론이 등장하게 된다.

표 11-4 고전적 조직이론과 신고전적 조직이론의 특성 비교

<table>
<tr><th colspan="2">구분</th><th>고전적 조직이론(1900~1930)</th><th>신고전적 조직이론(1930~1960)</th></tr>
<tr><td colspan="2">시대적 배경</td><td>• 산업혁명, 조직혁명
• 정치적, 경제적 자유주의
• 기계적 세계관
• 물질숭상적 가치 팽배
• 비교적 안정적 환경
• 전통적 유산의 영향</td><td>• 기계적 조직관에 대한 비판
• 근로자의 위상변화
• 정치적, 경제적 자유방임주의 수정
• 조직규모의 팽창
• 환경의 복잡성 증대
• 학계의 반성</td></tr>
<tr><td colspan="2">특징</td><td>• 조직은 주어진 목표 추구의 도구 혹은 기계
• 조직관리자들은 주어진 목표 달성을 위해 조직구성원을 조정, 통제 가능
• 불확실성, 비공식적 요인에 둔감
• 조직구조와 조직통제에 관심
• 경제적 욕구를 충족하려는 인간속성 중시</td><td>• 인간적 요인 관심
• 조직구성원의 감정적·정서적 측면 중시
• 비공식적 관계에 관심
• 조직과 환경의 교호작용 관심
• 비경제적(사회적) 유인에 의한 동기유발 전략</td></tr>
<tr><td rowspan="2">평가</td><td>긍정</td><td>• 조직의 합리화에 기여
• 조직의 기본적 질서 정비</td><td>• 비공식적 요인의 개척
• 인간의 사회적·집단적 속성 강조
• 환경과 조직의 교호작용
• 형태과학의 발전을 선도</td></tr>
<tr><td>부정</td><td>• 가치문제 경시(형평성, 민주성 등)
• 비공식적 요인 간과
• 환경요인 간과
• 원리의 비과학성
• 인간문제 경시
• 한정된 연구 대상</td><td>• 한정된 연구대상
• 편협한 안목
• 욕구체계의 단순화, 획일화
• 하향적 관리체계
• 보편화의 오류
• 미숙한 경험과학주의</td></tr>
<tr><td colspan="2">세부이론</td><td>• 과학적 관리론
• 행정관리론
• 관료제론</td><td>• 인간관계론
• 생태론(환경유관론)</td></tr>
</table>

출처: 오석홍(2011)의 내용을 재구성

5 현대적 조직이론

현대적 조직이론은 1950년대 이후의 조직이론을 총칭한다고 할 수 있지만(민진, 2014: 65), 현대적 조직이론은 명확한 기준에 의해서 분류할 수 없을 뿐만 아니라 현대적 조직이론 간의 공통적인 특징을 지니고 있지 않다. 그럼에도 불구하고 현대적 조직이론은 앞의 고전적 조직이론과 신고전적 조직이론과 달리 ① 인간관에 대한 차이, ② 환경과의 차이, ③ 제도의 역할, ④ 다양한 가치 적용 등을 강조하고 이를 수정·비판한 것이라 할 수 있다. 이러한 측면에서 본서에서는 현대적 조직이론을 인간관계(후기 인간관계학파), 조직과 환경과의 관계, 제도주의, 그 외 현대조직 관점에서 논의하고자 한다.

1) 후기 인간관계학파

(1) 전반적 특징

후기 인간관계학파(post human relations theory)는 고전적 조직이론과 신고전적 조직이론의 인간관에 대한 가정을 비판하면서부터 시작된다. 고전적 조직이론은 조직 내 개인의 이익을 극대화 하는 합리적 경제인을 조직의 인간관으로 가정하고 있으며, 신고전적 조직이론은 사람들과의 인간관계와 귀속감을 강조하는 사회인을 조직의 인간관으로 가정하고 있다(유민봉, 2015: 411−413). 그러나 현대적 조직이론인 후기 인간관계학파는 자아실현인을 강조한다. 후기 인간관계학파의 인간관은 기존 조직이론의 인간관과 다르며, 다양한 가치를 적용한다는 점에서 그 특징을 나타낸다(오석홍, 2011: 39).

이러한 인간관에 대한 가정의 차이에 따라 조직과 인간의 관계는 다르게 해석될 수 있다. 고전적 조직이론과 신고전적 조직이론 모두 개인은 조직의 이익을 대변해주는 수단으로 간주한다. 조직의 생산성을 증진시키기 위하여 개인보다는 조직중심의 통제적 접근방법을 가정하고 있는 것이다(유민봉, 2015: 413). 고전적 조직이론은 분업화와 전문화를 통해서, 신고전적 조직이론은 비공식적 조직을 통한 사회적 유대감 형성을 통해서 조직의 생산성을 증진시키고자 하였다. 그러나 후기 인간관계학파는 이러한 가정에 반대한다. 이는 인간 욕구에 대한 해석의 차이에서 발생한다. 인간의 욕구는 획일적인 것이 아니라 다양하다고 보며, 그 중에서도 특히 자아실현적 욕구를 우선적으로 고려한다. 조직이 개인에게 업무를 부과할 때 개인의 자아실현과 자기발전을 위한 업무를 부과하는 것이 중요한 전략으로 제시된다.

(2) 구체적인 후기 인간관계학파[14]

맥그리거(1906~1964)[15]

후기 인간관계학파의 대표적인 학자로는 더글라스 맥그리거(D. McGregor)를 제시할 수 있다. 그는 매슬로(Maslow)의 욕구계층론을 기반으로 하여 "관리자가 조직구성원의 본성에 대해서 가지고 있는 관점이 바로 조직구성원이 어떻게 행동하느냐를 결정한다는 명제"를 제시하였다(김병섭 외, 2009: 391). 맥그리거에 의하면 인간에 대한 통제를 강조한 X이론은 현대사회에서 더 이상 적절하지 않다. 현대 산업사회의 내·외부적 변화로 인해 더 이상 X이론이 타당하지 않게 된 것이다. 조직 내부적으로는 현대산업의 복잡성 증가로 인해 상관의 부하에 대한 의존도가 증가하였고, 상관의 정당성을 결여한 권위에 부하들이 적극적으로 대응하며, 조직 외부적으로는 시민의식이 증진하였고, 전반적인 경제적 환경이 좋아졌으며, 사회발전으로 국민들의 인식 수준이 증진하면서(박천오, 1991) 과거의 조직관리 방안이 타당성을 잃게 된 것이다. 과거의 조직관리 방안이 지속될 때 조직구성원들은 매슬로가 언급한 상위 욕구 충족의 기회를 박탈당하게 되어 결국 구성원들은 나태함, 책임회피, 변화저항 등 부정적인 행태를 나타낸다는 것이다(김병섭 외, 2009: 391-392).

이와 달리, Y이론에 의하면 인간에 대한 통제만이 생산성을 향상시키는 확실한 수단이 되지는 않는다. 자율성, 창의성, 상상의 기회 등이 주어질 때 조직 내 인간은 자기통제를 통해 문제해결을 더 잘 해결할 수 있다고 본다. Y이론에 따르면, 관리자의 본질적 임무는 조직구성원들이 목표를 달성할 수 있도록 조직의 상황과 운영 기법을 적절히 제시하는 것이다(McGregor, 1960).

(3) 후기 인간관계학파에 대한 평가

후기 인간관계학파가 제시한 이론은 조직 내 인간관을 재조명했다는 점에서 중요한 의의를 지닌다. 인간의 본성은 수동적인 측면만이 아니라 능동적인 측면도 지니고 있다는 점을 부각시킨 것이다. 다시 말해, 인간이 단순히 조직의 생산성을 향상시키는

14 매슬로의 욕구계층이론은 동기부여이론을 설명하는 21장에서 제시하도록 한다.

15 출처 http://www.google.co.kr/imgres?imgurl=http://cfile24.uf.tistory.com/image/274DC44F51F8F6AC28EF5A&imgrefurl=http://mbanote2.tistory.com/59&h=218&w=153&tbnid=gkj7kDoO8y-x-M:&tbnh=174&tbnw=122&docid=n-N6jAOzZs6BEM&itg=1&hl=ko&usg=__3vofbTgMLeva5D0meYS2CNjXxi8=

도구 또는 수단이 아니라 자아실현 추구와 자기계발 강화의 의지를 가진 존재, 즉 인간자체의 목적적 측면을 강조했다는 점에서 의의가 있다. 그러나 이러한 후기 인간관계학파의 주장은 과학적이고 경험적인 방법에 의한 것이 아니기 때문에 규범적인 차원에서만 논의될 수 있다는 한계를 지닌다(김병섭 외, 2009: 393).

2) 조직과 환경이론

(1) 전반적 특징

현대적 조직이론에서 강조되는 조직환경은 구체적인 이론에 따라 정도의 차이는 있겠지만 개방체제로서 역동적이며 유동적인 환경을 강조한다. 또한, 외부환경 요인에 의해서 조직구조 결정이 영향을 받는다는 점을 강조하고 있다. 그러나 현대적 조직이론 중 상황이론과 전략적 선택이론은 모두 상황과 조직구조의 관계를 설명한다는 공통점을 지니고는 있지만, 상황이론은 상황요인이 조직구조 결정요인이라는 것을 강조하는 반면, 전략적 선택이론은 상황보다 관리자 계층의 자율과 전략이 구조를 결정하는 주요 요인이 된다고 강조하는 측면에서 차이를 나타낸다.

현대적 조직이론 중에서 조직과 환경의 관계를 다룬 이론들은 환경에 의해서 조직구조가 결정된다는 환경결정론적 관점과 조직내부의 원인이 환경에 영향을 주며, 적극적으로 조직이 환경에 대응한다는 임의론적 관점으로 구분해 살펴볼 수 있다(이창원 외, 2012). 대표적인 환경결정론적 이론으로는 상황이론, 조직군 생태학 등이 제시되며, 임의론적 관점을 취하는 이론으로는 전략적 선택이론, 자원의존론 등이 제시될 수 있다. 마지막으로, 제도적 관점과 네트워크 접근(거버넌스) 관점도 제시될 수 있을 것이다.

(2) 초기 환경이론으로서의 상황이론

상황이론(contingency theory)은 어느 때, 어느 곳, 어느 조직에나 적용할 수 있는 보편적 원리와 최선의 관리 방법을 연구하는 고전적 조직이론을 비판하면서 조직관리는 조직을 둘러싼 조직의 상황 조건에 의해서 결정되어야 한다고 주장한다(김병섭 외, 2009: 130). 상황이론은 조직환경과 조직의 교호작용을 중요하게 고려하는 개방체제에 초점을 맞추어 논의를 진행한다. 그리고 조직은 환경의 특성에 따라 조직요소 간에, 그리고 구성요소와 환경 간에 적절한 의존관계를 유지하는 것이 무엇보다도 중요하다고 본다(김병섭 외, 2009: 130). 이와 관련된 대표적인 연구로는 우드워드(Woodward)의 연구, 페로(Perrow)의 연구, 톰슨(Thompson)의 연구, 블라우(Blau)의 연구, 홀(Hall)의 연구, 번스와 스토

커(Burns & Stalker)의 연구, 로렌스와 로치(Lawrence & Lorch)의 연구 등이 제시될 수 있다.

상황이론의 주된 관심사는 다음과 같다(김병섭 외, 2009: 130).

첫째, 조직에 영향을 주는 상황은 무엇인가?

둘째, 상황에 적합한 구조는 무엇인가?

셋째, 상황과 조직구조가 적합하게 되었을 때 생산성은 과연 증진될 수 있는가?

이에 대한 답을 상황이론에서는 다음과 같이 제시한다. 조직에 영향을 주는 상황조건에는 다양한 것이 있으나 가장 대표적인 것으로는 조직의 규모, 기술, 그리고 환경이 있다. 그리고 이에 따라서 다양한 조직구조(복잡성, 공식성, 집권성)가 결정된다. 그리고 조직은 환경상황에 맞추어 내부 조직구조를 바꾸어 환경과의 관계를 적합하게 유지할 때 생산성을 증진시킬 수 있다.

먼저 상황변수로서 규모(size)가 조직의 구조적 특징에 미치는 영향은 상황에 따라 다르게 나타난다. 하지만, 일반적으로 조직규모가 증가할수록 복잡성, 공식성, 집권성이 증가한다고 할 수 있다(유민봉, 2015: 388).

다음으로 기술(technology)은 투입(자원)을 산출(재화나 서비스)로 전환시키는 지식, 기법, 과정을 의미한다(유민봉, 2015: 388). 가장 대표적인 기술 유형으로는 페로의 기술 유형이 제시될 수 있다. 그는 과업수행 중에 어느 정도 예외적인 사례의 수가 존재하는지를 판단하는 과업의 다양성과 성공적인 업무수행의 방법에 대한 분석가능성, 이 두 가지 기준에 따라 기술을 판단한다. 예를 들어, 정형화된 기술과 관련해 조직구조는 집권화와 공식화에 용이하며, 통솔범위가 넓게 설정된다. 비정형화된 기술과 관련해 조직구조는 구조적 분화가 이루어져 복잡화가 달성될 가능성이 높으며, 분권화가 달성될 가능성이 높고 공식화가 낮게 나타날 가능성이 있다(유민봉, 2015: 389; 김병섭 외, 2009: 137).

마지막으로, 살펴볼 상황변수는 환경이다. 조직의 불확실성에 따라 환경의 특징을

그림 11-1 상황이론의 변수 간 관계

상황적 요인(독립변수)		구조적 특징(종속변수)
• 규모 • 기술 • 환경	➡	• 복잡성 • 공식성 • 집권성

출처: 유민봉(2015: 387) 재구성

표 11-5 페로의 기술의 유형과 사례

		과업의 다양성	
		낮음	높음
분석가능성	낮음	기예적 기술: 예술활동	비정형화된 기술: 연구활동
	높음	정형화된 기술: 은행업무	공학적 기술: 회계업무

출처: Perrow(1967: 197); 김병섭 외(2009: 136) 재인용

제시할 수 있다. 조직의 불확실성은 예측불가능성 뿐만 아니라 자원의존성에 의해서도 특징지워질 수 있다. 조직의 자원의존성이 높으면 그 조직은 외부로부터 더 많은 자원을 획득(예산, 인력)하거나 혹은 외부의 강력한 지지(대통령, 의회, 여론 등)를 받아야 한다. 이처럼 조직의 자원의존성이 증가할수록 조직의 불확실성은 증가한다고 할 수 있다(유민봉, 2015: 391). 따라서 불확실성이 높은 환경일수록 해당 조직의 복잡성은 증가하며, 공식화가 낮아지고, 분권화가 높게 나타난다. 이러한 특징을 지닌 조직일수록 불확실한 환경에서 생존할 가능성이 높다.

이러한 상황이론은 조직의 규모, 기술, 환경이라는 측면을 고려하여 조직의 생산성 향상을 위한 조직구조를 도출하고자 하였다는 점에서 의의를 지닌다. 그러나 상황이론의 가장 큰 문제점은 상황이 역동적인 것이 아니라 고정된 것으로 가정하였다는 점이다. 이러한 측면은 현대적 조직이론이 외부환경의 역동적인 변화와 조직과 환경의 교호작용을 강조했다는 점에서 한계를 지닌다. 또한 상황이론은 조직의 기술, 규모, 환경에 의해서 조직의 구조와 특성이 결정된다고 보았다. 그러나 조직의 현실은 단순히 이러한 상황요인만으로 결정되는 것이 아니다. 상황이론에서는 조직의 상황적 유동성과 관리자의 재량을 고려하지 못한 것이다. 특히 최고관리자의 재량, 신념, 가치체계를 고려하지 못했다는 점은 전략적 선택이론이 생겨난 이유가 되기도 한다. 나아가 네트워크 조직이론에 따르면 조직 간의 관계가 조직의 구조를 결정하는 주요한 원인이 됨에도 불구하고, 상황이론은 이를 간과하였다는 점에서 한계를 갖는다(김병섭 외 2009: 166-167).

(3) 최고의사결정자의 전략을 고려한 전략적 선택이론

전략적 선택이론은 다음과 같은 측면에서 상황이론을 비판하였다. 상황이론에 의하면 상황이 구조를 결정한다는 결정론적 관점을 지니고 있으나, 조직구조는 관리자의 상황판단과 전략에 의해서 영향을 받는다는 것이다. 그리고 상황은 고정된 것이

아니라 구성원에 의해서 만들어지는 유동성을 갖는다는 것이다. 무엇보다도 전략적 선택이론은 상황이론이 단순히 환경에의 적응만을 강조하였다고 비판하면서, 상황이론이 환경에 적극적인 대응전략을 제시하지 못했다는 점을 비판하였다. 전략적 선택이론은 외부 환경에 대한 상황론적 접근이 아니라 재량과 자율성을 보유하고 있는 관리자들의 전략적 선택에 의해서 조직구조가 결정된다는 이론적 접근 방법을 제시하였다(행정학사전, 2009).

이러한 전략적 선택이론은 챈들러(Chandler, 1966)와 차일드(Child, 1972)에 의해서 발달하였다. 챈들러(1966)는 전략과 조직구조의 관계를 명확히 제시하였다. 자원을 효율적으로 활용하기 위한 전략이 선택되면 이러한 전략에 의해 조직구조가 결정된다는 것이다. 그리고 조직구조는 조직이 선택하는 전략에 따라 바뀔 수 있다. 조직은 시장상황에 따라 전략을 달리하는 데(예 시장의 변화로 인한 다각화 전략), 이러한 다각화 전략이 조직구조를 바꾼다는 것이다. 또한 조직구조가 어떻게 형성되는가는 조직이 처한 상황 및 경영자의 능력과 판단에 따라 달라진다는 것이다. 이러한 측면을 고려해 볼 때 이전까지의 연구가 경영자의 기능(예 버나드의 연구)에 초점을 맞추었다면, 챈들러는 환경과 전략에 대한 연구의 바탕을 제시하였다는 점에서 중요한 의의를 가진다고 하겠다.

차일드(1972)는 상황이론에서 강조하고 있는 환경·기술·규모와 같은 상황조건은 단순히 조직의 지배집단(dominant coalition)이 전략적 선택을 하는 데 있어 장애요인에 불과하며, 지배집단의 이해관계와 그들의 권력 유지를 위해 조직구조가 결정된다고 주장한다. 특히, 지배집단이 그들의 권역을 유지 또는 강화하기 위하여 전략적으로 자신들에게 유리한 조직구조를 선택한다는 것이다(행정학사전, 2009). 이러한 측면에서 고려해 보았을 때 지배집단에 의해서 선택된 조직구조는 반드시 조직효과성을 극대화시키지 않을 수도 있다. 즉, 조직 내 정치 과정에 의해서 조직의 구조가 형성될 수도 있다(김병섭 외, 2009).

그러나 전략적 선택이론은 다음과 같은 차원에서 비판을 받을 수 있다. 첫째, 관리자의 자율성을 지나치게 강조한 나머지 환경과의 관계를 경시한 측면이 있다. 특히 차일드(1972)는 조직구조의 생성원리를 지배집단의 권력유지 측면에서만 살펴봄으로써 환경이 조직에 미치는 영향은 거의 고려하지 못했다. 둘째, 전략의 중요성에도 불구하고 현실적으로는 전략이 항상 조직구조를 결정하는 것은 아니다. 오히려 조직구조가 전략을 결정하는 경우도 있다. 셋째, 과연 전략에 의해서 조직구조가 바뀔 수 있는가에 대한 회의가 있을 수 있다. 오히려 구조적 타성이나 기득권 세력의 반발로 인해 조직구조는 쉽게 변화하지 않는 측면이 있다(김병섭 외, 2009: 175-176).

(4) 조직 간 관계 시스템

해당 조직이 아닌 타 조직은 조직 외부의 환경으로 고려될 수 있다. 조직은 다른 조직과 관계를 맺고 조직의 생존을 위해 노력하게 된다. 여기서는 조직과 환경 관점에서 조직 간 관계(interorganizational relationship)를 살펴보도록 한다. 조직 간 관계는 둘 이상의 조직 사이에 발생하는 자원 거래, 이동, 연결이 지속적으로 이루어지는 관계를 의미한다(Daft, 2016: 194). 조직 간 관계에는 갈등과 협력이 공존한다. 예를 들어, 애플과 삼성은 상호 경쟁관계에 있지만 서로를 필요로 한다. 만약 애플이 사업을 그만두면 삼성은 매출과 수익을 잃게 되어 두 기업에 모두 부정적인 영향을 미치게 될 것이다. 이처럼 두 기업은 협력과 동시에 소송과 같은 갈등을 일으키며 공존하고 있다(Daft, 2016: 197).

본서에서는 조직 간 관계를 조직관계의 경쟁적·협력적 기준에 따라, 조직유형이 상이한지 유사한지에 따라 네 가지 조직이론으로 제시하고자 한다.

① 자원의존이론

조직관계가 서로 경쟁적이고, 조직유형이 상이한 자원의존이론(resource dependence theory)이 있다. 페퍼와 샐러닉(1978)에 따르면 조직의 생존을 위해서는 환경으로부터 부족한 자원을 획득해 타 조직에 대한 자원의 의존도를 낮추어야 하며, 필요한 자원을 획득하기 위해서는 타 조직에 영향력을 미칠 필요가 있다고 한다. 즉, 자원의존이론은 조직 간 자원의존성을 줄이는 데 더 관심을 두었다(김병섭 외, 2009: 340). 자원의존 관점에 의하면 경영자는 환경에 대한 의존도를 낮추기 위한 전략을 선택해야 한다. 자원의존이론은 조직이 중요한 자원을 공급받기 위하여 환경에 의존한다는 것이다(Daft, 2016: 200). 조직은 외부환경과 특별한 자원의존 관계를 형성하면서 외부에서 주어지는 제약인 불확실성을 해결한다(김병섭 외, 2009). 즉, 자원의존이론은 "자원을 환경적 결정

표 11-6 조직과 환경(조직 간 관계)의 분석틀

		조직유형	
		상이	유사
조직관계	경쟁적	자원의존이론	조직군 생태학
	협력적	협력적 네트워크 관점	제도화 관점

출처: Daft(2016: 200)

에 의해 피동적인 존재로 인식하지 않고 스스로의 조직 이익을 위해 주도적·능동적 환경에 대처하며 환경을 조직에 유리하도록 관리하는 접근 방법"이다(이종수 외, 2014: 156).[16]

자원의존이론은 교환이론(exchange theory)을 기반으로 발전하였다(Blau, 1964). 교환이론은 사회생활을 행위자들 간 비용과 편익의 교환관점에서 해석한다. 인간의 관계를 교환관계로 보는 것이다. 인간관계에서 자원은 불공평하기 때문에 사람들은 자신들의 이익을 더 추구하기 위해 교환하게 된다고 본다. 이익을 얻을 수만 있다면 개인과 집단은 지속적으로 교환관계를 형성하는 것이다. 이때 교환하는 자원은 경제적 자원뿐만 아니라 사랑, 우정, 존경과 같은 비경제적 요소도 자원으로 보아 교환할 수 있다고 주장한다(Blau, 1964). 이러한 차원에서 만약 A가 B가 베풀어준 호의에 보상할 수 없을 때 A는 B에 복종할 수밖에 없다고 본다(이창원 외, 2012: 498). 즉, 권력은 각 행위자 간의 의존도에서 발생한다는 것이다.

이러한 교환이론을 확대·발전시킨 것이 자원의존이론이다. 한정된 자원을 통제할 수 있는 조직은 권력을 유지할 수 있기 때문에 조직의 자원에 대한 통제 여부가 조직의 권력과 독립성을 결정할 수 있는 주요한 원인이 된다고 본다. 자원에 대한 접근 가능성이 높고, 대체자원이 존재하며, 희소자원을 통제하는 다른 조직의 영향력이 낮을수록, 자원 없이도 조직을 자율적으로 유지할 수 있는 영향력이 높을수록 조직은 높은 독립성을 가지게 되며, 타 조직에 의존하지 않는 자율성을 지니게 된다(이창원 외, 2012: 498).

외부자원에 대한 의존성이 증대될 때 조직은 타 조직에 의해 강한 영향을 받게 됨으로 조직 생존을 위해 외부자원 의존도를 줄이려고 한다. 하지만, 외부환경의 위험성이 증가할 때에는 비용 절감 차원에서 타 조직과 자원을 공유하는 경향을 나타낸다(Daft, 2016: 174). 자원의존이론이 외부환경의 자원을 적극적으로 활용하는 차원에서 권력을 지닌 관리자의 영향력을 중요시한다고 볼 수 있다. 특히 권력이 강한 조직은 자원을 획득하는 과정에서 전략적 선택행위를 할 수 있다. 이러한 차원에서 자원의존이론을 임의론적 관점에서 해석할 수 있을 것이다(이창원 외, 2012: 499).

---

16 자원의존이론은 조직이 중요한 자원을 공급받기 위하여 환경에 의존할 수밖에 없다는 사실을 강조한다. 조직은 가능한 한 환경에 대한 의존도를 최소화하고, 자율성과 독립성을 유지하기 위하여 환경에 상당한 영향력을 행사하려 한다(Daft, 2016:200). 자원의존(resource dependence)은 조직의 환경과의 생존관점에서 두 가지 의미를 지닌다. 첫 번째는 조직이 생존을 위하여 외부의 환경에 의존하여 외부 자원을 활용한다는 차원이다. 두 번째는 동시에 조직은 환경에 대한 지나친 의존도를 최소화하기 위해 외부자원을 통제하려고 노력한다는 것이다(Daft, 2016: 174).

자원획득과 관련한 조직의 이러한 능동적인 전략은 조직에게 주어진 불확실성을 제거하기 위한 것이다(Aldrich & Pfeffer, 1976). 불확실성을 극복하기 위해서 조직은 의사결정에 필요한 자원을 획득한다. 따라서, 자원을 가장 많이 소유한 조직이 의사결정을 주도하게 되는 것이다. 이밖에도 불확실성을 줄이는 과정은 다양한 방안에서 제시된다. 가장 강력한 통제수단으로 소유가 제시될 수 있으며(예 인수합병과 합작투자), 다음으로 공식적 계약(전략적 제휴, 공급계약, 산업조합 등), 마지막으로, 비공식적 계약(중임·겸임) 방안이 있다(Daft, 2016: 201).

자원의존이론이 환경의 불확실성을 회피하기 위하여 타 조직의 자원을 적극적으로 활용한다는 주장을 펼친 점은 오늘날에도 중요한 시사점을 제공하고 있으나, 환경과의 관계에서 조직의 환경에 대한 역할을 강조한 점은 현실과 다른 측면이 있어 그 한계를 지니게 된다. 다시 말해, 자원의존이론에서는 조직관계의 상이함을 바탕으로 환경에 대한 조직의 역할을 강조하지만, 현실적으로는 환경이 조직 변화를 결정할 수도 있다는 점이 한계로 제시되는 것이다.

② 조직군 생태학

조직군 생태학(population ecology)은 조직 간 관계가 경쟁적이나 조직 간 유형은 유사한 조직 간 관계에 대해 설명한다. 비교적 동질적인 조직들의 집합인 조직군의 생성과 소멸 과정에 초점을 두기 때문에 조직은 서로 유사성을 띠게 된다(김병섭 외, 2009). 조직을 외부환경에 의해서 조직구조가 결정되는 피동적 존재로 보는 환경결정론 입장을 취하고 있다. 조직의 환경 적합도에 따라서 조직의 출현과 생존을 해석한다는 것이다(이종수 외, 2014: 156). 조직군 생태학은 조직의 출현을 기존의 조직들이 점유하지 않은 틈새를 채우기 위한 것으로 본다. 조직의 새로운 출현은 결국 사회의 다양성을 증진시키고, 이러한 다양성 증가는 결국 사회전체를 이롭게 한다는 것이다.

조직군 생태학은 다음과 같은 점에서 상황이론과 차이를 보인다. 첫째, 조직군 생태학은 상황이론과 마찬가지로 조직이 환경에 의해 영향을 받는다는 점은 인정하지만, 조직이 환경에 단순히 적응하는 것은 아니라고 주장한다. 오히려 조직이 환경에 적응하기 보다는 환경변화에 둔감하여 기존 조직 특성을 그대로 유지하고자 하는 '구조적 타성(structural inertia)'에 빠지게 된다는 것이다(김병섭 외, 2009: 198). 매몰비용, 정보의 한계, 정치적 한계, 조직의 역사, 법적·경제적 제약, 외부 정보의 한계, 정당성의 한계, 합리성의 한계로 인해 조직이 환경에 적응하는 것은 어렵다고 본다. 특히, 조직이 이러한 구조적 타성에 빠지면 자연 도태될 가능성이 높아진다는 것이다. 조직군 생태학에서는 조직이 환경에 영향을 받기는 하지만, 환경에 전적으로 의존하는 것은 아니라는 점을 강조하였다.

둘째, 상황이론과는 달리 조직군 생태학에서는 연구 분석단위를 확장하였다. 조직군 생태학의 분석단위는 각 개별 조직이 아니라 조직군이라는 '특정 환경 속에서 생존을 유지하는 동종 조직의 집합', 즉 유사한 조직구조를 갖는 조직들이 된다(이종수, 2010). 상황이론에서는 하나의 조직이 환경과 어떤 관계를 유지하고 있는가에 중요한 의미를 부여하였다. 그러나 조직군 생태학에서는 하나의 조직을 분석단위로 보면 조직과 환경의 관계를 보다 명확히 알 수 없어 일정 경계 내의 모든 조직(조직군)을 분석단위로 하는 것이 더 바람직하다고 보았다(Hannan & Freeman, 1979; 김병섭 외, 2009: 190).[17]

조직군 생태학에 의하면 조직의 성공은 '조직이 어떠한 환경에 속하고 이 환경이 어떠한 선택을 하는가'에 달려 있다(김병섭 외, 2009: 191). 즉, 조직의 성공은 개별 조직의 합리적인 설계와 노력에 달려 있는 것이 아니라, 조직이 어떠한 환경에 속하고 이 환경이 어떠한 선택을 하는가에 달려 있다는 것이다. 이러한 선택과정은 3단계로 나타난다. 첫 번째 단계로 변이(variation)가 발생하고, 두 번째 단계로 일관된 선택(selection) 작용이 일어나며, 마지막으로, 선택된 변이에 대한 보존(retention)이 이루어진다(Aldrich & Pfeffer, 1976). 대체적으로 이러한 3단계는 순차적으로 발생한다. 이에 대한 보다 상세한 설명은 다음과 같다.

첫째, 조직의 변이는 모든 조직이 다양한 모양의 조직행태를 지니는 것에서 출발한다. 변이의 생성과정은 계획적으로 발생할 수도 있지만 그렇지 않고 우연에 의해서 이루어지도 한다. 조직구성원의 가치관과 선호, 문제해결방식 차이의 다양성에 의해 조직변이가 발생될 수도 있고, 환경에 의해서 조직변이가 결정될 수도 있다. 이러한 조직변이는 하나의 조직변화에 머무르지 않고 조직군 내의 다른 조직으로 확산(diffusion)되는 경향이 있다. 변이의 확산은 구성원의 이동(타 조직으로 이동하여 전파)으로 발생할 수 있으며, 학습과정을 통해 발생할 수도 있다(김병섭 외, 2009: 192–193). 무엇보다도 변이는 상황이론과 전략적 선택이론에서 주장하는 것과 달리 관리자의 의도적이고 계획적인 조치에 의해 발생되는 것이 아니라, 예상치 못한 사건이나 행운 등 우연에 의해서 발생되는 경우가 많다.

둘째, 변이가 발생하면 환경과의 적합 정도에 따라 환경적 적소(niche)로부터 조직이 선택되거나 그렇지 않으면 조직이 도태되어 사라지게 된다(김병섭 외, 2009: 194). 조직의

17 이러한 점은 개별적 행위자의 합리적인 행동을 우선적으로 고려하는 시장적 접근 방법과는 달리, 개체가 아닌 집단을 우선시하였으며, 합리성을 가정하지 않았다는 특성을 지닌다.

그림 11-2 조직군 생태학 관점에서 본 환경변화

변이	선택	보존
• 계획적 변화+우연적 변화	• 환경적 적소(조직군 규모와 밀접도 영향)	• 안정기간 필요
• 조직군 안에서 다수의 변이가 출현	• 몇몇 조직이 적소를 발견하여 생존	• 몇몇 조직이 성장하여 환경 안에서 제도화됨

출처: Daft(2016: 212); 이창원 외(2012: 493) 그림 재구성

의지가 아니라 환경의 선택의지에 따라 조직의 생존 여부가 결정되는 것이다. 적소는 '특정한 조직군이 생존하고 또 재생산할 수 있게 해 주는 자원들의 조합'으로 정의될 수 있다(김병섭 외, 2009: 194). 예를 들어, 고객의 수, 행정수요 크기를 적소로 볼 수 있다. 조직군의 환경적 적소 크기(niche width)와 밀집도(density)가 조직의 생존을 결정하는 중요한 기준이 된다. 환경적 적소가 크면 자원이 풍부해 질 가능성이 많기 때문에 조직이 새롭게 생성될 가능성이 있다. 그러나 조직군에 속하는 조직의 수(예를 들어, 치킨 시장에 새롭게 진입하는 사업장 수)가 많다면 이러한 경우에는 밀집도가 높아 경쟁이 치열해지므로 인해 조직의 생존확률은 줄어들게 된다. 이처럼 환경적 적소는 개별 조직이 설정하는 것이 아니라 외부환경에서 주어지는 것이기 때문에 조직은 환경에 따라 적절한 조직설계를 하는 것보다, 조직군의 크기와 밀집도에 관심을 갖는다. 특히 조직의 밀집도에 따라 조직생존의 성공과 실패가 결정된다(김병섭 외, 2009: 196).[18]

마지막 단계는 조직의 보존과 관련된다. 외부환경에 의해서 선택된 조직은 지속적으로 그 형태를 유지하고 보존하고자 한다. 조직의 보존은 현재에 머무르지 않고 미래에까지 존속하는 것을 의미한다(김병섭 외, 2009: 199). 조직에서의 공식화된 표준업무절차(SOP), 업무 매뉴얼, 직무기술서, 관료제 요소 등은 처음에는 조직변화의 장애물이 되지만 시간이 지날수록 이는 조직보존을 위한 수단이 된다. 그럼에도 불구하고 조직보존은 예측불가능하며 역동적으로 발생된다. 즉, 조직변화는 '불연속·단계적'으로

18 이는 조직의 생성과 해체에도 적용될 수 있다. 처음 생성되는 조직은 끊임없이 증가하다가 조직군 내에 일정한 밀집도 수준에 도달하면 한계상황에 이르러 도태되어 해체된다. 이러한 조직해체는 조직의 규모와 연령에 영향을 받는다. 대부분의 경험적 주장에 의하면 규모가 작고 역사가 짧은 신생조직의 생존가능성이 낮다는 것이다(Hannan & Freeman, 1989).

발생한다는 것이다(김병섭 외, 2009: 199). 따라서 조직의 안정을 유지할 수 있는 기간이 보존 차원에서 중요하게 고려될 수밖에 없다.

종합적으로 조직군 생태학은 다음과 같은 차원에서 의의를 지닌다(김병섭 외, 2009: 203-204). 첫째, 수많은 조직의 존재이유를 다양한 환경에 적응하기 위한 필요에서 찾는 동형화의 원리를 제시하고 있다는 점이다. 환경은 자신에게 적합한 조직 형태와 결합하는데, 환경이 여러 종류인 만큼 조직의 형태도 다양하게 나타난다는 것이다. 둘째, 조직군 생태학은 계획된 변화뿐만 아니라 우연에 의해서 발생하는 조직변화를 설명하는데 적절하다. 특히 비합리적이지만 발생하는 우연에 의한 조직변동을 설명하는데 적절하다. 셋째, 조직군 생태학은 개인수준의 분석수준을 넘어 조직들의 집합체인 조직군을 분석수준으로 하고 있는데, 이 이론에서는 조직 간 경쟁보다는 조직군 간 경쟁에 더욱 관심을 가졌다. 이는 대규모 사회에서의 조직경쟁을 이해하는데 도움을 주고 있다.

조직군 생태학은 환경의 중요성을 강조했다는 점에서는 의의가 있으나 다음과 같은 한계도 가지고 있다(김병섭 외, 2009: 201-202). 첫째, 조직군 생태학은 조직변화에 있어서 조직의 의지를 무시하였다는 비판을 받는다. 조직은 환경적 적소에 의해 선택되는 것이 아니라 오히려 의도적으로 환경적 적소를 만들기도 한다. 조직이 고객에 대한 적극적인 홍보를 통해서 스스로 환경적 적소를 창조하는 것이다(행정수요 창출). 뿐만 아니라, 방법론적 차원에서도 아직까지 조직군의 정의가 명확하게 제시되지 않아 이론으로서의 타당성은 떨어진다고 할 수 있다.

③ 협력적 네트워크와 거버넌스 이론[19]

협력적 네트워크(collaborative-network perspective)이론에서 제시하는 조직의 유형은 자원의존이론에서의 그것과는 다소 상이하나 조직 간 관계를 경쟁이 아닌 협력적 측면에서 본다는 점에서 자원의존이론의 대안으로 제시된다. 협력적 네트워크 이론에 따르면 조직들은 경쟁력 향상을 위해 타 조직과 경쟁하기 보다는 협력하려고 노력하며, 이를 위해 협업 또는 공동체를 구성한다. 즉, 조직을 개별적·자율적으로 운영하기보다 조직 간에 상호의존적으로 협업하는 것이 조직의 생산성 증대에는 더 효과적이라는 것을 가정한다(Daft, 2016: 205).[20] 특히 희소자원이 존재하는 경우에 이러한 희소자원을

19 자세한 내용은 조직 간 사회자본 내용을 참고하기 바란다.

20 과거에는 조직 간 경쟁관계 혹은 적대관계가 주를 이루었다면, 최근에는 조직 간 동반자 관계가 강조된다. 특히, 이러한 동반자 관계 형성을 위한 신뢰, 공통의 가치창출 등이 중요하게 고려되

표 11-7 조직 간 관계에 대한 관점의 변화

전통적 관점: 적대적 관계	새로운 관점: 동반자 관계
낮은 의존성 • 의심, 경쟁, 적대적 • 세부적인 성과척도, 엄격한 평가 • 가격, 효율, 각자 이익 추구 • 정보제한, 피드백 부족 • 법적으로 갈등 해결 • 최소한의 관여, 서로 분리된 자원 • 단기적인 거래 • 관계를 제약하는 계약	높은 의존성 • 신뢰, 공통의 가치 창출, 깊은 몰입 • 느슨한 성과척도, 토론을 통한 문제해결 • 공평·공정한 거래, 쌍방의 이익추구 • 전자적 연결을 통한 핵심 정보 접근, 문제에 대한 충분한 피드백, 토의 • 상호 긴밀한 조정 메커니즘, 상대방 조직에 상주 • 상대방의 제품설계 및 생산에 관여, 공유자원 • 장기적인 거래 • 계약을 초월한 상호 지원

출처: Daft(2016: 208)

획득하기 위해 조직들이 권력다툼 또는 권력유지를 위해 애쓰는 것이 아니라, 해당 자원을 공동 활용하는 방안을 적극적으로 모색하는 것이 협력적 네트워크의 핵심 내용이 된다. 이와 관련된 대표적인 사례로 전략적 제휴를 제시할 수 있다. 뿐만 아니라, 공공조직이 민간조직과 파트너십(public–private–partnership)을 구축하는 것 또한 협력적 네트워크로 볼 수 있다.

보다 구체적으로, 협력적 네트워크 이론은 네트워크 조직이론을 기반으로 하고 있다. 네트워크 조직은 "두 명 이상의 행위자들이 반복적으로 거래를 하지만, 이 거래과정에서 발생할 수 있는 분쟁을 조정하고 해결하는 데에 정당한 조직적 권위를 가지고 있지 않는 행위자들의 집합"으로 정의될 수 있다(김병섭 외, 2009: 178). 네트워크 조직의 특징은 다음과 같다(Powell, 1990; 김병섭 외, 2009: 178–180). 규범적 차원에서 네트워크는 상호 필요에 의하여 관계가 형성되고 장기간의 관계 형성 또는 유지가 중요하다. 이를 바탕으로 당사자 간의 상호작용과 관계가 중요한 의사소통 수단이 되며, 분쟁해결에 있어서는 갈등 해결 수단 간 상호 호혜성(reciprocity)이 중요시 된다. 또한 네트워크는 다른 행위자들의 행위에 부담을 주지 않으며, 자신의 이익추구만을 위해 노력하지 않는다. 그 이유는 네트워크가 상호신뢰를 기반으로 하기 때문이다. 이 때문에, 행위자들은 생산의 노하우나 철학, 가치 등을 상호 공유한다. 또한, 네트워크에서는 호혜성을 기반으로 하기 때문에 상호의존적이며, 신뢰를 추구하고, 상대방 서로에 대

는 등 조직 간 협력적 네트워크 구축이 오늘날 더욱 강조되고 있다.

한 의무감을 지니고 있다. 이로 인해 신뢰가 형성되면 더 적은 비용으로 사회 혹은 조직의 문제를 해결할 수 있게 된다.

협력적 네트워크와 같은 맥락에서 거버넌스 이론을 제시할 수 있다. 거버넌스 이론(governance theory)은 "공동이익의 추구를 위해 어느 정도 독자적인 행동주체들을 지휘·통제·조정하는 수단으로서 조직의 정치적 특성을 강조하고 조직과 그에 연관된 행동주체들이 형성하는 네트워크 그리고 이익·목표의 조정구조와 협상·타협의 과정을 중요시하는 접근방법"이다(오석홍, 2011: 58). 조직이론에서 활용되는 거버넌스 이론은 거버넌스의 핵심 의제를 조직론에 적용한 것으로 행동주체인 조직들이 다양하며, 다원적이고, 그들 간에 네트워크를 형성한다는 점을 강조한다. 이러한 차원에서 거버넌스 이론은 협력적 네트워크 조직이론과 밀접한 관련성을 지닌다. 특히 거버넌스 이론은 상호신뢰와 소통, 협력을 바탕으로 조직 내부뿐만이 아니라 조직 외부의 다양한 행위자들과도 유기적 연계 또는 네트워크를 구축한다는 점에서 중요한 의의를 지닌다고 하겠다(오석홍, 2011: 59).

④ 제도화 관점

조직 간에 협력적 관계를 유지하는 가운데 조직유형의 유사성 또한 높아지는 현상을 제도화 관점(institutional perspective)을 통해 살펴볼 수 있다.[21] 제도화 관점에 따르면 조직이 생존하기 위해서는 관련 이해관계자들의 정당성(legitimacy)을 획득하는 것이 중요하다고 본다(Daft, 2016: 214). 이때 정당성은 "조직의 활동이 바람직하고 적절하며 환경의 규범이 가치, 신념, 체계에 부합한다는 사회 전반의 시각"이 된다(Daft, 2016: 214). 특히, 정당성을 획득하는 과정에서는 눈에 보이는 요소보다 눈에 보이지 않는 요소인 규범과 가치를 더 중요한 환경적 요소로 고려한다. 보다 구체적으로, 제도화 관점에서는 관료제론이나 과학적관리론에서 강조하는 조직의 효율성 추구보다 이해관계자들 간 정당성 확보가 조직변화의 성공과 생존을 위해 더욱 중요한 역할을 한다고 본다. 이러한 관점은 신제도주의 학파 중 하나인 사회학적 신제도주의(social institutionalism)의 특성을 나타내는 것이다.[22]

조직의 구조적 변화는 이해관계자들을 만족시키기 위해 발생한다. 특히 외부 이해관계자들의 조직에 대한 기대(외부적 제도 환경)는 조직에게 일종의 규칙처럼 여겨진다

21 김병섭 외(2009)에 따르면, 제도화 관점은 생산성이나 다른 상황적인 변수가 다름에도 불구하고 조직들이 유사해지는 현상을 설명하는 데 유용하게 활용될 수 있다.

22 합리적 선택 신제도주의와 역사적 신제도주의에 대한 논의는 제도주의 부분에서 설명하도록 한다.

(Daft, 2016: 214). 다시 말해, 조직에서 이해관계자들의 기대를 적극 반영할 때 정당성은 높아지고 조직이 바람직하게 운영이 될 가능성도 높아진다.[23] 조직 외부의 이해관계자들은 조직이 객관적이고 공정하게, 또 정확하고 적절하게 운영될 것을 요구하기 때문이다. 이 때문에, 조직은 내부적 효율성을 강화시키는 행위가 아니라 하더라도 조직 외부에서의 요구에 따라 운영되기도 한다. 이것이 바로 조직 외부의 정당성을 획득하는 과정이 되는 것이다(Daft, 2016: 215). 예를 들어, 「부정청탁 및 금품 등 수수의 금지에 관한 법률(일명 청탁금지법)」이 논란의 여기가 있음에도 불구하고, 정부조직은 투명하고 윤리적이어야 한다는 외부의 요구 때문에 해당 법률이 통과되기도 한다. 즉, 조직은 외부환경에서 기대하는 바, 혹은 요구들을 준수하고 있다는 신호를 외부에 보냄으로써 환경에 적응하고 생존하게 된다. '조직의 구조는 외부환경의 승인을 얻고 정당성과 지속적인 지원을 얻기 위하여 기술적인 작업과 별도로 만들어지는 것이다(Daft, 2016: 216).'[24]

그렇다면, 외부환경으로부터 정당성을 인정받은 조직들은 왜 상호 유사성을 띠게 되는가? 이에 대한 답을 제도적 동형화(institutional isomorphism) 논의를 통해 살펴보도록 한다. 제도적 동형화는 동일하고 유사한 조직군에 속해 있는 조직들은 다른 개체들과 유사하게 닮아 가려는 특징을 가진다는 것을 의미한다(Daft, 2016: 216). 이러한 제도적 동형화에는 크게 세 가지 원인이 존재한다. 외부환경의 불확실성에 대한 대응전략을 의미하는 모방적 동형화(mimetic isomorphism), 정치적 영향력에 의해서 나타나는 강압적

표 11-8 제도적 메커니즘(동형화 종류)

	모방적 힘	강압적 힘	규범적 힘
조직유사성의 원인	불확실성	의존성	의무, 책임
사건	혁신, 가시성	법령, 규칙, 제재	전문가 인증, 심의
사회적 토대	문화적 지원	법	도덕
사례	리엔지니어링, 벤치마킹	오염통제, 학교 규제	회계기준, 컨설턴트 훈련

출처: Scott(1995); Daft(2016: 217)

23 이는 외부 이해관계자들에게 좋은 평판을 받는 기업일수록 좋은 성과를 달성할 수 있다는 것과 같은 논리이다.

24 이러한 측면에서 보았을 때, 조직의 공식적인 조직구조는 내부 효율성과 관련 없이 생성될 수도 있다.

동형화(coercive isomorphism), 공동의 훈련과 전문성에 의해서 나타나는 규범적 동형화(normative isomorphism) 등이 그것이다(DiMaggio & Powell,* 1983).

첫째, 모방적 동형화는 조직이 외부의 불확실성 하에 있을 때 다른 조직을 모방하려 하는 힘을 의미한다(Daft, 2016: 216). 혁신에 성공한 조직의 전략을 벤치마킹하려는 대부분의 사례가 모방적 동형화의 예가 될 수 있을 것이다.[25] 모방적 동형화 현상이 발생하는 가장 큰 이유는 대부분의 조직이 높은 불확실성 하에 존재하기 때문에, 조직 혁신에 성공한 사례에 대해서는 조직 내·외부의 이해관계자들로부터 정당성을 인정받았다고 보고 다른 조직에서 혁신 성공 조직의 전략을 수용하고자 하는 것이다.

둘째, 강압적 동형화는 어떤 조직에 대해 다른 조직과 비슷한 조직구조와 운영방식을 택하도록 외부에서 가해지는 압력을 의미한다(Daft, 2016: 218). 이때 압력은 정부의 압력과 같은 권력에 의한 강압이나 사회구성원들의 강력한 요구에 의한 강압을 모두 포함한다. 강압적 동형화로 인해 발생되는 조직의 변화는 조직의 효과성을 저해할 수도 있지만, 조직 운영에 대한 정당성을 높일 수 있다는 장점도 가진다.

셋째, 규범적 동형화는 전문가 기준을 받아들이거나 전문가 단체에서 가장 효과적이고 최선의 방법이라고 규정하는 방식을 조직에서 수용하여 표준화려는 힘을 의미한다(Daft, 2016: 219). 예를 들어, 대학교육 과정은 전문가들의 정보교환을 통해 동형화 되고, 따라서 더 높은 표준화 수준을 나타내게 된다. 디마지오와 파웰(DiMaggio & Powell, 1983)에 의하면 모방적 동형화, 강압적 동형화, 규범적 동형화는 현실에서 개별적으로 나타나는 것이 아니라 중첩되어 나타나는 경우가 많다.

제도적 동형화 현상은 다음과 같은 장점을 지닌다. 첫째, 동형화 현상에 따라 조직은 더 큰 조직집합과 유사해져 큰 조직의 일부화 되기 때문에 조직 운영에 있어서의 안정성을 누릴 수 있으며, 이를 통해 조직은 외부환경의 변화로부터 보호받을 수 있다. 둘째, 정당성을 확보한 조직은 (희소)자원을 더욱 쉽게 확보할 수 있어 조직의 생존과 성장에 기여할 수 있다(김병섭 외, 2009: 367-368).

하지만, 동형화를 중심으로 하는 (사회학적) 제도화 관점은 다음과 같은 측면에서 한계를 지닌다. 첫째, 조직이 획득하는 정당성은 외부환경으로부터 주어지는 적합성이 아니라 오히려 조직의 규모나 역사에 더 많은 영향을 받는다는 것이다(Hannan & Freeman, 1984). 이러한 점은 조직진화와 조직군 생태학적 관점에서 제도적 관점을 비판할 때의 논거로 이용된다. 둘째, 정당성을 획득하는 제도화 과정이 조직 내부의 효율성과 상관

25 그러나 현실에서는 이와 같은 명확한 성공의 증거가 없이도 모방적 동형화가 일어날 수 있다.

없이 발생하기 때문에 조직의 비효율적 운영이 우려되기도 한다(Meyer & Rowan, 1977). 셋째, 규모 등에 있어서 강력한 권력을 지닌 조직은 외부의 제도적 환경에 수동적으로 적응하는 것이 아니라 능동적으로 대응하며, 자신들에게 유리한 방향으로 조직을 재구성하게 된다(김병섭 외, 2009: 370). 마지막으로, 동형화 현상은 제도의 선택을 설명함에 있어서는 유용하게 활용될 수 있지만, 왜 특정 제도가 선택되는 지를 설명하는 데는 한계를 지니게 된다(김태은, 2015: 60).

정당성 차원에서 도입된 제도변화가 성공하기 위해서는 제도의 디커플링(decoupling) 전략이 필요하다(Meyer & Rowan, 1977). 다시 말해, 제도변화가 발생할 때 대부분의 조직에서는 정당성과 동형화 압력에 의해 선택된 제도변화가 실제 조직 운영과 괴리현상을 일으킬 수 있다는 것이다. 이러한 괴리현상을 극복하기 위해서 디커플링 전략이 활용될 수 있다는 것이다(김동주·유병홍, 2012). 이는 조직이 표면적으로는 제도적 압력에 순응하여 새로운 제도를 도입하면서 동시에 실질적으로는 그 제도를 운영하지 않는 제도의 분리전략 혹은 디커플링 전략이라고 할 수 있다. 그러나 이러한 디커플링 전략이 지나치게 고착화되면 제도화가 제대로 이루어질 수 없기 때문에 제도화의 실패가 유발될 수도 있다(Meyer & Rowan, 1991).

3) 경제학적 관점을 고려한 현대적 조직이론

현대적 조직이론으로 거래비용이론, 대리인 이론, 협력이론도 제시될 수 있다. 이들 이론이 공통적으로 관심을 두는 사항은 개인 효용 극대화 방안과 조직관리에 대한 미시적 접근방법 모색이다. 이러한 이론들의 내용을 구체적으로 살펴보고, 이를 바탕으로 제도의 영향을 설명하는 합리적 선택 신제도주의, 즉 신제도경제학에 대해 논의하도록 한다.

(1) 거래비용이론

거래비용은 "거래자가 거래를 하는 과정에서 수반되는 비용"을 의미한다(김병섭 외, 2009: 331). 이러한 거래비용에는 상품의 질을 파악하는 측정비용(measurement cost), 구매자 발견에 드는 정보비용(information cost), 계약을 위한 협상비용, 계약의 이용을 감시하는 이용비용(enforcement cost)과 감시비용(monitoring cost) 등이 포함된다. 거래비용(transaction cost)은 조직이 왜 존재하는 가를 설명하는 데 중요한 이론적 근거가 된다. 조직구조가 발생하는 이유는 다양한 관점에서 제시될 수 있다. 예를 들어, 고전적 조직이론 중 관료제론에 의하면 조직의 효율성을 추구하기 위해 조직구조가 형성된다고 본다. 현대적 조직이론 중 조직군 생태학에 의하면 조직구조는 다양한 환경적 적소(niche)에 따라 다르게 형성된다고 보고, 사회학적 신제도주의에서는 제도적 동형화 현상에 따라 조직구조가 변화한다고 본다. 그러나, 거래비용이론에 따르면 조직은 조직 내 거래비용을 줄이기 위해 조직구조를 변화시킨다고 본다.

코즈(1910~2013)[26]

윌리엄슨(1932~현재)[27]

코즈(Coase, 1937)와 윌리엄슨(Williamson, 1985)을 비롯한 거래비용 연구 학자들은 조직에서 계층제가 발생하는 이유를 계층제(내부조직화)가 시장에서 보다 거래비용을 줄일 수 있는 효율적인 방안이 되기 때문으로 본다. 특히 윌리엄슨(1985)은 제한된 합리성, 불확실성, 기회주의, 높은 자산전속성(asset specificity),[28] 낮은 거래빈도, 불완전한 경쟁시장(소수시장) 등과 같은 조건이 형성될 때 시장보다는 내부조직화, 즉 내부조직이라는 통치구조(governance)가 거래비용을 줄이는 데 효과적일 수 있다고 주장한다. 또한, 조직행위자 간 정보의 비대칭성이 우려될 때에는 내부조직화를 통해 각 행위자들이 정보를 독점하려는 유인체계를 제거할 수 있어 내부조직화가 정보 비대칭성으로 인해 발생되는 거래비용을 줄여주는 역할을 하게 된다.

거래비용은 기업과 같은 위계적 조직이 발생하는 이유에 대해 설명하는데 유용하게 활용된다(김병섭 외, 2009: 340). 즉, 거래비용이론에서는 조직의 생성 이유를 효율성 추구로 보고 있는 것이다. 또한 거래비용은 조직의 통치 구조를 설명하는 데 있어서도 유용하게 활용된다. 예를 들어, 거래비용이론에서는 조직 내 정보비대칭성 문제를 해결하기 위해 계층제적 조직의 필요성을 논의하고 있다.[29] 그러나, 거래비용이 무엇을 의미하는지, 또 거래비용 절감을 위해 조직이 계층화(내부조직화) 될 필요가 있는지에

26 출처 https://en.wikipedia.org/wiki/File:Coase_scan_10_edited.jpg

27 출처 https://en.wikipedia.org/wiki/Oliver_E._Williamson#/media/File:Nobel_Prize_2009-Press_Conference_KVA-42.jpg

28 자산전속성은 특정한 거래에 사용되는 자산의 이전가능성을 의미하는데, 내부조직화는 자산전속성을 높이고 자산이전 가능성을 낮추어 보다 효율적인 거래를 할 수 있도록 돕는다.

29 이는 만약 현대사회가 정보비대칭성 문제를 해결할 수 있다면 굳이 거래비용 차원에서의 계층제적 조직이 필요하지는 않음을 암시해 준다.

대해서는 여전히 의문이 제기되고 있다(김병섭 외, 2009: 341).

(2) 대리인 이론

대리인 이론(agency theory)은 "위임자(주인: principal)와 대리인(일꾼: agency)의 관계에 관한 경제학적 모형을 조직 연구에 적용하는 접근 방식"이다(오석홍, 2011: 56). 이는 사회적 관계를 위임자와 대리인의 계약적 관계로 간주하고, 모든 조직은 정보의 비대칭성으로 인하여 대리인의 문제를 가진다고 본다(김병섭 외, 2009: 343). 대리인 이론에서는 단순히 조직 내 관계뿐만 아니라 조직과 고객, 외부조직이나 기타 수직적 연계 관계도 분석의 대상으로 삼는다.

위임자는 자신의 의도대로 대리인이 일해 줄 것을 바라고 보수와 같은 유인체계를 제공하지만, 실제로는 위임자의 바람이 대리인에 의해 잘 실현되지 않는다. 이는 ① 인간의 합리성 제약(불확실성), ② 정보비대칭성, ③ 대리인의 기회주의적 행동 때문에 나타나는 대리인 문제에 기인한다. 위임자와 대리인의 계약적 관계에서 대리인의 기회주의적 행동이 나타나는 경우, 위임자, 즉 주인은 불리한 선택(adverse selection)이나 도덕적 해이(moral hazard) 등과 같은 문제를 겪게 된다.

예를 들어, 모이(Moe, 1984)는 '관료조직은 왜 존재하는가?', '관료제에서 상사는 부하를 어떻게 통제하는가?', '의회는 관료제를 어떻게 통제하는가?'에 대한 질문의 답을 대리인 이론을 활용해 설명하고 있다. 즉, 관료는 정보와 전문성에 있어 정치인보다 우위를 점하고 있어, 관료의 대리인 문제가 발생될 수 있다는 것이다. 대리인으로서의 관료는 더 많은 정보를 소유하고 있기 때문에 위임자(예 의회, 나아가 국민)의 바람과는 달리 무사안일이나 도덕적 해이, 부패 등을 행할 가능성이 높다는 것이다. 이 때문에, 위임자 혹은 주인인 정치권 그리고 국민의 관료에 대한 통제가 필요하다고 본다.

대리인 문제 중 하나인 정보비대칭성과 관련해, 케틀(Kettl, 1988)은 '대리정부화(proxy government)' 문제를 제시하고 있다. 김병섭 외(2009: 349)에 따르면, 대리정부는 '미국과 같은 순수한 연방제 하에서 중앙정부의 정책이나 프로그램은 다른 하위정부 단위나 민간기업, 비영리단체 등 제3자 정부에 의해서 수행되는 현상이 발생하는 데, 이를 대리정부(government by proxy)'로 정의될 수 있다. 또한, 민간위탁이나 공기업 민영화 등도 대리인 이론 관점에서 살펴볼 수 있다. 특히 공기업의 경우 '복수의 대리인 문제'(예 국민-정부부처-공기업)로 인해 공기업 문제 발생 시 누구도 책임을 지지 않으려 하거나 정치권력, 또는 정부부처 인사권자에게만 책임을 묻는 한계를 나타낸다(김병섭 외, 2009: 349). 이러한 문제를 해결하기 위하여 위임자와 대리인이 계약체결을 함에 있어 유인

기제, 관료제 통제, 시장적 통제, 규범과 신념의 내재화 대안을 검토할 필요가 있다(오석홍, 2011: 57). 예를 들어, 성과급 제공과 같은 방법은 위임자와 대리인 사이에 목표 차이가 크지 않으면서도 직무를 감시·통제하기 어려운 상황에서 활용할 수 있을 것이다.

대리인 이론은 조직 내 인간이 일하는 이유를 설명하고 관료제 조직의 병리현상을 설명하는 데 도움이 된다. 특히 대리인 이론은 분권화, 분업, 공식적 규칙, 구조, 의사소통, 소유 대 통제와 관련된 조직 현상을 분석·설명하는 데 기여할 수 있다(김병섭 외, 2009: 350). 그러나 대리인 이론은 비경제적 요인을 고려하지 못한다는 점에서 그 한계를 지닌다. 특히 청지기 이론이 대리인 이론을 비판하는 관점에서 제시될 수 있을 것이다. 청지기 이론(stewardship theory)은 대리인이 스스로 책임 있게 행동하는 방안을 모색함으로써 주인과 대리인을 구별하지 않고 일치시키는 행동을 보여야 함을 강조하는 이론이다(원구환, 2008). 청지기 이론에 의하면 조직 내 구성원들은 스스로가 적극적으로 공공의 이익을 추구하며, 이러한 공익추구를 위해 조직 활동에 참여한다.

(3) 협력이론

경제학적 접근을 통해 조직의 협력관계를 설명하는 대표적인 현대적 조직이론으로 '협력이론(theory of cooperation)'이 제시될 수 있다. 협력이론에서는 조직 간 협력의 원리를 조직 간 네트워크와 연계구조 차원에서 해석하지 않는다. 이러한 측면에서 협력이론은 협력적 네트워크 이론과 큰 차이를 나타낸다. 협력이론의 기본 가정은 개인 효용추구의 극대화에 있다. 미시적 접근 방법을 바탕으로 한 협력이론은 액설로드(Axelrod, 1984)의 연구를 중심으로 발전하였다. 액설로드(1984)는 협력이 진화되는 과정을 반복적 죄수의 딜레마 게임(iterated prisoner's dilemma game)으로 설명한다. 즉, 게임이 한 번만 진행된다면 게임에 참여하는 각 개인은 자신의 이익극대화만 생각하기 때문에 집단행동의 딜레마에 직면하게 되고,[30] 따라서 사회적 효용을 극대화 시키는 최적의 의사결정을 이루어내기가 어려워진다. 이러한 문제를 극복하기 위해서는 맞대응(tit-for-tat) 전략과 같은 반복적인 보복전략을 시행하여 행위자들 간 상호 협력을 이끌어낼 필요가 있다는 것이다.

30 각 개인은 자신만의 이익을 고려하기 때문에 집단행동에 있어서도 개인 편의주의, 즉 무임승차(free-ride) 등과 같은 집단행동의 딜레마 현상을 초래한다는 것이다.

(4) 공공선택론과 합리적 선택 신제도주의

오스트롬 부부[31]

합리적 선택 신제도주의(rational choice institutionalism)는 신제도경제학적 관점을 바탕으로 한다. 합리적 선택 신제도주의를 연구한 대표적인 학자로는 앞서 거래비용이론을 연구한 학자로 소개한 코즈, 윌리엄슨, 오스트롬 등이 있다(김병섭 외, 2009: 329-330). 합리적 선택 신제도주의는 경제학적 접근방법에 제도연구를 접목시킨 이론이라고 할 수 있다. 즉, 합리적 선택이론(rational choice theory)을 제도 연구로 확장시킨 것이 바로 합리적 선택 신제도주의라는 것이다(유민봉, 2015: 40). 따라서 이 이론에서는 개개인의 합리적 선택 행위를 분석 단위로 본다. 합리적 선택 신제도주의에 따르면, 제도라는 것은 개인의 합리적 선택 행위를 유인하는 데 영향을 미치는 요인 중 하나에 불과하기 때문에 이론에서의 제도적 영향력은 그렇게 크지 않다. 다시 말해, 제도를 하나의 원인변수로 보기 때문에 제도 자체가 그렇게 중요하게 고려되지 않는다는 것이다(유민봉, 2015: 41-42).[32]

합리적 선택 신제도주의에서는 방법론적 개체주의, 합리주의, 경제인을 가정하고 있는데, 이는 공공선택론(public choice)의 가정과 동일하다. 공공선택론은 개인의 효용극대화와 합리성을 기반으로 한 시장적 접근 방법을 시장뿐만 아니라 공공부문, 즉 비시장적 집단의사결정에도 적용하고 있다(유민봉, 2015: 41). 공공선택론에서는 정부를 공공재와 공공서비스를 생산하는 공급자로, 시민을 소비자로 가정한다.[33] 공공선택론에 따르면 공공조직은 시민들이 원하는 서비스를 제공하기 위해 다층식으로 배열되어야 하며, 관할권이 중첩되어야 하고, 분권화되어야 한다고 주장한다(Ostrom, 1973).

31 출처: https://economicsandinstitutions.com/2014/09/17/vincent-ostrom-in-memoriam-part-7/

32 물론 합리적 선택 신제도주의 역시 신제도주의 학파 중 하나이기 때문에 개인과 조직의 행동을 제약하는 제도의 중요성을 강조하고, 조직과 환경과의 교호작용을 강조하는 개방체제관점에서 해석될 수 있다는 점에서는 중요한 의의를 지닌다(오석홍, 2011: 52).

33 시민은 공공재에 대한 호불호를 분명하게 나타내는데, '티부(Tiebout) 모형'으로 잘 알려진 티부의 '발로 하는 투표(Voting with feet)'가 바로 그것이다. 공공재에 불만을 가지는 시민은 자신이 속한 지역을 떠나 다른 지역 혹은 국가로 이동함으로써 공공재나 공공서비스에 대한 선호를 나타낸다는 것이다.

4) 그 외 현대적 조직이론

(1) 체제이론

1950년대와 1960년대까지 조직이론의 주요 이론으로 자리 잡았던 체제이론(systematic theory)은 조직현상을 체제의 관점에서 분석하고 이론화한다. 이때 체제는 "총체적인 관계 속에서 공동의 목표달성을 지향하는 상호 연관된 사물"로 정의된다(오석홍, 2011: 48). 조직연구에서 가장 대표적인 체제연구로는 '투입－산출 모형'이 있는데, 이는 조직을 하나의 체제로 간주하는 것이다(유민봉, 2015: 29). 조직이론으로서의 체제이론은 다음과 같은 특징을 지닌다. 첫째, 조직은 조직의 내·외부 환경과 상호작용한다(개방체제). 둘째, 조직유지에 필요한 자원(인적자원과 물적자원)을 투입한다. 셋째, 조직목표 달성을 위해 조직 내·외부 환경 및 하위체제(내부 조직)와 상호작용하면서 투입된 자원을 산출물로 전환한다. 넷째, 이렇게 전환된 산출물은 다시 환경과 상호작용하여 환류되며, 다시 새로운 자원으로서 조직에 투입되는 과정을 반복하게 된다.

이러한 체제이론은 조직과 환경을 통합적인 관점에서 접근하며, 복잡한 조직체계를 포괄적으로 이해하고 거시적 안목으로 조직 활동 과정을 살펴본다는 측면에서 중요한 의의를 지닌다. 그러나 체제 내의 개인이나 조직의 자율적인 역할을 소홀히 하고, 체제의 경계가 명확하지 않으며, 조직과 환경과의 상호작용 혹은 투입과 산출 사이의 전환과정을 분석함에 있어 구체성이 부족하다는 한계도 지니고 있다(오석홍, 2011: 50).[34]

그림 11-3 투입 - 산출 모형

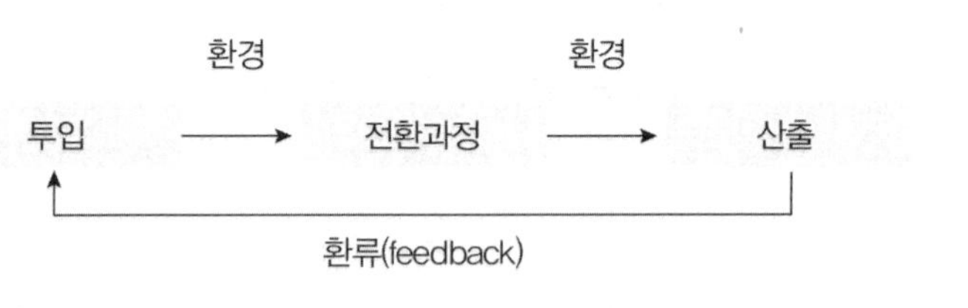

출처: 유민봉(2015: 29)

34 유민봉(2015: 30)에 따르면, 투입자원이 산출물로 전환되는 과정은 'black box' 혹은 'white box'로 명명하기도 한다. 그 이유는 투입－산출에 대한 전환과정을 거의 모를 때가 있고(black box), 알 수 있을 때가 있기 때문이다(white box).

(2) 역사적 신제도주의[35]

역사적 신제도주의(historical institutionalism)는 정치적 신제도주의 접근 방법의 일환으로서 행태주의의 한계를 극복하기 위하여 제시된 이론이다. 이 이론에서는 국가 간 제도적 차이에 영향을 미치는 변수로써 제도를 고려하여 정책현상을 분석한다(김병섭 외, 2009: 356). 역사적 신제도주의는 개인이 아닌 제도를 중요한 설명 변수로 고려한다. 역사적 신제도에 따르면 제도에 의해 개인의 행위가 제약되고, 제도가 개인 간 협력과 갈등관계에 영향을 미치며, 제도에 의해 의사결정상황이 구조화되고 정책이 결정될 수 있다는 것이다(유민봉, 2015: 37).

역사적 신제도주의에서의 가정은 다음과 같다. 역사적 신제도주의는 광범위한 관점에서 제도와 개인의 관계를 해석하며, 제도의 운영과 발달을 권력의 불균형 관계로 가정한다. 또한, 제도의 발달은 경로의존성과 비의도적 결과에 의해서 발생한다고 본다(김병섭 외, 2009: 356). 무엇보다도, 역사적 신제도주의가 조직이론으로써 가지는 가장 중요한 의의는 경로의존성(path dependence)에 있다. 제도가 만들어진 역사적 맥락과 제도가 진화되어온 역사적 경로성이 조직변화를 이해하는 데 중요한 요인이 된다는 것이다(유민봉, 2015: 37). 경로의존성에 있어서는 제도가 한번 형성되면 환경변화에 적극적

35 대부분의 교과서에서는 역사적 신제도주의를 설명할 때, 사회학적 신제도주의와 합리적 선택 신제도주의도 함께 설명한다(유민봉, 2015). 다시 말해, 신제도주의의 학파로 역사적 신제도주의와 사회학적 신제도주의, 합리적 선택 신제도주의를 설명하는 것이다. 세 가지 신제도주의 학파를 비교하면 아래와 같다.

〈신제도주의의 세 가지 학파 비교〉

	역사적	사회학적	합리적 선택
의의	개인의 행동을 형성하고 제약하는 제도를 연구하면서 제도의 지속성과 그것이 형성되는 역사적 과정 중시	인간 행동에 영향을 미치는 규칙이나 절차, 전통 및 관습, 문화까지도 제도로 인식	사회현상이라는 거시적 현상은 사회 속의 개개인의 합리적 선택행위가 합쳐진 결과로 인식
특성	경로의존성 (path dependence)	제도 결정론적 입장	개인의 제한된 합리성과 선택 강조
주장	행정현상과 정책현상을 설명함에 있어 제도가 만들어지고 진화해 온 경로와 맥락 중시	제도의 변화에 개인의 역할은 인정하지 않음. 개인은 정치, 사회적으로 안정된 제도와 문화에 종속됨	개인은 능동적으로 제도에 영향을 미칠 수 있음

그러나, 본서에서는 현대적 조직이론을 설명함에 있어서 각 신제도주의 학파가 어떠한 관점(예 경제적 관점 등)에 더 초점을 두었는지를 살펴보기 위해, 세 가지 신제도주의 학파를 각각 따로 설명하였다.

으로 대응하거나 변화하지 못하고 이로 인해 의도하지 않았던 비효율성도 초래할 수 있다고 본다. 때로는 제도가 역사적 전환점을 맞거나 혹은 우연성에 의한 경로이탈로 인해 변화할 수 있는데, 변화 이후에도 제도는 다시금 그 상태에서 안정적인 균형상태를 유지하려고 하는 '단절적 균형(punctuated equilibrium)' 상태를 추구하게 된다(유민봉, 2015: 38).

(3) 혼돈이론

혼돈이론(chaos theory)은 '카오스 이론'이라고도 불린다. 혼돈이론은 조직 의사결정이 비선형적·역동적, 불규칙적으로 이루어지는 현상에 대해 설명하는 가운데 발전되어 왔다.[36] 혼돈 상태는 "예측·통제가 아주 어려운 복잡한 현상 또는 상태"를 의미한다(오석홍, 2011: 59). 특히, '결정론적 혼돈(deterministic chaos)'은 완전한 혼란이나 무질서가 아니라 한정된 혼란이며 '질서 있는 무질서(orderly disorder)'를 의미한다. 즉, 우연과 필연이 공존하는 상태이며 그 자체로 하나의 체계이며 질서가 되는 것이 바로 결정론적 혼돈인 것이다(오석홍, 2011: 61).

이러한 혼돈이론에서는 복잡한 조직·사회 현상을 통합적으로 연구하고자 한다. 다시 말해, 복잡한 현상을 단순화 혹은 생략하지 않고 복잡한 현상을 있는 그대로 파악하고자 한 것이 혼돈이론이라는 것이다. 이 이론에서 혼돈은 회피의 대상이 아닌 긍정적인 활용 대상으로 인식된다. 또한, 혼돈의 자율적·창의적 개혁을 강조하는 자기조직화(self-organization) 능력을 강조한다. 여기서 자기조직화는 '생명체가 계속적으로 스스로를 쇄신하며 체계적 통합성(정체성)을 유지할 수 있도록 변동과정을 통제하는 특성'으로 정의될 수 있다(오석홍, 2011: 61). 이처럼 혼돈이론에서는 자율성과 창의를 중요하게 고려하기 때문에 관료화 문제를 해결하기 위한 탈관료제의 대안으로 제시되기도 한다.

(4) 조직사회학

조직사회학에서는 개인 행위자를 분석의 단위로 본다. 다시 말해, 조직 내 각 행위자들의 행위에 초점을 두고 그러한 행위에 의미를 부여하는 것이 조직사회학의 기본 가정이 되는 것이다. 조직사회학에서는 개인의 생각이나 의식뿐만 아니라 실제 발생한 행위자체에도 관심을 둔다. 그리고 조직사회학에서는 조직의 정태적 현

36 이밖에도 혼돈이론에서는 과학의 영역을 질서계에서 혼돈계까지 확장시켜 연구하고 있다.

상을 설명하기보다는 조직의 동적인 변화를 시간적 관점에서 설명하고자 한다(임도빈, 2007: 93).

People and
Organizations

Chapter 12

조직구조와 정부조직개편

1. 조직구조와 조직유형
2. 공공조직의 조직구조와 사회자본
3. 정부조직구조 이해
4. 정부조직구조 개혁: 정부조직개편을 중심으로

CHAPTER 12

조직구조와 정부조직개편

핵심 학습사항

1. 조직구조는 어떠한 의의를 가지는가?
2. 조직유형 분류 기준은 무엇인가?
3. 민츠버그에 따르면 조직구조는 어떻게 형성되는가?
4. 민츠버그가 제시한 5가지 조직구조 유형과 특징은 무엇인가?
5. 조직구조의 3가지 주요 구성요소는 무엇인가?
6. 집권성, 공식성, 복잡성에 따라 조직의 기능은 어떻게 달라지는가?
7. 조직 내 구조와 조직 간 관계 차원에서 공공조직과 민간조직의 차이점은 무엇인가?
8. 책임운영기관의 특징과 장점 및 단점은 무엇인가?
9. 정부위원회의 특징과 장점 및 단점은 무엇인가?
10. 정부조직개편의 의미는 무엇인가?
11. 정부조직개편에 영향을 미치는 요인은 무엇인가?
12. 정부조직개편 시 고려되어야 할 정치적 요인은 무엇인가?
13. 정부조직개편을 제도적 모형으로 어떻게 설명할 수 있는가?
14. 정부조직개편 시 통합과 분리의 원리가 어떻게 적용되는가?
15. 정부조직개편이 인사조직 관리에 미치는 부정적인 영향은 무엇인가?
16. 우리나라 정부조직개편의 발달과정은 어떠한가?
17. 우리나라 정부조직개편의 특징은 무엇인가?

1 조직구조와 조직유형

"특수한 사회적 목적을 달성하고 사회와 개인의 구체적인 욕구를 충족시키기 위해 존재"하는 조직(Drucker, 2001: 31)에 있어서 조직구조와 유형은 조직의 목표를 달성하는 데 중요한 영향을 미치게 된다. 이러한 조직구조와 조직유형을 살펴보기 위해서는 '조직이 어떤 특성을 지니고 있는지?', '조직유형은 어떻게 분류할 수 있으며, 유형 분류

기준은 무엇인지?' 등에 대해 먼저 이해할 필요가 있다. 조직유형은 조직구조가 어떻게 형성되어 있는가에 따라서 달라진다고 할 수 있다.[1] 따라서 본장에서는 조직구조에 대해 먼저 논의하고, 조직유형에 대해 살펴보도록 한다.

1) 조직의 구조

(1) 조직구조 개념과 의의

조직구조에 대한 정의는 다양하게 제시되지만 일반적으로 조직구조란 "직무, 책임, 권한 등의 요소들이 배분되고 연결되어 있는 짜임이면서 동시에 이를 담당한 구성원들의 상호작용을 통해 조직목표를 달성하는 과정에서 나타나는 비교적 안정된 행동관계의 유형"을 의미한다(유민봉, 2015: 382). 조직구조는 조직이 수행해야 할 업무를 몇 가지 과업으로 분류하고, 분류된 과업을 통합하는 방법이며, 역할 간의 관계를 유형화하는 것을 의미하는 것이다(Mintzberg, 1980). 유민봉(2015: 382)에 따르면 조직구조는 "직무, 책임, 권한, 역할 등의 배분구조이자 연결구조로서 조직목표 달성을 위한 수단적 역할"을 하게 되며, 또한 "(조직구성원 간) 커뮤니케이션의 통로이자, 권한이 행사되고 결정이 이루어지며 그 결정이 실행에 옮겨지는 흐름을 규정"하는 역할을 한다. 다시 말해, 조직구조는 업무가 분화된 정도나 책임과 권한의 분배에 중점을 두어 정의될 수도 있고, 조직구성원들의 교호작용에 중점을 두어 정의될 수도 있다는 것이다(민진, 2014: 112).[2] 피터 드러커(2001: 121)는 '조직구조와 관련해 모든 조직이 반드시 준수해야할 4가지 원칙들(principles)'을 제시하고 있는데, ① 모든 조직구성원들이 자신들이 몸담고 있는 조직의 구조에 대해 이해하고 있어야 한다는 조직의 투명성, ② 조직의 최종결정권자 존재, ③ 한사람의 상관(master) 존재, ④ 최소화된 명령계층이 바로 그것이다. 그렇다면, 조직구조의 예에는 어떤 것이 있는가?

우리가 주변에서 가장 흔하게 접할 수 있는 조직구조는 바로 '조직도'이다. 대부분의 조직은 공식적인 조직도를 가지고 있다. 이러한 조직도를 통해 조직의 구성 및 업무분담, 책임 등의 배분과 연계가 한눈에 파악될 수 있는 것이다. 정부조직 역시 정부

1 예를 들어, 민츠버그(1980)는 조직구조를 형성하는 요소에 따라서 기본적인 조직유형의 형태가 달라진다고 보았다.

2 민진(2014: 112)에 따르면 조직구조는 ① 조직구조화라는 과정적 측면을 가지며, ② 동태적 측면을 가지고, ③ 조직 내 조직구조는 복수로 존재하며(예 수평적 분화와 수직적 계층), ④ 다양한 형태를 나타낸다는 특성을 가진다.

그림 12-1 문재인 정부의 정부조직도

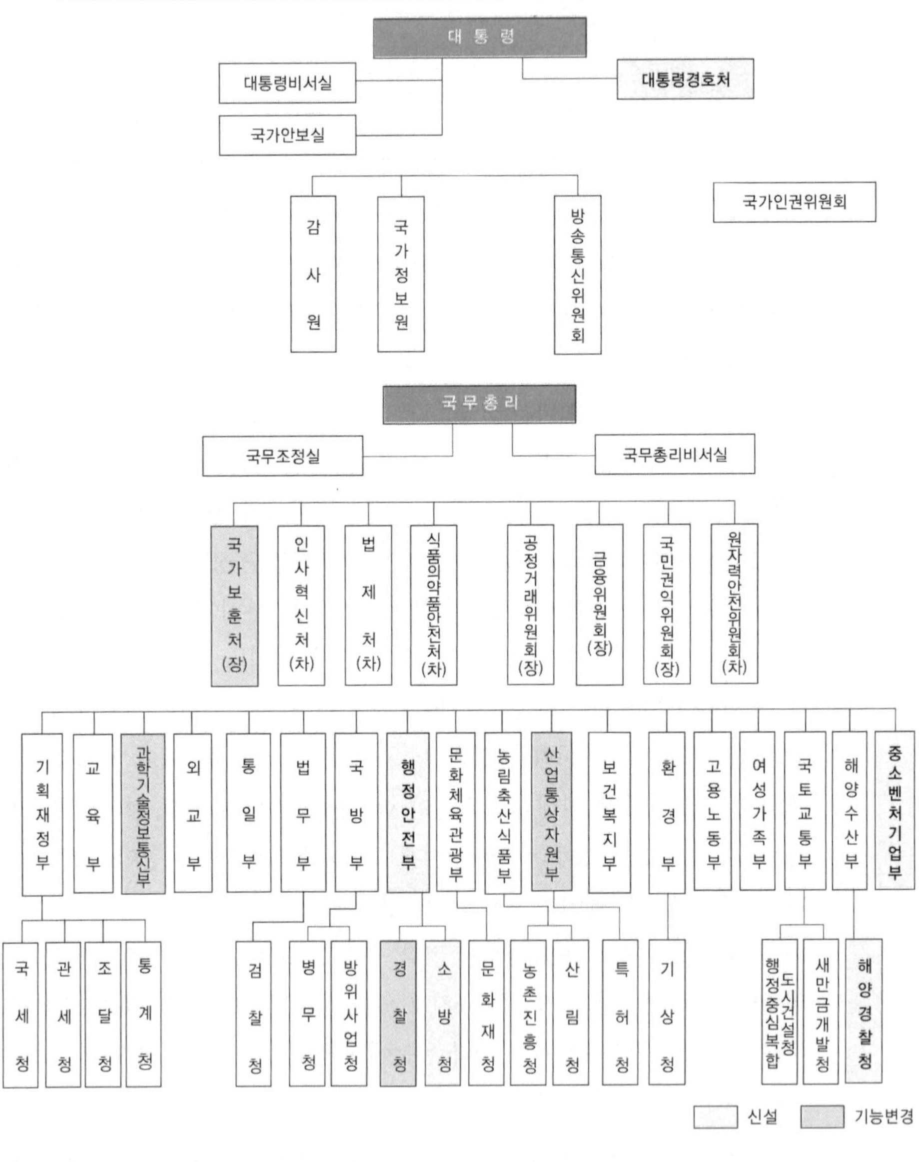

조직도를 가지고 있다.[3] 조직도는 명령과 통제의 방향을 설정해 주는데, 조직도가 어떻게 구성되느냐 따라서 구성원들의 업무에 대한 권한과 책임의 체계가 달라진다고 할 수 있다. 그러나 조직구조가 조직도와 같이 가시적으로만 나타나는 것은 아니다. 비가시적인 구성원들 사이에 관계 역시 조직구조에 포함될 수 있으며, 조직구성원들의 관계가 어떻게 형성되느냐에 따라서 조직구조가 달라질 수도 있다. 이러한 측면에서 조직구조는 조직목표 달성을 위한 업무의 체계를 제시할 뿐만 아니라, 조직구성원들 사이에 관계를 나타내 주기도 하는 것이다.

조직구조의 종류는 직능구조(functional structure)와 지배구조(governance structure)로 구분될 수 있는데, 가장 기본적인 조직구조의 종류인 직능구조는 "조직이 최대의 성과를 달성하기 위해 '해야 할 일'을 구성원의 능력에 맞춰 형성시킨 결합체"를 의미한다(민진, 2014: 113). 직능구조는 다시 기능별 직능구조와 대상별 직능구조로 구분될 수 있는데, 기능별 직능구조는 과업의 기능(예 마케팅, 홍보, 연구개발, 판매 등)에 따라 조직구조를 나누는 방식이다. 대상별 직능구조는 과업의 대상이나 목적에 따라 조직구조를 나누는 방식으로, 예를 들어, 삼성전자에서 휴대폰, 냉장고, TV 등으로 조직을 구분하여 형성하거나 서울·경기, 광주·호남, 대구·경북, 부산·경남 등 담당지역 중심으로 조직을 구분하여 형성하는 방식을 의미한다. 한 조직에서 직능구조와 대상구조를 별개로 운영하기도 하지만, 혼용하여 운영하는 경우도 많다(민진, 2014: 114).

이에 비해, 지배구조는 "권한 분포에 기초를 두고 형성된 조직구조"를 의미한다(민진, 2014: 114). 지배구조는 "명령 라인, 감독 범위, 그리고 통제구조"에 의해 조직구조 유형이 다시 구분될 수 있다(민진, 2014: 114). 첫 번째로, 명령 라인에 의한 지배구조는 다시 단일지배구조와 다원지배구조로 구분되며, 단일지배구조의 경우 다시 계선조직과 참모조직 등으로 나누어질 수 있다. 계선조직은 조직의 의사결정, 명령, 지휘를 담당하며, 참모조직은 조언기능, 보좌기능 등을 담당하게 된다. 이에 비해 다원지배구조는 명령, 지휘, 통제권이 다원화 되어 있는 조직구조를 의미한다. 다시 말해, 이러한 다원지배구조 하에서는 한 사람의 조직구성원이 여러 사람으로부터 명령을 받을 수 있다는 것이다. 두 번째로, 감독 범위에 따라서는 고층지배구조와 평면지배구조로 구분될 수 있다. 이는 다음에서 논의될 조직구조 구성요소 중 집권성에서 보다 구체적

3 정부조직도는 정권교체 등에 따른 정부조직개편으로 변경되기도 하기 때문에 가장 최신의 정부조직도는 청와대 홈페이지 등을 통해 직접 확인할 필요가 있다. 청와대 홈페이지 참조. http://www1.president.go.kr/about/government-organization

으로 설명될 것이다. 세 번째로, 통제구조에 따라서는 집권구조와 분권구조로 구분될 수 있는데, 이 또한 다음의 조직구조 구성요소 중 집권성에서 보다 자세히 논의될 것이다.

(2) 조직구조에 영향을 미치는 상황변수

민진(2014: 121)에 따르면, 조직구조의 구성요소에 영향을 미치는 상황요인으로는 주로 규모, 기술, 환경, 전략 등이 언급된다고 한다. 다시 말해, 이러한 상황요인이 조직구조의 구성요소에 영향을 미쳐 집권성, 공식성, 복잡성 등의 정도를 결정하고, 이를 바탕으로 조직유형이 결정된다는 것이다. 다음에서는 조직구조의 상황변수로 고려되는 조직규모, 기술, 환경, 전략 등에 대해 살펴보도록 한다.

① 조직규모

조직규모에 대한 정의는 다양한 관점으로 제시될 수 있으나, 많은 학자들이 조직구성원의 수나 물리적 수용능력, 혹은 예산 등과 같은 투입자원의 규모를 중심으로 조직규모를 정의한다(민진, 2014: 121). 피터 드러커(2001: 521)에 따르면 "어떤 조직에 있어서든 규모의 문제, 즉 어느 정도의 규모가 조직으로서의 기능을 수행하는 데 있어 가장 적합한가 하는 것"은 최근 변화하는 환경에서 조직을 이해함에 있어서 가장 중요한 요소가 될 것이라고 한다. 그 이유는 조직규모에 따라 조직구조의 집권성이나 공식성, 복잡성(분화) 정도가 달라질 것이기 때문이다. 민진(2014: 121–122)에 따르면, 조직의 규모가 커질수록 집권성보다는 분권성이 높아질 것이라고 본다. 그 이유는 조직규모가 적정 수준을 넘어서면 집권화된 구조로는 조직을 통제·관리하기가 어려워지기 때문에 분권화가 조직운영에 더욱 효과적이기 때문이다. 또한, 조직규모가 커지면 공식성과 복잡성(분화)도 높아질 것이라고 본다.

② 조직기술

조직기술에 대한 정의 또한 다양한 방식으로 제시될 수 있지만, 가장 일반적으로 사용되는 정의는 "조직 내에서 투입물(inputs)을 산출물(outputs)로 변환시키는 과정 또는 방법"이 된다(민진, 2014: 123–124). 광의의 의미에서의 조직기술은 "조직이 하는 일(민진, 2014: 124)"이 되며, 일반적으로 조직기술이 일상적인 기술일수록 조직구조의 복잡성은 낮아지고 공식성은 높아지는 경향이 있다. 또한, 조직기술이 비일상적인 기술, 즉 특수한 기술일수록 조직구조의 복잡성은 높아지고 공식성은 낮아질 것이다. 조직의 기술과 집권성은 다른 변수들의 개입에 영향을 많이 받는 것으로 나타나 상관관계가 낮다고 볼 수 있다.

이러한 조직기술의 유형은 톰슨(1967)이나 페로(1970) 등의 학자들에 의해 다양하게 제시되는데, 조직기술의 유형을 구분함에 있어서는 기술의 특성이 중요하게 고려될 필요가 있다. 민진(2014: 127－128)은 ㉠ 업무 처리의 규칙성과 반복성을 의미하는 일상성 ㉡ 기술습득에 드는 노력이나 시간 등의 정도에 따른 숙련도 ㉢ 업무 간 상호의존성 등을 조직기술의 중요 특성으로 제시하고 있다.

③ 조직환경

조직구조의 구성요소에 영향을 미치는 조직환경은 최근 들어 많은 주목을 받고 있다. 특히, 조직을 둘러싼 환경이 급격하게 변화하면서 이러한 환경변화에 조직이 어떻게 대응할 것인지에 대한 연구자들의 관심이 높아지고 있는 것이다. 일반적으로 조직환경은 그 관련성이 직접적인지 간접적인지에 따라 구체적 환경과 일반환경으로 구분될 수 있다(민진, 2014: 259). 이때 구체적 환경은 "과업환경, 업무환경, 또는 매개적 환경이라고 하며, 개별 조직의 활동에 직접적으로 관련된 환경으로 조직의 고객과 대상, 자원 공급자, 경쟁 및 협조 조직, 기술적 요소, 법·행정적인 요소 등을 포함"한다(민진, 2014: 260). 일반환경은 "사회 내의 모든 조직과 구성원에게 영향을 미치는 외부 조건으로서 보통 정치적 환경, 경제적 환경, 사회문화적 환경, 그리고 기술적 환경으로 구분할 수 있으며, 또한 국내적 환경과 국제적 환경으로 구분"할 수 있다고 한다(민진, 2014: 260). 대부분의 경우 구체적 환경과 일반환경은 상호 영향을 주고받게 되며, 조직구조는 이러한 환경변화에 따라 다르게 구성될 수 있다. 이밖에도 환경 자체의 속성, 즉 환경의 '복잡성'과 '변화성'에 따라서 환경의 불확실성이 달라지고, 또한 조직구조가 달라질 수 있다는 것이다. 예를 들어, 환경변화가 안정적이나 그 복잡성이 큰 경우는 집권성, 공식성, 복잡성이 높은 조직구조를 가지게 된다는 것이다. 또한 환경의 변화가 동태적이나 복잡성이 크지 않은 경우에는 집권성, 공식성, 복잡성이 낮은 조직구조를 가지게 된다(Duncan, 1972).

이밖에도 환경변화(예 일상적, 비일상적 혹은 정태적, 동태적)에 대한 조직의 대응이 부문적인지, 총체적인지에 따라 조직 적응방법을 살펴볼 수 있다. 예를 들어, 환경변화가 일상적이고 정태적이며, 조직 적응이 부문적인 경우에는 '점증적 적응'이 고려될 수 있고, 환경변화가 일상적이고 정태적이며, 조직 적응이 총체적인 경우에는 '과잉 적응'이 고려될 수 있다. 반면, 환경변화가 비일상적이고 동태적인 경우 조직 적응이 부문적이면 '과소 적응'이 고려될 수 있으며, 환경변화가 비일상적이고 동태적인 경우 조직 적응이 총체적인 경우에는 '전면적·창조적 적응'이 고려될 수 있다(민진, 2014: 265).

④ 조직전략

민진(2014: 123)에 따르면 전략(strategy)이란 "조직의 주요 목적, 목표와 이를 달성하기 위한 수단에 관한 기본적인 방침과 계획"을 의미한다. 대부분의 학자들은 조직의 전략에 따라 조직구조가 달라질 수 있다고 본다(Chandler, 1966). 한상일(2015: 153)은 조직에서의 전략개발을 "조직이 목적을 달성하기 위하여 노력하는 가운데 다가올 미래의 위협에 대응하거나 직면한 문제를 해결하기 위하여 필요한 대안을 선택하고 나열하는 과정"이라고 설명한다. 이러한 측면에서 볼 때, 조직전략은 조직목표를 달성하기 위해 수립되며 이에 따라 조직구조가 달라질 수 있는 것이다. 그렇다면 이러한 상황변수에 영향을 받는 조직구조의 구성요소에는 어떤 것들이 있을까?

(3) 조직구조 구성요소(변수)

다음에서는 조직구조를 구성하는 중요한 변수 혹은 구성요소에는 과연 무엇이 있는지에 대해 살펴보도록 한다. 조직구조를 구성하는 요소는 다양한 기준에 의해 제시될 수 있지만, 조직을 연구하는 학자들이 가장 많이 사용하는 요소로는 집권성, 공식성, 복잡성 등이 있다(Dalton et al., 1980). 따라서, 본서에서도 조직구조 구성요소인 집권성, 공식성, 복잡성에 대해 각각 살펴보도록 한다.

① 집권성

집권성(centralization)은 "조직 내의 권한 배분의 양태에 대한 것으로 주로 의사결정의 권한이 어느 개인·계층·집단에 집중되거나 위임되는 정도"를 의미한다(민진, 2014: 120). 다시 말해, 집권성이 주로 의사결정권한이 집중되는 정도를 의미하기 때문에, 일반적으로 집권성이 높다는 것은 의사결정에 있어서 상층부에 더 많은 권력과 영향, 정보가 주어짐을 의미한다고 볼 수 있다. 이러한 집권성은 권한, 계층제, 의사결정, 행정정보의 확보 등으로 측정이 가능하다(최근열 외, 2006). 보다 구체적으로, 홀(1982)에 의하면 조직구조의 집권성과 분권성을 판단하는 기준은 조직 내 최고 관리층으로부터 하층부로 권력이 어느 정도 위임되었는지, 즉 권력분배가 어떻게 이루어졌는지의 여부가 된다. 권력의 위임정도에 따라서 의사결정 시 권위의 소재가 달라진다고 할 수 있다. 집권화된 조직은 의사결정 권한이 상층부에 집중되어 있으며 명령과 통일의 계층구조에 의해서 조직구성원을 통제한다. 따라서, 조직구성원들에게는 업무와 관련된 재량이 거의 없다고 볼 수 있다.[4] 집권성을 측정하는 지표로는 의사결정의 위임정도,

4 분권화된 조직은 이와 반대되는 조직구조를 지닌다.

조직 내 명령통일원리 적용정도, 권한 위임정도 등이 활용되고 있다(원구환, 2004: 121).

집권성이 높은 조직구조로는 고전적 조직이론에서 제시되는 '계층제'를 살펴볼 필요가 있다. 계층제는 "조직이 몇 개의 단계로 이루어졌고 수직적 계층의 각 직위에 나름대로 해야 할 직무 또는 역할이 차별적으로 부여된 제도"를 의미한다(김병섭 외, 2009: 100).[5] 계층제에서는 권한과 책임이 최고관리자에게 집중되어 있기 때문에 높은 집권성을 가진다고 볼 수 있다. 이밖에도 조직의 통솔범위 역시 집권성 차원에서 논의될 수 있다.[6] '통솔범위(span of control)'의 원리는 한 사람의 상관이 통제할 수 있는 부하의 수는 제한된다고 보는 것인데, 유민봉(2015: 387)은 통솔범위를 "상관에게 직접 보고하는 부하의 수이기도 하며 계층제와 밀접한 관련이 있는 것"으로 정의한다. 즉, 계층제 조직일수록 업무가 표준화되고, 부하의 통제가 쉽기 때문에 통솔범위가 작아질 수 있다는 것이다(오석홍, 1991).

민진(2014: 120)에 따르면, 집권성이 높은 조직의 경우 ㉠ 조직의 업무 수행에 있어 통일성을 증대시킬 수 있고, ㉡ 업무의 신속한 처리를 도울 수 있으며, ㉢ 업무의 조정·통합을 용이하게 할 수 있다. 반면에, 집권성이 높을수록 권위주의나 형식주의,

그림 12-2 고층(tall) 조직구조와 저층(flat) 조직구조 비교

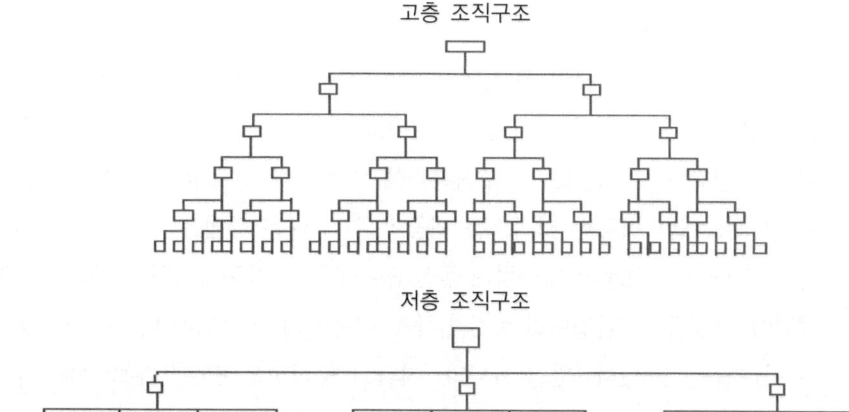

출처: Simmering(2016)

5 대표적인 계층제 조직구조로는 피라미드 구조를 들 수 있다.
6 조직의 집권성에 따라 통솔범위가 달라질 수 있다는 것이다.

획일주의 등과 같은 관료제의 문제점을 강화시킬 수 있고, 조직구성원들의 창의적·자발적 참여 등을 감소시킬 수 있다는 한계를 가진다(민진, 2014: 120).[7]

② 공식성

조직의 공식성 역시 조직구조를 판단하는 중요한 기준이다. 공식성은 "조직 내의 직무가 표준화되어 있는 정도"를 의미한다(민진, 2014: 118). 다시 말해, 공식성은 조직구성원들이 담당하는 업무 수행내용, 방식 등이 공식적으로 규정되어 있는 정도를 의미하는 것이다.[8] 따라서, 업무에 대한 규칙, 규정, 지시 정도에 따라 공식성이 달라진다고 할 수 있다. 공식적인 조직은 정당화된 규칙과 규정에 의해서 설립되며, 조직구성원들이 담당하는 업무도 규칙이나 절차에 의해 운영되는 조직으로 표준화 정도가 높은 조직이다. 조직의 공식성을 판단하는 중요한 기준으로는 문서화된 규칙, 규정, 지시, 명령 등이 있는데, 이때 비문서화된 규칙과 규정도 역시 공식성의 판단기준이 될 수 있다(Hall, 1982; Hage & Ailen, 1967). 또한, 일관성이 있고 예측 가능한 업무처리 방식인 표준화는 공식성을 판단하는 중요한 기준이 되며, 규정에 의해 직무가 자세하고 구체적으로 제시될수록 공식성이 높아진다고 볼 수 있다.

특히 공공조직은 민간조직에 비해 상대적으로 높은 공식성을 가진다. 그 이유는 정부조직이 국민의 세금으로 운영되기 때문에, 민간조직에 비해 법과 제도(예 「정부조직법」)의 제약을 많이 받을 수밖에 없는 것이다. 따라서 공공조직은 높은 공식성을 가진다고 볼 수 있다.

공식성이 높은 조직의 경우, ㉠ 조직구성원의 행위를 규제할 수 있어 조직의 혼란을 막을 수 있으며, ㉡ 표준운영절차(standard operating procedure, SOP)를 통해 조직운영비용을 절감할 수 있고, ㉢ 조직관리에 있어서의 안정성과 예측가능성을 높여주며, ㉣ 고객에 대한 평등한 서비스를 제공할 수 있다는 장점을 가진다(민진, 2014: 119). 그러나, 조직에서 공식성이 지나치게 높은 경우에는 조직구성원의 의사결정, 혹은 활동 재량권이 줄어들고, 환경변화에 유연하게 대응하기 어려워지며, 융통성 있는 조직관리가 어려워질 수 있다. 뿐만 아니라, 지나친 공식성은 번문욕례(繁文縟禮, red tape)와 같은 문제를 발생시킬 수도 있다(민진, 2014: 119).

7 이러한 이유 때문에 "(조직구성원들의) 참여 의식을 고취하고, 유능한 관리자를 양성할 수 있으며, 현지 실정에 맞도록 업무를 처리할 수 있고, 의사소통을 개선하며, 최고관리자의 부담을 경감"시킬 수 있는 분권화가 강조되기도 한다(민진, 2014: 120).

8 민진(2014: 118)에 따르면, 공식성은 "조직 내에서 누가, 어떤 일을, 어떻게 언제 수행할 것인가를 규정한 정도"로 이해될 수 있다고 한다.

공식성 관련 참고 사항

표준운영절차(Standard Operating Procedure, 이하 SOP)는 '조직이 과거 적응 과정에서 한 경험을 기초하여 유형화한 업무 추진 절차' 또는 '업무수행의 기준이 되는 표준적인 규칙 또는 절차'를 의미한다(기획재정부, 2011). 그렇다면 SOP가 높은 조직은 공식적인 조직인가? "SOP는 조직이 장기적인 적응 과정에서 학습한 결과이므로 조직구성원을 통제하고, 단기적 의사결정을 좌우하는 수단이 된다. SOP는 동질성 있는 업무를 체계적으로 처리할 수 있도록 해주어 시간과 노력을 절약하고, 조직의 효율성을 도모한다. 또한 불확실성이 극복되어 조직의 안정감이 제고되며, 정책 결정자의 재량의 축소로 공정성이 확보될 수 있다. 그러나 SOP는 정책의 보수화와 타당성으로 조직이 침체될 수 있고, 정책 집행에서 전국적으로 동일한 기준이 적용되면 집행 현장의 특수성이 무시될 수 있으며, 정책 담당자가 환경변화에 대한 검토 없이 적용하는 경우에 실패할 가능성이 있다."

출처: 기획재정부(2011)

③ 복잡성

복잡성은 조직목표를 달성하기 위하여 조직 내 과업 혹은 "활동이 분화(differentiation)된 정도"를 의미한다(민진, 2014: 116). 홀(1982)에 따르면, 조직 내 복잡성 혹은 조직 분화는 수직적 분화, 수평적 분화, 장소적 분화 등 세 가지 유형으로 구분될 수 있다. 우선, 수평적 분화는 조직구성원들이 수행하는 과업이 어느 정도 수평적으로 세분화되고 분화되어 있는 가를 의미하는 것으로 주로 '전문화'와 관련이 있다. 따라서 조직 내 전문직무 혹은 특수직무의 수가 많을수록, 또 업무숙지 훈련기간이 길수록 수평적으로 분화된 조직이라고 할 수 있다(Hage, 1965). 또한 조직 내 과업 단위의 수가 많을수록 수평적으로 분화된 조직으로 본다(Gibson et al., 1991; 김병섭 외, 2009).

수직적 분화는 조직 내 계층 수에 따라 달라진다. 즉, 조직 내 계층이 많을수록 수직적 분화가 높다고 할 수 있는 것이다. 감독층이 몇 개나 있는지, 최고와 최저 직위 사이의 수는 얼마나 되는지, 조직 내 총 계층을 부서의 수로 나눈 평균이 어느 정도인지에 따라 수직적 분화 정도를 평가할 수 있다(Meyer, 1968).

장소적 분화는 "조직의 하위단위나 자원이 지역적, 지리적, 그리고 장소적으로 분산되어 있는 정도"를 의미한다(민진, 2014: 117). 장소적 분화는 "공간적으로 분리된 업무수행 장소의 수, 물적 시설이 장소적으로 분산되어 있는 정도, 분산된 시설과 주된 사무소와의 거리, 장소적으로 분산된 인원 수 등"으로 측정될 수 있다(민진, 2014: 117). 장소적 분화의 예는 국세청이 각 지역별로 세무서를 두고 있는 측면에서 살펴볼 수 있을 것이다.

고전적 조직이론에 의하면 복잡성은 업무의 배분 정도인 '분업화'를 의미한다. 고전적 조직이론의 세부이론 중 하나인 과학적 관리론에 따르면, 조직의 업무가 세분화되어 있을 때 능률성도 극대화 될 수 있다고 보았다. 즉, 분업화된 업무에 대해 숙련공들이 자신의 능력을 최대한 발휘함으로써 조직의 생산성을 증진시킬 수 있다는 것이다. 뿐만 아니라, 고전적 조직이론에서는 "일정한 기준에 따라 서로 기능이 같거나 유사한 업무들을 묶어 조직단위를 구성해야 한다"는 부성화원리(部省化 原理, departmentalization principle)를 주장하였다(행정학사전, 2009). 즉, 분업화된 업무의 비효율과 낭비를 줄이기 위해 부성화의 원리를 주장한 것이다(Gulick, 1978). 이와 같은 특성을 지닌 복잡성 혹은 분업화의 장점으로는 고전적 조직이론에서 강조한 능률성, 생산성 증진에 있다. 분업화로 인한 전문성 증진도 복잡성 혹은 분업화의 장점으로 제시될 수 있을 것이다. 그러나 이는 조직구성원의 비인간화, 기계화 등과 같은 문제점도 포함하고 있어 복잡성 혹은 분업화의 정도는 적정수준으로 유지될 필요가 있다(민진, 2014: 118). 이러한 조직구조의 구성요소들을 바탕으로 조직구조가 설계되는데, 조직구조 설계 시 고려되는 사항은 직위,[9] 권한[10] 등이 있다. 조직구조에는 '기계적 구조'와 '유기적 구조'가 고려되는데,[11] 각각에 대한 보다 자세한 설명은 조직의 유형부분에서 제시될 것이다.

2) 조직의 유형

(1) 조직유형의 의미와 특징

조직유형은 다양한 기준에 따라 분류될 수 있다. 이에 대한 논의에 앞서 조직유형을 간략히 정의하자면, "조직의 여러 속성이나 측면들이 갖는 유사성과 차이점에 따라 분류된 조직의 범주"로 이해될 수 있다(민진, 2014: 45). 이러한 조직유형의 기준을 어떻게 설정하느냐에 따라서 조직의 정의가 달라지고, 이에 따른 기능과 역할이 설정된

9 민진(2014: 129)에 따르면 직위는 "조직 내의 한 사람에게 부여된 조직상의 지위(status)로서 직무와 책임을 포함한다."

10 권한은 "합법적인 권력" 혹은 "행위에 정당성을 부여하는 것"을 의미한다(민진, 2014: 129).

11 기계적 구조에서는 "기능별로 업무를 전문화하고, 복잡한 부문화를 거치며, 개인의 직무전문화가 강조된다. 또한 권한과 책임을 명백하고 세밀하게 규정한다." 반면, 유기적 구조에서는 "각자의 직무, 권한, 책임이 명확하고 상세하게 규정되어 있지 않고, 명령통일과 계서제의 원칙이 엄밀하게 적용되지 않는다(민진, 2014: 137-138)."

다고 할 수 있다. 즉, 조직유형을 판단하는 기준에 따라서 조직의 특성이 규정될 수 있는 것이다.

(2) 조직유형 기준과 분류

가장 일반적인 조직유형 구분방식으로는 영리조직과 비영리조직의 구분이 있다(Hall, 1991). 그밖에도, 블라우와 스콧(Blau & Scott, 1962)은 수혜자를 기준으로 조직유형을 호혜적 조직, 기업조직, 서비스조직, 공익조직으로 분류하였다. 또한 조직유형 구분방식으로 단일차원과 다차원의 기준이 적용될 수 있는데, 단일차원 기준에 따라서는 조직이 ① 공동체 조직과 기능체 조직,[12] ② 영리조직과 비영리조직, ③ 자원적(voluntary) 조직과 직업조직,[13] ④ 국내적 조직과 국제적 조직, ⑤ 독립조직과 부문조직, ⑥ 정치행정조직, 경제조직, 문화조직, 사회조직, ⑦ 자족조직과 의존조직 등으로 구분될 수 있다. 조직유형 구분에 대한 다차원적 기준으로는 이윤성과 자원성이 제시되는데, 이 두 가지 기준에 따라 이윤성과 자원성이 모두 높은 조직은 사익결사체 조직, 이윤성이 높고 자원성이 낮은 조직은 회사조직, 이윤성이 낮고 자원성이 높은 조직은 공익결사체조직, 이윤성과 자원성이 모두 낮은 조직은 정부조직으로 분류될 수 있다(민진, 2014: 47-52). 다음에서는 보다 구체적인 조직유형에 대해서 살펴보도록 한다.

(3) 구체적인 조직유형

본서에서는 민츠버그(1980: 1983)의 구조화 방법에 따라 다섯 가지 조직유형, 즉 단순구조(simple structure), 기계적 관료제(machine bureaucracy), 전문적 관료제(professional bureaucracy), 사업부제(divisionalized form), 애드호크라시(adhocracy)를 살펴보도록 한다. 이러한 조직유형은 조직구조를 형성하는 기본요소에 따라 달라질 수 있어, 조직유형을 살펴보기 전에 조직구조를 형성하는 기본요소에 대해 먼저 논의하도록 한다.[14]

첫째, 조직구조를 형성하는 기본요소로서 민츠버그(1980)가 제시한 조직의 다섯 가지 기본 부문은 전략부문(strategic apex), 중간관리부문(middle line), 운영부문(operating core),

12 공동체 조직은 자연발생적으로 생겨나 구성원의 만족추구를 목적으로 하는 조직(예 가족, 지역사회, 학술모임 등)이며, 기능체 조직은 어떤 목적을 달성하기 위하여 조직을 의도적으로 형성하는 조직(예 기업 또는 정부조직)이다.

13 이는 조직구성원이 조직에 참가하고 관여하는 의도가 자발적인지 아니며 대가를 받고자 하는 것인지에 따라 나눈다.

14 아래의 내용은 민츠버그(1980)의 연구를 요약·정리한 것이다.

그림 12-3 조직구조를 형성하는 기본요소

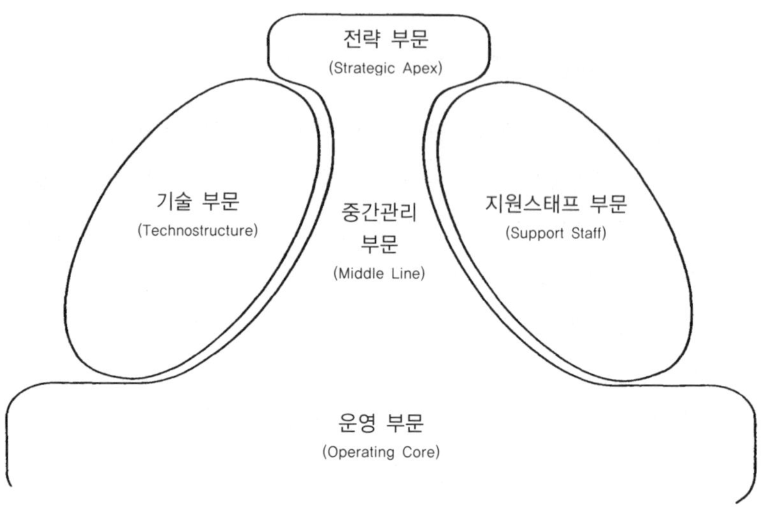

출처: Mintzberg(1980: 324)

기술부문(technostructure), 지원스텝부문(support staff)이다. 이러한 다섯 가지의 조직 기본부문이 어떻게 구성되는지에 따라 조직의 유형이 달라진다는 것이다.

둘째, 조직구조를 형성하는 기본요소는 다섯 가지의 핵심 조정(coordination) 메커니즘을 포함한다. 즉, 상호조정(mutual adjustment), 직접 감독(direct supervision), 업무절차 표준화(standardization of work process), 산출표준화(standardization of outputs), 기술표준화(standardization of skills) 등이 핵심 조정 메커니즘이 되는 것이다.

셋째, 조직설계 변수들(design parameters)은 직무전문성(job specialization), 행동공식성(behavior formalization), 훈련과 주입(training and indoctrination), 그룹화(unit grouping), 그룹 사이즈(unit size), 행동 계획과 성과 통제 시스템(action planning and performance control systems), 연계제도(liaison devices), 수직적 분권화(vertical decentralization: 계선조직에 권한이임), 수평적 분권화(horizontal decentralization: 비매니저들에 의한 권력 공유) 등을 포함한다.

마지막으로, 조직 상황요인으로는 조직의 역사, 크기, 기술적 시스템, 환경, 권력 등의 변수가 고려되는 것이다. 앞서 제시한 다섯 가지 기본부문이 다섯 가지 기본적인 핵심 조정 메커니즘과 결합하고, 또한 이는 조직설계 변수들과 상황변수들과 연계되어 다섯 가지 조직유형(단순구조, 기계적 관료제, 전문적 관료제, 사업부제, 애드호크라시)을 형성한다.

표 12-1 다섯 가지 조직구조 유형과 구성요소

조직설계기준 \ 조직구조 유형		단순구조	기계적 관료제	전문적 관료제	사업부제 구조	애드호크라시
핵심조정 메커니즘		직접 감독	업무절차 표준화	기술표준화	산출표준화	상호조정
조직 구조 관련 조직 설계 변수	수평적 복잡성	낮음	높음	높음	중간	높음
	수직적 복잡성	높음	높음	낮음	중간	낮음
	집권화	집권화	제한된 수평적 분권화	수평적·수직적 분권화	제한된 수직적 분권화	선택적 분권화
	공식화	낮음	높음	낮음	높음	낮음
조직 상황 요인	연령	신생조직	오래된 조직	다양	오래된 조직	신생조직
	규모	소규모	대규모	다양	대규모	다양
	환경	단순, 동태적	단순, 안정	복잡, 안정	단순, 안정	복잡, 동태적
	기술	단순	비교적 단순	복잡	가변적이지만 단순	매우 복잡
	권력 초점	전략부문	기술부문	운영부문	중간관리 부문	지원스텝 부문

출처: Mintzberg(1980: 330) 재구성

이렇게 형성된 조직유형의 특성을 살펴보면 다음과 같다. 첫 번째, 단순구조(simple structure)는 전략부문에 권력의 초점이 있으며, 핵심 조정 메커니즘은 직접감독이고, 수직적 복잡성이 높으며, 집권화 되고, 수평적 복잡성과 공식화는 낮은 수준이다. 대부분 신생조직에서 나타나며, 단순한 환경에서 나타난다. 두 번째 조직유형은 기계적 관료제(machine bureaucracy)이다. 이 조직유형의 핵심 조정 메커니즘은 업무절차 표준화이다. 수평적·수직적 복잡성과 공식화는 매우 높으며, 주로 대규모 조직에서 나타나는 조직유형이다. 기술부문이 권력의 초점이 된다. 세 번째 조직유형은 전문적 관료제(professional bureaucracy)이다. 이 유형에서는 기술표준화가 핵심 조정 메커니즘이 되며, 수평적 복잡성은 높으나 수직적 복잡성과 공식성은 낮게 나타난다. 형태는 다양하게

그림 12-4 민츠버그의 다섯 가지 조직유형

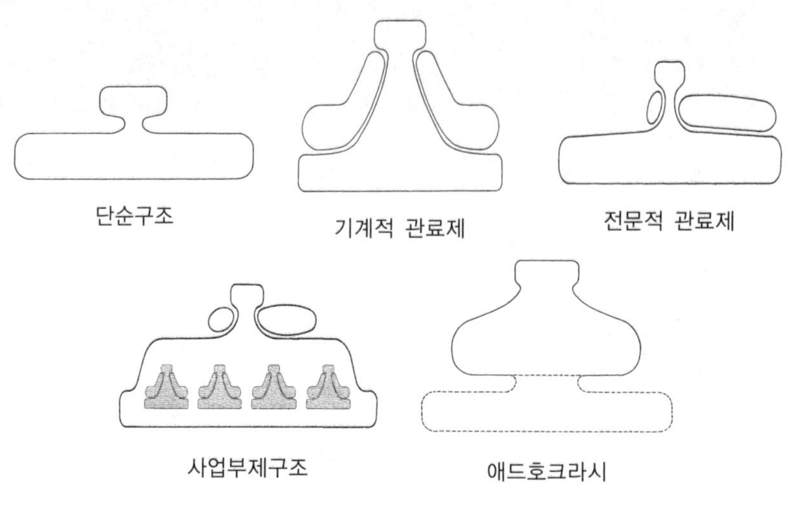

출처: Mintzberg(1980: 331-336)

제시되며 복잡한 기술영역을 지닌다. 네 번째 조직유형은 사업부제(divisionalized form)이다. 이 조직유형의 핵심 조정 메커니즘은 산출표준화이며, 복잡성은 중간정도로 나타나나, 공식성은 높게 나타난다. 중간관리부문이 권력의 초점이 되고, 대규모 조직이며 오래된 조직에 적용된다. 마지막 조직유형은 애드호크라시(adhocracy)이다. 이 유형에는 상호조정이 핵심 조정 메커니즘이 되며, 수평적 복잡성은 높으나 수직적 복잡성과 공식성은 낮게 나타난다. 주로 신생조직에서 나타나며 규모는 매우 다양하고, 지원스텝부문이 권력의 초점이 된다. 정부조직의 경우, 과거에는 기계적 관료제와 전문적 관료제 조직유형을 나타냈으나, 최근 환경이 변화하면서 점차 사업부제 구조가 확대되어 가고 있다.

(4) 조직구조 구성요소와 조직유형

민츠버그(1980)가 제시한 조직구조를 형성하는 다섯 가지 기본요소에 앞서 많은 조직학자들은 집권성, 공식성, 복잡성 등을 조직구조의 구성요소로 제시하고 있다. 그렇다면, 이러한 조직구조의 구성요소와 조직유형은 어떤 관계에 있는가?

조직구조의 구성요소인 집권성, 공식성, 복잡성에 따라서 조직유형이 달라질 수 있다. 예를 들어, 고전적 조직이론의 대표적인 세부이론인 관료제론과 과학적 관리론에

그림 12-5 조직구조의 체계

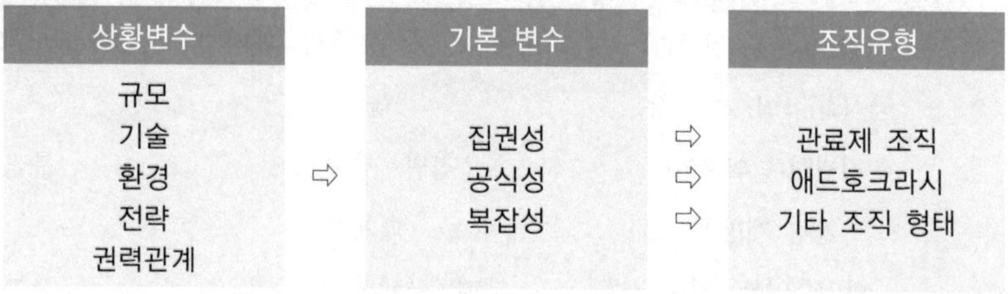

상황변수		기본 변수		조직유형
규모 기술 환경 전략 권력관계	⇨	집권성 공식성 복잡성	⇨ ⇨ ⇨	관료제 조직 애드호크라시 기타 조직 형태

출처: 민진(2014: 116)

서 주장하는 효율적 조직은 집권성과 공식성이 높으며, 수직적·수평적 복잡성이 모두 높은 조직구조를 가진다. 이러한 특성을 지닌 대표적인 조직유형이 기계적 조직이다. "조직을 효율적으로 운영하기 위하여 기계와 같이 구조화한 조직"인 기계적 조직은 엄격히 규정된 직무, 많은 규칙과 규정, 높은 집권화, 분명한 명령체계, 좁은 통솔범위, 낮은 팀워크 등을 특징으로 하고 있다(유민봉, 2015: 381).

그러나, 최근에는 이러한 고전적 조직이론에서 제시하는 조직유형인 기계적 조직에서 벗어난 다양한 형태의 조직들이 등장하고 있다. 팀제, 수평조직(위원회),[15] 프로젝트 팀, 태스크 포스, 매트릭스 구조, 네트워크 조직, 가상조직 등이 새로운 조직유형으로 제시되고 있는 것이다. 이러한 조직들은 기계적 조직과는 다른 유기적 특성을 지닌다. 유기적 조직은 "환경의 불확실성으로 인하여 조직의 수평적 분화가 심화되고, 공식성이 낮으며, 분권화가 강한 특징을 가진 조직"을 의미하는 것이다(유민봉, 2015: 392).[16]

유기적 조직인 팀제, 수평조직(위원회), 프로젝트 팀, 태스크 포스(task force, TF), 매트릭스 조직, 네트워크 조직, 가상조직 등은 고전적 조직구조인 기계적 조직(예 관료제)과는 다르게 집권성 보다는 분권성이 강하며, 공식성은 상대적으로 낮고, 부서 간 구분이 모호하며 업무중복이 나타나 수평적 복잡성은 높아지는 현상을 나타낸다. 유기적 조직유형에 대표적인 예가 되는 팀제, 프로젝트 팀, 태스크 포스, 매트릭스 조직, 네트워크 조직, 가상조직 등에 대해 살펴보면 다음과 같다.

15 자세한 설명은 뒤의 정부위원회에서 제시한다.

16 적은 규칙과 규정, 분권화, 광범위한 직무, 넓은 통솔범위, 높은 팀워크를 특징으로 하는 조직구조를 말한다(이종수, 2010).

표 12-2 기계적 조직과 유기적 조직의 비교

조직의 특성	기계적 조직	유기적 조직
복잡성(분업, 전문화)	부서 간 구분 뚜렷, 배타적	부서 간 구분 모호, 업무중복
공식화(규칙, 문서 등)	높다	낮다
집권화(권위구조)	집권, 계층구조	분권, 다원구조
환경 개방성	폐쇄성	개방성
과업, 역할, 기능	분명, 구체적, 직무기술	상황적, 유동적
구조의 연속성	고정	상황에 계속 적응 변화
권위의 근원	자리(직위)	사람(전문지식, 대인관계)
커뮤니케이션	하향식, 수직적	상향식, 수평적
의사결정	집권화	분권화
보상	계급(계층)에 따라 큰 차이	계급 간 작은 차이
동기부여	금전적 보상	인간의 다양한 욕구 충족
사례	정부관료조직	벤처기업

출처: 유민봉(2015: 393)

첫째, 팀제에서 팀(team)은 "조직의 상층부로부터 위임받은 권한을 바탕으로 특정한 임무를 자율성을 가지고 자기완결적으로 수행하는 단위"로서, 팀제는 이러한 팀이 중심이 되는 조직구조이다(김병섭 외, 2009: 119). 팀제는 고전적 조직구조와는 달리, 수직적 구조보다는 수평적 조직구조를 나타내며, 직무성격은 팀의 목표달성을 위한 다수의 이질적인 업무로 구성된 경우가 많다. 과정중심적으로 직무가 설계되며, 팀에서의 리더십은 팀장과 팀원 상호 간 관계를 고려한 리더십이 중요하게 고려된다(김병섭 외, 2009: 120).

프로젝트 팀(project team)은 "조직에서 전략적으로 중요하거나 창의성이 요구되는 프로젝트를 진행시키기 위하여 여러 부서에서 프로젝트 목적에 가장 적합한 사람들을 선발하여 구성한 조직모형"이다(유민봉, 2015: 385). 프로젝트 팀의 참가자는 높은 전문성을 지니며, 원래 소속된 부처와 보고라인을 형성하지만 참여자들은 팀을 하나의 독립된 조직으로 인지하는 경향이 높다.

이에 반해서 태스크 포스(task force, TF)는 "특수한 과업 완수를 목표로 기존의 다른 부서에서 사람들을 선발하여 구성한 팀으로 TF 구성의 본래 목적을 달성하면 해체되는 임시조직"이다(유민봉, 2015: 395). TF 참여자들은 자신들이 원래 소속된 부처의 의견

그림 12-6 조직구조 유형

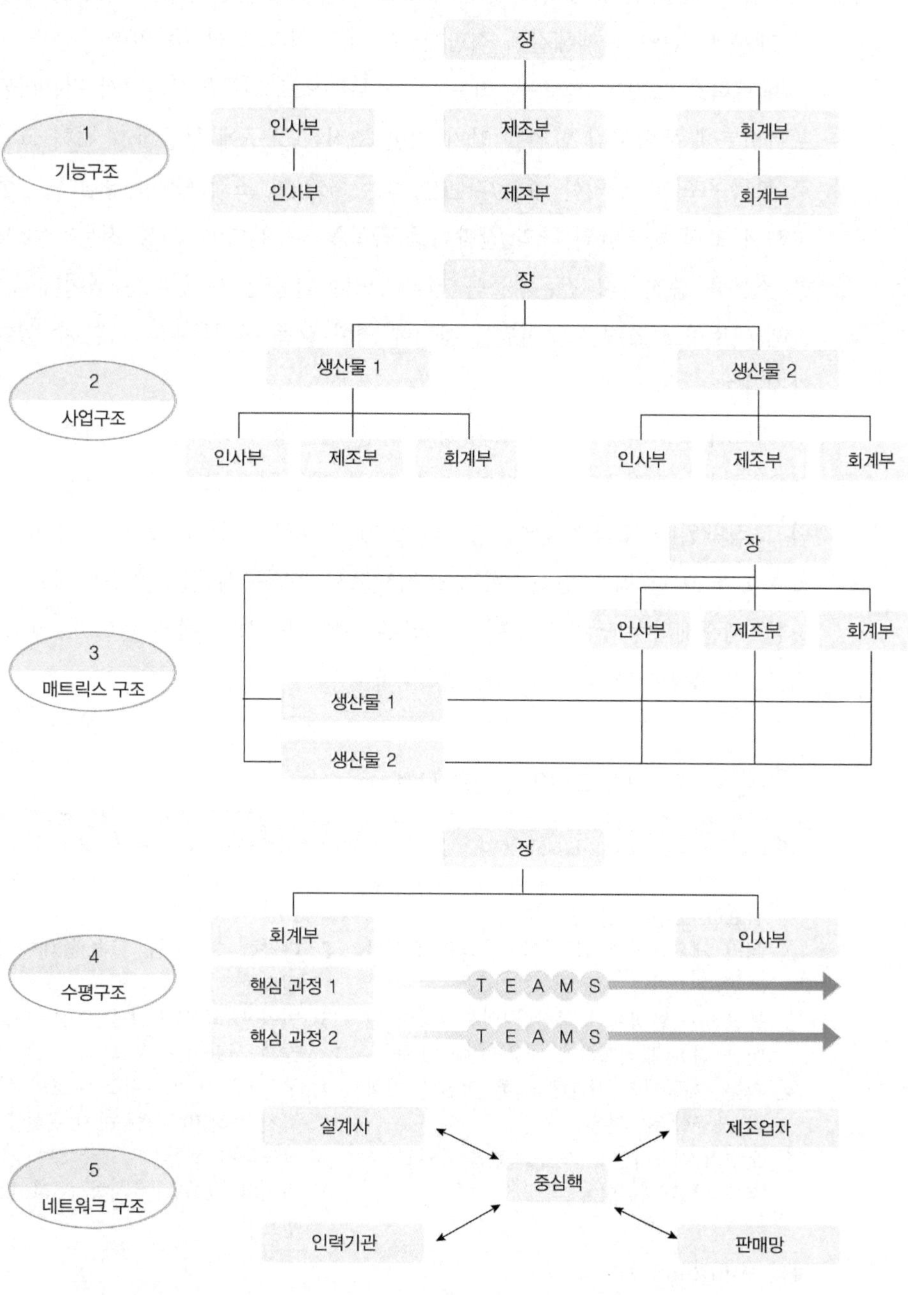

출처: 이종수 외(2014: 175) 재인용

을 적극적으로 대변하며 회의에서 나온 결과를 소속 부처에 전달하는 역할을 한다. 이처럼 TF는 현안 문제와 관련된 부처를 횡적으로 연결시키는 데 긍정적인 역할을 하기 때문에, 현안 문제해결에 적합한 조직유형이라고 할 수 있다.

매트릭스 조직은 "활동을 직능·기능 부문으로 전문화시키면서 전문화된 부문들을 프로젝트에 통합시킬 단위를 갖기 위한 조직적 요구에 부응하기 위해 고안된 조직으로 복합구조"라 정의할 수 있다(민진, 2014: 164). 이 조직구조의 장점은 기존의 조직에 비해서 조직 하부단위 간의 칸막이를 극복할 수 있으며, 기능 전문가들 사이에 원활한 소통을 증진시켜 전문가들을 적극적으로 활용할 수 있다는 점이다. 그러나 이에 반해 매트릭스 조직은 구성원들 사이에 역할 갈등 문제를 유발시킬 수 있다는 단점을 가진다(민진, 2014: 165).

네트워크 조직은 조직구조 구성요소 중 집권성과 공식성이 줄어들고, 수평적 복잡성은 증가한 조직구조를 지녔다. 다시 말해, 네트워크 조직은 "각기 높은 독자성을 지닌 조직단위나 조직들 간에 협력적 연계 장치로 구성된 조직"을 의미한다(이종수 외, 2014: 177). 이 조직은 통합지향적 조직으로서 조직구성원들의 공동 목표를 추구한다. 또한, 계층제와는 달리 구성원들의 업무 수행 자율성이 매우 높으며, 정보통신기술의 의존도가 높은 편이다(이종수 외, 2014: 178).

표 12-3 매트릭스 조직의 장점과 단점

장점	단점
1. 이중적인 고객의 요구에 대응할 수 있도록 필요한 조정을 할 수 있음 2. 여러 제품라인에 걸쳐 인적자원을 유연하게 공유하거나 활용할 수 있음 3. 불안전한 환경에서 복잡한 의사결정과 빈번한 변화에 적절하게 대응할 수 있음 4. 기능, 제품기술 개발에 대한 적절한 기회를 제공할 수 있음 5. 소수의 제품라인을 가지고 있는 중규모 조직에 가장 적절함	1. 이중 보고체계로 인해 구성원들의 혼란을 느낄 수 있음 2. 다양한 인간관계 기술에 대한 교육훈련이 필요함 3. 빈번한 회의와 갈등 조정 과정으로 인해 많은 시간이 소요됨 4. 구성원들이 매트릭스 구조의 특징을 이해하지 못하거나 적응하지 못할 경우 제대로 작동하지 못함 5. 권력의 균형을 유지하는 데 많은 노력이 필요함

출처: Daft(2016: 124)

표 12-4 네트워크 조직의 장점과 단점

장점	단점
1. 조직의 유연성과 자율성 강화를 통해 환경변화에 신속히 대응하고 창의력을 발휘할 수 있음 2. 조직의 네트워크화를 통한 환경에 대한 불확실성 감소 3. 통합과 학습을 통해 경쟁력 제고 4. 정보통신기술을 활용해 시간·공간적 제약 완화	1. 협력적으로 연계된 외부기관 직접 통제 곤란 2. 대리인의 기회주의 행위 방지를 위한 조정과 감시비용 증가 3. 제품 및 서비스의 품질관리와 안정적 공급 확보가 어려움 4. 조직 경계가 모호해 정체성이 약하고 응집력 있는 조직문화 곤란 5. 네트워크가 구축되면 폐쇄성으로 인해 네트워크 외부의 조직에 대한 배타성이 우려됨

출처: 이종수 외(2014: 177)

<그림 12-7>은 과거의 계층적 구조가 네트워크 구조로의 변화를 나타낸다.

최근 들어서는 가상조직(virtual organization)에 대한 관심이 높아지고 있다. 가상조직은 "특정한 조직이 그 구성요소 중 물리적 속성을 결여하고 가상의 공간(cyber-space)에 발현된 조직"을 의미한다(김난도, 1997: 198). 가상조직을 구성하는 가장 중요한 두 가지 구성요소는 전통적·물리적 속성이 존재하지 않는 것이며, 가상공간이라는 매체에 의존한다는 것이다. 가상조직은 일반조직과 달리 물리적 실체가 존재하지 않아도 되며 컴퓨터와 통신기술의 융합으로 인해 인지된 가상공간 속에 조직이 존재하는 것이다(김호

그림 12-7 계층구조에서 네트워크 구조로의 변화

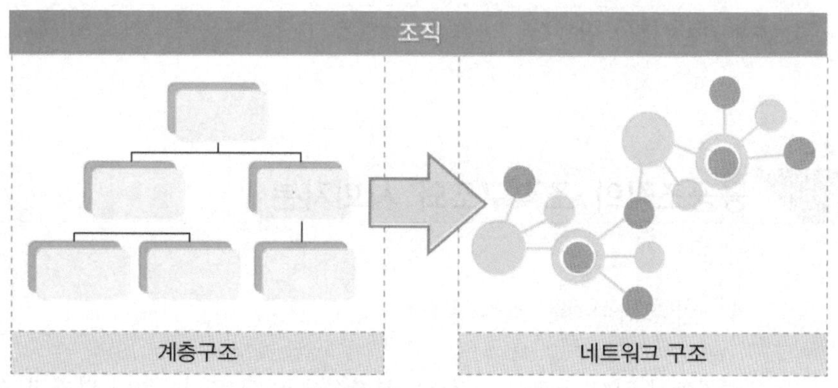

출처: http://www.inknowaction.com/blog/2013/12/15/the-change-elements-second-element-the-right-organization-or-think-customer-process/

섭, 2006: 20). 기존조직과 달리 일정한 조직구성원이 존재하지 않아도 되며, 사무실과 생산물 등의 물리적 실체가 존재하지 않아도 된다. 또한, 기존의 조직과는 달리 조직구성원들이 대면 접촉할 필요 없이 컴퓨터 통신망을 통해 간접적으로 커뮤니케이션한다(행정학용어표준화연구회, 2010). 이러한 조직은 장기적으로도 존재할 수 있으나, 존재목적과 구성원들의 필요에 따라서 한시적으로 운영될 수 있다(남기찬 외, 2003: 1).

표 12-5 일반조직과 가상조직의 차이

	일반조직	가상조직
조직개념		
차원	• 물리적 차원+인지적 차원	• 인지적 차원
경계	• 명확한 경계	• 불명확, 설정되고 인지된 경계
인간		
역할	• 조직의 구성요소로서 적극적 역할	• 인식부호를 통한 제한적 역할
상호관계	• 물리적 · 직접적 관계	• 인지적 · 간접적 관계
조직요소		
구조	• 계서제	• 중심-주변형 또는 덩어리형
의사소통	• 대면적, 동기적(同期的), 사회적	• 매체 의존적, 비동기적(非同期的), 선택적
의사결정	• 집권화 또는 분권화	• 집권적 분권화
통제	• 직접적, 과정적	• 자기규제적, 결과적
사회적 요소		
환경교류	• 소수의 '경계를 넓혀가는 사람(boundary spanner)'에 국한	• 분산되고 다원화된 환경과의 교류
사회적 접촉	• 조직 내 공식화된 접촉	• 간헐적인 club-house로서의 접촉

출처: 김난도(1997: 203)

2 공공조직의 조직구조와 사회자본

1) 공공조직 내 조직구조

공공조직 역시 집권성, 공식성, 복잡성에 의해 조직유형이 달라질 수 있다. 그러나 공공조직은 민간조직과 달리 조직구조 차원에서 강한 관료제적 성격을 나타낸다. 공공조직과 민간조직의 조직구조 특성을 살펴보면 다음과 같다.

첫째, 공공조직은 민간조직에 비해 높은 집권성을 나타낸다. 민간조직 역시 최고 의사결정권자에게 권한이 집중되는 경향이 있지만, 공공조직이 상대적으로 더 높은 집권성을 나타낸다고 볼 수 있다. 다시 말해, 의사결정이 위계적이고 계층적으로 이루어지며, 대부분의 권한은 상부에 집중되어 있는 것이다. 특히 공공조직에서는 각 개인에 대한 성과책임성이 명확하게 나타나지 않기 때문에 관료들은 동조과잉(over conformity)[17] 현상을 나타낼 가능성이 높고, 이로 인해 조직의 계층제와 집권성이 강하게 나타날 수밖에 없다.

둘째, 공공조직은 민간조직에 비해서 상대적으로 높은 공식성을 나타낸다. 민간조직도 공식적인 절차에 의해 운영되지만, 공공조직은 민간조직에 비해 더욱 강력한 법·제도적 제약을 받게 된다. 이로 인해, 높은 공식성을 나타내는 것이다. 전영한(2009)에 따르면, 이러한 현상이 나타나는 이유는 공공조직의 목표 모호성과 관련되어 있다. 공공조직은 민간조직에 비해 시장성이 낮고 목표가 모호하기 때문에 이를 통제하기 위해 공공조직의 구조가 보다 관료주의적으로 나타나게 된다는 것이다. 또한, 이로 인해 번거로운 절차적 규정들, 즉 레드테이프(red tape)가 공공조직에서 보다 쉽게 형성된다는 것이다(전영한, 2009). 민간기업에 비해 객관적 평가가 명확하지 않는 공공조직에서는 관료들이 결과와 성과에 대한 책임과 통제를 강화하기 보다는 공식적인 보고절차와 절차적 책임성을 강조하게 된다는 것이다.

셋째, 공공조직과 민간조직의 복잡성 수준은 명확하지 않다. 하지만, 전통적으로 과업을 분명히 구분하고 나눌 수 있는 민간조직에서 복잡성이 더 높게 나타난다고 할 수 있다. 뿐만 아니라, 업무 분화에 따른 전문화 정도는 민간조직에서 더 높게 나타난다고 할 수 있다. 특히 우리나라와 같이 직업공무원제와 계급제를 기반으로 하고 일반행정가의 원리를 적용하는 공공조직보다는 직위분류제적 성격이 강한 민간조직에

표 12-6 공공조직과 민간조직의 조직구조 비교

구분	공공조직	민간조직
집권성	높음	낮음
공식성	높음	낮음
복잡성	일정하지 않음	일정하지 않음

17 동조과잉은 조직 내 구성원들이 표준적인 행동양식에 지나치게 닮아가려는 현상으로 관료제 내에서 상관의 지시나 관계에 따라 업무를 처리하는 소극적인 업무 처리방식이다(이종수, 2009).

서의 복잡성이 더 높게 나타난다고 할 수 있다. 그렇다면, 공공조직 내 사회자본은 어떻게 이해될 수 있을까?

2) 공공조직 내 사회자본

공공조직 내 사회자본에 관한 연구는 대부분 민간조직의 연구와 비슷한 결과를 나타낸다. 다시 말해, 조직 내 사회자본이 어떻게 형성되어 있느냐에 따라서 조직의 성과와 효과성이 달라진다는 것이다. 예를 들어, 박희봉 외(2003)가 수행한 공공조직 내 사회자본에 관한 연구에 따르면, 공공조직 내 긍정적 사회자본 요소(수평적·개방형 네트워크, 상호 신뢰, 호혜적 규범 등)들이 증가할수록 조직 내 성과향상과 조직몰입 증가에 영향을 준다고 한다.

그럼에도 불구하고 공공조직 내 사회자본 형성은 민간조직보다 어려울 수 있다. 조직구조 차원에서 볼 때, 공공조직은 민간조직보다 집권성이 강하고 공식성이 높기 때문에, 조직 내 구성원들 간 상호신뢰 형성이 어려울 수 있으며 수직적이고 폐쇄적인 네트워크로 인해 사회자본의 역할에 한계가 나타날 수 있다. 따라서 이러한 한계를 극복하고 사회자본의 긍정적인 영향을 강화하기 위해서는 사회자본이 형성될 수 있는 공공조직 문화와 분위기 조성이 선행되어야 할 것이다.

3 정부조직구조 이해

우리나라 정부조직구조 및 관계를 이해하기 위해 책임운영기관과 정부위원회에 대해 살펴보도록 한다.

1) 책임운영기관

(1) 개념과 배경

책임운영기관은 1999년에 처음 우리나라에 도입된 기관이다. 「책임운영기관의 설치·운영에 관한 법률」 제2조에 의하면 책임운영기관이란 '전문성이 있어 성과관리를 강화할 필요가 있는 사무에 대해 조직·인사·예산상의 자율성을 부여하고, 운영성과에 대

그림 12-8 중앙행정기관과 책임운영기관 관계

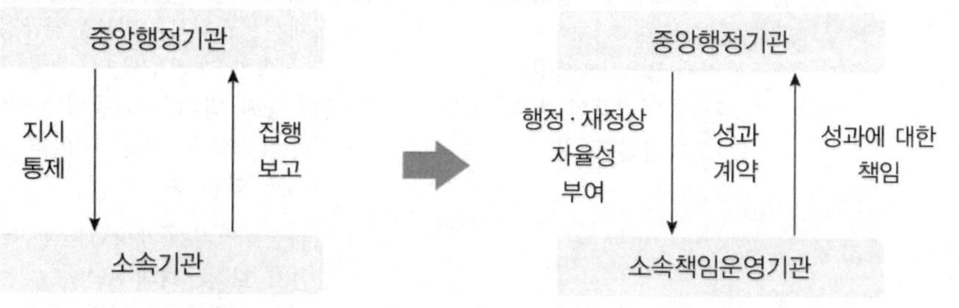

출처: 유민봉(2015: 401) 재구성

해 책임을 지도록 하는 기관'으로 정의된다. 책임운영기관은 공공성과 시장성이라는 두 가지 특성을 모두 지니고 있다. 즉, 공공성을 유지하면서도 경쟁원리에 따라 운영하는 것이 바람직하거나 높은 전문성이 요구되어 기관장에게 자율성을 부여하고 운영성과에 책임을 지도록 하는 기관이 책임운영기관이라는 것이다(행정자치부, 2014).

신공공관리(New Public Management, NPM)가 우리나라 정부조직에 주요한 패러다임으로 등장하면서 책임운영기관에 대한 논의가 활발해지기 시작하였다. 중앙기관은 정책결정과 정부지출 통제 기능을 우선 담당하고, 정책집행 기능과 서비스 제공 기능은 중앙기관에서 분리시켜 이를 전문적으로 다루는 기관을 두는 것이 책임운영기관의 시작이었다. 즉, 책임운영기관에 재량을 부여하고 행정결과에 대한 책임을 지도록 한 것이다(유민봉, 2015: 401). 영국(1988년), 미국(1997년), 캐나다(1990년), 일본(1999년), 뉴질랜드(1992년) 등 다수 선진국에서도 책임운영기관제도를 도입하여 정부 생산성 제고에 기여하고 있다(행정자치부, 2015).

(2) 책임운영기관 현황 및 특징

책임운영기관은 일반행정기관과 조직, 인사, 예산, 평가 기능에서 차이를 나타낸다. 조직관리의 각 영역에 있어 책임운영기관에서는 자율성과 성과에 대한 책임성을 강화한 것이다. 과거 중앙행정기관과 소속기관은 명령과 통제의 원리를 기반으로 높은 집권성을 나타내는 조직구조였다면, 오늘날 책임운영기관은 중앙행정기관과의 성과계약 체결을 통해 중앙행정기관에서 분리된 분권화 조직이다. 책임운영기관에서는 일반행정기관과 달리 기관장 임기보장, 훈령에 의한 조직관리 등 기관운영의 자율성을 보장하는 한편, 성과연봉 차등지급, 평가결과 공개, 우수기관 포상 등 성과책임을 강조하기도 한

표 12-7 일반행정기관과 책임운영기관 비교

구분	일반행정기관	책임운영기관
조직	• 직제 및 직제시행규칙으로 관리 인력증원 범위: 3% (총액인건비 내)	• 직제시행규칙 및 기본운영규정으로 관리 → 신속한 개정 가능 • 인력증원 범위: 5%(총액인건비 내) • 기관장 개방형 임용, 정원의 50% 범위 내 직원 임기제 임용 등
인사	• 기관장: 경력직 공무원 • 장관이 소속직원 인사권 행사	• 기관장: 임기제(개방형) 공무원 * 임기 보장: 최대 8년 • 책임운영기관장에 장관 인사권 위임 * 채용, 승진, 전보, 성과평가 등 • 기관장에게 채용, 전보, 승진, 성과평가 등 장관의 인사권 위임 등
예산	• 초과수입 재사용 금지 • 기탁물품 접수 불가	• 초과수입 직·간접비용 사용 가능 • 기탁물품 접수 가능
평가	• 정부업무평가	• 책임운영기관 종합평가 * 고유사업 50%(고객만족도 10% 포함)+관리 역량 50%

출처: 행정자치부(2015) 재구성

다. 운영성과가 부실할 경우에는 성과상여금 축소나 기관장 면직 등도 가능하다.[18]

조직구조 측면에서 책임운영기관은 이중적인 특징을 지닌다. 집행사업부 성격을 지녔기 때문에 중앙행정기관과의 관계에서 기능 중심의 분업화와 분화가 이루어졌으나, 책임운영기관 내부에서는 기관장을 중심으로 지시명령체계를 유지하고 있다는 점에서 집권적이고 계층제적인 성격을 지닌다고 할 수 있다(유민봉, 2015: 403).

책임운영기관은 중앙책임운영기관(청 단위기관)과 소속책임운영기관(부처 소속기관)으로 구성된다. 2018년 3월 중앙책임운영기관은 특허청이 유일하며(2006년부터 지정), 나머지 50개 소속책임운영기관이 존재한다. 소속책임운영기관의 종류로 조사연구형(27개), 교육훈련형(5개), 문화형(7개), 의료형(9개), 시설관리형(4개), 기타형(2개) 책임운영기관이 있다(행정안전부, 2018).[19]

18 책임운영기관은 직원신분이 공무원이라는 점에서 법인화와는 다르다(행정자치부, 2014).

19 인원은 중앙책임운영기관(특허청) 1,457명, 소속책임운영기관 8,778명으로 총 10,235명이다. 구체적인 소속책임운영기관으로는 조사연구형 기관(27개)으로 국립종자원, 국토지리정보원, 항공교통본부, 국립해양측위정보원, 경인지방통계청, 동북지방통계청, 동남지방통계청, 충청지방통계청, 항공기상청, 화학물질안전원, 국립재난안전연구원, 국립과학수사연구원, 국립생물자원관, 국

책임운영기관 제도는 정부조직을 성과지향적으로 관리하고 자율성·책임성을 증진시키며, 정부기관의 사업운영, 내부관리 프로세스 개선을 가져왔다는 측면에서 장점이 있다(이경호·박현신, 2016: 32). 또한 책임운영기관에는 일반행정기관에 비해 정원관리와 하부조직 설치에 있어 보다 많은 재량권이 주어져, 책임운영기관 스스로 중복된 기능을 통폐합하고 현장 중심의 인력을 배치하는 등 탄력적인 조직관리를 할 수 있다는 장점이 있다(유민봉, 2015: 403).

그럼에도 불구하고 한국의 책임운영기관은 현실적으로 조직·인사·예산 등의 관리 차원에 있어 소속중앙행정기관의 지시와 통제가 여전히 높아 자율성이 부족하고 제도가 형식적으로 운영되는 한계가 존재한다(이경호·박현신, 2016: 32). 특히 책임운영기관의 조직·인사·예산 자율성 증진을 위한 특례규정이 제대로 활용되지 못하는 것으로 나타났는데, 이는 소속중앙행정기관의 통제방식이 여전히 강하게 작용하고 있기 때문이다. 뿐만 아니라 운영 측면에 있어서도 우수 책임운영기관의 일반 직원들에게 특별한 성과보상이 주어지지 않고 있으며, 책임운영기관에 대한 지속적인 평가는 기관장과 구성원들에게 부담으로 작용하고 있다(이경호·박현신, 2016: 64).

2) 정부위원회

(1) 개념과 특징

위원회는 "결정권한의 최종책임이 기관장 한 사람에게 집중되어 있는 부처 조직과 대조되는 것으로 결정권한이 모든 위원에게 분산되어 있고 이들의 합의에 의해 결론을 도출하는 합의제 조직유형"으로 정의될 수 있다(유민봉, 2015: 400). 즉, 위원회는 "위원회, 심의회, 협의회 등 명칭을 불문하고 행정기관의 소관 사무에 관하여 자문에 응하거나 조정, 협의, 심의 또는 의결 등을 하기 위한 복수의 구성원으로 이루어진 합의제 기관"이다(국가법령센터, 2018). 정부 내 위원회 조직인 정부위원회는 합의제 행정기관

립수산과학원, 통계개발원, 국립문화재연구소, 국립해양문화재연구소, 국립원예특작과학원, 국립축산과학원, 국립산림과학원, 국립수목원, 국립기상과학원이 있으며, 교육훈련형(5개)은 국립국제교육원, 통일교육원, 한국농수산대학, 해양수산인재개발원, 관세국경관리연수원이 있고, 문화형(7개)은 국립중앙과학관, 국립과천과학관, 국방홍보원, 국립중앙극장, 국립현대미술관, 한국정책방송원, 국립아시아문화전당이 있으며, 의료형(9개)은 국립정신건강센터, 국립나주병원, 국립부곡병원, 국립춘천병원, 국립공주병원, 국립마산병원, 국립목포병원, 국립재활원, 경찰병원이 있다. 시설관리형(4개)은 해양경찰정비창, 국방전산정보원, 국가정보자원관리원, 국립자연휴양림관리소 등이 있으며, 기타형(2개)은 고용노동부고객상담센터, 국세상담센터가 있다.

인 '행정위원회'와 단순 자문에 그치는 '자문위원회'를 모두 포함한다(이상철, 2012: 258).

정부위원회에 관한 법령은 2009년에 제정된 「행정기관 소속 위원회의 설치·운영에 관한 법률」이 있다.[20] 「행정기관 소속 위원회의 설치·운영에 관한 법률」 제1조에 의하면 이 법은 '행정기관 소속 위원회의 설치 및 운영에 필요한 사항을 규정함으로써 위원회 운영의 민주성·투명성·효율성 향상에 기여함을 목적'으로 하며, 제2조에 의하면 '행정기관의 장은 위원회를 공정하고 적정하게 운영함으로써 주요 정책에 관한 이해를 원활하게 조정하고, 관계 행정기관 간의 합의 및 협의가 체계적으로 이루어지도록 하며, 민주적이고 효율적인 행정이 되도록 하여야 한다'고 규정하고 있다(국가법령센터, 2018).

(2) 종류 및 현황

「행정기관 소속 위원회의 설치·운영에 관한 법률」(2009년 제정) 제5조(위원회의 설치요건)에 의하면 정부위원회는 '행정위원회'와 '자문위원회'로 구성된다. 「정부조직법」 제5조[21]에 따르면 행정위원회는 합의제 행정기관으로서, 행정기관 소관사무의 일부를 독립하여 수행할 필요가 있을 때에 법률로 정하는 기관이다. 행정위원회가 설립되기 위해서는 첫째, 업무의 내용이 전문적인 지식이나 경험이 있는 사람의 의견을 들어 결정할 필요가 있어야 하며, 둘째, 업무의 성질상 특히 신중한 절차를 거쳐 처리할 필요가 있어야 하고, 셋째, 기존 행정기관의 업무와 중복되지 아니하고 독자성이 있어야 하며, 넷째, 업무가 계속성·상시성(常時性)이 있어야 한다(「행정기관 소속 위원회의 설치·운영에 관한 법률」 제5조). 행정위원회는 강력한 권한을 가진 위원회로서 의사결정의 구속력과 집행권 모두가 있는 조직이다(이종수 외, 2014: 179). 2017년 6월 기준으로 행정위원회는 38개가 존재하며, 대표적인 행정위원회는 대통령 소속 '규제개혁위원회(「행정규제기본법」 근거)', 인사혁신처 소속 '소청심사위원회(「국가공무원법」 근거)' 등이 있다(행정안전부, 2017).

이에 반해 자문위원회는 "위원회 중 행정기관의 자문에 응하여 전문적인 의견을 제공하거나, 자문을 구하는 사항에 관하여 심의·조정·협의하는 등 행정기관의 의사결정에 도움을 주는 기관"이다(행정안전부, 2017: 5). 자문위원회는 세부적으로 행정기관의 자문을 위해 설치된 자문위원회, 의결기능을 수행하는 의결위원회, 정책심의·조정 기

---

20 본서에 설명하는 정부위원회는 「행정기관 소속 위원회의 설치·운영에 관한 법률」에 따라 설명한다.

21 「정부조직법」 제5조(합의제행정기관의 설치)에는 "행정기관에는 그 소관사무의 일부를 독립하여 수행할 필요가 있는 때에는 법률로 정하는 바에 따라 행정위원회 등 합의제행정기관을 둘 수 있다"라고 규정하고 있다.

능을 수행하는 위원회로 구분된다(행정안전부, 2017). 2017년 6월 기준으로 우리나라에는 518개의 자문위원회가 운영되고 있다.[22] 대표적인 자문위원회로서 대통령 소속 국민대통합위원회, 문화융성위원회, 일자리위원회, 지방자치발전위원회, 저출산고령사회

표 12-8 정부위원회 유형 구분

구분	행정위원회	자문위원회
현황 (2017년 6월 현재)	38개	518개
개념	행정기관 소관사무의 일부를 독립하여 수행할 필요가 있을 때 법률이 정하는 바에 따라 설치되는 합의제 행정기관(「정부조직법」 제5조) * 위원회법 제5조① 예 개인정보위원회, 규제개혁위원회 등	행정위원회를 제외한 위원회 예 위원회법 제5조② 예 경제사회발전노사정위원회, 통일준비위원회, 녹색성장위원회 등
권한	행정기관 의사를 결정하고 대외적으로 표명하는 권한이 있음(행정, 준입법 및 준사법 기능 보유, 통칙 제21조) 행정권한을 위원회 명의로 직접 행사	행정기관 의사결정을 지원하지만, 대외적으로 표명하는 권한은 없음 (「정부조직법」상 부속기관 중 자문기관에 해당) → 행정권한을 행정기관 명의로 행사
설치요건	① 자문위원회 ①요건과 동일 ② 자문위원회 ②요건과 동일 ③ 기존 행정기관의 업무와 중복되지 않고 독자성이 있을 것 ④ 업무가 계속성 · 상시성이 있을 것	① 업무내용이 전문가 의견 등을 들어 결정할 필요가 있을 것 ② 업무성질이 신중한 절차를 거쳐 처리할 필요가 있을 것
세부유형	–	위원회 결정의 행정기관 기속여부에 따라 크게 의결위원회(기속)와 심의위원회(불기속)로 구분하며, 심의 · 의결위원회도 있음 예 의결위(최저임금위원회 등), 심의위(중앙도시계획위원회 등), 심의 · 의결위(공공기관운영위원회 등)
사무기구	설치 가능	설치 불가 (단, 여러 행정기관의 소관 기능을 조정 · 종합하는 위원회는 설치 가능)

출처: 행정안전부(2018)

22 대통령과 국무총리 소속 산하 위원회를 제외하고 국토교통부가 55개로 최다 위원회를 보유하고 있다.

위원회 등이 있으며, 국무총리 소속 국가과학기술심의회, 국가기록관리위원회, 국가보훈위원회 등이 있고, 각 부처 소속 정책자문위원회(예 문화체육관광부의 문화진흥정책위원회)가 있다. 자문위원회는 의사결정의 구속력과 집행력이 모두 없는 순수 자문위원회와, 의사결정의 구속력은 있으나 집행력이 없는 의결위원회로 구성된다. 대표적인 의결위원회로는 고용노동부 소속 최저임금위원회가 있다.

(3) 정부위원회의 기능

정부위원회 조직은 다양한 이해관계자들(예 시민단체와 이익집단)의 의견을 반영할 수 있어 민주성과 국민 대응성을 증진시킬 수 있다. 또한 전문가의 참여로 인해 의사결정의 품질이 향상되는 장점도 가지고 있다(유민봉, 2015: 401). 그리고 계층제의 경우 권한이 최고관리자 1인에게 집중되지만, 정부위원회는 권한이 균등하게 배분되어 권한남용을 방지하는 기능을 수행할 수 있으며, 토론과 타협을 통해 운영될 수 있어 상호협력과 조정이 가능하고, 다양한 이해관계자들의 의견 개진을 비교적 용이하게 할 수 있다(이종수 외, 2014: 179-180).

그럼에도 불구하고 정부위원회의 권한이 지나치게 강화되면 이들이 직접 정책결정을 하고 정책추진을 이끌어 나가기 때문에 계선조직인 부처의 정책결정 기능이 약화되고 계선조직 중심의 조직운영에 한계가 발생하게 된다. 정부위원회는 한시적으로 운영되는 조직이기 때문에, 이러한 위원회가 계속 존치된다면 정부부처와의 갈등을 유발할 수 있다는 것이다(유민봉, 2015: 400). 또한 다수의 참여를 통한 의사결정으로 인해 의사결정이 저해될 수 있어 시간과 비용이 많이 소요되며, 위원 간 정책결정의 책임이 분산되기 때문에 책임성 결여가 나타날 수 있다. 뿐만 아니라, 부처 이기주의에 따른 갈등이 발생할 수 있으며, 행정기구의 확장 수단으로 악용될 수 있는 한계가 존재한다(이종수 외, 2014: 180). 특히 자문위원회의 경우 실제로는 운영되지 않는 휴면위원회가 많아 사회적 비효율성을 초래하는 경우가 많으며, 각 부처에서 유사 위원회가 난립하기도 한다. 이로 인해 위원회 운영의 부실과 명목상의 형식적 위원회 운영이라는 문제점을 나타내기도 하였다(행정안전부, 2017).

정부위원회의 운영상 한계를 극복하기 위하여 정부는 정부위원회 신설관련 '사전협의제도'를 도입하였다(행정안전부, 2018). 이는 행정기관장이 위원회를 설치할 경우 법령협의와 별도로 위원회 설치계획을 수립하여 행정안전부장관과 사전협의하도록 하는 것이다. 또한 정부위원회가 기능소멸에도 지속되는 것을 예방하기 위하여 원칙적으로 존속기한을 설정하도록 하였으며, 위원회 신설에 관한 법률안이 의원입법으로 발의된 경우에 의원발의 부처와 행정안전부는 설치계획서와 검토의견을 제출하고, 신규 자문수요가 발생할 경우 기 설치된 정책자문 위원회를 우선 활용함으로써 위원회가 남설되지 않도록 하였다(행정안전부, 2018).

4 정부조직구조 개혁: 정부조직개편을 중심으로

1) 정부조직개편의 의의와 유형

(1) 정부조직개편의 의의

정부조직개편은 다양한 차원에서 발생한다. 변화의 정도에 따라 대폭적인 정부조직개편이 있는가 하면 정부조직의 기능만 변화시키는 소폭적인 조직개편이 존재할 수 있다.[23] 뿐만 아니라, 정부조직개편의 범위와 정도에 따라 정부조직개편은 다르게 정의될 수 있다. 우선, 정부조직개편 범위의 기준은 정부조직개편을 좁게 해석하여 조직의 '경계(boundary)'가 변화 하였는가를 보는 것이다. 이는 주로 기존 조직의 소멸 또는 폐지를 의미하며, 새로운 조직으로의 통합과 신설 역시 정부조직개편으로 볼 수 있다. 이때 정부조직개편의 중요한 판단기준은 단순히 기능과 조직구성의 변화가 아니라, 타 조직과의 경계가 실제로 어떻게 변화하였는가에 있다(Kaufman, 1976: 24–29). 이러한 유형의 대표적인 형태로는 조직의 흡수통합과 조직의 분리축소, 그리고 조직의 신설 및 폐지가 있다. 정부조직의 흡수통합으로 인한 조직확대의 대표적인 예로서, 이명박 정부의 교육인적자원부와 과학기술부의 통합조직인 교육과학기술부, 건설교통부와 해양수산부의 통합조직인 국토해양부를 들 수 있다. 이와는 반대로 조직의 기능이 분리되어 축소되는 경우의 예로서, 이명박 정부의 국토해양부가 박근혜 정부에 들면서 다시 국토교통부와 해양수산부로 분리되는 경우를 들 수 있다.

두 번째, 정부조직개편을 보다 넓게 해석하여 조직의 이름이나 실질적인 기능, 소속,

---

23 같은 현상이라도 어떤 기준을 사용하는 가에 따라 다르게 해석될 수 있는 것이다. 미국 연방정부의 정부조직개편 현상을 분석함에 있어 카프만(1976)은 약 15% 조직개편이 발생했다고 주장하지만, 르윈(2002)는 62%의 조직개편이 발생했다고 주장한다(민진, 2006: 4). 우리나라 중앙행정조직의 국(局)을 대상으로 한 조직개편 연구에서는 조직개편율이 약 8.1%이라고 하지만(김근세·최도림, 1996), 다른 연구에서는 중앙행정조직의 조직개편율이 27%에 이른다고 주장한다(민진, 2006). 이와 같이 정부조직개편을 어떻게 보느냐에 따라서 정부조직개편의 정도가 달라진다고 할 수 있다.

구성원 등이 변화하였을 경우 이를 정부조직개편으로 간주하는 것이다.[24] 카프만(Kaufman, 1976)은 조직 경계의 범위가 명확하지 않고 모호하기 때문에 어느 수준까지를 정부조직개편이라고 설정하기가 힘들다고 주장했다. 뿐만 아니라, 조직 내 실질적인 기능, 소속, 구성원들이 변화하면 이는 실질적인 정부조직개편이 발생한 것이라 주장하였다. 정부조직의 주요 기능이 없어지거나 소속과 구성원들의 변화가 일어날 경우 실질적인 정부조직개편으로 볼 수 있다는 것이다(Lewis, 2002). 그리고 조직 내부의 구조가 변화하거나 조직의 장이 바뀌는 것 역시 조직변화라는 차원에서 정부조직개편을 해석하고 있다(Boin et al., 2010: 390–391). 특히 정부조직의 명칭 변경 역시 조직변화의 상징적인 측면을 강조했다는 점에서 이를 정부조직개편으로 간주한다(정용덕, 1995). 예를 들어, 안전행정부가 행정안전부로 개명된 것이 대표적인 정부조직개편의 예라고 할 수 있다.

(2) 정부조직개편의 접근 모형에 따른 유형 분류

정부조직개편 모형은 다양한 관점에서 제시될 수 있는데, 여기서는 피터스(Peters, 1992)의 세 가지 모형 차원에서 논의하도록 한다. 첫째, 의도모형(purposive models of reform)은 행위자들의 자율적인 의도에 의해 정부조직변화가 발생한다는 것이다. 둘째, 환경의존모형(environmental dependence or determination model)은 정부조직개편이 외부환경에 의해서 영향을 받는다는 것이다. 마지막으로, 제도적 모형(institutional model)은 정부조직개편의 한계를 제도적 관점에서 설명하고자 한다.[25] 보다 자세한 내용은 다음과 같다.

첫째, 의도모형은 정부조직개혁을 주도적으로 이끌고 나가는 행위자(개인)들은 강력한 힘이 있어 그들이 개혁을 채택하고 집행한다는 것이다(Peters, 1992: 201–205). 이 모형에 의하면 정부조직개편은 행정구조를 적극적으로 변화시켜야 한다는 정치적 필요성 때문에 발생한다. 1970년대 이후 정부조직개편은 지속된 정부능력의 과부화(overload)와 작은 정부, 거버넌스의 변화 때문에 발생하고 있으며, 경제적이고 합리적 관점에서 관료들은 자신들의 효용을 극대화시키기 위해 정부조직개편을 단행한다. 이는 대표적인 공공선택론주의자들(예 다운스)의 의견과 일치한다. 예를 들어, 관료들이 자신들의 조직이익을 극대화하는 것(예 니스카넨의 예산극대화 모형)[26]은 정치인들이 언젠가는 관

24 앞서 설명한 경계에 의한 정부조직개편은 정부조직개편의 범위를 너무 좁게 해석한다는 단점이 있다.

25 제도가 지속적으로 유지되는 경우에는 정부조직개편이 쉽게 발생하지 않는다는 논리이다.

26 "관료들의 행태에 자기이익 극대화 가정을 도입하여, 관료들은 승진·역득·명성 등의 자기이익을 극대화하기 위하여 예산을 극대화 한다는 것이다(사회복지학 사전, 2016)."

료들에게 부과할 감축관리에 대비하기 위한 수단이라는 것이다. 이러한 차원에서 정부조직개편은 몇몇 합리적 행위자들의 의도적인 개혁수단이라고 가정할 수 있다. 이에 대한 대표적인 예로서, 신공공관리의 일환으로 김대중 정부 초기에 대통령의 의지로 작은 정부를 지향한 것을 들 수 있다.

둘째, 환경의존 또는 결정모형은 의도모형과 정반대되는 논리모형이다. 정부조직개편은 조직 내부에서 발생하는 것이 아니라 정부조직과 외부환경과의 관계에서 발생한다는 것이다(Peters, 1992: 205). 여기서 환경은 정치적 또는 경제적 환경을 포함한다. 이 모형에서 가정하고 있는 것은 조직구조 또는 구조군(groups of structure)은 시간에 따라 환경에 적응하고, 조직목표 달성을 위해 환경에 적합한 조직유형을 발달시킨다. 이러한 조직의 적응과정, 즉 정부조직개편 과정은 내부 리더에 의한 의도적인 변화가 아니라 환경과의 관계에서 형성된다고 본다(Peters, 1992: 205). 이와 관련된 대표적인 이론적 접근으로는 정치학적 접근(political science approaches)과 조직의 상황이론(contingency theory), 조직군 생태학(population ecology approach) 등이 있다.

마지막 이론모형은 제도모형으로서 이는 신제도주의 관점에 의한 정부조직개편 논의이다(Peters, 1992: 210-212). 이 모형에 의하면, 정부조직개편은 개인의 의지에 의해 발생되는 것이 아니라 집단적으로 이루어지는 것이며, 기계적으로 이루어지는 것이 아니라 광범위하게 도출된 사회적 적정성(logic of appropriateness)의 논리에 의해서 결정된다고 본다. 그리고 일단 제도가 형성되면 정부조직변화가 쉽게 발생하지 않는다고 본다. 이는 조직생애주기론(organizational life cycle)과 비슷한 측면이 있다. 조직이 생애초기에는 유연하지만, 시간이 지나면서 그들은 더욱 경직되며 현재 상태로 생존하든지 아니면 소멸한다고 본다.

2) 정부조직개편의 원인

(1) 정부조직개편의 원인

정부조직개편이 발생하는 원인은 다양하게 제시될 수 있으나, 본장에서는 앞서 논의한 피터스(1992)의 세 가지 모형을 바탕으로 정부조직개편의 원인을 조직 외부에서 발생하는 환경적인 원인과 조직 내부적으로 발생하는 조직특성 변수로 나누어 살펴보고자 한다(Adam et al., 2007; 윤주철 외, 2011).

(2) 정부조직 외부환경 변화 요인

① 정치적 외부환경 변화

정부조직개편이 발생하는 중요 원인으로 정치적 외부환경 변화를 제시할 수 있다. 특히 정권교체와 의회 다수당의 변동 등은 정부조직변화의 주요 원인이 된다(Lewis, 2003). 정치적 환경변화로 인해 권력재분배 현상이 발생하고, 정치적 이해관계자들 간 불확실성을 극복하기 위해 정치적 타협 수단이 필요해 지는데(Knott & Miller, 1987), 이때 정부조직개편이 발생한다는 것이다. 정권 초반에는 분화의 원리보다는 통합의 원리, 즉 효율성을 강조하는 통합지향적 조직개편이 자주 발생하여 축소위주의 정부조직개편이 발생하지만, 정권후반기로 갈수록 정치적 목적으로 인해 기존 조직의 분리현상이 나타나 부처의 수가 증가하는 경향이 있다(문명재, 2009: 39). 예를 들어, '국민의 정부' 경우에는 정권 초기에 내무부와 총무처를 통합하였으며, 부총리·정무장관·공보처·민주평화통일자문회의 사무처를 폐지하였지만, 2001년 이후 다시 경제부총리와 교육부총리, 여성부를 부활 또는 신설하였다.

② 행정수반의 통제력 강화와 정책 재조정

정부조직개편의 원인을 행정수반의 통제관점으로도 제시할 수 있다(박천오 외, 2011: 8). 상징적 의미에서 관료를 통제하기 위한 수단으로 정부조직개편이 이루질 수 있다(양재진, 2003). 특히 정치적 성향이 서로 다른 정권으로 교체될 때 정부조직개편을 통해 관료들의 정치적 성향을 변화시키고자 한다. 또한 정부조직개편은 정책의 우선순위를 재조정할 때 사용될 수 있다. 외부 환경변화로 인해 정부가 정책을 새로 재정할 필요가 있다고 인식할 때 정부조직개편이 발생한다. 정부조직개편을 통해 통치자의 정책 우선순위 변화를 국민들에게 적극적으로 알리고자 하는 것이다(박천오, 2011: 9). 특히, 대통령이 자신의 국정철학을 실현시키기 위해 정부조직개편을 단행하는 경우도 있다. 예를 들어, 노무현 정부 때 국정홍보처를 신설하고, 이명박 정부에서 이를 폐지하였으며, 박근혜 정부에서 미래창조과학부를 신설하고, 문재인 정부에서는 중소벤처기업부를 신설한 것은 이러한 관점에서 해석될 수 있다.

(3) 정부조직 내부환경 변화 요인

① 행정·관리적 요인

정부조직개편의 내부환경 변화 요인으로 행정·관리적 요인을 제시할 수 있다. 조직경제학에 따르면, 정부조직개편의 통합과 분리는 대리인 문제를 해결하기 위하여 또는 거래비용을 줄이기 위하여 발생한다(Moe, 1984; Williamson, 1985). 거래비용을 줄임으로써 가장 능률적으로 조직을 운영하고자 하는 것이다(박대식, 2009: 145). 이와 관련한 대표적인 방안으로는 업무와 기능이 중복되는 기관을 통합하여 업무 중복에 따른 비효율성을 줄이는 방안이 있다. 투입측면에서 인원을 축소하고 재정적 부담을 줄이려는 것이다. 그러나 이는 항상 의도대로 시행되지 않는다. 이러한 정부조직개편을 "가장 흔히 기대되면서도 실현가능성은 가장 낮은" 것으로 간주하고 있다(Salamon, 1981; 박천오, 2011: 7 재인용). 뿐만 아니라, 산출측면의 정책 효과성을 증진하기 위한 방안으로 여러 부처에 흩어져 있던 기능을 하나의 기관에 집중시켜서 통합하는 것이 있다. 대표적 사례로, 세월호 참사 이후 안전기능을 통합하여 국민안전처를 신설한 경우를 들 수 있다. 뿐만 아니라, 굴릭이 주장한 전통적인 행정관리론 차원에서 정부조직개편의 원리를 분화의 원리(principle of division)와 조정의 원리(principle of coordination)로 설명할 수 있다. 업무의 동질성과 전문성이 강조되면서 동질성이 높은 부서끼리 통합하는 등 조직개편이 발생하는 것을 의미한다(문명재, 2009: 27).

② 규모·생존기간 요인

조직의 규모나 생존기간에 따라 정부조직개편의 폭이나 정도가 달라질 수 있다. 조직생애주기론(organizational life cycle)을 주장한 학자들(Hannan & Freeman, 1989)에 의하면 처음 조직개편은 환경에 적응하기 위해 발생하지만, 어느 정도 시간이 흐르면 조직개편이 정체되거나 오히려 조직이 소멸할 수 있다는 것이다. 조직생애주기론에 따르면, 새로운 조직의 탄생은 외부환경에 적응하기 위해서가 아니라 조직 내부의 재설계를 통해서 이루어지는 것이다(Peters, 1992: 212). 또한 조직의 형태에 따라서 조직수명이 다르게 나타났다. 우리나라 정부조직의 경우 부와 청 단위가 처와 독립부서, 위원회 보다 상대적으로 수명이 길었다(민진, 2006: 21). 이는 조직의 생존기간이 정부조직개편에 영향을 미칠 수 있음을 의미한다.

3) 인사조직 차원에서 정부조직개편의 영향

(1) 인사차원에서 정부조직개편의 영향

① 직무관점에서 정부조직개편의 영향

정부조직개편은 공공부문 직무변화에 중대한 영향을 미친다. 특히 통합적 정부조직개편이 발생한다면 구성원들의 직무와 직위가 변화하게 된다. 이렇게 변화한 직무와 직위의 특성에 따라 전반적인 조직구성원들의 행태가 변화하는 것이다. 이와 관련된 실증연구에 의하면 통합형 정부조직개편은 처음에 의도한 정부조직개편의 목적을 제대로 달성하지 못하고 있었다. 2008년 이명박 정부의 정부조직개편 후 통합된 기획재정부, 교육과학기술부, 행정안전부, 지식경제부, 국토해양부 소속 공무원 461명을 대상으로 설문조사한 박천오(2011: 26-27)의 연구에 의하면, 부처통합 이후 처음 의도한 정책의 효율성 제고와 정책추진의 효과성 증진은 긍정적으로 나타나지 않았다. 또한 대부분의 공무원들은 부처 간 통합의 필요성을 느끼지 못하고 있었다.[27]

② 인적자원 유지·관리 관점에서 정부조직개편의 영향

정부조직개편 특히 정부조직 통합은 효율성 증대를 우선적으로 고려하기 때문에 기능을 통폐합하는 과정에서 보직과 관련된 문제를 유발시킬 수밖에 없다. 즉, 정부조직개편 과정에서 승진과 보직 등이 충분히 보장되지 못하고 출신 부처에 따라 승진 및 보직에 불균형이 발생하는 경향이 있다(박천오, 2011: 16). 물론 미국 주 정부의 상위 조직(state executive branches) 변동에 관한 실증연구에 의하면 정부조직개편 이후 점진적 개혁이 수반되어 오히려 조직개편 다음해에 인력 증가 현상이 나타나기도 하였다(Berkman & Reenock, 2004). 정부조직개편은 초기에 통합의 원리와 효율성의 원리를 기반으로 감축관리를 지향하나, 정권 후기로 가면서는 정치적인 이유 등으로 인해 다시 인력이 증가하는 현상을 나타내기도 한다(문명재, 2009). 이처럼 정부조직개편으로 인해 인력이 감소하는지 혹은 증가하는지는 불분명하지만, 자원의 재분배현상이 발생함으로 인해 정부조직개편이 구성원들의 승진과 보직이동에 영향을 줄 수 있다는 것은 분명하다. 따라서 정부조직개편 후 인사관리가 공정하게 이루어질 수 있도록 조직 내 공정성을 확보할 필요가 있다.

(2) 조직차원에서 정부조직개편의 영향

① 조직문화 관점에서 정부조직개편의 영향

정부조직개편이 발생할 때 특히, 조직통합이 발생할 때 기존 조직의 특성에 따라 문화갈등이 발생할 수 있다. 조직이 흡수 통합되는 조직개편에 있어서는 이러한 현상이 더욱 뚜렷하게 나타난다. 모체가 되는 과거 부처들을 중심으로 구성원들 간 갈등 특히 조직문화 갈등이 매우 심각하게 발생하는 것이다. 예를 들어, 기획예산처와 재정

27 예를 들어, 부처 내 기능 간 차별성 문제는 더욱 심각하게 나타났으며, 소관 업무는 더욱 복잡하게 나타났다. 이러한 현상은 통합된 부처의 비율이 낮은 부처 출신들(예 정부통신부, 중앙인사위원회, 과학기술부, 기획예산처, 해양수산부)에서 더욱 심각하게 나타났다.

경제부를 통합한 기획재정부의 경우 기획예산처와 재정경제부의 조직문화가 달라 기존 기획예산처 출신들이 인사차원에서 손해를 받는다고 인식하기도 하였다. 경제기획원 후신인 기획예산처의 조직문화는 자유로운 토론과 제도개선을 미덕으로 하여 상하 간의 격의가 없이 토론하고 다른 사람들의 의견을 존중하지만, 재무부 후신인 재정경제부는 조직구성원 간 상하관계가 명확하고 권위주의 조직문화가 남아 있어 두 조직문화 간 충돌이 발생하였다. 결국 통합된 조직이 위계적인 조직문화(재정경제부) 위주로 재편되어 이전의 기획예산처 출신 조직구성원은 손해를 본다고 인식한 것이다(박천오, 2011: 24).

② 조직구성원들의 태도 관점에서 정부조직개편의 영향

정부조직개편은 구성원들의 개인적 심리상태에 부정적인 영향을 미칠 수 있다. 이에 대한 경험적 연구가 많이 제시되지는 않지만, 일반적으로 정부조직개편 이후 구성원들의 스트레스가 증가하고, 불안감과 불확실성이 높아지는 것으로 나타났다(이창길, 2012: 266). 이명박 정부의 5개 통합부처를 2년 반이 지나 조사한 연구에서도(박천오, 2011: 20) 조직구성원들의 업무와 경력에 대한 불안감, 사기저하, 업무 혼선, 업무 전문성 저하, 조직 내 인간관계의 붕괴, 조직목표에 대한 인식의 혼란 등 개인적 고충이 나타났다. 특히 통합이 이루어진지 2년 반이 지났음에도 응답자의 약 40% 이상이 통합으로 인하여 자신의 업무와 경력에 있어서 불안감과 사기저하가 나타난다고 응답하였다.

③ 조직 간 관계 관점에서 정부조직개편의 영향

정부조직개편은 조직 간 관계 및 네트워크에도 영향을 미친다(박치성 외, 2011). 특히 정부조직개편을 정부부처의 편제 또는 조직구성의 의식적 변화 관점에서 논의한다면(박천오, 2011), 정부조직개편은 정부부처 간 업무관계와 그들의 관계구조인 네트워크에 중대한 영향을 미친다. 특히 정부조직개편은 정부조직 간 권력관계를 재구성 할 수 있다. 이명박 정부 당시 기획재정부는 정부부처의 통합으로 인해 기능의 효율성을 제고하고자 하였지만, 실제로는 기획재정부가 금융위원회와 한국은행의 인적지배, 정책지배를 시행함으로써 다른 부처들을 압도하는 권력부처로 성장했다(오재록, 2009).

노무현 정부와 이명박 정부 사이에 발생한 정부조직개편이 정부 간 네트워크에 어떠한 영향을 미쳤는지를 연구한 결과에 따르면(박치성 외, 2011: 75), 노무현 정부와 이명박 정부의 정부조직개편에 따라 정부부처 간 업무관계 네트워크가 달라짐을 확인할 수 있었다. 즉, 노무현 정부에서는 관리기능부처(중앙인사위원회와 행정자치부)의 네트워크 집중도가 높게 나타났으나, 이명박 정부에서는 산업경제기능을 담당하는 기획재정부,

국토해양부, 지식경제부, 금융위원회, 농림수산식품부 등의 네트워크 중심도가 높게 나타났다.

4) 우리나라 정부조직개편 사례

(1) 우리나라 정부조직개편 현황

우리나라의 정부조직개편은 「헌법」, 「정부조직법」 그리고 정부조직 관련법령의 제정이나 개정에 의해 이루어져 왔다(민진, 2006: 3). 특히, 「정부조직법」은 정부조직개편을 설명해 주는 대표적인 법률이다. 1948년부터 2003년 2월까지 우리나라 정부조직 중 가장 오랫동안 존속된 부처는 국방부, 법무부, 농림부였다. 2016년 7월 현재까지 부처 명을 그대로 유지하고 있는 부처로는 국방부와 법무부가 있다. 그리고 2000년 이전에 신설된 총 143개 중앙행정기관의 평균수명은 15.17년으로 나타났다(민진, 2006: 11).

(2) 우리나라 정부조직개편 변천 과정

우리나라 정부조직개편 과정을 살펴보면 1990년대 이후 정권이 바뀌는 초기에 정부조직의 신설과 폐지가 자주 발생하고 있다. 특히 1990년대 이후 김대중 정부와 이명박 정부가 들어서면서 정부조직변화가 심하게 나타났다. 이러한 점을 고려해 볼 때 이전 정권과 정치적 성향이 달라지면 정부조직개편의 폭과 빈도가 심하게 변화할 수 있다는 것을 알 수 있다(윤주철, 2012: 98). 다음에서는 김대중 정부 이후의 우리나라 정부조직개편 변천 과정을 살펴보도록 한다.

① 김대중 정부의 조직개편 특징[28]

국민의 정부에서 나타난 정부조직개편 방안은 ㉠ 공급자 중심의 관료제 정부에서 수요자 중심의 시민정부로, ㉡ 직접 노를 젓는 정부보다는 올바른 방향을 잡아주는 정부로, ㉢ 부패한 정부에서 깨끗한 정부로, ㉣ 부처 이기주의가 만연한 분산적 정부에서 국가이익이 되는 통합적 정부로, ㉤ 크고 무력한 정부에서 작고 강력한 정부로, ㉥ 중앙집권적 정부에서 지방분권적 정부로, ㉦ 변화에 저항하는 경직된 정부에서 변화를 창조하는 유연한 정부로의 전환에 있다.

28 행정자치부(2016)의 정부조직변천 자료를 바탕으로 재구성하였다.

김대중 정부에서의 주요 정부조직개편 특징으로는 첫째, 대통령의 국정 리더십 강화가 있다. 이를 위해 대통령 소속으로 '기획예산위원회(장관급)'를 신설하였으며, 전반적인 국정운영, 지방행정개편, 산하단체 정비를 총괄하였다. 둘째, 부총리제를 폐지하여 국무총리의 실질 내각 통합을 위한 조정기능을 강화하였다. 이를 위해 이전의 행정조정실(차관급)을 국무조정실(장관급)으로 개편하였으며, 법제처, 국가보훈처, 비상기획위원회 등을 장관급에서 차관급으로 조정하여 국무총리의 통제 하에 두었다. 셋째, 비대해진 행정조직을 간소화하였다. 2원 14부 5처 14청의 중앙행정기관을 17부 2처 16청으로 개편하였으며, 국무위원 4명을 감축하였고, 본부 하부조직을 대폭적으로 축소조정하였다. 넷째, 정부의 역할과 기능 재정립과 규제완화를 강화하였다. 규제개혁위원회의 사무국 기능을 국무조정실에서 담당하도록 하여 지속적이고 강력한 규제개혁을 추진하도록 하였으며 민간에서 효율적인 기능이 가능한 업무는 민영화하였다(세무대학, 정부조달물자비축, 광고진흥 등). 마지막으로, 유사중복 기능을 통폐합하였다. 재정경제원, 외무부, 통상산업부 등 여러 부처에 분산되어 있는 통상교섭 기능을 외교통상부로 일원화 하였으며, 통상산업부의 중소기업 정책기능을 중소기업청으로 이관하였고, 공보처를 폐지하고 방송허가 기능을 방송위원회 설립 시까지 문화관광부로 일원화하였다.

② 노무현 정부의 조직개편 특징[29]

노무현 정부에서는 이전 정부의 문제점을 과학적으로 진단하고, 조직구조의 개편을 진행하였다. 특히 균형발전사회의 건설과 행정부를 국민에게 봉사하는 유능한 정부가 될 수 있도록 하기 위해 정부조직을 재설계하였다. 이때 참여와 분권이 가장 중요한 요소가 되었다. 보다 구체적으로, 행정부의 업무를 보다 민주적이고 효율적으로 수행하기 위해 중앙행정기관인 부·처·청·위원회를 국가관리 분야, 경제·산업 분야, 사회간접 분야, 그리고 사회문화 분야로 대분류하고, 이들을 다시 중분류, 그리고 다시 세분류하여 이들 각각에 조직재설계 작업을 단행하였다.[30]

노무현 정부의 조직개편에 대한 주요 특징으로는 첫째, 가족·청소년 기능 개편이다. 여성부는 2005년 3월 가족정책을 수립·조정·지원하는 여성가족부로 개편되었으며, 청소년보호위원회는 2005년 문화관광부 청소년국과 통합하여 중앙행정기구인 청

29 행정자치부(2016)의 정부조직변천 자료를 바탕으로 재구성하였다.

30 그 결과 국가관리 분야에서 7개, 경제·산업분야에서 7개, 사회간접 분야에서 8개, 그리고 사회문화 분야에서 7개 등 총 29개의 쟁점에 대한 대안을 제시하였다.

소년위원회로 개편되었다. 둘째, 소비자 정책·공정거래 정책 기능의 재조정이다. 소비자정책업무를 재정경제부에서 공정거래위원회로 이관하여 위상을 증진시켰다. 셋째, 과학기술 조직·기능 개편이다. 과학기술부를 두어 국가연구 개발사업 종합조정·기획·평가체계의 구축, 과학기술 인력·지역혁신·산업정책의 유기적 조정, R&D 사업 등의 집행, 그리고 이를 체계적으로 뒷받침하기 위한 인력혁신 방안을 모색하도록 하였다. 넷째, 해외홍보 기능을 일원화하였다. 문화홍보원은 문화관광부로 일원화하고, 국정홍보처에서 종합적인 홍보기능을 담당하도록 하였다. 마지막으로, 방위사업 조직·기능 개편을 위해 과도하게 분산된 국방관련 조직과 기능을 2005년 신설된 방위사업청으로 통합·관리하도록 하였다.

③ 이명박 정부의 조직개편 특징[31]

이명박 정부에서는 고품격 실용정부의 모습을 갖추기 위하여, 앞날에 대비하고 기회를 준비하는 정부, 일 잘하고 유능한 정부, 민간에 대해 지나치게 간섭하지 않고 지방에 활력을 불어넣는 작은 정부, 최선을 다해서 국민을 섬기는 정부, 칸막이 없이 유연하여 창의적으로 일하는 정부를 달성하고자 하였다. 이를 위해 '유능한 정부' 구현, '작은 정부', 대부대국(大部大局)제를 도입하여 칸막이를 없애는 '실용정부', '국민을 섬기는 정부'를 달성하고자 하였다. 이를 위해, 해양수산부, 정보통신부, 과학기술부, 국정홍보처 등을 폐지하였다.

보다 구체적으로 이명박 정부에서는 첫째, 작고 실용적인 정부를 위해 2원 15부 2처 18청 3실 5위원회를 운영함으로써 이전 정부 대비 총 11개의 중앙행정기관을 폐지하였다. 또한, 대통령 보좌기구의 정예화 및 권한과 책임의 명확화를 추구하였다. 대통령 자문위원회의 심의 기능은 유지하되, 상설 사무처를 폐지하였다. 그리고 국무조정실과 국무총리비서실을 국무총리실로 통합하여 국무총리실 기능의 합리적 조정 및 부처 중심의 책임행정 구현이 가능하도록 하였다. 또한 경제정책조정 기능과 재정 기능을 기획예산처와 재정경제부를 통합한 기획재정부로 일원화하였다. 수요자 입장에서 기능재조정을 위해 이전에 있던 산업자원부와 정부통신부의 IT 산업정책, 과학기술부의 산업기술 R&D 정책을 통합하여 지식경제부를 신설하였다. 또한, 정보통신부의 통신서비스정책·규제 기능과 방송위원회의 방송정책·규제 기능을 통합하여 대통령 소속으로 방송통신위원회를 신설하였다. 둘째, 기관별 직제·하부조직을 재설계

31 행정자치부(2016)의 정부조직변천 자료를 바탕으로 재구성하였다.

하였다. 그 결과 직제 48건, 개별법령 44건 등 총 92건의 법령을 심의 의결하여 중앙행정기관의 하부기구는 148개(실·국 55, 과 93)가 감소되었고, 인력은 총 3,427명이 감축되었다.

④ 박근혜 정부의 조직개편 특징[32]

박근혜 정부의 정부운영 방안은 정부 3.0으로 요약될 수 있다. 공공정보를 적극적로 개방하고, 공유하며, 부처 간 칸막이를 없애 소통하고 협력함으로써, 국민 맞춤형 서비스를 제공하고 동시에 일자리 창출과 창조경제를 지원하는 새로운 정부운영 패러다임을 제시하였다. 이를 통해 소통하는 투명한 정부, 부처 간 칸막이를 없애는 일 잘하는 유능한 정부, 수요자 중심의 맞춤형 서비스를 제공하는 국민 중심의 서비스 정부를 구현하고자 하였다.[33]

2013년 3월 개정된 「정부조직법」은 다음과 같은 특징을 지닌다. 대통령실을 대통령비서실과 대통령경호실로 개편하고, 대통령의 국가 위기상황 관리 기능을 효과적으로 보좌하기 위해 대통령 산하 국가안보실을 신설하였다. 특임장관을 폐지하고, 국무총리실을 국무조정실과 국무총리비서실로 확대·개편하며, 식품의약품안전청을 식품의약품안전처로 승격 신설하였다. 미래창조과학부를 신설하고 교육과학기술부는 교육부로 개편하였다. 또한, 외교통상부의 통상교섭 기능을 지식경제부로 이관하고, 그 명칭을 외교부, 산업통상자원부로 개편하였으며, 안전관리 총괄부처로서 행정안전부를 안전행정부로 개편하였으며, 해양수산부를 신설하고, 농림수산식품부 및 국토해양부를 각각 농림축산식품부 및 국토교통부로 개편하였다.

그러나 2014년 세월호 참사를 계기로 2014년 11월 다시 「정부조직법」이 개정되었다. 교육·사회·문화 분야 정책결정의 효율성과 책임성을 제고하기 위해 교육·사회·문화 부총리를 신설하였으며, 국가적 재난관리를 위한 재난안전 총괄부처로서 '국민안전처'를 신설하였고, 공직개혁 추진 및 공무원 전문역량 강화를 위하여 공무원 인사전담조직인 인사혁신처를 설치하였다. 그리고 안전행정부는 정부 의전·서무, 정부조직관리, 정부혁신, 전자정부, 지방자치제도 및 재정·세제 등의 기능 중심으로 개편하고, 행정자치부로 명칭을 변경하였다. 소방방재청의 소방·방재 기능을 국민안전처로 이관하고, 해양경찰청의 수사·정보 기능(해상에서 발생한 사건의 수사 및 정보에 관한 사무는 제외)

32 2013년 3월 23일 개정된 「정부조직법」과 2014년 11월 19일에 개정된 「정부조직법」을 바탕으로 재구성하였다.

33 보다 자세한 내용은 http://www.gov30.go.kr/gov30/index.do를 참조바란다.

을 경찰청으로, 해양에서의 경비·안전·오염방제 및 해상에서 발생한 사건의 수사 기능을 국민안전처로 이관하였다.

메르스 사태 이후 2016년 1월 개정된 「정부조직법」에 의하면 감염병 대응 역량을 강화하기 위해 보건복지부 소속기관인 질병관리본부를 차관급 기관으로 격상하고, 그 설치 근거를 법률에 명시하였다.

⑤ 문재인 정부의 조직개편 특징[34]

문재인 정부는 인수위원회 없이 출범하였기 때문에 정부조직개편은 큰 폭으로 이루어지지 못하고, 국정 조기 안정을 위해 개편의 폭을 최소화하였으며, '일자리 창출', '경제 활성화', '국민안전 강화' 등의 국정목표를 실현하기 위하여 2017년 7월 「정부조직법」이 국회를 통과하였다. 주요 내용으로 중소벤처기업부, 소방청, 해양경찰청을 신설하였으며, 미래창조과학부는 과학기술정보통신부로 변경하고, 행정자치부와 국민안전처를 통합하여 행정안전부로 개편하였으며, 차관급 기구인 과학기술혁신본부(과학기술정보통신부), 통상교섭본부(산업통상자원부), 재난안전관리본부(행정안전부)를 두어 각 업무의 전문성을 강화하였다. 또한 국가보훈처는 장관급으로 격상하고, 대통령경호실은 차관급으로 하향 조정하며 명칭을 대통령경호처로 변경하였다. 그 결과 중앙행정기관은 종전 51개에서 52개로 늘었고, 정무직은 종전 129명에서 130명으로 각각 증가하였다. 또한 2018년 5월 국회를 통과한 「정부조직법」에 의하면 물관리업무를 환경부로 통일하였다. 이전 국토교통부의 '수자원의 보전·이용 및 개발'에 관한 사무를 환경부로 이관하여 일괄 관리하고 있다.

⑥ 우리나라 정부조직개편의 종합적 특징

부처의 역사적 변동을 고려해 볼 때 우리나라 정부조직개편에는 다음과 같은 특징이 나타난다. 첫째, 집행기관인 청단위(예 국세청, 관세청, 조달청, 병무청, 경찰청 등)는 정부조직 설립이후 큰 조직변화 없이 지속적으로 유지되고 있다. 둘째, 정부부처 정책부서 중에서 정치적 영향을 가장 많이 받는 부서에서는 정부조직개편이 빈번히 일어났다. 대표적인 부서가 기획재정부, 행정자치부, 교육부, 문화체육관광부 등이었다. 이러한 부서는 각 정권에서 내세우는 국정철학에 따라 부처의 통폐합이나 분리가 빈번히 일어났다. 특히 기획재정부는 김대중 정부와 노무현 정부에서 기능이 분리되었다가 이명박

34 행정안전부(2017) 새 정부, 8개 부처 조직개편 완료와 행정안전부(2018) 물관리일원화 정부조직법 개정, 통합물관리 개시 내용을 기반으로 하였다.

정부에 들면서 다시 기능 통합이 이루어졌다. 문화, 체육, 공보에 관한 업무는 정권에 따라 서로 다른 형태로 존재하였다. 셋째, 전통적이고 고유한 특성을 지닌 부처인 법무부와 국방부의 경우 큰 변화 없이 정부조직이 유지되고 있다.

People and
Organizations

Chapter 13

조직문화, 조직정치 및 조직상징

1. 조직문화
2. 조직 내 권력과 조직정치
3. 조직상징과 조직이미지
4. 공공조직에서의 조직문화, 조직정치와 상징

CHAPTER 13

조직문화, 조직정치 및 조직상징

핵심 학습사항

1. 조직문화의 정의와 구성요소는 무엇인가?
2. 조직문화 유형 분류의 기준은 무엇인가?
3. 경쟁가치모형의 유형과 특징은 무엇인가?
4. 경쟁가치모형의 네 가지 특성과 관련된 조직문화는 무엇인가?
5. 조직문화에 따른 조직 효과성은 어떻게 달라지는가?
6. 조직문화의 긍정적·부정적 기능은 무엇인가?
7. 조직문화와 효과적인 리더십과의 관계는 무엇인가?
8. 조직권력의 원천은 무엇인가?
9. 조직구성원들의 정치적 행위는 조직에 어떤 영향을 미치는가?
10. 조직에서는 조직상징을 어떻게 활용하는가?
11. 상징차원에서 정부조직개편은 어떤 의미를 가지는가?
12. 민간조직보다 공공조직에서 조직정치 현상이 더 많이 나타나는 이유는 무엇인가?

1 조직문화

1) 조직문화에 대한 이해

(1) 조직문화 개념과 의의

조직문화의 의미는 다양하게 제시될 수 있다. 오우치(Ouchi, 1981)는 조직문화를 "조직의 전통과 분위기로서 조직의 가치관, 신조 및 행동패턴을 규정하는 기준으로 정의"하였으며, 홉스테드(Hofstede, 1984)는 "특정조직구성원들이 공유하고 있는 가치관, 이념, 신념, 관습, 지식, 기술, 그리고 상징물 등을 포함하는 종합적인 개념"으로 정의하였다(도운섭, 2005: 78에서 재인용). 샤인(Schein, 1985)은 조직문화를 "조직마다 제각기 독특하게 가지고 있는 보편화된 생활양식, 즉 특정조직구성원들 대다수가 공통적으로 가지고 있는 신념, 가치관, 인식, 행위규범, 행동양식"이라고 정의하였다(도운섭, 2005: 78 재인용). 이러한 다양한 정의들을 종합적으로 고려해 보았을 때, 조직문화는 "조직구성원이 공유하고 있으며, 올바른 사고방식과 행동방식으로서 새로운 구성원들에게 전수되는 가치관, 신념, 규범"으로 정의될 수 있을 것이다(Daft, 2016: 420). 그렇다면, 조직문화의 구성요소에는 어떤 것들이 있을까?

(2) 조직문화의 구조

조직문화의 구조에 대하여 샤인(1985)은 세 가지 문화계층(수준)을 언급하였다. 세 가지 문화계층 분류의 의의는 조직문화가 구성원들의 잠재된 의식으로부터 가시적인 상징물로 나타나기까지 다양하고 복합적인 의미를 지녔다는 것을 설명하는 데 있다(이창원 외, 2012: 396–398). 첫 번째 계층은 기본전제(basic premises)로서 이는 문화의 가장 기본적이고도 본질적인 부분이다. 즉, 조직구성원에 의해서 당연한 것으로 받아들여지는 신념 같은 것으로 인간관계 혹은 인간본성에 대한 기본적인 믿음을 포함한다. 기본전

그림 13-1 샤인의 조직문화 구조

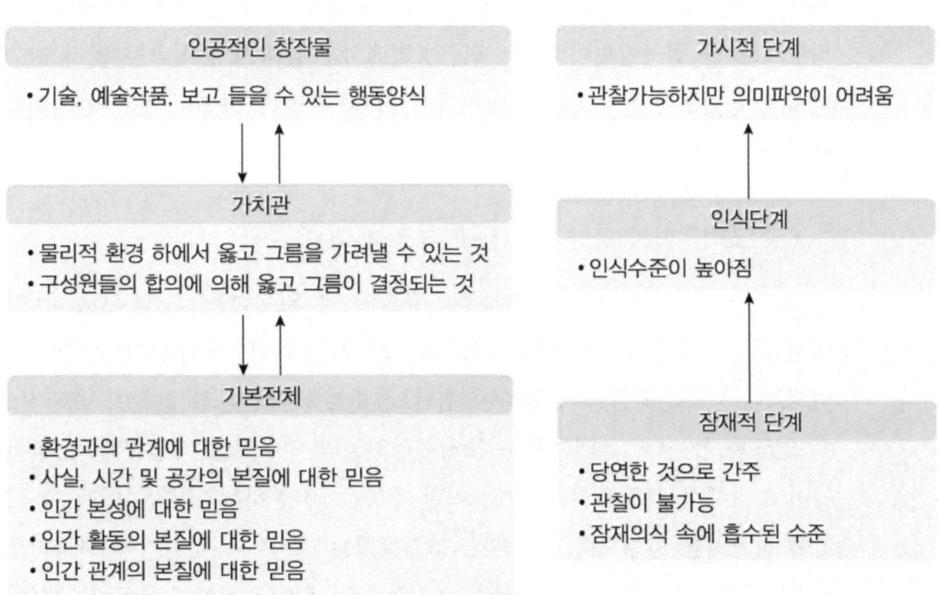

출처: 이창원 외(2012: 397) 재구성

제는 관찰이 불가능한 영역이지만, 구성원들의 행동과 태도 형성에 중대한 영향을 미친다. 두 번째 계층은 가치(value)로서 기본적인 믿음이 표출되어서 실제 가치관으로 형성된 것을 의미한다. 가치는 조직구성원들이 행동하는 지침이 되며, 가시적 수준의 창작물을 만들어 내는데 중요한 영향을 미친다. 세 번째 계층은 가치관의 표출로 만들어지는 인공적 창작물(artifacts)이다. 이러한 인공적 창작물은 예술작품 등으로도 나타날 수 있으며, 조직문화를 가장 표면적·가시적으로 나타낸 것이라 할 수 있다.

2) 조직문화 접근방법과 기능

(1) 조직문화 접근방법

조직문화에 대한 접근방법은 세 가지 관점에서 제시될 수 있다(김명언, 1996; 이종수 외, 2008). 첫 번째, 통합적 관점(integration perspective)을 바탕으로 한 접근방법이다. 이는 조직이 공유하고 있는 규범, 가치, 가정 등의 종합적인 측면에서 조직문화를 설명하는 방식이다. 두 번째, 분화적 관점(differentiation perspective)을 바탕으로 한 접근방법이다. 이는 조직 내 각자 다른 특성을 지닌 하위문화가 다수 존재한다고 보는 접근방법으로, 하위문화 상호 간 적합성(fit)이나 일관성(consistence)에 관심을 두지만 전체적인 조직문화에는 관심을 두지 않는 접근방법이다. 세 번째, 분절적 관점(fragmentation perspective)을 바탕으로 한 접근방법이다. 이 접근방법에서는 분화적 관점과는 달리 하위문화 자체에도 구성원들이 공유하는 규범이나 가치 등과 같은 공통적 문화의 의미를 발견하기 어렵다고 본다.

(2) 조직문화의 긍정적 기능과 부정적 기능

조직문화는 크게 내부통합(internal integration)과 외부적응(external adaptation)이라는 측면에서 긍정적 기능을 한다(Daft, 2016: 422). 보다 구체적인 조직문화의 긍정적 기능은 첫 번째, 내부 구성원들을 통합하여 집단 정체성을 개발하고 그들이 효과적으로 일 할 수 있도록 돕는다. 조직문화는 조직구성원들의 일상적인 작업관계를 이끌어내고, 그들이 조직에서 어떻게 소통하고, 어떤 행동을 해야 하는지 혹은 어떤 행동을 하지 말아야 하는지를 알려준다. 두 번째, 조직문화는 조직이 외부환경에 적극적으로 적응할 수 있도록 한다. 보다 구체적으로, 조직문화는 조직이 어떻게 목표를 달성하고 환경에 대응해야 하는지에 대한 방향성을 제시해 준다. 조직문화가 고객의 요구나 경쟁자의 움직임에 신속하게 반응할 수 있도록 도와주는 것이다.

그러나 조직문화가 이와 같이 항상 긍정적인 기능만을 하는 것은 아니다. 조직문화를 바탕으로 조직구성원들 사이에 강한 공유가치가 형성될 때, 환경변화에 보다 적극적으로 대응하기 어렵고, 하위구성원들 간 공유가치가 지나치게 강조되면 조직 전체의 통합과 조정이 어려워진다(김병섭 외, 2009: 314). 뿐만 아니라, 조직구성원들 사이에 공유되는 가치가 일치하지 않을 때 조직문화는 변화에 대한 장애물로 작용할 수 있고, 강력한 조직문화는 오히려 조직의 다양성 확보에 방해물이 될 수 있다(민진, 2014: 237). 그렇다면 이러한 긍정적 기능과 부정적 기능을 지닌 조직문화는 어떻게 형성될까?

3) 조직문화 형성과정

(1) 조직문화 형성에서의 구성요소

조직문화를 형성하는 데 중요한 영향을 미치는 구성요소는 조직문화의 외적·내적 측면에서 제시될 수 있다. 우선, 조직문화의 외적 구성요소는 ① 특정국가의 전통과 역사, 종교, 관습, ② 시장 환경과 고객의 요구, ③ 기술의 발전, ④ 정부의 규제 정도, ⑤ 국제 정세 등이 있다. 이에 반해, 조직문화의 내적 구성요소는 ① 조직구성원의 특성과 조직구조 및 관리방식, ② 조직구조, ③ 조직의 전략과 관리체계, ④ 조직구성원의 사회적 배경, ⑤ 조직구성원의 안정성, ⑥ 조직의 유형과 사업의 성격, ⑦ 조직의 역사, 규모, 계층 등이 있다(이종수 외, 2008: 115). 조직문화의 외적 구성요소는 주로 사회적·국가적 외생변수를 포함하고 있기 때문에 직접적인 조직문화 구성요소로 간주하기 어려울 수 있다. 반면, 조직문화의 내적 구성요소는 조직구성원들과 직접 관련되는 것이기 때문에 이는 직접적인 조직문화 구성요소로 간주될 수 있다. 다시 말해, 조직구성원들의 가치와 행동양식, 의례양식 등은 조직문화를 형성하는 데 중요한 구성요소가 된다는 것이다(Schein, 1985).

(2) 조직문화 형성과 유지과정

조직문화는 새로운 조직이 기존의 조직과 차별성을 나타내기 위해 조직 창립자를 중심으로 형성된다. 조직 창립자는 자신과 비슷한 가치관을 가진 구성원들을 직접 채용하고 유지하며, 그들에게 자신이 추구하고자 하는 가치와 사고를 주입시키고, 그들과 같이 조직 가치를 공유하고 내재화함으로써 조직문화를 형성한다(Robbins & Judge, 2014: 626). 이렇게 조직문화가 형성되면 조직문화를 유지하기 위해 끊임없는 노력이 이루어진다. 즉, 조직의 가치를 지지하는 구성원들을 선발하고 이들과 조직의 가치를 공유하며, 최고 의사결정권자들이 조직구성원들에게 끊임없이 조직의 가치를 전파하는 것이다. 이러한 와중에 조직구성원들이 조직사회화 과정(조직에 새로 편입된 구성원들이 조직문화에 동화되어가는 과정)을 거치면서 조직문화는 조직구성원들에게 내재되고 정착된다(Robbins & Judge, 2014: 627–628). 이처럼 조직 창립자를 중심으로 형성되고 조직구성원들 사이에 공유와 내재화를 통해 유지되는 조직문화의 유형에는 어떤 것들이 있는지 다음에서 보다 자세히 살펴보도록 한다.

4) 조직문화 유형

(1) 조직문화 유형 분류 기준

조직문화 유형 분류방법은 1차원적 접근방법과 2차원적 접근방법으로 구분해 살펴볼 수 있다. 1차원적 접근방법은 기본적인 조직문화 유형 분류방법으로서, 조직의 이념, 조직의 환경, 거래비용 차원 등과 같은 1차적 기준에 의해 조직문화를 분류하는 것이다(도운섭, 2006). 예를 들어, 해리슨(Harrison, 1972)은 조직의 이념적 지향에 따라 조직문화를 권력지향형, 역할지향형, 과업지향형, 인간지향형으로 분류하였으며, 로빈스(Robbins, 1990)는 구성원들의 행동에 대한 영향정도에 따라 강력문화와 약체문화로 분류하였다. 그러나 이러한 1차원적 분류는 정교성이 부족하다는 비판을 받고 있어, 조직문화 유형 분류에 있어서 두 가지 분류 기준을 제시하는 2차원적 분류방법이 새롭게 등장하게 되었다. 다양한 2차원적 조직문화 유형 분류방법이 존재하지만 가장 대표적인 조직문화 유형을 살펴보면 다음과 같다.

(2) 구체적 조직문화 유형

① 경쟁가치모형

2차원적 조직문화 유형 분류방법의 대표적인 예는 경쟁가치모형(Competing Values Framework, CVF)이 된다. 경쟁가치모형이 처음부터 조직문화 유형 분류방법으로 활용된 것은 아니었다. 퀸과 로어바우(Quinn & Rohrbaugh, 1983)에 의해 제시된 경쟁가치모형은 기존에 존재하던 조직효과성(effectiveness) 관련 가치들을 유연성(flexibility), 통제(control), 내부(internal), 외부(external) 지향의 기준에 따라 분류하였다. 여기서 '경쟁가치(competing values)'는 서로 경쟁하는 기준(예 내부 vs. 위부, 유연 vs. 통제)에 따라 가치들이 대립한다는 의미이다. 예를 들어, <표 13–1>에서 제시되듯이 내부지향과 유연성을 추구하는 인간관

표 13-1 경쟁가치모형

		초점	
		내부지향	외부지향
구조	유연성 (flexibility)	인간관계모형 (Human Relations Model)	개방체제모형 (Open System Model)
		목표가치: 인적자원개발 수단가치: 응집력, 사기	목표가치: 성장, 자원 확보 수단가치: 융통성, 외적 평가
	통제 (control)	내부과정모형 (Internal Process Model)	합리목표모형 (Rational Goal Model)
		목표가치: 안정성, 균형 수단가치: 정보관리	목표가치: 생산성, 능률성 수단가치: 기획, 목표 설정

출처: Quinn & Rohrbaugh(1983: 369)

계모형과 관련된 가치들(예 인적자원개발, 응집력, 사기 등)은 외부지향과 통제를 추구하는 합리목표모형과 관련된 가치들(예 생산성, 능률성, 기획, 목표설정 등)과 경쟁하는 관계에 있다는 것이다.

이와 같은 경쟁가치를 조직문화에 활용한 것은 퀸과 킴벌리(Quinn & Kimberly, 1984)이다(김호정, 2002). 경쟁가치를 조직문화에 적용해 조직문화를 네 가지 유형으로 분류한 것이다. 첫 번째 조직문화 유형은 조직 내부차원과 유연성을 우선적으로 고려하는 '관계지향' 조직문화(집단문화)이다. 이 문화유형에서는 조직구성원들의 협력이 핵심이 되며, 조직에 대한 구성원들의 충성심, 응집력, 사기 등이 중요한 가치가 된다. 또한, 참여·권한위임·의사소통을 우선가치로 하여 인적자원개발 달성에 초점을 두고 있다. 두 번째 조직문화 유형은 조직의 유연성을 강조하면서 조직 외부차원을 우선적으로 고려하는 '혁신지향' 조직문화(발전문화)이다. 이 문화유형에서는 구성원들의 창의, 변화, 혁신을 우선가치로 고려한다. 끊임없는 도전과 창의성을 우선적으로 고려하는 조직문화인 것이다. 세 번째 조직문화 유형은 외부 지향적이며 통제적 조직문화를 지닌 '시장지향' 조직문화(합리문화)이다. 이 문화유형에서는 경쟁을 핵심가치로 고려하며 외부환경에 적극적으로 대응하고자 한다. 또한, 생산성 증진 및 목표달성을 위해 조직의 경쟁력을 향상시키는 것에 중점을 둔다. 마지막 조직문화 유형은 내부지향적이며 통제의 수단을 핵심개념으로 하는 '위계지향' 조직문화(위계문화)이다. 이 문화유형에서는 안정성과 지속성을 중요하게 고려하고 표준화된 규칙과 절차 준수를 강조한다.

② 전략적 초점과 환경요구에 따른 분류

조직의 외부환경 요구와 전략적 초점 기준에 따라 조직문화 유형이 네 가지로 구분될 수 있다(Denison & Mishra, 1995: 216; Daft, 2016: 428). 첫째, 적응문화(adaptability culture)가 있다. 이 문화유형에서는 전략적 초점이 외부지향적이고 유연성과 변화를 지향하며 고객의 요구를 적극적으로 충족시키고자 한다. 다시 말해, 이러한 문화유형에서는 환경이 주는 신호를 적극적으로 탐색하고 해석하여 새로운 대응책을 개발하고자 하는 것이다. 둘째, 사명문화(mission culture)가 있다. 이 문화유형에서는 외부환경 중 특정 고객의 요구에 적극적으로 반응하지만 변화의 흐름이 빠르지 않다는 특성을 지닌다. 이때 조직의 비전과 성장, 성과 달성 등 구체적인 목표달성을 중요하게 고려한다. 셋째, 동족문화(clan culture)가 있다. 이 문화유형에서는 조직구성원들의 몰입과 참여를 통해 외부환경에 적극적이고 빠르게 적응 혹은 대응하고자 한다. 성과달성을 위해 구성원들의 책임과 주인의식, 그리고 조직에 대한 헌신을 중요하게 고려한다. 넷째, 관료문화(bureaucratic culture)가 있다. 이 문화유형에서는 내부지향적 전략에 초점을 두며 안정된 환경에서의 일관성, 순응, 구성원 간의 통합과 협력을 중요하게 고려한다.

③ 딜과 케네디의 조직문화 유형

딜과 케네디(Deal & Kennedy, 1982)는 활동에서의 위험 정도와 활동결과에 대한 피드백 속도라는 두 가지 기준에 따라 조직문화를 과업-휴식 병존문화, 강인한 남성적 문화, 과정중심 문화, 운명적인 투기문화와 같은 네 가지 유형으로 구분하였다(김병섭 외, 2009; 311-312). 첫 번째, 강인한 남성적 문화는 구성원들이 상호 경쟁하는 개인주의 성격이 강한 조직문화 유형이다. 이 문화유형에서는 신속한 의사결정과 위험을 극복할

표 13-2 전략적 초점과 외부환경 요구 분류

		외부환경 요구	
		유연성	안정성
전략적 초점	외부지향	적응문화 • 창의성 • 유연성 • 민첩성	사명문화 • 성과 • 경쟁 • 목표지향
	내부지향	동족문화 • 팀워크 • 우애 • 배려	관료문화 • 통제 • 안정 • 질서

출처: Daft(2016: 428) 재구성

표 13-3 딜과 케네디의 조직문화

		환경(성과)으로부터의 피드백	
		빠름	늦음
위험의 정도	높음	• Tough Guy, Macho • 강인한 남성적 문화 –씩씩하고 남성다운 문화	• Bet–Your–Company • 운명적인 투기문화 –사운을 거는 문화
	낮음	• Work Hard/Play Hard • 과업–휴식 병존문화 –열심히 일하고 즐기는 문화	• Process • 과정중심의 문화 –과정 중시의 절차문화

출처: Deal & Kennedy(1982)

수 있는 능력이 강하게 요구되지만 협력은 중요하게 고려되지 않는다. 두 번째, 과업–휴식 병존문화는 위험성이 낮고 성과에 따른 피드백이 빠른 조직문화이다. 이 문화유형에서는 구성원들의 정열적인 활동과 팀워크가 중요하게 고려된다. 세 번째, 운명적인 투기문화는 위험성이 높고 성과로부터의 피드백이 늦기 때문에 올바른 의사결정이 중요하고 신중성이 요구되는 조직문화이다. 이 문화유형에서는 의사결정을 위한 조직구성원들 간 회의가 중요하게 고려된다. 마지막으로, 과정중심의 문화는 산출보다는 과정에 초점을 두는 조직문화이다. 이 문화유형에서는 조직구성원들이 현재하고 있는 업무의 과정과 절차에 집착하는 경향이 있다.

④ 세티아와 글리노의 조직문화 유형

세티아와 글리노(Sethia & Glinow, 1985)가 제시한 조직문화 유형의 분류 기준은 조직구성원에 대한 배려와 구성원들의 업적에 대한 관심이다. 이러한 기준에 따라 조직문화는 통합문화(integrative culture), 엄격문화(exacting culture), 배려문화(caring culture), 냉담문화(apathetic culture)로 구분될 수 있다(김병섭 외, 2009: 312–313). 통합문화는 업적에 대한 보상체계와 구성원에 대한 배려가 모두 높은 문화 유형으로 업적에 따른 구성원의 보상체

표 13-4 세티아와 글리노의 조직문화 유형

		구성원 실적에 대한 관심	
		낮음	높음
구성원에 대한 배려	낮음	냉담문화	엄격문화
	높음	배려문화	통합문화

출처: Sethia & Glinow(1985); 김병섭 외(2009: 313)

계는 중시하지만 지위에 따른 보상체계는 고려하지 않는다. 엄격문화는 실적에 대한 보상체계는 높으나 구성원에 대한 배려가 낮은 조직문화로서 경쟁이 치열한 조직에 적합한 조직문화 유형이다. 배려문화는 구성원에 대한 배려는 높으나 실적에 의한 보상체계가 명확하지 않은 조직문화 유형으로서 공익사업과 공공분야에 적용될 수 있는 조직문화이다. 마지막으로 냉담문화는 구성원의 실적에 대한 고려와 배려가 거의 확립되지 않은 조직문화 유형이다.

⑤ 홉스테드의 문화차원

홉스테드(1984)는 문화차원 기준에 따라 조직문화 유형을 분류하고 있다. 첫 번째 기준인 권력거리(power distance)는 상하 간의 권력크기를 나타내는 것으로, 상관의 권위가 높을수록 권력이 큰 문화가 된다. 두 번째 기준은 불확실성 회피(uncertain avoidance)이다. 이는 변화와 개혁을 싫어하고 현상 유지를 중요하게 고려하면서 무사안일을 추구하려는 문화차원을 의미한다. 세 번째 문화차원은 개인주의－집단주의(individualism－collectivism)이며, 네 번째 문화차원은 남성문화－여성문화(masculinity－femininity)이다. 이러한 기준에 의하면 우리나라 조직문화는 권력거리가 크고, 불확실성을 회피하려는 경향이 있으며, 가족주의와 온정주의를 기반으로 한 집단주의문화가 강하게 나타나고, 남성문화와 여성문화가 혼재하고 있다고 볼 수 있다(김병섭 외, 2009: 306－308).[1] 또한, 우리나라 행정문화에는 고유의 사회·문화적 특성이 결부되어 ㉠ 권위주의, ㉡ 집단주의, ㉢ 온정주의, ㉣ 안정주의, ㉤ 상황주의, ㉥ 분화성과 통합성의 공존, ㉦ 귀속주의, ㉧ 도전주의와 같은 문화적 특성들이 나타나고 있으며(유민봉, 2015: 202－209), 특히 권위주의, 집단주의, 온정주의, 안정주의, 귀속주의 등의 문화적 특성은 관료사회에서의 부정부패에 주요 원인이 되고 있다. 이와 관련해, 국가·사회적으로 행정문화 개혁의 필요성이 강하게 제기되고 있는 것이다.

1 네덜란드의 경영학자인 트롬페나르(Trompenaars, F.)는 기업의 성공요건을 분석하는 가운데, 기업문화를 일곱 가지 측면에서 비교분석하였다. 보편주의－특수주의, 개인주의－공동체주의, 부분성－전체성(구체성－모호성), 중립－감성, 성취－귀속, 선형시간관－원형시간관, 내부통제－외부통제가 바로 트롬페나르가 조직문화 유형을 분석한 일곱 가지 측면이다(유민봉, 2015: 199－201). 이 중 개인주의－공동체주의 등은 홉스테드의 기준 중 개인주의 vs. 집단주의와 유사한 특성을 지닌다.

주요 조직문화 모형

① 파슨스의 AGIL 모형: 사회의 모든 체제는 적응(Adaption), 목표달성(Goal Attainment), 통합(Integration), 정당성(Legitimacy) 등과 같은 네 가지 기능을 수행해야 한다고 본다. 체제가 존립하기 위해서는 환경에 적응해야 하며, 체제의 목표를 달성해야 하고, 체제 내의 하위 요소를 통합해야 하며, 외부로부터 체제의 정당성을 인정받아야 한다. 파슨스에 의하면 조직의 문화적 가치가 위의 네 가지 기능형성에 영향을 미치는 중요한 요인이 된다고 한다.

② 오우치(Ouchi, 1981)의 Z이론: 오우치는 세 가지 유형의 조직문화, 즉 전형적 미국문화, 전형적 일본문화, Z형의 미국조직 등을 비교하였다. 일본조직문화와 Z형 조직문화는 전형적인 미국문화와 비교했을 때 고용, 평가, 경력경로, 통제, 의사결정, 책임, 인간에 대한 관심 등에서 다른 특징을 나타내었다. 이 이론은 조직문화를 조직의 효과성 증진에 중대한 영향을 미치는 요소로 간주했다는 측면에서 중요한 의의를 가진다.

③ 7S 모형(Peters & Walterman, 1982): 조직문화를 구성하는 일곱 가지의 주요 요소들을 제시한 모형이다. 7S는 Style(행동 관리 스타일), Staff(구성원), System(제도), Strategy(전략), Structure(구조), Skills(관리기술), Shared values(공유가치) 등이다. 7s 모형은 구성요소의 상호 연결성과 의존도가 높을수록 뚜렷한 조직문화가 나타난다는 특징이 있다.

④ 해치(Hatch, 1993)모형: 샤인의 모형을 수정한 것으로 새로운 구성요소로서 상징물을 제시하고, 그들의 연결 관계를 중시했다.

〈해치의 조직문화 모형〉

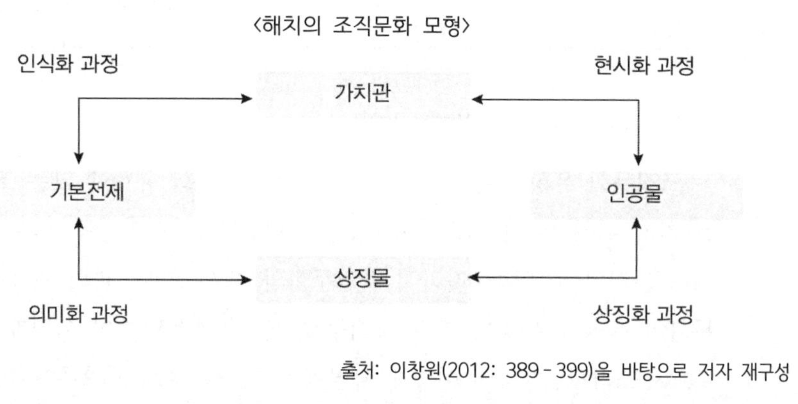

출처: 이창원(2012: 389-399)을 바탕으로 저자 재구성

5) 조직문화의 효과성

(1) 조직문화 강도와 효과성

조직문화의 효과성에 대해 논의하기 이전에 조직문화 강도에 따른 효과성 정도에 대해 살펴보도록 한다. 조직구성원들이 조직 가치의 중요성에 동의하는 정도가 클수록, 즉 조직구성원들이 조직가치에 대해 광범위한 합의를 달성하고 응집력이 강한 문

화를 형성할수록, 또 명확한 가치관과 사회적 규범을 형성하기 쉬울수록 조직구성원들이 공유하는 문화의 동질성은 높아진다(Daft, 2016: 433). 일반적으로 조직에서의 문화 동질성이 높아질수록 조직구성원들의 일체감이 제고되며, 조직의 구성원 통제가 용이해지고, 조직의 안정성을 부여할 수 있어 조직효과성 달성에 긍정적 영향을 미치게 된다. 그러나 강한 조직문화가 반드시 약한 조직문화 보다 조직 효과성 달성에 긍정적 영향을 미친다고 볼 수는 없다. 예를 들어, 강한 조직문화는 조직구성원들이 환경변화에 신속하게 적응하지 못하게 하고, 전체 조직문화를 통합하기 어렵게 하기 때문에 조직 효과성 달성에 항상 긍정적 영향만을 미칠 수는 없다(김병섭 외, 2009: 313-314).

조직 관리자의 윤리적 조직문화 형성 방안

① 눈에 띄는 역할모델이 되라.
② 윤리적 기준을 알려 주어라.
③ 윤리 훈련을 제공하라.
④ 윤리적 행동을 보상하고 비윤리적 행동을 응징하라.
⑤ 보호 기제를 제공하라.

출처: Robbins & Judge(2014: 635-636)

(2) 조직문화 관리와 효과성

조직문화 유형을 분류하는 이유는 각 조직문화 유형에 맞는 조직 효과성 관리전략을 찾기 위해서이다. 조직 효과성은 리더십, 조직시민행동, 직무만족 등 다양한 차원에서 논의될 수 있다. 따라서 조직문화와 조직 효과성과의 관계에 대한 연구는 조직문화의 특성과 유형에 따라 조직구성원들의 직무만족이 어떻게 달라지는지(이종수 외, 2008),[2] 조직시민행동이 어떻게 달라지는지(한봉주, 2009),[3] 혹은 리더십 효과성이 어떻게 달라지는지(김호정, 2003)에 초점을 둔 연구가 주를 이루었다.[4]

---

2 예를 들어, 지방자치단체를 조사한 연구에서 조직 내 조직민주성, 인사의 객관성과 합리성, 업무량의 적절성과 목표의 숙지 등이 잘 성립된 조직문화는 직무만족에 긍정적 영향을 주었다(이종수 외, 2008: 131).

3 공공기관을 대상으로 한 연구에 의하면 조직구성원의 조직시민행동을 촉진하기 위해서는 조직 내 합리적 문화 형성이 선행되어야 한다(한봉주, 2009).

4 그러나, 여기서 주의해야 할 점은 일방적인 조직문화와 조직효과성의 관계를 고려할 것이 아니라, 조직문화의 특성과 유형에 따라 적합한 직무만족, 조직시민행동, 리더십 등 조직효과성이 달라진다는 것이다.

대표적인 조직문화와 조직 효과성 관계 연구는 조직문화와 리더십 효과성 관계에 대한 연구로 제시될 수 있다(김호정, 2003: 104). 조직문화와 리더십 효과성의 관계는 일정하게 나타는 것은 아니다. 예를 들어, 변혁적 리더십, 카리스마적 리더십 등이 조직문화를 발전시킬 수 있다는 주장이 제기되는가 하면, 오히려 조직문화는 리더십 효과성을 제약한다는 주장도 제기되고 있다(Schein, 1985). 조직문화에 부적합한 리더십이 존재할 때 조직문화와 리더십 효과성의 관계는 부정적으로 나타날 수 있다(전상호·신용존, 1995: 154). 예를 들어, 위계적 조직문화에서는 조직의 적극적 변화를 추구하는 변혁적 리더십에 대한 효과성이 크지 않은 것으로 나타난다(Quinn & McGrath, 1985). 이처럼 조직 효과성은 조직문화의 특성에 따라 다르게 나타날 수 있다.

앞에서 설명한 경쟁가치모형을 바탕으로 효과적인 리더십 유형을 제시할 수 있다(Quinn & McGrath, 1985: 329–330). 첫째, '합리문화'에서는 목표 지향적이며, 생산성과 능률을 강조하고, 상위자의 권위를 인정하며 능력에 따른 권한부여가 주어지기 때문에 조직의 효과성을 달성하기 위해서는 '거래적 리더십'을 활용하는 것이 적절할 수 있다. 둘째, '집단주의 조직문화'에서는 조직구성원들 간 관계가 우선시 되고 집단유지, 사기 증진, 응집성 강화, 인간관계 증진, 참여적 의사결정 확대가 핵심가치로 고려되기 때문에 조직의 효과성을 달성하기 위해서는 '배려적 리더십' 활용이 보다 적절할 수 있을 것이다. 셋째, '위계적 조직문화'에서는 안정, 통제, 법규집행 등이 중요한 조직 가치로 고려되고 이를 기반으로 하여 의사결정이 이루어지지 때문에 '구조주도 리더십'이 적절하게 고려될 수 있다. 마지막으로, 성장, 혁신, 외부지지 등이 중요가치로 고려되는 '발전문화'에서는 '변혁적 리더십'이 조직 효과성 증진에 적절한 리더십 유형으로 제시될 수 있을 것이다. 이처럼 조직문화 유형에 따라 조직 효과성 증진을 위해 적절하게 고려되는 리더십 유형이 달라질 수 있으며, 리더십의 효과성 또한 달라질 수 있을 것이다.

그러나 조직문화와 조직 효과성의 관계는 리더십 효과성으로만 설명될 수 있는 것이 아니다. 외부환경 역시 조직문화와 조직 효과성 관계에 영향을 미치는 중요한 변수가 된다. 외부의 강요된 개혁에 의해서 강압적으로 형성된 조직문화는 조직구성원들의 태도와 행동에 오히려 부정적인 영향을 미칠 수가 있다. 예를 들어, 정부가 공공기관에 시장주의 개혁을 동반한 시장주의적 합리문화 형성을 강압적으로 요구할 때, 공공기관에 소속된 구성원들은 낮은 조직 몰입도를 나타내었다(한봉주, 2009: 29).

조직문화는 조직 효과성 달성에 매우 중요한 영향을 미친다. 그러나 앞에서도 살펴보았듯이 어떠한 경우에도 조직 효과성을 달성할 수 있는 절대적으로 바람직한 조

그림 13-2 조직문화와 리더십의 관계

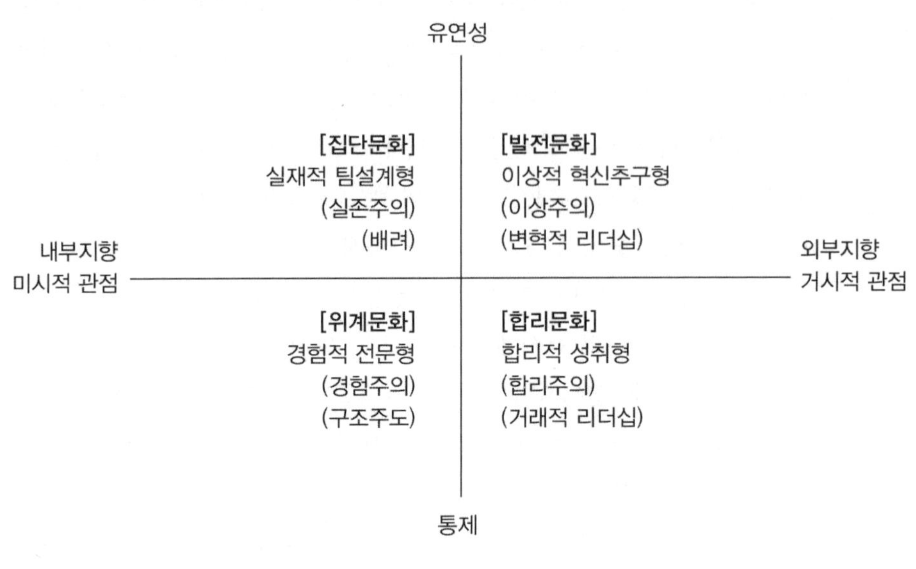

출처: Quinn & McGrath(1985)를 바탕으로 김호정(2003: 107) 재구성

직문화 유형은 존재하지 않는다. 위계문화는 권위적이고 계층적이기 때문에 조직구성원들의 상향식 의사소통에 어려움을 나타내지만, 이러한 문화에서는 의사결정의 신속성을 확보할 수 있다는 장점도 지니고 있다. 그러나, 외부 개혁을 성공적으로 이끌어 내기 위해서는 조직이 환경변화에 보다 유연하게 대응할 수 있는 역량을 증진시킬 필요가 있다(한봉주, 2009: 31).

(3) 매개변수로서의 조직문화

조직문화는 조직 창립자를 포함한 조직구성원들에 의해서 형성·유지되며, 이렇게 형성된 조직문화의 특성에 따라 조직의 효과성이 달라질 수 있다. 예를 들어, 조직구성원들의 가치관과 공유된 의식에 따라 조직문화가 형성되고 이렇게 형성된 조직문화는 조직의 성과와 조직구성원들의 태도에 영향을 미친다는 것이다. 이러한 과정에서 조직문화가 조직의 효과성에 미치는 영향력은 조직문화의 강도에 따라서 달라진다고 할 수 있다(Robbins & Judge, 2014: 645). 따라서 조직문화를 어떻게 관리하는가는 조직효과성 달성에 매우 중요한 변수가 된다.

그림 13-3 조직문화 형성과 영향

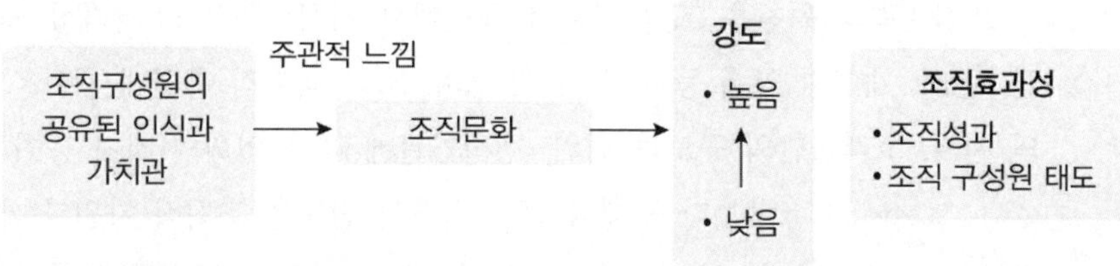

출처: Robbins & Judge(2014: 645)를 바탕으로 저자 재구성

2 조직 내 권력과 조직정치

1) 조직권력

(1) 조직권력의 의의

앞서 언급한 것처럼 조직문화는 조직구성원들이 공유하고 있는 기본가치이다. 조직문화가 어떻게 형성되는 가에 따라 조직구성원들 사이에 권력 분배가 달라지고, 정치적 관계가 달라진다. 조직문화와 마찬가지로 조직권력과 조직정치는 조직 내에서 자연스럽게 나타나는 현상이다(Robbins & Judge, 2014: 488). 조직권력은 "조직 내 원하는 결과를 이끌어내기 위해 조직 내 구성원이나 부서가 상대방에게 영향력을 행사하는 것"으로 정의될 수 있다(Daft, 2016: 576).[5] 일반적으로 조직 내 권력은 더 많은 자원(예 예산)을 보유한 사람일수록, 여러 사람들에게 중대한 영향력을 미칠 수 있는 지위(예 최고의사결정자)에 있을수록, 정보에 대한 통제가 높을수록(예 최고경영층), 네트워크의 중심성(예 구성원들에게 영향력이 강한 사람)에 위치할수록 증대된다(Daft, 2016: 578–582).

조직권력은 의존성(dependence)의 함수로 설명되기도 한다(Robbins & Judge, 2014: 492). 즉, A의 B에 대한 의존성이 커질수록 B가 A에 대해 가지는 권력성은 커진다. 이러한 조직 내 의존성은 조직구성원들이 보유한 자원이 ① 중요하고, ② 희소하며, ③ 대체불가능할 때 더욱 증가하게 되며, 이로 인해 권력이 증대될 수 있다.

5 일반적으로 권력은 "한 사람(혹은 집단)이 타인(혹은 다른 집단)의 행동에 영향을 미칠 수 있는 능력"으로 정의된다(진종순 외, 2016: 270).

(2) 권력의 원천에 따른 조직권력 유형

조직권력의 원천은 조직 내부적 측면에서 지식, 응집력, 리더십, 공식적 지위, 경력, 준거, 개인적 연계 등이 될 수 있으며, 조직 외부적 측면에서는 조직에 대한 환경의 지지, 고객집단의 규모와 범위, 행정기관에 대한 의회의 지지 등이 될 수 있다(김병섭 외, 2009: 219–225). 보다 구체적으로, 권력의 원천은 조직적 차원과 개인적 차원으로 구분해서 살펴볼 수 있다. 조직적 차원으로는 강압적 두려움에 기반을 두는 강압적 권력(coercive power), 보상을 통한 상대방의 순응에 기반을 두는 보상적 권력(reward power), 조직에서의 지위로부터 나오는 합법적 권력(legitimate power)이 권력의 원천에 따른 권력유형이 된다. 또한, 개인적 차원으로는 전문지식에 기반한 전문가 권력(expert power)과 호감 있는 자원이나 개인특성을 소유함으로부터 발생하는 준거적 권력(referent power) 등이 권력의 원천에 따른 권력유형이 된다(Robbins & Judge, 2014: 490–491).[6] 이러한 권력은 권력을 소유한 자가 이를 발휘할 때 유효하게 나타나며, 권력은 상대방의 대응수준에 의존해서 형성되는 개념이 된다. 권력을 지닌 사람의 능력은 다양하다. 뿐만 아니라, 권력은 맥락과 환경에 의해 영향을 받는다(김병섭 외, 2009: 230–235).

2) 조직정치

(1) 조직정치의 의의

조직 내 권력 추구를 위한 조직구성원 간 정치적 행동 가능성은 어느 조직에서나 존재한다(Daft, 2016: 592). 조직 내 정치(organizational politics)는 구성원들 간 권력행사를 바탕으로 하기 때문에 조직문화의 특성과 높은 연관성을 지닌다. 조직 내 정치는 "조직 내의 불확실성(uncertainty)과 불합치(discensus)한 상황 아래서 선호하는 결과를 이끌어내기 위해 힘을 이용한 행위"라고 정의할 수 있다(Pfeffer, 1981; 정종원, 2012: 271 재인용). 이러한 조직 정치가 발생하는 이유는 자원의 희소성, 의사결정 기준의 모호성, 목표의 모호성과 복잡성, 조직기술의 복잡성 및 외부의 동태적 환경변화, 조직의 변화 때문으로 볼 수 있다(Pfeffer, 1981; 이창원 외, 2012: 272).[7]

---

6 권력의 원천 혹은 권력의 기반에 따른 권력 유형 구분은 팡슈와 레이븐(Franch & Raven, 1960)의 논의에 따른 것이며, 이후 이들은 전문적 권력과(expert power)는 별도로 정보적 권력(informational power)을 추가해 권력의 유형을 여섯 가지로 구분하였다. 특히, 정보적 권력은 정보에 대한 접근가능성(accessibility)을 권력의 원천으로 본다(진종순 외, 2016: 273–274).

7 이와 관련해, 외부 환경 특히 정치적 환경의 영향을 많이 받는 정부조직에서 조직정치가 발생할

조직 내 상대방의 선호에 반대하고 자기 자신의 이익을 증진시키기 위해 조직정치 가담자들은 자신의 권력을 사용한다.[8] 조직정치는 조직이 존재하는 한 언제든지 발생할 수 있다. 따라서, 조직정치는 조직 갈등과 함께 조직생애 전반에 매우 중요한 영향을 미치게 되는 것이다(정종원, 2012: 270).

현실적으로 조직 내 정치행위는 항상 존재한다. 그러나 같은 현상이라 하더라도 조직정치가 부정적인 의미로 사용될 수도 있지만 이와는 반대로 효과적인 조직관리의 방안이라는 긍정적인 의미로도 사용될 수 있다(Robbins & Judge, 2014: 505). 즉, 조직에서의 정치는 보는 관점에 따라 그 의미가 달라질 수 있다는 것이다.

표 13-5 조직정치의 같은 현상 다른 해석

정치적 호칭		효과적인 관리 호칭
1. 다른 사람 비난하기	vs.	책임소재 분명히 하기
2. 비위 맞추기(kissing up)	vs.	업무관계 개발하기
3. 아부하기(apple polishing)	vs.	충성심 보이기
4. 책임전가(passing the buck)	vs.	권한위양
5. 몸 사리기	vs.	의사결정 문서화하기
6. 갈등 유발	vs.	변화와 혁신 강조하기
7. 연합형성	vs.	팀워크 개발하기
8. 내부고발(whistle-blowing)	vs.	효율성 개선하기
9. 음모꾸미기	vs.	미리 계획하기
10. 나서는	vs.	유능한
11. 야망을 가진	vs.	경력중심의
12. 기회주의적	vs.	통찰력 있는
13. 교활한	vs.	실용적인 생각을 가진
14. 거만한	vs.	자신감 있는
15. 완벽주의자	vs.	세부사항에 신경을 쓰는

출처: Robbins & Judge(2014: 505)

가능성이 매우 높다.

8 조직정치는 조직 구성원 개인을 위한 것이며 때로는 조직에서 허용되지 않는 행동도 포함한다.

(2) 조직정치 형성의 선행요인과 조직정치 영향

조직정치 형성에 영향을 미치는 요인은 크게 개인적 차원과 조직적 차원에서 논의될 수 있다(Robbins & Judge, 2014: 505–507).[9] 첫째, 개인적 차원에서는 자기관찰성향, 내부적 통제, 마키아벨리적 성격이 강하게 나타날수록 조직 내 정치에 가담할 확률이 높다. 또한, 개인의 조직에 대한 심리적·물리적 투자가 클수록 조직 내 정치에 가담할 확률이 높다. 뿐만 아니라, 직업에서의 성공에 대한 기대가 높을수록 조직 내 정치에 가담할 확률이 높다.

둘째, 조직적 차원에서는 ① 조직의 자원이 줄어들 때 혹은 조직 내 자원이 희소할 때(예 제한된 승진의 기회 혹은 제로섬 보상제도 존재) 정치적 행동이 나타나며, ② 조직 내 신뢰가 낮을 때, ③ 조직 내 역할 등이 모호할 때, 뿐만 아니라 조직이 경험하는 상황의 모호성이 크고 조직구성원에 대한 평가가 모호할 때(예 성과평가의 모호성), ④ 조직 내 상사가 특정 부하에게만 호의를 베푸는 등 개인적 유대관계로 인한 편애가 발생할 때, ⑤ 조직구성원들의 민주적 의사결정 참여가 낮을 때, ⑥ 이기적인 최고 경영자가 존재할 때 조직정치가 나타날 가능성이 높다.

조직 내 정치가 조직에 미치는 영향은 상반되게 나타난다. 일반적으로 조직의 정치적 행동은 조직 내 부정적 측면을 나타낸다. 대부분의 조직에서 조직정치가 활발히 나타나는 경우에는 타인의 이해관계를 고려하지 않고 자신의 이익을 극대화하기 위해 노력하기 때문에 조직 전체의 성과는 감소할 가능성이 높다. 또한, 조직정치로 인해 조직구성원들의 불안과 직무불만족이 증가하며, 사기는 저하될 수 있다. 뿐만 아니라, 조직정치로 인해 조직의 중요 사안에 대해 잘못된 의사결정을 하게 될 수도 있다(Daft, 2016: 592). 특히 조직정치가 만연한 조직에서는 조직구성원 간 갈등이 심화되는 경우가 많고, 효과적인 갈등관리도 어려워져 결국에는 조직 효과성 증진에 부정적인 영향을 미치게 된다는 것이다(정종원, 2012: 288). 또한, 조직정치 행위는 조직구성원들에 대한 성과평가에 있어 공정성과 객관성을 저해하게 되어 성공적인 성과급과 성과평가시스템 정착에 부정적인 영향을 미치기도 한다(Kim, 2016).

---

9 진종순 외(2016: 278–279)는 조직정치에 영향을 미치는 개인적 요인으로 ① 개인이 내적 통제(internal locus of control)를 믿는 정도, ② 조직구성원들의 자기효능감(self-efficacy), ③ 조직구성원들의 조직에 대한 투자 등을 제시한다. 또한, 조직정치에 영향을 미치는 조직적 요인으로 ① 자원의 희소성, ② 조직 내의 편애(favoritism), ③ 조직 내에 존재하는 다양한 형태의 모호성(ambiguity), ④ 조직의 의사결정에 대한 구성원 참여정도를 제시한다.

그러나 조직정치가 항상 부정적인 영향만을 미치는 것은 아니다. 조직정치가 적절히 활용될 때 조직의 생산성 향상에 긍정적인 영향을 줄 수도 있다. 또한, 조직 내 구성원들의 정치적 행동은 조직 이해관계자들 간에 의견 차이를 극복해 주는 자연스러운 교섭 및 협상과정으로도 이해될 수 있다(Daft, 2016: 592). 조직정치는 조직 이해관계자들에게 영향력을 행사하여 조직구성원들 간 갈등과 불확실성을 해결하는 수단으로 활용될 수 있다. 다시 말해, 조직 내 정치과정을 통해 구성원들 간 합의에 도달할 수 있도록 하며, 조직이 처한 불확실성과 갈등을 해결해 주는데 기여할 수 있다는 것이다(Daft, 2016: 592). 특히 자원의존이론(resource dependence theory)에 따르면 조직구성원들의 정치적 행동은 부정적인 행위가 아니다. 조직 내 구성원들은 정치적 행동을 통해 자신에게 주어진 자원손실의 한계를 극복할 수 있다. 즉, 조직 내 정치 행위는 한정된 자원을 가장 효과적으로 활용할 수 있는 전략적 행위가 될 수 있다는 것이다(Kapoutsis et al., 2011).

그림 13-4 조직정치 영향과 요인

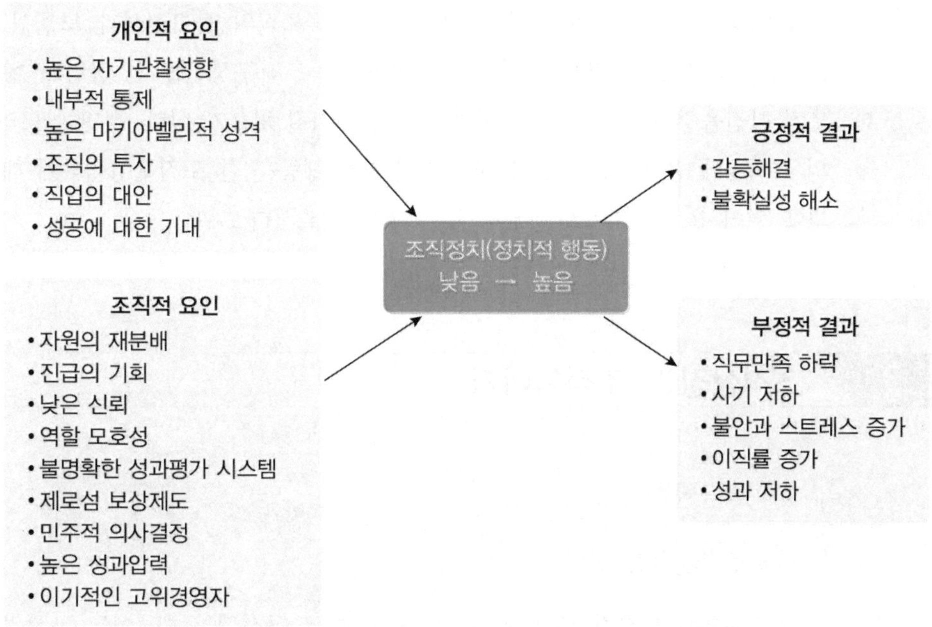

출처: Robbins & Judge(2014: 506-509)를 바탕으로 저자 재구성

(3) 조직정치의 관리방안

그렇다면 이러한 조직정치는 어떻게 관리되어야 할 것인가? 조직구성원들은 조직 내 권력을 획득 또는 유지하기 위해 다음과 같은 정치적 전략을 활용한다. 권력을 지닌 집단과 동맹관계를 유지하며, 과거의 권력층에 속했던 사람들을 대우해 주고, 분할 지배를 강화하며, 정보를 통제한다. 또한, 조직에서의 개인성과를 급속도로 향상시키고, 다른 구성원들에게 호의를 베풀어 상대방이 빚을 졌다고 느끼게 한다. 뿐만 아니라, 점진적인 조직변화를 도모하며, 조직의 성과는 조금씩 달성하도록 유도하고, 조직의 위기상황을 적극적으로 활용하려 한다(DuBrin, 1990; 이창원 외, 2012: 273-274).

이러한 정치적 전략은 조직 내에서 권력을 획득하고 조직 내 정치를 형성하기 위해 반드시 나타나게 된다. 즉, 조직구성원들 사이에 권력을 획득하고자 하는 노력은 조직정치의 필수 요건이 된다는 것이다. 그러나 조직정치는 조직구성원 간 갈등과 윤리적 문제 등 부정적인 측면을 나타낼 수 있기 때문에 이에 대한 합리적인 관리방안이 요구된다.

조직정치의 관리방안으로는 ① 제도적으로 조직의 불확실성과 모호성을 줄이고, ② 자원 등과 같은 경쟁의 원천을 줄이며, ③ 조직구성원들 간 공감대 형성을 통해 조직 발전을 저해하는 집단을 제거 또는 분산시킬 필요가 있다. 뿐만 아니라, ④ 조직의 효과성에 긍정적인 역할을 하는 비정치적 행동을 한 조직구성원들에 대해 인사고과에 있어서 적극적으로 대우해 주는 것이 필요하다(오세덕 외, 2004: 298).

3 조직상징과 조직이미지

1) 조직상징

(1) 조직상징의 의의

조직문화는 상징적 문화 또는 인식적 문화로 구성되는 데, 이는 구성원들이 공유하는 행동의 판단기준이 된다. 이때 가시적 수준의 규범, 의례와 의식, 행동양식, 감정과 태도 등이 조직문화의 중요한 구성요소가 된다(이종수 외, 2008). "조직이 정당성을 확보하는 방법은 사회구성원들이 기대하는 방향으로 조직이 구성화 되어 있는 것"인데, 이를 상징(symbol)이라 한다(김병섭 외, 2009: 317). 이러한 측면에서 보았을 때, 조직상징은 조직문화와 밀접한 관련성이 있는 것이다.

끊임없이 조직구조를 변경하거나 조직 내 의사결정을 통해 문제를 해결하고자 노력하는 것은 조직의 효율성을 증진시키기 위함이다. 그러나 이러한 조직구조 변화 또는 조직구성원의 문제해결 노력이 조직 효율성 추구 목적이 아니라 하더라도 지속되는 경우가 있다. 즉, 조직의 효율성 추구 외에도 조직의 정당성 확보 등이 조직의 목표가 되는 경우가 있는 데 이것이 조직의 상징적 접근방법에 기본 가정이 된다(김병섭 외, 2009: 318).

(2) 조직상징의 구체적 예

조직문화를 구성하는 중요한 상징적 의미로서 의례(rites)와 의식(ceremonies)이 제시될 수 있다. 이러한 의례와 의식은 조직 내에서 정교하게 이루어지는 계획된 이벤트 활동이며, 조직이 특별한 가치를 강화하고 싶거나 구성원들 사이에 강력한 유대감을 형성하고자 할 때 활용하는 방법이다(Daft, 2016: 423). 대표적인 의례와 의식행사로는 신입사원 교육이 있다. 광의의 차원에서 보았을 때 상징은 의식, 이야기, 슬로건, 의례 모두를 일컫는 용어로서, 이를 통해서 조직 속에 깊이 자리 잡고 있는 가치가 상징화 된다(Daft, 2016: 425). 또한, 조직과정에서 발생하는 다양한 행위, 즉 회의, 평가체제, 기획, 관리정보 시스템 등과 같은 조직과정은 생산성과 효율성 달성을 목적으로 하지 않아도 끊임없이 발생되는데, 이것이 바로 조직상징의 예가 된다.

보다 구체적으로, 상징의 예는 회의, 기획, 단체교섭 등을 통해 제시될 수 있다. 회의(meeting or conference)는 조직에 대한 새로운 이해와 의미를 부여하기 위한 협상의 장소로서 상징적 의미를 가질 수 있다. 회의를 통해 조직이 의도한 결과를 도출하고자 하지만, 그렇지 못한 결과가 야기된다 하더라도 회의는 그 자체에 의미가 있다. 즉, 회의를 통해 조직구성원들은 자신의 의견을 적극적으로 표출할 수 있으며, 불평을 토로할 수 있다. 때문에 회의 자체가 협상의 장으로서 상징적인 의미를 지니는 것이다(김병섭 외, 2009: 319). 또한, 기획은 미래를 대비하기 위한 관리적 절차로 인식되지만, 이를 상징적 차원으로도 볼 수 있다. 기획을 조직이 정당성을 획득하기 위해 매년 행하는 하나의 의례(rites)로 간주할 수 있다는 것이다. 이와 같은 맥락에서, 평가도 상징적인 의미를 가진다. 일반적으로 평가는 모든 조직에서 행해지는 중요한 관리수단으로 인식되지만, 평가를 정치적 차원에서의 방어 수단으로도 볼 수도 있다. 또한, 평가는 조직이 조직구성원들을 책임지고 관리하는 방안이 된다는 측면에서 평가 자체가 가지는 상징적 의미가 있다. 단체교섭 역시 일반적으로는 노동자와 관리자 간의 합리적인 갈등해결방안으로 인식되지만, 이를 하나의 의식(ceremonies)으로 볼 수도 있다. 다시 말해, 노동자와 관리자 간 권력의 상호작용을 통해 합의를 이끌어 내는 과정으로 단체교섭에 상징적 의미를 부여할 수 있다는 것이다(김병섭 외, 2009: 320–321).

(3) 조직상징의 영향

조직상징은 조직의 정당성을 확보하기 위한 중요한 수단이 된다는 점에서 긍정적인 역할을 한다. 조직 내 상징성이 확보될 때 조직의 모호성이 최소화될 수 있고, 보다 쉽게 조직의 미래를 예측할 수 있다. 뿐만 아니라, 상징은 긍정적인 조직변화를 초래하는 데 중요한 역할을 한다. 이러한 긍정적 기능에도 불구하고 다양한 상징수단이 명확한 인과관계를 바탕으로 제시되는 것은 아니기 때문에 조직상징에 대한 영향을 파악하는데 타당성을 확보하기 어렵다는 한계를 가진다(김병섭 외, 2009: 321–322).

2) 조직이미지(은유)

조직을 바라보는 관점은 다양하게 제시될 수 있지만 조직상징과 유사한 차원에서 조직을 바라보는 관점으로는 조직이미지 또는 은유(metaphor)가 제시될 수 있다.[10] 모건(Morgan, 1997)은 조직을 바라보는 시각으로 여덟 가지 조직이미지 또는 은유방법을 제시하였다(이창원 외, 2012: 82–95). 첫째, 모건은 조직을 기계장치(organization as machine)로 간주하였다. 고전적 조직이론에서 조직을 인식하는 방식이 이에 해당한다고 볼 수 있다. 둘째, 조직을 유기체(organization as organisms)로 간주하는 것이다. 이에 해당하는 대표적인 예가 인간관계학파에서 실시한 호손실험이다. 조직은 조직 내 구성원들 간 비공식집단의 작용 혹은 조직구성원들 간 상호작용을 통해 작동한다는 것이다. 셋째, 조직을 두뇌(organization as brains)로 간주하는 것이다. 두뇌로서의 조직은 작은 변화에도 끊임없이 변화의 원인과 대응방안 등을 학습해 간다. 넷째, 조직을 문화(organization as culture)로 간주하고, 조직 자체를 하나의 문화적 실체로 본 것이다.

다섯째, 조직을 정치(organization as political systems)로 간주한다. 즉, 조직을 자신의 이익을 추구하기 위해 갈등하는 존재로 간주한 것이다. 여섯째, 조직을 심리적 감옥

---

10 모건(1997: 13)에 의하면 은유는 "경험에서 오는 하나의 요소를 다른 요소로 이해하는 시도"로 정의될 수 있다(이창원 외, 2012: 83).

(organization as prison metaphor)으로 간주하는 것으로, 조직구성원들이 스스로 만들고 그 속에 갇혀버리는 감옥으로써 조직을 이해했다. 일곱째, 조직을 흐름(organization as flux and transformation)으로 간주하고, 조직의 지속적인 개혁과 변동을 강조하였다. 마지막으로, 조직을 지배를 위한 도구(organization as domination)로 간주한다. 이는 지배계층이 피지배계층을 지배하는 수단으로 조직을 활용한다고 본 것이다. 그렇다면, 공공조직에서의 조직문화와 조직정치, 상징은 어떠한 의미를 지니는가?

4 공공조직에서의 조직문화, 조직정치와 상징

1) 공공조직에서의 조직문화

공공조직의 조직문화는 일반 조직문화와 비슷한 특징을 지니고 있으나, 다음과 같은 측면에서는 차이점을 나타낸다. 첫째, 공공조직의 특징, 예를 들면 지방정부, 공기업, 정부출연 연구기관의 기능적 특징이 조직문화 형성에 중요한 영향을 미치기 때문에 다른 민간조직과는 차별성을 가지게 된다. 예를 들어, 이규환 외(2005)의 연구에 의하면 공기업 업무와 관리운영이 공기업 종사자들의 조직문화에 영향을 미친다고 한다. 둘째, 공공조직 문화는 공공조직의 구조적 특성과 깊은 관련성을 나타낸다. 일반적으로 공공조직의 조직구조는 민간조직보다 높은 집권성과 계층성을 지닌다. 이 때문에 공공조직에는 위계적 조직문화가 형성될 가능성이 높으며, 합법성과 공식성이 높아 유연성이 부족하고 통제 지향적인 조직문화가 형성될 가능성이 높다. 특히 우리나라 공공조직의 조직문화는 계급제와 일반행정가 등의 인사제도에 큰 영향을 받게 되어 조직에 대한 충성도가 높고, 상호의존적 공동업무 수행으로 인하여 개인주의 보다는 집단주의 조직문화가 형성될 가능성이 크다.

공공조직의 조직문화와 관련하여서는 다음과 같은 사항을 고려할 필요가 있다. 첫째, 최근 발생하는 다양한 정부개혁 또는 공공기관개혁의 성공을 위해서는 조직문화 연구가 반드시 선행되어야 한다. 특히 공공조직의 효과성은 민간조직의 효과성과는 달라서 조직의 생산성, 효율성, 성과 향상만이 우선적으로 고려될 수 없다. 공공조직에서는 민주성과 형평성 등 다양한 가치가 고려되어야 하기에 능률성, 효율성을 지나치게 강조하는 일방적인 개혁요구는 성공적으로 이루어질 수 없다. 또한 개혁의 필요성이 아무리 크다고 해도 이를 수행하는 과정과 수단이 다소 강압적이고 일방적이라면(예 강압적 동형화), 현재 공공조직에 내재되어 있는 조직문화와 불협화음을 일으키게 되어 개혁이 실패할 가능성이 높다. 예를 들어, 이명박 정부에서 '공공기관 선진화 구조개혁'을 추진할 당시 각 공공기관의 조직문화 특수성을 고려하지 않고 개혁만을 서두르는 바람에 성공적인 조직개혁을 이루어내지 못한 점은 향후 반면교사로 삼을 필요가 있다(한봉주, 2009). 박근혜 정부에서는 공공부문(특히 공공기관) 개혁을 위해 일괄적으로 도입하려고 하는 성과연봉제와 임금피크제 등이 공공조직 구성원들에게 적극적인 지지를 받지 못하는 것도 이러한 차원에서 논의될 수 있을 것이다. 즉, 그동안 우리나라 공공기관은 조직의 문제점이나 개선필요사항 등을 외부로 노출시키는 것을 극히 꺼려 왔다.[11] 뿐만 아니라, 많은 공공조직에서 학연과 지연 등을 바탕으로 폐쇄적 사회자본을 형성해 왔고 이로 인해 집단적이고 폐쇄적인 조직문화가 형성되어 왔다. 이러한 조직문화가 바탕이 되어 있는 한 공공기관 조직구성원들은 개방적이고 시장지향적인 성과급과 임금피크제도 도입을 적극 지지하지 못할 것이다.

둘째, 공공조직의 특성이 조직문화에 적극적으로 반영된다. 이와 관련된 대표적인 예로 우리나라 군 조직의 조직문화가 제시될 수 있을 것이다. 군 조직문화에 대한 실증연구(권혁철·이창원, 2013)에 따르면, 군 조직문화는 현재 상태와 선호 상태가 다르게 나타난다고 한다. 현재 군 조직문화는 위계지향문화 특성을 강하게 나타내고 있으며, 권력격차가 크고 모험을 회피하는 성향을 나타낸다. 또한 군 조직문화는 결과를 중요하게 고려하는 시장주의 조직문화의 특성도 지니고 있다. 그러나 군 조직에서 선호하는 조직문화는 이와는 반대로 혁신지향적 조직문화와 관계지향적 조직문화로 나타났다. 따라서 조직혁신을 도모할 때에는 현재와 미래의 조직문화 차이를 고려할 필요가 있다.

2) 공공조직에서의 조직 내 정치와 상징

(1) 공공조직에서의 권력과 조직 내 정치

공공조직에서 구성원들의 정치적 행동은 더욱 활발하게 나타난다. 공공조직 내 권력 추구를 위해 다양한 정치적 행동이 발생한다는 것이다. 특히 공공조직은 관료제적 문화와 형식적 절차의 강조로 인해 민간조직 보다 더 많은 조직정치가 작용할 가능성

11 공공조직에서 정보공개를 꺼려 하는 이유는 다양한 관점에서 제시될 수 있을 것이다. 그러나 무엇보다도 공공조직은 상당부분이 국민의 세금으로 운영되기 때문에 조직 존속의 필요성과 당위성을 유지하기 위해 조직의 문제점을 외부로 드러내는 것을 꺼릴 수밖에 없을 것이다.

이 있다(Vigoda, 2000). 비고다(Vigoda, 2000)는 조직정치를 '소리 없는 적(silent enemy)'으로 간주하여, 조직정치가 강하면 공공조직의 충성도, 조직성과, 직무만족 모두에 부정적인 영향을 줄 것이라고 주장한다. 공공조직에서의 조직정치로 인한 부정적인 영향은 결국 공공조직구성원들에게만 영향을 미치는 것이 아니라 종국에는 정부부처와 시민들 모두에게 부정적인 영향을 미치게 된다는 것이다(Vigoda, 2000; 정종원, 2012: 271).

조직정치는 민간조직보다 공공조직의 특성과 더 밀접하게 연관되어 있음을 알 수 있다. 예를 들어, 한국의 중앙정부 공무원들이 인식하는 조직정치를 조사한 연구에 의하면(박지원·원숙연, 2013), 권력이 상층부에 집중된다고 인식할수록 조직 내 정치적 행동이 더욱 활발하게 나타난다고 답하였다. 그리고 자원이 충분하지 않을수록(예 승진의 기회가 충분하지 않을 때) 조직정치가 적용될 가능성이 높다고 인식하였으며, 업무와 책임이 명확하게 규정되지 않고 모호하게 나타날수록 공공조직 내에서 정치적 요소가 더 강하게 나타난다고 인식하였다. 조직목표의 모호성(goal ambiguity), 자원의 제한성, 권력의 상층부 집중 현상 등은 공공조직의 대표적인 특징이기 때문에 이를 고려해 보았을 때 조직정치는 민간조직보다 공공조직에서 더 강하게 나타날 것이라고 예측할 수 있다.

(2) 공공조직에서의 조직상징과 이미지

공공조직에서 나타나는 가장 대표적인 상징적 의미는 정부조직개편과 관련되어 있다. 정부조직개편의 원인은 다양한 측면에서 논의될 수 있지만, 이에 대한 가장 대표적인 상징적 의미는 정부조직개편을 통해 대통령의 국정철학을 실현하고자 한다는 것이다. 정부조직개편은 능률성 추구를 위해 시행될 수도 있지만, 능률성·합리성과는 상관없이 상징적 의미로서만 조직개편이 발생하기도 한다. 예를 들어, 세월호 참사 이후 설립된 '국민안전처'의 경우 안전기능의 통합적 접근에서 조직개편이 설명될 수도 있지만, 정부가 세월호 참사 이후 안전기능을 중요하게 고려하고 있음을 보여주는 상징적 의미로도 해석될 수 있다.

이밖에도 박근혜 정부에서는 정부이미지 개선과 우리나라 국가적 상징성을 보다 분명히 하기 위해 각 부처별로 상이하였던 정부문양을 '태극문양'으로 통일시켰다.[12] 기존에 중앙정부는 '무궁화문양'을 정부문양으로 사용하였는데, 광복 70주년을 맞아

12 "새로운 정부상징인 '태극문양'은 역동적이면서 열린 태극 형태다. 청·홍·백 삼색의 조합과 여백의 미를 살려 대한민국의 정체성을 극대화 했다. 청은 생명, 홍은 역동, 백은 빛을 의미하며 국민과 세계, 미래를 향해 나아가는 진취적인 대한민국을 표현한다(뉴시스, 2016년 3월 15일자 기사)." http://www.newsis.com/ar_detail/view.html?ar_id=NISX20160315_0013958311

표 13-6 정부조직개편의 목적과 동기

행정적 측면	정치적 측면	근거
• 행정·조직의 효율성 제고 • 정책의 효과성 제고	• 행정수반의 통제력 강화 • 정책우선순위의 재조정 • 전략적 편의의 효과실현(상징정치)	박천오(2011); 김근세·최도림(1996)
• 효율성과 생산성 증대 • 정부의 자율성과 책임성 증대 • 정부의 투명성 제고	• 국정철학의 상징성 확보 • 정치적 정당성 확보와 관료의 통제 • 정치적 위기돌파 기회의 추구 • 정부와 시장의 역할 분담	최병선(1993); 문명재(2009)
• 환경과 조직 간 적합성을 통한 효율성과 효과성 제고	• 정치적 의도와 상징적 목적 달성 • 선진제도의 모방을 통한 조직개선	박대식(2008); 이창원·임영제(2009)

출처: 최성욱(2012: 131)

67년 만에 정부상징 문양을 교체한 것이다. 이처럼 정부문양을 교체한 이유에 대해 정부는 '대한민국 정부상징 체계를 쉽게 파악할 수 있도록 도모'하고, '기관별로 상이하게 사용했던 정부상징체계를 통일시켜 국민과 외국인들의 정부에 대한 인식을 제고'하고자 하였다고 답했다(뉴시스, 2016).[13]

공공조직 특히 정부의 상징성과 정부가 가지는 이미지는 매우 중요한 의미를 가진다. 정부 상징성과 정부의 이미지를 통해 국가의 정체성이 확립될 수 있고, 국민들의 애국심과 단결심을 강화할 수 있으며, 세계적으로 국가의 위상을 드높일 수 있기 때문이다. 따라서 정부에서는 보다 긍정적인 상징성 개발, 이미지 개선을 위해 더욱 노력하여야 한다. 또한, 이러한 노력은 국민들과의 긴밀한 소통을 바탕으로 국민의 공감대를 이끌어 낸 뒤에야 더욱 성공적이 될 것이다.

13 국가기록원에 따르면 국가상징은 "국제사회에 한 국가가 존재한다는 사실을 알리기 위해 자기나라를 잘 알릴 수 있는 내용을 그림·문자도형 등으로 나타낸 공식적인 징표로서 국민적 자긍심의 상징"을 의미한다. http://www.newsis.com/ar_detail/view.html?ar_id=NISX20160315_0013958311

People and
Organizations

Chapter 14

리더십과 의사결정

1. 리더십개관: 리더와 팔로워의 역량
2. 리더십 유형과 효과성
3. 의사결정

CHAPTER 14

리더십과 의사결정

핵심 학습사항

1. 리더에게 필요한 역량과 팔로워에게 필요한 역량은 무엇인가?
2. 리더십 유형과 리더십 효과성의 관계는 무엇인가?
3. 전통적 또는 고전적 리더십 유형에는 무엇이 있는가?
4. 전통적 리더십과 현대적 리더십의 차이는 무엇인가?
5. 상황론적 리더십에는 어떤 것이 있는가?
6. 현대적 리더십의 특징은 무엇인가?
7. 민간조직과 비교하면 공공조직에서의 리더십은 어떤 의미가 있는가?
8. 지각 또는 귀인이론은 의사결정과 어떤 관계가 있는가?
9. 개인의 지각에 영향을 미치는 요인은 무엇인가?
10. 귀인이론은 무엇이며, 귀인과정은 어떻게 설명될 수 있는가?
11. 귀인오류는 무엇이며, 이는 실제 인사와 조직과정에 어떻게 적용될 수 있는가?
12. 합리적 정책결정의 저해요인과 해결방안은 무엇인가?
13. 제한된 합리성과 직관은 무엇인가?
14. 개인 의사결정모형으로 만족모형과 전망모형은 무엇을 의미하는가?
15. 앨리슨의 세 가지 모형의 특징은 무엇인가?
16. 공공조직의 조직과정에 쓰레기통 모형이 적용될 수 있는가?
17. 점증주의 의사결정은 바람직한가?

1 리더십개관: 리더와 팔로워의 역량

인사조직 관리에 중요한 영향을 미치는 역량은 조직 내 구성원들의 위치에 따라 달라질 수 있다. 즉, 조직구성원들의 역할에 따라 필요한 역량을 달리 논의할 수 있다는 것이다. 이는 미래 인사조직 관리에 있어서도 매우 중요한 화두로 제시될 것이다. 따라서 다음에서는 리더(leader)와 팔로워(follower)에게 필요한 역량에 대해 논의하도록 한다.

1) 리더의 역량

리더의 역량 역시 개인과 조직을 이어주는 중요한 매개체가 된다. 리더가 어떠한 역할을 하는가에 따라, 즉 리더십 효과성에 따라 조직의 효과성이 달라질 수 있기 때문이다. 뿐만 아니라, 효과적인 리더를 양성하기 위해 조직에서의 리더 교육훈련과 평가는 필수적인 인사관리 사항이 되기 때문이다. 효과적인 리더들에게 필요한 역량과 리더 역량개발은 매우 중요한 인사조직 관리 영역이라고 할 수 있다. 이러한 측면에서 리더의 역량은 조직과 개인을 연계해주는 중요한 요소가 된다고 할 수 있다. 특히 리더는 조직의 미션과 비전, 전략, 또는 목표 등이 조직구성원들에게 쉽게 전이될 수 있도록 팔로워들에게 영향을 미치며, 그들의 행동을 변화시키고자 한다. 따라서, 리더는 팔로워들이 변화에 쉽게 적응하도록 하는 필요 역량을 개발하고 발전시켜 나가야 한다. 이러한 차원에서 루치아와 랩싱어(Lucia & Lepsinger, 1999)는 리더에 필요한 관리역량(managerial practices)을 제시하고 있다.[1] 이와 관련해, 우리나라 인사혁신처에서도 고위직으로 갈수록, 즉 리더가 되면 표면적으로 드러나는 개인의 지식·기술 보다 조직차원의 조정·통합·전략적 사고·고객지향 등의 역량이 직무성과 향상에 더욱 중요한 역할을 할 것이라는 점을 강조하고 있다.[2]

리더의 역량은 조직에서 리더에게 요구하는 자질과 관련이 있다. 보이애치스(Boyatzis, 1982)는 맥클랜드의 역량 연구를 관리자 영역으로 확장해, 12개 조직에서 200명의 관리직을 대상으로 조사한 연구를 바탕으로 6가지 영역의 핵심 관리자 역량 모형을 제시하였다(이홍민, 2013: 88). 첫째, '목표 및 행동관리 역량군(goal and action management cluster)'이다. 이 역량군에는 효율성 지향, 생산 지향, 개념들의 진단적 사용, 영향력 행사 등의 역량들이 포함된다. 둘째, '부하관리 역량군(directing subordinates cluster)'이다. 이 역량군에는 부하육성 및 개발, 업무지시 및 통제, 자발적인 업무처리 등의 역량들이 포함된다. 셋째, '리더십 역량군(leadership cluster)'이다. 이 역량군에는 자신감, 언어표현 역량, 논리적 사고, 개념화 등의 역량들이 포함된다. 넷째, '타인에 대한 관심 역량군(focus on other cluster)'이다. 이 역량군에는 자기통제, 객관적 지각, 체력과 적응력, 관계형성 및 유지 등의 역량들이 포함된다. 다섯째, '인적자원 역량군(human resource cluster)'이다. 이

1 보다 구체적으로, 루치아와 랩싱어는 리더들이 조직 내에서 자신들의 역할을 성공적으로 수행하는데 필요한 역량을 제시하였다.

2 보다 자세한 내용은 http://www.mpm.go.kr/mpm/info/infoJobs/0011/hrSystemInfo02/를 참조바란다.

표 14-1 리더의 관리역량모델

역량	지표와 정의
정보제공 (informing)	업무를 수행하기 위해 정보를 필요로 하는 사람에게 의사결정, 계획, 활동에 관한 적절한 정보를 제공하는 역량
명확성 (clarifying)	업무를 할당하고, 업무처리에 관한 지시를 하고, 직무상의 책임, 과업목표, 우선순위, 최종기한과 성과 기대치에 대하여 명확하게 전달해 주는 역량
모니터링 (monitoring)	업무활동과 업무에 영향을 주는 외부조건에 관한 정보를 수집하고, 업무의 진척 정도와 질적 수준을 점검하며, 개인의 성과와 팀의 효과성을 평가하는 역량
계획화 (planning)	장기목표와 전략을 결정하고, 우선순위에 따라 자원을 배분하는 역량, 과업이나 프로젝트를 달성하기 위하여 인적·물적 자원을 사용할 것인가를 결정하는 역량, 협조성·생산성·효과성을 향상하기 위한 방안을 결정하는 역량
문제해결 (problem solving)	업무 관련 문제점을 파악하고, 파악한 문제를 체계적이면서도 시기적절한 방법으로 분석하는 역량, 해결방안을 단호하게 실행에 옮기고 위기를 해결하는 역량
컨설팅 (consulting)	변화를 일으키기 전에 변화에 영향을 받을 사람들과 함께 검토하고, 의사결정에 참여하기를 권장하며, 다른 사람들도 의사결정에 참가하도록 재량권과 권한을 부여하는 역량
위임 (delegating)	조직구성원들에게 책임을 할당하고, 책임을 실행하기 위한 재량과 권한을 부여하는 역량
영향력 (influencing)	업무에 대한 열정, 과업목표를 달성하고자 하는 열정적 태도, 명령과 요구사항에 대한 공감을 이끌어내기 위해 타당한 근거, 가치, 감정에 호소하는 기법을 활용하는 역량
인정 (recognizing)	우수한 성과, 탁월한 업적, 특별한 공헌을 한 사람들에게 칭찬하고 감사를 표하는 역량
보상 (rewarding)	부하들이 우수한 성과와 역량을 나타냈을 때, 급여 인상이나 승진 같은 실질적인 보상을 해 주는 역량
조언 (mentoring)	부하들의 경력계획에 관해 상담하고, 기술적 역량을 개발하도록 지원하며, 좀 더 나은 경력을 쌓을 수 있도록 도와주는 역량
인맥 형성 (networking)	비공식적인 사교모임에 참석하고, 정보나 지지를 받을 수 있는 사람들과 친교할 기회를 만들며, 주기적인 방문, 전화, 서신, 회의나 사교 모임 등을 통해서 관계를 유지하는 역량
팀 빌딩 (team building)	갈등을 건설적으로 해결하도록 도우주고, 팀원 간의 협조, 팀워크, 일체감을 형성하도록 격려하는 역량

출처: Lucia & Lepsinger(1999); 이홍민(2013: 85) 재구성

역량군에는 사회화된 권력의 사용, 긍정적 보상, 집단 프로세스 관리, 정확한 자기 평가 등의 역량들이 포함된다. 마지막, '전문적 지식(specialized knowledge)'에는 기억과 전문화된 지식 역량이 포함된다. 이러한 리더 관련 역량이 통합적으로 나타날 때 조직의 성과도 증진될 수 있는 것이다.

2) 팔로워의 역량

조직의 효과성 증진을 위해서는 리더의 역량만 중요시 되는 것이 아니다. 최근에는 팔로워의 역량도 매우 중요하게 고려되고 있다. 모든 조직에서 팔로워의 역량은 앞으로 더욱 중요시 될 것이다. 팔로워 역량의 중요성을 설명하기 이전에 팔로워십(followership)에 대해 간략히 살펴볼 필요가 있다. 팔로워십은 리더와 효과적인 추종자들 간의 상호작용을 강조한다. 효과적인 추종자들이 그들의 행태 측면에서 적극적이고 책임성을 나타내며, 자율적이고 비판적인 사고를 하게 하는 리더십 유형이 바로 팔로워십이다(이창원 외, 2012: 258). 특히 현대적 리더십이 고전적 또는 전통적 리더십과 다른 점은 리더가 합리적인 과정을 통해 혹은 교환과정을 통해 부하들에게 영향을 주는 점을 중요하게 연구하는 것이 아니라, 부하들, 즉 팔로워의 관점에서 리더십을 연구한다는 점이다. 즉, 팔로워십이 더욱 강조되고 있는 것이다.

21세기 지식기반 사회에서의 조직 역량은 관리자들에게만 의존할 수 없으며, 대부분의 경우 창의적 사고를 지닌 팔로워에게 의존하는 경향이 강하게 나타난다(이창원 외, 2012: 258). 현실적으로 조직 내 리더보다 팔로워들이 더 많은 분포를 차지하고 있기 때문에 그들의 역량에 따라 조직성과가 달라진다고도 할 수 있다. 특히 팔로워들에게는 자신들이 원하는 것을 정확하고 신속하게 리더에게 알려줄 수 있는 역량 역시 중요하다. 팔로워들에게 요구되는 대표적인 역량은 앞서 설명한 버락 등(1997)의 역량모델 중 일반적 역량(generic competency)과 관련이 있다. 일반적 역량은 유연성·변화적응, 위기관리, 고객·서비스 지향성, 개방성, 팀워크, 협조성 등을 포함한다.

2003년 미국 연방정부의 인사관리처(U.S. Office of Personnel Management, OPM)에서는 연방공무원들이 갖추어야 할 역량 요소들을 제시하였다. 다목적의 직종별 역량요구분석(Multipurpose Occupational Systems Analysis Inventory-Close-ended, MOSAIC) 방법을 활용하여 전문·관리 직종의 일반역량요소들과 고위공무원의 리더십 역량요소들을 제시한 것이다. 일반 조직구성원인 팔로워들에게 요구되는 역량으로 볼 수 있는 전문·관리 직종의 일반역량요소는 읽기능력, 쓰기능력, 수리능력, 수학논증, 의사소통, 창의적 사고, 정보관리, 의사결정, 논리추론, 문제해결, 정신적 시각화, 학습, 자부심, 팀워크, 고결성, 자기관리, 대인관계, 기획평가, 주의력, 재정관리, 인적자원관리, 리더십, 교육역량, 고객서비스, 조직이해, 환경이해, 비전제시, 영향·교섭, 갈등관리, 스트레스 감내, 유연성, 기술적용, 기술역량, 기억력, 인지속도, 민첩성, 스테미너, 육체적 강도, 눈-손 조정, 공간인식, 시각적 인지, 주변적 시야, 깊이인지, 색채식별 등을 포함하고 있다(하미승 외, 2007: 45). 다음에서는 팔로워십과 더불어 인사조직에서 중요하게 고려되어야 할 리더십에 대해 살펴보도록 한다.

2 리더십 유형과 효과성

1) 리더십의 의의와 특징

리더십(leadership)은 다양한 의미로 정의될 수 있지만, "바람직한 목표를 달성하기 위하여 조직 내의 개인과 집단을 유도하고 조정하며 행동하게 하는 기술 내지 영향력"으로 정의될 수 있다(Yukl, 2002; 이종수 외, 2014: 197). 조직 내 리더십은 조직구성원들에게 강력한 영향을 주는 것이지만 그들에게 강압적인 강요를 하는 것은 아니다. 리더십은 부하 또는 팔로워(follower)들이 자발적으로 따를 수 있도록 영향력을 행사하는 것이다. 리더와 부하 또는 팔로워들과의 관계는 일방적인 관계가 아니라 상호작용 관계를 나타낸다. 리더가 부하 또는 팔로워들과 일체감을 유지하면서 그들의 행동에 영향을 주는 것이다.

리더십 연구에서 나타나는 리더십의 특징은 다음과 같다. 리더의 지도과정에서 둘 이상의 사람이 반드시 포함되어야 하며, 이러한 지도과정은 의도적으로 지도자가 부하 또는 팔로워에게 영향을 미치는 과정이 된다. 리더의 영향력에 의해 부하 또는 팔로워들이 조직의 목표를 달성하기 위해 공동으로 협조하는 것이다(김병섭 외, 2009: 466). 이러한 영향력은 타인의 지각, 신념, 태도, 동기, 또는 행태에 영향을 미친다(이창원 외, 2012: 234). 따라서 리더십은 다음과 같은 기능을 지닌다. 첫째, 조직의 공식적 구조와 설계의 불완전성을 보완해 주는 기능을 한다. 둘째, 조직의 목표와 구성원의 임무·역할을 분명히 하고, 이를 달성하기 위해 자원을 효율적으로 동원하는 기능을 한다. 셋째, 조직의 일체성과 적응성 확보를 위해 조직 내부 구성원들이 조화를 이룰 수 있도록 지원하는 기능을 한다. 넷째, 조직구성원들의 동기(motive)를 증진시키고 조직 내 재사회화를 달성하는 데 도움을 준다. 다섯째, 조직이 변화하는 환경에 적극적으로 대응할 수 있도록 도와준다(이종수 외, 2014: 198).

2) 리더십 연구 개관

조직에서의 리더십 연구는 오래 전부터 시작되어 왔다. 리더십은 단순히 계층적이고 공식적인 리더의 역할만을 강조한 것이 아니기 때문에 고전적 조직이론에서는 리더십 연구가 큰 관심을 받지 못했다. 베버의 관료제와 테일러의 과학적 관리론 모두에서 조직 내 개인을 어떻게 관리할 것인지에 대한 방법을 연구함에 있어 리더 개인의 역량보다는 명확하게 규정되고 표준화된 작업지시서의 중요성을 더욱 강조한 것이다. 즉, 규칙이나 규율 등이 조직구성원들의 생산성 향상에 더 효과적인 영향을 미친다고 판단해 리더십 연구에는 큰 관심을 가지지 않았던 것이다. 이러한 차원에서 리더십 연구는 1930년대의 인간관계론이나 행정이 국가를 선도할 수 있다는 발전행정론 등이 발달하면서 본격적으로 연구되기 시작하였다(이종수 외, 2014: 197).

특히 인간관계론이 대두된 이후 리더십에 대한 관심이 매우 높아졌다. 조직의 효과성 달성을 위해서는 조직구성원들 간 관계를 조정하고 통합할 필요성이 강조되면서, 리더십 연구가 각광을 받기 시작한 것이다. 예를 들어, 앞서 신고전적 조직이론에서 설명된 버나드의 경우, 민간기업에서의 다양한 실무경험을 바탕으로 『관리자의 기능(The Functions of the Executive)』를 집필하면서, 관리자가 조직관리를 위해 가져야 할 세 가지 기능을 강조하였다. 관리자는 조직구성원들에게 조직에 대한 공헌의지(willingness to serve)를 이끌어 내야 하며, 조직구성원들이 공동으로 공헌할 수 있는 공동의 목적(common purpose)을 명확히 설정해주어야 하고, 조직구성원들이 공헌의지를 발휘하여 그들의 공동 목적을 달성할 수 있도록 제반조건을 형성하고 장애물을 제거할 수 있도록 하기 위해 의사소통(communication)을 원활히 할 수 있어야 한다는 것이 바로 관리자의 세 가지 핵심 기능이 된다(Barnard, 1968).

오늘날까지의 다양한 리더십 연구들에서 나타나는 공통적인 특징은 리더십 유형에 따라 리더십의 효과성이 달라진다는 것이다. 이러한 측면에서 다음에서는 리더십 효과성 달성을 위한 리더십 유형에 대해 보다 자세히 살펴보도록 한다.

3) 전통적 · 고전적 리더십

인간관계론의 등장으로 리더십 연구에 대한 관심은 높아졌지만, 초기 리더십 이론의 대부분은 리더의 특성, 행태 또는 권력과 같은 리더의 특징만을 강조해왔다(이창원 외, 2012: 234). 즉, 과거 전통적 또는 고전적 리더십은 대부분 리더의 자질(trait) 혹은 특성(characteristics)에 초점을 두었거나 리더의 행태(behavior)에 초점을 두어 연구를 진행했다.

(1) 자질론 · 특성론

자질론 또는 특성론은 성공적인 리더의 특징과 자질이 무엇인가를 연구하는 리더십 이론이다(이창원 외, 2012: 234). 주로 리더의 신체적 특성, 성격, 특징, 또는 능력을 연구 대상으로 한다. 이와 관련된 가장 대표적인 리더십 연구는 바로 '위인이론(great person theory)'인데 여기서는 대표적인 리더의 지능, 인성, 육체적 특징, 감독 능력 등을 연구하였다(김병섭 외, 2009: 467). 예를 들어, 리더는 뛰어난 지능을 지니며, 주의력, 독창성, 성실성 등의 자신감을 지니고 있다는 것이다. 그러나, 리더의 신체적 특징 및 감독 능력과 리더십 효과성 관계에 대해서는 동일한 결과가 나타나지 않았다. 스토그딜(Stogdill, 1948, 1974)은 대표적인 자질론 연구 학자인데, 1904년부터 1948년까지 실시된 리더십 연구와 1949년부터 1970년까지 실시된 리더십 연구들을 분석해 리더의 특성은 일관되게 나타나는 것이 아니며, 리더의 특성 효과는 각 연구자 마다 다르게 제시되고 상황에 따라 달라진다는 것을 발견하였다.

리더십 자질론 또는 특성론에 의하면 리더의 특성(예 자부심이 강하고, 정력적이며, 정신적인 성숙도가 높은 자질)이 리더십 효과성에 긍정적인 영향을 미친다고 한다(김병섭 외, 2009: 468). 특히 리더의 인성이 리더십 효과성에 중요한 영향을 미친다는 것이다. 그러나, 리더의 자질론 또는 특성론은 리더십 특징 중 하나의 특징에만 지나치게 초점을 맞추고 있으며, 조직 내 리더십을 실증적으로 연구한 것이 아니기 때문에 과연 이 이론을 실제 조직에 적용할 수 있을 지에 대한 비판을 받고 있다(김병섭 외, 2009: 468). 그럼에도 불구하고 리더십 자질론 또는 특성론이 최근 다시 부각되고 있는 것은 개인의 성격과 관련된 빅파이브 성격모델(big-five model)[3]을 리더십 이론에 접목시키면서 부터이다. 예를 들어, 리더는 사람들과 잘 어울리고, 자기주장이 확실하며, 규칙적이고, 약속을 잘 지키며, 창의적이고 개방적인 성격을 지닌다는 것이다(Robbins & Judge, 2014: 442).

---

3 빅파이브 성격모델에 대한 보다 자세한 내용은 15장에서 설명하고 있다.

(2) 행태론

리더십 행태론은 상이한 지도자의 다양한 행위에 따라서 조직구성원의 만족과 그들의 과업성과 간 관계가 달라진다는 것이다(김병섭 외, 2009). 효과적인 리더의 행동은 그렇지 않은 리더의 행동과 다르며 상황 조건에 상관없이 효과적인 리더십 행동은 항상 존재한다는 것을 전제한다(이창원 외, 2012: 236). 이에 대한 구체적인 연구로서 리피트와 화이트(Lippitt & White, 1943)의 연구가 있다. 이 연구에 의하면 권위형, 민주형, 자유방임형과 같은 세 가지 리더의 유형에 따라 구성원의 성과가 달라진다는 것이다. 권위형 지도자는 구성원들이 해야 할 일을 구체적으로 지시하였고, 민주형 지도자는 구성원들을 의사결정 과정에 적극적으로 참여시켰으며, 방임형 지도자는 구성원들에게 간섭하지 않고 방임하였다. 그 결과 권위형 리더는 성과의 양적인 측면에서 효과를 나타내었으나, 구성원의 만족도 측면에서는 민주형 리더가 더욱 효과적인 것으로 나타났다.

1940년대 후반에서 1950년대 초반에 실시된 오하이오 주립대학교의 리더십 연구는 리더의 행동을 배려(consideration: 리더의 사람에 대한 관심과 대인관계)와 구조주도(initiating structure: 리더의 성취에 대한 관심도) 두 가지로 구분하였다. 이 연구에 의하면, 두 가지 리더십 유형의 특징에 따라 리더십 효과성이 달라진다는 것이다(이창원 외, 2012: 237). 같은 맥락에서 미시간대학의 리더십 연구는 리더 행동, 집단 과정, 집단성과 간의 관계를 파악하고자 하였다. 리더의 유형을 직무중심, 즉 생산 과업에 관심을 가지는 '과업지향형'과 관계 중심, 즉 부하와의 관계를 중시하는 '관계지향형'으로 구분하였다. 연구

표 14-2 오하이오 주립대학교의 구조 주도-배려에 따른 리더십 연구

		구조 주도	
		낮음	높음
배려 (consi-deration)	높음	**낮은 구조주도 높은 배려** 부하에게 업무구조를 적게 강조하는 반면 부하의 욕구만족에는 높은 관심을 두는 리더의 행동	**높은 구조주도 높은 배려** 부하에게 업무구조를 높게 강조하고 부하의 욕구 만족에도 높은 관심을 두는 리더의 행동
	낮음	**낮은 구조주도 낮은 배려** 부하의 업무구조를 적게 강조하고 또한 부하의 욕구 만족에도 관심을 적게 두는 리더의 행동	**높은 구조주도 낮은 배려** 부하에게 업무구조를 높게 강조하지만 부하의 욕구 만족에는 관심을 적게 두는 리더의 행동

출처: 이창원 외(2012: 237)

결과 '과업지향형'보다 '관계지향형' 리더십 하에 조직 생산성이 더 높게 나타났으며, 구성원들도 더 큰 만족감을 나타내었다.[4]

블레이크와 머튼(Blake & Mouton, 1964)은 관리자의 '인간에 대한 관심'과 '생산(업무)에 대한 관심'을 배합하여 관리유형도(managerial grid)를 개발하였다. 관리유형도에 의하면 리더십 유형은 팀 관리형(높은 업무관심－높은 인간관심), 과업형(높은 업무관심－낮은 인간관심), 무관심형(낮은 업무관심－낮은 인간관심), 친목형 혹은 컨트리클럽형(낮은 업무관심－높은 인간관심), 절충형 혹은 중간형(중간 업무관심－중간 인간관심) 등 다섯 가지로 분류될 수 있다. 이러한 유형 중에서 조직의 생산성과 이윤을 가장 증대시키는 유형은 팀 관리형(높은 업무관심－높은 인간관심) 리더십이 된다.

행태이론은 리더십 효과성 증진에 기여하는 리더의 행태를 연구하였다는 측면에서 긍정적인 평가를 받지만, 현상을 너무 단순화하여(예 과업중심과 관계중심) 현실 적응력이 부족하다는 비판을 받기도 한다(김병섭 외, 2009: 472). 즉, 행태이론에서는 리더의 효과적인 행동이 상황에 따라 다르게 나타난다는 점을 간과한 것이다. 또한, 리더십 행동과 성과 간의 관계를 너무 정태적인 측면에서 바라보았다는 한계도 가지고 있다. 이러한 문제를 극복하기 위하여 상황론이 제시되었다(이창원 외, 2012: 240).

(3) 상황론

상황론적 리더십 연구는 상황에 따라 효과적인 리더의 특성, 기능, 행동이 달라진다는 것을 전제로 하고 있다(김병섭 외, 2009: 472). 대표적인 상황론적 리더십이론으로는 피들러(Fiedler, 1967)의 '상황적합형 리더십 이론(contingency theory of leadership)'이 있다. 이 이론에 의하면 리더십의 효과성은 상황에 의해 결정되며, 리더의 유형이 어떤 상황에서는 효과적일 수 있지만, 다른 상황에서는 그렇지 않을 수도 있다는 것이다. 이러한 리더십 효과성에 영향을 미치는 중요한 상황변수로는 ① 리더와 부하의 관계(leader－member relationship), ② 과업구조(task structure), ③ 직위 권력(task structure) 등이 있다. 이 세 가지 상황변수에 따라서 과업지향적(task－motivated) 리더와 관계지향적(relationship－motivated) 리더의 리더십 효과성이 달라진다는 것이다.

다른 상황적 리더십 이론으로는 허시와 블랜차드(Hersey & Blanchard, 1982)의 '리더십

4 이밖에도, 리커트(Likert)의 연결핀 이론(liking pin)에 의하면 리더가 부하와 원만한 관계를 형성하는 것도 중요하지만, 리더의 상위계층 및 동료들과 어떤 관계를 유지하는지에 따라서 리더십 효과성이 달라진다고 한다(이창원 외, 2012: 238; 김병섭 외, 2009: 469－472).

수명주기이론(life cycle theory of leadership)'이 있다. 이 이론에 따르면 지도자의 행태, 부하의 성숙도(예 기술, 능력의 수준), 그리고 특정 상황에 따라 각 지도자의 리더십 효과성이 달라진다는 것이다. 리더의 과업지향 행태는 부하들의 성숙도가 증가함에 따라 지속적으로 감소한다. 반대로 리더의 관계지향 행태는 부하들의 성숙도가 미성숙에서 성숙수준으로 증가할 때 꾸준히 향상되다가 일정 시점이 지나면 다시 감소한다는 것이다. 부하의 성숙도에 따른 바람직한 리더십 유형은 지시형(telling) 리더 → 설득형(selling) 리더 → 참여형(participating) 리더 → 위임형(delegating) 리더로 변화한다고 본다(김병섭 외, 2009: 475).

다음으로 에반스(Evans, 1970)와 하우스(House, 1971)에 의해 개발된 '경로－목표모형(path－goal theory of leadership)'이 있다. 경로－목표모형은 리더십의 상황적응 가능성을 인정하는 이론으로서 이 이론은 기대이론에 기반을 두고 있다. "기대이론을 바탕으로 하는 경로－목표모형은 리더가 구성원이 원하는 보상을 획득할 수 있는 경로를 명확하게 함으로써 구성원의 성과와 만족을 향상시킬 수 있다고 전제"한다는 것이다(HRD 용어사전, 2010; 이창원 외, 2012: 243; 진종순 외, 2016: 256). 리더십 유형과 리더십 효과성은 부하들의 특징과 근무환경의 특징이라는 상황변수에 따라서 달라진다고 본다. 부하의 특징(예 부하의 능력, 부하의 성격, 부하의 욕구, 부하의 동기)과 근무환경 특징(예 과업의 구조화 정도, 작업

그림 14-1 경로 - 목표 모형

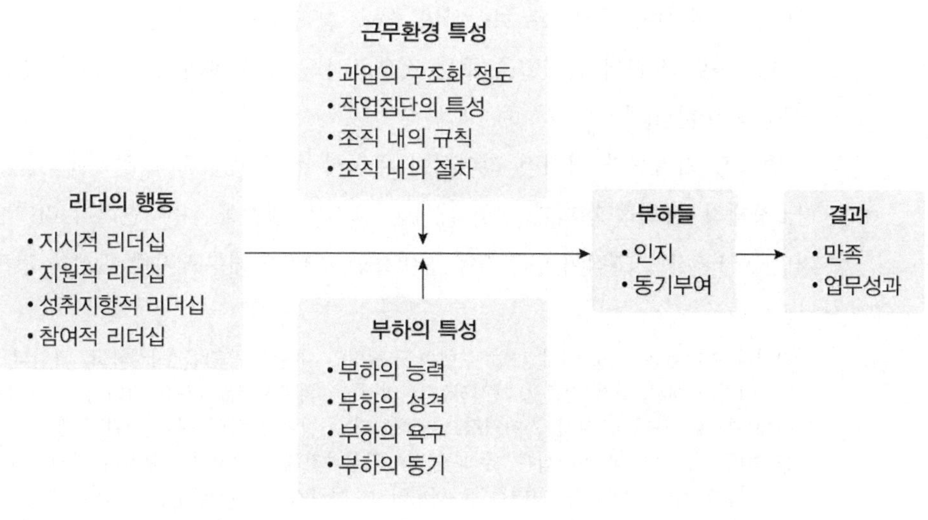

출처: 이창원 외(2012: 243) 재구성

part 03

집단의 특성, 조직 내의 규칙, 조직 내의 절차)에 따라서 지시적 리더십, 지원적 리더십, 성취지향적 리더십, 참여적 리더십의 효과성이 다르게 나타난다는 것이다.[5]

4) 현대적 리더십

전통적·고전적 리더십과는 달리 현대적 리더십에서는 부하 또는 팔로워들의 입장에서 리더가 어떻게 인식되는지가 중요한 연구주제가 되었다. 전통적·고전적 리더십에서는 리더의 관점이 중요시 되었다면, 현대적 리더십에는 부하 또는 팔로워의 관점이 더 중요하게 고려되는 것이다. 따라서 리더십의 합리적 과정과 교환과정 보다 감성과 가치관이 리더십의 중요한 구성요소로 대두되기 시작하였다(이창원 외, 2012: 252).

(1) 변혁적 리더십

변혁적 리더십(transformational leadership)은 "카리스마, 영감, 지적 자극, 개인적 배려에 치중하고, 조직 합병을 주도하고 신규 부서를 만들어 내며, 조직문화를 새로 창출해 내는 등 조직에서 변화를 주도하고 관리하는 리더십"을 의미한다(이종수 외, 2014: 202). 변혁적 리더십은 환경변화에 적극적으로 대응하고 구성원들의 가치관과 감성변화를 촉구한다는 점에서 거래적 리더십과는 다른 현대적 리더십이라고 할 수 있다. 거래적 리더십(transactional leadership)은 "리더와 부하의 관계를 서비스에 대한 보상의 교환관계로 가정하고, 교환과 거래에 주목하는 리더십", 즉 "상관은 부하를 인정해 주고, 일에 흥미를 부여하며, 금전으로 보상하며, 높은 실적을 올린 직원에게는 인센티브를, 낮은 실적을 올린 직원에게는 벌을 주는 것으로 상관과 부하의 상호작용을 강조하는 리더십"을 의미한다(민진, 2014: 219).

변혁적 리더십과 거래적 리더십이 완전히 상호 배타적인 관계에 있는 것은 아니다. 경제적·사회적 변화가 심할 때에는 조직의 생존을 위해 변혁적 리더십이 강조되지만, 어느 정도 조직이 안정기에 접어들면 리더가 내부관리에 관심을 가지고 조직구

5 지시적 리더십은 "부하에게 과업 수행의 구체적인 내용과 수단을 지시하고, 과업의 규정, 과업기간, 업적에 대한 평가 기준을 제시하는 리더십"을 의미하고, 지원적 리더십은 "부하의 복지와 욕구에 관심을 가지고, 부하를 인격적으로 대함과 동시에 부하에 대한 지원에 관심을 갖는 리더십"을 의미한다. 참여적 리더십은 "부하를 의사결정과정에 참여시키고 부하와 상의하며, 아이디어 및 의견 등을 적극 수용하는 리더십"을 의미하고, 성취지향적 리더십은 "도전적 과업 목표를 설정하고 성과를 강조하며, 부하에게 도전적인 자세를 요구하고 부하를 신뢰하는 리더십"을 의미한다(진종순 외, 2016: 257).

표 14-3 거래적 리더십과 변혁적 리더십 비교

구성요소	거래적 리더십	변혁적 리더십
현상	본질적으로 현상과 맞추거나 현상을 유지하려고 노력	본질적으로 현상에 반대하거나 현상을 변화시키려고 노력
목표 지향성	목표가 현상에 크게 어긋나지 않음	이상화된 목표는 항상 현상과 크게 다름
시간에 대한 견해	단기 전망을 지님	장기 전망을 지님
동기부여	즉각적이면서도 유형의 보상을 추구하도록 부하들을 동기부여 유도	보다 높은 단계의 개인적 목표(자아실현)를 추구하도록 부하들을 고무시켜 동기부여 유도
행동 표준화	부하들이 규칙과 관습을 따르는 것을 좋아함	부하들로 하여금 혁신과 실험을 하도록 격려
문제해결	부하들의 문제를 해결해주거나 해답이 있는 곳을 알려줌	문제를 제기. 문제를 해결하거나 부하 스스로 문제해결을 하도록 격려

출처: 민경호(2005: 260)

성원들의 보상과 처벌을 핵심 관리수단으로 고려하는 거래적 리더십도 중요하게 고려된다(유민봉, 2015: 290). 조직의 효과성을 달성하는 데 있어 변혁적 리더십과 거래적 리더십이 모두 활용될 필요가 있다는 것이다. 거래적 리더십은 조직구성원들이 기대 수준 정도의 성과를 달성하는 데 긍정적인 역할을 한다면, 변혁적 리더십은 조직구성원들이 기대 이상의 성과를 달성하는 데 기여를 한다(유민봉, 2015: 291).

변혁적 리더십은 거래적 리더십보다 조직구성원들의 가치관과 감정에 큰 영향을 미친다는 특성을 가진다. 변혁적 리더십은 크게 카리스마적 리더십, 영감적 리더십, 개별적 배려 리더십, 지적 자극 리더십 등과 같은 네 가지 요소로 구성된다(Bass & Avoliom, 1990). 첫째, 카리스마적 리더십(charismatic leadership)은 리더가 난관을 적극적으로 극복하고 현상에 대한 각성을 확고하게 표명함으로써 부하에게 자긍심과 신념을 부여하는 리더십이다. 이러한 점에서 카리스마적 리더십은 성공적인 변혁적 리더십 달성을 위한 중요 요인이 된다고 할 수 있다(이창원 외, 2012: 254). 둘째, 영감적 리더십(inspirational leadership)은 리더가 부하로 하여금 도전적 목표와 임무, 미래에 대한 비전을 열정적으로 받아들이게 하고 이를 계속해서 추구하도록 독려하는 리더십이다. 셋째, 개별적 배려 리더십(individual consideration)은 리더가 부하에게 특별한 관심을 가지고 각 부하의 특정한 요구를 적극적으로 이해해 줌으로써 부하에 대한 존중을 강조하는 리더십이다(이창원 외, 2012: 254). 마지막, 지적 자극(intellectual stimulation)은 리더가 부하로 하여금 형식적인 사고에서 탈피하여 적극적인 사고를 할 수 있도록 격려하는 리더십이다.

(2) 리더-부하 교환이론

리더-부하 교환이론(Leader-Member Exchange, LMX)은 "리더가 내집단(in-group), 외집단(out-group)을 형성하는 것을 지지하는 이론으로서, 내집단의 지위를 가진 부하들은 높은 직무성과 평가를 받고, 낮은 이직의도를 가지며, 높은 직무만족도를 나타낸다는 이론"이다(Robbins & Judge, 2014: 450). 리더-부하 교환이론은 리더가 자신이 선호하는 부하들에게는 상을 주어 좋은 관계를 유지하지만, 그렇지 않은 부하들에게는 벌을 주는 차별화 행위를 한다고 본다. 즉, 초기에 리더가 부하들과 관계를 형성할 때 자신의 그룹 안에 부하를 포함시킬 것인지에 따라 리더와 부하의 관계가 결정되고, 그룹 안에 들어온 부하일수록 높은 업무수행 능력을 보인다는 것이다. 특히 이러한 리더-부하 관계의 영향력과 효과는 부하에게 자주권과 권한이 주어질 때 더 커진다고 본다(Robbins & Judge, 2014: 451).

(3) 서번트 리더십

서번트 리더십(servant leadership)은 그린리프(Greenleaf, 1977)에 의해서 처음으로 도입된 리더십 이론이다. 그에 따르면 리더는 무엇보다도 다른 사람들의 수요를 적극적으로 반영해야 한다. 서번트 리더십의 핵심은 자기 자신보다는 다른 사람에게 초점을 두고 자신의 이익보다는 타인의 이익을 우선시 한다는 데 있다. 리더의 가장 중요한 역할은 다른 사람들, 특히 조직구성원들을 섬기는 것이며, 조직구성원들이 발전할 수 있도록 리더가 적극적으로 지원하는 것이다(Stone et al., 2004: 352). 서번트 리더십에서는 리더의 존중, 봉사, 정의, 정직, 공동체 윤리 원칙을 강조하였다(Greenleaf, 1977).

이와 같이 서번트 리더십은 "인간 존중을 바탕으로 구성원들의 업무 수행에서 잠재력과 기량을 충분히 발휘할 수 있도록 도와주는 리더십으로서, 구성원들이 공동의 목표를 이뤄 나갈 수 있도록 환경을 조성해 주고 도와주는 섬기는 리더십"이다(이창원 외, 2012: 255). 이러한 서번트 리더십은 변혁적 리더십과 공통점과 차이점을 가진다(Stone et al., 2004: 353). 타인에게 영향력을 발휘하며, 비전과 신뢰를 제공한다는 점에서는 공통점을 지니지만, 정직을 우선시하고, 봉사하며, 타인을 섬기고, 타인을 적극적으로 설득하고 배려한다는 점 등에서는 서번트 리더십과 변혁적 리더십에 차이점도 존재한다.

표 14-4 서번트 리더십과 변혁적 리더십 비교

구 분	서번트 리더십	변혁적 리더십
리더의 역할	구성원을 섬김	규범적 조직목표 추구를 위해 구성원을 영감적으로 고취시킴
부하의 역할	더 현명하고 자유롭고 자율적이 됨	조직의 목표를 추구하게 됨
도덕적 요소	명시됨	명시되지 않음
기대되는 결과	구성원들의 만족, 개발, 서비스에 대한 몰입, 사회적 개선	목표 일치, 노력 증대, 만족, 생산성, 조직 이익
개인 수준	섬기려는 욕망	이끌려는 욕망
대인 간 수준	리더가 부하를 섬김	리더가 부하를 고무시킴
집단 수준	리더는 구성원 욕구를 충족시키기 위해 집단을 섬김	리더는 집단목표를 추구하기 위해 집단을 결합함
조직 수준	리더는 조직이 공동체를 섬기도록 준비시킴	리더는 조직목표를 추구하기 위해 구성원을 고취시킴
사회 수준	리더는 사회의 개선을 위해 긍정적 유산을 남김	리더는 명확한 목표를 추구하도록 국가나 사회를 고취시킴

출처: 이창원 외(2012: 256)

(4) 윤리적 리더십과 감성리더십

향후 더욱 중요시될 리더십 유형으로는 윤리적 리더십과 감성리더십이 있다. 특히 윤리적 리더십은 기업의 윤리경영 강조 및 공공부문에서의 윤리강화로 더욱 그 중요성이 더해가고 있다. 윤리적 리더십은 "리더가 개인행동이나 대인관계를 통하여 규범적으로 무엇이 적절한 행동인가에 대한 모범을 보이고, 상호소통, 지원(reinforcement), 의사결정을 통하여 부하들이 그러한 행동을 하도록 조직 전체에 전파, 촉진하는 노력"으로 정의될 수 있다(Brown et al., 2005: 120; 이상법·박흥식, 2013: 215). 이러한 윤리적 리더십에서는 단순히 리더의 도덕적 행위의 중요성만을 강조하는 것이 아니라, 윤리적 리더십이 증가될 때 조직구성원들의 조직몰입과 조직시민행동이 향상되고 이를 통해 조직성과가 증대된다고 본다(Brown et al., 2005).[6]

6 뿐만 아니라, 변혁적 리더십 요소와 서번트 리더십 요소인 배려, 정직, 신뢰, 공정성 등과 중요한 관계가 있기 때문에 윤리적 리더십은 조직연구에서 필수적이라고 할 수 있다. 다시 말해, 윤리적 리더십이란 "리더가 다른 사람에게 윤리적 모범이 되고, 나아가 자신의 사회적 권력을 행사하는 과정을 통하여, 즉 자신이 하는 의사결정이나 행동을 통하여 부하들에게 윤리적 행동을 촉진하는 노력"이라는 것이다(이상법·박흥식, 2013: 215).

이밖에도 새로운 리더십 유형으로 감성리더십이 제시될 수 있다. 특히 오늘날에는 조직구성원들의 가치관과 감정을 중요하게 고려하기 때문에 감성리더십 연구가 중요하게 부각된다고 할 수 있다. 아직까지 감성리더십이 무엇인지에 대한 명확한 논의는 없지만, 이는 "조직구성원들의 감성을 이해하고 배려하는 동시에 공동의 비전을 제시하고, 자연스럽게 조직구성원들을 리드 할 수 있는 리더십"으로 이해될 수 있다(손호중·유용식, 2012: 23-24). 그리고 감성리더십의 주요 구성요소로는 감정평가 및 표현, 감성조적, 감성관리, 자기인식, 자기조절 등과 같은 개인적 능력과 타인감성 인지, 대인관계 기술, 감성지식 활용능력, 사회적 인식 등과 같은 사회적 능력이 제시될 수 있다(손호중·유용식, 2012: 28).[7]

5) 공공조직에서의 리더십

전통적 관료제 시스템을 기반으로 하는 정부조직에서 나타나는 리더십 연구 경향은 이중적이다. 관료제의 법적 기반과 절차 및 규정이 우선시되는 정부조직에서 행정적 또는 관료적 리더십(bureaucratic leadership) 연구는 활발하게 이루어지지 않았다(Terry, 1995). 과학적 관리론, 행정관리론에서는 도구적 관리가 중요하게 고려되었기 때문에 리더십은 주요 관심사가 아니었다. 그러나 최근 공공부문의 리더에게 더 높은 윤리적 기준 혹은 윤리적 가치관 등이 요구되면서 공공부문에서의 리더십 연구도 그 중요성을 더해가고 있다(Van Wart, 2003: 215).

공공조직에서의 리더십 연구는 민간조직에서의 리더십 연구와 본질적으로 다른 특성을 나타낸다. 앞서 설명한 리더십 연구의 역사적 발달(고전적·전통적 리더십과 현대적 리더십 이론)은 공공조직에서도 동일하게 적용될 수 있다. 그러나 공공조직의 리더십 연구

7 감성 리더십이란 "리더 스스로 자신의 내면을 파악하고, 구성원의 감성을 이해하고 배려함과 동시에 자연스럽게 조직구성원들과 관계를 형성해 조직의 감성 역량을 높이는 능력"을 말한다(다니엘 골만 외, 2003; 네이버지식백과, 2013). "조직구성원이 다양해지고 가치관이 빠르게 변하면서, 일상생활에서 구성원들이 느끼는 감성을 이해하고 이들과 긍정적인 관계를 유지하는 감성 리더십의 중요성이 부각되어 왔다." 이러한 감성 리더십 구축단계는 다음과 같이 제시될 수 있다. "첫째는 자기통제 단계로, 리더는 자신의 감정 표현이 조직 전체에 미치는 영향을 정확히 인식하고 부정적인 감정을 스스로 조절할 수 있어야 한다. 같은 집단에서 일하는 사람들 간에는 불안, 시기, 행복 등의 감성이 전이(emotional contagion)되며, 이는 조직의 성과나 분위기에 영향을 미친다. 둘째는 조직 내 신뢰 구축 단계로, 구성원을 대상으로 마음에서 우러난 신뢰와 존중을 표현해 감성 리더십의 기반을 마련하는 과정이다. 이를 위해 리더들은 구성원들과 정기적인 티타임, 온라인 대화 등 다양한 소통 채널을 갖는 것이 필요하다. 셋째 단계는 개별적 관심과 배려로, 구성원에게 맞춤형 배려를 제공해 감동을 줄 수 있다. 넷째는 긍정적인 집단감성의 형성 단계로, 리더와 구성원의 개별 관계를 넘어, 조직 전체의 우호적, 협조적 관계를 구축하는 것이다(네이버지식백과, 2013)."

의 특징은 행정의 본질과 관련되어 있다. 예를 들어, 밴 버트(Van Wart, 2003: 221)는 '행정적 리더십(administrative leadership)'의 특징들[8] 중에 핵심적인 기능이 국민에 대한 봉사와 공공서비스 지향이라고 강조하였다.

최근 부각되는 공공리더십으로 협력적 리더십(collaborative leadership)이 있다. 협력적 리더십은 통합적 리더십 또는 통합적 공공리더십으로 표현되는 데, 김호정(2017: 129 재인용)에 따르면 협력적 리더십은 "복잡한 공공의 문제에 대처하고 공익을 달성하기 위해 다양한 집단과 조직을 준영구적 방법으로, 또한 전형적으로 부문의 경계를 초월하여 연결하는 것"으로 정의할 수 있다.

현대 행정에서는 더 이상 정부가 독점적이고 권위적으로 모든 사회문제를 해결할 수 없으며, 다양한 행위자들이 상호 연계하여 자율적인 조정기능을 하는 협력적 거버넌스 체제를 구축하여 사회문제를 해결하는 것이 더욱 적절하다고 할 수 있다(Ansell & Gash, 2008). 특히 자원의 이용가능성이 제한되어 있고 지속가능성을 달성해야 하는 현대 행정에서는 타 기관과의 적극적인 협력은 생존을 위한 필수 요소가 되었다(김정인, 2017). 이와 같이 외부환경과 자신의 조직을 거시적 차원에서 연계하고 내·외부 환경변화에 적극적으로 대응하는 협력적 리더십은 공공부문에서 중요하게 고려되는 리더십이 되었다(Van Wart, 2003: 221).

8 첫째, 행정적 리더십은 효율적이고, 효과적이며, 법적인 방법 안에서 권위적 과정이 요구하는 결과를 제공하는 과정이다(Administrative leadership is the process of providing the results required by authorized processes in an efficient, effective, and legal manner). 둘째, 행정적 리더십은 결과를 제공하는 모든 팔로워들을 개발하고 지지하는 과정이다(Administrative leadership is the process of developing/supporting followers who provide the results). 셋째, 행정적 리더십은 거시적 차원에서 조직과 환경을 연계하고, 문화를 적절하게 다루는 과정이다(Administrative leadership is the process of aligning the organization with its environment, especially the necessary macro-level changes necessary, and realigning the culture as appropriate). 넷째, 행정적 리더십의 핵심은 봉사이다(The key element to administrative leadership is its service focus). 마지막으로, 리더십은 공공서비스 지향을 기반으로 기술적 성과를 달성하고, 내부적으로 팔로워들에게 지시하며, 외부적인 조직방향을 제시하는 복합적 구성이다(Leadership is a composite of providing technical performance, internal direction to followers, external organizational direction-all with a public service orientation).

3 의사결정

1) 지각과 귀인

(1) 지각의 의의

조직구성원들의 의사결정(decision making)은 각 개인들의 지각(perception)을 바탕으로 이루어지기 때문에 조직 내 의사결정을 논의하기 이전에 개인의 지각에 대해 간략히 살펴보도록 한다. 지각은 "개인이 주변 환경에 의미를 부여하기 위해 자신이 감각적으로 느끼는 인상을 조직하고 해석하는 과정"으로 정의된다(Robbins & Judge, 2014: 201).

지각에 영향을 주는 요인은 크게 지각자(perceiver), 지각의 대상(target), 지각이 형성되는 상황(situation) 등 세 가지로 제시될 수 있다(이창원 외, 2012: 118-122). 먼저 지각은 지각자 개인의 특성에 의해 영향을 받을 수 있다. 지각자 개인의 특성(예 지각자의 동기, 성격, 기분, 흥미, 과거 경험 등)에 의해서 지각이 달라질 수 있다는 것이다. 예를 들어, 개인의 기분에 따라서 사물을 지각하고 해석하는 것이 달라질 수 있다. 또한 지각 대상의 특징에 의해 지각이 달라질 수 있다. 지각 대상과 관련된 특징으로는 동작, 소리, 배경, 근접성 등이 제시될 수 있으며, 이러한 특징에 따라 지각이 달라질 수 있다. 마지막으

그림 14-2 지각에 영향을 미치는 요인

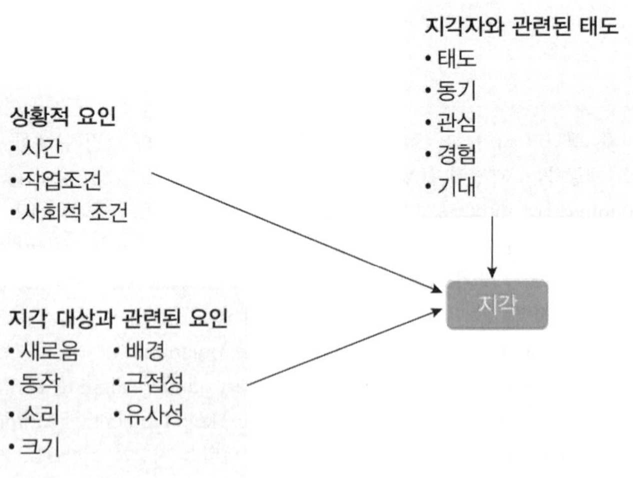

출처: Robbins & Judge(2014: 201)

로 상황적 요인은 시간, 작업조건, 사회적 조건 등을 포함하며, 이러한 상황적 요인에 따라 인간의 지각은 달라질 수 있다.

(2) 귀인의 의의와 적용

개인의 지각 개념을 조직으로 확대해 볼 수 있다. 조직 내 구성원들이 상호 간에 서로의 지각형성에 영향을 미친다는 것이다. 예를 들어, 사람은 다른 사람들을 관찰할 때 그 사람이 왜 그러한 행동을 했는지에 대해 추론하고 설명하려는 경향이 있는데 이와 같이 다른 사람의 행동원인을 밝히려고 하는 것을 귀인(attribution)이라고 한다(이창원 외, 2012: 124). 즉, 귀인 이론(attribution theory)은 "타인의 행동을 관찰할 때 그 행동의 원인이 외재적인가 아니면 내재적인가를 결정하려는 노력"으로 정의될 수 있다(Robbins & Judge, 2014: 201). 여기서 행동의 원인이 내재적이라는 의미는 사람들의 행동이 그 사람의 개인적 통제 하에 있다고 생각하는 것이며, 행동의 원인이 외재적이라는 의미는 외부의 어떤 상황이 그 사람의 행동을 유도했다는 것을 의미한다(이창원 외, 2012: 125). 예를 들어, 부하 직원이 늦게 출근했을 경우 늦은 이유가 늦잠이라는 개인의 습관 때문에 발생했다고 지각하는 것은 내재적 귀인이라고 할 수 있지만, 교통사고로 인하여 늦었다고 판단하는 것은 외재적 귀인이라고 할 수 있다(Robbins & Judge, 2014: 202–203).

귀인과정에 영향을 미치는 중요한 변수로는 ① 차별성, ② 합의성, ③ 일관성이 있다. 첫 번째, 차별성(distinctiveness)은 "개인이 여러 가지 상황에서 각기 다른 행동을 보이는 정도"를 의미하며, 합의성(consensus)은 "동일한 상황에 처한 여러 사람이 같은 방식으로 행동하는 정도"를 의미한다. 또한, 일관성(consistence)은 "같은 사람이 다른 시간에도 동일하게 행동하는 정도"를 의미한다(Robbins & Judge, 2014: 203; 이창원 외, 2012: 125). 타인의 행동을 관찰할 때 차별성이 높고, 합의성이 높으며, 일관성이 낮을 때에는 주로 타인의 행동이 외재적 원인에 귀속된다고 판단할 가능성이 높고, 반대로 차별성이 낮고, 합의성이 낮으며, 일관성이 높을 때는 타인의 행동이 내재적 원인에 귀속된다고 판단할 가능성이 높다.

이는 다음과 같은 상황에도 적용될 수 있을 것이다. 조직구성원 A가 현재 담당하고 있는 업무와 다른 업무도 유사한 수준으로 처리하고(낮은 차별성), 동일한 업무를 담당하는 사람들과 다른 성과를 나타내며(낮은 합의성), 업무의 성과가 변화되지 않고 장기적으로 일정하게 나타난다면(높은 일관성) 조직구성원 A의 업무성과에 대한 책임은 외재적 요인에 의한 것이 아니라 내재적 요인인 A의 개인적 책임에 의한 것이라고 판단할 수 있다는 것이다(Robbins & Judge, 2014: 203).

그림 14-3 귀인이론

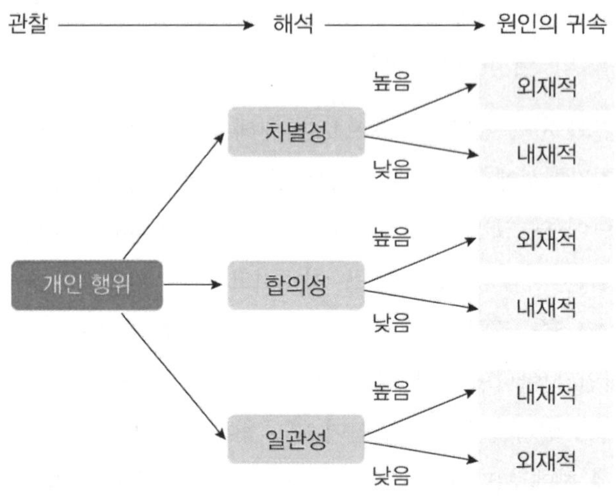

출처: Robbins & Judge(2014: 204)

그러나 이러한 귀인과정이 항상 정확하고 올바르게 나타나는 것은 아니다. 귀인과정을 왜곡시킬 수 있는 다양한 요인들이 존재하는 경우, '귀인오류(attribution error)'가 발생할 수 있다. 이때 가장 많이 나타나는 오류를 '근본적 귀인오류(fundamental attribution error)'라고 한다. 이는 타인의 오류를 판단할 때 외재적 요인은 과소평가하고, 내재적 요인은 과대평가하는 경우를 말한다(Robbins & Judge, 2014: 203). 앞의 예에서도 제시되었듯이, 조직구성원 A의 성과하락이 조직 외부적인 요인에 의한 것이라기보다는 A의 개인적 문제 때문으로 치부하는 경향이 이에 해당한다. 이와는 반대로 '자기보호 오류(self-serving bias)'도 발생할 수 있다. 이는 자신의 성공은 대부분 자신의 내재적 요인 때문이고 실패는 대부분 외부 원인에 의해서 발생한다고 인식하는 오류이다(Robbins & Judge, 2014: 203). 특히 귀인이론을 적용할 때 우리나라와 같이 집단주의 조직문화가 주를 이루는 조직에서는 이러한 자기보호 오류 발생에 주의를 기울일 필요가 있다. 집단주의 조직문화가 강한 조직에서는 조직의 실패와 성공의 귀인을 주로 개인 보다는 팀 또는 집단에 둔다. 또한 개인의 성공과 실패의 귀인을 주로 조직에서 찾고자 하는 경향이 나타난다. 귀인이론에 있어서는 이러한 오류들을 주의해야 하며, 이에 대한 개선방안도 모색할 필요가 있는 것이다(Robbins & Judge, 2014: 203).

그럼에도 불구하고 타인에 대한 지각인 귀인이론은 조직과 인사관리 전반에 있어 매우 유용하게 활용될 수 있다(이창원 외, 2012: 127–128). 첫째, 귀인이론을 채용과 근무성적 평정과 같은 인적자원 평가에서 활용할 수 있다. 면접관의 지각은 면접결과에 많은 영향을 미친다. 예를 들어, 면접관은 후광효과 또는 고정관념 등 때문에 면접대상자들에 대한 판단에 어려움을 겪을 수 있다. 그럼에도 불구하고 여러 명의 독립적인 평가자들이 면접대상자들에 대해 지각하는 바에 따른 평가는 어느 정도 공통성을 띠며, 또 정확성도 높다는 실험결과가 제시되기도 한다(Eisenkraft, 2013).

둘째, 지각 또는 귀인이론은 조직구성원들의 동기부여에도 적용될 수 있다. 동기부여가 발생하는 요인으로 귀인이론을 적용시킬 수 있다는 것이다. 조직구성원들의 임금인상이 구성원들의 노력에 대한 대가(내면적 요인)라고 지각되고 인식된다면, 다른 구성원들도 노력해서 임금을 인상 받고자 할 것이지만, 임금인상이 노력에 대한 대가(실적에 기반을 둔)가 아니라 외적인 요소에 의해서 주어진다고 한다면(외면적 요인) 구성원들은 실적 증진을 위해 노력하지 않을 가능성이 높다.

타인을 평가할 때 자주 발생되는 오류

① 선택적 지각(selective perception): 자신의 관심, 배경, 경험, 태도에 근간을 두고 상대방이나 대상을 선택적으로 해석함으로써 발생하는 오류
② 후광효과(halo effect): 상대방의 한 가지 특성을 종합적으로 묘사함으로써 발생하는 오류
③ 뿔효과(horns effect): 하나의 특성으로 인해 한 사람의 모든 것이 나쁘게 평가되는 것
④ 대조효과(contrast effect): 동일한 특성에 대해 최근에 대면한 사람과 그 비교우위를 통해 상대방의 특성을 평가함으로써 발생하게 되는 오류
⑤ 고정관념(stereotyping): 그 사람이 소속된 집단의 특성을 통해 상대방을 평가함으로써 발생하는 오류
⑥ 투사(projection): 자신의 특성을 다른 사람에게 부여하는 것
⑦ 관대화 경향(lenienty tendency): 개인을 평가할 때 좋은 쪽으로 치우치는 것으로 반대적 의미로는 엄격화 경향(tendency of strictness or severity)이 있음. 중도적 의미로 중심화 경향(central tendency)이 있는데, 이는 평가의 결과가 중간으로 치우치는 경향을 의미함

출처: Robbins & Judge(2014: 205 - 207); 진종순 외(2016: 70 - 75)

2) 조직 내 의사결정

(1) 의사결정의 의의

의사결정은 두 개 이상의 대안 중에서 최선의 대안을 선택하는 활동이다. 따라서, 바람직한 의사결정을 하기 위해서는 주어진 대안의 정보에 대한 정확한 해석과 평가가 필요하다. 최선의 대안 선택이라는 판단을 할 때 앞에서 논의한 지각과 귀인과정이 작용하게 된다(Robbins & Judge, 2014: 210). 이러한 이유 때문에 만약 지각 또는 귀인과정에서 오류가 발생한다면 바람직한 의사결정이 이루어질 수 없다.

의사결정(decision making)의 의미는 다양하게 논의될 수 있지만, 일반적으로 "개인, 집단 혹은 조직이 문제를 해결하기 위하여 목표를 설정하고, 설정된 목표를 달성하기 위하여 대안을 마련하며, 대안들 중에서 최적의 대안을 선택하는 과정"으로 이해될 수 있다(민진, 2015: 330). 이러한 의사결정은 기본적으로 개인 의사결정이 바탕이 되지만, 조직 내 의사결정이 어떤 차원에서 이루어지는 가가 중요하게 고려될 필요가 있다. 즉, 조직의 의사결정은 의사결정의 주체에 따라 크게 개인적 차원의 의사결정과 조직 또는 집단적 차원의 의사결정으로 구분될 수 있는 것이다(Daft, 2016; 정정길 외, 2013: 436).

(2) 합리적 의사결정과 제한된 합리성

조직 내 의사결정이 어떻게 이루어지는 가는 의사결정 시 합리성이 어떻게 작용되는 가와 관련이 있다. 합리성의 정도에 따라, 즉 합리성의 제한성(bounded rationality) 정도에 따라 조직 내 의사결정(예 의사결정의 적정성 혹은 최적의 대안 선택)이 달라진다고 할 수 있다. 여기서 제한된 합리성은 "의사결정 활동은 복잡한 모든 상황을 통해 이루어지는 것이 아니라 핵심 사항만 다루는 제약적이고 단순화된 모델을 통해서 의사결정이 이루지는 것"을 의미한다(Robbins & Judge, 2014: 211).

가장 이상적이고 합리적인 의사결정은 ① 문제 정의와 목표를 명확히 하고, ② 문제대안을 광범위하게 탐색·개발하며, ③ 문제대안의 결과를 예측하고, ④ 문제대안을 비교·평가하여 최적의 대안을 선택하는 것이다(정정길 외, 2013: 329). 그러나 현실적으로 조직 내에서 항상 합리적인 의사결정이 이루어진다고 기대하기는 어렵다. 그 이유는 조직 내에서 불확실성과 모호성이 나타날 때 인간의 인지능력의 한계로 인해 가능한 모든 대안을 탐색하여 최선의 의사결정을 내릴 수 있는 여력이 부족하기 때문이다. 특히, 정치적 이해관계자들의 조직적 반대가 강하게 나타날 때에는 최적의 대안 선택, 즉 적절한 의사결정이 이루어지기 어렵다.

합리성에 기반한 의사결정과는 달리 직관(intuition)에 따른 의사결정 방법도 존재한다. 이는 가장 비합리적인 의사결정 방안으로서 주로 "추출된 경험으로부터 만들어진 무의식적인 과정"에 의한 의사결정을 의미한다(Robbins & Judge, 2014: 212). 직관에 의한 의사결정이 합리적인 분석에 따른 것은 아니지만 이것이 항상 잘못된 것만도 아니다. 다시 말해 비합리적인 의사결정 방안인 직관에 의한 의사결정이 때로는 보다 성공적인 결과를 초래할 수도 있다는 것이다.

의사결정에서 나타나는 일반적 편견과 오류의 예

① 지나친 자신감의 편견: 의사결정 시 의사결정자들이 자신들의 능력에 대해 과신하여 의사결정을 내리는 경향

② 고착적 편견(anchoring bias): 초기 정보에 집착하는 경향으로 이로 인해 사람들은 후속 정보에 적절히 대처하는 데 실패

③ 확정적 편견(confirmation bias): 선택적 지각의 특수한 형태로서 과거의 선택 방식을 재확인해 주는 정보는 받아들이고 과거의 판단과 모순되는 정보는 무시하는 성향

④ 활용적 편견(availability bias): 즉각적으로 사용 가능한 정보에 근거하여 판단하려는 성향

⑤ 몰입의 심화: 이전의 의사결정이 잘못되었다는 부정적 정보를 알고 있는데도 불구하고 이를 오히려 확장하는 성향

⑥ 무작위적 오류: 발생하는 사건에 대해 예측할 수 있다고 믿는 경향

⑦ 위험회피: 위험한 결과가 더 높은 성과 혹은 만족을 가져온다고 할지라도 위험한 결과 대신 낮더라도 확실하게 보장되는 결과를 선호하는 경향

⑧ 사후확신 편견(hindsight bias): 결과가 실제로 밝혀진 이후에 마치 사전에 이를 정확하게 예측한 것처럼 잘못 확신하는 성향

출처: Robbins & Judge(2014: 212 - 217)

3) 조직 내 의사결정 과정

(1) 합리적 의사결정 과정

의사결정에 있어서는 개인차원이든, 집단차원이든, 조직차원이든 합리적 의사결정을 도모하고자 한다. 그렇다면 합리적인 의사결정은 어떠한 과정을 통해 이루어질 수 있을까?

합리적인 의사결정 과정은 첫째, 해결할 정책문제 또는 달성할 목표를 명확히 하는 것에서 시작된다. 문제의 내용을 정확하게 분석하여 파악하는 것은 문제해결의 바람직한 결정을 위해서 필수적인 과정이라고 볼 수 있다. 이는 또한 대안의 개발과 대안의 결과예측을 위해서도 불가피한 작업인데, 예를 들어, 대안의 개발과 대안의 결과예측을 위해 모형을 작성할 때 명확한 문제의 정의는 필수적이 된다(민진, 2015: 342).

둘째, 대안을 광범위하게 탐색 또는 개발하여야 한다. 대안의 개발 및 탐색은 중요한 대안들을 찾아내고 개발하여, 비교 및 평가의 대상에서 제외되지 않도록 확인하는 절차이다. 대안의 탐색 순서는 정의된 정책문제를 명확하게 인지하고 목표를 정확하게 이해하는 것이며, 여러 가지 정책수단을 광범위하게 파악하는 것이다. 또한, 정책수단을 적절히 배합하고 이에 대응하는 정책목표와 결합시켜 구체적인 정책대안을 만드는 것이다(정정길 외, 2013: 358–359). 대안을 탐색할 때에는 경험과 학습, 과학·기술·이론적 모형, 주관적 혹은 직관적 방법들을 사용할 수 있다. 특히 주관적 혹은 직관적 대안 탐색의 방법으로는 집단토의와 델파이가 제시될 수 있다. 집단토의는 즉흥적이고 자유분방하게 여러 가지 기발한 아이디어를 창안하는 방법이며, 델파이는 익명성, 반복성과 환류, 합의를 바탕으로 정책문제 해결을 위해 정책대안을 개발하고 정책대안의 결과를 예측하는 방법이다(정정길 외, 2013: 358–359).

셋째, 대안이 가져올 결과를 예측하는 것이다. 정책대안의 결과예측은 대안이 집행 또는 실현되었을 때 나타날 수 있는 결과들을 정책대안의 실현 이전에 미리 예상하는 것이다. 정책대안의 결과를 예측하는 방법에는 모형을 이용한 방법과 정책실험을 바탕으로 하는 통계적 방법, 그리고 전문가들에 의한 델파이 기법 등이 있다. 특히 모형을 이용한 결과예측 방법은 정책대안의 탐색에 많은 도움을 줄 수 있다. 하지만, 모형의 정확성에 있어서는 한계를 가진다(정정길 외, 2013: 368–383).

넷째, 대안의 결과를 비교·평가하고, 최선의 정책대안을 선택하는 것이다(정정길 외, 2013: 383–384). 대안의 선택 기준은 소망성과 실현가능성 등을 포함한다. 소망성과 관련해서는 효과성, 효율성, 공평성 등을 강조한다. 이때 비용효과분석과 비용편익분석[9]을 활용하여 소망성과 실현가능성을 평가한 후 대안을 선택할 수 있다(정정길 외, 2013).

9 비용편익분석(cost–benefit analysis)은 '공공지출에 관한 결정에서 공공투자사업의 효과가 비용보다 많은지를 평가하는 체계적인 분석수단 중 하나'이다. 이에 반해서 비용효과분석(cost–effectiveness analysis)은 '비용편익분석과 기본논리는 동일하나 효과의 화폐가치 계산이 힘들거나 비용과 효과의 측정단위가 달라 동일한 기분으로 양자를 비교하기 힘들 때 사용되는 분석기법'이다(정정길 외, 2013: 777–784).

(2) 합리적 의사결정 과정 저해

합리적인 의사결정 과정을 거친다고 해도 현실에서 항상 의사결정이 합리적으로 이루어지는 것만은 아니다. 합리적 의사결정이 저해되는 가장 중요한 원인으로 제한된 합리성이 제시될 수 있다. 의사결정 시 발생하는 여러 장애 요인, 즉 시간부족으로 인해 의사결정은 신속하게 이루어져야 하며, 조직 내·외부적으로 고려해야 할 요인이 너무 많고, 정치적 제약으로 인해 문제정의를 쉽게 내리지 못하는 등이 합리적인 의사결정을 방해하는 것이다(Daft, 2016: 518).

특히 개인과 조직이 상황의 복잡성과 동태성으로 인해 불확실성 하에 있을 경우 합리적인 의사결정은 제약될 수밖에 없다(정정길 외, 2013: 378–379). 특히 최근 급변하는 사회·경제·기술·문화·정치 등의 환경 때문에 변화의 속도는 더욱 빨라지고, 변화의 복잡성과 불확실성은 더욱 커지게 되었다. 이로 인해, 의사결정의 속도도 더욱 빨라지게 되었고, 의사결정에 있어서 더욱 많은 정보를 필요로 하게 되었으며, 의사결정 과정에서 더 많은 협력이 요구되고 있다. 그럼에도 불구하고 의사결정의 결과에 대한 확실성

그림 14-4 의사결정 시 제약조건과 상쇄적 선택단계

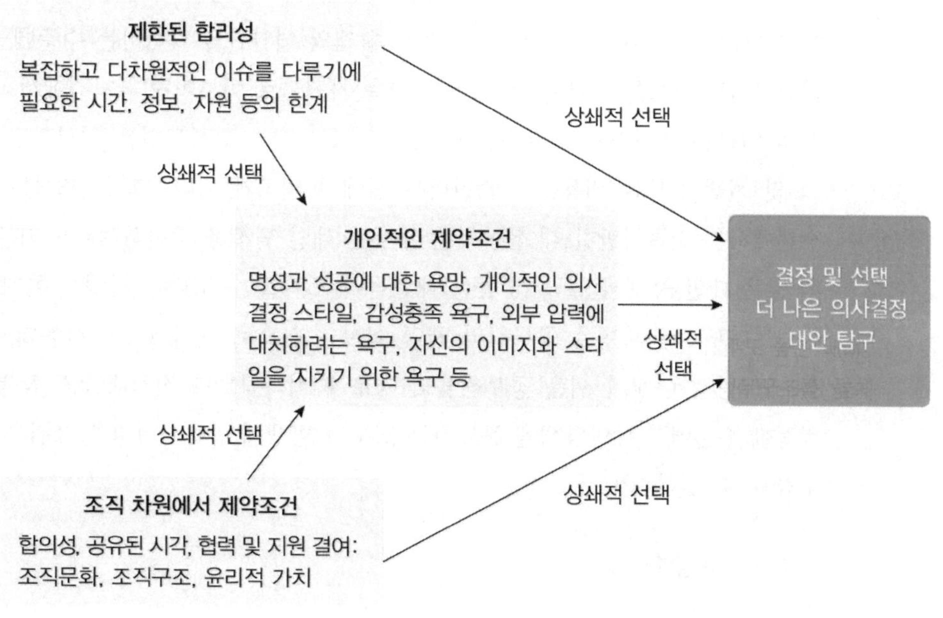

출처: Daft(2016: 519)

은 낮아지게 되어 합리적 의사결정이 더욱 어려워졌다(Kotter, 1996). 따라서 이러한 합리적 의사결정의 제약을 극복하기 위해서는 환경 및 상황의 불확실성을 적극적으로 개선하기 위해 대안의 합병 및 제거 방법을 활용할 수 있다. 또한, 불확실성은 이미 주어진 전제 조건적 상황으로 받아들이고 이를 활용한 의사결정 방법, 즉 점증주의, 중복성, 가외성 등의 방법을 고려한 의사결정을 도모할 수 있다(정정길 외, 2013: 381-383).

4) 조직 내 개인 차원의 의사결정 모형

조직 내 개인 차원의 의사결정으로는 만족모형과 전망모형이 제시될 수 있으며, 이 모형들은 제한된 합리성을 가정하고 있다.

(1) 사이먼의 만족모형

사이먼(Simon)에 의해서 제시된 만족모형(satisficing model)은 의사결정 시 개인은 만족할 만한 수준에서 대안을 선택한다는 것이다. 합리적인 결정이나 최적의 대안을 선택하는 데는 여러 가지 현실적 제약이 있기 때문에, 어느 정도 만족할만한 대안을 선택한다는 것이다(이종수, 2010). 무엇보다도 만족모형은 의사결정자를 경제인이 아니라 행정인으로 간주한다. 만족모형에 의하면 인간은 목표달성의 극대화를 도모하는 경제인이 아니다. 모든 대안을 탐색하지 않고 몇 개의 대안만을 탐색하는 수준에 그치며, 그러한 대안 탐색 활동 역시 무작위적이고 순차적으로 이루어진다는 점에서 만족모형에서의 인간은 행정인으로 간주된다(정정길 외, 2013: 445). 만족모형은 의사결정 시 대안탐색 및 선택에 드는 비용을 고려한다는 점에서 의의가 있다. 그럼에도 불구하고 만족모형에서는 만족할만한 대안을 찾은 후에는 대안 탐색을 중단하며, 이 때문에 검토되지 않은 대안 중에서 훨씬 더 좋은 대안들이 포기될 수 있다는 점에서 한계를 지닌다. 무엇보다도 만족모형은 공무원의 책임 회피 수단으로 해석되기도 하는데, 특히 보수적 사고방식에 젖기 쉬운 공무원들의 경우에 적극적으로 정책대안을 탐색하지 않고 적정한 수준에서 대안탐색을 종료하는 경우가 발생해 만족모형의 문제점은 더욱 크게 부각될 수 있다(정정길 외, 2013: 446).

(2) 전망모형

전망모형(prospect model)은 인지심리학적 연구에서 제시되는 의사결정 모형으로, 불확실한 선택상황에 의사결정자들이 일반적으로 빠지게 되는 오류가 무엇이고 또 그러한 체계적 오류의 존재를 포괄할 수 있는 의사결정모형이 무엇인지를 설명한다. 일반인들은 불확실한 상황에서 의사결정을 할 때 직관적 판단, 상식, 시행착오를 통한 경험적 발견법, 주먹구구식 판단, 발견적 학습을 바탕으로 의사결정을 하는 경향이 있다. 그리고 객관적 확률보다는 주관적인 확률에 의존하는 등 단순화된 발견기법인 휴리스틱(heuristic)에 의해 의사결정을 하기 때문에 체계적인 오류에 빠질 가능성이 높다. 휴리스틱은 시간이나 정보가 불충분하여 합리적인 판단을 할 수 없거나, 굳이 체계적이고 합리적인 판단을 할 필요가 없는 상황에서 신속하게 사용하는 어림짐작의 기술이다(정정길 외, 2013: 447-448). 이는 최선의 답보다는 그럴 듯한 해답(nice and good answer)에 이르는 주먹구구식 탐색 규율(rule of thumb)을 의미한다(김병섭 외, 2009: 246). 즉, 불확실성 하에서 개인의 의사결정은 객관적·분석적으로 이루어지기보다 주관적 혹은 직관적 판단에 의해 이루어지는 경향이 있다는 것이다.

5) 집단 또는 조직 수준의 의사결정 모형

(1) 앨리슨 모형

앨리슨(Allison) 모형은 1960년대 초 쿠바가 소련의 미사일을 수입하려고 할 때, 쿠바로 미사일이 운반되지 못하도록 미국이 해상봉쇄라는 대안을 채택하는 과정에서 활용한 의사결정기법이다(정정길 외, 2013: 434). 쿠바 미사일 사태 당시 미국의 대안 선택은 앨리슨 모형 가운데 합리모형, 조직과정모형, 정치모형 중 어느 한 가지 모형이 적용되었다기보다는 이 세 가지 모형이 동시에 적용된 사례로 볼 수 있다.

첫째, 합리모형은 국가이익을 극대화시키는 외교정책에서 주로 적용된다. "조직은 기술적 측면에서 가장 합리적인 의사결정 주체로서 간주되며, 조직의 최고 책임자는 완벽한 문제 정의 능력과 정확한 정보를 가지고 있다고 가정"한다(정정길 외, 2013: 496). 합리모형에 의하면, 문제 해결의 기준은 이미 마련되어 있고, 아무리 다양한 문제 해결 대안들이 존재한다고 해도 이미 만들어진 기준에 입각하여 의사결정이 이루어질 수 있다고 가정한다. 즉, 의사결정자는 모든 대안을 식별할 수 있는 능력을 가지고 있으며, 기대효용을 극대화시킬 수 있다고 가정한다. 정부를 잘 조직된 유기체로 보고 조직의 최고 지도자가 조직의 두뇌적 기능을 하며, 정책결정 참여자들 모두가 국가이익을 위해 정책을 수립한다고 본다. 또한, 정책의 대안도 통계분석 등의 기법을 통해 합리적으로 선택될 수 있다고 본다(김병섭 외, 2009: 248-249). 조직목표는 식별 가능하며 조직의 모든 구성원은 목표에 대해서 명백한 공유 의식을 가진다. 의사결정은 집권적으로 이루어지며, 최고 책임자는 문제 해결과 관련된 모든 정보를 인지하고 처리한다. 그리고 의사결정은 일정한 기준이나 규범에 입각해 장기간 일관적으로 반복되며, 쉽게 변화하지 않는다는 특징을 지닌다(정정길 외, 2013: 496).

둘째, 조직과정모형은 점진적 조직 과정의 결과로서 정책이나 시책들을 분석의 기본 단위로 채택한다. 조직과정모형에서는 합리모형과 달리 문제의 정의와 대안의 탐색, 그리고 대안선택 등의 행위가 조직의 준독립적인 하위조직들 사이에 합의에 따라 이전 프로그램의 레퍼토리나 표준운영방식을 약간씩 수정하는 가운데 발생한다. 즉, 제한된 합리성을 바탕으로 정책결정이 이루어진다는 것이다(김병섭 외, 2009: 250-251). 조직과정모형은 사이어트와 마치(Cyert & March, 1963)가 제시한 회사모형을 바탕으로 논의를 전개한다. 회사모형에서는 정책을 조직과정의 산물로 보며, 정부조직을 느슨하게 연결된 하위조직들의 집합체로 보고, 정책은 각 전문분야의 하위조직에서 작성된 정책대안을 조직의 최고 관리층이 그들의 전문성을 믿고 채택하는 것으로 본다(정정길 외, 2013: 497).

셋째, 정치모형은 최선의 대안이 아니면 크게 나쁘지 않은 차선의 대안을 선택한다는 제한된 합리성을 기초로 한다. 조직의 목표는 일관적이지 않을 뿐만 아니라 대개 복수로 존재하며, 조직의 의사결정자는 서로 다른 목적과 선호를 가지고 의사결정과정에 참여하게 된다. 의사결정자는 정보처리자로서 간주된다(김병섭 외, 2009: 252). 정치모형의 특징은 첫째, 정책결정의 주체를 정책결정에 참여하는 관료들 개인으로 본다. 이러한 점에서 정부를 단일 주체로 보는 합리모형이나 하위조직인 부처를 주체로 보는 조직과정모형과 구별된다. 둘째, 정책을 정치적 게임의 결과로 인식한다. 이러한 논리에 의하면, 정책결정에 참여한 관료들 개개인이 서로가 자기에게 보다 유리한 방향으로 정책을 결정하기 위하여 정치적 게임의 규칙에 따라 상대방과 경쟁·협상·타협·지배 등을 하게 되며, 그 결과로 이루어진 산물이 정책이라는 것이다(김병섭 외, 2009: 252-253). 정치모형에서 문제해결과정은 다양한 가치들 사이에 야기되는 갈등을 조정하고 협상하는 과정을 의미하며, 이때 문제해결을 유도하는 정치적 합리성이 요구된다. 정치모형에서는 정책대안 간 객관적이고 분석적인 비교를 통해 최선의 대안을 선택하기보다는 이해관계자 간 타협과 조정에 의해 최선의 대안을 선택하고자 한다. 이처럼 정치모형의 논리에서 정책을 접근할 때 정책형성과정에 대한 분석을 위해 고려해야 할 변수는 참여자와 이들 간의 영향력 관계, 그리고 이러한 관계에 동원되는 참여자의 전략이다(정정길 외, 2013).

표 14-5 앨리슨의 3가지 모형

기준/모형	합리모형	조직모형	정치모형
조직관	조정과 통제가 잘된 유기체	느슨하게 묶여진 하위조직들 간의 결합체	독립적인 자율적 행위자의 집합체
의사결정권의 위치	조직의 최고책임자	준독립적인 하위 조직들	독립적 자유재량을 가진 개인과 집단
참여자의 목표	조직 전체의 목표	조직 전체 목표+ 하위 조직들의 국지적 목표	조직 전체 목표+ 하위 조직의 목표+ 개인과 집단의 이익
집단의 응집력	매우 강함	약함	매우 약함
의사결정 방식	최고 책임자의 전지전능한 능력	기존의 관행과 프로그램 레퍼토리	정치적 게임의 규칙에 따른 협상, 타협, 연합
의사결정의 일관성	매우 강함	약함	매우 약함
조직 내 적용 계층	조직 전반	하위계층	상위 계층

출처: 김병섭 외(2009: 255)

(2) 조직모형과 회사모형

조직모형은 마치와 사이먼(March & Simon, 1958)에 의해 주창된 모형이다. 이 모형에서 조직은 본질적으로 합리성이 제한된 인간들로 구성되어 있기 때문에 이러한 조직에서는 최적화 대신 만족화가 추구된다. 때문에 정책대안이나 대안의 결과는 탐색과정에 의해 순차적으로 발견되고, 행동 프로그램의 묶음 또는 목록이 개인과 조직에 의해 개발되어 선택의 대안으로 이용되며, 개별적인 행동 프로그램 하나하나는 한정된 범위의 상황과 결과만을 취급하게 된다. 그리고 행동 프로그램 하나하나는 다른 것들과 준독립적으로 집행될 수 있어 이들은 서로 느슨하게 연결되어 있다(정정길 외, 2013: 478-479).

이에 반해 회사모형은 사이어트와 마치(1963)가 조직의 집단적인 측면을 보다 자세하게 언급하면서 제시된 모형이다. 회사모형은 조직모형보다 더욱 철저하게 기업조직 내부의 의사결정에 초점을 맞춘다. 기업은 복잡한 구조를 지니고 있기 때문에, 기업의 목표 또한 이윤추구 외에 다른 목표가 존재할 수 있으며, 기업에서의 의사결정에 있어서도 완전한 지식이 아니라 제한된 지식이 활용될 수 있다는 것이다(정정길 외, 2013: 482-483). 따라서 실제 의사결정은 한 단계 한 단계 전진하면서 순차적으로 이루어짐과 동시에 개념들이 연속적으로 연결되어 흐름을 이룬다. 이 과정에서 조직이 장기적으로 학습하여 체득한 의사결정과정을 고수함으로써 결과적으로는 의사결정이 합리적이지 못하고 적응적인 양태가 나타나는데 이때 중요한 역할을 하는 것이 바로 표준운영절차(Standard Operating Procedure, SOP)이다. 의사결정 과정에서 나타나는 갈등은 준해결 형식으로 처리된다. 여기서 표준운영절차는 "조직이 과거의 의사결정 과정에서 활용하여 환경에 잘 적응하였다고 기억하고 있는 의사결정 방식의 합"을 의미한다(정정길 외, 2013: 487). 회사모형에 따르면, 조직 내 프로그램의 루틴화 현상이 발생하는데, 이는 과업수행 규칙, 기록과 보고, 정보처리 규칙, 계획과 기획에 관한 규칙으로 이루어진다. 이러한 관점에서 조직 내 갈등은 통합적으로 이루어지는 것이 아니라 준해결 방식으로 처리되는 것이다. 즉, 독립된 제약으로서의 목표가 존재하며, 국지성 합리성을 추구하고, 받아들일 만한 수준의 의사결정이 이루어지며, 목표에 관한 순차적 관심이 형성되는 것이 바로 회사모형인 것이다.

(3) 쓰레기통 모형

쓰레기통 모형(garbage can model)은 "조직의 구성단위나 구성원 사이의 응집성이 아주 약한 혼란 상태에서 이루어지는 의사결정의 특징을 강조하는 모형"이다(정정길 외, 2013: 489). 쓰레기통 모형에 의하면, 집단 혹은 조직의 의사결정은 일정한 규칙에 따라 이루어지는 것이 아니라, 의사결정 구성요소가 쓰레기통의 물체들처럼 뒤죽박죽 움직이다가 어떤 계기로 서로 만나게 될 때 이루어진다는 것이다(김병섭 외, 2009: 259). 코헨·마치·올슨(Cohen, March, & Olsen, 1972) 등이 주장한 이 의사결정 모형은 조직화된 혼란 상태(organized anarchy)에서의 의사결정을 가정한다.

쓰레기통 모형에서의 의사결정 전제조건은 문제성 있는 선호, 불명확한 기술, 수시적 참여자들이다. 마치 쓰레기통에 마구 던져 넣은 쓰레기들이 뒤죽박죽으로 엉켜 있는 것처럼, 평상시에는 의사결정의 구성요소들이 마구 엉켜 있다는 것이다. 쓰레기통 모형에서의 의사결정은 합리모형은 물론이고 조직모형에서의 의사결정보다도 훨씬 더 불합리하게 일어난다. 즉, 쓰레기통 모형은 전형적으로 '불합리한 집단적 의사결정' 모형인 것이다(정정길 외, 2013: 490-491).

이러한 조건 하에서 의사결정이 이루어지기 위해서는 문제의 흐름, 해결책의 흐름, 참여자의 흐름, 의사결정 기회의 흐름이 합치될 수 있는 특정 계기(예 정책결정의 창, policy window)가 존재해야 한다. 다시 말해, 쓰레기통 모형에서의 의사결정은 극적인 사건이 발생하는 경우 네 가지 흐름이 합쳐져서 일어나게 된다는 것이다. 쓰레기통 모형은 주로 조직화된 무정부상태에서의 의사결정 방식을 의미하지만, 갑작스러운 환경변화나 역사적 사건 발생 등으로 인하여 갑작스럽게 정책을 결정할 수밖에 없는 상황에서는 관료조직에서도 쓰레기통 모형에 입각한 의사결정이 발생할 수 있다(정정길 외, 2013: 493–494).

쓰레기통 모형은 다음과 같은 이유에서 합리성을 저해한다(김병섭 외, 2009: 259–260). 첫째, 선호의 문제성이다. 참여자들 간에 무엇을 선택할지 합의가 없고, 참여자 스스로도 무엇을 원하는지 명확한 선호를 가지고 있지 않기 때문에 선호의 문제성이 발생하게 된다. 둘째, 불명확한 기술이다. 불명확한 기술은 의사결정에서 달성하려는 목표와 수단 사이에 존재하는 인과관계가 명확하지 않다는 것을 의미한다. 합리적인 의사결정과는 달리 쓰레기통 모형에서는 목표와 수단의 인과관계가 명확하게 나타나지 않는다. 셋째, 수시적 참여자들의 문제이다. 이는 의사결정에 있어서 관련자들이 의사결정에 항상 참여하는 것이 아니라 수시적으로 참여함으로 인해 발생하는 문제를 의미한다. 즉, 의사결정 참여가 일정하지 않고 불규칙하게 나타남으로써 문제가 발생할 수 있다는 것이다.

(4) 점증모형

점증모형(incremental model)은 "기존 정책을 토대로 하여 그보다 약간 향상된 대안을 추구하는 점증적 방식으로 정책결정이 이루어진다는 이론 모형"을 의미한다(정정길 외, 2013: 465). 점증모형은 정치적 결정에 내재된 가치판단 및 사실판단의 상호작용, 정책결정상황의 복잡성, 정책결정의 정치적 의미와 그로 인한 제약 등에 관심을 기울이며 정책결정 자체에 초점을 둔다. 즉, 점증모형에 의하면, 정책은 기존 정책·전년도 예산·전례·관례 등에 기초해 이를 부분적으로 수정하거나 결함을 교정하는 수준에서 결정되는 것이다(이종수, 2010). 점증모형에서의 정책결정은 다원주의에 입각해 분할적으로 이루어지고, 부분적으로 이루어지며, 분산적으로 이루어진다. 또한, 정책이 결정되는 가운데 목표와 수단도 함께 결정된다(정정길 외, 2013: 466–467).

점증모형을 주창한 린드블럼(1959)은 정책결정자의 분석능력뿐만 아니라, 제한된 합리성에 의해 정책결정 시간 및 정보가 제약되어 있고, 대안비교의 기준으로 이용할 가치마저 불분명한 상태에서는 현재의 정책에서 소폭적인 변화만을 고려하여 대안을 수정하고 이를 바탕으로 정책을 결정하는 것이 바람직하다고 보았다. 또한, 그는 시간의 흐름에 따라 환류 정보를 분석하여 잘못된 점이 있으면 수정·보완하는 식으로 연속적인 정책결정을 하는 것이 현실적이면서도 동시에 가장 바람직한 의사결정 방법으로 보았다.

기타 의사결정 모형

① 혼합모형: 이상적인 합리모형과 현실적인 점증모형의 장점만을 상호 보완한 것으로 기본적이며 장기적인 결정은 합리모형에 의거하고, 지엽적이고 단기적인 결정은 점증모형에 의거한 절충형 의사결정모형이라 할 수 있음. 혼합모형을 주장한 학자로는 에치오니(A. Etzioni)가 대표적임

② 최적모형: 의사결정이 합리성뿐만 아니라 직관·판단·창의 등과 같은 초합리성에 의해서도 결정된다고 보는 견해로 특히 변동이 심한 사회나 불확실성이 높은 상황에서의 의사결정은 초합리성에 의존한다고 봄. 드로(Y. Dror)가 대표적인 학자임

③ 품의제: 내부결재제라고도 하며 최종 결정권자의 지시나 양해 하에 담당직원이 기안하여 결재를 받음으로써 조직이나 기관의 의사를 결정하는 의사결정 방식으로 민주성과 참여를 중시하는 의사결정모형임

④ 집단사고(groupthink): 개인들이 집단을 형성하면서 각자가 가진 목표와 주장을 펴지 못하고 집단의 결정 방향을 따르게 되는 특징적인 의사결정 성향임. 집단사고는 민주성과 타당성을 훼손할 수 있음

출처: 민진(2014: 347-348); 김병섭 외(2009: 265)

6) 공공조직에서의 의사결정

공공조직에서의 의사결정 역시 개인차원과 집단차원에서의 합리적 의사결정을 추구한다. 그러나 공공조직에서는 민간조직에 비해 조직과 집단차원에서의 합리적 의사결정을 이루기가 어렵다. 이에 대한 가장 대표적인 예가 바로 앨리슨(Allison)모형이다. 가장 이상적이고 합리적인 의사결정이 발생해야 하는 외교정책에 있어서도 관료조직의 SOP, 프로그램 레퍼토리, 상례화된 의사결정으로 인해 합리적인 의사결정이 제한된다. 또한 상위계층의 정치적 판단이 합리성을 저해하기도 한다(정정길 외, 2013). 뿐만 아니라, 관료제 내의 법·제도의 절차적 한계로 인해 신속한 의사결정이 이루어지지 못한다.

가장 합리적인 의사결정이 이루어져야 하는 정부조직개편에 있어서도 의사결정에 있어서 쓰레기통 모형이 적용되는 경우가 많다(March & Olson, 1983; 최성욱, 2012). 대부분의 경우, 정부조직개편에 대한 원안은 합리적 의사결정을 바탕으로 제시되지만 실제 개편과정에서는 '짜집기 누더기'처럼 의사결정이 이루어지는 경우가 많다(최성욱, 2012: 134). 이는 조직개편과정이 장기적이고 합리적인 관점에서 이루어진다기 보다 단기적이고 정치적인 상황적 맥락에 의해 이루어지는 경우가 많기 때문이다. 특히 촉발사건

(trigger events) 또는 정치적 사건 등 의도되지 않은 사건들이 발생되면 정부조직개편에 대한 의사결정은 쓰레기통 모형에 입각해 결정될 가능성이 더욱 높아진다(March & Olson, 1983: 286). 세월호 참사가 발생한 후 대대적인 정부조직개편이 이루어진 것도 이에 해당하는 사례라고 할 수 있다.

People and
Organizations

Chapter 15

조직행태와 커뮤니케이션

1. 조직행태: 직무태도, 직무만족, 감정, 스트레스, 직무소진, 이직의도
2. 커뮤니케이션
3. 공공조직의 조직행태와 커뮤니케이션

CHAPTER 15

조직행태와 커뮤니케이션

핵심 학습사항

1. 조직행태가 조직효과성에 영향을 미치는 이유는 무엇인가?
2. 태도는 어떻게 구성되어 있는가?
3. 인지부조화는 무엇을 의미하며 이러한 인지부조화는 어떻게 해결될 수 있는가?
4. 직무태도는 어떤 것들이 있는가?
5. 빅파이브 성격모델이 무엇이고, 조직행태에 어떤 영향을 주는가?
6. 홀랜드의 성격-직무 적합성은 무엇인가?
7. 직무몰입, 조직몰입, 조직시민행동, 직무만족의 개념 및 특징은 무엇인가?
8. 조직몰입과 조직시민행동의 구성요소는 무엇인가?
9. 직무만족은 어떻게 측정되는가?
10. 직무만족과 동기부여이론의 관계는 무엇인가?
11. 직무불만족에 따른 조직구성원들의 행태는 어떻게 나타나는가?
12. 정서, 감정, 기분의 관계는 무엇인가?
13. 감정노동이 무엇이고, 감정노동과 관련된 문제점과 해결방안은 무엇인가?
14. 직무스트레스, 직무소진, 이직의도의 관계는 무엇이며, 각각에 영향을 미치는 요인은 무엇인가?
15. 커뮤니케이션의 구성요소와 경로에는 어떤 것이 있는가?
16. 조직 내 커뮤니케이션을 저해하는 원인은 무엇이며, 그에 대한 해결방안은 무엇인가?
17. 공공조직의 조직행태는 민간조직과 어떻게 다른가?

1 조직행태: 직무태도, 직무만족, 감정, 스트레스, 직무소진, 이직의도

1) 조직행태에 대한 전반적 논의

조직은 다양한 차원에서 논의될 수 있다. 조직구조 차원에서, 조직문화 차원에서, 조직행태 차원에서 조직은 다양하게 논의될 수 있는 것이다. 본장에서는 조직행태 차원에서의 조직을 논의하기로 한다. 조직행태는 일반적으로 '조직구성원의 직무관련 태도'라고 정의할 수 있다. 조직행태는 '조직인' 또는 '조직 내 인간'을 연구하는 분야이다. 조직행태 관점에서는 조직목표를 달성하기 위한 주요한 행위자가 바로 조직인이 된다(이종수 외, 2015: 187). 조직구성원들이 자신의 직무에 대하여 어떤 인식을 지니고 있는가에 따라서 조직목표 달성 또는 조직효과성이 달라진다고 할 수 있다. 다시 말해, 조직구성원들의 직무태도, 직무만족, 감정, 스트레스 등에 따라서 조직의 성과를 비롯한 조직효과성이 달라지는 것이다.[1] 이러한 조직행태는 주로 "개인과 집단의 두 가지 수준(level)으로 설명"되는 경향이 있다(진종순 외, 2016: 25). 개인수준에 있어서는 성격, 감정, 동기부여 등과 같이 개인적인 특성을 다루고 있으며, 집단수준에서는 커뮤니케이션, 의사결정, 권력과 조직정치 등 집단의 특성 및 집단 내 상호작용 등을 다루고 있다. 본장에서는 주로 조직행태의 핵심이 되는 개인수준의 특성들에 초점을 맞추어 설명하고, 집단수준의 특성 중 커뮤니케이션에 초점을 두어 설명을 진행하도록 한다.[2]

조직구성원들의 행태를 형성하는 선행조건은 조직특성과 관련된 것이 대부분이다. 첫째, 조직구조가 어떻게 형성되는 지에 따라서 조직행태가 달라진다고 할 수 있다. 예를 들어, 조직구조가 위계적이고 계층적인 특성을 나타내는 경우, 권한이 위임된, 즉 분권화된 조직구조보다 조직인의 직무만족이 낮을 수 있다. 또한, 이러한 경우 조직구성원들의 조직몰입과 조직시민행동은 높지 않을 뿐만 아니라 이직의도는 증가한다고 할 수 있다.

둘째, 조직인에게 부여된 직무의 특성에 따라서도 조직행태는 달라질 수 있다. 직무특성이론(Hackman & Oldham, 1975)에 의하면 자신에게 주어진 업무수준이 자신의 능력에 비해 너무 높거나 혹은 낮으면 조직구성원들의 직무만족은 낮아질 수밖에 없다. 이와 같이, 조직구조와 직무특성은 조직구성원의 조직행태에 상당한 영향을 미친다.

셋째, 동기부여이론 역시 조직행태와 관련이 있다. 조직구성원의 인간관에 따라서, 즉 경제적 보상을 선호하는 인간관인지 아니면 사회적 관계를 중시하는 인간관인지에

1 이와 관련된 학문인 조직행태론(Organizational Behavior, OB)은 "개인과 집단의 행동, 사고, 느낌, 반응과 조직의 환경에 대한 대응에 영향을 주는 다양한 측면에 관한 연구"로 정의될 수 있다(진종순 외, 2016: 24). 조경호 외(2014: 22)에 따르면, 조직행태론은 "조직 내 개인들의 행동과 태도를 분석하는 학문"이 된다.

2 집단수준 혹은 조직수준의 특성에 관한 다양한 논의들(예 의사결정, 권력과 조직정치 등)은 조직에 대한 이해나 조직 간 관계 등을 논의할 때 이미 설명되었기에 본장에서는 따로 논의하지 않도록 한다.

따라 조직구성원의 행태(예 직무만족, 직무몰입, 조직몰입 등)가 달라질 수 있다. 이와 관련해, 본장에서는 조직행태를 조직구성원들의 직무에 대한 태도(직무몰입, 조직몰입, 직무만족, 성격과 가치 포함), 감정과 기분, 그에 따른 직무스트레스, 직무소진, 이직의도 등을 중심으로 논의하고자 한다.

2) 직무태도

(1) 태도

직무태도가 무엇인지에 대해 살펴보기 전에 일반적으로 태도가 무엇을 의미하는지를 먼저 살펴보기로 한다. 태도(attitude)는 "사물, 사람, 사건에 대한 호의적이거나 비호의적인 평가적 진술을 의미하는 것으로, 사물, 사람, 사건에 대한 평가적인 표현 또는 판단"으로 정의될 수 있다(Robbins & Judge, 2014: 84). 이러한 태도는 인지적 요소(cognitive component), 정서적 요소(affective component), 행위적 요소(behavioral component)로 구성된다. 먼저 인지적 요소는 "태도의 의견이나 신념 부분"을 의미하며, 정서적 요소는 "태도의 감정적 또는 느낌 부분"을 의미한다. 또한, 행위적 요소는 "사람이나 사물에 대한 특정 행위의도"를 의미한다(Robbins & Judge, 2014: 85). 즉, 인지적 요소는 정서적 요소를 형성하고, 정서적 요소는 행위적 요소에 중요한 영향을 미친다. 그러나 사실상 인지와

그림 15-1 태도의 구성요소 예

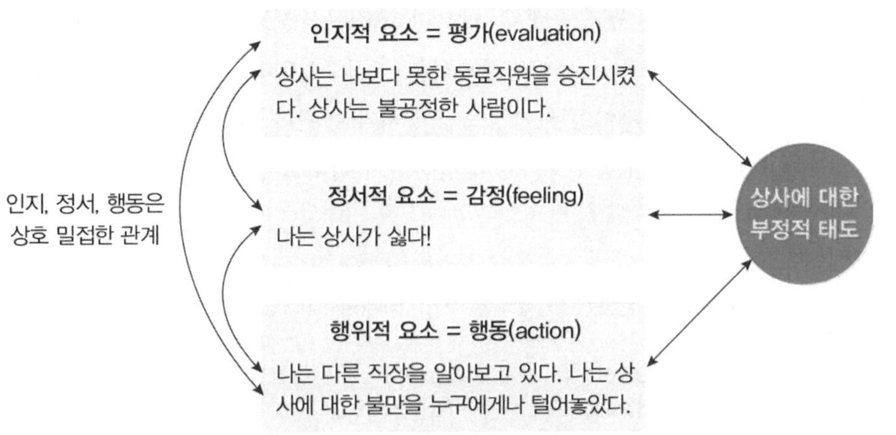

출처: Robbins & Judge(2014: 85)

정서는 거의 동시적으로 발생해 구분하기 힘들며 세 요인은 상호작용을 한다(Robbins & Judge, 2014: 86). 예를 들어, 보수가 낮다고 인식한 구성원들은 낮은 보수 수준에 화를 내며, 화난 구성원은 직장을 옮기겠다고 말을 하거나 실제 직장을 옮기는 행동을 한다는 것이다.

이처럼 태도는 행동을 형성하는 데 중요한 영향을 미친다. 태도에 따라 개인의 행동이 달라지는 데 이에 대한 대표적인 예가 바로 '자신이 좋아하는 TV 프로그램을 보는 것'이다. 그러나 항상 태도가 행동에 영향을 미치는 것은 아니다. 페스팅거(Festinger, 1957)는 태도에 따라 행동이 변화하는 것이 아니라, 행동에 따라 태도가 바뀔 수 있다고 주장하였다.[3] 즉, '인지부조화(cognitive dissonance)' 현상으로 행동에 따른 태도변화를 설명하는 것이다. 인지부조화는 "개인이 가진 두 가지 이상의 태도 혹은 행동 사이의 불일치"를 일컫는 것으로(Robbins & Judge, 2014: 86), 예를 들면 국산자동차를 좋지 않게 평가하는 사람에게 좋은 국산차가 생겼을 때 국산차에 대한 반감이 사라지는 경우가 이에 해당한다. 인지부조화가 나타났을 때 개인은 다음과 같은 세 가지 반응을 나타내게 된다.

첫째, 인지부조화가 발생하면 일반적으로 사람들은 마음이 불안해져 이를 탈피하고 해소하려 노력하는데, 이때 한쪽의 인지를 바꾸어 다른 한쪽의 인지와 일치시킴으로써 행동의 변화를 일으키고 이를 통해 마음의 불안을 해소하며 안정을 찾게 된다(이창원 외, 2012: 141). 예를 들면, 개인의 지나친 흡연과 담배가 암을 유발한다는 사실은 인지부조화를 일으켜 개인에게 긴장과 불안을 유발하고, 개인은 이를 해소하기 위해 흡연량을 줄이거나 금연을 하고자 노력하게 되어 종국에는 담배를 적게 피우거나 혹은 피우지 않는 행위가 나타나 심리적 긴장이 해소되는 경우이다.

둘째, 부조화된 인지 혹은 행동의 중요성을 과소평가한다던지 아예 무시하는 것이다(진종순 외, 2016: 55). 흡연과 관련해서도 "우리 집안은 대대로 담배를 많이 피웠지만 무병장수 했었다"라는 식으로 흡연의 위험성을 과소평가하는 것이다.

셋째, 부조화를 합리화 시키는 등의 행동을 포함하여 "부조화되는 요소보다 조화되는 요소들을 더 많이 찾는 것"이다(진종순 외, 2016: 55). 예를 들어, 금연을 함으로써 받을 스트레스와 담배 구입 대신 다른 간식을 구입할 비용 등을 고려하면 차라리 흡연을 하는 것이 낫다고 생각하면서 계속적으로 흡연을 하는 것이다. 개인에 따라서 인

3 페스팅거(1919~1989)는 미국의 사회심리학자로서 인지부조화이론(cognitive dissonance theory)과 사회비교이론(social comparison theory)을 주창하였다.

지부조화에 대한 대응은 각기 달라질 것이다. 또한, 인지부조화 발생에 영향을 미치는 세 가지 요소, 즉 "중요도(importance), 영향력(influence), 보상(reward)"에 따라 인지부조화에 대한 대응이 달라질 수 있다. 이때 중요도는 "인지부조화를 만든 요소가 상대적으로 덜 중요하다면, 이를 감소시키고자 하는 노력이 적어지는 것"을 의미하며, 영향력은 "외부의 힘으로 인해 어쩔 수 없이 인지부조화가 발생했다면, 이를 감소시키고자 하는 노력이 적어지는 것"을 의미한다. 보상은 "인지부조화에 따른 보상이 오히려 더 크다면, 이를 감소시키고자 하는 노력이 적어지는 것"을 의미한다(진종순 외, 2016; 55). 개인의 태도에 있어서 인지부조화가 중요하게 고려되어야 하는 이유는, 인지부조화로 인한 심리적 긴장 혹은 심리적 갈등과 스트레스가 유발될 수 있기 때문이다. 이러한 개인의 심리적 긴장, 스트레스 등은 결국 개인성과뿐만 아니라 조직성과에도 영향을 미치기 때문에 조직차원에서도 중요하게 관리될 필요가 있다.

개인의 태도를 논의함에 있어서 조직차원에서 가장 중요하게 고려되어야 하는 태도는 바로 조직구성원들의 '직무태도'이다. 직무태도는 주로 직무만족, 직무몰입, 조직몰입이라는 세 가지 변수로 논의된다(Robbins & Judge, 2014: 89). 직무태도 변수들은 개념상으로 구분이 될 수 있지만 상호영향을 받고 있으며 상호 중첩된 부분이 존재하기 때문에 명확하게 차별화될 수 있다고 볼 수는 없다. 따라서 우선 직무몰입과 조직몰입을 살펴보고, 직무만족은 이후 직무태도와 구분하여 자세히 논의하도록 한다.

성격과 가치의 주요 개념

① 성격: 한 개인의 독특한 환경 적응방식으로서 개인의 심신 시스템(psychological system) 내부에 존재하는 동태적인 체계로 개인의 성격을 판단함에 있어서는 마이어스-브리그스 모델과 빅파이브 성격모델이 대표적으로 활용

② 마이어스-브리그스 모델(Myers-Briggs Type Indicator, MBTI): 성격 검사의 방법 중 하나로 네 가지 특징을 조합하여 사람의 성격을 열여섯 가지로 구분

- 외향적(extraverted) vs. 내향적(introverted)
- 감각적(sensing: 현실적이며 일상적이고 규칙적임) vs. 직관적(intuitive: 무의적 프로세스에 의존하여 큰 그림을 그림)
- 사고적(thinking: 문제를 해결하기 위해 이유와 논리 사용) vs. 감정적(feeling: 자신의 개인적인 가치와 감정을 중시함)
- 판단적(judging: 통제를 중시하고 주변이 정돈되어 체계화됨) vs. 지각적(perceiving: 사고가 유연하며 자발적임)

③ 빅파이브 성격모델(Big - Five Model): 다섯 가지 기본 차원을 활용하여 수없이 다양한 인간의 성격을 파악

- 외향성: 사교성과 친화력이 뛰어나며 자신의 주장을 분명하게 밝히는 성향
- 친화적이고 협동적이며 믿음직스러운 성향
- 성실성: 책임감과 신뢰도가 높으며 변함이 없이 업무 수행에 철저한 성향
- 평정성: 개인의 특성이 긍정적이고 차분하며 자신감과 확신을 갖고 있는지 아니면 부정적이고 신경질적이며 우울하거나 불안한지를 구분해주는 성향
- 개방성: 개인의 특성을 상상력과 감수성 및 호기심 수준으로 구분하기 위한 성향

〈빅파이브 특성이 조직행동 기준에 미치는 영향 분석 모델〉

빅파이브 특성		적합한 이유		영향을 미치는 대상
평정성	→	• 낮은 부정적 사고와 낮은 부정적 감정 • 낮은 경계심	→	• 일과 삶에 대한 높은 만족도 • 낮은 스트레스 수준
외향성	→	• 양호한 대인관계 기법 • 강한 사회적 지배력 • 풍부한 감성적 표현	→	• 높은 성과 • 고무적인 리더십 • 일과 삶에 대한 높은 만족도
개방성	→	• 향상된 학습 • 풍부한 창의성 • 상당한 유연성과 자율성	→	• 훈련성과 • 고무적인 리더십 • 뛰어난 변화에 대한 적응
친화성	→	• 양호한 친화력 • 높은 복종심과 순응성	→	• 높은 성과 • 낮은 일탈적 행동
성실성	→	• 엄청난 노력과 끈기 • 높은 의욕과 자제력 • 우수한 조직 및 기획력	→	• 높은 성과 • 고무적인 리더십 • 건강과 장수

④ 다크 트라이애드(dark triad): 바람직하지 않은 성격특성으로 마키아벨리즘(machiavellism), 나르시시즘(narcissism), 사이코패스(psychopathy) 등이 제시될 수 있음

⑤ 접근 - 회피 구조: 개인의 자극에 대한 반응 프레임워크로서 접근적 동기유발은 긍정적 자극에 끌리는 성향, 그리고 회피적 동기유발은 부정적 자극을 피하려는 성향을 의미

⑥ 상황강도이론: 성격이 행동에 이어지는 것은 상황의 강도에 달려 있다는 이론

⑦ 성격특성 활성화 이론: 어떤 상황이나 사건 또는 개입 활동이 특정의 성격특성을 활성화시킨다는 점을 예측해주는 이론

⑧ 성격 - 직무 적합이론: 홀랜드(Holland)의 여섯 가지 유형의 성격을 통해 직무만족과 이직률을 결정하는, 성격과 직업 간의 적합 여부를 제시하는 이론

〈홀랜드의 성격-직무 적합성에 대한 유형 구분〉

유형	성격의 특성	적합한 직업
현실형: 기술, 체력, 조정을 바탕으로 육체적 활동을 선호	소심, 성실, 고집, 안정, 순응, 실용적	정비공, 선반공, 조립공, 농부
탐구형: 사고력, 조직력, 이해력이 요구되는 활동을 선호	분석, 호기심, 독립, 독창적	생물학자, 경제학자, 수학자, 보도기자
친화형: 다른 사람을 도와주고 육성시키는 활동에 주력	사교, 친절, 이해, 협력적	사회봉사, 교사, 상담가, 임상심리학자
보수형: 제도적 규제와 질서, 명명백백한 활동을 선호	확인, 능률, 실용, 상상력, 부재, 비탄력적	회계사, 기업관리자, 은행출납원, 사무서기
사업형: 상대방에 대한 영향이나 언변 활동을 선호	자신감, 야망, 오만, 정력적, 권력지향적	변호사, 부동산중개업자, 대외전문가, 중소기업과리자
예술형: 창조적이고 비체계적인 모호한 활동을 선호	상상력, 무질서, 실용, 이상, 감성적	화가, 음악가, 작가, 실내장식가

⑨ 가치: 어떤 행동 양식이나 존재 목적이 다른 행동양식이나 목적보다 개인적으로나 사회적으로 더 바람직하다는 기초적 신념으로 개인이 무엇이 바람직한지, 혹은 무엇이 바람직하지 않은지를 판단하는 기준이 됨(진종순 외, 2016: 56-58 재인용)

㉠ 가치에 영향을 주는 요인: 부모, 친구, 친척, 선생님, 교육, 경험, 사회집단 등

㉡ 가치의 특성: 내용(content), 강도(strength), 안정성(stability)

ⓐ 내용: 행동양식이나 존재 목적이 '왜' 중요한지를 알려 줌

ⓑ 강도: 행동양식이나 존재 목적이 '얼마나' 중요한지를 알려 줌. 이로 인해 '가치체계(value system)'가 발생함. 가치체계는 "상대적인 중요성의 연속과 함께, 선호하는 행동 방식이나 최후 상태에 관한 지속적인 믿음의 체계"

ⓒ 안정성: 가치는 오랜 기간 동안 안정적으로 나타남

㉢ 가치의 유형: 업무가치와 윤리적 가치로 구분될 수 있음

ⓐ 업무가치: 어떤 업무 결과를 기대할 수 있는가와 직장에서 어떻게 행동해야 하는가에 관한 조직구성원의 개인적인 확신

i) 내재적 업무가치: 업무 그 자체의 특성과 관련된 가치(예 흥미 있는 일, 도전적인 일, 새로운 것을 습득해 큰 업무에 기여, 업무에서의 잠재력을 최대한 발휘, 책임과 자율성, 창의성 등)

ii) 외재적 업무가치: 업무의 결과와 관련된 가치(예 높은 임금, 직업안정, 직장 혜택 등)

ⓑ 윤리적 가치: 무엇이 옳고 그른지에 관한 개인적인 확신으로 조직구성원들이 그들의 의사결정과 행동에서 올바른 선택을 할 수 있도록 방향성을 제시해 주는 역할

출처: Robbins & Judge(2014: 160-182) 재구성; 진종순 외(2016: 56-59) 재구성

(2) 직무몰입

직무몰입(job involvement)은 "개인이 심리적으로 자신을 직무와 동일시하고 자신이 보여 주는 성과를 자신의 가치매김에 있어서 중요한 요소라고 여기는 수준"으로 정의된다(Robbins & Judge, 2014: 89). 즉, 직무몰입은 직무에 대한 관심도를 의미하는 것이다. 이와 유사한 개념으로 심리적 임파워먼트(psychological empowerment)를 제시할 수 있다. 이는 조직구성원이 "자신의 직무환경, 역량, 직무에 대해 의미를 부여하는 정도, 지각된 자율성 등에 대한 신념수준"을 의미한다(Robbins & Judge, 2014: 89). 일반적으로는 이러한 직무몰입과 심리적 임파워먼트가 증가하면 조직시민행동도 증대되는 경향이 있다.

조직시민행동

조직시민행동(Organization Citizenship Behavior, OCB)은 '조직구성원들의 자발적인 역할과 행동을 통해 조직의 효과성을 달성'하는 것을 의미한다(Organ, 1988). 처음 조직시민행동을 논의한 오건(Organ, 1988)에 의하면 조직시민행동은 이타성(altruism), 예의성(courtesy), 스포츠맨십(sportsmanship), 시민의식(civic virtue), 양심성(conscientiousness) 등의 다섯 가지 요소로 구성된다. 초기 연구에서는 조직시민행동이 하나의 차원으로만 연구되었으나, 이후 윌리엄스와 앤더슨(Williams & Anderson, 1991)에 의해 개인차원과 조직차원으로 구분되었다.

조직시민행동은 조직의 성과를 달성하는 데 있어서 긍정적인 영향을 미치는 독립변수이자 동시에 종속변수로 기능한다. 예를 들어, 김정인(2014)의 연구에 의하면 조직시민행동은 조직구성원들의 직무소진(burnout)을 낮추는 데 긍정적인 역할을 하는 것으로 나타났으며(독립변수 기능), 반면에 이호선 외(2013)에 따르면 조직시민행동은 조직공정성, 서번트 리더십, 감성지향의 영향을 받는 것으로 나타났다(종속변수 기능).

조직시민행동은 조직구성원들이 업무를 규정에 따라 공식적으로 처리하는 것을 의미하는 것이 아니라, 조직구성원들의 적극적이고 자발적인 업무처리를 의미한다. 따라서, 조직시민행동은 직무만족, 조직몰입, 조직성과 등에 긍정적인 영향을 미치는 것으로 나타난다(Organ, 1988).

(3) 조직몰입

대표적인 직무태도 중 하나로 '조직몰입(organizational committment)'을 제시할 수 있다. 조직몰입은 조직성과를 비롯한 조직효과성을 달성하는 데 긍정적인 역할을 하는 수단이 되는 동시에, 조직몰입 그 자체가 중요한 조직목표도 될 수 있다. 조직몰입은 조직구성원이 "특정 조직 및 그 조직의 목적과 자신을 동일시하는 수준으로서 조직의 구성원으로 남고자 하는 의사"라고 정의할 수 있다(Robbins & Judge, 2014: 89).

표 15-1 조직몰입 구성요소와 정의

학자	조직몰입의 유형	조직몰입 정의
Meyer & Allen (1991)	정서적 몰입 (affective commitment)	조직에 대한 정체성과 관련된 감정으로 조직구성원들의 조직에 대한 애착과 조직을 위해 헌신하겠다는 심리적인 상태를 의미
	지속적 몰입 (continuance commitment)	조직에 머무름으로써 얻게 되는 이익과 조직을 떠남으로써 얻게 되는 손실을 고려하여 조직과의 연대를 지속하는 것
	규범적 몰입 (normative commitment)	조직구성원이 조직의 목표, 가치 및 사명을 내면화시킴으로써 조직에 대해 개인적으로 느끼는 심리적 애착
Reichers (1985)	타산적 조직몰입 (calculative commitment)	조직몰입이 고용조직에 관련된 보상과 비용의 함수 관계로 존재한다고 인식
	행위적 조직몰입 (behavioral commitment)	조직몰입은 행위로 표시된 행태적 특성의 분명성, 대체 불가능성, 공공성, 번복 불가능성 등의 결과로 존재한다고 인식
	태도적 조직몰입 (attitudinal commitment)	조직몰입은 조직구성원이 조직의 목표와 가치를 판별하고 그들을 동일화 시켜 내재화하여 발생하는 것으로 인식

출처: 김병섭 외(2009: 422) 재구성

조직몰입의 구성요소로는 마이어와 앨런(Meyer & Allen, 1991)이 제시한 '정서적 몰입, 지속적 몰입, 규범적 몰입'과 레이셔스(Reichers, 1985)가 제시한 '타산적 몰입, 행위적 몰입, 태도적 몰입' 등이 고려될 수 있다. 이 중에서도 특히 마이어와 앨런(1991)이 제시한 조직몰입의 구성요소가 많이 활용되는데, 그들의 기준에 따르면 지속적 몰입은 다른 두 몰입 유형과 구분되어 논의될 수 있다. 그러나 정서적 몰입과 규범적 몰입은 유사성을 가진다. 그럼에도 불구하고, 정서적 몰입은 주로 소속감, 즐거움, 기쁨 등과 같은 인간적 감정 측면을 강조하는 몰입을 의미하며 주로 개인 노동의 대가로 받는 노동보상을 핵심적인 몰입요소로 본다. 이에 반해서 규범적 몰입은 개인의 감정적 차원에서 벗어나, 도덕적 책임감과 의무감으로 인해 조직에 충성하고 책임을 다하는 것을 의미하기에 정서적 몰입과 규범적 몰입에도 차이는 존재한다.

조직몰입의 구성요소를 어떻게 구분하든 상관없이, 조직몰입은 조직구성원들이 소속된 조직과 자신을 동일시하여 조직에 헌신하는 것을 특성으로 한다. 조직몰입은 조직구성원의 대표적인 심리적 태도인 것이다. 조직몰입도가 높은 조직구성원들은 자신이 속한 조직에서 지속적으로 근무하려고 하며, 조직의 요구를 충실히 따르려는 습성을 나타낸다(김병섭 외, 2009: 421). 조직몰입을 측정하는 설문문항으로는 모데이 외(Mowday et al., 1979)가 제시한 15개의 문항이 주로 활용되는데, 이를 '조직몰입설문(Organizational Commitment Questionnaire, OCQ)'이라고 한다. 조직몰입설문에서는 조직의 가치 수용, 고용조직을 위해 헌신하려는 동기, 조직에 지속적으로 남으려는 동기 등을 주요한 조직몰입 요소로 측정한다.

모데이 외(1979)의 조직몰입 설문 문항

1. 나는 조직의 성공을 위해 기대 이상의 노력을 한다(I am willing to put in a great deal of effort beyond that normally expected in order to help this organization be successful).
2. 나는 지인들에게 내가 속한 조직을 일하기 좋은 곳으로 소개한다(I talk up this organization to my friends as a great organization to work for).
3. 나는 조직에 대한 충성심을 거의 느끼지 못한다(역코딩)(I feel very little loyalty to this organization)(R).
4. 나는 이 조직에 계속 남아 있기 위해 어떤 업무도 수행할 의지가 있다(I would accept almost any type of job assignment in order to keep working for this organization).
5. 나는 나의 가치들과 조직의 가치가 매우 유사하다고 생각한다(I find that my values and the organization's values are very similar).
6. 나는 내가 이 조직의 일부라는 것을 다른 사람들에게 매우 자랑스럽게 이야기 한다(I am proud to tell others that I am part of this organization).
7. 나는 유사한 업무가 있다면 다른 조직에서 일할 의지가 있다(역코딩)(I could just as well be working for a different organization as long as the type of work was similar)(R).
8. 이 조직은 직무성과를 달성해 감에 있어 나에게 큰 영감을 불러일으킨다(This organization really inspires the very best in me in the way of job performance).
9. 내가 이 조직을 떠나고자 하는 원인이 되는 현재 상황이 거의 바뀌지 않는다(역코딩)(It would take very little change in my present circumstances to cause me to leave this organization)(R).
10. 나는 과거에 일하고자 했던 다른 직장에 비해 이 직장을 선택해 일하는 것에 대해 매우 만족한다(I am extremely glad that I chose this organization to work for over others I was considering at the time I joined).

11. 이 조직과 영원히 함께 하기에는 얻을 것이 거의 없다(역코딩)(There's not too much to be gained by sticking with this organization indefinitely)(R).
12. 중요 사안에 대한 조직의 정책에 관해 조직 내 다른 직원들과 의견일치를 보는 것이 가끔 어렵게 느껴진다(역코딩)(Often, I find it difficult to agree with this organization's policies on important matters relating to its employees)(R).
13. 나는 진정으로 이 조직의 운명을 걱정한다(I really care about the fate of this organization).
14. 나에게 이 직장은 일하기 가장 좋은 곳이다(For me this is the best of all possible organizations for which to work).
15. 이 조직을 위해서 일하겠다고 결심한 것은 명백히 잘못되었다(역코딩)(Deciding to work for this organization was a definite mistake on my part)(R).

* 역코딩: 부정적인 문항의 경우 코딩 변경을 통해 긍정적인 내용으로 점수를 바꿔 주는 것

출처: Mowday et al.(1979: 228)

(4) 기타 직무태도

기타 직무태도로서 조직지원인식(perceived organizational support, POS)과 종업원 직무열의(employee engagement)가 제시될 수 있다. 조직지원인식은 조직구성원들이 "조직에서 그들의 공헌에 대한 가치를 부여하고 종업원 복지에 대한 관심을 갖고 있다고 믿는 정도"를 의미하며, 종업원 직무열의는 조직구성원 "자신이 수행하고 있는 일에 대한 몰입도와 만족도 및 열정을 모두 포함한 헌신"을 의미한다(Robbins & Judge, 2014: 90–91). 조직지원인식은 조직구성원들이 조직에서의 보상이 공정하다고 믿을 때, 조직의사결정과정에 적극적으로 참여할 때, 상사가 지원적이라고 생각할 때 높게 나타난다. 조직지원인식이 높을수록 조직시민행동은 높게 나타나며, 고객 서비스는 긍정적이 되고, 근무태만은 낮게 나타난다. 특히 조직지원인식은 일에 대한 명확한 보상체계가 구성되어 있는 조직에서 더 높게 나타난다(Robbins & Judge, 2014: 91).

직무열의는 조직구성원의 헌신적인 태도로 나타나는 데, 자원 활용가능성이 높을수록, 새로운 기술을 학습할 기회가 증대될수록, 자신의 일에 대한 중요성과 의미가 부여될수록, 동료직원과 상급자와의 관계가 원만할수록 직무열의가 높아지는 경향이 있다. 특히 직무열의는 좋은 상사를 만났을 때 혹은 감독자로부터 칭찬을 들었을 때 그 효과가 커지는 것으로 나타났으며, 이를 바탕으로 조직구성원의 직무열의에는 조직구성원 간 상하관계가 중요한 영향을 미친다는 것을 알 수 있다(Robbins & Judge, 2014: 92).

3) 직무만족

(1) 직무만족의 의의

직무만족(job satisfaction)은 조직행태와 관련해 가장 많이 연구된 주제 중의 하나이다. 또한, 앞에서도 설명하였듯이 직무만족은 직무태도의 중요한 구성요소가 된다. 대부분의 경우에는 직무만족이 높은 사람이 직무에 대해 호의적인 태도를 나타낸다. 직무만족은 조직 내 구성원 개개인이 자신의 직업 또는 직무에 만족하는 것을 의미한다(심리학용어사전, 2016). 즉 직무만족은 "개인의 직무특성에 대한 평가결과로 나타나는 긍정적 감정"을 의미하는 것이다(Robbins & Judge, 2014: 89). 직무만족은 조직구성원 개개인이 느끼는 주관적 느낌이지만 이러한 주관적 만족을 단순히 개인의 감정으로만 치부할 수 없다. 다시 말해, 조직 내에서 자신에게 주어진 직무에 대해 조직구성원들이 가지는 감정인 직무만족은 단순히 개인만의 감정으로 치부해 과소평가 되어서는 안 되며, 조직차원에서 중요하게 관리될 필요가 있다.

(2) 직무만족의 측정과 원인변수

직무만족을 측정하는 방법에는 여러 가지가 있으나, 일반적으로 가장 많이 사용되는 측정방법으로는 단순종합평가법(single global rating)과 직무요소합산법(summation of job factors) 등이 있다(Robbins & Judge, 2014: 94). 전자는 아주 간단한 직무만족 측정방법으로 하나의 질문, 즉 '귀하는 당신의 직무에 전반적으로 만족합니까?'라는 질문을 등간척도를 이용해서 측정하는 방법이다. 반면, 후자는 직무의 핵심요소를 식별하고 각 요소에 대한 구성원들의 감정을 묻는 방식으로서 대표적인 직무 핵심요소로는 직무의 특성, 감독, 현재의 급여, 승진기회, 동료와의 관계 등이 제시될 수 있다(Robbins & Judge, 2014: 94).[4]

직무만족에 영향을 미치는 영향 요인은 매우 다양하게 제시된다. 이러한 영향 요인은 크게 외재적 요인과 내재적 요인으로 구분될 수 있는데, 직무만족에 영향을 주는 외재적 요인으로는 ① 직무의 특성, ② 임금, ③ 직무스트레스, ④ 역할 변수 등이

4 진종순 외(2016: 137－142)에 따르면, 직무만족의 측정은 단면적 직무만족 척도를 활용하는 방법과 전반적 직무만족 척도를 활용하는 방법으로 제시될 수 있다. 단면적 직무만족척도로는 ① 직무만족조사, ② 직무기술지표, ③ 미네소타 만족도 설문지, ④ 직무진단조사 등의 방법이 있으며, 전반적 직무만족척도로는 ① 전반적 직무척도, ② 미시간 조직평가조사 하위척도(MOAQS) 등의 방법이 있다.

제시될 수 있다(진종순 외, 2016: 143-149).[5] 직무의 특성은 크게 기능 다양성(skill variety), 과업 정체성(task identity), 과업 중요성(task significance), 자율성(autonomy), 직무 피드백(job feedback) 등으로 제시될 수 있다. 임금은 개인의 욕구를 충족시켜 줄 수 있는 동기부여 기재로써 작동을 하며 이는 직무만족에 영향을 미칠 수 있다. 또한, 직무스트레스는 "조직구성원이 직무의 특성, 직무 조건, 그리고 직무 및 업무환경 등에서 느끼는 부정적인 반응을 유발하는 스트레스원(stressor)을 의미"하며(진종순 외, 2016: 146), 이는 직무만족에 중요한 영향을 미치게 된다. 역할 변수는 크게 역할 모호성(role ambiguity)와 역할 갈등(role conflict), 그리고 역할 과부하(role overload) 등으로 나타나는데, 역할 모호성은 조직구성원들이 각자의 직무관련 기능 혹은 책임 등을 정확하게 인식하지 못하는 것을 의미하며, 역할 갈등은 조직구성원의 직무 기능과 책임에 대한 요구가 양립할 때 혹은 충돌할 때 발생하게 된다. 역할 과부하는 조직구성원에 대한 과도한 업무 요구를 의미한다. 이때 업무는 조직구성원에게 양적으로도, 질적으로도 과도하게 요구될 수 있다.[6] 이밖에도 조직의 제약요인(예 직무관련 정보, 예산 지원, 장비나 재료 지원 등)이나 조직의 요구와 통제, 근무 형태(예 야간 근무, 초과 근무 등)와 같은 외재적 요인이 직무만족에 영향을 미칠 수 있다고 본다(진종순 외, 2016: 148-149).

직무만족에 영향을 미치는 내재적 요인으로는 ① 개인의 특성과 ② 개인-직무 간 적합도가 제시될 수 있다(진종순 외, 2016: 150-151). 개인의 특성은 주로 개인의 성격이 중요한 변수로 고려되며, 개인의 인식이나 부정적 정서 혹은 부정적 감정상태 등이 중요한 개인의 특성이 된다. 개인-직무 간 적합도는 "개인의 능력과 흥미, 그리고 기술 등이 특정 직무가 필요로 하는 요구와 어느 정도 조화로운지를 측정할 때 활용되는 개념"이다(진종순 외, 2016: 151). 최근에는 개인-직무 간 적합도가 직무만족에 미치는 영향을 연구하는 사례가 증가하고 있어(Edwards, 1991), 개인-직무 간 적합도도 직무만족에 영향을 미치는 중요 영향 변수로 고려될 필요가 있다.

---

5 직무와 자체와 관련된 변수(예 직무의 다양성, 직무와 관련된 훈련, 독립성 및 통제권 등)들이 직무만족에 영향을 주는 가장 중요한 변수이며, 다음으로 업무에 대한 접근방식(예 상호의존성, 피드백, 사회적 지원, 동료직원들과 업무 외 상호작용 등)이 직무만족에 영향을 준다(Robbins & Judge, 2014: 97).

6 질적 역할 과부화(qualitative role overload)는 "구성원이 가지고 있는 능력과 기술 등에 비해 요구하는 직무수행의 수준이 높아질 때 발생"하게 된다(진종순 외, 2016: 148).

(3) 직무만족의 영향

일반적으로 직무에 대한 불만족이 증가하면 조직에 긍정적으로 작용하기 보다는 부정적으로 작용할 가능성이 높다. 조직구성원들의 직무만족에 대한 연구의 맥락은 조직 내 구성원들의 직무만족이 증가하면 조직의 생산성과 성과가 증가할 것이라는 점을 전제로 한다. 이는 신고전적 조직이론 중 세부이론인 인간관계론에서 제시된 호손(Hawthorne) 실험을 통해서도 확인될 수 있다. 호손 실험에 의하면 작업의 생산성을 향상시키기 위해서는 조직구성원들 간 비공식적 교류와 사회적 교류를 증진시킬 필요가 있는데, 이러한 구성원 간 교류를 통해 개인의 만족수준이 증가하며 결국 이로 인해 조직의 생산성도 증진된다는 것이다. 다시 말해, 직무만족이 조직구성원들의 동기부여를 증진시켜 결국 생산성도 향상된다는 것이다(유민봉·박성민, 2015: 196−197).

그러나 이러한 직무만족과 생산성의 긍정적 선형관계가 항상 타당한 것은 아니다. 업적−만족이론[7]에서는 오히려 이와 반대되는 주장을 제시하기도 한다. 업적−만족이론이 제시되기 이전의 연구에서는 대부분 직무만족을 독립변수로 간주하며, 직무만족이 증대되면 개인 및 조직성과도 증가할 것이라고 보았다. 반면, 업적−만족이론에서는 달성된 업적에 따라서 개인의 만족이 달라진다고 본다. 즉, 종속변수로서의 직무만족의 중요성에 초점을 두고 있는 것이다. 이에 따르면, 업적에 근거해 개인에게 충분한 보상이 이루어졌을 때 각 개인들은 자신들의 직무에 만족을 느끼게 된다. 충분한 보상이 이루어지지 않았을 때는 오히려 직무만족이 감소될 수 있다고 보는 것이다(유민봉·박성민, 2015: 197).

직무만족이 조직에 미치는 영향력은 매우 크다. 파렐(Farrell, 1983: 603)에 의하면 직무불만족에 따른 조직구성원들의 두 가지 태도 기준에 따라(건설적 vs. 파괴적, 능동적 vs. 수동적) 구성원의 조직에 대한 네 가지 반응이 제시될 수 있다. 직무불만족에 따른 구성원들

표 15-2 직무불만에 따른 반응

	능동적(active)	수동적(passive)
파괴적(disruptive)	이탈(exit)	방관(neglect)
건설적(constructive)	주장(voice)	충성(loyalty)

출처: Farrell(1983: 603) 재구성

7 자세한 내용은 21장 동기부여이론에서 논의하도록 한다.

의 첫 번째 반응은 '이탈(exit)'로 직무에 불만족하는 구성원들이 능동적이고 파괴적인 행동을 하는 경우 나타나는 근무태도가 된다. 즉, 직무에 불만을 느끼는 조직구성원이 조직을 떠나는 직접적인 행동을 하는 것이다. 둘째, '주장(voice)'은 직무에 불만을 가진 구성원들이 능동적이고 건설적으로 개선방안을 제시하는 것으로, 직무 불만과 관련된 문제점을 적극적으로 해결고자 노력하는 것이다. 직무 개선을 위한 상사와의 토론 등이 이에 해당한다고 할 수 있다. 셋째, '충성(loyalty)'행위는 직무에 불만을 가진 구성원들이 수동적이고 낙관적으로 조직의 문제점이 치유될 것을 기다리는 것이다. 이러한 행태를 나타내는 조직구성원들은 외부의 비판으로부터 적극적으로 조직을 보호하는 행동을 나타낸다. 마지막으로, '방관(neglect)'은 상황이 악화되는 것을 수동적으로 허용하는 행위를 의미한다. 예를 들어, 조직구성원들이 수시로 지각·조퇴를 하는 등 직무에 불만은 드러내지만 적극적으로 개선은 하지 않으려 하는 행동이 이에 해당한다.

4) 조직구성원의 감정과 기분

(1) 감정 연구의 중요성과 의의

조직구성원들의 태도와 더불어 이들이 느끼는 감정은 조직생활을 영위하는데 매우 중요한 요소가 된다. 그럼에도 불구하고 과거에는 조직분야에서 감정에 대한 연구가 거의 이루어지지 않았다(Robbins & Judge, 2014: 116). 그 이유는 첫째, 합리성을 중요하게 고려하는 조직에서 감정은 합리성에 반대되는 개념으로 간주되었다. 둘째, 긍정적인 차원에서 감정이 논의되기 보다는 '감정은 파괴적인 속성을 지녔다'는 미신(myth) 때문에 감정에 대한 연구가 거의 주목을 받지 못했다. 그럼에도 불구하고 조직구성원들의 감정에 따라 조직의 성과가 달라질 수 있기 때문에 감정에 대한 연구는 조직분야에서 매우 중요하게 다루어질 필요가 있다.

감정(emotion)은 "특정 사람이나 사물을 대상으로 하는 강렬한 느낌"을 의미한다. 이와 비슷한 개념으로는 정서(affect)가 있는데, 이는 "사람들이 겪는 넓은 의미의 느낌"을 의미하며, 기분(mood)은 "감정보다는 덜 강렬한 느낌으로 자극의 원인이 불분명한 느낌"을 의미한다(Robbins & Judge, 2014: 117–118). 정서는 감정과 기분을 모두 포함하는 용어이다.

그림 15-2 정서, 감정, 기분의 관계

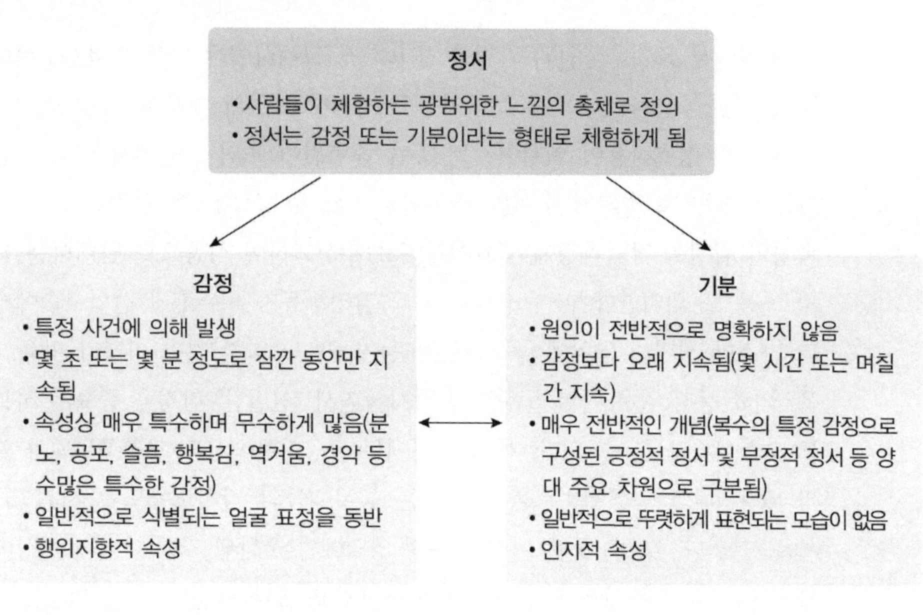

출처: Robbins & Judge(2014: 117)

(2) 감정과 기분의 특성

감정은 보편감정, 즉 분노, 공포, 슬픔, 행복, 혐오, 놀람 등으로 구성되어 있으며, 이러한 감정은 긍정적 감정(예 흥분, 자신감, 흥겨움 등)과 부정적 감정(예 신경질, 스트레스, 근심 등)으로 구분된다. 감정은 일반적으로 합리적 사고 및 윤리적 결정과 반대되는 개념으로 인식되지만 좋은 의사결정은 생각(thinking)과 느낌(feeling)을 동시에 고려해 내리는 결정이며, 윤리적 행위를 하는 사람들은 감정과 느낌에 바탕을 둔 의사결정을 하는 경우가 많기 때문에 감정이 합리적 결정과 윤리적 결정에 중요한 영향을 미치는 요소가 된다고 할 수 있다(Robbins & Judge, 2014: 122–123). 이러한 감정과 기분에 중요한 영향을 미치는 변수로는 개인의 성격, 하루의 시간대, 주간별 요일, 날씨, 스트레스, 사회적 활동, 수면, 운동, 나이, 성별 등 다양한 원인이 제시될 수 있다. 최근에는 감정과 기분에 영향을 미치는 요인으로 감성지능(emotional intelligence, EI)이 새롭게 제시되고 있는데, 이는 "감정적 단서나 정보를 파악하고 관리하는 능력"을 의미한다(Robbins & Judge, 2014: 133).

(3) 감정노동과 감정조절

조직에서 조직구성원의 감정을 중요하게 고려하여야 하는 이유는, 현대 조직에서 '감정노동(emotion labor)'이 중요한 부분을 차지하고 있기 때문이다. 감정노동은 "직무상 대인 간의 상호작용이 이루어지는 동안 종업원이 조직 차원에서 바라는 감정을 표현하는 상황"으로 정의될 수 있다(Robbins & Judge, 2014: 129). 즉, 감정노동은 "인간 본연의 속성인 감정을 작업과정에서 교환가치로 추상화하여 상품으로 판매하는 특별한 유형의 노동"을 의미한다(김왕배 외, 2012: 124). 감정노동자들은 후기 산업사회에서 급성장하고 발전한 서비스 영역에 종사하는 노동자들을 포함할 뿐만 아니라 양육, 돌보미, 교육, 의료 등과 같은 돌봄 노동력에 종사하면서 '친밀감' 감정을 중요시 하는 노동자들도 포함한다고 할 수 있다. 특히 최근에는 공공부문에서도 경찰공무원과 일선관료 등과 같이 대민 공공서비스를 제공하는 공무원들의 감정노동도 중시되고 있다(김상구, 2009). 그러나, 감정노동은 이러한 특정 영역에만 국한된 것이 아니며 세상에 존재하는 모든 직업과 직무에서 감정노동이 이루어지고 있다.

감정노동에서 가장 문제가 되는 것은 '감정부조화(emotional dissonance)'이다. 이는 "사람들이 느끼고 있는 감정과 보여 주어야 할 감정 간의 불일치"를 의미한다(Robbins & Judge, 2014: 129). 감정부조화가 심해지면 조직구성원들이 인식하는 스트레스가 증가하고 결국에는 업무성과에도 부정적인 영향을 미치게 된다. 감정부조화가 발생하는 이유는 감지된 감정(felt emotion)과 연출된 감정(displayed emotion)의 격차가 크기 때문이다. 전자는 개인이 실제 느끼는 감정을 의미한다면, 후자는 조직이 구성원들에게 담당 직무에 맞게 행동할 것을 요구하면서 발생되는 감정이다. 이러한 연출된 감정은 학습된 감정이기도 하다(Robbins & Judge, 2014: 130). 즉, 감정노동을 요구하는 조직에서 개별 조직구성원에게 요구하는 표현규칙이 실제 그들이 인식하는 감정과 다른 경우 감정부조화가 발생하고 이는 구성원의 정체성 혼란, 소외, 소진(burnout), 스트레스 등을 야기하게 된다(김왕배 외, 2012: 129).

감정부조화를 극복하기 위한 감정조절 대안으로는 피상적인 연기(surfacing acting)와 내면적 연기(deep acting) 등 두 가지 방안이 제시된다. 전자는 "내면의 느낌을 감추고 연출 법칙에 따라 감정 표출을 삼가는 것"이며, 후자는 "연출법칙에 따라 자신의 진정한 내면적 느낌을 개조하려고 노력하는 것"이다(Robbins & Judge, 2014: 130). 피상적 연기보다 내면적 연기가 바람직한 방안으로 제시되지만, 피상적인 연기를 한 경우에 이에 대한 적절한 보상이 주어진다면 피상적 연기도 감정을 효과적으로 조절하는 좋은 방안이 될 수 있다. 뿐만 아니라, 내면적 연기 역시 가시적으로 드러나지는 않는다 하더라도 이 또한 연기이기 때문에 개인에게는 심리적 부담으로 작용할 수 있다. 또 다른 감정조절 방안으로는 감정을 억누르기 보다는 감정을 인정해주고, 이를 다시 검토해 주는 방안이 제시될 수 있다. 이와 유사한 측면에서 감정을 마음속에 넣어두는 방법(bottled up)보다 이를 표출하는 방법이 보다 더 효과적이라는 연구결과들이 제시된다. 이때 상대방의 감정도 주의 깊게 고려할 필요가 있다(Robbins & Judge, 2014: 131－138).

(4) 감정과 기분이 조직에 미치는 영향

조직구성원의 감정과 기분이 직무성과에 어떠한 영향을 미치는 지는 '정서적 사건 반응이론(affective events theory)'을 통해 살펴볼 수 있다. 정서적 사건 반응이론은 "구성원들이 직장에서 일어나는 사건에 대해 감정적으로 반응하게 되는 데, 그러한 반응 활동이 곧 직무성과와 직무만족에 영향을 미친다는 모형"이다(Robbins & Judge, 2014: 131). <그림 15－3>에 의하면 작업환경(예 직무의 특성, 직무수요 등)이 업무와 관련된 사건에 중대한 영향을 미친다. 그리고 이는 긍정적일 수도 또는 부정적일 수도 있는 감정을 유발하는 데 중요한 영향을 미치는 데, 이러한 감정은 개인의 성향에 따라 달라질 수

그림 15-3 정서적 사건 반응이론과 직무성과

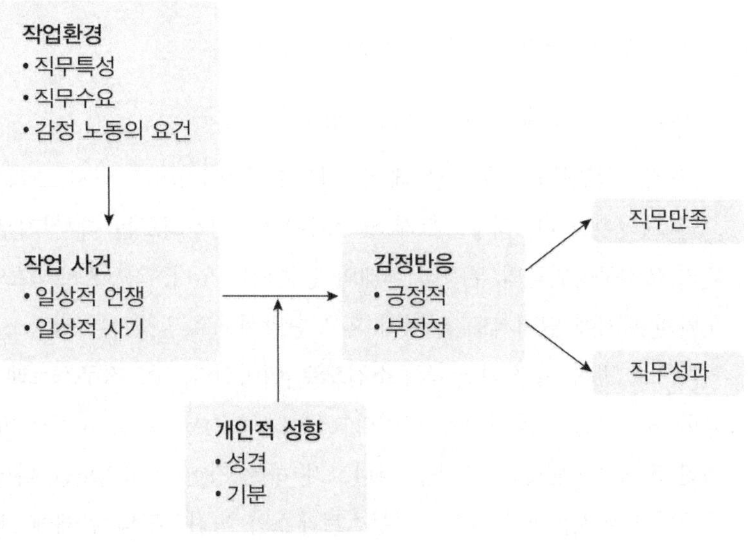

출처: Robbins & Judge(2014: 131)

있다. 이렇게 형성된 긍정적 또는 부정적 감정은 조직성과(예 직무만족, 직무성과)에 큰 영향을 미친다. 정서적 사건 반응이론에 따르면, 조직 내 구성원들의 감정에 영향을 주는 사건, 즉 골치 아픈 사건 또는 사기를 증진시키는 사건에 따라 구성원들의 감정이 달라지며, 이는 직무성과에 중대한 영향을 미친다. 따라서 조직구성원들의 감정에 영향을 주는 요인들에 대한 조직적인 관리가 필요한 것이다.

감정과 기분의 조직행태 적용

① 선발: 직원을 선발할 때 감성지능 고려함
② 의사결정: 긍정적 감정은 좋은 의사결정에 도움이 됨
③ 창의성: 긍정적 감정은 창의성 향상에 기여함
④ 동기부여: 긍정적 감정과 기분은 동기부여를 증진시킴
⑤ 리더십: 변혁적 리더십은 긍정적 감정 고취에 영향을 미침
⑥ 협상: 감정은 협상 결과에 중대한 영향을 미침. 또한, 부정적 감정이 반드시 협상에 유리한 것은 아님
⑦ 고객서비스: 감정은 고객서비스에 중대한 영향을 미침. 종업원과 고객의 감정이 합치되는 효과(matching effect)를 감정 전염(emotional contagion)이라고 함

출처: Robbins & Judge(2014: 139 - 143) 재구성

5) 직무스트레스, 직무소진, 이직의도

(1) 직무스트레스, 직무소진, 이직의도 관계

조직구성원들의 직무스트레스, 직무소진, 이직의도 역시 조직행태를 구성하는 중요한 요인이 된다. 직무스트레스, 직무소진, 이직의도는 다른 직무변수(예 직무만족)와는 달리 조직구성원들의 부정적 행태와 관련되어 있다. 직무스트레스와 직무소진, 이직의도와의 관계에 있어서도, 단기적 혹은 단발성으로 발생하는 직무스트레스가 지속적·장기적으로 반복·누적되면 직무소진으로 이어진다. 즉, 직무스트레스가 직무소진의 중요한 요인으로 작용한다는 것이다(Farber, 2000; 진종순 외, 2016: 176). 또한, 직무소진이 증대된 조직구성원들은 조직을 떠나고자 하는 강한 이직의도를 나타내게 된다. 이러한 관계에 있어서, 직무소진은 직무스트레스와 이직의도의 관계에 매개효과를 나타낸다고도 볼 수 있다. 다음에서는 직무스트레스, 직무소진, 이직의도에 대해 보다 구체적으로 살펴보도록 한다.

그림 15-4 직무스트레스, 직무소진, 이직의도 관계

직무스트레스 ⟶ 직무소진 ⟶ 이직의도

출처: 진종순 외(2016: 176)

(2) 직무스트레스

조직구성원들의 직무태도와 감정, 기분 등은 스트레스에 중요한 영향을 미친다. 일반적으로 스트레스(stress)는 "사람들이 자신이 원하는 것과 관련된 기회, 제약조건, 혹은 요구사항에 직면하게 되고 그 결과가 불확실하지만 동시에 중요하게 인식되는 역동적인 상황에 처하게 됨"을 의미한다(Robbins & Judge, 2014: 725). 이러한 스트레스가 직무와 관련하여 발생하는 것이 바로 직무스트레스이다. 보다 구체적으로 직무스트레스는 "조직구성원들이 근무하는 조직에서 요구되는 직무 요건과 그들의 능력, 역량, 자원, 바람 등에 불일치 현상이 발생할 때 일어나는 부정적인 신체적·정서적 반응"으로 정의될 수 있다(진종순 외, 2016: 156).

직무스트레스가 항상 부정적인 영향을 미치는 것만은 아니다. 어느 정도의 스트레스는 조직구성원들의 업무 긴장을 유발할 수 있기 때문에 실수나 방심 등을 줄일 수 있고, 이로 인해 업무 성과를 향상시키는 데 기여할 수 있는 것이다. 따라서, 직무스트레스와 성과의 관계는 일반적으로 역 U자 모양을 나타낸다고 할 수 있다. 즉, 직무스트레스가 낮거나 중간이면 오히려 생산성이 증대될 수 있으나, 스트레스 수준이 일정정도를 넘어서면 이때부터 성과는 떨어지게 된다는 것이다.

그림 15-5 직무스트레스와 성과의 관계

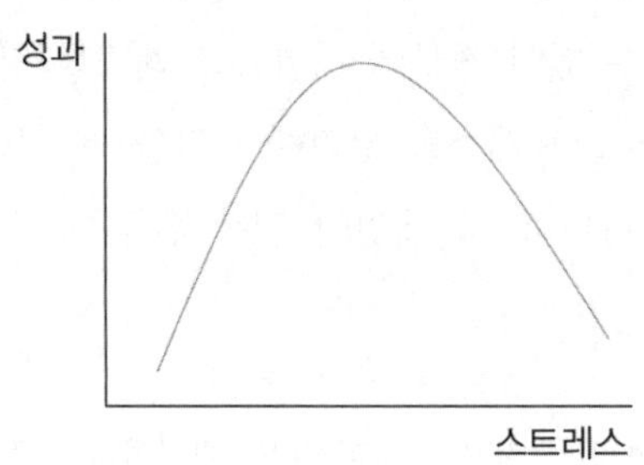

출처: Robbins & Judge(2014: 734)

표 15-3 직무스트레스 설문문항

시간 압력과 관련된 직무스트레스	• 직장일로 인하여 가족과 보내는 시간을 충분히 할애하기 힘들다. • 나는 너무 많은 시간을 업무에 할당하여 창밖의 가로수를 볼 겨를이 없다. • 업무 때문에 다른 여가활동을 할 시간이 없다. • 나는 때때로 회사와 결혼했다고 느낄 때가 있다. • 내가 해야 할 일이 너무 많아 그것을 제 때에 할 시간이 없다. • 나는 집으로 전화가 올 때 그것이 업무와 관련될까봐 때론 놀란다. • 나는 업무를 종료할 수 없을 것 같이 느낀다. • 나와 비슷한 위치의 많은 직장동료들이 직무요구량 때문에 지친다.
걱정과 관련된 직무스트레스	• 나는 직무로 인하여 불안감을 느낀다. • 나는 요구된 시간보다 더 많은 시간을 업무에 할애한다. • 나는 일로 인하여 화가 날 경우가 많다. • 나는 때때로 직무를 생각할 때 가슴이 답답하다. • 나는 업무 중 휴식을 취할 때 죄책감을 느낀다.

출처: Parker & DeCotiis(1983: 169); 진종순 외(2016: 161)

직무스트레스를 측정하는 방법은 다양하게 제시될 수 있지만, 파커와 디코티스(Parker & DeCotiis, 1983: 169)의 직무스트레스척도(job stress scale) 방법이 주로 활용될 수 있다. 직무스트레스척도에서는 직무스트레스를 '시간 압력과 관련된 직무스트레스(feelings of being under substantial time pressure)'와 '걱정과 관련된 직무스트레스(job-related feelings of anxiety)'로 구분해 측정한다(진종순 외, 2016: 161).[8]

직무스트레스가 왜 발생하는지에 대한 원인과 그 결과가 무엇인지에 대해서는 다음 직무스트레스 모형에 잘 나타나 있다. 먼저 직무스트레스의 원인은 다음과 같다.

일반적으로 스트레스는 요구(demand)와 자원(resources)과의 관계에 의해 발생한다. 요구는 책임, 중압, 의무, 심지어는 개인이 직장에서 직면하는 불확실성을 의미한다. 반면, 자원은 요구에 대응하기 위해 사용할 수 있는 개인의 통제 하에 있는 것들을 의미한다. 요구-자원 관점에 따르면, 요구와 자원이 일치할 때 조직구성원들은 직무를 원활히 수행할 수 있어 직무에 대한 스트레스를 받지 않게 된다. 특히 자극-반응 상호 작용으로서의 스트레스를 고려해 보았을 때, 스트레스는 외부 환경의 자극에 의해 발생되는 것이 아니라 각 개인이 외부 환경 자극에 반응함으로써 발생하는 것이다.

8 이밖에도 '위험성 평가 지원 시스템'에서는 한국인의 직무스트레스 측정을 무료로 제공하고 있는데, 각 질문에 해당하는 응답 점수를 합산하여 본인의 직무스트레스 지수를 확인할 수 있다. 테스트를 위해서는 사이트를 방문하기 바란다. http://kras.kosha.or.kr/health/health_tab02.do?lett=08

이러한 관점에서 보았을 때 직무스트레스의 원인은 개인의 직무와 관련된 욕구 불만족, 즉 개인의 심리적 조절 과정에 의해 발생하는 것이다(진종순 외, 2016: 156–159).

보다 구체적으로, 직무스트레스의 잠재적 원인으로는 외부 환경적 요인, 조직과 직무특성 요인, 개인적 요인 등이 제시된다(Robbins & Judge, 2014: 726–729; 진종순 외, 2016: 156–160). 첫째, 외부 환경적 요인은 조직 외부의 경제적 불확실성과 정치적 불확실성 그리고 기술적 변화를 포함한다.

둘째, 조직과 직무특성 요인에서 직무스트레스에 영향을 주는 요인은 매우 다양하게 나타나지만 가장 대표적인 요인은 업무요구, 역할요구, 인간관계요구 등이 된다. 이 중 업무요구(task demands)는 개인과 직무의 관계에 있어 개인 업무의 설계(자율성, 업무다양성, 자동화의 정도), 작업조건, 업무의 물리적 배치, 업무량 등이 해당된다. 예를 들어, 상당히 비좁은 공간에서 업무를 하다보면 이러한 업무 공간 자체가 스트레스 요인으로 작용할 수 있다는 것이다. 또한, 과다한 업무량과 과다한 업무내용에 대한 요구는 조직 구성원들의 직무스트레스에 중요한 영향을 미친다는 것이다. 역할요구(role demands)는 조직 내에서 특정인이 담당하고 있는 역할에 따라 그 사람에게 부과되는 부담이나 책임에 관련된 것이다. 이러한 역할요구는 크게 역할 모호성, 역할갈등 및 역할과부하 등으로 나타난다. 이들 모두가 직무스트레스에 영향을 미치는 중요 원인이 되는 것이다. 또한 조직 내 인간관계요구(impersonal demands)도 직무스트레스의 원인이 된다. 조직 내 인간관계요구는 다른 구성원에 의해서 발생되는 관계에 대한 부담과 압력을 의미한다.

마지막으로, 직무스트레스에 영향을 주는 개인적 요인은 개인의 욕구(예 개인의 경제적 상황 등 포함), 각 개인의 성격, 가족과 관련된 상황 등을 포함한다. 특히 개인의 욕구는 다양하게 나타날 수 있는데(예 생리적 욕구, 안전욕구, 사회적 욕구, 존중욕구, 자아실현의 욕구), 이러한 욕구가 제대로 충족되지 못하면 이로 인해 직무스트레스가 유발될 가능성이 높아진다. 뿐만 아니라, 개인의 성격도 직무스트레스에 중요한 영향을 미친다. 개인의 성격이 예민하고, 소심하며, 내성적이고, 꼼꼼하다면 이러한 성격을 가진 사람이 그렇지 않은 사람보다 직무스트레스를 더 많이 받을 가능성이 높다. 또한, 가족 간 갈등은 직무수행에 중대한 방해요인이 되며, 직무스트레스의 주요 원인이 된다(진종순 외, 2016: 159–160).

그러나 이와 같은 직무스트레스의 잠재적 원인(환경, 조직적, 개인적 요인)들이 모든 조직구성원들에게 동일하게 영향을 미치는 것은 아니다. 개인적 차이(예 지각, 업무경험, 사회적 지지, 자기 효능감, 적대감 등)에 따라 잠재적 요인들이 조직구성원들의 직무스트레스에 미치는 영향은 달라질 수 있다는 것이다. 예를 들어, 직원들이 자신에게 주어진 상황을 어떻게 지각하고 있는가에 따라서 각 개인이 느끼는 스트레스는 달라진다. 그리고 조직문화에 따라서도 직무스트레스가 달라질 수 있다. 관계지향적 조직문화에서는 인간관계를 저해하는 요인에 의해, 혁신문화에서는 혁신 동기를 저해하는 요인에 의해, 시장문화에서는 보상에 대한 공정성과 객관성이 저해되는 요인에 의해, 위계적 조직문화에서는 상급자와 하급자의 관계가 좋지 않을 때 직무스트레스가 증가할 수 있다(강종혁, 2010: 161; 진종순 외, 2016: 158 재인용).

직무스트레스의 결과는 대부분 부정적으로 나타난다. 이러한 결과는 크게 조직구성원들의 생리적·심리적·행동적 현상으로 나타나는데, 우선 직무스트레스에 따른 조직구성원들의 생리적 현상으로는 두통, 고혈압, 심장질환 등이 나타날 수 있다. 또한, 불안, 우울증, 직무만족도의 감소 등과 같은 심리적 현상으로도 나타날 수 있다. 나아가 직무스트레스로 인해 생산성 저하와 결근율 증가, 이직률 증가 등과 같은 현상이

그림 15-6 직무스트레스 모형

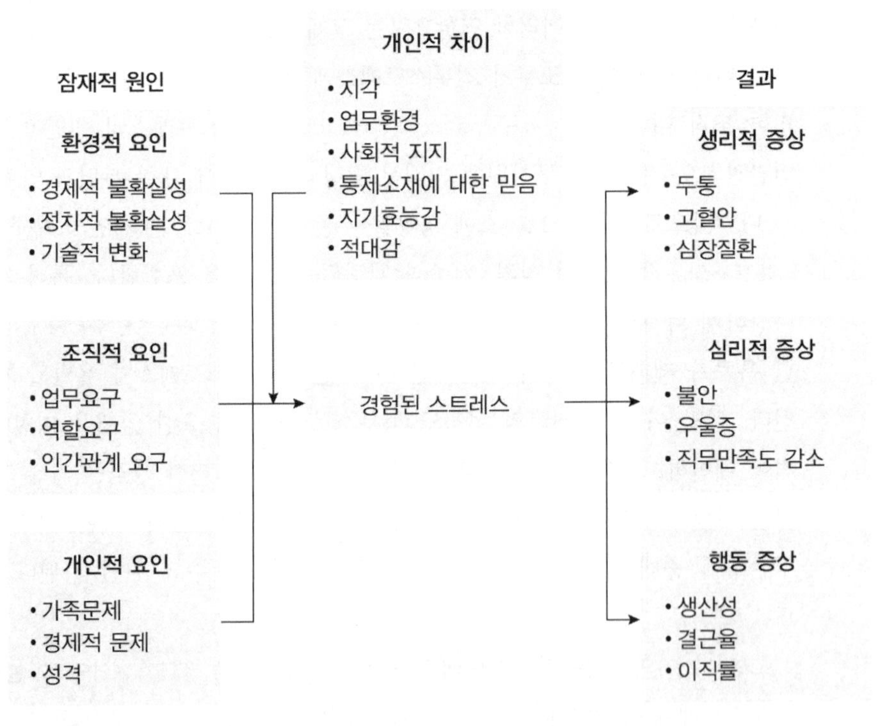

출처: Robbins & Judge(2014: 728)

유발될 수 있다.

이와 같은 직무스트레스의 부정적 결과를 관리하기 위해 다양한 방법이 고려될 필요가 있다. 개인적 차원에서는 시간관리 기법 활용, 운동량 증가, 긴장완화 훈련 수행, 사회적 지지 네트워크 구축 등과 같은 방법을 활용해 직무스트레스를 관리할 수 있다. 또한, 조직적 차원에서는 효과적인 직원 선발과 업무배치, 양질의 훈련프로그램 운영, 현실적인 목표 설정, 합리적 업무 재설계, 직원 참여 증진, 조직 내 의사소통 활성화, 복리후생 프로그램 제공 등과 같은 방법을 활용해 직무스트레스를 관리할 수 있다(Robbins & Judge, 2014: 735-736).

(3) 직무소진

1976년 매슬랙(Christina Maslach)의 연구에서 처음 그 개념이 제시된 직무소진(burnout)은 "조직 내 구성원들에게 장기적으로 발생하는 정서적, 정신적, 신체적 탈진 및 고갈 현상"으로 정의될 수 있다(Maslach & Jackson, 1981; 진종순 외, 2016: 166). 이는 조직구성원들이 직무로부터 느끼는 피로감과 탈진을 의미하는 것이다. 직무소진의 정의에서도 알 수 있듯이 직무소진은 정서적 고갈(emotional exhaustion), 자아성취감(personal accomplishment), 비인간화(depersonalization) 등의 세 영역에서 주로 나타난다(Maslach & Jackson, 1981). 정서적 고갈은 주로 조직구성원들의 불안정한 감정적·심리적 상태로 인해 발생되며, 자아성취 차원의 직무소진은 조직에서 요구하는 만큼의 직무성과가 달성되지 않았을 때 발생된다. 비인간화와 관련된 직무소진은 임무수행과정에서 조직구성원이 인간성을 잃어가고 감정이 메말라가는 과정에서 나타나는 직무소진이다(진종순 외, 2016: 166). 그렇다면, 이러한 직무소진에 영향을 미치는 요인에는 어떤 것들이 있을까?

매슬랙과 잭슨(Maslach & Jackson, 1981)의 매슬랙 직무 소진 목록(Maslach Burnout Inventory, MBI)에 의하면 직무소진에 영향을 미치는 요인은 크게 개인차원의 변수와 조직차원의 변수로 구분될 수 있다(진종순 외, 2016: 168-170). 보다 구체적으로, 개인차원의 변수로는 개인의 성별, 연령, 경험 등과 같은 개인 특성 변수(personal characteristics)가 직무소진에 중요한 영향을 미치는 것으로 나타났다. 조직차원 변수로는 대인 관계, 역할 갈등 및 모호성, 역할 과중 등을 포함하는 직무 및 역할 특성 변수(job and role characteristics)와 조직 근무환경 및 조직정치 등의 조직 특성 변수(organizational characteristics)가 직무소진에 중요한 영향을 미치는 것으로 나타났다. 이와 같은 요인에 의해 조직구성원들의 직무소진이 지속적으로 발생하면, 조직구성원들이 조직을 떠나고자 하는 이직의도도 높아지게 된다.

(4) 이직의도

조직구성원들의 직무스트레스와 직무소진이 증가하면 실제 조직 내에서 발생하는 구성원의 이직률과 구성원 이직의도가 증가하게 된다. 일반적으로 '이직(turnover)'은 조직구성원들이 실제로 조직을 떠나 다른 곳으로 이직하는 것을 의미하며, '이직의도(turnover intention)'는 현재 근무하는 조직을 떠나고자 하는 의향을 의미한다(진종순 외, 2016: 170-171). 조직구성원들의 실질적인 이탈(exit), 즉 이직이 조직에서 중요하게 고려되어야 하는 사항이지만, 조직구성원들의 이직의도 또한 조직에서 중요하게 관리해야할 사항이 된다. 조직구성원들의 이직의도가 증가한다는 것은 조직의 위기를 의미하는 것이기도 하기 때문이다. 무엇보다 조직구성원들의 이직의도가 중요하게 고려되어야 하는 이유는 조직구성원들이 단기적으로 혹은 순간적으로 이직을 고려하는 것이 아니기 때문이다. 조직구성원들은 자신들 나름의 비용과 편익을 고려해 이직을 고민하기 때문에 이직의도가 지속적으로 증가한다는 것은 결국 조직에 부정적인 영향을 미칠 수 있다(Steel, 2002: 347; 진종순 외, 2016: 171). 뿐만 아니라, 이직의도가 높은 조직구성원들은 업무에 집중하지 못하고 업무 시간 내 이직할 직장을 검색한다던지 하는 부정적이고 불성실한 업무행태를 나타낼 가능성이 높다. 이러한 부정적 업무행태는 다른 조직구성원들에게도 쉽게 영향을 미쳐, 조직 내에 불성실한 업무분위기가 조장될 가능성이 크다.

조직을 떠나고자 하는 조직구성원들의 이직의도가 증가하는 원인은 개인차원과 조직차원으로 설명될 수 있다. 개인차원에서는 성별, 근무기간, 인종 등과 같은 개인적 특성에 따라 개인의 이직의도가 달라질 수 있다. 그러나 개인특성과 관련된 변수들은 대부분 이직의도에 일관적인 영향을 주지 못한다. 하지만 조직차원과 관련된 요인들, 특히 직무와 관련된 요인들은 조직구성원들의 이직의도에 일관되게 중요한 영향을 미친다(진종순 외, 2016: 172). 예를 들어, 조직구성원들의 직무만족이 낮을 때 이직의도가 증가할 가능성이 높아진다. 즉, 조직구성원들이 자신들에게 맡겨진 직무와 조직에 대해 불만을 느끼게 될 때 구성원들은 현재 그들이 몸담고 있는 조직을 떠나 새로운 조직을 찾으려고 한다는 것이다(Houkes et al., 2003: 429).

이밖에도 이직에 대한 의사결정을 할 때 조직구성원들은 일반적으로 ① 이직의 용이성(ease of movement)과 ② 이직의 바람직성(desirability of movement)이라는 기준을 고려하게 된다(March & Simon, 1958; Direnzo & Greenhaus, 2011: 567). 전자는 개인이 직장을 옮길 때 외부환경, 즉 외부경기, 옮겨갈 직장 여부, 실업률 등을 고려해 이직을 결정한다는 것이다. 반면, 후자는 개인이 이직을 결정함에 있어서 조직 외적인 요인보다는 조직 내적인 요인을 고려하게 된다는 것인데, 직장과 자신의 직무에 대해 불만이 생기면 개인은 이직을 결심하게 된다는 것이다(Direnzo & Greenhaus, 2011: 569). 특히 이직의도에 영향을 미치는 주요 원인은 조직변수와 관련된 '이직의 바람직성'이 된다. 업무 과부하, 역할 모호성, 승진 불만족 등과 같은 직무 환경과 직무 긴장감 등을 포함하는 이직의 바람직성은 조직구성원들의 이직의도에 중대한 영향을 미친다는 것이다.

2 커뮤니케이션

1) 커뮤니케이션의 의의

조직행태에 있어 커뮤니케이션(communication)은 조직구성원 간, 조직구성원과 조직 간 연결통로로 매우 중요한 역할을 담당한다. 즉, 커뮤니케이션은 개인의 감정, 태도 등을 나타내는 수단이 되며, 동시에 조직의 통제, 동기부여, 정보 등의 수단이 되기도 한다. 커뮤니케이션은 조직행태에 있어 개인수준과 집단수준 모두에서 중요하게 고려되어야 할 요소가 된다는 것이다. 커뮤니케이션은 "두 사람 이상 사이에 사실·생각·느낌의 교환을 통해 공통적 이해가 이루어지는 일련의 과정이나 행위"라고 정의할 수 있다(민진, 2014: 391). 즉, "복수의 행위주체가 정보를 교환해서 의미를 공유하는 과정"이다(이창원 외, 2012: 296). 김호섭 외(2011: 260)는 커뮤니케이션을 "개인, 집단, 조직과 같은 사회적 주체들 간에 특정 의미가 담긴 메시지나 정보를 상호 교환해 공유하는 동태적 과정"으로 정의한다.[9]

주로 '의사소통'의 의미로 사용되는 커뮤니케이션이 조직에서 중요하게 고려되어야 하는 이유는 다음과 같다. 조직구성원 간 의사소통, 즉 커뮤니케이션이 원활하지 않은 경우에 조직 내 정보전달 과정(정보의 내용 포함)에 왜곡이 발생해 구성원들 사이에 오해와 갈등이 유발될 수 있다. 또한, 커뮤니케이션 오류로 인해 조직에 부정적인 분위기(예 불통의 조직분위기 등)가 조성되어 조직운영의 효율성이 낮아지고 종국에는 조직생산성 마저 저해될 수 있다(민진, 2014: 392). 이러한 문제를 극복하기 위해 조직구성원들

9 이광석 외(2016: 98－99)에 따르면, 커뮤니케이션(communication)은 communicatio라는 라틴어에서 유래되었다. Communicatio는 지식이나 의사 등을 전달하는 의사소통의 의미를 포함함과 동시에, 교류, 교제, 참여, 나눔, 왕래 등의 의미도 포함하고 있다. 커뮤니케이션이 오늘날 '의사소통'의 의미로 처음 영어권에서 사용된 것은 Locke(1690)의 저서 『인간지성론』에서이다.

의 효과적인 커뮤니케이션 노력은 필수적이라고 할 수 있다. 원활한 커뮤니케이션은 조직이 조직구성원들을 통제하고, 동기 유발을 촉진시키며, 구성원들의 감정 전달을 통해 개인과 개인, 개인과 조직이 서로를 이해할 수 있도록 한다. 이로 인해 조직구성원의 사회적 욕구가 충족되고, 조직 내 정보전달 기능이 강화되며, 결국 효과적인 조직체 유지에 긍정적인 기능을 하게 되는 것이다(이창원 외, 2012: 298). 종합적으로 볼 때, 조직에서 커뮤니케이션이 담당하는 기능은 ① 조정(통제) 기능, ② 조직구성원들의 동기 유발 촉진 기능, ③ 사회적 욕구 충족 기능, ④ 의사결정의 합리화 기능, ⑤ 조직체의 유지 기능, ⑥ 효과적인 리더십 발휘 기능 등이 있다(진종순 외, 2016: 181-182).

2) 커뮤니케이션의 구성요소와 유형

(1) 커뮤니케이션의 구성요소와 경로

커뮤니케이션의 주요 구성요소는 의사전달자(정보 송신자와 수신자), 의사전달 내용, 의사전달 매체(경로), 의사전달 효과(목적) 등이다(민진, 2014: 394-397). 첫째, 조직 내 의사전달자는 주로 상관과 부하가 된다. 상관과 부하 모두가 정보 송신자가 될 수 있으며, 동시에 수신자도 될 수 있다. 그들이 어떻게 의사를 전달하느냐에 따라 정확한 정보가 전달될 수 있다. 만약 상관이 강압적인 방법으로 의사를 전달하면 수신자 입장에서는 심리적으로 부담을 느껴 의사전달이 원활하게 이루어지지 않는다. 반대로, 부하가 상관에게 의사를 전달할 때 의도적이고 계획적으로 정보를 제한하여 상관에 보고한다면 정보왜곡이 발생할 가능성이 높다. 이러한 현상은 부하가 상관보다 더 높은 전문성을 가질 때 발생할 수 있다.

둘째, 커뮤니케이션 내용은 '전달 메시지'인데, 전달하고자 하는 메시지, 즉 정보를 전달자가 보다 명확하게 전달해야 수신자가 정확한 정보를 얻을 수 있다. 셋째, 커뮤니케이션 매체인데, 커뮤니케이션 경로는 다양한 매체를 통해 이루어질 수 있다. 예를 들어, 전통적인 커뮤니케이션 매체로는 직접대면, 문서, 서신, 전화통화 등이 제시될 수 있다. 최근에는 정보통신기술이 급속도로 발달하여 문자, SNS(social network service) 등 적극적인 메시지를 전달매체가 활용되고 있다. 넷째, 커뮤니케이션 효과는 1차적 효과와 2차적 효과로 구분될 수 있다. 정보의 정확한 전달이라는 1차적 효과에 비해서, 2차적 효과는 정보전달로 인해 파생되는 효과(예 경제적 이익, 지적 흥분)로 이해될 수 있다(민진, 2014: 397). 이러한 구성요소들에 의한 커뮤니케이션 과정은 <그림 15-7>과 같은 경로를 지닌다.

그림 15-7 커뮤니케이션 과정 모형

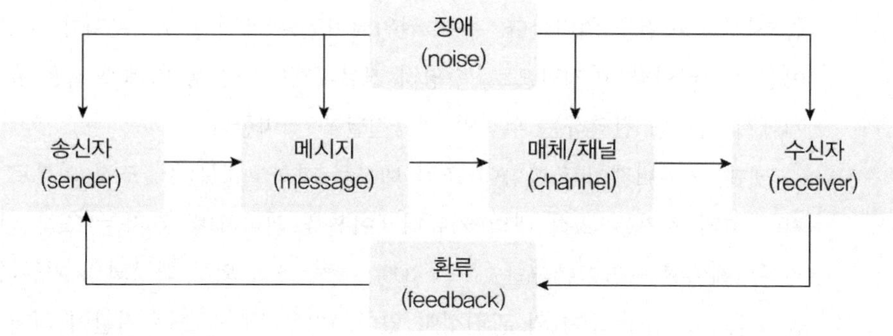

출처: 김병섭 외(2009: 455)

(2) 커뮤니케이션의 유형

조직 내 커뮤니케이션 유형은 첫째, 공식성에 따라서 공식적 커뮤니케이션과 비공식적 커뮤니케이션으로 구분될 수 있다(민진, 2014: 398). 공식적 커뮤니케이션은 공식적·제도적 절차와 경로를 통해 의사전달이 이루어지는 경우이다. 공식적 보고 체계가 대표적인 예가 된다. 이에 비해, 비공식적 커뮤니케이션은 친분, 인간관계 등을 활용한 자생적 커뮤니케이션을 의미한다. 공식적 커뮤니케이션은 상관의 권위를 유지·향상시키는 데 도움을 주고, 의사전달이 확실하고 편리하며, 객관적인 의사전달이 가능하고, 책임소재가 명확하며, 정보를 사전에 확보해서 의사결정의 용이성에 기여한다는 장점을 가진다. 그러나, 공식적 커뮤니케이션은 융통성이 없어 형식적으로 흐르기 쉽고, 커뮤니케이션이 이루어지는 배경에 대해 설명하기가 어려우며, 복잡하고 다양한 인간관계를 설명해 내기가 어렵고, 의사전달이 느리다는 한계점도 가지고 있다. 반면에 비공식적 커뮤니케이션은 부하직원들의 동태파악을 용이하게 하고, 부하직원의 정서적 긴장 해소에 도움을 주며, 딱딱한 명령이나 지시를 보다 부드럽게 전환시킬 수 있고, 공식적 커뮤니케이션 체계가 제공하지 못하는 유익한 정보를 제공할 수 있다는 장점을 가진다. 그럼에도 불구하고 비공식적 커뮤니케이션은 왜곡된 사실의 유포가능성이 높고, 책임성의 소재가 불분명하다는 한계점도 가지게 된다(김호섭 외, 2011: 274; 진종순 외, 2016: 191).

둘째, 커뮤니케이션의 방향에 따라 상향적·하향적·수평적 커뮤니케이션으로 구분될 수 있다(민진, 2014: 398). 하의상달의 의미로서 상향적 의사전달은 조직 하층부의 정보가 위로 전달되는 것이며, 자발적인 참여문화가 확대된 조직에서 자주 활용된다. 이에 반해 상의하달의 하향적 의사전달은 조직 상층부의 의사가 아래로 전달되는 방식, 즉 지시나 명령을 의미한다. 주로 권위적이고 위계적인 조직문화에 하향식 커뮤니케이션이 나타난다. 마지막으로, 수평적 커뮤니케이션은 동일 계층 혹은 유사 직급의 관계에서 정보를 전달하는 횡적인 의사전달을 의미한다.

셋째, 커뮤니케이션 방향이 조직 내부로 향하고 있는지, 조직 외부로 향하고 있는지에 따라 전자는 조직 내의 커뮤니케이션을 의미하며, 후자는 조직 외부 환경과의 커뮤니케이션을 의미한다(민진, 2014: 399). 특히 조직 외부 환경과의 커뮤니케이션은 공공관계(Public Relations, PR)와 관련성이 있다. PR은 "조직 또는 기관이 의미 있는 공중의 이해와 협조를 확보하고 유지하기 위해 실시하는 계획적이며 지속적인 활동이나 관계의 내용, 그리고 과정(Oliver, 2007: 9; 민진, 2014: 411 재인용)"을 의미한다.

이밖에도, 조직 내 또는 조직과 외부환경의 관계가 아닌 대각적(diagonal) 커뮤니케이션이 제시될 수 있다. 이는 조직 내 동일한 계층 혹은 동일한 명령계통에 의한 의사전달체계가 아니다. 이에 대한 대표적인 예는, 참모기관과 계선기관의 커뮤니케이션이 될 수 있을 것이다.

(3) 커뮤니케이션의 원칙과 방법

커뮤니케이션의 원칙으로는 일반적으로 ① 전달할 메시지 내용과 커뮤니케이션 목적에 대한 명확화, ② 메시지 전달 대상자에 대한 정확한 파악, ③ 전달하고자 하는 메시지의 분량, 전달방식 혹은 채널 등에 대한 적절한 선택 등이 제시될 수 있다(진종순 외, 2016: 186–187). 이러한 일반 원칙을 바탕으로 레드필드(Redfield, 1958: 29–45)은 커뮤니케이션의 원칙 일곱 가지를 제시하고 있는 데, ① 명료성(clarity)의 원칙, ② 일관성(consistency)의 원칙, ③ 적기적시성(timing and timeliness)의 원칙, ④ 배포성(distribution)의 원칙, ⑤ 적절성(adequacy)의 원칙, ⑥ 적응성(adaptability)과 통일성(uniformity)의 원칙, ⑦ 관심(interest)과 수용성(acceptance)의 원칙이 바로 그것이다(진종순 외, 2016: 187–188 재인용). 이러한 원칙을 바탕으로 활용될 수 있는 커뮤니케이션 방법은 다음과 같이 제시될 수 있다.

첫째, 구두 커뮤니케이션이다. 메시지 전달의 주요 수단(채널)이 구두 커뮤니케이션으로 고려되는 방법에는 연설, 공식적인 일대일 토론과 집단 토론, 비공식적 소문, 그레이프바인(grapevine)[10] 등이 있다. 이 방법의 장점은 속도와 피드백에 있다고 할 수 있

10 조직의 비공식적 커뮤니케이션 네트워크의 방법을 의미한다.

으나, 단점은 메시지가 거쳐야 하는 사람이 많을수록 정보가 왜곡될 가능성이 높다는 것이다. 둘째, 서면 커뮤니케이션이다. 이는 편지, 이메일, 인스턴트 메시지, 조직의 간행물, 서면 단어와 기호를 통해 정보를 전하는 방법으로서 파워포인트, 소셜미디어, 블로그 등의 활용이 그 예가 된다. 셋째, 비언어적 커뮤니케이션이다. 비언어적 커뮤니케이션 방법으로는 신체동작, 단어에 부여하는 억양이나 강조, 얼굴표정, 전달자와 수신자 사이의 물리적 거리 등이 해당한다(Robbins & Judge, 2014: 404–410).

3) 커뮤니케이션의 효과성, 저해요인, 해결방안

커뮤니케이션의 목적은 효과적인 의사전달에 있다. 효과적인 커뮤니케이션은 "의사전달을 통해 이루고자 하는 목표를 달성한 정도"를 의미한다(민진, 2014: 403). 이러한 커뮤니케이션의 효과성 달성은 앞서 논의한 커뮤니케이션 구성요소, 즉 커뮤니케이터(communicator, 의사전달자와 수신자 포함), 커뮤니케이션 내용(message), 커뮤니케이션 매체(채널) 등에 의해서 결정된다. 다시 말해, 커뮤니케이션 전 과정에서 명확하고 정확하게, 또 효율적으로 메시지가 전달되는 것이 바로 효과적인 커뮤니케이션을 의미하는 것이다.

그러나 이러한 효과적인 커뮤니케이션을 방해하는 장애요인들이 곳곳에 존재한다. 의사전달자(송신자)와 수신자 사이에 편견이 존재한다면 처음 의도한 대로 커뮤니케이션이 이루어 질 수 없다. 때로는 의사전달자가 정보를 필터링(filtering)하여 정보의 일부만 전달하기도 한다. 그리고 수신자는 자신의 욕구, 동기, 경험, 배경, 기타 개인의 특성에 따라 선택적으로 정보를 지각하고, 또 정보를 습득하기 때문에 그에 따른 왜곡도 나타날 수 있다(Robbins & Judge, 2014: 421). 뿐만 아니라, 의사전달자의 지적 능력, 이해력, 기억력 등도 커뮤니케이션 효과성에 중요한 영향을 미친다. 커뮤니케이션 내용이 너무 전문성을 지니거나 표현이 모호하다면 효과적인 커뮤니케이션이 일어지지지 않는다(민진, 2014: 404). 마지막으로, 커뮤니케이션 경로가 너무 복잡하다면 커뮤니케이션이 왜곡될 수 있다.

보다 구체적으로, 진종순 외(2016: 192–194)에 따르면, 커뮤니케이션의 장애요인은 구조적 측면과 과정적 측면을 구분해 살펴볼 수 있다. 구조적 측면에서 커뮤니케이션에 장애를 유발하는 요인으로는 계층제, 전문화, 집권화 등을 제시할 수 있다. 조직구조의 계층이 많아질수록 단계별 정보유실 및 왜곡현상이 심화될 수 있고, 전문화로 인한 조직구성원 간 정보 이해 부족이 나타날 수 있으며, 집권화로 인해 정보에 대한 능률적 처리가 어려워질 수 있다. 이밖에도 과정적 측면에서 커뮤니케이션 장애를 유

표 15-4 커뮤니케이션 장애요인과 해결방안

구분	장애요인	촉진방안
전달자와 피전달자	① 가치관·사고방식의 차이(준거 기준 차이) ② 지위상의 위치 ③ 전달자의 의식적 제한(보안상 비밀 유지) ④ 전달자의 자기방어(전달자가 자기에게 불리한 사실을 고의적으로 은폐·왜곡) ⑤ 피전달자의 전달자에 대한 불신이나 편견, 수용 거부, 잘못된 해석 ⑥ 원만하지 못한 인간관계	① 상호 접촉 촉진(회의·공동 교육훈련·인사교류 등) ② 대인관계 개선, 조직 내 개방적 분위기 조성 ③ 하의상달의 활성화를 통한 권위주의적 행정 행태의 개선 ④ 상향적 의사전달의 누락, 왜곡 등을 방지하고 정보 처리의 우선순위를 결정하기 위해 조정집단 활용 ⑤ 민주적·쇄신적 리더십의 확립
전달수단 및 매개체	① 정보 과다로 인한 내용 파악 곤란 ② 정보의 유실과 불충분한 보존 ③ 적절치 못한 언어와 문자사용 등 매체의 불완전성 ④ 다른 업무의 압박(업무의 과다) ⑤ 지리적 거리	① 언어·문자의 정확한 사용, 계량화 등을 통한 매체의 정밀성 제고 ② 효율적인 관리정보체계의 확립과 시설의 개선 ③ 의사전달의 반복과 환류·확인 메커니즘 확립
조직구조	① 집권적 계층구조로 인한 수직적인 의사전달 제한, 유동성 저하 ② 할거주의, 전문화로 인한 수평적 의사전달 저해 ③ 비공식적 의사전달의 역기능(소문·풍문 등에 의한 정보의 왜곡) ④ 정보전달 채널의 부족	① 정보 채널의 다원화 ② 계층제의 완화와 분권화 ③ 정보의 분산

출처: 이종수 외(2014: 208)

발하는 요인이 제시될 수 있다. 메시지의 의미 혹은 내용을 변화시켜 올바른 정보를 전달하지 않는 왜곡(distortion), 전달자가 의도한 메시지의 일부만이 수신자에게 전달되는 누락(ommission), 메시지 흐름이 체제의 처리 용량을 초과해 유입되는 정보의 과부화(overload), 수신자가 전달자의 메시지를 신뢰하지 않는 수용(acceptance)의 거부 등이 나타날 수 있다는 것이다.

특히 과정적 측면에서의 커뮤니케이션 장애를 극복하기 위해서는 다음의 방안들이 고려될 수 있을 것이다(진종순 외, 2016: 195–196). 첫째, 정보의 왜곡과 누락을 방지하기 위해서는 하나의 정보를 다양한 채널을 통해 여러 번 반복하는 가외성(redundancy)의 방법, 메시지의 정확도를 보장하는 확증(verification)의 방법, 커뮤니케이션의 불필요한 단계(전달자 혹은 중개자 포함)를 제거하는 통과(bypassing)의 방법, 메시지 내용이 실제 어떻게 받아들여졌는지를 확인하는 사후검사(follow-up)와 환류(feedback)의 방법 등을 활용할 수 있다. 둘째, 정보과부화 방지를 위해서는 적절한 시기에 정보량을 표준화하거나, 정보에 우선순위를 두어 정보처리 방법을 다르게 하는 방법 등을 활용할 수 있다. 이밖에도 수용 거부방지를 위해서는 조직구성원들 간 신뢰회복이 우선되어야 한다. 상호 신뢰를 바탕으로 상대방을 이해하는 자세를 지닐 때 커뮤니케이션 수용거부는 극복될 수 있을 것이다.

3 공공조직의 조직행태와 커뮤니케이션

1) 공공조직에서의 조직행태

본장에서는 공공조직의 조직행태 특징을 조직몰입, 조직시민행동, 직무만족, 이직의도 차원에서 논의하도록 한다. 첫째, 공공조직에서는 민간조직보다 조직구성원의 조직몰입이 높게 나타나는 경향이 있다. 이는 공공조직 구성원들이 자신들의 조직에 충성하는 정도가 높으며, 조직에 헌신하는 정도가 높다는 것을 의미한다. 공공조직에 대한 충성도와 헌신도가 높다는 것은 결국 조직구성원들의 공공성에 대한 책임이 강하다는 것을 의미한다고 볼 수 있다. 또한 조직구성원들이 사익보다는 공익을 적극적으로 추구한다는 것을 의미하는 것으로 볼 수 있다. 뿐만 아니라, 최근 공공조직 구성원들의 조직몰입을 강화하기 위해 공공조직에서의 '삶의 질 향상'이 강조되고 있다. 공공조직에서의 조직몰입은 단순히 외연적 보상강화에 의해 이루어지는 것이 아니다. 조직구성원들이 느끼는 삶의 질을 통해 조직에 대한 만족도뿐만 아니라 조직몰입도를 증진시킬 수 있다는 것이다. 공공조직구성원들의 삶의 질 제고 차원에서 최근 공공부문에서는 유연근무제나 시간선택제 등을 확대시행하고 있다. 예를 들어, 유연근무제 확대를 통해 조직구성원들의 정서적·규범적 조직몰입뿐만 아니라 지속적 조직몰입 또한 증대될 수 있다는 것이다.

둘째, 공공조직에서는 민간조직보다 조직구성원의 조직시민행동이 높게 나타나는 경향이 있다. 특히 공공조직에서의 조직시민행동은 공직봉사동기(Public Service Motivation, PSM) 차원에서 논의될 수 있다. 조직시민행동은 구성원들이 자신들의 업무를 자발적이고 적극적으로 행하는 것이며, 자신의 이익추구 보다는 전체 구성원 나아가 조직의 이익과 발전을 도모하는 행동이기 때문에(Organ, 1988), 이는 이타심과 봉사정신을 강조하는 공익추구, 즉 공직봉사동기와 유사성을 가진다고 볼 수 있다. 특히 공공조직의 구성원들은 국가·사회에 대한 희생과 봉사, 특히 국민에 대한 봉사정신을 바탕으로 하고 있기 때문에 공공조직구성원들의 조직시민행동은 민간조직구성원들의 조직시민행동보다 더 높게 나타난다고 볼 수 있다.

셋째, 공공조직에서의 직무만족은 민간조직의 직무만족과 크게 다르지 않은 것으로 나타난다. 직무만족은 생산성 향상에 영향을 미치는 중요한 변수이기 때문에 직무만족에 영향을 미치는 요인들이 체계적으로 관리될 필요가 있다. 조직구성원들에게 주어진 직무의 수준이나 양이 적절해야 하며, 합리적인 조직구조와 건전한 조직문화가 형성되어야 한다. 공공조직은 민간조직보다 조직구조 차원에서의 강한 위계성 또는 경직성을 나타낸다. 조직문화 차원에 있어서도 집단성과 다소 강한 폐쇄성 등으로 인해 공공조직구성원들의 직무만족이 저해될 수 있다. 이러한 점을 개선하기 위해서는 조직 리더의 역할이 매우 중요하며, 팔로워들의 협력도 중요하게 고려된다.

넷째, 공공조직구성원들의 이직의도는 조직몰입, 조직시민행동, 직무만족 등이 충분히 확보되지 않을 때 더욱 증가될 것이다. 우리나라 공직자들은 신분을 보장받기 때문에, 자발적 퇴직은 낮은 편이다. 그러나 현재 공무원의 당연 퇴직보다 의원면직[11] 수가 더 많은 것으로 나타났으며, 이러한 차이는 지속적으로 증가하고 있다. 물론 의원면직의 원인은 다양하지만 의원면직이 지속적으로 증가하고 있다는 사실을 고려해 볼 때 공직자 이직의도에 대한 심각한 논의가 필요해 보인다.

공공부문에서의 이직의도는 개인의 특성보다는 조직 내 권한위임, 조직문화, 업무과부하, 역할모호성, 승진의 불만족 등과 같은 불만족스러운 직무환경에 더 많은 영향을 받는다. 예를 들어, 미국 연방공무원의 이직의도를 조사한 피츠 등(Pitts et al., 2001: 758)의 연구에 따르면, 인구통계학적 요인, 조직변수, 직무환경에 대한 만족도 중에서 직무환경에 대한 만족이 이직의도에 가장 중요한 영향을 준다고 한다. 공직자의 이직의도 역시 직무환경과 관련된 심리적 상태와 주관적 인식에 상당한 영향을 받기 때문에 이들에게 적합한 직무환경을 만들어 줄 필요가 있다.

11 의원면직은 "공무원 자신의 자유로운 의사에 의한 사의 신청"을 의미한다. 그러나, 실제로는 강요에 의한 사의표시, 즉 권고사직을 강요하는 경우도 종종 발생하고 있다(경찰학사전, 2016).

2) 공공조직의 커뮤니케이션

공공조직의 커뮤니케이션 특징으로는 상명하달(上命下達)식 의사전달 체계와 함께 결재제도가 제시될 수 있다. 특히 결재제도는 행정조직에서 나타나는 가장 기본적인 의사전달방법이자 과정으로서 실무계층의 기안행위로부터 생성되어 상급단계로 검토해 나가는 의사전달 방식이라고 할 수 있다(김순양, 2002: 195). 결재제도의 형식은 하위층에서 위계층으로 의사전달이 이루어지는 상향식 의사전달이라고 할 수 있지만, 참여와 분권화가 이루어지지 않은 조직문화에 있어서는 이를 진정한 상향식 의사전달과정이라고 단정 지을 수 없다. 특히 정부조직 내 계층수가 많을수록, 권한위임이 제대로 이루어지지 않을수록 결재단계가 더 많이 나타나기 때문에 이는 계층제의 특징과 관련되어 정보왜곡 현상으로 나타날 가능성이 높아진다(김순양, 2002: 196). 최근에는 공공조직 내 구성원들의 원활한 커뮤니케이션을 위해 전자결재제도를 도입하기도 하고, 부처 내 SNS를 활용하기도 한다. 뿐만 아니라, 공공조직 홈페이지나 블로그 등을 활용하여 조직구성원 간 커뮤니케이션 활성화와 더불어 조직구성원과 외부인들, 즉 국민들과의 커뮤니케이션도 강화하기 위해 노력하고 있다. 이러한 커뮤니케이션 활성화 방안 모색에서 가장 중요하게 고려되는 부분은 바로 '쌍방향 소통'이다. 공공조직에서는 과거의 일방향적 소통방식에서 탈피하고 상호 이해를 돕는 쌍방향 소통을 활성화하기 위해 부단히 노력하고 있는 것이다.

People and
Organizations

Chapter 16

조직변화와 갈등관리

1. 조직변화 관리를 위한 조직진단
2. 조직갈등 및 갈등관리
3. 협상
4. 공공조직의 갈등

CHAPTER 16

조직변화와 갈등관리

핵심 학습사항

1. 조직변화 관리를 위한 조직진단과 전략적 조직진단의 의의는 무엇인가?
2. 구체적인 조직진단 및 평가 방법에는 무엇이 있는가?
3. 조직변화와 조직혁신의 관계는 무엇이며, 이를 위한 구체적인 기법에는 무엇이 있는가?
4. 성공적인 변화관리 방안은 무엇인가?
5. 공공조직에서 팀제의 도입이 실패한 이유는 무엇인가?
6. 갈등의 원인은 무엇이며, 이에 대한 해결방안은 무엇인가?
7. 조직 내 갈등은 항상 부정적인 것인가?
8. 갈등과 성과의 관계는 무엇인가?
9. 조직갈등 유형의 분류기준은 무엇인가?
10. 합리적인 갈등관리 방안은 무엇인가?
11. 구체적인 협상전략은 무엇인가?
12. 협상과정은 어떻게 이루어지는가?
13. 공공조직에서 협업을 달성할 수 있는 방안은 무엇인가?
14. ADR의 의의는 무엇인가?
15. 갈등해결과정에서 공론화의 의의는 무엇인가?

1 조직변화 관리를 위한 조직진단

1) 조직진단의 의의와 특징

조직진단(organizational diagnosis)은 "의도적인 조직변화를 시도하기 위한 전단계로, 조직의 현황을 분석하여 조직의 문제점을 파악하는 과정"이다(이홍민 외, 2009: 35). 즉, 조직진단은 조직의 현재 상태를 점검하고 당면한 문제점을 해결하거나 또는 조직효과성을 증대하기 위한 방안을 모색하는 것이다(Harrison & Shirom, 1999: 7). 조직진단은 다양한 목적에서 활용되지만 주로 조직발전을 위해 활용될 자료수집과 분석과정으로 이해할 수 있다. 올바른 조직개혁을 위해서는 정확한 조직진단이 필요하다. 조직진단을 통해 보다 바람직한 방향으로 조직변화를 유도하고, 의도적이고 계획적으로 실행시키는 것을 목적으로 한다(김병섭 외, 2009: 483).

최근에는 전략적 조직진단이 강조되고 있다. 과거의 조직진단은 조직진단의 목적 자체가 불명확하거나 구체적이지 못했다. 특히, 외부에서 시행된 조직진단을 인력감축의 용도로 여겨 조직구성원들은 조직진단 결과를 쉽게 받아들이지 않았다(김병섭 외, 2009: 485–486). 이에 비해 전략적 조직진단은 단순히 구조, 기능, 인력에 대한 조정에서 벗어나 전략적 조직정렬과 시너지를 창출하기 위한 수단으로 간주되고 있다. 복잡한 환경에 직면하고 있는 조직은 조직 전체의 효과성과 조직 경쟁력 강화를 위해 전략적 조직진단을 필요로 한다(권선필, 2008).

보다 구체적으로, 과거에는 인력감축과 조직구조 개편이 조직진단의 주된 목적이었기 때문에 전체조직 기능과 구성원들 인력 진단에만 초점을 맞추었다(김병섭 외, 2009: 486). 그러나 현재와 미래에는 전략적 활동과 지식으로의 전략이 조직진단의 주된 대상이 되고 있다. 진단주체 역시 과거에는 주로 외부 컨설턴트가 조직을 진단하였다면, 전략적 조직진단에서는 내부사정을 가장 잘 알고 있는 자가 주요한 평가주체가 된다(권선필, 2008: 76). 진단방법 역시 과거에는 정부조직진단을 위해 민간의 계량분석 등과 같은 개발기법들을 받아들였으나, 지금은 실현가능성 차원에서 질적 방법위주의 전략적 조직진단이 이루어지고 있다.

표 16-1 조직진단 비교

	기존의 조직진단	전략적 조직진단
목적	구조, 인력, 기능의 조정	전략적 조직정렬과 시너지
대상	전체조직에 대한 기능, 인력	전략적 활동과 지식으로 전략
주체	외부 역량+내부지원	내부 역량+외부지원
방법	계량적 방법위주의 시스템적 진단	질적 방법위주의 의사소통적 진단
활용	조직개편	활동변화

출처: 권선필(2008: 76)

2) 조직진단 방법[1]

(1) VOA

조직진단 모형으로 VOA(Value, Organization, Activity)를 제시할 수 있다. 조직활동은 조직의 가치(value), 조직의 체계(organization), 과업을 시행하는 활동(activity) 등 세 가지로 구성된다. VOA 조직진단 방법은 가치, 조직, 활동 차원에서 과거와 오늘날을 비교하는 것이다.

표 16-2 VOA 조직진단 내용

구 분	과거	오늘날
가치(Value)	집권적인 획일적 보편가치 (universal value)	분권적인 맥락 가치 (contextual value)
조직(Organization)	경직적 관료제 (외부 특히 중앙의 조직결정권)	유연한 조직 (조직의 자체결정권)
활동(Activity)	일하는 방식이 정해진 기계적 활동(자리에 의해 규정되는 활동)	혁신적이어야 하는 자율적 활동 (일의 상황과 성격에 부응하는 활동)

출처: 권선필(2008: 79)

(2) 볼드리지 기준 틀

민간기업과 공공기관에서 가장 많이 활용하는 조직평가 방법은 말콤 볼드리지 기준 틀(Malcolm Baldrige Criteria)이다. 이 평가방법과 평가지표는 조직의 품질을 평가하는 대표적인 기준이 된다. 볼드리지 기준 틀(Baldrige Criteria for Performance Excellence Framework)에서 제시하는 조직진단·평가를 위한 가장 중요한 기준은 ① 리더십, ② 전략적 기획, ③ 고객 초점, ④ 측정, 분석 및 지식관리, ⑤ 일터 초점, ⑥ 운영관리 초점, 그리고 ⑦ 결과이다. 이러한 주요 기준들은 독립적인 것이 아니라 상호 연계해서 작용된다. 이를 통해 자원을 연계하며(align your resources), 개선을 위한 장점과 한계를 명확하게 하고(identify strengths and opportunities for improvement), 커뮤니케이션, 생산성, 효과

1 조직진단과 비슷한 개념으로 조직평가를 살펴볼 수 있다. 조직평가는 조직진단과 밀접한 관계에 있다. 조직평가와 조직진단은 조직이 추구하는 가치나 기준을 중심으로 그 조직의 현상, 능력, 실적을 확인분석하고 평가한다는 점에서는 공통점을 지닌다(민진, 2014: 3). 따라서 여기서는 조직진단 기법과 조직평가 기법을 동시에 살펴보도록 한다.

그림 16-1 볼드리지 기준의 틀

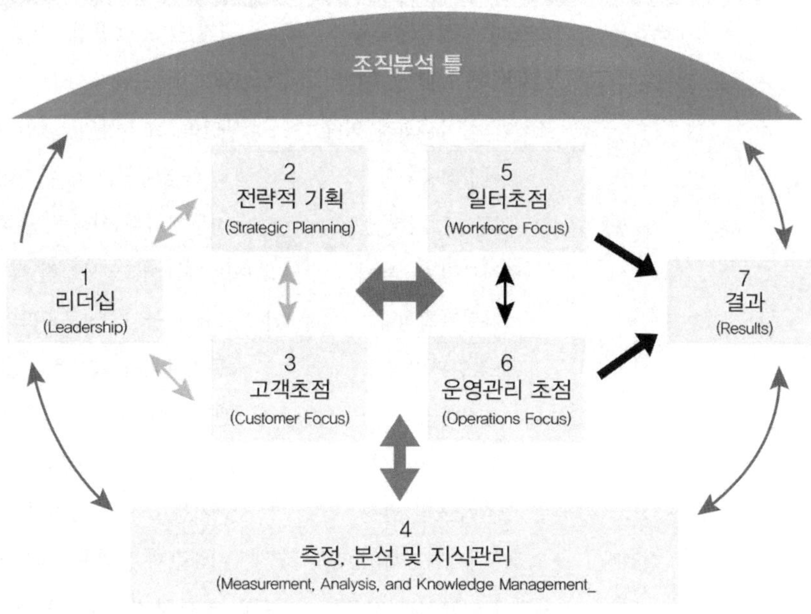

출처: The National Institute of Standards and Technology, NIST(2016)[2]

성을 증진시키며(improve communication, productivity, and effectiveness), 전략적 목표를 달성하는 것이다(achieve your strategic goals).[3]

(3) 역량과 실적에 따른 조직평가

조직진단·평가에서 중요하게 고려되는 주요 요소로는 역량과 실적이 있다(민진, 2014: 7). 첫째, 조직역량은 중요한 평가요소가 된다. 조직역량이 어떻게 형성되는가에 따라서 조직의 능력이 달라진다. 조직역량은 임무수행역량과 조직관리역량으로 구분될 수 있다. 임무수행역량은 자원의 임무 충족성, 조직인의 심리사회적 역량, 환경적 응역량, 임무수행리더십 등을 포함하며, 조직관리역량은 조직과정관리역량, 자원관리

2 보다 자세한 내용은 http://www.nist.gov/baldrige/publications/archive/2013_2014_business_nonprofit_criteria.cfm를 참조바란다.

3 보다 자세한 내용은 http://www.nist.gov/baldrige/publications/upload/2013－2014_Business_Nonprofit_Criteria_Free－Sample.pdf를 참조바란다.

표 16-3 조직역량과 실적에 따른 평가 방법

차원 및 분야		세부분야	평가요소
조직역량	임무수행역량	협의 임무수행역량	구조 임무 적합성, 기술 임무 적합성
		자원의 임무 충족성	인력·자금·물자·정보의 임무 충족성
		조직인 심리사회적 역량	직무만족, 조직몰입, 대인신뢰, 규범준수
		환경적응역량	환경대응능력, 위기대응능력
		임무수행리더십	전문지식과 이해력, 지휘통제능력
	조직관리역량	조직과정관리역량	기획통제능력, 의사결정 및 의사소통능력
		자원관리역량	인사·자금·물자·정보관리의 효율성/안정성
		조직인관리역량	동기부여관리의 효율성과 공정성
		환경관리역량	관계관리능력과 타 기관 협조능력
		관리적 리더십	관리적 지식과 이해력, 지도관리능력
조직실적	조직실적과 성과	조직목표의 달성	단기목표달성, 장기임무(사명)달성
		고객·대사회관계 실적	고객·이해관계자 만족, 대사회적 기여와 영향
		관리의 능률성과 제도화	관리 능률성(생산성), 관리 개선과 제도화

출처: 민진(2014: 12)

역량, 조직인관리역량, 환경관리역량, 관리적 리더십 등을 포함한다. 둘째, 조직진단·평가의 중요 요소로는 조직의 실적이 있다. 조직의 목표를 어느 정도 달성했는지, 고객·대사회적 관계 실적이 어느 정도인지, 관리의 능률성과 제도화는 어느 정도인지가 중요한 평가요소가 된다.

3) 조직변화와 조직혁신

(1) 조직변화와 조직혁신의 관계

조직진단을 통해 조직의 현재 상태를 판단하면 현재 조직이 처한 문제점이 무엇인가를 보다 명확하게 알 수 있다. 현재의 조직문제를 적극적으로 개선할 때 조직의 지속적인 성장이 가능한 것이다. 조직문제를 적극적으로 해결하는 과정으로 조직변화(organization change)와 조직혁신(organization innovation)이 제시될 수 있다. 조직변화는 "조직이 새로운 아이디어나 행동을 받아들이는 것"을 의미한다면, 조직혁신은 "조직이 산업, 시장, 또는 일반환경에서 새로운 아이디어나 행동을 채택하는 것"을 의미한다는 점에서 차이를 보인다(Daft, 2016: 464). 즉, 후자는 변화를 선도한 조직의 행태이며, 전자는 후발주자가 이를 받아들이는 것을 의미한다. 그럼에도 불구하고, 일반적으로 조직변화와 조직혁신 모두는 변화과정(change process)을 포함한다는 측면에서 공통점을 지닌다.

(2) 조직변화와 조직혁신 기법

조직진단을 바탕으로 한 조직변화와 조직혁신 기법은 다양하나, 대표적인 기법 몇 가지를 소개하면 다음과 같다. 첫째, 조직변화와 조직혁신 기법으로 '이중핵심 모형(double-core approach)'이 제시될 수 있다(Daft, 1978). 이는 조직변화 또는 혁신을 '관리부문의 변화 또는 혁신'과 '기술부문의 변화 또는 혁신'으로 나누어 설명하는 것이다.

관리부문의 혁신은 "새로운 조직에 대한 그리고 조직적 목표에 대한 매니지먼트의 연습, 프로세스, 구조, 전략 또는 테크닉"을 의미한다(Daft, 2016: 481). 이러한 조직변화 기법은 관리자의 비율이 높고, 규모가 크며, 집권화 되고, 공식화 된 조직에 적합하다. 대표적인 방안으로 리스트럭처링, 인력감축, 팀, 통제 시스템, 정보 시스템, 부서의 그룹화 등이 제시된다. 관리변화를 추구하는 조직의 특징은 하향적 프로세스와 기계적 조직을 기반으로 하고 있으며, 대표적인 방안으로는 6시그마, BSC, 의사결정의

그림 16-2 조직혁신 유형

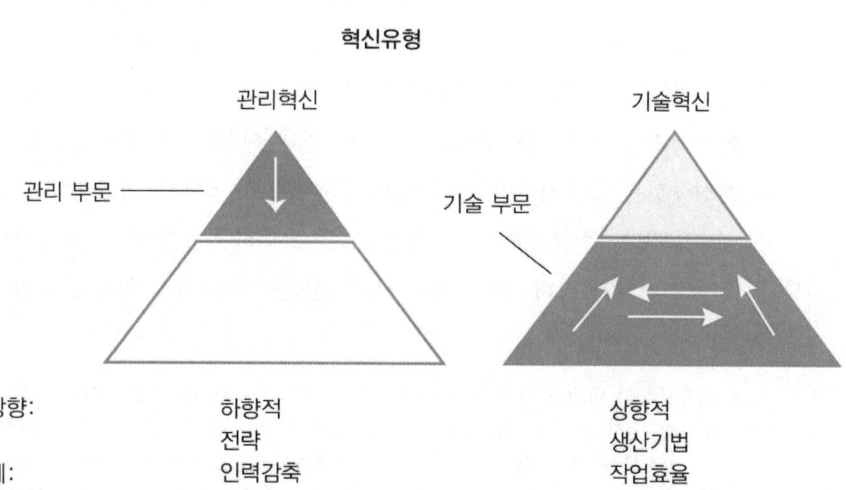

출처: Daft(2016: 483)

분권화, 다운사이징 등이 제시된다. 조직변화와 조직혁신의 기법인 6시그마 방안의 핵심요인은 회사전략과 통합, 프로세스적 사고, 고객 및 시장정보수집, 프로젝트 개선, 추진 리더 훈련, 보상 및 인센티브, 조직 내 모든 계층의 교육, 벨트제도의 운영, 성과에 대한 평가와 보상, 리더십 등이 된다(이혜영·김건위, 2007).

분권화된 조직에서는 전문직 직원들이 관리부문의 혁신 및 개혁을 반대하고 이에 저항하기 때문에 기술부문의 변화와 혁신을 도모할 필요가 있다(Daft, 2016: 482). 기술부문 변화 또는 혁신은 제품 기술의 변화 및 신제품을 위한 혁신적인 기술변화를 추구하는 것인데, 이는 유기적 구조에서 적절하게 활용될 수 있다. 중하위계층에 있는 구성원들의 적극적인 참여가 보장되기 때문에 그들의 아이디어가 끊임없이 반영되어 혁신이 발생하게 되는 것이다(Daft, 1978).[4]

둘째, 조직변화와 조직혁신 기법으로 '긍정적 탐구(appreciative inquiry) 기법'을 고려해 볼 수 있다. 이 방법에서는 조직의 미래가치가 핵심이 되며, 조직성과와 변화를 이끌기 위한 새로운 가치학습 성과관리기법을 활용한다(정종원·이종원, 2010: 298). 이 기법의 사상적 배경은 사회구성주의이며, 미래가치와 조직의 생산성 증진을 위한 조직학습 방법이라고 할 수 있다. 대표적인 긍정적 탐구 기법으로는 4-D 모델이 제시된다(정종원·이종원, 2010: 306-309). 4-D 모델 단계는 단순히 현재 조직의 문제점 진단 수준에서 벗어나 과거에 자신이 경험한 가장 최선의 경험을 바탕으로 핵심긍정(positive core)이 조직혁신과 조직변화에 나타날 수 있도록 하는 4단계 방법이다. 첫 번째 단계는 '발견(discovery)'이다. 핵심긍정을 도출하기 위하여 과거의 경험을 바탕으로 가치의 방향성을 발견하는 단계이다. 두 번째 단계는 '희망(dream)' 단계이다. 이 단계를 통해 조직의 발전 가능성과 미래가치를 구체화한다. 세 번째 단계는 '설계(design)' 단계이다. 미래가치와 핵심긍정을 실현시키기 위해 매우 구체적으로 업무를 재설계하고, 조직구조를 개편하며, 정책방향을 조정하고, 이해관계자를 고려하는 방안이다. 마지막으로, '실행(delivery or destiny)' 단계가 있다. 이는 지속가능한 변화를 추구하기 위해 공유된 조직문화를 정착시

4 기술부문의 혁신과 관련해서는 정보시스템 변화를 고려해 볼 수 있다. 특히, 공공부문에서의 행정정보화 역시 조직혁신과 조직변화의 중요한 도구가 될 수 있다. 행정정보화가 확산되면서 조직구조, 조직문화, 조직행태 전반에 변화가 발생한다. 정보화는 조직구조와 조직관리 전반에 영향을 미칠 수 있다는 것이다(이창원 · 임영제, 2004). 그러나 정보화를 통한 조직변화와 조직혁신 방안에서 주의해야 할 사항은 정보화가 반드시 긍정적 결과만을 초래하는 것은 아니라는 점이다. 오히려 정보화로 인한 부작용(예 구성원들의 심리적 압박증가, 정보비대칭성으로 인한 갈등증가, 조직구성원의 비인간화 등)도 나타날 수 있다. 이밖에 정보화가 조직에 미친 영향에 대한 보다 자세한 내용은 이창원 · 임영제(2004: 87-88)를 참조바란다.

키는 단계이다. 이 단계를 통해 긍정적 피드백시스템을 확충할 수 있다. 그렇다면, 인력·조직 진단을 통해 변화 혹은 혁신이 시작되었을 때 변화에 대한 관리는 어떻게 이루어져야 할까? 특히, 변화에 대한 조직구성원들의 저항은 어떻게 관리되어야 할까? 다음에서는 변화관리와 변화에 대한 저항관리에 대해 보다 구체적으로 살펴보도록 한다.

4) 변화관리와 변화에 대한 저항 관리 방안

(1) 코터의 변화관리 모형

조직에서의 변화는 "새로운 방식의 아이디어를 채택해서 조직의 경쟁력과 성과를 향상시키려는 의도적인 노력으로 구성원과의 역동적인 과정을 거쳐 이루어지는 것"이다(유민봉, 2015: 445). 이러한 측면에서 변화관리는 조직이 새로운 아이디어를 받아들이고, 의도적인 노력을 통해 과거의 문제점을 극복하며, 조직구성원들과의 역동적인 상호관계를 거치는 과정이 된다.

대표적인 변화관리 모형으로는 코터와 코헨(Kotter & Cohen, 2012)의 변화관리 8단계 모형이 제시될 수 있다. 첫 번째 단계는 '위기감 조성(increase urgency)' 단계이다. 변화를 추진하는 리더들은 조직구성원들이 현재 상황에 안주하지 않도록 조직 내 위기감을 조성한다. 이와 관련된 대표적인 예는, 공무원 연금개혁의 필요성을 설명할 때 공무원 연금개혁을 이루지 않으면 재정위기가 발생하게 되는 위기 상황에 대해 설명한 것이다(유민봉, 2015). 두 번째 단계는 '변화추진팀 구축(build the guide team)' 단계이다. 변화의 열정을 지닌 팀을 구성하여 변화를 주도적으로 이끌어 나가는 전략이 필요하다. 이를 위해 태스크 포스 팀(Task Force Team, TFT)을 설치할 수 있다. 세 번째 단계는 '비전 개발(get the right vision)' 단계이다. 변화 이후 조직이 달성할 비전을 명확하게 제시하여야 한다. 이 단계까지가 조직에 변화의 분위를 조성(creating a climate for change)하는 단계이다.

네 번째 단계는 '비전을 전달하는(communicate for buy-in)' 단계이다. 이 단계에서는 조직구성원들이 조직의 비전과 전략에 대해 공감대를 형성한다. 다섯 번째 단계는 '임파워먼트(empower action)' 단계이다. 이 단계에서는 변화에 장애가 되는 장벽을 제거하고 조직구성원들이 직접 비전과 전략을 실행에 옮기게 된다. 여섯 번째 단계는 '단기 성과달성(create short-term win)' 단계이다. 변화를 성공적으로 이끌기 위해서는 단기적인 개혁의 성과가 나타나야 한다. 특히 개혁에 비판적인 사람들을 설득시키기 위해서는 분명한 단기적 성과를 제시할 필요가 있다. 여기까지가 전체조직을 변화에 참여시키고 달성 가능한(engaging and enabling the whole organization) 변화를 이끌기 위한 전략을 구축하는 단계이다.

일곱 번째 단계는 '지속적인 도전(don't let up)' 단계이다. 이 단계에서는 단기적인 성공을 지속적으로 유지시키고자 노력한다. 마지막 단계는 '변화의 제도화(make it stick)' 단계이다. 이 단계에서는 새로 수립된 업무수행방식을 새로운 조직문화로 완전히 정착시키게 된다.

(2) 르윈의 변화관리 모형

성공적인 변화관리를 위해서는 체계적인 변화과정을 고려할 필요가 있다. 르윈(Lewin, 1947)[5]에 의하면 조직혁신의 변화관리 단계는 해빙(unfreezing), 변화(changing), 재동결(refreezing) 등 세 단계로 구분된다. 첫 번째 단계는 해빙으로서 조직구성원들에게 변화의 필요성을 불러일으키는 단계이다. 두 번째 단계는 변화단계로서 이 과정은 이전과는 다른 방안을 찾는 것이다. 마지막 재동결 단계는 변화가 안정되어 정형화 되는 단계이다(이창원 외, 2012: 529-530).

그러나 르윈의 변화관리 세 단계는 너무 단순하다는 지적을 받는다. 변화과정은 일회적으로 끝나는 것이 아니라 지속적으로 발생한다는 차원에서 한계가 존재하는 것

그림 16-3 계속적 변화 과정 모형

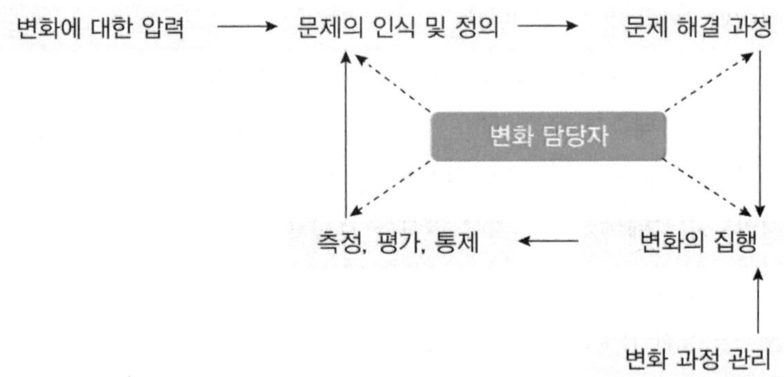

출처: 이창원 외(2012: 531)

5 르윈(1890.9.~1947.2.)은 독일계 미국인 심리학자로 사회심리학, 산업조직심리학, 응용심리학 등의 현대 심리학 분야의 선구자로서 레빈이라고 명명되기도 한다. 르윈은 집단역학과 조직개발과 같은 개념을 도입하여 사회심리학의 개척자로 불린다(위키백과, 2016).

이다. 따라서 이를 극복하기 위한 모형으로 '계속적 변화과정 모형(continuos change process model)'이 제시된다(Moorhead & Griffin, 2004: 528-530; 이창원 외, 2012: 530-532 재인용). 이 모형의 특징은 계획적인 변화과정 전반을 최고관리층의 차원에서 논의하고 있으며, 르윈의 모형에 집행단계 모형을 포함시켰다는 점이다. 계속적 변화과정 모형의 절차는 다음과 같다. 첫 번째 단계는 문제에 대한 진단 단계이다. 이 단계에서는 최고관리층의 문제인식을 포함한다. 두 번째 단계는 문제요인을 분석하고, 변화관리에 있어 공식적 또는 관습적인 제약조건을 고려하여 실현 가능한 변화전략을 활용하는 단계이다. 세 번째 단계는 변화를 직접 실행하는 집행 단계이다. 그렇다면 이러한 변화관리 모형들을 활용하여 성공적으로 변화를 관리하기 위해서는 어떤 전략들을 활용할 수 있을까?

(3) 성공적인 변화관리 전략

성공적인 변화관리를 위해서는 조직구성원들의 변화에 대한 저항을 극복할 수 있는 전략이 수립될 필요가 있다. 조직구성원들의 변화에 대한 저항 및 저항 관리방안을 개인차원과 조직차원으로 나누어 살펴보도록 한다(유민봉, 2015: 448-453; Daft, 2016: 492-493).

개인차원에서 살펴보았을 때, 안정적인 것을 추구하려는 오랜 습관, 불확실성에 대한 두려움, 변화로 인한 각 개인의 피해(신분상 피해, 승진제한), 하위직의 개혁에 대한 피해의식 등으로 인해 변화에 대한 저항이 발생한다. 특히 개인차원에서의 저항은 변화에 대한 두려움과 변화로 인해 발생되는 개인의 피해가 우려될 때 더욱 강해진다. 이를 극복하기 위해서는 지도자들의 변화에 대한 필요성 인식과 조직구성원들에 대한 적극적인 설득과정이 요구되며, 이때 변혁적 리더십이 필수적으로 고려될 수 있다. 또한 개혁과정에서 구성원들의 적극적인 참여를 보장하는 제도가 마련될 필요가 있다. 개혁과정에의 이해관계자 참여는 개혁의 쇠퇴를 가져오는 부작용을 초래할 수 있지만, 이러한 우려에도 불구하고 절차의 공정성과 민주성 확보 차원에서 개혁과정에 변화대상자들을 적극적으로 참여시켜야 한다.

조직차원에서는 관련부서의 저항, 권력구조의 변화에 대한 기존 조직의 반발, 조직변화로 인한 비용발생으로 인해 저항이 거세지며, 계획 또는 의도한 대로 개혁이 이루어지지 않을 수도 있다. 이러한 문제를 극복하기 위해서는 개혁과 변화과정에서 부처 간 의견을 조정할 수 있는 기관(예 정부위원회)을 설립하여 협상·조정 전략을 활용할 필요가 있다. 또한, 개혁의 성공을 위해서는 조직 내·외부의 적극적인 지지 확보도 필요하다.

5) 공공조직 변화 사례

오늘날의 행정환경은 거의 예측이 불가능할 정도로 급변하고 있다. 이러한 행정환경에서 과거의 집권적이고 위계적인 관료적 계층구조를 활용해 인사조직을 관리하는 것은 더 이상 적절하지 않을 수 있다. 이 때문에 공공조직 특히, 정부조직에서는 책임운영기관과 정부위원회 등과 같은 새로운 조직형태를 도입·시행하고 있다. 보다 구체적인 예로, 노무현 정부 때 도입된 팀제를 살펴볼 필요가 있다. 2005년부터 범정부 차원에서 다양화, 민주화, 정보화 등 급속하게 변화하는 행정환경에 적응하고 계층적이고 관료제적인 조직 성격의 한계를 극복하기 위하여 공식성, 집권성, 복잡성 수준이 낮은 수평적이고 자율적인 조직구조인 팀제를 도입하였다(김대근·최준호, 2013: 60). 비록, 2008년 이명박 정부가 출범하면서 중앙정부와 지방정부 대부분에서 팀제를 축소 운영함으로써 현재는 사실상 팀제가 폐지되었다고 볼 수 있다. 이러한 팀제의 도입은 공공조직의 한계, 특히 관료제적 한계를 극복하기 위함이라는 측면에서는 타당성을 지닐 수 있다. 하지만, 조직구성원들의 변화에 대한 공감대 형성이 충분히 이루어지지 않는다면, 변화에 대한 정당성을 확보할 수 없어 조직변화와 조직혁신은 성공을 거두지 못하게 된다. 이는 공공조직도 마찬가지이다. 공공조직구성원들에게 변화의 필요성, 즉 환경변화에 대응하기 위한 변화의 필요성에 대해 충분히 설득하고 공감대를 형성한 후, 조직구성원들이 변화를 인지할 수 있도록 도움으로써 조직변화 혹은 조직혁신을 위한 변화관리를 성공적으로 이끌어낼 수 있을 것이다.

2 조직갈등 및 갈등관리

1) 갈등에 대한 이해

(1) 갈등의 의의

갈등의 존재는 일반적으로 개인의 인식과 관련된 문제이기 때문에 갈등이 존재하지 않는다고 인식한다면 갈등은 존재하지 않는다. 뿐만 아니라, 갈등은 개인들 간의 대립 혹은 상충, 그리고 상호작용의 의미로도 해석된다. 이러한 의미에서 갈등은 "한 개인이 그가 소중히 여기는 어떤 것에 대해 다른 사람이 부정적인 영향을 미쳤거나 미칠 것이라 인식할 때 시작되는 과정"의로 정의될 수 있다(Robbins & Judge, 2014: 530). 이밖에도 갈등은 "개인·집단·국가 등의 관계에 목표나 이해관계의 차이가 발생함에 따라 나타나는 현상(김영학, 2015: 44)"으로 정의될 수 있다. 뿐만 아니라, 갈등은 "복수의 이해당사자들이 희소한 가치나 자원에 대해 양립할 수 없는 목표를 추구하며 상호작용하는 역동적인 상황(주재복·한부영, 2006: 7)", 또는 "소자원이나 업무의 불균형배분 또는 처리, 목표, 가치, 인지 등에 있어서의 차이와 같은 원인과 조건으로 인해 개인, 집단, 조직의 심리, 행동 또는 그 양면에 일어나는 대립적 상호작용(오세덕, 1987: 8)"으로 정의되기도 한다. 유민봉(2015: 433)에 따르면, 갈등은 "한 개인이나 집단이 다른 개인이나 집단의 목표달성 노력을 의도적으로 간섭하는 것"으로서 "상대방을 배제시켜야만 자신의 목표를 달성할 수 있는 상태"를 의미한다. 갈등은 개인 내에서도 존재하며, 개인 간에도 존재하고, 집단 내에서도, 집단 간에서도, 개인과 집단 간에서도 존재한다. 이러한 갈등은 과거에는 발생해서도 안 되고 발생즉시 해결되어야만 하는 '부정적인 무엇인가'로만 인식되었으나(전통적 관점, traditional view), 사회가 빠르게 변화하면서 다양한 이해관계자들이 지속적으로 서로 영향을 주고받음으로서 갈등이라는 것은 '인간관계에서는 자연스럽게 발생되고 존재하는 무엇인가'로 인식되기 시작하였다(행태적 또는 인간관계적 관점, behavioral or human relation view). 나아가 최근에는 사람들 혹은 집단의 다양한 시각을 반영하고 갈등이 가지는 여러 가지 긍정적인 순기능 등을 활용하는 방향으로 갈등을 관리하고자 하는 시각, 즉 "갈등의 역기능을 최소화하고 순기능을 최대화하도록 관리"(진종순 외, 2016: 287)하는 시각이 강화되고 있다(상호작용적 관점, interactional view).

(2) 갈등의 기능

갈등의 기능은 상반되게 나타난다. 전통적 견해에서는 갈등의 부정적 기능을 강조한다. 다시 말해, 갈등의 집단 또는 조직 내 역기능을 강조하는 것이다. 예를 들어, 갈등은 조직구성원 간 원만한 의사소통을 방해하고, 구성원 간 신뢰와 개방성을 저해한다. 관리자와 부하직원 간에 발생되는 갈등으로 인해 조직구성원의 조직에 대한 요구와 열망이 제대로 반영되지 못하는 한계도 제시되었다. 이로 인해, 갈등은 집단 또는 조직 내 폭력, 파괴, 비합리성을 유발시키는 부정적 의미로 사용되었다(Robbins & Judge, 2014: 531). 즉, 전통적 견해에 따르면, 조직 내 갈등이 존재할 때 조직구성원들의 만족은 저해되고, 개인 및 조직성과는 감소되었다.

이와는 달리 최근에 제시되는 갈등에 대한 상호작용적 견해(interactional view of conflict)에 의하면 갈등은 변화와 혁신에 있어 반드시 필요한 요소가 된다. 갈등이 없는 정적이고 냉담한 집단 또는 조직은 무기력해지고 무감각해지기 쉽기 때문에 집단 혹은 조직의 역동성을 위해 갈등이 필요하다는 것이다. 로빈스와 저지(Robbins & Judge, 2014: 532)에 따르면, 집단 혹은 조직에 갈등이 존재할 때 조직구성원들의 조직 생활에 생동감이 나타나며, 창조적인 사고가 가능해지기에 집단 혹은 조직에서는 최저수준의 갈등을 지속적으로 유지할 필요가 있다고 한다. 즉, 갈등은 갈등 당사자들 간에 경쟁을 촉발시켜 의사결정의 질을 향상시키고, 이로 인해 집단 또는 조직의 성과가 향상되는 등 긍정적인 기능도 한다는 것이다(김호정, 2009: 99).[6]

그림 16-4 갈등의 수준과 성과 관계

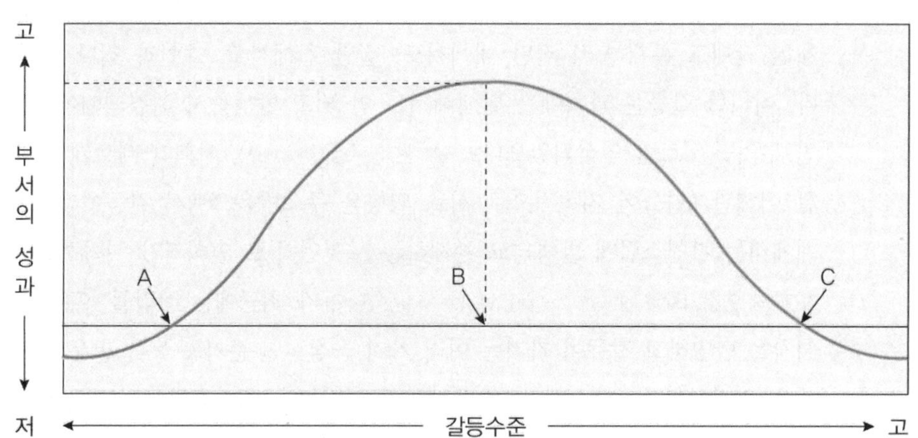

상황	갈등의 수준	갈등의 종류	부처의 내부 특성	부서의 성과
A	낮거나 없음	역기능적	• 냉담 • 진전이 없음 • 변화에 무반응 • 새로운 아이디어 부재	낮음
B	적정	기능적	• 생기 있음 • 자기비판적 • 혁신적	높음
C	높음	역기능적	• 파괴적 • 혼란 • 비협조적	낮음

출처: Robbins & Judge(2014: 557)

6 예를 들어, 직무에 대해 조직구성원들 또는 조직이 서로 다른 의견을 지녔다면 이들 간 갈등을 바탕으로 직무의 다양성이 강조될 수 있어 오히려 조직 생산성 향상에 도움을 줄 수도 있다는 것이다.

이러한 '기능적 갈등(functional conflict)'은 조직의 목표를 적극적으로 지원하고 성과를 증진시키는 등 긍정적인 기능을 할 수도 있지만, '역기능적 갈등(dysfunctional conflict)'은 집단 또는 조직 내 성과를 감소시키는 등 부정적인 기능을 할 수도 있다(이창원 외, 2012: 284-286). 특히 <그림 16-4>에서도 제시되듯이 갈등의 수준 혹은 정도에 따라 조직의 성과가 달라질 수 있다. 갈등이 증가하는 초기에는 조직의 성과가 증대되나, 일정 시점(B 지점)을 지나고 나면 갈등이 증가할 때 오히려 조직의 성과는 점차 감소한다는 것을 알 수 있다. 이를 통해 적정 수준의 갈등은 조직성과 향상이 기여하지만, 그 이상의 갈등은 오히려 조직성과 향상을 저해할 수도 있음을 알 수 있는 것이다. 따라서, 상호작용적 견해에 따르면 갈등은 긍정적 기능과 부정적 기능을 동시에 가지고 있기 때문에 긍정적인 기능을 강화하고 부정적인 기능을 감소시키는 방안으로 갈등이 관리될 필요가 있다. 즉, 적정수준의 갈등관리를 통해 조직성과 향상을 도모할 수 있는 방안이 적극적으로 모색되어야 한다는 것이다.

2) 조직갈등의 유형

(1) 조직갈등 유형의 분류 기준

조직갈등 유형의 분류 기준은 다음과 같다. 첫째, 갈등을 야기하는 원인에 따라서 갈등을 분류할 수 있다. 둘째, 갈등의 소재(locus), 즉 갈등이 어디서 발생했는가에 따라서 갈등을 분류할 수 있다. 전자는 '무엇에 대한 갈등인지'가 중요한 기준이 된다. 갈등이 목표에 대한 불일치를 의미하는지, 사람들 사이에서 발생하는 충돌을 의미하는지, 업무처리 방식과 관련된 갈등을 의미하는 지에 따라 갈등의 유형이 달라질 수 있다는 것이다. 후자의 경우에는 갈등 발생의 원천을 중심으로 갈등 유형을 분류한다. 따라서, 이 경우에는 '누구와 누구의 갈등인지'가 갈등유형 분류의 중요한 기준이 된다. 이에 따른 갈등유형은 조직 내 구성원들 간, 즉 개인 간의 갈등, 집단 또는 조직 간의 갈등으로 구분될 수 있다. 이와 관련해 조직갈등은 조직 내 구성원들 간의 갈등과 집단 또는 조직 간 갈등으로 이해될 수 있다. 다음에서는 갈등의 원인을 중심으로 분류한 갈등유형과 갈등의 소재를 중심으로 분류한 갈등유형에 대해 보다 자세히 논의할 것이다.

(2) 갈등의 원인과 관련된 갈등유형

갈등을 야기하는 원인과 관련된 갈등유형은 업무갈등(task conflict), 관계갈등(relationship conflict), 과정갈등(process conflict)으로 구분될 수 있다(Robbins & Judge, 2014: 532). 이 세 가

지 유형의 갈등은 대부분이 관계갈등으로 변질되어 조직 생산성에 부정적인 영향력을 미치는 경우가 많다.

첫째, 업무갈등은 작업의 내용과 목표에 관한 갈등을 의미하며 이는 직무갈등이라고도 할 수 있다. 업무갈등은 업무를 처리하는 데 있어 구성원들 간의 목표 충돌 혹은 목표 달성 방법의 차이로 인해 발생하는 갈등이다. 업무갈등과 성과의 관계에 대해서는 다양한 의견이 존재한다. 업무갈등이 조직성과 향상에 긍정적인 역할을 한다고 주장하는 의견도 있지만, 이 둘 사이에는 아무런 관계가 존재하지 않는다고 주장하는 의견도 있다(Robbins & Judge, 2014: 532).[7]

둘째, 관계갈등은 구성원들 간의 인간관계에 의해 발생하는 갈등이다. 개인 간의 관계가 좋지 않은 경우 구성원들 간에 마찰이 발생하고 의견 충돌로 인해 업무성과에 부정적인 영향을 미치게 된다는 것이다. 특히 관계갈등은 업무갈등과 관련해 논의되는 경우가 많다. 업무갈등이 낮을 때에는 관계갈등이 발생할 가능성도 낮아 조직의 창조성이 증대되는 등 업무성과가 향상되지만, 업무갈등이 증폭되면 업무갈등이 관계갈등으로 변질되어 관계갈등도 증대됨으로 인해 업무성과에 부정적인 영향을 미치게 된다는 것이다(Robbins & Judge, 2014: 533).

셋째, 과정갈등은 업무를 처리하는 방식과 관련된 갈등인데, 주로 어떻게 작업을 완수할 수 있을까와 관련된 갈등이다. 과정갈등은 권한위임과 역할부여 등에 관련해 발생하게 된다. 권한위임이 업무기피 등의 과정갈등으로 변질될 가능성이 있으며, 역할부여에 있어서도 과정갈등이 발생할 가능성이 있다. 대부분의 경우, 과정갈등 역시 관계갈등으로 전이된다(Robbins & Judge, 2014: 533).

(3) 갈등의 소재와 관련된 갈등유형

갈등이 어디서 발생하는지에 따라서 갈등은 개인 내 갈등, 개인 간 갈등(dyadic conflict), 집단 내 갈등(intragroup conflict), 집단 또는 조직 간 갈등(intergroup or interorganization conflict)으로 구분될 수 있다. 먼저 개인 내 갈등은 "개인 자신의 내적 갈등으로서 개인 자신을 밖으로 드러내지 않고 내부적으로 겪는 갈등"을 의미한다(천대윤, 2010: 70; 진종순

7 이밖에도 조직 상층부에서 발생하는 업무갈등은 업무성과에 긍정적인 영향을 미치지만, 하위직에서는 업무갈등이 업무성과에 부정적인 영향을 미친다는 의견도 존재한다. 뿐만 아니라, 업무갈등이 관계갈등과 동시에 발생할 때 업무갈등은 조직에 부정적인 영향을 미치지만, 업무갈등만 존재하는 경우에는 업무성과에 긍정적인 영향을 미칠 것이라는 의견도 존재한다(Robbins & Judge, 2014: 533).

외, 2016: 289 재인용). 이러한 "개인 내 갈등은 좌절 갈등(frustration conflict), 목표 갈등(goal conflict), 역할 갈등(role conflict), 대안선택으로 인한 갈등 등으로 구분"될 수 있다(진종순 외, 2016: 289). 이밖에 개인 간 갈등은 조직 내 개인 간에 발생하는 갈등이며, 집단 내 갈등은 한 집단이나 조직 내에서 발생하는 갈등을 의미한다. 반면에 집단 또는 조직 간 갈등은 서로 다른 집단이나 조직 간에 발생하는 갈등을 의미한다(Robbins & Judge, 2014: 533). 특히 집단 간 갈등은 "조직구성원이 자신이 속한 집단을 다른 집단과 명백히 다른 것으로 인식하고 다른 집단이 자기 집단의 목표달성에 장애가 된다고 지각할 때 조직 내의 집단들 사이에 발생하는 갈등"이라고 정의할 수 있다(Daft, 2016: 566).

3) 조직갈등의 원인과 갈등과정

(1) 조직갈등의 원인

조직갈등이 발생하는 이유는 개인 간 갈등 혹은 조직 간 갈등을 불문하고 다음과 같은 공통적인 원인에서 찾아볼 수 있다. 첫째, 목표의 불일치 때문에 갈등이 발생한다. 각 부서의 목표는 구성원들이 달성하고자 하는 목표로 구성되는데 이러한 목표들 간 불일치는 갈등을 유발시키는 주요 원인이 된다(Daft, 2016: 567). 조직 간 또는 조직 내에서도 하위조직 간 목표와 선호의 차이 때문에 갈등이 발생한다. 예를 들어, 개발을 지향하는 부서와 환경보전을 지향하는 부서 사이에는 지향하는 목표의 차이로 인해 갈등이 발생할 수 있다.

둘째, 조직갈등은 조직의 분업화로 인한 전문화, 자원의 제약, 업무의 상호의존성 등으로 인해 발생하게 된다(Daft, 2016: 568–569). 부서 간 또는 부서 내 개인 간 업무의 분화가 발생하고 이로 인한 전문화가 일어날 때 갈등이 발생할 수 있다는 것이다. 분업화되면 분업화된 영역에 따라 개인의 가치관, 태도, 행동기준이 달라져 갈등 유발의 주요 원인이 될 수 있다. 또한 자원이 한정되고 제약될 때 자원을 획득하는 경쟁과정에서 갈등이 발생할 수 있다. 제한된 예산 하에서, 제한된 인력상황에서, 제한된 장소에서 자원을 공유해야 하는 조직 간, 개인 간에 갈등이 발생할 수 있다. 그리고 업무의 상호의존성이 높을 때 갈등은 증폭될 수 있다. 공동으로 업무를 수행하는 경우, 정보공유와 업무 조정이 원활하지 않으면 조직 간, 개인 간 갈등이 유발될 수밖에 없다.

셋째, 조직갈등은 단순히 조직 간 또는 개인 간의 문제만이 아니라, 조직을 둘러싼 다양한 이해관계자들 특히 고객차이 때문에 발생할 수도 있다(정진우, 2000). 고객들의 요구를 적극적으로 반영하고 대변해야 하는 조직들 사이에 갈등이 발생할 수 있는 것이다. 특히 정부조직에서 이러한 특징은 더욱 뚜렷하게 나타난다. 예를 들어, 미세먼지를 해결하기 위한 대책으로 환경부는 화력발전소와 경유차 금지 등을 주장하지만, 이로 인해 비용을 부담해야 하는 집단(예 기업과 자동차 운영자들)의 경제상황을 고려해야 하는 기획재정부와 산업통상자원부의 입장에서는 환경부의 이러한 주장에 반대하게 된다. 이로 인해 정부조직 간 갈등이 발생하는 것이다. 그렇다면, 갈등이 발생하는 과정은 어떠할까?

(2) 갈등과정

갈등이 발생하는 과정은 다음과 같은 단계로 이루어진다(Robbins & Judge, 2014: 534-542).

첫 번째 단계는 잠재적 대립 혹은 상충의 단계이다. 갈등이 발생할 기회가 제공되는 것이다. 갈등이 표면화되기 이전에 갈등의 원천은 의사소통(구성원 간 소통), 구조(조직규모, 조직구성원에게 부과된 업무 전문화 정도, 관할 구역의 구체화, 구성원과 목표의 적합성, 리더십 스타일, 보상체계, 집단 간 의존성 등), 개인적 변수(개인의 성격, 감정, 가치 등) 등에 의해서 영향을 받는다.

두 번째 단계는 인지와 개인화이다. 첫 번째 단계에서 제시된 갈등의 원인에 의해서 개인이 영향을 받으면서 잠재적 대립이 현실화된다. 즉, 이 단계에서 갈등을 유발할 소지가 있는 상황이 존재한다는 것에 대해 사람들이 인지하는 인지된 갈등(perceived conflict)과 개인적 감정이 적용되어 갈등 당사자들이 걱정, 긴장, 좌절, 적대감을 경험하

그림 16-5 갈등과정 단계

출처: Robbins & Judge(2014: 535)

는 감지된 갈등(felt conflict)이 발생한다.

세 번째 단계는 갈등을 처리할 의도(intention)가 생성되는 단계이다. 의도는 "사람들의 인식이나 감정과 외적으로 드러나는 행동 사이에서 작용하는 것으로 어떤 방향으로 행동하고자 하는 의사결정"을 의미한다(Robbins & Judge, 2014: 537). 갈등을 어떻게 처리할 것인가에 대하여 다양한 의도가 나타날 수 있는데, 토마스와 킬만(Thomas & Kilmann, 1974)은 '소신(assertiveness)'과 '협조(cooperativeness)'라는 두 가지 기준을 바탕으로 다섯 가지 갈등관리 의도를 제시하였다.[8] 즉, 회피(avoiding), 경쟁(competing), 수용(accommodating), 타협(compromising), 협력(collaborating)의 다섯 가지 갈등관리 유형(five conflict-handling modes)이 존재한다고 보는 것이다. 회피 전략은 한 사람이 갈등 소지가 있는 다른 사람을 의도적으로 피하는 것이며, 경쟁은 상대방을 전혀 고려하지 않고 자기 자신의 이익만을 추구하는 행위이며, 협력은 서로 상대방의 관심사를 만족시키는 경우이고, 수용은 다른 사람의 관심사를 우선시하는 행위이며, 타협은 갈등의 당사자가 조금씩 양보하는 경우이다.

네 번째 단계는 갈등이 가시화 되는 단계이다. 이 단계에서는 갈등이 표면화되기 때문에 갈등가시화 단계에서의 갈등관리가 매우 중요하다. 마지막 단계는 갈등의 결

그림 16-6 다섯 가지 갈등 처리 의도

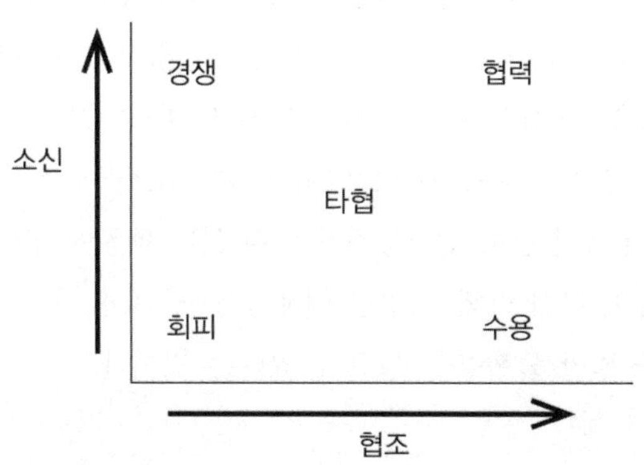

출처: Thomas & Kilmann(1974: 11)

8 여기서 '소신(assertiveness)'은 한 당사자가 자신의 관심사를 만족시키려는 정도를 의미하며, '협조(cooperativeness)'는 한 당사자가 다른 쪽의 관심사를 만족하게 해 주려는 정도를 의미한다(Thomas & Kilmann, 1974).

과 단계로 갈등으로 인해 발생하는 결과가 중요하게 고려된다. 즉, 갈등의 결과는 긍정적 측면으로도 부정적 측면으로도 나타날 수 있는 것이다.

4) 갈등관리

(1) 갈등수준에 따른 갈등관리 전략[9]

조직갈등은 조직에 긍정적인 측면으로도 부정적인 측면으로도 작용할 수 있다. 또한, 갈등의 수준에 따라 미치는 영향도 달라질 수 있다. 갈등이 증가하는 초기 과정에서는 갈등 당사자 간 상호경쟁을 통한 긴장감, 다양성 증진으로 인해 조직성과가 향상되는 경향이 있다. 그러나, 갈등이 적정수준을 넘어서면 조직 간 또는 개인 간 갈등이 극에 달하게 되어 조직의 성과하락뿐만 아니라 업무의 비효율성 증가 등 부정적인 영향을 나타내게 된다(Brown, 1996: 8).

이와 관련해, 조직에서는 적절한 갈등수준을 유지하여 조직의 생산성을 제고할 수 있는 방안을 모색할 필요가 있다. 즉, 갈등수준에 따른 갈등관리 전략이 고려될 필요가 있다는 것이다. 갈등의 주요 원인이라고 할 수 있는 목표의 불일치, 조직의 분화, 업무의 상호의존성, 자원의 제약 등이 낮은 수준에 있을 경우에는 갈등관리에 있어서 합리적인 접근방안을 적용하는 것이 타당할 것이다. 그러나, 그렇지 않은 경우에는 정치적 접근방안을 통해 갈등을 관리할 필요가 있다. 전자의 경우, 의사결정 시 달성해야 할 목표를 명확히 하고, 대안 설정도 명확하게 할 필요가 있다. 조직의 권한과 통제력의 집중, 체계적인 정보 시스템 활용, 효율성의 원칙에 따라 갈등을 해결하는 방안이 바로 합리적 갈등관리 방안이다(Daft, 2016: 570). 이에 반해, 갈등수준이 높을 때에는 의견불일치가 높아 권력통제가 쉽지 않기 때문에 상황에 따른 의사결정이 이루어질 필요가 있다. 다시 말해, 다양한 이해관계자들의 의견이 조정될 수 있도록 정치적·전략적인 접근 방안을 활용할 필요가 있다는 것이다.

---

9 진종순 외(2016: 295-302)에 따르면, 갈등관리 전략은 (1) 갈등예방 전략, (2) 갈등해결 전략, (3) 갈등조장 전략이 제시될 수 있다. 갈등예방 전략으로는 ① 현실적이고 구체적인 목표의 제시, ② 조직구성원에게 현실적이고 구체적인 작업명세표 제공, ③ 조직의 의사결정 지침 명시, ④ 건강한 조직분위기 조성, ⑤ 의사결정에 대한 절차, 규칙 등을 정형화 하고, 이에 대한 조직구성원들의 공감대 형성, ⑥ 갈등발생 경고신호 사전 포착, ⑦ 최고관리자의 전문적 조정자 역할 강조 등이 제시된다. 갈등해결 전략으로는 ① 갈등 당사자 간 갈등관리 방식과 ② 제3자 개입에 의한 갈등관리 방식이 제시된다. 마지막으로, 갈등조장 전략으로는 ① 정보 및 권력의 재분배, ② 정보조절, ③ 제도적 갈등조장, ④ 충격적 요법 활용, ⑤ 인사정책 활용, ⑥ 경쟁상황 조성 등을 제시하였다.

그림 16-7 갈등의 원천 및 합리적·정치적 접근 방안

집단 간의 잠재적 갈등 원천
목표의 불일치성 조직의 분화 업무의 상호의존성 자원의 제약

갈등이 낮은 수준인 경우: 합리적 접근 방안		갈등이 높은 수준인 경우: 정치적 접근 방안
전체적으로 일치	목표	불일치, 다원적
집권화	권력과 통제	분권화, 세력집단 및 이익집단이 유동적
체계적, 논리적, 합리적	의사결정 과정	비체계적, 이해관계에 따라 교섭 및 절충
효율성 규범	규칙과 규범	시장 상황에 따름: 갈등발생을 정당한 것으로 수용
세부적, 체계적, 정확함	정보	정보가 모호하여 전략적으로 고려함

출처: Daft(2016: 571)

(2) 협력적 갈등해결 전략

갈등관리 특히, 부정적 기능을 하는 갈등에 있어서 이러한 갈등을 해결하기 위한 보다 구체적인 협력적 방안을 제시한다(Daft, 2016: 572–576). 첫째, 갈등해결 통합장치를 설치할 필요가 있다. 통합장치 또는 통합조직을 설치하여 갈등 당사자들의 문제를 해결할 수 있다. 보다 구체적인 방안으로는, 팀이나 태스크포스 등을 신설하여 조직 간 경계를 적극적으로 확장시키는 방안이 활용될 수 있다. 특히 정부조직에서는 부처 간 갈등 문제해결을 위해 정부위원회를 설치하여 갈등 이해관계자들을 포함시켜 논의하게 하는 방안이 고려될 수 있다. 이러한 통합장치 또는 통합조직을 통해서 갈등 이해관계자들은 서로의 의견을 공유하고 정보를 교환함으로써 상호 간의 견해를 조정해 나갈 수 있다.

둘째, 직접적인 대면(confrontation)과 협상(negotiation) 전략을 적극 활용함으로써 갈등해결을 도모할 수 있다. 이를 위해서는 갈등 해결을 위한 윈(win)–윈(win) 전략이 마련될 필요가 있다. 갈등 당사자들이 갈등문제를 쌍방의 문제로 인식하여, 공동의 성과를

표 16-4 갈등해결전략

승자-패자 전략	승자-승자 전략
1. 문제를 승자와 패자를 구분 짓는 상황으로 정의함 2. 자신만의 성과를 구축함 3. 상대방을 강압적으로 굴복시킴 4. 요구사항, 목표, 제안사항 등을 속이거나, 부정확하거나, 오해의 소지가 있게 주고받음 5. (강압적으로 굴복시키기 위해) 위협적인 방법을 씀 6. 직위의 차이를 확실하게 내세움	1. 갈등을 쌍방 간의 문제로 정의함 2. 공동의 성과를 추구함 3. 쌍방을 만족시키는 창의적인 합의안 모색 4. 요구사항, 목표, 제안사항 등을 신속하고 정확하게 주고받음 5. 위협적인 방법은 쓰지 않음 6. 직위의 차이를 드러내지 않으려함

출처: Johnson & Johnson(1975: 182-183)

달성하기 위해 개방적인 의사소통을 진행하는 과정에서 갈등이 해소될 수 있을 것이다.

셋째, 갈등 부처 간 구성원들의 순환배치도 갈등해결에 도움이 된다. 순환배치는 타 부서의 어려움, 가치관, 목표, 태도 등을 이해할 수 있는 수단이 될 수 있다. 따라서, 정부조직에서는 부처 간 인사교류가 갈등 해소에 적절한 수단으로 고려될 수 있다.

3 협상

1) 협상의 의의

협상에 대해서는 학자들마다 다양한 정의를 제시하고 있다. 협상에 대한 영어 표현도 'bargaining' 혹은 'negotiation' 등으로 다르게 제시되지만, 이들 각각은 "조직들이 각자의 목적을 달성하기 위하여 2개 이상의 조직이 직접 대화를 통하여 사업계획이나 이익 등의 일부를 양보하고 일부를 획득하는 일(행정학용어 표준화연구회, 2010)"로 정의되기도 하고, "분쟁이 발생했을 경우 양 당사자가 대화로 분쟁을 해결하는 방법(위키백과, 2016)"으로 정의되기도 한다. 그러나, 바게닝(bargaining)은 주로 가격에 대한 흥정에 초점이 맞춰져 있는 반면에, 네고시에이션(negotiation)은 보다 넓은 범주의 의미로 가격뿐만 아니라 여러 가지 상황에 대한 조정의 의미를 포함한다.[10] 따라서, 본서에서는

10 http://www.differencebetween.com/difference-between-negotiation-and-vs-bargaining/

협상을 네고시에이션(negotiation)의 관점에서 정의하고 설명하고자 한다.

국내에서도 저명한 협상론 연구자로 알려진 '허브 코헨'은 협상을 "당신에게 무엇인가를 원하는 상대로부터 당신에 대한 호의 그리고 당신이 원하는 무언가를 얻어 내는 일(Herd Cohen, 2012: 15)"로 정의하며, 이러한 협상에 있어서는 정보, 시간, 힘이 중요한 구성요소가 된다고 말한다. 즉, 협상은 "둘 혹은 그 이상의 당사자가 상품이나 서비스를 교환하면서 그에 대한 교환비율을 결정하는 과정"이라 할 수 있다(Robbins & Judge, 2014: 543). 이러한 다양한 정의들을 토대로 본서에서는 협상을 '개인 혹은 조직이 원하는 무엇인가를 얻어내거나 이해관계자들이 분쟁을 해결하는 방법'으로 정의하고자 한다. 그렇다면, 협상은 어떠한 과정을 거치게 되며 협상전략에는 어떠한 것들이 있을까?

2) 협상과정과 협상전략

(1) 협상과정

협상과정은 다음과 같은 순서로 이루어진다(Robbins & Judge, 2014: 548–550). 첫째, 준비와 계획이다. 협상을 시작하기 전에 무엇이 갈등의 본질인지, 이 협상의 배경은 무엇인지, 누가 당사자이며 각 당사자들은 갈등을 어떻게 보고 있는지 등을 살펴보는 것이다. 이에 관한 정보를 수집하고 나서 전략을 수립해야 한다. 이때 배트나(Best Alternative To Negotiated Agreement, BATNA)를 고려해야 한다. 둘째, 협상의 기본규칙을 설립한다. 누가 협상에 참여할 것인가, 장소는 어디인가, 시간 제약은 있는가 등이 협상의 기본규칙 설립에서 중요하게 고려될 필요가 있다. 셋째, 각 당사자들은 초기의 제안과 요구를 상호 교환한다. 넷째, 각 당사자들은 타결책을 이끌어내기 위해 서로의 의견을 주고받아 문제해결을 한다. 이러한 협상이 성공적으로 달성되는 데는 협상당사자들 개인의 성격, 협상에서의 감정과 기분, 협상의 문화 차이, 협상당사자들의 성별이 중요한 영향을 미친다.

뿐만 아니라 협상에는 직접당사자들 간의 협상도 존재하지만 제3자에 의한 협상방안도 존재한다. 이에 대한 대표적인 예가 중재자, 조정자, 알선자에 의한 협상이다. 중재자(mediator)는 "중립적 제3자로서 추론과 설득, 대안의 제시 등을 통해 협상의 해결을 촉진하는 사람"을 의미하며, 조정자(arbitrator)는 "협상의 합의를 결정할 수 있는 권위를 지닌 제3자"로서 조정은 당사자들의 요구에 따라 자발적으로 이루어지거나, 혹은 제3자가 갈등 해결에 대한 방안을 권고할 수 있다. 그러나, 기본적으로 조정은 법적 구속력이 없고 자율적 갈등해결을 원칙으로 한다(진종순 외, 2016: 300). 알선자

(conciliator)는 "신뢰받는 제3자로서 협상 당사자 간에 비공식적 의사소통의 연결 역할"을 하는 자를 의미한다(Robbins & Judge, 2014: 556). 이 중, 중재자는 "(갈등) 당사자들 간 자율적 갈등 해결이 실패할 경우, 제3자가 갈등 당사자의 위임을 받아 권위를 갖고 갈등 해결 방안을 제시해 갈등 당사자들을 강제할 수 있는 권한"을 가지게 된다(진종순 외, 2016: 300). 따라서, 제3자에 의한 협상과정에서 협상 방법의 강도는 알선-조정-중재의 순으로 나타나게 된다.

(2) 협상전략

맬흐트라(Malhotra, 2015: 67-72)에 따르면, 가장 뛰어난 협상전략은 협상이 시작되기 전에 주도권을 잡는 것이다. 즉, 상대방이 협상 테이블에 앉기 전에 협상을 주도하라는 것이다. 이를 위해서는 다음과 같은 네 가지 협상전략이 고려될 수 있을 것이다.

첫째, 협상자들은 시작부터 협상과정에 대한 문제점을 언급할 필요가 있다. 즉, 내용보다는 과정을 협상하는 것이다. 둘째, 협상자들은 현실적인 기대에 대해 제시해야 한다. 다시 말해, 협상과정을 정상화 시키는 것이다. 셋째, 협상자들은 거래에 영향을 주거나 거래에 의해 영향을 받는 모든 이해관계자들을 명확하게 파악해야 한다. 협상의 영역을 계획할 필요가 있다는 것이다. 넷째, 협상자들은 거래과정에서 나타날 심리적인 프레임을 구상할 필요가 있다. 예를 들어, 가치(value) 대 가격(price), 당신의 대안 대 그들의 대안, 혹은 형평성(equality) 대 우월성(dominance) 등이 협상과정에서 나타날 수 있는 심리적 프레임이 될 것이다.

이밖에도 브룩스(Brooks, 2015: 57-64)는 협상의 전략으로 감정(emotion)을 이용한 전략을 구사할 것을 제안한다. 즉, 협상 테이블에서 감정이 미치는 영향을 주의 깊게 살펴보고 이를 활용해 협상을 주도하라는 것이다. 브룩스(2015)에 따르면, 불안감(anxiety)은 협상에서 중요한 영향을 미치는 감정이다. 불안감은 협상자들의 협상의지를 약화시킬 수 있다. 화(anger) 역시 신중하게 관리될 필요가 있는 감정이다. 화는 때로 보다 나은 가치를 창출할 수 있는 기회를 박탈하기도 한다. 단기간에 일회성 협상을 해야 하는 경우에는 화를 통해 상대방에게 원하는 바를 얻을 수 있지만, 이러한 감정은 장기적인 협상이나 지속적 관계 유지를 필요로 하는 협상에서는 자신과 상대방의 신뢰(trust)를 약화시킬 수 있다. 실망(disappointment)이나 후회(regret)와 같은 감정도 협상을 할 때에는 충분히 활용할 수 있는 감정들이다. 다만, 이러한 감정들을 표현할 때에는 보다 신중할 필요가 있다. 협상의 시기나 상대방의 감정 등을 충분히 인지한 후에 적절한 상황에서 표현되어야 한다는 것이다. 이는 행복감(happiness)이나 흥분(excitement)의 감정도 마찬가지이다.

표 16-5 협상의 유형 비교: 배분적 협상과 통합적 협상

협상의 특징	배분적 협상	통합적 협상
목표	가능한 한 많은 파이를 갖는다	양쪽은 당사자 모두 만족할 때 만큼 파이를 확대한다
동기	내가 이기고 상대는 진다	나도 이기고 상대도 이긴다
초점	입장 ("이 사안에 대해 이러한 입장 이상을 취할 수 없음")	이해관계 ("이 사안이 왜 그렇게 당신에게 중요한지 설명해 줄 수 있는가?")
주요 관심사	서로 반대됨	조화됨
정보공유	낮음 (정보공유는 다른 당사자의 이익만을 만족시킴)	높음 (정보공유는 각 당사자의 흥미를 만족시킴)
관계의 초점	단기간	장기간

출처: Robbins & Judge(2014: 544)

협상 테이블 반대편에 앉아 있는 상대방이 불쾌감을 느끼거나 거부감을 느끼지 않을 만큼의 감정표현은 협상을 성공적으로 이끄는 훌륭한 전략이 될 수 있을 것이다.

뿐만 아니라, 협상전략은 배분적 협상(distributive bargaining)과 통합적 협상(integrative bargaining)으로 살펴볼 수 있다(Robbins & Judge, 2014; Waltion & McKersie, 1965; 이창원 외, 2012: 287 재인용).

배분적 협상은 제한된 자원을 나눔에 있어서 각자가 가능한 많은 자원을 갖고자 하는 제로섬 협상이며(zero-sum, win-lose), 파이가 정해져 있기 때문에 당사자 간의 갈등이 심화되는 협상이라고 할 수 있다. 이와 관련된 가장 대표적인 예는 조직에서 발생할 수 있는 경영자와 노동자 사이의 임금협상이다. 이는 <그림 16-8>로 설명할 수 있다. A와 B는 협상의 두 당사자인데, 각 당사자들의 목표점(target point)과 최소한으로 받아들여질 수 있는 저항점(resistant pint)이 존재한다. 이 점 이하에서는 두 당사자의 요구가 모두 받아들이지 않고 협상은 결렬될 것이다. A와 B의 저항점 사이의 영역에서 서로의 기대가 충족될 수 있는 타결영역(settlement range)이 존재하는 것이다(Robbins & Judge, 2014: 544).

이에 반해, 통합적 협상은 전체 목표를 증대시키는 플러스섬(plus-sum, win-win) 협상으로, 파이를 키울 수 있기 때문에 협상 당사자 모두 협상을 통해 이득을 취할 수 있다. 협상 당사자가 윈-윈이 되는 해결책을 찾으려고 노력하는 협상이 바로 통합적 협상이 되는 것이다. 협상 당사자들은 상호 장기적인 유대관계를 형성하고 협상을 시작

그림 16-8 교섭의 영역

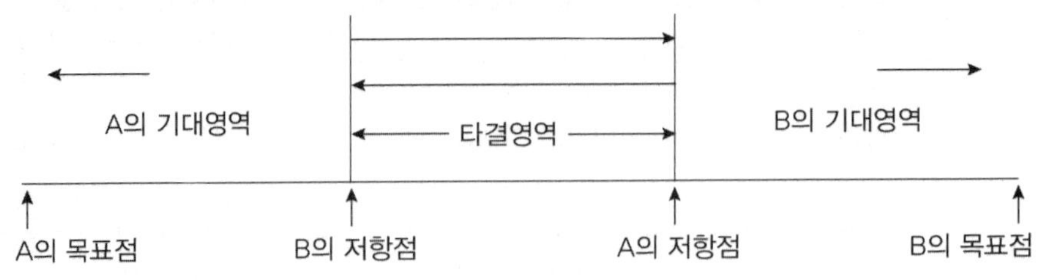

출처: Robbins & Judge(2014: 544)

하기 때문에 협상을 끝낼 때에는 관계자 모두가 승리했다는 느낌을 갖게 된다(이창원 외, 2012: 288). 그러나 이러한 통합적 협상이 성공을 거두기 위해서는 서로가 자신들이 가진 정보를 공개하면서 자신의 감정에 솔직해야 하며, 상대방의 필요에 민감해져야 한다. 또한, 서로를 신뢰하고 유연한 자세로 서로를 대해야 한다(Robbins & Judge, 2014: 546). 보다 구체적으로, 개인보다는 팀으로 교섭하는 것이 바람직하며, 교섭 테이블에 더 많은 사안을 내놓음으로써 목표를 확대하는 방안을 쌍방이 함께 모색할 수 있도록 해야 한다. 이때 적당한 수준에서의 타협은 오히려 교섭 시 창의적인 아이디어 창출을 저해할 수 있어 통합적 협상에 부정적인 영향을 미칠 수도 있다(Robbins & Judge, 2014: 547).

용어의 이해

① 협상: 개인 혹은 조직이 원하는 무엇인가를 얻어내거나 이해관계자들이 분쟁을 해결하는 방법
② 배트나(Best Alternative To Negotiated a Agreement, BATNA): 최선의 대안, 즉 현재 협상이 실패하는 경우, 예컨대 파국으로 끝나는 경우 협상자가 따라야 할 행동 방침
③ 유보가치(reservation value): 협상자가 협상을 중단하는 지점으로 만일 상대방이 제시한 가치가 협상자의 유보가치와 같다면, 해당 협상자는 제안을 받아들이는 것과 최종대안을 추구하기 위해 그것을 거절하는 것 사이에서 자유로운 선택을 내릴 수 있음
④ 조파(Zone Of Possible Agreement, ZOPA): 합의 가능지대로 협상에서 양측 모두가 받아들일 수 있는 모든 가능한 결과의 집합. 예를 들어, 가격이라는 한 가지 문제를 놓고 벌이는 협상에서 조파는 판매자의 유보가치와 구매자의 유보가치 사이의 구역이 됨
⑤ 준거 지표(reference point): 두드러진 비교 자료로 준거 지표(기준점)는 특정 쟁점이나 제안의 가치와 관련해 협상자가 내리는 판단에 영향을 미칠 수 있음

출처: 디팩 맬호트라 외(2014)

4 공공조직의 갈등

1) 공공조직의 조직갈등과 협업

공공조직에서의 조직갈등 문제는 '부처 간 칸막이' 혹은 '부처 할거주의' 등과 관련해 다양한 측면에서 논의되어 왔다. 최근에는 공공조직의 조직갈등을 협업을 통해 해소하고자 하는 방안이 적극 모색되고 있다. 그동안 공공조직에 만연해 있던 고질적인 병폐로 간주되어온 부처 간 할거주의와 칸막이 현상, 즉 부처 간 갈등을 해결하기 위한 수단으로 협업이 중요하게 고려되고 있는 것이다.

정부에서는 협업을 통해 공공조직 간 갈등을 해소하고 또 궁극적으로는 국민 만족을 증대시키는 '맞춤형 행정서비스를 제공'하고자 하는 것이다. 이러한 차원에서 협업은 "다수기관이 관련된 복잡한 정책현안 해결을 위해 기관 간 협력을 통해 중요정책이나 국가적 목표를 달성하는 업무처리방식이며, 수요자 관점에서 여러 기관 간의 기능을 연계하거나 시설·인력·정보 등의 인프라를 공동 활용하여, 저비용·고품질의 서비스를 더 신속히 제공함으로써 새로운 가치를 창출하는 창조적 업무방식"이라고 정의할 수 있다(행정자치부, 2013: 95).

2) 공공조직에서의 갈등관리: ADR을 중심으로

공공조직에서의 갈등관리는 '대안적 분쟁해결(Alternative Dispute Resolution, ADR)' 관점에서도 설명될 수 있다.[11] ADR은 "소송으로 갈등을 해결하는 것이 아니라 비소송 분쟁해결수단으로서, 당사자 사이 또는 중립적이고 객관적인 제3자를 활용하여 협상하거나, 조정하거나, 중재하는 분쟁해결방안"을 의미한다(이선우 외, 2014: 170).[12] ADR에서 강

11 공공조직에서의 갈등관리방안 혹은 협상방안도 앞서 제시한 다양한 갈등관리 전략 혹은 협상 전략들을 그대로 적용하여 설명할 수 있다. 또한 정부·국가 차원에서의 갈등 및 협상은 주로 외교·통상 차원에서 접근되는 부분이라 본장에서는 갈등 혹은 분쟁을 다루는 공공조직에 초점을 두어 논의를 진행하도록 한다. 특히, 우리나라에는 갈등·분쟁 조정을 담당하는 공공조직, 즉 ADR 기구가 존재하기 때문에 이를 중심으로 논의를 전개하고자 한다.

12 ADR의 역사적 배경을 살펴보면, ADR은 미국의 사법부에서 시행되기 시작한 새로운 유형의 분쟁해결방식이다. 1960년대 미국 사회 전반에 인권향상으로 인한 개인의 법적 보호 의식·사생활 보호 의식 증진이 가속화되면서 관련 (법적) 소송이 증가되자, 이를 극복하기 위해 1976년 미국 파운드 회의(Pound Conference)에서 법 개혁 운동을 시작하게 된 것이다(김희곤, 2008: 63).

조하는 주요 갈등해결방안은 조정과 중재이다. "조정(mediation)은 갈등 해결에 있어서 제3자인 조정자가 갈등해결에 조언자 또는 자문의 역할을 수행하며 갈등 당사자가 직접 결정하는 방식으로 당사자의 합의내용은 법적인 효력이 없는 것에 반해, 중재(arbitration)는 갈등해결에 있어서 객관적이고 중립적인 제3자에게 갈등해결의 전권을 위임하고 그 결과에 대해 당사자들이 승복하는 형태"로, 중재자의 결정은 법적 구속력을 갖는 경우가 많다(임동진, 2013: 133).

ADR의 가장 주요한 목적은 분쟁사건의 비용과 시간 절감 및 법원이 아닌 분쟁해결 당사자들 간의 민주적이고도 자발적인 협력을 도모하는 것이다(김정인, 2015). ADR은 갈등 당사자가 소송을 통해 문제를 해결하는 'win-lose' 방식이 아니라 당사자 모두가 이익을 얻을 수 있는 'win-win' 전략이 될 수 있다. 따라서, ADR은 갈등 당사자 모두가 만족할 수 있으며, 사회적 비용을 낮출 수 있는 방안으로 제시되는 것이다(이선우 외, 2014: 171). 이러한 차원에서 ADR은 전형적인 통합적 협상(integrative bargaining) 전략이라고 할 수 있다. 그리고 ADR은 갈등 당사자와 제3자가 자발적으로 참여하는 갈등해결방안이기 때문에 갈등 당자사 간 신뢰와 협력을 증진시키는 '공동체를 통한 문제해결방안'이 될 수 있다(이선우 외, 2014; 임동진, 2013).

공공조직에서의 ADR은 주로 각 부처·분야별 '분쟁조정위원회'로 정부위원회 형태로 운영되고 있다. 적용범위는 주로 정책, 이익, 입지, 노사 개발 등과 관련된 분쟁이며, 갈등해결기구는 조정과 중재의 역할을 담당한다(이선우 외, 2014; 임동진, 2013). 대표적인 ADR 기구에는 환경부 산하의 환경분쟁조정위원회, 보건복지부 산하의 건강보험분쟁조정위원회, 산업통상자원부 산하의 전기위원회, 노동부 산하의 노동위원회 등이 있다. 그러나, 우리나라 ADR관련 정부조직은 인력 부족, 특히 전문성 부족으로 인해 갈등해결을 위한 전문성 확보가 결여되어 있다는 비판을 받고 있다. 뿐만 아니라, 분쟁조정의 중립성 확보가 어려워 이해관계자 당사자 간의 객관적인 이해조정을 이루어 내는 데 한계를 나타내고 있다(임동진, 2013). 이러한 한계를 극복하기 위해서는 분쟁조정과 관련된 전문인력 확보와 더불어 ADR 기관의 남설로 인한 사회적 비효율을 방지할 체계적이고 구체적인 ADR 기관운영 방안을 수립할 필요가 있다.

3) 공공조직에서의 대안적 갈등관리: 공론화

공공갈등해결 방안은 사법부 소송, 정부의 강압적이고 일방적인 문제해결 방안인 전통적 관리방안과 대안적 갈등관리 방안 등으로 구분할 수 있다(정정화, 2013; 하혜영,

2008). 전통적 갈등관리 방안은 사회적 비용 증가, 갈등 당사자 간 갈등조정시간과 비용 증가, 갈등 당사자들의 갈등해결 수용성 하락 등의 문제를 내포하고 있었다. 이러한 문제점들을 극복하기 위한 방안으로 다양한 사회적 합의협성 방안이 제시되었다(정정화, 2013). 구체적으로 ADR은 제3자에 의한 조정과 중재 방안이었으며, 다수결에 의한 참여민주주의로 국민투표와 주민투표 등의 방안이 활용되었다. 특히 다수결에 의한 참여민주주의는 대의민주주의 하에서 적합한 갈등해결 방안으로 작동하였지만 이는 소수자 보호가 어렵고, 다수의 횡포가 발생하며, 선호가 동질적인 집단에서만 긍정적 효과를 나타낸다는 한계를 지녔다. 이를 해결하기 위한 방안으로 일반 시민들의 숙의와 심의를 통한 갈등해결 방안이 등장하였다. 공론화 방안이 대표적인 시민 참여 참여형 갈등해결 방안이라고 할 수 있다. 공론은 여론과 다수의 의견을 나타낸다는 점에서 공통점이 있으나, "다수가 모여 함께 논의하는 과정"이라는 점에서 차이가 있다(김정인, 2018: 67).

공론화 방안은 갈등 이해관계자가 직접 참여하여 갈등문제를 해결하는 방안이 아니라 주로 갈등사례와 관련이 없는 일반 시민들이 갈등해결 과정에 참여하는 참여형 공공갈등 방안이기 때문에 상대적으로 객관성과 중립성을 증진시킬 수 있다는 장점을 지닌다. 뿐만 아니라 공론화는 일정기간 동안 토론과 토의를 통한 학습으로 갈등을 해결하는 과정이다. 따라서 여론과 같은 일회성 의견이 아니라 참여자들의 충분한 학습과 성장으로 합의된 의견을 반영할 수 있다는 점에서 장점을 지닌다. 시민들에 대한 충분한 숙의기회 제공이 공론화의 장점이라고 할 수 있다. 이러한 과정을 통해 정책결정과정에 합리성을 강화할 수 있는 것이다(김정인, 2018). 이러한 공론화의 장점은 '신고리 5·6호기 공론화' 사례에서 잘 나타났다.

PART 04 인간과 조직을 위한 재원관리

People and
Organizations

Chapter 17

인사조직 운영을 위한 예산의 의의와 과정

1. 정부예산의 의의
2. 예산이론의 발달
3. 정부예산과정

CHAPTER 17

인사조직 운영을 위한 예산의 의의와 과정

핵심 학습사항

1. 정부예산의 기능은 무엇인가?
2. 정부예산의 공유재 성격은 무엇인가?
3. 예산의 종류에는 무엇이 있는가?
4. 「국가재정법」의 특징은 무엇인가?
5. 일반회계, 특별회계, 기금의 차이는 무엇인가?
6. 예산의 전통적 원칙과 예외는 무엇인가?
7 예산과정 네 단계의 특징은 무엇인가?
8. 한국에서 Top-down 예산제도의 등장원인과 한계는 무엇인가?
9. 국가재정 운용계획의 목적과 의의는 무엇인가?
10. 예비타당성 조사의 합리성과 정치성 의미는 무엇인가?
11. 예산이론의 종류와 구체적인 예산이론은 무엇인가?
12. 예산성과금제도와 예산낭비신고센터의 의의는 무엇인가?

1 정부예산의 의의

1) 정부예산의 의의와 특징

예산은 "정부가 일정기간 동안에 징수할 수입과 경비의 내역 및 규모에 대한 계획"이라고 정의할 수 있다(이종수 외 2014: 299). 예산은 회계연도를 기준으로 하며 연도별로 편성된다. 예산은 정부의 미래계획과 정책을 화폐단위 숫자로 나타낸 것이며, 미래예측의 속성을 지닌 계약 양식으로 나타낸 것이다(원구환, 2014). 따라서 정부예산은 이윤동기를 지닌 민간의 자원운영과 달리 다양한 동기를 지니고 있으며, 예산과정에는 다양한 이해관계자들이 참여하게 된다. 또한 민간자원과는 달리 국민의 세금을 바탕으로 재원 확보가 이루어지고 이를 기반으로 예산집행이 이루어지기 때문에 다양한 규정의 적용을 받아 법적 강제력과 구속력을 지니게 된다(원구환, 2014).

정부예산은 국민의 세금으로 마련되기 때문에 예산의 규모가 제한적일 수밖에 없다. 만약 예산이 제한되어 있지 않고 무한하다면 합리적인 예산계획은 중요하게 고려되지 않을 수 있다. 그러나 공공자원인 예산은 제한성과 희소성을 지니기 때문에 정부는 예산을 합리적으로 배분하고 집행하여야 한다(윤영진, 2017: 24). 예산의 본질적인 특징을 고려해 볼 때 예산과정은 제한된 자원을 합리적이고 효율적으로 배분해야 하는 분석적 과정일 뿐만 아니라, 다양한 이해관계자들 간 상호작용을 중요시 하는 정치적 과정이기도 하다(하연섭, 2014). 예산은 재정배분 메커니즘 상 "어떻게 예산 상의 이득(budgetary benefit)을 극대화할 수 있을 것인가"에 대한 합리적 재정 배분을 강조하는 경제적 측면과 "예산 상의 이득을 누가(who) 얼마만큼(how much) 향유할 것인가"에 대한 가치선호를 강조하는 정치적 측면을 모두 지닌다고 할 수 있다(윤영진, 2017: 29-30).

예산의 합리적 성격 및 정치적 성격과 함께 중요하게 고려되어야 할 예산의 성격은 배제성(excludability)은 없지만 경합성(rivalry)이 존재하는 공유재(common pool resources)적 성격을 지닌다는 것이다(배득종, 2004; 하연섭, 2014). 정부부처들은 서로 더 많은 예산을 확보하기 위하여 경쟁하지만(소비에 있어서 경합성 존재), 정부부처의 예산요구를 막을 수 있는 방법은 없기 때문에(배제불가능성 또는 비배제성 존재), 예산은 공유재 성격을 지닌다고 할 수 있다(하연섭, 2014). 이 때문에 예산의 요구와 배분에 대한 적절한 제한이 없다면 예산은 고갈될 가능성이 높아지며 결국에는 예산에 있어서의 '공유재 비극 현상'이 발생할 수 있는 것이다. 예산의 공유재 성격으로 인한 예산고갈 혹은 재정건전성 한계 문제는 예산의 정치성 특성과 함께 합리적인 예산 배분과정의 장애요소가 된다. 따라서 예산의 공유재 문제를 극복하기 위해서는 각 부처에게 예산에 대한 관리권과 사용권을 부여할 필요가 있다. 구체적인 방법으로 효과적인 예산총액배분 자율편성제도의 도입을 고려해 볼 수 있다. 이 제도가 원활하게 운영되면 각 부처는 총액배정된 예산 하에서 가장 효율적인 자원배분 관리제도를 운영할 수 있을 것이다(배득종, 2004: 154).

2) 정부예산의 기능

정부재정은 정부부문의 경제활동을 통칭하며, 재정활동은 "정부가 수행하는 경제활동으로 화폐단위로 표시되는 정부의 수입·지출활동"을 의미한다(국회예산정책처, 2018: 12). 우리나라 재정은 중앙정부 재정과 지방정부 재정으로 분류된다. 중앙정부 재정은

그림 17-1 우리나라 재정의 분류

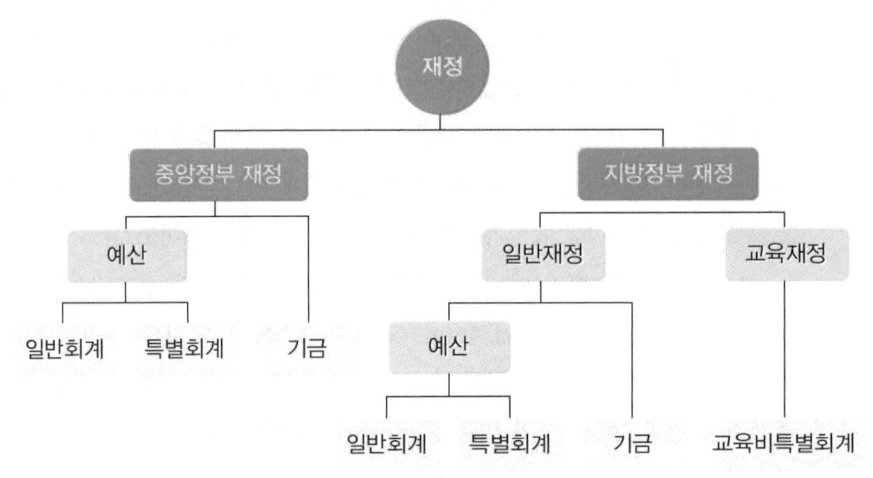

출처: 국회예산정책처(2018: 14)

일반회계와 특별회계로 구성된 예산과 기금으로 운영되며, 지방정부 재정은 일반재정(예산+기금)과 교육재정으로 운영된다.

정부예산 기능은 재정의 기능과 같은 맥락에서 논의될 수 있다. 머스그레이브(Musgrave)에 의하면 재정이 추구해야 하는 목표이면서 동시에 기능은 자원배분, 소득재분배, 경제 안정화이다(윤영진, 2017: 37). 세 가지 재정기능은 바람직한 예산을 판단하는 중요한 재정규범이기도 하다. 첫째, 재정은 자원배분 측면에서 효율성을 추구해야 하고, 둘째, 국민소득의 편차를 시정하고 평등한 분배를 목표로 하는 소득재분배 측면에서 형평성을 추구해야 하며, 마지막으로, 경제의 안정 및 성장을 유지하기 위한 측면에서 경기를 조정(안정과 성장)해야 하는 것이다(윤영진, 2017: 37−42).

보다 구체적인 정부예산의 기능은 정부기능과 유사한 측면에서 살펴볼 수 있다(이종수 외, 2014: 310−311). 첫째, 예산은 공공재원 배분과 정치과정으로서의 기능을 지닌다. 다시 말해 예산은 희소한 공공재원을 배분하고 이에 따른 정당한 권리를 부여하는 정치도구로서의 기능을 지닌다는 것이다. 특히 정부가 제출하는 예산서에는 정부의 정책결정 결과와 정부의 우선 사업 순위, 사업 목적과 관련 서비스의 특징 및 관련 정보를 제공해 준다(이종수 외, 2014: 310). 예산은 정부가 무엇을 생산할 것인가를 알려준다. 예산배분에 따라 정부가 어떤 사업에 우선순위를 두고 있고, 어떤 목표를 지니고 있는지, 무엇을 우선적으로 생산할 것인지를 명확하게 해 주는 것이다. 예를 들어,

그림 17-2 재정 및 예산의 기능

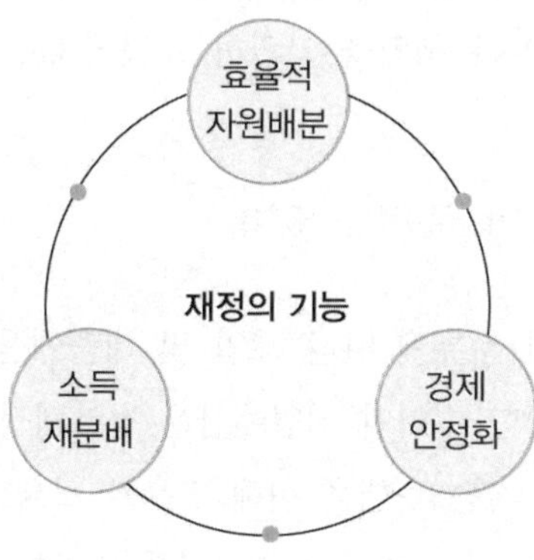

출처: 재정혁신타운(2018)

2018년 우리나라 총지출 예산 428.8조원 중에서 보건·복지·고용이 144.7조원으로 가장 많은 분포를 차지하였으며, 다음으로 교부세를 제외한 일반·지방행정 분야가 69.0조원, 교부금을 제외한 교육 분야가 64.2조원, 국방 분야가 43.2조원 순으로 나타났다(기획재정부, 2017). 이러한 측면을 고려해 볼 때 2018년 기준으로 우리 정부는 보건·복지·고용 정책을 가장 우선적으로 고려하고 있다고 할 수 있다.[1]

둘째, 예산은 사회경제적 정책수단으로서 경제 안정과 성장, 국민생활을 보장하는 도구로 활용된다(윤영진, 2017: 310). 특히 문재인 정부의 저소득층 보호를 위한 사회안전망 구축·지원은 예산의 사회보장적 기능의 좋은 예가 될 수 있을 것이다. 이는 예산의 소득재분배 기능과도 관련되어 있다. 형평성을 기본 가치로 하여 저소득층에게 소득을 재분배하고 재정지출을 통해 사회적 불평등을 해소함으로써 사회전체의 후생함수를 극대화시킬 수 있는 대표적 예산 기능이라고 할 수 있는 것이다(원구환, 2014).

셋째, 예산은 정부재정 성과관리 수단으로써의 기능을 한다. 특히 이는 정부의 효율적인 활동과 관련된다. 정부의 모든 사업은 다양하게 검토될 뿐만 아니라 예산과정을 통해 성과 평가된다(이종수 외, 2014: 310). 예산심의과정에서 전년도 국정감사가 이루어진 다음 이를 바탕으로 내년도 예산심의가 이루어진다는 점을 고려해 볼 때 예산은

1 우리나라 세출예산의 규모는 2007년 237조, 2008년 257.1조, 2009년 284.5조, 2010년 292.8조, 2011년 309조, 2012년 325.4조, 2013년 341.9조, 2014년 355.8조, 2015년 375.4조, 2016년 386.3조, 2017년 400.5조, 2018년 428.8조원이다(기획재정부, 2017).

정부의 성과관리 방안이된다고 할 수 있다. 마지막으로, 예산은 회계책임으로써의 기능을 가진다. 예산결산 과정을 통해 공공재원이 의도한대로 정확하게 집행되었는가를 평가하며, 이에 따른 책임을 부과하는 것이다(윤영진, 2017).

3) 정부예산의 종류와 원칙

예산은 용도별 분류에 따라 세입 및 세출예산으로 나눌 수 있다(이종수 외, 2014). 일정기간 동안 징수할 수입인 세입예산은 정부재정의 동원 방법을 제시해 주는 것이며, 세출예산은 국가 기능 수행을 위해 정부가 필요로 하는 재원의 지출 용도가 된다(윤영진, 2017: 63). 세입예산은 수입의 추정치에 불과하지만, 세출예산은 입법부의 심의를 거쳐 확정되기 때문에 구속력과 강제력을 지닌다. 물론 세출예산도 효율적인 집행을 위해서 예외적으로는 신축성을 허용하기도 하지만 기본적으로 세출예산은 세입예산 보다 강력한 구속력을 갖는다고 할 수 있다(윤영진, 2017: 64).

따라서 세출예산은 재정민주주의를 실현하고 행정부에 대한 통제를 강화하기 위하여 엄격하게 통제되어야 한다. 이러한 예산의 감시와 통제 원칙은 의회와 시민을 중심으로 하여 예산과정 전반을 통해 이루어진다. 이는 「국가재정법」 제16조에서 정부가 예산 편성 및 집행에 있어서 지켜야 할 예산원칙으로 재정건전성 확보, 국민부담 최소화, 재정 및 조세지출 성과제고, 예산과정의 투명성과 국민 참여성 제고, 예산의 성별 영향평가 및 결과예산 반영 등을 제시한 내용을 통해서도 확인할 수 있다(이종수 외, 2014: 312).[2] 특히 행정부 관리의 전문성이 높아지고 재량이 증가하면서 예산의 엄격한 통제원칙이 요구되고 있다(이종수 외, 2014: 312). 전통적인 예산원칙으로는 <표 17-1>에서 제시되듯이 명확성, 사전의결, 공개성, 통일성, 한계성, 단일성, 완전성, 정확성, 계획성, 성과중심 등이 제시된다. 그러나 예산의 신축적 운영을 위해 예산 원칙의 예외사항이 존재한다.

2 첫째, 정부는 재정건전성의 확보를 위하여 최선을 다하여야 한다. 둘째, 정부는 국민부담의 최소화를 위하여 최선을 다하여야 한다. 셋째, 정부는 재정을 운용함에 있어 재정지출 및 「조세특례제한법」 제142조의2 제1항에 따른 조세지출의 성과를 제고하여야 한다. 넷째, 정부는 예산과정의 투명성과 예산과정에의 국민참여를 제고하기 위하여 노력하여야 한다. 다섯째, 정부는 예산이 여성과 남성에게 미치는 효과를 평가하고, 그 결과를 정부의 예산편성에 반영하기 위하여 노력하여야 한다.

표 17-1 예산 및 재정관리의 원칙

원칙		내용	예외사항
재정 민주주의	명확성	국민 눈높이에서 예산구조와 과목 설계	총액 계상 (「국가재정법」 제37조)
	사전의결	회계연도 개시 전 예산 확정	긴급명령, 준예산(「헌법」)
	공개성	예산정보의 공개(「국가재정법」 제9조)	국방비와 국가정보원 예산
재원 배분	통일성	특정 수입과 특정 지출 연계 금지	특별회계, 목적세, 수입대체 경비
	한계성	목적 외 사용금지(「국가재정법」 제45조) 계획 금액 한도 내 사용	예비비, 이용과 전용, 추가경정예산, 계속비, 이월, 앞당기어 충당·사용
회계관리	단일성	단일 회계 내 정리	특별회계, 기금, 추가경정예산
	완전성	예산총계주의(「국가재정법」 제17조) 모든 세입과 세출 내역의 명시적 나열	전대차관
	정확성	계획대로 정확히 지출, 회계 수지 정확	
재정사업 관리	계획성	사업계획과 재정계획의 연계 (「국가재정법」 제7조)	
	성과중심	성과계획서와 성과보고서 작성 (「국가재정법」 제8조)	

출처: 이종수 외(2014: 312)

4) 정부예산 법률 체계와 주요 행위자

우리나라 정부예산의 근간이 되는 법률은 「국가재정법」이다. 우리나라 국가재정(중앙재정) 체계의 최상위 법으로 「헌법」이 있으며, 그 하위법으로 「국가재정법」과 「국회법」이 있다. 「국가재정법」은 예산의 예산·기금·결산·성과관리 및 국가채무 등 재정에 관한 사항 등과 관련한 법률이며[3], 「국회법」은 예산의 심의와 결산 등의 활동을 관할한다(최정묵, 2014: 581–582). 이 중에서 국가재정 전반에 관한 사항을 관할하는 법률인 「국가재정법」은 2006년에 제정되었으며, 체계적이고 광범위하게 이루어진 재정개혁

3 「국가재정법」은 국가의 예산·기금·결산·성과관리 및 국가채무 등 재정에 관한 사항을 정함으로써 효율적이고 성과지향적이며 투명한 재정운용과 건전재정의 기틀을 확립하는 것을 목적으로 한다(국가법령센터, 2018).

을 주도하고, 예산과정 뿐만 아니라 기타 재정과 관련한 여러 제도들을 포괄적으로 포함하고 있는 제도이다(최정묵, 2016: 578). 「국가재정법」의 특징은 다음과 같다. 첫째, 제7조에서 과거에는 비공개 참고자료로만 작성되었던 중기재정계획을 국가재정 운용계획으로 새로 규정하여 국회에 제출하는 것을 의무화하였다(최정묵, 2016: 583). 둘째, 성인지 예산의 근거를 마련하였다. 셋째, 성과중심의 재정운영을 위해 성과관리 체계를 구축하였다. 또한 효율적인 국가채무관리를 위해 국가채무를 법적으로 정의하였다.

국가재정의 제도적 기반인 「국가재정법」을 바탕으로 정부예산 관련 주요 행위자는 행정부와 입법부를 중심으로 살펴볼 수 있다. 중앙예산기관으로서 기획재정부, 각 행정관서의 장, 회계감사기관으로서 감사원, 총괄기관으로서 대통령 및 대통령 비서실이 행정부의 주요 예산 행위자이며, 행정부에서 제출한 예산안을 심의·의결하는 입법부(국회)가 주요 예산 행위자가 된다(원구환, 2014). 국회는 각 상임위원회에서 해당 소관 행정부서의 예산을 사전 심의하고 사후 결산한다. 예산의 주요 참여자들은 예산규모 증액 지향자와 예산규모 삭감 지향자로 구분해 볼 수 있다. 전자가 예산과정에서 나타내는 행태는 사업의 정당성과 필요성을 옹호하는 것이며, 주로 각 행정부처들이 이에 해당한다. 이들은 예산수입보다 지출에 더 많은 관심을 보이며 필요 이상의 예산을 요구한다. 이에 반해 후자인 예산규모 삭감 지향자들은 재정 부담을 통제하는 절약자의 역할을 하며, 이에 해당하는 대표적인 예로 중앙예산기구(예 기획재정부)가 있다. 중앙예산기구는 재정 조건과 수입에 더 많은 관심을 지니며 정부 재정 확장을 억제하는 기능을 한다(원구환, 2014). 이러한 형태는 니스카넨의 예산극대화 모형을 통해 설명할 수 있다. 예산극대화 모형에 의하면 관료들은 자신들의 이익을 증대시키기 위해 예산을 확대 편성하는 경향이 있는데, 특히 관료들은 자신들의 보수, 명성, 권력 등을 증진시키기 위하여 예산증가 행위를 한다는 것이다(조정래, 2010: 93-94). 이 외에도 예산규모 증액 지향자와 삭감 지향자를 제외하고 국고 수호자의 역할을 하면서 동시에 사업추진을 지향하는 재정 중립자도 존재한다. 대표적인 재정 중립자로는 자신의 주요 공약이행과 국가의 재정지출 모두를 고려해야 하는 대통령을 제시할 수 있다(원구환, 2014).

5) 정부예산 분류

정부예산은 예산안의 국회 제출시기에 따라서 본예산, 수정예산, 추가경정예산으로 분류할 수 있다. 본예산 또는 당초예산은 "정기국회 심의를 거쳐 확정된 최초 예산"이고, 수정예산은 "정부가 예산안을 국회에 제출한 이후 국회 의결 이전에 기존

예산안 내용의 일부를 수정하여 다시 제출한 예산"이며, 추가경정예산은 "예산이 국회를 통과한 이후 예산집행 과정에 다시 제출되는 예산"을 의미한다(이종수 외, 2014: 302). 특히 추가경정예산은 본예산과 별도로 수립되지만 일단 국회를 통과하면 본 예산과 통합하여 운영된다.

예산 불성립 시 조치인 예산집행 기준에 따라 잠정예산, 가예산, 준예산으로 분류할 수도 있다. 잠정예산은 "일정금액에 해당되는 예산의 국고 지출을 허용하는 제도"이며, 이는 예산이 수립되면 잠정예산의 유효기간이나 지출 잔액 유무에 관계없이 본예산으로 인정된다. 이에 반해 가예산은 "잠정예산과 유사하지만 사용기간이 1개월에 국한"되며, 1개월 이내에 의회는 이를 본예산으로 의결해야 한다. 마지막으로, "예산이 법정기한 내에 국회의 의결을 받지 못할 경우에 대비한 제도"로서 전년도에 준해서 집행할 권한을 정부에게 부여하는 준예산이 있다(이종수 외, 2014: 303).

다음으로 재원 및 지출 특성별 유형에 따라 일반회계, 특별회계, 기금 등 세 가지 공공재원을 제시할 수 있다(이종수 외, 2014: 301). 예산은 크게 일반회계와 특별회계로 구성되며, 특정분야의 안정적인 사업 운영을 위해서 기금이 활용되기도 한다. 이와 관련된 구체적인 설명은 다음과 같다.

첫째, 일반회계이다. 이는 "조세수입을 주요 세입으로 하여 일반적인 재정사업을 운영하기 위한 것"으로 정의될 수 있으며, 일반회계는 일반적 국가활동에 관한 총세입·총세출을 망라해 편성한 예산이다(이종수 외, 2014: 301). 정부가 수행하는 사업의 성격에 따라 예산은 일반회계와 특별회계로 구분되며, 일반회계는 '정부 재정 체제에서 중심 위치를 차지'하며 정부예산에서 규모가 가장 크다. 둘째, 특별회계이다. 「국가재정법」 제4조에 의하면 일반회계는 조세수입 등을 주요 세입으로 하여 국가의 일반적인 세출을 충당하기 위하여 설치되지만, 특별회계는 국가에서 특정한 사업을 운영하고자 할 때, 특정한 자금을 보유하여 운용하고자 할 때, 특정한 세입으로 특정한 세출에 충당함으로써 일반회계와 구분하여 회계처리할 필요가 있을 때에 법률로써 설치하는 것이다.[4] 특별회계는 오늘날 정부 예산사업이 다양해지면서 그 규모가 증가하는

4 2018년 6월 현재 특별회계설치 근거법률은 「교도작업의 운영 및 특별회계에 관한 법률」, 「국가균형발전특별법」, 「국립의료원특별회계법」, 「정부기업예산법」, 「농어촌구조개선특별회계법」, 「농어촌특별세관리특별회계법」, 「등기특별회계법」, 「신행정수도 후속대책을 위한 연기·공주지역 행정중심복합도시 건설을 위한 특별법」, 「아시아문화중심도시 조성에 관한 특별법」, 「에너지 및 자원사업특별회계법」, 「우체국보험특별회계법」, 「주한미군기지 이전에 따른 평택시 등의 지원 등에 관한 특별법」, 「책임운영기관의 설치·운영에 관한 법률」, 「특허관리특별회계법」, 「환경정책기본

경향이 있다. 특히 이는 별도의 재원으로 별도의 세출을 충당하기에 특정사업을 안정적으로 시행할 수 있으며, 재정사업의 성과와 경영실태를 명백히 할 수 있다는 장점이 있다. 그러나 특정 세입이 특정 지출에만 국한되어 있어 재정칸막이 현상이 나타날 수 있다. 이에 따라 재정 경직성이 심하게 나타나고, 유사기능을 다른 회계에서 중복 수행하거나 특별회계 상호 간, 일반회계와 특별회계 간 내부거래가 증가하는 등 재정활동 투명성과 효율성이 저하되는 단점도 존재한다(이종수 외, 2014: 301).

셋째, 예산 외 공공재원인 기금이 있다. 기금은 "국가의 특수한 정책목적을 실현하

그림 17-3 2018년도 중앙정부 재정체계

일반회계	기업특별회계(5개)	기업특별회계(14개)	기금(67개)
세입 • 내국세 • 관세 • 목적세 ※ 부족시 국채발행 세출 • 보건 · 복지 · 고용 • 교육 • 문화 · 체육 · 관광 • 환경 • R&D • 산업 · 중소기업 · 에너지 • SOC • 농림 · 수산 · 식품 • 국방 • 외교 · 통일 • 공공질서 · 안전 • 일반 · 지방행정	• 우편사업 • 우체국예금 • 양곡관리 • 조달 • 책임운영기관	• 교도작업 • 지역발전 • 농어촌구조개선 • 등기 • 행정중심복합도시건설 • 아시아문화중심도시조성 • 에너지 및 지원사업 • 우체국보험 • 주한미군 기지이전 • 환경개선 • 국방 · 군사시설이전 • 혁신도시건설 • 교통시설 • 유아교육지원	• 사업성기금 48개 • 사회보험성기금 6개 • 금융성기금 8개 • 계정성기금 5개

출처: 국회예산정책처(2018: 15)

법」, 「국방 · 군사시설이전특별회계법」, 「공공기관 지방이전에 따른 혁신도시건설 및 지원에 관한 특별법」, 「교통시설특별회계법」, 「유아교육지원특별회계법」이다.

기 위하여 예산원칙의 일반적인 제약으로부터 벗어나 좀 더 탄력적으로 운용할 수 있도록 세입·세출예산에 의하지 않고 특정사업을 수행하는데 필요한 재원"이다(기획재정부, 2018).[5] 예산은 일반적인 재정활동에 초점을 두지만, 기금은 국가 특정목적사업을 위해 사용되며 주요 재원은 출연금·부담금 등이 된다. 특히 기금은 합법성 보다는 합목적성 차원에서 예산보다 상대적으로 탄력성과 자율성이 높으며, 특정수입과 지출의 연계가 강하다는 점에서 차이가 있다(기획재정부, 2018). 그럼에도 불구하고 무분별한 기금의 남용을 억제하기 위하여 국회의 심의와 의결을 거쳐서 기금설치와 운영계획, 수립, 결산이 이루어진다는 점에서는 예산과 동일하게 운영되는 측면이 있다. 대표적인 기금 통제 수단으로는 '기금평가제도'가 있다. 이는 「국가재정법」 제82조에 따라 매년 기금의 자산운용 실태(기금 자산운용평가)와 존치여부(기금 존치평가) 등을 평가하는 제도이다. 기금평가는 민간 전문가로 구성된 기금 평가단을 통해 이루어진다(기획재정부, 2018). 2018년 1월 현재 한국은 59개의 기금과 8개의 금융성 기금을 운영하고 있다

그림 17-4 우리나라 기금운용규모 추이

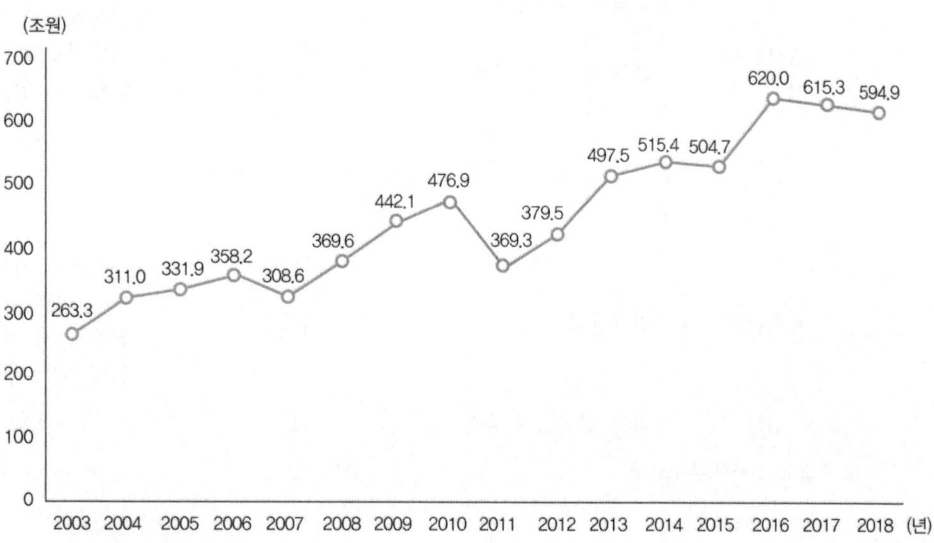

출처: 국회예산정책처(2018: 20)

5 http://www.mosf.go.kr/mi/socecowd/detailTbCurEcnmyWordView.do?menuNo=9050000&searchSn=OLD_5554

(기획재정부, 2018).[6] 우리나라 기금의 규모는 2016년 620조원을 넘어섰으며, 이는 일반회계와 특별회계를 포함한 예산보다 큰 규모이다.

표 17-2 일반회계 특별회계 기금의 비교

구분	일반회계	특별회계	기금
설치이유	• 국가 고유의 일반적 재정활동	• 특정자금 운용 • 특정사업 운영 • 특정 세입으로 특정 세출 충당	• 특정 목적을 위해 특정 자금을 운용
재원조달 및 운용형태	• 공권력에 의한 조세 수입과 무상급부원칙	• 일반회계와 기금의 운용 형태 혼재	• 출연금·부담금 등 다양한 재원으로 융자사업 등 수행
확정절차	• 부처의 예산요구 • 기획재정부의 정부예산안 편성 • 국회 심의·의결로 확정	좌동	• 기금관리 주체가 계획안 수립 • 기획재정부 장관과 협의·조정 • 국회 심의·의결로 확정
집행절차	• 합법성에 입각하여 엄격히 통제 • 예산의 목적 외 사용 금지 원칙	좌동	• 합목적성 차원에서 상대적으로 자율성과 탄력성 보장
수입과 지출의 연계	• 특정한 수입과 지출의 연계 배제	• 특정한 수입과 지출의 연계	좌동
계획변경	• 추경예산의 편성	좌동	• 주요항목 지출 금액의 20% 이상 변경 시 국회 의결 필요 (금융성기금의 경우 30%)
결산	• 국회의 결산심의 승인	좌동	좌동

출처: 기획재정부(2018)

6 대표적인 기금으로 사회보험성기금(6개: 국민연금 등 4개 연금, 고용산재보험), 계정성기금(5개: 공공자금관리기금, 외국환평형기금, 공적자금상환기금, 양곡증권정리기금, 복권기금), 금융성기금(8개: 신용보증기금, 기술보증기금, 농림수산업자신용보증기금 등), 사업성기금(48개: 대외경제협력기금, 남북협력기금, 국민건강증진기금, 국민체육진흥기금 등)이 있다(기획재정부, 2018).

2 예산이론의 발달

1) 예산이론의 의미

예산이론(budget theory)은 "예산과 관련된 제반현상을 설명하고 예측하는 명제의 체계"라고 정의할 수 있다(이정희, 2010: 103). 예산이론에서는 예산과 관련된 현상인 예산의 크기와 구성, 그리고 그 변화, 예산과정, 예산과 관련된 의사결정, 예산제도와 그 변화 등을 설명하고 예측하는 명제를 구성하고 연관성 있는 명제들을 체계화하는 과정과 관련된다(이정희, 2010: 103). 예산이론은 예산규모 관련이론과 예산결정 관련이론으로 나누어 설명할 수 있다. 전자는 정부예산이 왜 매년 증가하는 가(예산팽창이론)에 초점을 맞추고 있으며, 후자는 정부예산이 어떻게 결정되는가에 초점을 맞추고 있다(원구환, 2014). 특히 예산결정이론의 특징은 세입예산보다는 세출예산에 초점을 맞추어 예산을 어떻게 배분할 것인가에 관심을 둔다.

2) 예산규모 관련이론: 예산팽창이론

예산팽창이론은 예산 규모 결정과 직접적인 관련성은 없지만, 예산의 증가 및 팽창 현상을 설명하는 데 유용하다. 예산이 팽창하는 주요 요인은 다음과 같이 설명된다. 첫째, 경제발전에 따른 행정 수요 증가로 설명될 수 있다. 이와 관련된 대표적인 예로 와그너(Wagner)의 국가활동 증대 법칙이 있다(원구환, 2014). 이는 경제발전에 따른 국민의 다양한 정부 서비스 수요 증가로 재정지출이 증대된다고 보는 것이다. 즉, 국민의 요구에 부응하기 위한 공공재 공급의 증가는 곧 예산의 증가로 이어진다는 것을 의미한다. 둘째, 공공부문의 인력증가는 예산팽창을 야기한다. 이와 관련된 대표적인 이론으로 파킨슨 법칙이 있다(원구환, 2014). 셋째, 대규모의 사회적 변동(전쟁 또는 자연재해 등)은 예산팽창의 원인이 될 수 있다. 안정적인 사회에서는 예산의 증가가 일정하거나 혹은 점증적이지만, 전쟁이나 경제적 공황과 같은 대규모 사회 변동이 발생되면 공공지출의 급격한 증가가 불가피하다. 특히 이는 대부분의 추가경정예산이 자연재해와 사회재난 등이 발생했을 때 수립되는 것을 보면 알 수 있다(윤영진, 2017). 넷째, 예산 배분과정에서 특수 이익집단의 압력이 커질 때 그리고 관료와 정치가들의 효용극대화가 발생할 때 정부 예산규모는 과대하게 팽창하고 지출규모도 증가한다는 것이다(원구환, 2014).

3) 예산결정 관련이론: 합리주의와 점증주의

예산팽창이론과 달리 예산결정이론은 세출예산을 어떻게 배분할 것인가에 대한 논의로부터 시작된다. 예산결정에 관한 근본적인 질문은 1940년 키(V. O. Key, Jr)에 의해서 처음 제기되었다. 그에 의해 “어떠한 근거로 X달러를 B사업 대신 A사업에 배분하도록 결정하는가?(on what basis shall it be decided to allocate X dollars to activity A instead of B)”라는 근본적인 질문이 제기된 것이다(윤영진, 2017: 246; 하연섭, 2014). 키는 품목별 예산제도를 비판하면서 어떤 근거에 의해서 예산이 배정되는지에 대한 이론적 논의를 제시하였다.

이후 예산이론은 점증주의(incrementalism, 정치성)와 총체주의(synopticism, 합리성) 이론이라는 두 가지 방향으로 전개되었다(윤영진, 2017; 이정희, 2010). 첫 번째 예산결정이론은 합리주의(총체주의)이다. 이는 합리모형, 분석모형 등을 전제로 한다. 예산결정을 합리적 선택모형으로 가정하고, 경제적 과정으로 이해한다(원구환, 2014). 이는 예산결정의 분석적 사고를 중시하고, 예산결정에서 기존 사업에 대한 당위적 예산 배분을 제거하며, 분석적 사고와 과학적 기법을 활용하여 예산분석의 전문성을 강조하고 있다. 이는 사업별 예산제도로 나타난다. 예산의 합리주의(총체주의)는 루이스(Lewis)의 ‘예산의 편익을 어떻게 극대화할 수 있을 것인가?’와 같은 예산 합리성에 대한 관심 증가와 관련이 있다(하연섭, 2014). 루이스는 상대적 가치, 증분분석, 상대적 효과성이라는 세 가지 경제학적 명제를 활용하여 예산의 합리적인 결정에 대해 설명하였다(윤영진, 2017: 248).

예산의 합리주의(총체주의)는 합리적인 예산배분 과정을 설명하였다는 점에서 의의를 지니고 있지만, 예산과정의 복잡한 변화를 설명하지 못하고 예산 의사결정자의 인지적 한계와 정치적 상호작용을 고려하지 않아 설명력(explanatory power)과 예측력이 낮다는 문제점을 가지고 있다(원구환, 2014). 또한 합리주의(총체주의)가 가정하고 있는 본질적 측면에서 한계가 존재하며, 명확한 목표의 설정이 어렵고, 대안에 대한 비용과 편익을 객관적으로 분석하기 힘들며, 조직구성원들의 예산 결정에 대한 민주적 참여를 어렵게 한다는 한계를 지녔다(윤영진, 2017: 255; 원구환, 2014).

두 번째 예산결정이론은 점증주의이다(윤영진, 2017; 이종수 외, 2014; 하연섭, 2014). 점증주의는 예산의 정치적 과정을 중시하고, 현실 적합성이 높으며, 예산결정에 참여하는 다양한 주체들 간 상호조절 과정을 통해 민주적 협상과 타협을 유도할 수 있다는 장점을 가지고 있다. 즉, 참여하는 주체들 간 상호조절과 조정에 의한 정치적 합리성을 달성할 수 있으며, 실현 가능한 대안만을 검토해 매년 반복되는 예산과정을 단순화할 수 있다는 것이다(신가희·하연섭, 2015). 이는 윌다브스키(Wildavsiky)에 의한 예산의 정치성 강조에서 더욱 뚜렷하게 나타난다. 예산과정은 정치과정의 핵심이며(The budget lies at the heart of the political process), 많은 참여자들의 다양한 요구를 반영하는 과정이다(Wildavsky, 1964: 5). 예산과정에서는 예산 참여자들 간에 '누구의 선호를 더 많이 반영할 것인가?'에 관한 갈등상황이 초래될 수도 있으며, 예산과정에서 '누가 어느 정도의 편익을 얻을 수 있을 것인가?'에 관한 논란이 초래될 수도 있다(하연섭, 2014).

그러나 점증주의 한계로 사회적 안정성 강조에 따른 보수주의 성향과 다원주의 한계가 존재하며, 이는 결국 예산팽창을 초래할 수 있다(이종수 외, 2014: 329). 무엇보다도 점증주의는 정치적 다원주의를 가정하고 있기 때문에 정치적 다원주의가 성립되지 않은 불균등한 사회에서는 예산결정이 기득권 보호와 보수주의 강화의 도구 밖에 되지 않는다는 것이다. 또한 점증주의에서 점증성을 어느 정도 수준까지로 보아야 하는지 명확하게 판단할 수 없다는 한계가 존재하며, 점증주의가 인과관계를 밝히는 규범이론(normative theory)이라기 보다는 묘사에 가까운 이론(descriptive theory)이고 예측력(predictive power)이 낮다는 문제점이 존재한다(윤영진, 2017: 205-266; 원구환, 2014). 그럼에도 불구하고 점증주의는 예산결정 과정에서 다양한 이해관계자들이 참여하는 불확실한 상황에서 지속적이고 연속적인 예산관련 의사결정을 이끌어낼 수 있다는 점에서 현실적으로 적용 가능한 예산결정 이론이라 할 수 있다(정정길 외, 2013).

4) 최근 예산결정이론

최근에는 합리주의와 점증주의 예산결정이론에 대응하여 다양한 학문적 배경을 지닌 예산이론들이 제시되고 있다(이정희, 2010). 첫째, 다중합리성 이론(multiple rationalities theory)이 있다. 이는 "예산을 결정하는 결정자 또는 예산을 결정하는 조직은 다양한 합리성(multiple rationalities, competing rationalities)을 내포하고 다양한 합리성에 근거한 목적들을 추구하여 예산에 관련된 결정을 한다는 이론"이다(이정희, 2010: 105). 다중합리성 이론에 따르면 합리주의와 점증주의가 예산과정이 하나의 관점에서 일관되게 전개된다고 주장하지만 현실적으로 이는 설득력이 낮다고 비판한다(이종수 외, 2014: 329). 현대 예산과정의 복잡성을 고려해 볼 때 예산결정 과정의 단계별 특징에 따라 다양한 특성들이 복합적으로 작용하여 예산배분 과정이 이루어진다는 것이다. 예를 들어, 합리성은 경제적 합리성만 존재하는 것이 아니라 정치·사회·법적 측면에서 다양한 유형의 합리성이 존재하기 때문에 이들이 예산과정 단계별로 의미있는 영향을 미친다는 것이다.

서메이어와 윌로비(Thumaire & Willoughby)에 의하면 예산주기의 다양한 시점에 따라 단계별로 작용하는 합리성의 기준이 다르기 때문에 관료들의 의사결정은 일관적이지 않고 다중적인 형태로 나타나게 된다는 것이다(이종수 외, 2014: 330).

둘째, 단절균형이론(punctuated equilibrium theory)이 있다. 이는 "정책이나 예산은 균형상태(equilibrium)가 지속되다가 어떤 조건 하에서 단절적인 변화(punctuation)가 발생하고 다시 균형상태가 지속된다는 이론"으로서(이정희, 2010: 108), 예산재원의 배분이 항상 일정하게 발생하는 것이 아니라 특정 사건이나 상황에 따라서 달리 발생한다는 것이다. 균형상태에서 급격한 변화와 단절 현상이 발생하고 다시 균형을 유지한다는 이론이 단절균형이론이다(이종수 외, 2014: 330). 기존의 합리주의와 점증주의가 미시적 예산과정을 설명하였다면, 단절균형이론은 거시적 예산의 중요성을 강조하였다. 이는 예산은 일정규모로 전년대비 소폭의 변화에 그친다는 점증주의 한계를 비판하기 위한 예산결정이론이라고 할 수 있다. 이는 예측할 수 없는 급격한 변화를 반영한 예산결정에 대해 설명할 수 있다는 점에서 사후적 예산분석이라는 장점을 지닐 수 있지만, 단절적 균형이 발생하는 시점을 예측할 수 없기 때문에 미래지향적 차원에서 한계가 존재한다고 할 수 있다(이종수 외, 2014: 330). 뿐만 아니라 단절요인인 정책의 이미지 변화, 정책 문제정의의 변화, 시민들의 관심증대, 정책독점의 붕괴로 인한 정책변화 등은 계량적으로 측정하기 어렵기 때문에 이에 대한 실증적 분석이 쉽지 않다는 한계도 지닌다(이정희, 2010: 109).

셋째, 공공선택이론(public choice theory)이 있다. 이는 "경제학의 기본가정, 경제적 합리성을 추구하는 경제적 개인(economic man)을 가정하고, 이들이 정치나 정책과정에서도 효용을 극대화하는 방식으로 행동할 것이라고 설명하는 이론"이라고 할 수 있다(이정희, 2010: 110). 공공선택이론은 다양하게 제시될 수 있으나 대표적으로 관료의 지대추구 및 입법부와 사법부의 관료제 재량권 통제에 관한 이론, 예산의 크기에 관한 중위투표자이론을 제시할 수 있다(이정희, 2010). 이는 신고전경제학에 기반으로 두고 예산관료가 자신의 효용을 극대화하는 이기적인 합리성을 따르는 경제주체라 간주하였다. 대표적인 예로 니스카넨의 예산극대화 모형이 있다(이종수 외, 2014: 329). 특히 공공선택이론은 대리인인 관료들이 자신들의 이익을 추구한다는 점을 강조하고 있다. 이때 그들의 지대추구행위와 재량권을 적극적으로 통제하고자 한다는 측면을 고려해 볼 때 주인-대리인 이론과 같은 맥락으로 살펴볼 수 있다(이정희, 2010). 공공선택이론은 이론상 경제학적 개인 효용극대화 가정을 지니기에 설명개념 간의 관계가 분명하고 상호 충돌하지 않는 장점을 지니며, 단순성, 통일성, 인과관계의 명확성 측면에서 장점이 존재한다. 그럼에도 불구하고 인간에 대한 완전한 합리성 가정에 제약이 존재하고, 관료, 의회, 사법부 등 관계가 권력적으로 형성되는 현실을 제대로 반영하지 못한다는 한계를 지닌다(이정희, 2010: 113).

넷째, 거래비용이론(transaction cost theory)이 있다. 이는 "각종 거래에 수반되는 비용, 거래 전에 필요한 협상, 정보의 수집과 처리는 물론 계약이 준수되는가를 감시하는 데에 드는 비용인 거래비용이 예산현상을 설명하는 중요 변수라고 보는 이론"이다(이정희, 2010: 113). 거래비용을 연구하는 학자들에 의하면 예산 자체가 거래의 일종이며 행위자들의 거래비용을 줄이기 위한 방안으로 예산결정이 발생한다는 것이다.

다섯째, 구조결정론이 있다. 이는 "주로 공공재 공급자인 정부를 둘러싸고 있는 외부 환경적 요인을 정부의 예산과 세출의 결정인자로 보는 이론"이다(이정희, 2010: 115). 구조결정론은 예산의 크기와 구성이 외부 환경 영향 요인을 고려하여 정부의 서비스 공급양과 서비스 수준을 바탕으로 결정된다는 이론이다. 이와 관련된 대표적인 예로는 경제발전과 인구구성 변화로 재정규모가 증가한다고 보는 와그너 법칙이 있다(이정희, 2010).

마지막으로, 쓰레기통모형 등이 있다. 예산이론에 쓰레기통모형을 적용한 학자로는 루빈(Rubin, 2006)을 제시할 수 있다. 루빈(2006)은 미국 연방정부 예산과정을 설명하는 데 수입, 지출, 예산과정, 예산집행, 균형이라는 다섯 개 흐름을 활용하였다. 미국의 연방정부 예산은 수입, 지출, 예산과정, 예산집행, 균형의 다섯 개 흐름 또는 이 중 몇 개의 흐름들이 혼합적으로 결합되어 어느 순간에 갑자기 비선형적으로 나타나는 비합리적인 예산결정 과정이라고 할 수 있다(윤성채, 2014). 대형재난이나 자연재난 이후 그와 관련된 예산결정이 갑자기 이루어지는 경우에 쓰레기통 예산결정이 이루어진 것으로 볼 수 있다.

3 정부예산과정

정부예산과정은 네 단계로 이루어진다. 행정부의 예산안 편성, 그리고 편성된 예산안의 국회제출과 국회의 예산안 심의·확정, 통과된 예산에 따른 각 부처의 예산집행, 그리고 국회의 결산 승인으로 종료되는 과정인 것이다. 이는 일련의 연속 순환과정이며 매 회계연도마다 반복적으로 이루어진다(재정정보공개시스템, 2018). 예산편성은 행정부, 심의와 결산 기능은 국회, 그리고 집행은 각 부처에서 담당하게 된다.

1) 한국에서의 예산과정

첫 번째 예산과정은 예산편성과정이 된다. 행정부가 예산을 편성하여 입법부에 제출하는 것이 현대 행정국가에서의 예산편성 추세이며, 이러한 제도를 행정부 제출 예산제도라고 할 수 있다(이종수 외, 2014: 318). 「헌법」 제54조에 의하면 다음 회계연도 90일 전까지 행정부는 정부예산안을 편성하여 국회에 제출해야 하며, 예산의 큰 줄기는 예산편성과정에서 결정된다. 무엇보다도 의원내각제에서는 예산편성단계가 가장 중요하다. 현재 한국은 각 부처 기획조정실의 예산담당관이 각 부처 예산을 편성하고, 이러한 개별 부처 예산을 중앙예산기관이 행정부의 예산으로 종합하여 편성한다. 국회에 제출되는 예산안 첨부서류로는 성과계획서, 성인지예산서, 조세지출예산서, 국가채무관리 등이 있다(재정정보공개시스템, 2018).

한국은 예산편성과정에서 다음과 같은 한계를 지닌다(류철, 2017: 238-239). 첫째, 행정부가 예산편성에 대해 독립적인 재량권을 지니는데 반해, 국회의 재정통제기능은

표 17-3 예산안편성의 순기

기간	사항	비고
전년도 12월 말까지	국가재정운용계획 수립지침 통보	
1월 31일까지	중기사업계획서 제출 (각 부처 → 기획재정부)	총사업비 500억원 이상인 사업에 대하여는 별도의 타당성 심사
4월 30일까지	다음연도 부처별 지출한도 및 예산안 편성지침 시달 (기획재정부 → 각 부처)	예산안편성의 기본방향 및 주요 비목의 단위·단가
4~5월	예산집행실태 점검(기획재정부) 예산요구서 작성(각 부처)	
5월 31일까지	예산요구서 제출 (각 부처 → 기획재정부)	
6~8월	분야별 요구수준 분석 및 심의방향 마련 예산안 작성(예산심의회 운영)	소관부처의 의견수렴 시·도지사 협의 당정협의(정당설명회) 대통령보고 예산자문회의
8월 말	국무회의 심의 및 예산안 확정	
9월 3일까지	국회제출	

출처: 재정정보공개시스템(2018)

활발하게 이루어지지 않는 경향이 있다. 이는 한국의 예산이 비법률주의를 지니고 있기 때문이다. 조세는 법률주의를 따르고 있으나 재정상태와 관련된 중요 예산은 법률주의로 운영되지 않기 때문에 예산에 대한 의회의 통제가 잘 이루어지지 않는다. 둘째, 행정부와 국회 간 정보 비대칭으로 인하여 국회의 행정부 예산편성 통제가 효과적으로 이루어지지 않는다. 특히 사업성과와 관련하여 행정부는 자신들에게 유리한 자료만을 국회에 제출하고 불리한 자료는 제출하지 않음으로써 국회의 원활한 재정통제 기능을 방해하기도 한다.

두 번째 예산과정은 예산심의과정이다. 이 과정에서 국회는 행정부가 편성한 예산안을 심의하여 확정한다. 이 때문에, 예산심의 과정에서 국회는 행정부에 대해 재정동의권을 부여할 수 있으며, 이는 재정민주주의를 실현할 수 있는 과정이 된다(윤영진, 2017: 159). 예산심의활동은 상임위원회의 예비심사에서 진행되며, 상임위원회의 예비심사를 거친 정부예산안은 예산결산특별위원회에 회부되어 심사되고, 계수조정소위원회에서 계수조정을 통해 실질적으로 예산안 심의를 마무리하면 국회 본회의에서 승인된다(재정정보공개시스템, 2018).[7]

그러나 한국의 예산심의과정은 다음과 같은 한계를 지닌다. 첫째, 정치인들은 예산과정에서 자신의 지역구에 더 많은 예산을 배정받기 위해 선심성 예산 정치(pork barrel politics)를 하는 경향이 있다(신가희·하연섭, 2015: 530). 다시 말해 정치인들의 소속 지역구에 대한 입장이 예산심의과정에 반영된다는 것이다. 예를 들어, 상임위원회 소속위원들의 입장이 예산심의과정에서 반영되는데, 특히 선거가 있을 경우 이러한 정치적 현상은 더욱 심각하게 나타난다(재정정보공개시스템, 2018). 선심성 예산결정으로 인해 지역구의 소수 지역주민들만 혜택을 보고, 다수의 납세자들은 피해를 보는 경우가 많다. 이는 주인-대리인 문제로 인해 발생되는 피해로서, 정치인들은 재선을 위해 주민을 위한 선심성 예산결정을 하게 되지만 이는 결국 지역주민들의 불합리한 선택을 초래하게 되는 경우가 많다는 것이다(신가희·하연섭, 2015: 530). 둘째, 한국은 본회의가 아닌 상임위원회 중심이기 때문에 본회의는 형식적으로 운영될 수밖에 없다. 셋째, 예산편성은 거시적 총량을 설정하고 편성하는 하향식 예산결정방법이지만, 예산심의는 상향

7 예산결산특별위원회는 1999년까지 전년도 결산 및 예산안이 본회의에서 의결될 때까지 존속되는 한시 조직이었으나 2000년 2월 국회법이 개정됨에 따라 50인으로 구성된 상설 특별위원회로 운영되고 있다. 또한 정부예산안의 구체적인 금액을 조정하기 위해 10명 내외의 예결위원으로 구성, 각 상임위원회의 소관 예산에 대한 예비심사 결과, 종합 정책 질의 및 부별 심의 결과 등을 토대로 구체적인 예산 금액을 사업별로 조정한다(재정정보공개시스템, 2018).

식 방식을 추구하고 있기 때문에 예산편성과 예산심의 간 연계성이 떨어져 효율적인 예산심의가 이루어지기 어렵다(류철, 2017: 239).

세 번째 예산과정은 예산집행과정이다. 예산의 집행이란 예산편성과 심의 과정을 통해 성립한 예산을 실행에 옮기는 과정이다(이종수 외, 2014: 323). 국회에서 예산이 확정되면 회계연도 개시 전에 분기별 예산배정 계획을 국무회의를 통해 심의하고, 대통령의 승인을 받아 최종 집행 확정한다. 이렇게 확정된 예산배정은 공사 발주 등 지출원인행위를 가능하게 하므로 정부에서는 실제 집행할 예산의 배정시기를 조정하여

표 17-4 국회의 예산심의 과정

기간	사항	비고
~9월 3일	• 정부예산안 국회제출	• 회계연도 개시 120일 전 (「헌법」 제54조2항)
9월 10~(20일간)	• 국정감사 – 예산안 심의자료 수집 등을 위한 국정감사	• 본회의 의결에 의하여 실시시기 변경가능
10월 초·중순	• 시정연설, 소관상임위원회 예비심사 – 소관상임위원회 회부 – 정부의 시정연설	
10월 말~11월 초순	• 예산안에 대한 상임위원회 예비심사	• 제안설명, 검토보고, 대체토론, 소위원회심사, 위원회 의결 순으로 진행
11월 초	• 소관상임위원회의 예비심사보고서 제출	
11월 초·중순~11월	• 예산편성기준(예산안편성지침) – 예산안의 예산결산특별위원회 회부 – 예산안에 대한 예산결산특별위원회 종합심사 • 소관상임위원회 동의 – 삭감세출예산 각항 증액 – 새 비목 설치 • 본회의 심의·확정 및 이송 – 예산안 본회의 심의·확정 – 예산이송 및 예산안증액 동의 요구 – 예산이송	• 소관상임위원회의 예비심사보고서 첨부 • 제안설명, 검토보고, 종합정책질의, 부별심사(분과위 심사) 소위원회심사, 찬반토론, 위원회 의결순으로 진행 – 본회의 구두동의 후 이를 서면으로 보완

출처: 재정정보공개시스템(2018)

경기를 조절할 수 있다.

예산의 집행은 국회가 승인한 예산을 실행에 옮기는 것이기에 승인한 대로 집행해야 한다는 통제적 의미를 가진다. 예산집행의 통제성과 관련해 행정부는 국회가 승인한 예산의 범위 내에서 각종 사업을 수행하여 소기의 목표를 달성해야 하고, 동시에 정해진 재정 한계를 준수함으로써 재정민주주의를 달성할 수 있다(윤영진, 2017). 중앙부처는 예산서에 명시된 예산한도를 준수하고, 제시된 사업들을 해당 연도 동안에 완수해야 하며, 항목별 예산을 가능한 그대로 집행해야 한다. 보다 구체적인 예산통제장치로는 배정과 재배정 제도가 있다(윤영진, 2017: 178–179). 배정은 기획재정부가 각 부처에 수립된 예산을 배정하는 것이며, 재배정은 각 부처 예산담당관이 사업부서에 예산을 배정하는 것이다. 이를 통해 수입과 지출의 균형을 유지하고 자금의 흐름과 사업의 진도를 일치시킬 수 있다(이종수 외, 2014). 이 밖에도 정원 및 보수를 통제하여 경직성 경비 증대를 억제할 수 있다. 그리고 「국가계약법」 등과 같은 법률을 통해 계약의 방법과 절차에 대한 규정을 엄격히 하는 방안과 기록과 보고를 제도화하여 예산집행과정을 투명하게 하는 통제방안도 있다.

그러나 실제 집행과정에서는 상황의 변화가 발생할 수 있기에 융통성 있고 유연한 예산집행이 동시에 필요하다(이종수 외, 2014: 323). 「국가재정법」 제46조와 제47조에 의하면 정부는 국회에서 의결된 대로 예산을 그 목적과 금액의 한도 내에서 지출하고 집행하는 것이 원칙이지만, 예산편성과 집행 시 달라진 재정여건 변화에 보다 능동적으로 대처해 나가기 위해서는 예산집행 시 예외가 인정되어야 한다.

예산집행의 신축성을 보장하기 위한 제도 역시 상황변화를 고려한 효과적인 예산집행을 위해 필요하다(윤영진, 2017: 180–187). 구체적인 예로서, 예산의 용도를 제한하지 아니하고, 포괄적인 지출을 허용하는 것(예 지방교부세와 같은 포괄보조금 등)을 의미하는 총괄예산제도가 있으며, 한정성 원칙의 예외적인 장치로 예산의 이용과 전용이 존재한다. 예산의 이용은 입법과목[8] 사이의 상호 융통으로 국회와 기획재정부의 승인을 얻어야 하나, 전용은 행정과목[9] 간 재원 이전이기에 기획재정부의 승인만으로도 가능하다. 다음으로 정부조직 등의 변화로 인해 그 직무 권한에 변동이 있을 때 예산이 변하는 예산이체제도가 존재하며, 예산을 당해 회계연도에 집행하지 않고 다음연도에 넘

8 입법과목은 국회의 심의·의결 대상이 되는 예산과목으로 과목 상호 간의 융통은 물론 신설 또는 변경에 대해 제한을 받는다(윤영진, 2017: 92).

9 행정과목은 입법과목의 하위 체계로서 일정한 요건 하에 행정부의 재량에 의해 운용되는 과목이다(윤영진, 2017: 92).

겨 차기 회계연도의 예산으로 사용하는 이월제도 또한 예외조항으로 존재한다. 또한, 대규모 공사·제조·연구개발 사업의 경우 총액과 연부금을 정해 인정하는 계속비제도가 예외사항으로 존재한다. 이는 회계연도 독립의 원칙에 대한 예외적인 장치로서, 당해 연도로부터 5년 이내로 국한하지만 필요하다고 인정된다면 국회의 동의를 얻어 연장할 수 있다. 그리고 예측할 수 없는 지출 또는 예산 초과 지출에 충당하기 위해 세입·세출예산 외에 '상당하다고 인정'되는 금액의 예비비를 설정할 수 있다(이종수 외, 2014: 324). 마지막으로, 당해 예산에는 반영되지 않았지만 예산집행과 동일한 효과를 창출할 수 있도록 인정하는 국고채무부담행위제도와 국회의 의결에 의해 예산이 성립된 이후 예기치 못한 상황 변화로 사업을 변경하거나 새로운 사업을 추진해야 하는 경우 편성하는 추가경정예산이 있다(이종수 외, 2014).

예산과정의 마지막 단계는 예산결산과정이다. 결산이란 "회계연도에서 국가의 수입과 지출의 실적을 확정적 계수로 표시하는 행위"로, 감사원의 권한을 발동시키는 계기가 된다(이종수 외, 2014: 325). 특히 이는 예산의 범위 내에서 정부가 재정활동을 했는지 확인하고 그 결과를 장래의 재정 운영에 반영하는 것이기에 행정부와 국회의 심의를 거치게 된다.

2) 예산과정 관련 주요 예산제도

재정의 전략적 운용을 통해 재정의 건전성, 책임성, 효율성을 확보하고자 예산과정에서 다양한 제도를 도입하고 있다. 무엇보다도 우리나라에서는 국가재정 운용계획, 예산총액배분 자율편성제도, 예비타당성 조사, 성과관리 예산제도를 도입하고 있으며, 이를 뒷받침하는 인프라 제도로 디지털회계제도(dBrain)가 실시되고 있다.

첫 번째, 국가재정 운용계획은 예산편성과정에서 논의된다. 국가재정 운용계획은 "5년의 재정 운용 시계를 갖는 연동식 중기재정계획"이다(윤영진, 2017: 147). 이는 2004년부터 도입되어 운영되고 있으며, 도입 목적은 중장기적 관점에서 국정과제를 체계적으로 실현하고 재정의 예측 가능성과 건전성·효율성을 증진시키기 위함이다(윤영진, 2017). 「국가재정법」 제7조에 의하면 정부는 재정운용의 효율화와 건전화를 위하여 매년 당해 회계연도부터 5회계연도 이상의 기간에 대한 국가재정 운용계획을 수립하여 회계연도 개시 120일 전까지 국회에 제출하여야 한다고 규정하고 있다. 국가재정 운용계획에는 재정운용의 기본방향과 목표, 중·장기 재정전망 및 그 근거, 분야별 재원배분계획 및 투자방향, 재정규모증가율 및 그 근거 내용 등을 반드시 포함해야 한다.

기획재정부는 국가재정 운용계획[10]을 수립하고 작성할 때, 재정운용 방향과 목표, 재원배분계획 등을 수립하고, 분야별로 작업반을 운영하며, 공청회 또는 토론회를 통해 여론을 수렴하여 계획을 작성한다(윤영진, 2017: 147).

국가재정 운용계획은 다음과 같은 장점을 지닌다(윤영진, 2017: 148). 첫째, 재정건전성을 확보하기 위한 예산 총액의 효과적인 통제장치가 될 수 있어 총량적 재정 규율 제도 장치로 작동할 수 있다. 둘째, 배분적 효율성을 실현하기 위해서 정부의 전략적 목표와 비전에 따라 우선순위를 정해 부문 간 자원배분을 전략적으로 할 수 있다. 특히 전략적 기획의 성과관리와 같은 맥락에서 효과적인 자원배분을 가능하게 한다. 셋째, 국가재정 운용계획은 다년도 예산으로서 계획과 예산의 연계가 가능하다.

그럼에도 불구하고, 국가재정 운용계획은 다음과 같은 한계점을 지닌다. 첫째, 중기사업계획서가 예산편성과정에서 정부예산안과 함께 국회에 제출되어야 하지만, 이는 국회의 심의 대상이 되지 않는다(윤영진, 2017: 147). 따라서 엄격한 국회 심사를 받지 않는다는 점이 한계로 존재한다. 둘째, 국가재정 운용계획은 지나치게 낙관적인 경제 전망을 바탕으로 하고 있다는 점에서 한계가 있다. 신중하고 보수적인 중기경제전망이 필요한 경우에도 정부가 성과 기대치를 높게 설정하여 낙관적인 운용계획을 수립하는 경향이 있다는 데 한계가 존재한다(박승준·나아정, 2010).

두 번째, 예산총액배분 자율편성제도(이하 Top-down 제도)도 예산편성과정에서 운용된다. 이는 "중앙예산기관이 사전적으로 지출 총액을 결정하고, 전략적 배분을 위한 분야별·부처별 지출 한도를 설정하여 그 지출 한도 내에서 각 부처가 사업별로 재원을 배분하는 제도"이다(윤영진, 2017: 149). Top-down 제도는 기존의 부처별 예산요구 방식인 Bottom-up 방식에서 벗어나 지출 총액을 먼저 설정하고 난 뒤 분야별·부처별 지출을 설정하고, 사업별 계수 조정에 착수하는 방안을 의미한다(배득종·유승원, 2014: 329).

Top-down 예산제도를 도입하는 이유는 예산을 총액 내에서 편성함으로서 정부예산이 증가되는 것을 억제하여 재정적자를 극복하기 위해서이다(윤영진, 2017: 149). 총량적 재정준칙과 규범을 도입함으로써, 중앙예산기관과 각 행정부처의 정보 비대칭 문제를 극복하고, 재정총량을 각 부처 스스로가 관리함으로써 예산운용의 효율성을 증진시킬 수 있다(윤영진, 2017: 149). 또한 Top-down 예산제도는 신공공관리 차원에서

10 국가재정 운용계획을 마련하기 위해 대통령 주재로 국가재정전략회의를 개최한다. 이는 재정분야 최고위급 의사결정 회의로 논의된 내용을 반영하여 예산을 편성하고, 국가재정 운용계획을 마련한다(기획재정부, 2018).

부처별 자율성을 존중하고 부처별 지출 한도 내에서 예산편성의 자율성과 책임성을 확대할 수 있는 제도로 운영된다. 한국에서는 2003년 4개 기관에서 Top-down 예산제도를 시범 실시한 이후 2004년 전면 도입하였다(윤영진, 2017: 149). 특히 한국에서 Top-down 제도를 도입한 주요 원인은 재정적자 감축 이유 보다는 재원의 효율적 배분을 위한 신공공관리 차원의 이유가 더 크다.

Top-down 예산제도의 기대효과 및 장점은 다음과 같다(나중식, 2006: 145-147; 윤영진, 2017: 149-150). 첫째, 우선순위에 입각한 정책의 전략적 자원배분에 의해 예산운용의 배분적 효율성을 확보할 수 있다. 미시적 예산배분에서 벗어나 국가전체의 거시적 재정정책을 실현할 수 있으며, 동시에 부처의 자율성과 전문성을 강화할 수 있다는 점을 고려해 볼 때 부처의 정보-비대칭성 문제를 극복하는 방안이 될 수 있다. 둘째, 기존의 Bottom-up 예산과정 특징인 과다요구-대폭삭감이라는 비합리적인 예산과정 관행을 극복할 수 있다. 셋째, 예산을 금액 중심에서 정책 또는 사업 중심으로 편성할 수 있으며 재정 칸막이 현상을 극복할 수 있다는 장점을 가진다.

그럼에도 불구하고, Top-down 예산제도는 운영상의 한계를 지닐 수밖에 없다(유홍림, 2016; 윤영진, 2017: 150; 하연섭, 2014). 첫째, Top-down 예산제도는 국가재정 운영계획과 연계해서 시행되어야 하나, 현재 한국에서의 국가재정 운용계획은 국회 심의에 대한 의무조항이 존재하지 않는다. 국가재정 운용계획에 대한 국회의 실질적이고 전반적인 심의가 이루어지지 않기 때문에 이에 대한 실효성과 구속력이 없어 국가재정 운용계획과 연계된 Top-down 예산제도에도 한계가 나타나는 것이다. 둘째, Top-down 예산제도를 도입하고 있는 서구 국가들은 대부분 의원내각제 국가들이다. 이들 국가들은 예산당국이 소관부처와 예산안 협의를 마치면 의회에서 다시 논의할 필요성이 없어 Top-down 예산제도가 원래대로 운영될 가능성이 높다. 그러나 한국의 경우 예산편성과 심의과정이 연계되어 있지 않기 때문에 예산심의과정에서 정치적 판단이 개입되는 경우 예산편성에 변화가 발생하기도 한다. 셋째, 한국의 부처 자율성은 제약이 많다. 여전히 부처의 예산편성과정에 기획재정부의 지침과 통제가 작용하는 상황에서 원활한 Top-down 예산제도가 성립되기 어렵다. 넷째, 지출한도 준수율이 제대로 지켜지지 않을 수 있고, 오히려 너무 엄격한 지출 준수로 효율성과 자율성이 줄어들 수도 있다.

세 번째, 대규모 재정사업의 투자 우선순위를 결정하기 위한 예비 타당성 조사가 예산편성과 예산심의과정에서 실시된다. 이는 기존의 타당성 조사가 개별부처에서 자체적으로 주관함으로써 제도 자체가 요식행위로 전락하거나, 사업이 추진된 상태에서 타당성 조사가 시행되는 문제점이 나타나자 이를 극복하기 위한 방안으로 도입되었다. 우리나라의 경우에는 1999년부터 예비타당성 조사가 도입·운영되고 있다. 예비타당성 조사는 기획재정부 장관 주관으로 실시하는 사전적 타당성 검증 제도이며, 신규투자의 우선순위를 정하고, 예산낭비를 방지하며, 재정운영의 효율성을 제고하기 위해 도입한 제도이다(신가희·하연섭, 2015: 531).

현재 한국의 예비타당성 조사 대상사업은 신규사업 중 총사업비가 500억원 이상, 국가의 재정지원 규모가 300억원 이상인 건설, 정보화, 국가연구개발사업과 중기재정지출 규모가 500억원 이상인 사회복지, 보건, 교육, 문화 분야 등 사업이다(재정정보공개시스템, 2018). 예비타당성 조사의 분석방법 기준은 경제적 분석, 정책적 분석, 지역균형발전 분석을 포함한다. 먼저 경제적 분석은 조사 대상사업이 국민 경제에 어느 정도 파급효과를 줄 수 있으며, 투자적합성이 있는 가를 조사하는 방안이다. 또한 정책적 분석은 해당 사업과 관련된 정책의 일관성 및 추진의지, 사업 추진 상의 위험요인, 사업특수 평가 항목 등을 정량적 또는 정성적 방법을 사용하며 분석하는 방안이다. 지역균형발전 분석은 지역 간 불균형 상태를 방지하고 형평성 제고를 도모하기 위한 분석 기준이다(재정정보공개시스템, 2018). 예비타당성 조사가 합리적인 예산제도가 될 수 있음에도 불구하고, 현실적으로는 정치성이 강한 예산심의과정의 영향을 많이 받기 때문에 예산심의과정의 정치성으로 인해 예비타당성 조사의 합리성이 줄어든다고 할 수 있다.

이 밖에도 우리나라에서는 예산의 집행과정과 관련하여 예산성과금 제도와 예산낭비신고센터를 운영하고 있다. 예산성과금 제도는 "예산의 집행방법 또는 제도의 개선 등으로 지출이 절약되거나 수입이 증대된 경우에 지출절약 또는 수입증대에 기여한 자에게 인센티브를 지급하는 제도"로서(재정정보공개시스템, 2018), 1998년부터 도입되었다. 이에 반해 예산낭비신고센터는 「국가재정법」 제100조에 의해 예산과 기금의 불법 지출에 대한 국민감시제도로 운영되고 있다. 이는 민간단체의 예산감시운동에 대해 중앙부처 차원에서 공식적으로 지원하는 제도인 것이다(이종수 외, 2014: 353).

People and Organizations

Chapter 18

예산 운영의 혁신 방안

1. 재정개혁의 필요성
2. 재정개혁의 방향: 재정건전성 향상
3. 예산개혁의 정향과 예산제도 변화
4. 한국의 재정개혁

CHAPTER

18 예산 운영의 혁신 방안

핵심 학습사항

1. 재정환경 변화에 따른 재정개혁 방안은 무엇인가?
2. 한국의 국가채무와 부채 기준은 무엇이며, 한계는 무엇인가?
3. 한국의 공공부문 부채 현황과 문제점은 무엇인가?
4. 재정준칙의 의의와 구체적인 재정준칙은 무엇인가?
5. 페이고 원칙의 의미는 무엇인가?
6. 통제, 관리, 계획, 감축 지향과 관련된 예산제도와 개혁방안의 특징은 무엇인가?
7. 한국의 재정개혁 방안은 무엇인가?
8. 재정성과 관리제도의 특징과 종류는 무엇인가?
9. 디지털회계제도의 특징과 의의는 무엇인가?
10. 한국 참여예산제도의 구체적인 종류와 특징은 무엇인가?
11. 성인지예산제도는 무엇인가?
12. 주민참여예산제도와 국민참여예산제도의 장점과 한계는 무엇인가?
13. 총액인건비제 의의는 무엇인가?

1 재정개혁의 필요성

1) 재정운용 환경의 변화

재정운용 환경이 급속도로 변화하면서 재정운영 패러다임도 변화하고 있다. 과거의 재정환경 특징은 투입 중심이며, 유량 중심이고, 아날로그 정보 시스템과 관리자 중심이며, 몰성인적이었지만, 최근 재정환경은 이와는 달리 다양하게 변화하면서 재정개혁이 끊임없이 요구되고 있다(윤영진, 2017: 33). 재정환경이 민주화, 다원화, 정보화, 위험성 등에 의해 변화하면서 이에 따른 재정패러다임의 변화가 발생하고 있는 것이

표 18-1 재정환경의 변화로 인한 재정운영 패러다임 변화

패러다임 변화	관련 제도
투입 중심 → 성과 중심	재정성과관리제도
유량(flow) 중심 → 유량·저량(stock) 중심	복식부기·발생주의회계제도
아날로그 정보 시스템 → 디지털 정보 시스템	디브레인시스템
관리자 중심 → 납세자 주권	주민참여예산제도·주민소송제
몰성인적(gender blind) 관점 → 성인지적(gender sensitivity) 관점	성인지 예산제도

출처: 윤영진(2017: 37)

다. 구체적으로 투입 중심에서 성과 중심으로, 유량(flow) 중심에서 유량과 저량(stock) 중심으로, 아날로그 정보 시스템으로, 디지털 정보 시스템을 관리자 중심에서 납세자 주권 중심으로, 몰성인적(gender blind) 관점에서 성인지적(gender sensitivity) 관점으로 재정 운영 패러다임이 변화하고 있다(윤영진, 2017: 33–37).

2) 국가채무[1]의 기준과 현황

한국의 국가채무는 2015년 기준 OECD 32개 국가 중 26번째로 양호한 편이지만, 그 증가율은 6번째로 매우 높은 편이기에 이에 대한 세심한 관리가 필요하다. 한국의 국가채무 현황은 1997년 60.3조원이였으나 지속적으로 증가하여 2016년 현재 국가채무는 626.9조원으로 약 10배 이상 증가하였다(재정정보공개시스템, 2018)[2]. 그럼에도 불구하고 국가채무에 대한 기준이 상이한 경우에는 국가채무에 대한 신뢰성이 낮아질 수 있어 이에 대한 명확한 기준 설정이 필요하다. 국제기준으로 국가채무는 IMF 기준에 의한 국가채무, EU 국가 기준에 의한 국가채무, OECD 기준에 의한 국가채무 등 다양하게 논의된다. 예를 들어, IMF 정부재정통계지침(Government Finance Statistics Manual, 2014)

1 채무와 부채는 구분하여 논의할 수 있다. "부채는 재정상태표에서 자산, 부채, 순자산의 관계에서 사용되고, 채무는 현금소요액 기준으로 사용된다. 회계학적으로는 부채 개념이 채무보다 더 포괄적인 개념이다."(윤영진, 2017: 461).

2 시대별 국가부채 현황은 1997년 60.3조, 1998년 80.4조, 1999년 98.6조, 2000년 111.2조, 2001년 121.8조, 2002년 133.8조, 2003년 165.8조, 2004년 203.7조, 2005년 247.9조, 2006년 282.7조, 2007년 299.2조, 2008년 309조, 2009년 359.6조, 2010년 392.2조, 2011년 420.5조, 2012년 443.1조, 2013년 489.8조, 2014년 533.2조, 2015년 591.5조, 2016년 626.9조원이다.

에 의하면 국가부채는 "일반정부의 범위에서 미래의 특정일자에 이자 또는 원금을 지급해야 하는 확정부채와 정부의 지급의무를 시장평가로 파악한 값"으로 규정하고 있다(이정희, 2016: 3). 한국의 국가채무 정의는 2009년 「국가회계법」이 제정 및 발효되고 복식부기와 발생주의 회계의 국가회계기준이 한국에 정착하면서, 「국가재정법」에 의한 국가채무, 「국가회계법」에 의한 국가부채로 나누어 설명된다(윤영진, 2017). 「국가재정법」 제91조에서는 국가채무의 범위를 국가의 회계(일반회계와 특별회계)와 중앙관서의 장이 관리하는 기금이 발행하는 채권(국채 등), 차입금, 그리고 국고채무부담행위로 지급 의무가 확실하게 결정된 것만을 포함한다(윤영진, 2017: 464-465). 이에 반해 「국가회계법」 상의 국가부채는 발생주의 회계에 근거하여 인식 범위가 국가채무 보다 넓게 해석된다. 이를 기반으로 정부는 최근 국가채무 및 부채 유형을 국가채무(D1), 일반정부 부채(D2), 공공부문 부채(D3) 등 세 가지로 나누어 설명하고 있다(윤영진, 2017: 466; 재정정보공개시스템, 2018).

국가채무(D1)는 "중앙정부와 지방정부의 회계와 기금에서 채무를 합산한 것"으로 여기에 비영리공공기관의 채무는 포함되지 않는다. 일반정부 부채(D2)는 중앙정부와 지방정부 외에 비영리공공기관을 포함하며, 「국가재정법」 상의 채무 항목과 함께 재무제표상 부채 항목까지 포함한다는 점에서 특수성을 지닌다. 이러한 관점에서 국제기준에 가장 부합한 부채기준이며, 따라서 이는 국가 간 재정건전성을 비교할 때 활용된다. 그러나 여기에는 연금충당부채가 포함되지 않는다는 특징이 있다. 마지막으로 공공부문 부채(D3)는 "일반정부 부채에 비금융공기업 부채를 포함하는 개념으로서 공공부문의 재정위험을 관리하는 지표"로 자주 활용된다(윤영진, 2017: 465-466).

이러한 한국의 국가채무 유형은 다음과 같은 점에서 한계를 지닌다. 첫째, 부채의 범주를 협소하게 설정하여 재정위험에 있어 고려되어야 할 항목을 배제함으로써 부채가 과소 측정되는 경우가 있다. 특히 일반정부 부채(D2)에서 공무원 연금과 군인 연금 충당부채를 포함하지 않고 있다(이정희, 2016: 6). 이를 누락하여 부채를 측정한다는 것은 정확한 부채 현황을 판단할 수 없고, 부정확한 부채 현황을 활용하여 국제비교를 할 때 한국정부의 부채가 과소평가될 가능성이 있다. 둘째, 재정위험 가능성이 높은 우발부채와 잠재부채를 고려하지 않고 있다(이정희: 2016: 7). 셋째, 공공부문 부채(D3)는 금융공기업 부채를 제외하고 있어 공공부문 개념에 적합하지 않다. 이와 관련해 우리나라에서도 영국과 같이 재정위험 관리 차원에서 공공부문 순부채(금융부채에서 금융자산을 공제) 개념을 활용하는 것이 필요하다(윤영진, 2017: 466). 넷째, 정부기관 간 내부거래를 제거하는 방식을 산정하고 있기 때문에 부채가 과소 측정될 가능성이 높다. 일괄적으로 내부거래를 제거하면 경제의 총부채 수준에 대한 과소측정 가능성이 발생해 중앙정부

표 18-2 국가채무와 부채의 유형

유형	규모(2016년) (GDP대비)	포괄범위	산출기준	활용
국가채무 (D1)	626.9조원 (38.3%)	중앙 및 지방정부의 회계 · 기금	「국가재정법」 현금주의	국가재정 운용계획
일반정부 부채 (D2)	717.5조원 (43.8%)	D1＋비영리공공기관	국제지침, 발생주의	국제비교 (IMF, OECD)
공공부문 부채 (D3)	1,036.6조원 (63.3%)	D2＋비금융공기업	국제지침, 발생주의	공공부문 재정건전성 관리

출처: 재정정보공개시스템(2018)

와 공공기관 간 부채 전가현상이 나타날 수 있다. 새로운 국가채무 산출제도는 공공부문의 재정상태를 파악하기 위해 내부거래를 제거함에 따라, 단순 합산하는 경우보다 부채 규모를 줄이는 경향이 있다(이정희, 2016).

국가채무가 지속적으로 증가하는 것은 재정적자를 심화시키고, 재정의 지속가능성을 낮출 수 있다. 적정 수준의 국가채무를 유지하기 위해서는 재정위험의 효과적인 관리가 필요하다(윤영진, 2017: 472－473). 이를 위해 발생주의에 근거한 부채 항목을 포함하기 위하여 포괄적인 정부 대차대조표가 마련될 필요가 있으며, 미래 재정위험을 초래할 잠재적 부채인 우발부채와 암묵적 부채를 포함해야 하고, 부채를 평가할 때 자산과 연계해 평가하는 종합적 접근방안을 마련할 필요가 있다.

2 재정개혁의 방향: 재정건전성 향상

1) 재정준칙의 확립

효과적인 재정개혁을 위해서는 무엇보다도 재정건전성 확보가 필수적이다. 건전 재정의 기준과 범위는 시대에 따라서 다르게 나타나고 있지만, 재정적자 문제를 극복하기 위해서는 재정건전성이 반드시 확보되어야 한다. 재정건전성을 확보하기 위해서는 재정준칙을 확립할 필요가 있다. 재정준칙(fiscal rule)은 "재정수지, 재정지출, 국가 채무 등의 총량적인 재정지표에 대해 구체적인 목표 수치를 동반한 재정운영 목표를 법제화한 정책"이다(윤영진, 2017: 45). 특히 강제력이 없는 약한 준칙 보다는 제도와 권한을 부여한 강한 준칙(strong rule)이 더 효과적이라고 할 수 있다. 2012년 기준 약 70여개국에서 재정준칙을 도입하고 있다. 한국은 2011년부터 예산안 편성 시 재정준칙을 반영하고 있지만 현실적으로 국회 예산과정에서는 이것이 잘 이루어지지 않고 있다(이종수 외, 2014: 348).

건전 재정을 달성하기 위한 기본 원칙은 쉬크(Schick)의 공공지출관리 규범에 나타난다. 쉬크의 공공지출관리 세 가지 규범은 총량적 재정규율, 배분적 효율성, 기술적(운영적) 효율성이다(윤영진, 2017: 43–49). 쉬크의 세 가지 규범은 1980년대 신공공관리 개혁을 기반으로 한다. 첫째, 총량적 예산규율(aggregate fiscal discipline)은 정부지출의 지속적인 증가를 억제하면서 재정적자의 발생과 국가채무의 누적을 통제하는 것으로서, 이는 재정건전성을 확립하고 재정의 지속가능성을 달성하기 위한 규율이다(윤영진, 2017: 44). 둘째, 배분적 효율성(allocative efficiency)은 부문 간, 사업 간 자원의 배분과 관련된 개념으로 우선순위와 사업의 효과성에 기반한 자원배분을 의미한다. 총량의 범위 내에서 정책적 우선순위에 따라 예산지출을 결정하는 것을 의미한다(윤영진, 2017: 46). 정책적 우선순위를 통해 한정된 재원을 효율적으로 배분하는 것은 기존에 행해진 선심성 예산배분이나 땜질식 예산배분을 극복하기 위함이다. 셋째, 기술적(운영적) 효율성(operational efficiency)은 정부가 효율적으로 운영되어 궁극적으로 정부의 운영비용과 재화나 서비스 공급비용을 감소시킬 수 있는 능력을 의미한다(윤영진, 2017: 47). 특히 이는 미시적 관점에서 투입비용의 최소화와 산출 극대화를 통한 능률적 운영을 도모하고자 한다. 총량적 지출 한도와 전략적 우선순위에 따른 예산배분과 더불어 예산 운영상의 비효율을 극복하는 것이 예산에 있어서의 중요한 규범임을 강조한 것이다(윤영진, 2017: 47–48). 이외에도 투명성과 참여 역시 건전 재정을 달성하기 위한 방안이라고 할 수 있다. 예산과정에서의 투명성 강조와 참여강화 뿐만 아니라 개방적이고 민주적인 사회를 구현하는 것이 재정건전성을 증진시키는 방안이 된다는 것이다. 특히 최근 참여예산제도의 활성화는 이러한 의미에서 의의가 있다고 할 수 있다.

한국에서 재정규칙 또는 재정규범은「국가재정법」제1조 "국가의 예산·기금·결산·성과관리 및 국가채무 등 재정에 관한 사항을 정함으로써 효율적이고 성과지향적이며 투명한 재정운용과 건전 재정의 기틀을 확립하는 것을 목적"으로 한다는「국가재정법」목적과 관련이 있다. 특히 재정규범은 예산인지, 예산 편성 및 운영이 바람직한 방향으로 이루어지고 있는지에 대해 판단하는 것으로, 이는 바람직한 예산 편성 및 운영 여부를 판단하는 기준이 된다. 재정규범은 사전적으로는 재정 또는 재정운영이 지향해야 할 이상적인 질서이며, 사후적으로는 그 결과를 평가하는 평가 기준이 된다(윤영진, 2017: 37).

대표적인 재정준칙으로는 페이고(Pay As You Go, PAYGO) 원칙이 있다. 페이고 원칙은 "미국 연방정부에서 1990년 도입된 제도로, 의무지출의 증가 또는 세입감소 내용으로 새로운 입법을 할 때는 반드시 이에 대응되는 세입증가나 다른 법정지출 감소 등 재원조달 방안이 동시에 입법되도록 의무화함으로써 재정수지에 미치는 영향이 상쇄되도록 하는 제도"로 정의될 수 있다(이정희, 2015: 227−228). 만약 우리나라에 페이고 원칙이 도입되면 최근 한국에서 증가하고 있는 사회복지지출 등 의무지출을 제한할 수 있어 재정건전성을 달성할 수 있다는 점에서 긍정적인 영향을 미칠 수 있다. 또한 페이고 원칙이 적용되면 예산과정에서 수입과 직접지출(direct spending)의 균형달성을 이룰 수 있으며, 재정적자를 유발하거나 이를 증대시킬 수 있는 입법을 억제할 수 있다는 차원에서 재정지출을 줄일 수 있다(국가예산정책처, 2014: 27).

그러나 현실적으로 페이고 원칙은 다수의 선진국에서 활용되고 있다기 보다는 미국 연방정부에서만 활용되고 있는 미국 고유의 제도라고 할 수 있다. 이 제도가 활성화되면 국회 입법권이 제약되고 국회의 정당한 자원배분 활동을 위축시켜 재정민주주의를 저해할 수도 있다는 우려도 제기되고 있다(이정희, 2015: 228).

2) 통합재정수지 확립

통합재정은 일반회계와 특별회계만을 고려한 기존의 예산제도에서 탈피하여 "일반회계, 특별회계, 기금을 모두 포괄한 국가 전체 재정을 의미"하며(이종수 외, 2014: 348), 이를 확립하는 과정에서 재정건전성이 달성될 수 있다. 통합재정은 주어진 일정기간 동안 정부의 총수입에서 총지출을 뺀 재정규모로서, 이는 당해 연도의 일반회계, 특별회계, 기금을 모두 포괄한 수지(收支)이다. 이를 통해서 재정건전성 분석, 재정의 순계규모 확인, 재정정책의 기본 방향 파악, 재정의 실물경제 효과분석, 재정운용의 통화부문 영향 파악, 재정활동 국제 비교가 가능해 진다(이종수 외, 2014: 348−349).

3 예산개혁의 정향과 예산제도 변화

재정개혁은 예산제도의 개혁과 밀접한 관련성이 있기에 재정개혁을 예산제도의 맥락적 변화에 따라 설명한다. 바람직한 예산제도가 성립되기 위해서는 예산체제가 통제,

관리, 기획, 결과(성과)의 네 가지 가치를 지향해야 한다(이종수 외, 2014: 334). 예산의 통제지향은 지출의 통제와 관련하여 정부는 이용 가능한 재원의 한도를 엄수하고 예산운영의 합법성을 준수해야 하며, 이러한 정부의 지출은 의회에서 승인한 세출의 권한 내에서 이루어져야 한다는 것을 의미한다. 예산의 관리지향은 기관에서 구입하는 투입요소나 자원보다 정부활동의 성과에 초점을 맞추는 예산제도의 성향이며, 기획지향은 예산을 계획의 기능을 수행하는 것으로 간주하여, 사업을 계속하거나 새로운 사업을 개발할 때 혹은 자원을 배분하는 의사결정수단으로 파악하는 예산 정향이라고 할 수 있고, 결과(성과) 지향은 성과지출 결과에 대해 책임을 지는 예산 정향을 의미한다(이종수 외, 2014: 334-335).

이러한 가치들을 기반으로 미국의 예산제도는 품목별 예산제도, 성과주의 예산제도, 계획예산제도, 목표관리제도, 영기준 예산제도, 결과지향 예산제도로 구분하여 논의할 수 있다(이종수 외, 2014: 337-344). 첫째, 품목별 예산제도(Line Item Budget System, LIBS)는 세입과 세출을 표시하면서 기관별 예산 및 기관의 운영과 행정활동에 소요되는 품목을 나열하여 그 내용을 금전적으로 표시하는 제도로서, 개별 부서의 지출을 통제하고 공무원들로 하여금 회계적 책임에 민감하도록 하며, 엄격하게 회계감사를 수행하도록 하는 것을 목적으로 한다. 둘째, 성과주의 예산제도(Performance Budget System, PBS)는 사업의 성과를 제시한 예산으로서, 예산서에는 일반적으로 사업의 목적과 목표에 대한 기술서, 성취될 업무량에 대한 측정, 업무가 완료될 경우의 효율성, 그리고 사업의 효과성 등이 포함된다(이종수 외, 2014: 338). 구체적인 예산의 배정은 '단위원가×필요사업량=예산액'으로 계산된다. 셋째, 계획예산제도(Planning, Programming, and Budgeting System, PPBS)는 정부 운영의 효율성 증진을 목적으로 하는 것으로서, 이는 예산을 통해 정부의 효율적인 운영을 달성하기 위한 방안이다. 넷째, 영기준 예산제도(Zero-Base Budgeting, ZBB)는 이론적으로 모든 지출제안서를 영점에서 근본적으로 검토하겠다는 것으로서, 계획과 기대되는 목적을 달성하는 데 필요한 정책대안과 지출을 묶어 모든 활동들을 평가하고 실체를 규명하도록 한 예산제도이다. 마지막으로, 결과 지향적 예산제도는 신공공관리를 기반으로 하여 재정사업의 수행 결과를 중요하게 고려하는 예산제도이다(이종수 외, 2014: 340-343).

4 한국의 재정개혁

1) 재정개혁 방안: 3+1 개혁

한국 재정개혁의 두 가지 흐름은 경제적 관점에서 재정운영의 효율성을 달성하고자 했다는 것과 정치적 관점에서 재정민주주의를 공고히 함으로써 재정운영의 정당성을 마련하고자 했다는 것에 있다(윤영진, 2017: 366). 경제적 관점에서 재정운영의 효율성을 달성하기 위하여 총량적 재정목표, 자원의 효율적인 배분과 이용, 행정기관의 효율성, 성과책임 등을 중요하게 고려하였으며, 정치적 관점에서 재정운영의 정당성을 확보하기 위하여 투명성과 참여 달성 등을 중요하게 고려하였다.

1990년대에 접어들어 한국에서는 민주화와 다원화를 강화하는 행정환경 변화가 일어나면서 다양한 예산요구가 증가하고 예산의 규모 또한 확대되었다. 특히 1997년 외환위기가 발생하자 이를 해결하는 과정에서 재정확대가 더욱 촉진되었다. IMF는 긴축재정을 권고하였지만 한국은 확장적 재정정책을 진행하였고 재정이 더욱 악화되었다. 이를 극복하기 위하여 참여정부는 2004년부터 재정개혁을 중요 정부개혁으로 간주하였고, 3+1의 재정개혁을 추진하였다. 또한 이를 뒷받침할 제도적 장치로 2006년 「국가재정법」을 제정하여 2007년 시행하였다(이원희, 2017: 35). 구체적인 재정개혁으로는 2004년부터 실시된 국가재정 운용계획 수립과 예산 총액배분 자율편성, 재정사업 성과관리, 디지털 예산회계시스템 등 4대 재정혁신이 있으며, 재정건전화와 효율성 제고를 위한 「국가재정법」이 새로운 재정운용 시스템을 법적으로 뒷받침하였다(원구환, 2014; 이원희, 2017).

그림 18-1 3+1 재정개혁

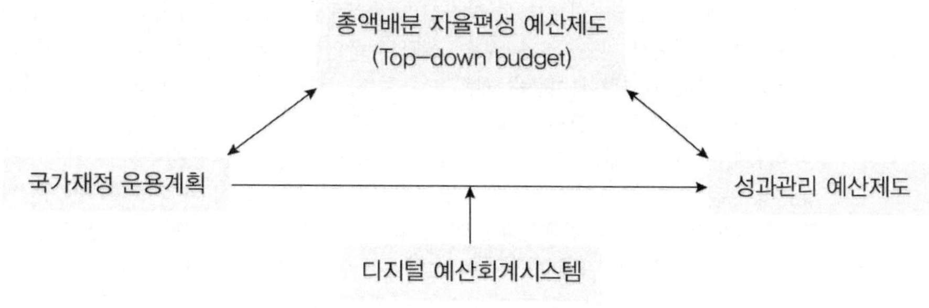

출처: 원구환(2014)

2) 재정성과 관리제도와 프로그램 예산제도

3+1 재정개혁[3] 중에서 첫 번째 재정개혁으로 재정성과 관리제도를 제시할 수 있다. 이는 성과를 고려해 재정을 운용하고 그 결과를 평가해 다음 예산편성에 환류시키는 관리 방법이다(윤영진, 2017: 376). 재정성과 관리의 목적은 재정배분의 효율성 제고와 책임성 확보에 있다. 우리나라에서는 1999년부터 시험 운용 중인 성과예산제도가 발전되어 현재는 통합형 성과관리제도의 일환으로 운용되고 있는데, 이는 프로그램 예산제도를 기반으로 한다. 프로그램 예산은 "동일한 정책목표를 달성하기 위한 사업의 그룹인 프로그램을 통해 정책과 예산을 연계하는 예산구조"를 의미한다(최순영, 2016: 135). 우리나라에서 중앙정부는 2007년, 지방정부는 2008년에 프로그램 예산을 도입하여 성과주의 예산제도를 실현시키고자 하고 있다. 이는 프로그램을 단위로 하여 성과와 예산을 연계시키는 제도이다. 앞서 언급한 것처럼 프로그램(사업)은 동일한 정책을 수행하는 단위 사업의 묶음으로서, 그 구조는 '정부의 기능－정책－프로그램－단위사업'의 계층구조를 지닌다(윤영진, 2017: 93). 이와 같이 프로그램 예산제도는 프로그램이 국가재정 운용계획, 총액배분 자율편성 예산제도, 재정성과 관리제도, 정부회계의 중심단위로서 각 제도의 역할자(enabler) 기능을 하기 위해 설계되었다(유승원, 2015: 88).

프로그램 예산제도의 효과는 다음과 같다. 첫째, 기존의 투입 중심에서 벗어나 프로그램(사업) 또는 성과 중심의 예산운용 가능성 확장에 긍정적인 역할을 하였다. 프로그램 중심으로 성과, 자율, 책임적 재정운영이 가능하도록 하였다(윤영진, 2017: 96). 둘째, 프로그램 예산 체계 내에 일반회계, 특별회계, 기금 모두를 포괄할 수 있어 총

---

3 국가재정 운용계획과 총액배분 자율편성 예산제도는 17장 예산과정에서 설명했기 때문에 여기에서는 생략하기로 한다. 그리고 재정개혁의 하나로 총액인건비제가 있다. 이는 인력과 예산 운영의 효율성을 제고하고 조직의 성과를 향상시키기 위해 각 시행기관이 당해 연도에 편성된 총액인건비 예산의 범위 안에서 기구, 정원, 보수, 예산의 운영에 관한 자율성을 가지되, 그 결과에 대해 책임을 지는 제도를 의미한다(이종수 외, 2014: 433). 특히 이는 지방자치단체의 자치조직권과 관련된다. 자치단체의 정원을 둘러싼 총액인건비제도의 정비과정은 다음과 같다. 처음 지방자치를 실시한 이듬해인 1997년부터 시작된 공무원 인력관리제도는 표준정원제였다. 이 제도는 "행정자치부장관이 표준이 되는 조직과 인력 규모를 결정하고 이를 각 자치단체에 통지하는 방식"이지만, 표준정원제가 자치단체의 자율성과 인력관리의 신축성을 가로막는다는 비판이 일자 2007년부터는 개별자치단체의 행정수요를 반영하여 총인건비 규모 내에서 자율적으로 조직과 인력을 운용할 수 있도록 하는 총액인건비제도를 도입하였다(대통령령 제20445호). 그런데 이 제도는 2014년부터 자치단체의 권한이 더 확대된 기준인건비제도로 바뀌어 운영되고 있다(대통령령 제25226호)(박종민·윤견수, 2015; 38－39).

그림 18-2 프로그램 예산제도의 역할

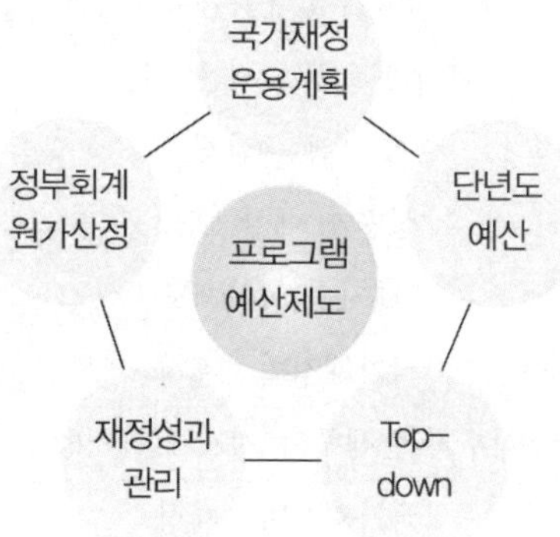

출처: 유승원(2015: 87)

체적 재정배분 내용을 파악하는 데 긍정적인 역할을 한다(윤영진, 2017: 96). 예산서에 제시된 숫자의 정보를 품목이 아닌 사업 단위별로 배열하는 것으로 성과주의 예산제도와 계획예산에서 사용되며, 단위 사업별 예산 규모의 파악이 용이하고, 프로그램 예산 대비 성과측정이 용이하며, 사업 기간별 중장기 예산편성이 가능하다는 특징을 지닌다. 셋째, 프로그램 예산제도는 사업관리 시스템과 같이 운영되기에 재정집행의 투명성과 효율성을 제고할 수 있다(윤영진, 2017: 98). 사업성·효과성 등에 대한 정책분석이 강조되며, 사업별 총액 내에서 지출 자율 변경이 가능하고, 사업의 성과관리에 대한 책임이 강화될 수 있다는 것 역시 이 제도의 특징이다(원구환, 2014). 마지막으로, 중앙정부와 지방정부 간 기능별 분류를 통일시켜 재정자금의 이동을 쉽게 파악할 수 있으며, 일반 국민이 예산사업을 쉽게 이해할 수 있다는 점에서 효과가 있다(윤영진, 2017: 98).

그럼에도 불구하고 한국에서 운영되는 프로그램 예산제도는 다음과 같은 한계점 또는 제약을 지닌다(유승원, 2015). 첫째, 예산사업구조와 관련하여 프로그램 예산구조는 과거의 예산구조(장-관-항)와 큰 차이가 나타나지 않으며, 세부사업 이하 단위에 더 작은 사업단위를 만들어야 한다는 한계를 지닌다. 둘째, 프로그램 예산이 Top-down 예산제도나 국가재정 운용계획과 원활하게 연계되지 못하고 있다는 한계가 존재한다. 셋째, 재정성과관리제도 및 정부회계(원가관리)와 관련하여 예산사업과 성과 간 연계가 미흡하며, 재정사업 자율평가 대상에서 프로그램이 제외되고, 프로그램 원가 정보 산출·활용이 미비하다는 한계를 지닌다. 넷째, 프로그램 예산제도가 재정당국(기획재정부)

표 18-3 한국의 재정개혁 추진 경과

분야	제도명	도입연도	비고
중기재정계획	국가재정 운용계획	2004	중기지방재정계획 1989
예산	Top-down 예산제도	2004	
	프로그램 예산제도	2007	지방(사업예산제도) 2008
	성인지 예산제도	2010	지방정부 2013
	조세지출 예산제도	2010	
	「국가재정법」 제정	2007	
회계	복식부기 발생주의 회계제도(지방)	2007	중앙정부 2011
	「국가회계법」 제정	2009	
재정성과	재정성과관리제도 (2003: 재정성과목표관리제도 2005: 재정사업자율평가제도 2005: 재정사업심층평가제도)	2003	성과관리제제도(시범) 1999
정보·통계	통합재정정보 시스템(dBrain)	2007	지방(e 호조 시스템) 2008
	공공부문 통계인프라	2012	
공공기관	공공기관운영법 제정	2007	
주민참여	주민소송제도	2006	중앙: 국민소송제 미도입
	주민참여예산제도	2011	중앙: 국민참여예산제도 2017

출처: 윤영진(2017: 369) 재구성

의 집권화와 일선부처의 분권화를 동시에 달성할 수 있는 제도인가에 대한 의문이 제기된다. 또한 간접비의 경우 프로그램별로 배분되지 않고 그 규모가 커서 비용을 정확하게 파악하기 힘들며, 비용과 자산이 명확하게 구분되지 않아 투입비용에 대한 정보를 제공하지 못한다는 한계를 지닌다(최순영, 2016: 136).

4대 재정개혁의 일환인 재정성과 관리제도와 관련해 우리나라에서는 2003년 재정성과 목표관리제도, 2005년 재정사업 자율평가제도, 2005년 재정사업 심층평가제도를 단계적으로 도입하여 운영하고 있다. 「국가재정법」 제8조에 따라 건전재정기조 정착 및 재정운용 효율화를 위하여 성과목표관리, 자율평가, 심층평가 3단계의 재정성과 관리제도를 실시하고 있는 것이다(재정정보공개시스템, 2018).

재정성과 관리제도의 첫 번째 단계인 재정성과 목표관리제도는 매년 각 부처가 재정사업에 대한 성과목표를 사전에 설정하고 목표달성 여부 등 성과정보를 재정운용에 활용하는 것으로, 차년도 재정사업에 대한 성과목표 및 목표치를 사전 설정하는 성과계획서를 작성하여 예산안의 첨부서류로 국회에 제출하는 기능을 한다(재정정보공개시스템, 2018). 또한 재정성과 목표관리제도는 전년도 사업실적을 토대로 목표달성 정도를 분석한 성과보고서를 작성하여 국가결산보고서의 구성항목으로 국회에 제출하도록 하고 있다. 이는 2009년 회계연도 부터 성과계획서 및 보고서의 국회 지출 의무화를 따른 것이다(윤영진, 2017).

재정성과 관리제도의 두 번째 단계인 재정사업 자율평가제도는 현재 통합 재정사업 평가체제로 운영되고 있다. 사업수행부처가 소관 재정사업을 자율적으로 평가하고, 기재부 등 메타평가부처가 확인·점검한 평가결과를 재정운용에 활용하고 있는 것이다. 이때 단계별 지표를 체크리스트 방식으로 평가하고, 평가등급에 따라 예산편성에 환류하는 기능을 수행한다(재정정보공개시스템, 2018). 즉, 이는 사업수행부처가 재정사업을 자율적으로 평가해 재정 당국이 예산심사에 활용하는 제도로서, 평가항목은 계획 관리 성과·환류 단계의 공통지표와 사업 부문 유형별 특성 지표로 구성된다. 성과계획서 상의 성과지표가 체계적으로 구축되어야 하며, 재정사업 자율평가의 결과가 적절히 예산에 반영되어야 하고, 평가지표별로 "예", "아니오"로 평가해 "예"로 평가된 질문의 점수를 종합하여 사업별로 5단계 등급으로 평가한다. 우수 이상 등급은 예산을 증액하고, 미흡 이하 등급은 수정 평가를 거치게 되는데 이때 등급 개선이 없을 경우 예산을 삭감하게 된다(윤영진, 2017: 379-380). 그러나 현실적으로 자율평가는 종합적인 관리가 되지 않고 있으며, 자체평가로 인한 과대평가 오류발생 가능성이 존재한다. 또한 평가결과와 다르게 예산이 책정되고 각 부처 간 정보 비대칭성으로 인해 주인-대리인 문제가 존재하기도 한다. 현재 이러한 문제들을 보완하여 종합적인 평가로서 통합재정 사업평가제가 운영되고 있다. '통합재정 사업평가'는 「국가재정법」 제8조에 근거하여 각 부처가 재정사업의 성과를 자율적으로 평가하고 메타평가기관이 확인·점검한 결과를 예산편성 등 재정운용에 활용하기 위해 매년 시행하고 있으며, 이는 재정사업 자율평가의 보완제도로써 활용되고 있다(기획재정부, 2017).

재정성과 관리제도의 마지막 단계인 재정사업 심층평가는 문제사업(낭비성·비효율적 사업, 유사·중복사업 등)을 대상으로 사업성과를 심층 분석·평가하여 지출 효율화 방안을 마련하고 있으며, 개별사업 또는 사업군을 대상으로 심층평가를 실시하고, 전달체계 개선, 유사·중복사업 통·폐합, 제도개선 방안 등을 제시하고 있다(재정정보공개시스템, 2018). 특히 해당 대상사업으로 재정사업 자율평가 결과 추가적인 평가가 필요하다고 판단되는 사업, 부처 간 유사·중복 사업 또는 비효율적인 사업, 향후 지속적 재정지출 급증이 예상되어

표 18-4 재정사업 성과관리제도 체계

	성과목표관리제도 (1단계, Monitoring)	핵심사업평가제도 (2단계, Review)	심층평가제도 (3단계, Evaluation)
대상사업	전체 재정사업	전체 재정사업의 1/3	문제제기사업 등
내용	성과계획서상 성과목표·지표 관리, 성과보고서상 목표달성도 측정·분석	체크리스트를 통한 점검	계량분석 등 사업전반에 걸친 정밀분석
추진내용	52개 부처 2,000여개 단위사업	매년 500여개 사업	매년 8개 내외 사업

출처: 재정정보공개시스템(2018)

객관적인 검증을 통해 지출 효율화가 필요한 사업, 그 밖에 심층적인 분석 평가를 통해 사업 추진 성과를 점검할 필요가 있는 사업 등을 제시할 수 있다(윤영진, 2017: 380–381).

3) 디지털예산회계시스템

또 다른 한국의 재정개혁 방안으로 디지털예산회계시스템(dBrain system)을 제시할 수 있다. 이는 예산편성·집행·회계결산·성과관리 등 재정활동 전 과정이 수행된 후, 그 결과 생성된 정보가 관리되는 재정정보시스템으로서(이종수 외, 2014: 352), 2007년 구축된 시스템이다. 과거 우리나라에서는 각 기관별로 중앙과 지방이 분리되어 재정정보시스템을 구축하였기 때문에 재정정보가 통합적으로 제공되지 못했다. 예산과 재정의 통합적이고 효율적인 관리, 국가재정 운용계획, 총액배분 자율편성제도, 재정성과 관리제도, 프로그램 예산제도, 복식부기·발생주의 회계제도 등 혁신된 재정제도의 성공적 달성을 위해 도입된 제도가 디지털예산회계시스템인 것이다(윤영진, 2017: 296). 이와 같이 디지털예산회계시스템은 재정활동 전반을 지원하며, 재정혁신제도를 뒷받침하고, 재정을 실시간으로 관리하며, 재정통계 분석정보를 산출하여 국민들에게도 재정정보를 상세하고 투명하게 제공하고 있다는 점에서 장점을 지닌다. 또한 공공부문 재정활동의 정확한 현황 파악을 가능하게 하고, 재정낭비요인을 제거하며, 전체 재정 활동에 대한 정확한 정보 관리를 가능하게 한다. 또한 재정관련 정책의 합리적인 결정을 지원하고, 새로운 재정제도가 뿌리내릴 수 있는 기반을 제공한다는 점에서 긍정적인 역할을 한다고 할 수 있다(이종수 외, 2014: 353).

그럼에도 불구하고 디지털예산회계시스템이 보다 효과적인 제도가 되기 위해서는 다음과 같은 개선방안을 고려할 필요가 있다(임동완, 2012). 첫째, 예산과 회계 간 연계를 강화하는 방향으로 과목체계를 구성하여 재정운용의 효율성과 예산정보의 유용성을 증진시킬 수 있다. 둘째, 각 부처 또는 기관들에서 예산편성 시 실제 사용하는 세부사업과 과제 단위 정보를 명확하게 함으로써 디지털예산회계시스템을 효과적으로 운용할 수 있을 것이다.

4) 가치지향적 예산제도 개혁

재정성과 향상을 통한 재정개혁 방안과는 달리 인지적 예산접근 또는 가치예산 개혁 방안도 검토해 볼 필요가 있다. 정부지출을 통제하고 예산운영의 책임성을 증진시키기 위한 시민 중심의 재정민주주의를 표방하는 참여예산제도와 양성 평등 실현을 위한 예산편성인 성인지 예산제도를 살펴보도록 한다.[4]

첫째, 성인지 예산제도는 「국가재정법」 제26조에 의거하며 예산이 남성과 여성에게 미치는 효과를 분석하여 국가재정이 양성 평등한 방식으로 집행될 수 있도록 편성하는 예산이다(이종수 외, 2014: 332). 2010년부터 시행되어온 성인지 예산제도는 우리나라에서 최초로 성문화 하였다. 성인지 예산제도의 목적은 단순히 성인지 예산서를 작성하는 데 머무르지 않고, 예산제도 반영과 분석과정을 통해 적극적으로 양성평등 인식을 개선하고 이에 따라 실질적인 예산배분이 이루어지도록 하는 데 있다(윤영진, 2017: 118).

그러나 성인지 예산제도를 시행하는 데 있어서는 다음과 같은 한계점이 발생한다(한국여성정책연구원, 2016). 첫째, 성인지 예산의 고유 영역에 대한 명확한 규정이 결여되어 있다. 둘째, 여성 지위 향상 및 성평등 실현을 목적으로 하는 사업에 대한 명확한 성과평가 및 예산반영이 미흡한 상황이다. 셋째, 무엇보다도 현행 법령제도의 문제점이 존재한다. 성인지 예산제도를 성공적으로 시행하기 위해서는 성별영향분석평가제도와 연계할 필요가 있다. 이를 바탕으로 재정사업에 대한 성평등 관점의 분석 및 평

4 이외에 조세지출예산제도가 있다. 조세지출은 정부가 받아야 할 세금을 비과세, 감면, 그리고 공제 등의 세제 혜택을 통해 받지 않고 포기한 액수를 의미하는데, 조세지출예산제도란 조세지출의 내용과 규모를 주기적으로 공표하여 조세지출을 관리·통제하는 제도이다(윤영진, 2017). 조세지출 감면은 법률로서 집행되기에 경직성이 존재하며 특정 분야에 집중되면 특혜 가능성이 존재한다. 이를 극복하기 위해서 불공정한 조세지출 폐지, 재정부담 형평성 제고, 세수 인상을 위한 조세지출예산제도 마련이 필요하다.

가를 실시하고 그 결과를 예산에 반영하도록 하는 것이다. 그러나 이러한 취지와는 달리 실제 제도 운영과정에서는 성별영향분석평가와 성인지 예산제도가 제대로 연계되지 못해 재정사업의 성평등 영향에 대한 평가가 예산편성에 환류되지 못하는 한계가 나타난다. 따라서 이러한 한계를 극복하기 위해서는 평가기능과 예산반영 기능이 연계되기 어렵게 만드는 결함의 파악이 선행되어야 하고, 이러한 관점에서 「양성평등기본법」과 「국가재정법」 상의 제도 연계가 필요하다.

재정민주주의를 강화하기 위한 시민들의 예산참여도 주목할 필요가 있다. 장기적 경기침체와 국민의 정부신뢰 저하로 인해 정부의 재정지출 활동에 대한 불신이 커지면서 참여지향 예산개혁이 확산하였다(이종수 외, 2014: 331). 예산과정에서의 대리인 문제 해결을 위하여 주인인 시민들의 예산과정 참여가 확대된 것이다. 이와 관련된 구체적인 방안으로 시민들은 예산감시운동을 통해 행정부의 투명하고 책임있는 예산운영을 요구하였다. 납세자로서의 시민이 주체가 되어 적극적으로 권리를 행사하는 납세자 운동이 대표적인 예산감시운동이라고 할 수 있다(윤영진, 2017: 393). 시민들은 주민발안 또는 주민투표제도, 주민감사청구, 주민소환제도 등을 통해 예산운영 성과에 대한 감시와 평가를 강화하였다. 납세자 소송제도를 통해 시민들이 직접 국가 또는 지방자치단체의 재정지출과 관련된 부정과 낭비를 감시하였으며, 만약 이 과정에서 문제가 발생하는 경우 소송을 제기하여 이를 시정하도록 하였다(윤영진, 2017: 393).

납세자 소송운동과 달리, 행정부가 주민들의 예산과정 참여를 적극 유도하는 제도를 시행하기도 한다. 이와 관련한 대표적인 제도로 주민참여예산제도가 있다. 우리나라 주민참여예산제도의 역사는 2004년 광주광역시 북구에서 주민참여예산조례를 제정하여 처음 시행한 이후, 일부 지방자치단체에서 도입·운영되다가 2011년 3월 「지방재정법」 제39조에 주민참여제도를 임의규정에서 강제규정으로 개정하고, 시행령 제46조에 주민참여예산의 범위, 주민수렴의견절차·방법 등을 조례로 규정함으로써 활성화 되었다(윤영진, 2017: 406-407).

주민참여예산제도는 예산편성과정에 주민이 적극적으로 참여하도록 함으로써 예산편성의 민주성과 투명성을 확보하고, 동시에 낭비성 예산을 예방하여 예산운영 효율성을 제고하고자 도입된 정책이다. 즉, 주민들의 예산결정 참여를 통해 재정민주주의와 참여민주주의 달성을 목표로 하는 제도라고 할 수 있다(장석준, 2014: 213). 이와 같이 한국의 주민참여예산제도는 지역주민들의 재정선택권을 보장하고, 납세자 주권을 실현하기 위한 장치로서 재정민주주의 달성을 주요 목적으로 하고 있다(윤영진, 2017).

주민참여예산제도의 필요성 또는 효과는 다음과 같다(임승후·김병섭, 2010: 62-63; 윤영진, 2017; 최상한, 2010). 첫째, 지방행정 또는 지방정치의 대응성과 민주성을 증진시켜 재정민주주의를 달성하는 효과가 있다. 대의민주주의 선출직 지방자치단체장과 지방의회가 주민들의 수요를 적극적으로 반영하지 못할 때 주민참여예산제도를 통해 주민이 직접 정책결정과정에 참여할 수 있는 것이다. 이를 통해서 주민들의 복지를 증진시킬 수 있다. 둘째, 주민들의 지식을 적극적으로 활용하여 정책의 질과 지방자치단체의 정책 능력을 증진시킬 수 있다. 또한 지역주민들에게 우선적으로 필요한 사업이 예산에 반영되기 때문에 지방재원의 효율적 배분에도 도움을 준다. 셋째, 예산참여를 통해 주민들이 정책과정을 더욱 잘 이해하고 신뢰하게 되어 사회자본이 증진될 수 있다. 이로 인해 주민들은 지방자치단체 정책에 순응하고 집행에 적극적으로 협조하게 된다. 넷째, 주민참여과정은 주민들 간 정부정책에 대한 학습과 토론을 증진시키고, 정부정책과정에의 숙의를 강화하여 공동체 전체 의사의 합의에 다다를 수 있도록 한다.

그럼에도 불구하고 주민참여예산제도에는 한계점이 존재한다. 첫째, 주민참여예산제도에 대한 주민들의 이해와 전문성이 부족하여 문제가 발생할 수 있다(임승후·김병섭, 2010: 62–63; 윤영진, 2017; 장석진, 2014). 예산과 사업에 대한 전문성이 부족한 주민들이 참여하여 예산편성을 하는 경우, 일부 단체의 이익만을 대변하여 예산이 결정될 우려가 존재한다. 둘째, 주민참여예산제도 시행 시 주민참여의 심의성(숙의성)이 낮을 수 있다. 주민참여예산제도에서 주민들이 예산편성과정에 참여할 수 있는 충분한 시간과 학습의 기회를 제공받지 못하는 경우, 주민참여의 숙의성은 낮아질 수밖에 없고, 이로 인해 주민참여예산제도가 형식적으로 운영될 가능성이 높다는 것이다. 현실적으로 예산과정에서 시민들에게 충분한 결정권을 부여하지 않고, 환류과정이 미흡하여 주민 의견이 예산과정에 적절히 반영되지 못하는 한계도 존재할 수 있다. 이러한 한계를 극복하고자 예산편성정책방향 토론회, 설문조사, 시민예산 설명회, 공청회 등이 추진되어 왔으나 형식적이고 제한적인 수준에 머무르는 경향이 있다(윤영진, 2017). 셋째, 주민참여예산제도 과정에 참여하는 주민들이 전체 주민이 아니라 일부 집단에 머물러 대표성의 한계가 발생할 수 있다. 모든 지역주민들이 예산편성에 직접 참여하기는 현실적으로 어렵기 때문에 사실상 참여하는 행위자는 시민단체 또는 이익집단에 한정될 가능성이 높다. 이러한 경우 전체 주민의 의견이 아니라 시민단체 또는 일부 이익집단의 의사만이 예산편성과정에 반영되어 대표성의 한계가 존재하는 것이다(엄태호·윤성일, 2013). 마지막으로, 주민참여예산제도의 확대는 지방의회의 기능과 충돌할 수 있으며, 중앙정부 표준조례안에 따른 주민참여예산제도의 확산과 운영은 형식적으로만 이루어질 가능성이 높다는 한계가 존재한다.

주민참예예산제도의 확산과 함께 문재인 정부에서는 2017년부터 국민참여예산제도[5]를 시범 도입하여 2018년 예산편성에 활용하였으며, 2019년 본격적으로 도입된다. 국민참여예산제도는 국민이 예산사업의 제안, 심사, 우선순위 결정과정에 참여함으로써 재정운영의 투명성을 제고하고, 국민의 예산에 대한 관심도를 높이기 위한 제도로서, 이는 국가예산 편성에도 국민의 의사와 목소리가 직접 반영될 수 있도록 하고자 한다(기획재정부, 2018).[6] 국민참여예산제도는 주민참여예산제도와 같은 맥락에서 이해될 수 있다. 하지만 국민참여예산제도는 국가재정에 대한 사업제안에 초점을 맞추어 국민들의 참여를 확대하였다는 점에서 주민참여예산제도와 차이가 있다고 할 수 있다.

국민참여예산제도의 절차는 다음과 같다. 첫째, 3월과 4월 사이 사업제안 관리를 시행하는데, 국민사업제안과 제안사업 적격성을 점검한다. 둘째, 4월과 5월 사이 각 부처는 제안사업 숙성 후 후보사업을 포함하여 기획재정부의 예산안을 요구한다. 셋째, 6월과 7월 제안사업 논의가 이루어질 때, 예산국민참여단[7]이 발족하여 참여예산 후보사업을 압축한다. 넷째, 7월에 사업 선호도 조사를 일반국민 설문조사와 예산국민참여단 투표를 통해 시행한다. 다섯째, 8월에 재정정책자문회의에서 논의하여 국민참여예산을 정부예산안에 반영할 것인가를 결정한다. 2017년 교통편리지역에 위치한 원룸과 오피스텔을 매입해 저소득 1인 여성가구 전용 임대주택으로 공급하는 '여성 안심용 임대주택 지원' 사업이 최초의 국민참여예산제도의 사례라고 할 수 있다(머니투데이, 2018).

5) 정부회계제도의 개혁

이제까지 국가의 회계시스템은 현금주의와 단식부기를 기반으로 수행되어 왔다.

5 주민참여예산제도와 국민참여예산제도 도입 및 확대를 재정거버넌스 관점에서 설명할 수 있다. 재정거버넌스는 "의회와 행정부, 나아가서 시민사회가 함께 재정을 운용하는 양식"으로 정의될 수 있다(박정수, 2018: 45). 하지만 우리나라에서는 여전히 기획재정부 예산실 중심의 예산편성과 재정운영이 이루어지고 있다(박정수, 2018: 45). 참여예산제도의 확대는 예산권한 배분 과정에서 정부, 입법부, 시민사회의 재정거버넌스 구축이라는 측면에서 설명될 수 있다.

6 국민참여예산제도는 근거법령인 「국가재정법」 제16조4호(정부는 예산과정의 투명성과 예산과정에의 국민참여를 제고하기 위하여 노력하여야 한다)에 기초하고 있다. 이는 공공의 이익과 공동체 발전에 기여할 수 있는 사회적 가치를 정부예산에 포함시키는 통로로 기능을 할 수 있고, 국민과의 소통과 가교 기능을 하는 '예산 신문고' 역할을 수행하며, 국민이 필요하다고 느끼는 생활밀착형 예산 사업들이 예산에 반영될 수 있도록 지원하는 기능을 한다(기획재정부, 2018).

7 예산국민참여단은 국민참여예산 사업을 선정하기 위하여 구성된다. 예산국민참여단은 성별, 연령별, 지역별 대표성을 고려하여 300명으로 구성되며, 이들이 국민참여예산 사업을 논의하고 심사하는 역할을 수행한다(기획재정부, 2018).

단식부기는 "현금의 수지와 같이 단일 항목의 증감을 중심으로 기록하는 방식"을 의미하며, 현금주의는 "현금의 증감 발생 시에 회계 처리하는 방식"을 의미한다(윤영진, 2017: 427). 현금주의 방식에 의한 단식부기는 재정의 포괄적이고 체계적인 파악이 곤란했으며, 미래의 재정에 영향을 미치는 자산·부채를 체계적으로 인식하지 못하였고, 오류의 자기검증 및 회계 간의 연계성 분식기능이 취약했다(이종수 외, 2014: 317).

그러나 1990년대 중반부터 예산집행의 자율성 확대, 재정수요의 급증 등 재정여건의 급속한 변화가 발생하면서 재정의 건전성 여부 점검과 성과평가가 가능한 선진 재정운영시스템 구축의 필요성이 제기되었다(재정정보공개시스템, 2018). 국가재정의 종합적·체계적 관리와 재정의 투명성 및 신뢰성 제고를 위해 민간기업들이 사용해온 발생주의·복식부기 회계제도를 2009회계연도부터 우리나라에서도 도입하게 되었다. 동 제도의 도입으로 국가에 속하는 모든 회계실체는 국가의 재정활동에서 발생하는 경제적 거래 등의 발생사실에 따라 복식부기 방식으로 재무제표를 작성해야 하며, 2011년 회계연도 결산부터는 해당 재무제표를 국회에 제출하고 있다.

복식부기는 "경제의 일반 현상인 거래의 이중성을 회계 처리에 반영해 기록하는 방식"이며, 발생주의는 "경제활동의 발생 시에 이를 기록하는 것"이다(윤영진, 2017: 427–428). 특히 복식부기는 자산, 부채, 자본과 수익 및 비용 등의 증감과 관련된 재무적, 경제적 사건이 발생될 때 차변과 대변, 이중으로 기입하는 방법이기 때문에 대차평균의 원리에 의하여 오류가 발생한 경우 자기검증 기능이 존재한다(이종수 외, 2014). 또한 발생주의는 현금 등 재무적 자원뿐만 아니라 고정자산 등 경제적 자원을 측정대상으로 하고, 자산·부채·자본과 수익·비용을 측정하기 때문에, 의사결정자가 원가 및 효과를 고려하여 사업시행 여부를 결정할 수 있으며, 자산이나 부채관리를 효율적으로 할 수 있다는 점에서 장점을 가진다. 이와 같은 복식부기와 발생주의 도입으로 국가재정 전반에 대한 종합적인 파악·관리가 용이해졌으며, 프로그램별 원가산출을 통해 성과 중심 재정운용의 기반이 마련되었다. 또한 국가자산에 대한 효율적인 관리가 이루어질 수 있게 되었고, 표준적인 재무제표를 통해 투명하고 정확한 국가재정정보가 제공될 수 있게 되었다(재정정보공개시스템, 2018).

PART 05
인간과 조직의 주요 이슈

People and
Organizations

Chapter 19

인간과 조직의 직무와 성과

1. 인사 · 조직의 연계로서 직무
2. 직무분석과 직무평가
3. 직무설계 · 재설계
4. 공공조직에서의 직무분석과 직무평가
5. 인사조직에서의 성과관리
6. 조직차원의 성과관리

CHAPTER

19 인간과 조직의 직무와 성과

핵심 학습사항

1. 직무와 관련된 개념에는 어떤 것이 있으며, 직무와의 차이점은 무엇인가?
2. 직무관리는 인사관리와 조직관리 차원에서 어떤 의미가 있는가?
3. 직무분석, 직무평가, 직무설계·재설계는 어떤 관계가 있는가?
4. 직무분석의 개념과 절차는 무엇인가?
5. 직무기술서와 직무명세서는 어떻게 구성되는가?
6. 성공적인 직무분석 방안은 무엇인가?
7. 직무평가의 네 가지 방안의 특징과 장·단점은 무엇인가?
8. 성공적인 직무평가를 시행하기 위한 방안은 무엇인가?
9. 성공적인 인사관리와 조직관리를 위한 바람직한 직무설계는 무엇인가?
10. 고전적 차원의 직무설계와 현대적 차원의 직무설계 간 차이는 무엇인가?
11. 직무충실화 또는 직무확대화와 직무특성이론이 직무설계 관점에서 갖는 의의는 무엇인가?
12. 효과적인 직무시간 관리가 왜 중요한가?
13. 공공조직에서 직무분석이 성공적으로 달성되기 어려운 이유는 무엇인가?
14. 우리나라 정부조직의 직무분석 한계와 해결방안은 무엇인가?
15. 인사조직차원에서 성과의 의미는 무엇인가?
16. 인사조직차원에서의 성과관리에 있어 성과평가와 보상의 의미는 무엇인가?
17. 인사차원에서 성관관리는 어떻게 운영되는가?
18. 공공조직에서 성과관리가 어려운 이유는 무엇인가?
19. 저성과자의 개념은 무엇인가?
20. 정부조직에서 저성과자가 발생하는 원인과 해결방안은 무엇인가?
21. 인적자원의 성과평가에서 오류가 발생하는 원인은 무엇이며, 그 해결방안은 무엇인가?
22. 인적자원평가의 성과평와 관련한 기법에는 무엇이 있는가?
23. BSC와 MBO의 특징과 차이점은 무엇인가?

1 인사·조직의 연계로서 직무

직무는 인사조직의 융합에 기초가 되는 매우 중요한 개념이다. 채용, 교육, 평가, 보상 등의 인적자원관리는 직무를 기반으로 이루어지며, 이렇게 설정된 직무에 따라 조직구성원들의 직무부여와 직무할당 등 직무특성이 규정된다. 이로 인해 조직구성원들의 직무에 대한 태도가 달라질 수 있어 직무는 인사와 조직을 연결 짓는 중요한 가교 역할을 한다고 볼 수 있다.

1) 직무관련 개념

직무는 하는 '일'을 의미한다. 규모에 따라 '일'을 요소, 과업, 직무, 직종, 직군 등의 용어로 사용할 수 있어, 직무는 '일의 범위 내지 크기'라는 상대적 개념으로 정의할 수 있다(박경규, 2016: 125). 이에 반해 직위는 '자리'라는 의미로 사용된다. 따라서 직무와 직위의 관계는 직무의 내용이 과학적으로 분석될 때, 직무와 직위가 같은 의미로도 사용될 수 있다(유민봉·임도빈, 2016: 93).

예를 들어, 비서직은 하나의 직무(job)이며 비서직을 수행하는 일은 '타이핑', '연락

표 19-1 직무관련 용어

직무용어	내용
직군(job family)	직무들의 집단: 일반적으로 기능에 따라 분류(예 생산, 재무, 인사, 마케팅 등)
직종(job category)	직군 내 혹은 직군 간에 있는 포괄적인 직함(job title), 혹은 직종에 따른 직무들의 집단(예 관리직, 판매직, 사무직, 보수유지직 등)
직무(job)	과업 혹은 과업 차원이 유사한 직위들의 집단
직위(position)	한 개인에게 할당되는 업무들을 구성하는 과업 혹은 과업 차원들의 집단: 직위의 수는 직원의 수에 의해 결정됨
과업(task)	직무의 수행을 위하여 논리적이고 필수적인 단계들인 식별 가능한 업무활동을 형성하는 요소들의 집단
요소(element)	개별적인 동작, 이동, 정신적 과정 등으로 분할되어 있는 업무의 가장 작은 단위

출처: 임창희(2015: 81)

그림 19-1 직무, 직군, 직위, 과업, 요소의 관계(예)

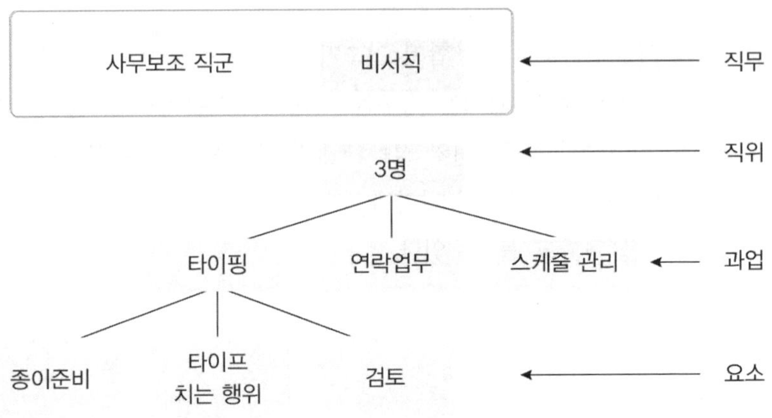

출처: 박경규(2016) 재구성

업무', '스케줄관리' 등과 같은 여러 가지 과업(task)[1]으로 구성된다(박경규, 2016: 125–126). 그리고 과업의 최소단위를 요소(element)라고 하는 데, 타이핑이라는 과업은 '타이핑을 위해 종이를 준비하는 일', '타이프를 치는 일', '정확한지 내용을 검토하는 일' 등의 요소로 구분된다. 그리고 직군은 비서직과 유사한 업무들, 즉 특정 직무를 지원하는 '사무보조 직군'으로 분류할 수 있다. 그리고 직위는 한 사람의 작업자들에게 부여되는 일의 집합을 의미하는 데 일반적으로 직위의 수는 구성원의 수가 된다. 예를 들어, 비서직에 세 명의 비서가 있다면 직무는 비서직 하나이지만 직위는 3개가 된다.

직무와 관련된 직무분석, 성과책임, 직무기술서, 직무평가에 대한 정의는 대통령령인 「직무분석규정」에 잘 나타나 있다.

1 직무와 과업 사이에 임무(duty)라는 용어가 사용될 수 있다. 임무는 개별과업이 여러 개 모여 이루어진 작업범위로 과업보다 추상성이 높다고 할 수 있다. 예를 들어, 간호사의 과업이 수술도구 소독, 기기 작동 여부확인, 혈액확보라면 이보다 추상성이 높은 환자의 치명적 상태 여부 체크, 수술실의 수술준비 등이 임무가 될 수 있다(유민봉 · 임도빈, 2016: 100). 그러나 일반적으로 과업과 임무의 구분은 뚜렷하지 않다.

「직무분석규정」 제4조(대통령령)

1. "직무분석"이란 해당 직위의 성과책임 규명, 직무평가 및 직무수행요건 규명 등 각종 직무정보를 체계적으로 수집·분석하는 모든 활동을 말한다.
2. "성과책임"이란 해당 직위에 임명되어 있는 사람이 직무를 수행한 결과 달성할 것으로 기대되는 표준적인 성과를 말한다.
3. "직무기술서"란 직위별 주요 업무활동, 성과책임, 직무수행의 난이도 및 직무수행요건 등 직위에 관한 정보를 기술한 문서를 말한다.
4. "직무평가"란 직위별 직무의 곤란성 및 책임도를 평가하는 모든 활동을 말한다.

2) 인사·조직의 연계로서 직무관리

직무는 인사·조직을 연결 짓는 공통분모가 된다. 직무를 어떻게 관리하느냐에 따라 인사와 조직관리가 달라진다는 점에서 직무는 인사관리와 조직관리의 출발점이 된다고 할 수 있다. 직무관리는 "직무를 체계적으로 정비, 연결, 설계해놓고 그에 적합한 인원을 선발하여 충원하고 각각의 직무에 대응되는 보상을 받게 하며, 그들이 만족하게 직무를 수행할 수 있도록 직무와 관련된 모든 과정을 조정하고 통제하는 것"을 의미한다(임창희, 2015: 77). 직무과정은 조직구성원들에 의해서 운영되기 때문에 이들을 어떻게 관리하는지에 따라서 직무관리의 성공과 실패가 달라진다. 직무관리가 성공적으로 운영될 때 조직구성원들에게는 긍정적인 행태가 나타나며, 이를 바탕으로 건전한 조직문화가 형성되고, 이에 적합한 공식화, 집권화, 복잡화의 조직구조가 형성된다. 이러한 측면에서 직무관리는 인사관리 전반의 기본적인 틀을 제공하며, 동시에 효과적인 조직운영을 달성하는 데 중요한 디딤돌이 된다.

직무관리는 가장 기본적으로 직무분석을 하는 것에서부터 시작된다. 직무분석은 직무를 구성하는 임무, 과업, 요소 등이 무엇인가를 찾아내고, 직무의 성공적인 수행을 위해 필요한 요건을 찾는 과정이다(유민봉·임도빈, 2016: 139). 직무의 정체, 특성, 분량이 무엇인지를 정확하게 파악하는 것이 바로 직무분석의 중요 내용이 되는 것이다(임창희, 2015: 78). 이러한 직무분석 내용을 토대로 직무평가가 이루어진다. 직무평가를 통해 직무의 상대적 가치, 중요도를 체계적으로 결정할 수 있다. 즉, 직무평가는 직무의 상대적 가치를 결정해 개인들에게 공정한 보상을 해 주는 것을 주요 목적으로 한다(유민봉·임도빈, 2016: 139).

그림 19-2 직무분석, 직무평가, 직무설계의 관계

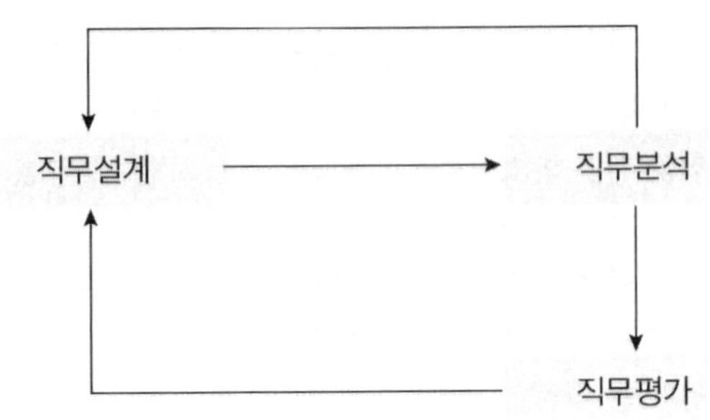

출처: 박경규(2016: 145)

직무분석과 직무평가 결과를 바탕으로 직무의 내용을 인사·조직관리에 어떻게 연계시킬 것인지를 논의할 필요가 있다. 이러한 과정이 바로 직무설계가 된다. 직무설계는 직무의 내용과 수행방법 등을 설계하는 '직무구조설계'와 조직성과 증진을 위해 각각의 직무들이 다른 직무들과 어떻게 연계되는지를 연구하는 '직무과정설계', 그리고 '직무근무시간' 등으로 구성될 수 있다(박경규, 2016: 78). 다음에서는 직무분석, 직무평가, 직무설계 각각에 대해 보다 상세히 살펴보도록 한다.

2 직무분석과 직무평가

1) 직무분석

(1) 직무분석의 의의

앞서 언급한 것처럼 직무설계가 성공적으로 이루어지기 위해서는 일차적으로 직무분석이 정확하고 체계적으로 수행될 필요가 있다. 직무분석은 "특정 직무의 내용 및 이를 수행하는 데 필요한 직무수행자의 행동, 육체적 및 정신적 능력을 발휘는 체계적인 활동"으로 정의된다(박경규, 2016: 125). 직무분석의 목적은 다양하나, 주로 인사와 조직관리 모든 분야의 활동을 보다 효율적으로 수행하는 데 있어서 필요한 정보를 제공해주는 것이라고 할 수 있다(박경규, 2016: 126).

(2) 직무분석 단계

직무분석은 다음과 같은 절차를 통해 이루어진다. 첫 번째 단계는 직무분석을 위한 자료 수집단계이다. 직무분석을 위한 설문지를 개발하고, 여러 가지 측정방법[2](예 면접·설문지법·참여관찰 법·작업기록법, 중요사실기록법) 등을 통해 실제 자료를 수집하는 단계이다(유민봉·임도빈, 2016: 141–144). 보다 구체적으로, 관찰법(observation)은 직무분석 수행자가 특정 직무수행을 관찰하여 그 내용을 기록하는 방법을 말한다(박경규, 2016: 129). 반면에, 면접법(interview)은 직무분석 시행자가 직무수행자에게 면접을 실시하여 직무와 관련된 정보를 숙지하는 방법이며, 설문지법(questionnaire)은 직무수행자에게 질문지를 배포하여 직무에 대한 정보를 숙지하는 방법이다. 작업기록법(employee recording)은 직무수행자가 매일 작성하는 작업일지나 메모사항을 바탕으로 직무에 관한 정보를 모으는 것이며, 중요사건기록법(critical incidents technique)은 직무행동과 관련하여 성과와 직접적으로 관련된 사실을 기록하는 방법이다(박경규, 2016: 130–132).

두 번째 단계는 직무기술서와 직무명세서를 작성하여 직무를 분류하는 단계이다. '직무기술서(job description)'를 통하여 직무내용과 관련된 정보를 수집하고, '직무명세서(job specification)'를 통하여 직무수행자에게 요구되는 자격요건에 관한 정보를 수집한다. 전자인 직무기술서는 "직무 관련 과업, 임무, 책임에 관한 대한 정보를 제공하는 문서"를 의미하며 직무분석 결과를 요약 및 기술하는 것이고, 후자인 직무명세서는 "같은 직무를 수행하는데 요구되는 숙련도, 노력, 책임 등 인적자격 요건을 상세히 기술하는 문서"를 의미한다(김동원, 2012: 187).

세 번째 단계는 직무분석 결과를 적극적으로 활용하는 단계이다. 이를 위해 우선 직무기술서와 직무명세서의 내용을 바탕으로 직무의 성격이 비슷한 것끼리 분류하는 작업이 필요하다. 가장 쉬운 방법은 직무기술서와 직무명세서에 제시된 직무명을 보고 분류하는 방법이 있다(유민봉·임도빈, 2016: 146). 직무분류를 통해서 직군별 또는 직종

2 여기서 제시된 직무분석 방법 이외에 다른 방법도 존재한다. 그 예로, 직무특성분석법(threshold trait analysis)은 분석 대상 직무를 업무성격과 작업요건으로 구분한 다음, 육체적, 정신적, 학습적, 동기적, 그리고 사회적 측면으로 구분하여 논의하는 방법이다. 직무요소분석법(job elements method)은 직무특성을 규정하는 네 가지 특성인 지식, 기술, 능력, 기타 특성에 따라 직무 요소별로 정보를 수집하는 방법이다. 직위분석설문법(position analysis questionnaire)은 직위를 수행하는 점직자들의 행동을 직접 분석하는 방법을 의미하며, 직무분석기능법(functional job analysis)은 직위를 수행하는 점직자자들에게 직무수행자, 직무활동, 직무성과, 직무수행 도구, 직무 교육여건 등을 조사하는 것이다(이창길, 2016:188–192).

표 19-2 직무기술서와 직무명세서에 포함되는 사항

직무기술서	직무명세서
• 직무명칭 • 직무의 소속직군, 직종 • 직무내용의 요약 • 수행되는 과업 • 직무수행의 방법 • 직무수행의 절차 • 사용되는 원재료, 장비, 도구 • 관련되는 타 직무와의 관계 • 작업조건(작업진단의 인원수, 상호작용의 정도 등)	• 직무명칭 • 직무의 소속 직군, 직종 • 요구되는 교육수준 • 요구되는 기능/기술 수준 • 요구되는 지식 • 요구되는 정신적 특성(창의력, 판단력 등) • 요구되는 육체적 능력 • 요구되는 작업경험 • 책임의 정도

출처: 박경규(2016: 138)

별 분류가 이루어진다. 이러한 단계는 인사관리의 효율성을 증진시키는 데 반드시 필요하다(박경규, 2016: 138). 그 이유는 직무분석 정보가 인사조직 관리 전반에 중요한 영향을 미치기 때문이다.

(3) 직무분석 성공방안

직무분석은 조직설계·재설계를 위한 기본 요소가 되며, 구성원의 채용, 교육훈련, 평가, 보상 등에 있어서 기초 자료로 활용된다. 물론 인사관리에서의 직무분석은 역량중심으로 분석되고, 조직관리에서의 직무분석은 기능과 조직단위로 분석된다는 점에서 차이가 있으나, 직무분석은 인사관리와 조직관리 모두에서 공통적으로 중요 요인이 되고 있다(김석주·임정빈, 2010: 36).

따라서, 직무분석이 성공적으로 이루어지기 위해서는 무엇보다도 구체적인 조직목표가 설정되어야 한다. 조직목표를 고려하지 않고 직무분석을 하게 되면 단순히 직무기술서와 직무명세서를 작성하는 데 그칠 뿐이다. 뿐만 아니라, 직무분석은 현재 재직중인 조직구성원들의 직무배치와 인사관리 전반에 상당한 영향을 미치기 때문에 직무분석 내용에 따라 구성원들의 지지가 달라질 수 있다. 특히 직무분석으로 인하여 피해를 입었다고 인식하는 구성원들은 직무분석 결과에 강하게 저항할 것이다. 이러한 문제를 해결하기 위해서는 직무분석이 조직구성원들에게 효용성을 줄이는 것이 아니라 각 구성원들의 적합성을 높이는 데 필요한 업무배치의 기초단계라는 것을 강조하고, 직무분석과 관련된 구성원들의 신뢰를 확보해나가야 한다(박경규, 2016: 142).

표 19-3 조직관리와 인사관리를 위한 직무분석의 비교

구분	조직관리	인사관리
활용목적	조직재설계, 정원산정 등	채용, 배치, 교육·훈련, 보수 등
분석영역	기능중심(조직단위중심)	역량중심(직위중심)
중점사항	산출중심(책임성)	투입중심(전문성)
분석내용	직무의 규모중심	직무요건, 직무역량중심
분석방법	절차지향적 접근방법 미래지향적 접근방법 동태적 직무분석 수평적 직무분석	결과지향적 접근방법 현재지향적 접근방법 정태적 직무분석 수직적 직무분석

출처: 김석주·임정빈(2010: 36)

2) 직무평가

(1) 직무평가의 의의

직무분석이 끝나면 직무평가(job evaluation)를 통해 각각의 직무가 어느 정도의 가치를 가지는가를 평가할 필요가 있다. 직무평가는 "직무들의 상대적인 가치를 체계적으로 결정하는 작업"을 의미한다(오석홍, 2013: 104). 비슷한 직무에 등급을 부여하는 절차가 직무평가이기 때문에 직무평가는 직위분류제를 수립하는 데 필수적인 과정이라고 할 수 있다. 그리고 직무평가는 객관적인 직무급의 실현과 직무 간의 공정한 비교를 위해서도 필수적으로 시행될 필요가 있다(유민봉·임도빈, 2016: 147). 직무가치는 일반적인 작업자가 해당직무를 수행하였을 경우 조직의 성과달성에 어느 정도 공헌할 수 있는가의 가치이다. 따라서 직무가치에 대한 평가는 '직무의 조직목표 달성 공헌도'를 평가하는 것으로 볼 수 있다. 직무평가는 임금의 객관성과 공정성 확보, 합리적인 인력확보 및 인력배치 제고, 인력개발의 합리성 제고를 위해 필수적으로 수행될 필요가 있다(박경규, 2016: 143–144).

(2) 직무평가의 방법

직무평가의 방법은 첫째, 직무 전체를 계량적인 방법으로 비교 가능한지, 둘째, 직무와 직무를 비교하는 것인지 아니면 직무와 척도를 비교하는 것인지에 따라 서열법, 요소비교법, 분류법, 점수법 등 네 가지 방법으로 구분할 수 있다.

표 19-4 직무평가 방법

직무가치의 결정방식	비계량적 비교 (직무 전체 비교)	계량적 비교 (직무구성요소 비교)
직무와 직무	서열법(job ranking)	요소비교법(factor comparison)
직무와 척도	분류법(classification)	점수법(point method)

출처: 유민봉·임도빈(2016: 147)

첫 번째 방법인 서열법(job ranking)은 "직무평가요소들을 전체적으로 고려하여 직무 간에 서열을 부여하는 방법"이다(임창희, 2015: 106). 이는 가장 간단한 직무평가 방법으로서 직무기술서와 직무명세서에 제시된 내용을 바탕으로 직무들의 상대적 가치에 서열을 부여하는 방법이다. 이 때 가장 많이 활용되는 요소가 조직의 목표달성관련 중요도, 직무수행상의 난이도, 작업환경 등이다(박경규, 2016: 145). 서열법의 구체적인 방법으로는 우선 일괄서열법(alternation method)을 제시할 수 있다. 이는 평가대상 직무 전체 중에서 가장 가치가 있다고 판단되는 직무와 가장 가치가 낮다고 판단되는 직무를 선정하고, 그 다음 위와 같은 작업을 반복하여 서열을 부과하는 방법이다. 다음으로 쌍대비교법(paired comparison method)이 있다. 이는 직무를 두 개씩 짝 지어 서열을 비교·평가하는 방법이다. 마지막으로 위원회방법(committee method)은 평가위원회에서 서열을 평가하는 방법으로서 평가에 여러 명이 참가하기 때문에 평가기준의 주관성을 줄일 수 있다(박경규, 2016: 146).

서열법은 간단하고 편리한 방법으로 직무평가를 할 수 있다는 장점을 지닌다. 하지만, 평가자의 주관이 개입될 여지가 높고, 각 서열간 직무가치 차이를 정확하게 숙지하기 어려우며, 평가자의 능력의 한계가 있어 대규모 조직에서는 활용이 어렵고, 유사직무가 많을 경우에는 이를 비교하기 힘들다는 단점이 있다(박경규, 2016: 146).

두 번째 방법은 서열법과 같은 비계량적 평가방법이지만 직무의 가치를 이전에 작성한 등급표에 따라 평가하는 분류법(classification)이다. 직무의 중요성, 난이도, 직무환경 등이 포함된 직무등급을 부여하는 방법이다. 분류법에서 가장 중요한 사항은 직무등급표를 작성하는 것이다. 분류법의 장점은 주어진 등급에 따라 분류하기 때문에 실사과정이 쉽고 용이하며, 등급에 따라 평가하기 때문에 평가 비용이 저렴하다는 것이다. 그러나 등급을 어떻게 정의내릴 지 명확하지 않으며, 공통적인 가치를 지닌 등급을 설정하기가 쉽지 않고, 어느 등급에 포함시킬지에 있어서 평가자의 주관적인 판단이 개입될 가능성이 높다(박경규, 2016: 147–148).

세 번째 방법으로는 계량적 비교가 가능하고, 직무들 간 직무가치를 비교하기 용

표 19-5 점수법에 의한 직무평가

평가요소		만점	A 직무	B 직무
대분류	소분류			
숙련(50)	기초지식	20	16	18
	교육수준	15	7	10
	판단력	15	12	11
노력(15)	심리적 긴장	8	6	6
	육체적 부담	7	5	4
책임(20)	지도·감독 책임	15	8	12
	타인의 위험	5	4	3
직무환경(15)	재해위험	5	4	4
	작업장 분위기	10	8	7
총점		100점	70점	75점

출처: 임창희(2015: 107)

이한 점수법(point method)이 있다. 이는 직무를 구성하는 하위 요소를 구분하고, 요소별 가치에 점수를 부여하여 측정하는 방식으로 직무평가 방법으로는 가장 많이 활용되고 있다(유민봉·임도빈, 2016: 150-151). <표 19-5>에 의하면 숙련, 노력, 책임, 직무환경 등의 대분류 기준을 다시 소분류로 나누고 각 요소에 점수를 부여하여 비교하는 방법이 바로 점수법이다. 이는 평가요소를 산정하고, 이에 대한 가중치를 부과하며, 이러한 내용을 바탕으로 각 요소별 점수를 부여하는 방법이다. 점수법은 개별 직무에 대한 가치가 점수로 명확하게 제시됨으로써 직무간 비교가 용이하고, 평가요소와 가중치가 결정되면 평가과정에서 주관성을 최소화할 수 있다는 장점이 존재한다. 그럼에도 불구하고, 평가요소와 가중치 설정에 여전히 평가자의 주관이 개입될 가능성이 있고, 평가방법을 개발하는 데 많은 비용과 시간이 소요되는 단점이 있다(박경규, 2016: 152-153).

마지막으로, 요소비교법(factor compassion method)이 있다. 이는 점수법과 마찬가지로 계량화가 가능하지만 직무와 등급을 비교하기보다는 직무와 직무를 비교하는 방법이다. 요소비교법은 서열법을 확장한 방안이라고 할 수 있다. 보다 구체적으로, 요소비교법은 "여러 직무들을 전체로 비교하지 않고 직무가 갖고 있는 요소별 직무들 간의 서열을 매기는 데에서 출발한 방법"이 된다(박경규, 2016: 153). <표 19-6>에 의하면 '기술', '노력', '책임감', '업무환경'이라는 네 가지 요소에 따라 기준 직무의 등급을

표 19-6 요소비교법

직무	시간당 임금	기술에 대한 임금	노력에 대한 임금	책임감에 대한 임금	업무환경에 대한 임금
비서 (secretary)	$9	**$4.5(4)**	$2(3)	$2(4)	$0.5(4)
행정가 (admin assistant)	$11	$5.5(3)	**$2.5(2)**	$2.5(3)	$0.5(3)
감독관 (supervisor)	$15	$6(2)	$3.5(1)	**$4(2)**	$1.5(1)
매니저 (manager)	$21	$9(1)	$3.5(1)	$7(1)	**$1.5(1)**

출처: HR Guide(2016). Job evaluation methods: Factor comparison[3]

판단한다. 예를 들어, 비서라는 직무는 '기술'에 있어서는 상대적으로 네 번째, '노력'에 있어서 두 번째, '책임감'에 있어서는 네 번째, '업무환경'에 있어 네 번째의 임금을 받는다고 할 수 있다. 만약 다른 직무 A가 '기술'에 있어서는 비서와 유사하고, '노력'은 행정가, '책임감'은 감독관, '업무환경'은 매니저 직무와 유사하다면 직무 A에 대한 시간 당 임금은 12.5(=4.5+2.5+4+1.5)달러가 되는 것이다.

요소비교법은 직무평가 결과가 바로 임금책정과 연계된다는 측면에서 임금의 공정성을 확보할 수 있으며, 다른 방법에 비해 비교적 정교하게 평가되어 평가의 타당도와 신뢰도를 확보하기에 유리한 측면이 있다. 또한, 유사한 직무나 기업 내 전체직무를 평가하는 데 유용하게 활용될 수 있다는 장점을 가진다. 그러나, 평가요소들의 서열을 부여할 때 평가자의 주관적인 판단이 개입될 가능성이 있으며, 평가방법과 과정이 복잡하여 대상자들의 수용성(acceptance)을 확보하기 어렵다는 단점이 있다(박경규, 2016: 156).

서열법, 분류법, 점수법, 요소비교법 등 네 가지 직무평가 방법을 비교하면 <표 19-7>과 같다. 이 중 어떤 방법을 사용하든지 간에 직무평가를 실시하면 구성원들의 내부 저항이 강하게 발생할 수 있다. 어떤 평가요소를 선정할지의 여부에서부터 평가자와 조직구성원들 사이에 충돌이 발생할 가능성이 있다. 예를 들어, 고용자측면에서는 성과, 책임성, 기능, 노력 등을 최우선적 평가요소로 고려하고자 하지만, 피고용자

3 보다 자세한 내용은 http://www.hr-guide.com/data/G413.htm를 참조바란다.

표 19-7 직무평가방법 비교

특성 \ 방법	서열법	분류법	점수법	요소비교법
비교유형	직무 대 직무	직무 대 등급	직무 대 점수표	직무 대 직무
요소의 수	없음	없음	10~15개	7개 미만
표준척도	없음	직무등급을 분류한 단일척도	직무요소별 점수척도	직무요소별 서열척도 및 임금
타 기법과의 유사성	요소비교법의 초기 형태	점수법의 초기 형태	분류법의 세분화된 형태	서열법의 발전된 형태

출처: 박경규(2016: 157)

측면에서는 직무안정성, 인간관계, 초과근무 기회 등을 중요한 평가요소로 고려하고자 한다(박경규, 2016: 157). 이러한 문제를 해결하기 위해서 평가자는 직무평가 시 피평가자와 충분한 합의를 이룰 필요가 있다.

3 직무설계 · 재설계

직무분석과 직무평가가 끝난 후에 직무설계 또는 직무재설계가 이루어진다. 직무를 어떻게 설계하는가에 따라서 인사조직 관리 전반이 달라질 수 있다. 예를 들어, 직무분석과 직무평가에 따라 각 조직에서 필요로 하는 직무 수와 직무의 내용이 달라질 필요가 있다는 것이 인식되면 직무설계 혹은 직무재설계가 이루어지고, 이에 따라 인력의 수요와 공급, 그리고 교육훈련의 내용과 방식 등이 재설정된다. 직무설계 혹은 직무재설계에 의해 직무의 난이도, 책임성 등이 달라지면 조직구성원들의 임금에도 영향을 미치고, 조직구성원들의 직무만족도 역시 달라진다(박경규, 2016: 79–80).

1) 직무설계 · 재설계의 의의

앞서 언급한 것처럼 직무는 여러 개의 과업이 연결된 것이며, 과업 역시 여러 개의 요소들이 결합하여 이루어진 것이다. 이와 같이 "직무의 하부단위 요소와 과업들을 서로 연결시키고 짜 맞추는 작업"을 '직무설계(job design)'라고 한다(임창희, 2015: 86). 즉,

직무설계는 직무에 포함될 요소들을 조합하는 과정이다. 직무의 책임과 권한, 직무에 포함되는 활동과 기술의 다양성, 직무의 일상화 수준, 직무담당자가 누리는 자율성 수준, 직무수행의 난이도, 직무의 완결도, 직무수행결과에 대한 환류의 정도에 따라 직무설계 과정이 달라진다고 할 수 있다(오석홍, 2013: 110).

직무설계는 직무담당자를 직무와 연결시키는 직무배치와 직무와 관련된 담당자들을 상호 연결시키는 과정 모두를 포함한다(임창희, 2015: 86). 직무설계에 따라, 즉 사람과 직무(과업)가 어떻게 연결(설계)되었는가에 따라서 조직구성원들의 직무수행 생산성이 달라진다. 직무설계는 조직의 생산성과 효율성 향상, 그리고 조직구성원의 만족도 향상을 주목적으로 한다(이창길, 2016: 200). 이러한 직무설계의 중요성 때문에 직무설계는 조직 내에서 지속적으로 이루어지는 데 이를 '직무재설계(job redesign)'라고 한다(임창희, 2015: 86).

2) 직무설계의 유형

직무설계의 유형은 그 발달과정에 따라 고전적 직무설계와 현대적 직무설계로 분류할 수 있다. 다음에서는 이들 각각에 대해 보다 상세히 살펴보도록 한다.

(1) 고전적 직무설계

고전적 직무설계의 대표적 논의는 테일러의 과학적 관리론(scientific management)에서 시작된다. 고전적 조직이론에서 설명하였듯이, 과학적 관리론은 직무설계를 중요하게 고려하였다. 과학적 관리론에서 직무설계의 원칙은 단순화(simplification), 표준화(standardization), 전문화(specialization)의 3s이다(임창희, 2015: 87). 과학적 관리론자들은 단일직무가 반복적으로 발생될 때 단순화가 이루어지고, 작업방법에 대한 표준화가 달성되며, 직무 담당자는 자신의 업무에 대해 전문화를 이룰 수 있어 작업능률성과 생산성이 향상될 수 있다고 가정하였다. 과학적 관리론에서는 고전적 직무설계 중 직무전문화를 대표적인 특징으로 한다.

그러나 고전적 직무설계 방안은 생산의 효율성과 경제적 합리성만을 추구하였기 때문에 직무담당자들의 소외감과 불만을 증가시켰으며, 이로 인해 조직구성원들의 노사분규, 이직 증가, 태업 등의 행위로 조직의 생산성은 오히려 감소하는 경향을 나타내었다. 또한 업무의 협동성이 줄어들고 직무의 내재적 동기유발 요소와 자기실현 의지가 줄어드는 한계가 나타났다(오석홍, 2013: 112).

표 19-8 직무전문화의 장점과 단점

	기업(조직) 측	근로자(구성원) 측
장점	• 작업자의 선발과 훈련용이 • 단순, 반복 작업으로 대량생산 가능 • 높은 생산성 • 숙련공이 필요 없어 노무비가 저렴 • 작업의 관리가 용이	• 작업결과에 대한 책임부담이 적음 • 정신적 부담이 적음 • 특별한 직무교육을 받을 필요 없음 • 미숙련공의 취업용이
단점	• 제품 전체에 대한 책임규명이 어려워 품질관리에 어려움 • 작업자의 불만으로 이직, 지각과 결근, 생산 공정의 고의적인 지체, 고충건수의 증가	• 작업의 반복으로 권태감이 생김 • 세분화된 작업으로 작업에 대한 만족을 느끼기 힘들며, 보다 좋은 직무를 수행할 기회가 적음 • 작업방법이나 수단을 개선하여 능력을 발휘할 기회가 적음 • 혹사하여 피로감 가중 • 동료작업자 간 인간관계 형성기회가 줄어듦

출처: 박경규(2016: 82)

(2) 현대적 직무설계

고전적 직무설계의 문제점을 극복하기 위하여 효율성 중심이 아닌, '인간중심'으로 직무를 재설계하는 움직임이 나타났다. 적극적으로 조직구성원들의 근로의욕을 고취시켜 조직의 생산성을 달성하려는 직무설계 방안을 현대적 직무설계라고 할 수 있다(임창희, 2015: 88). 현대적 직무설계의 대표적 방안에는 크게 두 가지가 있다. 첫 번째는 1950년대 허츠버그를 중심으로 한 직무확대화(job enlargement) 또는 직무충실화(job enrichment) 방안이며, 두 번째는 해크만과 올드햄(Hackman & Oldham, 1975)의 직무특성이론(job characteristics theory)이 그것이다.

직무확대화 또는 직무충실화의 기본 가정은 조직구성원들 스스로가 자신에게 주어진 업무를 직접 구상하고 스스로에게 권한과 책임을 부여하는 것이다. 직무확대는 작업자가 수행하는 기존의 과업(task) 수(수평적 직무설계)는 증가하지만, 의사결정과 관련된 권한 즉 재량과 책임은 거의 증가하지 않는 것을 의미한다. 직무확대의 목적은 단조로움을 피하고, 기술의 다양성을 증가시키며, 직무수행의 의미를 증대시키기 위한 것이다(박경규, 2016: 86). 직무확대가 이루어질 때 조직구성원들의 직무만족이 증가하고 이로 인해 결근율과 이직률 등을 줄 일 수 있다.

이에 비해 직무충실화는 한 사람의 작업자가 수행해 왔던 일의 종류가 증가하여 의사결정권한과 책임의 크기가 증가한 것을 의미한다. 특히 허츠버그는 동기부여 이론을 동기요인과 위생요인으로 나누어 인간의 동기요인을 충족시키기 위해서는 직무를 수직적(또는 질적)으로 확대하거나 충실화하여 설계하는 것(수직적 직무설계)이 바람직하다고 주장하였다(Herzberg et al., 1959). 직무충실화는 조직구성원 스스로가 작업을 계획하고 이에 관련된 시간을 구성하기 때문에 감독관의 통제를 줄일 수 있으며, 동시에 스스로가 자율권을 확대하고 직무결과에 대한 긍정적 피드백을 해 줄 수 있다. 따라서, 직무충실화가 증대되면 조직구성원들의 동기부여와 사기는 증진될 수 있다(임창희, 2015: 88–89).

직무확대화와 직무충실화 모형은 직무설계가 조직의 생산성 향상에 기여한다는 것을 강조한 점에서는 의의를 지닐 수 있지만, 생산성이 증가되는 '과정'을 자세히 설명하지 못한다는 한계를 가진다(박경규, 2016: 94). 따라서, 이러한 한계를 극복하기 위하여 해크만과 올드햄(1975)은 직무특성이론을 제시하였다. 직무특성이론에 따르면, 핵심직무가 확대(예 기술다양성, 직무정체성, 직무중요성, 자율성, 피드백이 증가)될 때 직무를 담당하는 구성원들의 심리적 상태가 긍정적으로 바뀌어 내재적 동기가 향상되고, 이로 인해 직무만족이 증가한다는 것이다. 이는 결국 조직구성원들의 이직율과 결근율 하락에 기여하게 된다. 보다 구체적으로, 직무 담당자의 기술이 다양하고, 맡은 직무가 전체의 직무와 연관되며, 스스로가 자신이 맡은 직무가 중요하다고 인식하면 직무를 담당하는 구성원의 직무에 대한 의미성(meaningfulness)은 증가한다. 그리고 직무담당자의 자율성과 재량권이 높을수록 직무에 대한 책임감이 증가하고, 자신의 직무에 대한 피드백이 증가할수록 심리적 상태가 긍정적으로 나타나 이로 인하여 성과가 향상된다는 것이다. 특히 이러한 과정은 조직구성원들의 성장욕구에 따라서 달라진다. 조직구성원들의 성장욕구가 강하면 직무설계가 직무성과에 미치는 긍정적 영향도 더욱 커지게 된다.

3) 직무시간 관리

직무설계/재설계가 성공적으로 이루어지기 위해서는 직무시간관리가 필요하다. 직무시간은 조직구성원들에게 가장 중요한 자원이기 때문에 직무시간을 어떻게 관리하는가에 따라서 직무성과가 달라진다고 할 수 있다. 과거의 직무시간 설계는 근무시간의 길이에 초점을 맞추고 있었다면, 산업화 이후부터는 근무시간 형태에 더 많은 관심을 가지게 되었다(박경규, 2016: 103). 따라서 과거에는 대부분의 조직에서 고정적 근무시간을 채택하였으나 최근 들어서는 많은 조직에서 변동적 근무시간을 채택하고 있다. 이는 조직구성원들이 자신들의 근무시간을 탄력적으로 운영하여 직무성과와 조직성과를 향상시키도록 하는 제도이다.

4 공공조직에서의 직무분석과 직무평가

1) 우리나라 정부조직에서의 직무분석 발달과정

최근 우리나라에서도 공공조직의 직무분석이 중요시되고 있다. 정부조직에서 처음으로 미국식 직무분석을 도입·시행한 것은 1960년대였으며, 1980년대 이후 민간기업에서 활성화되던 직무분석을 정부조직에 확대 적용한 것은 2000년대 이후 정부부문의 효과적인 직무관리가 요구되기 시작하면서 부터이다(김석주·임정빈, 2010: 32). 1963년 7월부터 총무처에서 직위분류를 위한 직무분석을 처음 시행한 이후 지속적으로 운영되다가, 1996년 총무처에서 직무분석기획단을 구성하여 본격적인 직무분석을 시행하였다. 이후 2000년 이전까지는 직위분류제, 개방형직위 발굴 등이 이루어졌으며, 2000년 이후에는 중앙인사위원회를 중심으로 직무분석과 직무평가가 이루어져왔다(김석주·임정빈, 2010: 37). 그 이후에는 행정안전부, 안전행정부, 그리고 현재 인사혁신처에서 정부조직의 직무분석과 직무평가를 담당하고 있다.

2) 우리나라 정부조직에서의 직무분석과 직무평가

(1) 정부조직에서의 직무분석 의의

우리나라 정부조직의 직무분석은 인사혁신처(2017) 예규인 「직무분석 실시 지침」에 잘 나타나 있다. 본 장에서는 이를 바탕으로 우리나라 정부조직에서의 직무분석 특징을 살펴보도록 한다. 법률인 「국가공무원법」, 대통령령인 「직무분석규정」에서 정한 직무분석의 실시 및 활용과 직무등급의 배정 등에 관해 필요 사항을 「직무분석 실시 지침」에서 규정하고 있다. 직무분석 실시주체는 인사혁신처장 또는 소속장관이 되며, 이들은 효율적인 정부 조직·정원 관리 및 합리적인 인사관리를 위해 필요한 때에 직무분석을 실시할 수 있다. 그리고 소속장관은 해당기관과 그 소속기관 등의 직위에 대한 직무분석을 자율적으로 실시할 수 있다.

(2) 우리나라 정부조직에서의 직무분석 절차[4]

우리나라 정부조직에서의 직무분석 절차는 다음과 같다. 기본계획을 수립하고, 대상 직위를 선정한 다음, 직무기술서를 작성하고, 직무정보 분석 및 직무평가 후, 마지막으로 사후관리 단계를 거치게 된다. 보다 구체적으로, 첫 번째 단계인 '기본계획 수립'에서는 직무분석 실시 목적, 직무분석 대상 직위 범위, 추진체계, 추진일정 등과 관련한 기본계획을 수립한다. 그리고 소속장관은 직무분석의 효율적인 실시를 위하여 필요한 경우 별도의 작업단을 두거나 전담부서를 지정할 수 있다. 두 번째 단계인 '대상 직위 선정'은 직무분석의 실시 목적 및 활용 범위 등에 따라 대상 직위를 선정하며, 직무분석 대상 직위 중 직무내용이 동일하거나 유사한 복수의 직위가 있는 경우 하나 또는 일부직위만 대표직위로 선정하여 직무분석을 실시하고, 대표직위로 선정되지 않은 직위는 대표직위의 직무분석결과를 토대로 직무분석 절차 중 일부를 생략할 수 있도록 하였다.

세 번째 단계는 '직무기술서 작성'이다. 직무분석 대상 직위 재직자들이 「직무기술서 작성 안내서」 등을 참고하여 직무기술서를 작성한다. 직무기술서는 원칙적으로 재직자가 작성하도록 하여야 하나, 특별한 사정이 있는 경우 작성보조자를 지정하여 작성할 수 있으며, 작성된 직무기술서는 직무분석 실시기구의 심의 또는 검토·피드백 등을 통해 확정한다. 네 번째 단계는 '직무정보 분석 및 직무평가'이다. 직무정보 분석은 직무분석의 목적에 따라 직무기술서상의 직무 데이터에 대한 각종 분석을 수행한다. 분석결과는 충원·경력관리·성과관리 또는 보상 등 인력운영의 구체적인 방안을 설계하는데 반영할 수 있다. 그리고 직무평가는 조직 내에 존재하는 직무들의 곤란성과 책임도를 일정한 기준에 의해 서로 비교하여 직무들 간의 상대적 가치를 결정한다. 마지막 단계인 '사후관리'는 직무분석의 현재성과 적시성을 확보하기 위한 것이다. 행정환경의 변화, 직제의 개편 등으로 인하여 직무내용이 신설 또는 변경된 직위는 추가로 직무분석을 실시하여 직위 정보의 적시성과 현재성을 유지하도록 한다.

이러한 절차로 이루어지는 직무분석의 가장 큰 문제점은 직무분석 시 조직정치가 적용될 수 있다는 것이다. 직무분석과 직무평가 과정에서 평가요소를 결정하거나, 우선순위를 결정할 때, 조직 내 이해관계자들의 정치력과 사회적 의도가 개입될 가능성이 높다(김동원, 2012: 192). 특히, 이는 정부조직 직무분석 과정에서 더욱 뚜렷하게 나타

4 인사혁신처(2017)의 「직무분석 실시 지침」을 기반으로 작성하였다.

난다. 직무에 대한 정확한 분석과 이에 따른 평가는 성공적인 인사조직개혁을 위한 필수조건이 된다. 그러나 정부조직에서의 직무분석과 직무평가는 과학적이고 합리적인 방법으로 시행되지 않을 수 있다. 따라서 직무분석 시 이러한 측면을 고려할 필요가 있다.

뿐만 아니라, 정부조직의 직무분석과 관련하여서는 직렬구분에 유의할 필요가 있다. 직렬구분에서 가장 중요하게 논의되는 것이 바로 직렬의 폭을 어디까지로 정할 것인가의 문제이다. 직렬을 너무 좁게 분류하면 직렬의 수가 많아진다. 이런 경우 등급의 수가 적어져 최고 등급까지 이르는 기간이 짧아지게 되며, 결국 승진 적체 현상이 발생된다. 반면에 직렬의 폭을 너무 넓게 하는 경우, 서로 다른 직무를 담당하는 구성원들이 똑같은 보상을 받게 되어 보상의 공정성 문제가 발생할 수 있다(유민봉·임도빈, 2016: 146).[5] 따라서, 정부조직에서의 직무분석에 있어서는 이러한 직렬의 폭을 고려할 필요가 있다.

3) 우리나라 정부조직에서의 직무분석 예: 고위공무원단의 직위·직무평가

고위공무원단에 해당되는 실·국장 직위에 대한 직무분석은 다음과 같다. 해당 고위공무원단의 직무 평가요소는 여덟가지로 제시된다. 투입요소 차원에서는 전문적 노하우, 관리적 노하우, 대인관계 노하우 등의 '노하우' 평가요소가 존재하며, 과정요소 차원에서는 사고의 환경과 사고의 도전도와 같은 '문제해결' 평가요소가 존재한다. 마지막으로 산출요소 차원에서는 행동의 자유도, 직무의 규모, 영향력의 특성과 같은 '책임' 평가요소가 존재한다.

여덟가지 구성요소 중 첫 번째 평가요소인 '전문적 노하우(specialized technical know-how)'는 다음과 같이 결정된다. 직무에 따르는 책임을 수행하기 위해 직무담당자에게 사전적으로 요구(pre-requisite)되는 것으로, 해당 업무에 대한 전문적 기술과 해당 업무를 처리·관리해 가는 실무적 지식을 모두 포함하는 개념이다. 이러한 평가요소는 <표 19-10>과 같이 다섯 가지 수준으로 분류할 수 있다.

5 이와 관련된 대표적인 예가 기술직과 행정직이다. 기술직의 경우 전문성을 강화한다는 차원에서 행정직과 정반대로 직렬이 너무 세분화되어 있다. 이러한 경우 기술직 공무원들의 승진은 제약되며, 직렬 당 공무원 수도 적어 구조적 문제가 발생하게 된다(김동원, 2012: 192). 기술직 공무원과 같이 직렬이 세분화되어 있는 소수직렬의 공무원들은 직무분석을 통한 조직개편을 강력하게 반대한다(김상호 외, 2004: 266-270; 김재영·변애경, 1999).

표 19-9 고위공무원단 직무 값의 8가지 구성요소

평가요소			내용
투입 요소	노하우	전문적 노하우	• 직무에 따르는 책임을 수행하기 위해 직무담당자에게 사전적으로 요구되는 것으로, 해당 업무에 대한 전문적 기술과 해당업무를 처리·관리해 가는 실무적 지식
		관리적 노하우	• 직무담당자 자신이 직접적으로 관리하는 담당기능의 범위, 조직 혹은 부하직원의 특성과 규모에 따라 달라지는 관리 지식 또는 기술
		대인관계 기술	• 타인과의 관계 속에서 실제 경험함으로써 습득되는 인간특성과 행태에 관한 지식
과정 요소	문제해결	사고의 환경	• 직무를 수행하는 과정에서 고려해야 할 판단의 근거와 기준의 명확성 정도
		사고의 도전도	• 직무와 관련된 문제를 해결하기 위해 요구되는 창조성과 독창성의 정도
산출 요소	책임	행동의 자유도	• 직무담당자에게 주어지는 권한과 책임의 수준 또는 독자적으로 결정할 수 있는 재량권의 범위
		직무의 규모	• 구체적으로 직무수행을 통해 나타나는 효과가 미치는 범위와 강도
		영향력의 특성	• 직무의 성과가 조직 부문에 미치는 영향력의 직접성과 책임성 수준

출처: 인사혁신처(2017)

이러한 수준을 바탕으로 각 직위의 직무값을 산정한다. 그리고 직무값에 따라 고위공무원단의 직무등급을 '가 등급'과 '나 등급'으로 구분한다. '가 등급'은 합의제 행정기관의 장 또는 상임위원으로서 정부의 주요정책 또는 개별 사건에 대한 심의·심사·의결·결정·조정 등의 업무를 수행하게 되며, 그 결정 등이 사회·경제·산업 또는 행정 등에 중대한 영향을 미치는 직위가 된다. '나 등급'은 합의제 행정기관의 장 또는 상임위원으로서 개별사건에 대하여 심의·심사·의결·결정·조정 등을 하며, 그 결정 등이 사회·경제·산업 또는 행정 등에 상당한 영향을 미치는 직위가 된다.

표 19-10 전문적 노하우 평가요소 수준

수준 5	• 고도의 복잡성과 불확실성을 가진 영역에서 개념·원칙·실무에 관한 확고한 통달력(determinative mastery)을 필요로 하는 직무 −특화된 고유 분야에 근본적 영향력을 미치고, 현재의 지식과 기술 수준을 초월하는 능력을 가진 학자(scientist) 수준
수준 4	• 고도로 전문적인 영역 또는 광범위한 사업 영역에서 개념·원칙·실무에 관한 월등하게 높은(pre−eminent) 지식과 경험을 필요로 하는 직무 −미개척 영역을 주도하거나 핵심 분야에서 사업방향을 결정하거나 최첨단 기술을 개발할 수 있는 수준
수준 3	• 전문적·과학적·기술적 영역에서 개념과 원칙에 대한 이해를 바탕으로 한 숙련된(proficient) 지식과 경험을 필요로 하는 직무 −특정한 정책·사업·기술을 단순히 적용하는 것이 아니라 그 자체를 결정·개발·평가할 수 있는 수준
수준 2	• 전문적·과학적·기술적 영역에서 개념과 원칙에 대한 이해를 바탕으로 한 충분한(sufficient) 지식과 경험을 필요로 하는 직무 −업무와 관련된 가변적인 상황에서 실무나 제반 절차를 면밀히 파악함으로써 기술 및 선례를 적절히 응용할 수 있는 수준
수준 1	• 특정한 사업이나 행정영역에서 실무경험을 통해 얻어진 전문적 기술(specialized skill) 또는 전문적 자격을 필요로 하는 직무 −이론적 지식보다는 실무경험을 바탕으로, 기법·시스템·절차 등을 이해하고 응용할 수 있는 수준

출처: 인사혁신처(2017)

5 인사조직에서의 성과관리

1) 인사조직에서 목표와 성과의 연계

개인과 조직차원에서 성과를 논의하기 이전에 우선 간략히 조직과 개인의 목표 통합에 대해 살펴보도록 한다. 조직의 목표는 조직구성원 개개인이 수용해야 할 목표이며, 동시에 조직은 조직구성원 각각의 개인적 목표를 적극적으로 반영하여야 한다. 조직과 개인의 목표 중 무엇이 우선시 되어야 할 것인지에 대한 논쟁이 지속되고 있지만(오석홍, 2011: 255), 오늘날에는 조직과 개인의 목표 간 통합이 더욱 중요해 지고 있다. <그림 19−3>에서 X영역은 개인적 욕구 또는 필요를 충족시키는 일련의 활동들을 나타낸다면, Y영역은 조직의 생산성을 향상시키는 데 필요한 활동들을 나타낸다. X와

그림 19-3 조직과 개인의 목표 통합

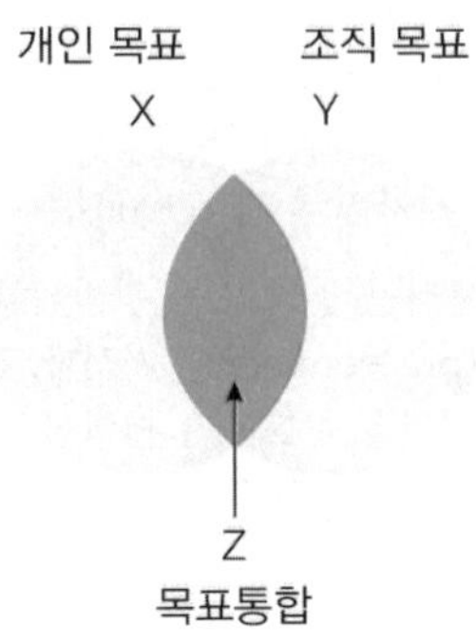

출처: 오석홍(2011: 256)

Y영역의 교집합에 해당하는 Z영역은 개인과 조직 모두가 추구하는 활동 혹은 목표의 영역이라고 할 수 있다(오석홍, 2011: 257). 이러한 Z영역을 '개인과 조직의 목표통합'으로 볼 수 있는 것이다.

성과는 바로 이러한 개인과 조직의 목표와 연계되어 있다. 성과를 어떻게 정의하느냐에 따라서 인사와 조직차원에서의 성과 의미가 달라진다고 할 수 있다. 일반적으로 '성과'는 "이루어 낸 결실"이라는 의미로 사용되는데(네이버 국어사전, 2016), 이를 인사와 조직 분야에 적용하면 '업무를 달성한 결과'로 정의할 수 있을 것이다. 인사조직에서의 업무달성이라는 측면에서 성과를 논의하자면, 성과는 개인의 역량과 자질을 개발하고 발전시키는 개인차원과 조직전반의 목표를 달성하는 조직차원 모두에서 나타나는 공통적인 속성으로 볼 수 있다. 이처럼, 성과는 개인과 조직차원 모두에 적용될 수 있는 개념이지만 성과의 의미는 다양하게 해석된다(유홍림·김행기, 2004: 26). 성과는 '조직구성원들이 자신의 직무를 수행함으로써 얻는 긍정적 정서상태와 욕구만족 등과 같은 감정적인 즐거운 상태'로 해석되기도 하고(Locke, 1976), '조직의 목표를 달성하고, 조직구성원들이 조직을 위해 노력하며, 조직에 지속적으로 머물려는 태도' 등의 의미(Porter & Steers, 1974)로 해석되기도 한다. 뿐만 아니라, 공공조직에서의 성과는 민간조직에서 사용되는 성과의 개념과는 달리 '시민들이나 주민들의 대응에 적극적으로 대응하고 그들이 원하는 서비스를 제공하는 것'으로 해석되기도 한다(Ostrom, 1975). 이처럼 성과의 의미는 매우 다양한 차원에서 해석될 수 있지만, 인사와 조직 영역 모두에서 공통적으로 의미하는 것은 '추구하는 목표를 달성하는 것'이 된다는 것을 알 수 있다. 따라서 다음에서는 인사조직에서 성과관리가 어떻게 이루어지는지에 대해 보다 자세히 살펴보도록 한다.

2) 인사조직 전반에서의 성과관리

(1) 성과관리의 방향

성과관리에 대한 정의는 「정부업무평가기본법」 제2조에 잘 나타나 있다. 이에 의하면 성과관리는 '정부업무를 추진함에 있어서 기관의 임무, 중·장기 목표, 연도별 목표 및 성과지표를 수립하고, 그 집행과정 및 결과를 경제성·능률성·효과성 등의 관점에서 관리하는 일련의 활동'이 된다(국가법령정보센터, 2018).[6] 즉, 성과관리는 "조직의 비전과 전략에 기초해 목표와 활동계획을 수립·시행하고, 그 성과를 평가해 정책 및 기관관리에 환류시킴으로써 성과를 극대화하려는 일련의 과정과 노력"을 의미하는 것이다(강성철 외, 2014: 354). 이러한 성과관리는 정부조직에서의 개인 성과관리차원에서는 4급 이상의 성과계약 등 평가, 5급 이하 근무성적평가, 경력평정, 가점평정 등으로 구분된다(강성철 외, 2014: 355).

개인 혹은 조직에 관계없이 업무에 있어서 항상 의도한 결과를 창출하는 것은 아니다. 따라서 성과관리에 있어 개인 혹은 조직이 의도한 목표를 어느 정도 달성했는지를 평가하는 것은 매우 중요한 활동이 되며, 또한 그와 같은 성과가 나타난 이유를 파악하는 것도 반드시 필요한 활동이 된다. 이러한 측면에서 성과평가를 성과관리와 함께 논의할 수 있다. 성과관리가 목표달성과 관련된 사전적 계획단계라고 한다면, 성과평가는 실제 업무수행 후 성과가 어느 정도 달성되었는지를 판단하는 단계라고 할 수 있다. 즉, 성과평가는 "평가 대상자가 성과계약을 어느 정도 준수했는지 여부(성과지

그림 19-4 성과관리의 흐름

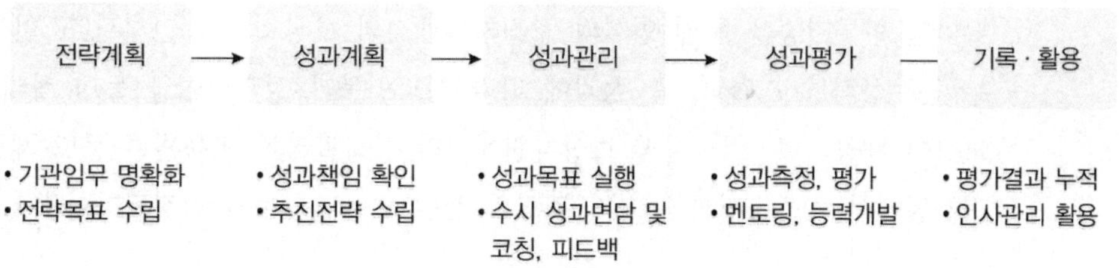

전략계획 →	성과계획 →	성과관리 →	성과평가 —	기록·활용
• 기관임무 명확화 • 전략목표 수립	• 성과책임 확인 • 추진전략 수립	• 성과목표 실행 • 수시 성과면담 및 코칭, 피드백	• 성과측정, 평가 • 멘토링, 능력개발	• 평가결과 누적 • 인사관리 활용

출처: 강성철 외(2014: 354)

6 보다 자세한 내용은 국가법령정보센터 홈페이지를 참고하기 바란다.

표의 달성도 여부)를 판단하는 과정"이라고 할 수 있다(이종수 외, 2014: 231). 「정부업무평가기본법」 제2조에서도 평가를 '일정한 기관·법인 또는 단체가 수행하는 정책·사업·업무 등에 관하여 그 계획의 수립과 집행과정 및 결과 등을 점검·분석·평정하는 것'이라 정의하고, '정부업무평가를 국정운영의 능률성·효과성 및 책임성을 확보하기 위하여 기관·법인 또는 단체가 행하는 정책 등을 평가하는 것'으로 정의하였다(국가법령정보센터, 2018).

성과평가는 평가대상에 따라서 개인을 평가하는 개인평가, 기관을 평가하는 기관평가, 개인과 기관이 수행하는 사업을 평가하는 사업평가로 구분될 수 있다(유민봉·박성민, 2013: 532). 이와 관련된 법적 규정, 특히 공공조직의 평가와 관련된 법규로는 기관평가와 사업평가는 주로 「정부업무평가기본법」[7]이 적용되고, 개인평가는 대통령령인 「공무원 성과평가 등에 관한 규정」[8]이 적용된다. 이러한 법규를 바탕으로 본장에서는 개인과 조직에 관한 평가, 즉 사업평가를 제외한 조직(기관)평가와 개인평가에 초점을 맞추어 논의를 전개하도록 한다.

인사와 조직 연계 차원에서의 성과관리와 성과평가의 관계는 <그림 19-5>를 통해 설명될 수 있다. 먼저 조직차원의 성과관리 방안(예 BSC 성과관리와 MBO 성과관리)에 따르면, 조직과 개인의 성과목표, 성과지표를 고려하여 조직차원의 성과관리를 한다. 그러나 조직차원의 성과관리에서 개인의 성과관리가 무시되는 것은 아니다. 성과관리 시 조직(부서)과 인적자원(개인)의 의견이 모두 반영된 성과지표를 포함하기 때문에 조직과 인사차원에서의 성과관리는 서로 연계된다고 할 수 있다(이종수 외, 2014: 227). 이렇게 설정된 성과지표는 부서와 개인차원에서 실행된다. 그리고 실행된 결과를 바탕으로 성과지표가 어느 정도 성공적으로 성과목표를 달성하였는지를 평가한다. 이때 개인과 조직차원 모두에서 성과평가가 이루어지는 것이다. 개인과 조직에 대한 성과평가가 끝나면 환류기능을 통해 인사와 조직차원에서의 보상제도로 연계된다. 인사차원에서는 근무성적평정 결과, 즉 성과에 따라 성과연봉과 성과상여금 등의 형태로 금전적 보상이 제공되며, 비물질적 보상차원에서의 경력관리와 교육훈련 등도 제공된다. 조직차원에서는 조직성과에 따라 조직의 정원 및 예산 등이 결정된다. 평가 결과로 조

7 이 법의 목적은 정부업무평가에 관한 기본적인 사항을 정함으로써 중앙행정기관·지방자치단체·공공기관 등의 통합적인 성과관리체제의 구축과 자율적인 평가역량의 강화를 통하여 국정운영의 능률성·효과성 및 책임성을 향상시키는 것이다(국가법령정보센터, 2018).

8 이 규정의 목적은 각급 기관의 성과향상과 공무원의 능력발전을 위하여 공무원의 근무성적평정, 경력평정, 가점평정, 그 밖의 성과평가 등에 관한 사항을 규정하는 것이다(국가법령정보센터, 2018).

그림 19-5 개인과 조직차원 연계로서 성과관리

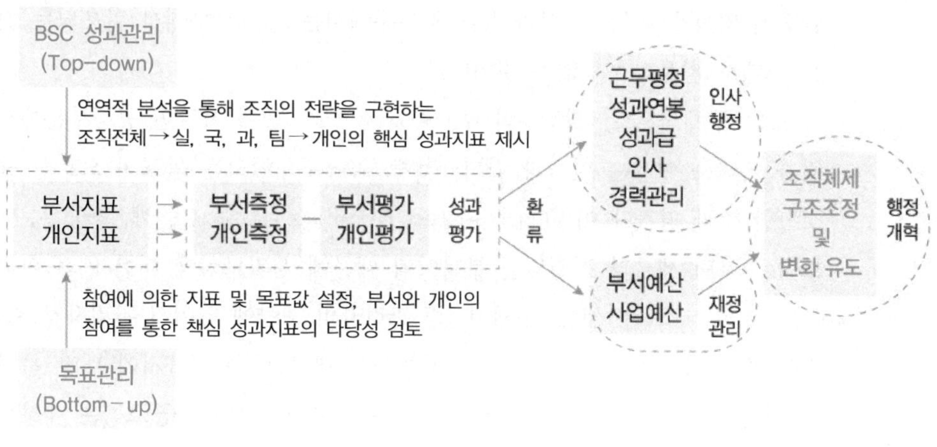

출처: 이종수 외(2014: 227)

직의 성과가 높게 나타나는 경우에는 조직에서 자율적으로 정원을 증가시킬 수 있으며, 예산성과금과 같은 조직적 차원의 보상이 주어지게 된다. 즉, 고성과를 달성한 개인과 조직에게는 인센티브(예 성과급)를 부여하지만 여기서 끝나는 것이 아니라 저성과를 나타낸 개인이나 조직에 대해서도 패널티를 부여한다. 이러한 일련의 과정을 토대로 인사와 조직 전반에 있어서 개혁이 발생하는 것이다. 따라서 개인과 조직차원의 성과관리는 서로 분리될 수 없이 연계되어 있으며, 성과관리, 성과평가, 보상은 밀접한 관계에 있다고 할 수 있다. 그렇다면, 이러한 성과관리는 공공부문에 효과적으로 적용될 수 있는가? 다음에서는 성과관리의 공공부문 적용에 대한 한계점에 대해 보다 구체적으로 살펴보도록 한다.

(2) 성과관리의 공공부문 적용 한계

최근 들어 정부조직을 비롯한 공공부문에 성과관리제도를 적극적으로 도입·시행하고자 하지만 공공조직과 민간조직의 본질적 차이에 의해서 공공부문 성과관리제도 도입에는 한계가 존재한다. 예를 들어, 성과관리의 중요한 구성요소인 성과전략을 공공부문에 수립하고 시행함에 있어서 한계가 발생하는 것이다. 전략은 당면 문제의 해결도 중요하지만 '장기적인 관점에서 조직운영 전반의 변수들을 체계적으로 검토·분석·평가하는 과정'을 내포한다(Hax & Majluf, 1984; 이환범, 2002: 26). 전략은 조직의 생존전략과 합리적 선택 그리고 전략적 기획과 관리과정 모두를 포함하는 개념이다. 그러나 공공조직은 민간조직과 달리 다양한 이해관계자가 존재하고, 강한 법적·정치적 외부환경에 영향을 받는다. 따라서, 공공부문에서는 민간부문에서 활용되는 전략의 개념을 그대로 활용할 수 없는 것이다.[9]

보다 구체적으로, 켈로우와 루(Kellough & Lu, 1993)에 따르면 공공부문에서의 성과관리가 어려운 이유는 다음과 같다. 첫째, 공공부문에서는 목표의 모호성 등으로 인해 정확한 성과 평가가 어렵다(problems with performance appraisal). 둘째, 공공부문에서의 성과보상은 국민 세금과 직결되는 부분이기 때문에 성과보상에 대한 예산 확충이 어렵다(problems with funding). 셋째, 평가자, 즉 관리자의 재량에 있어서 관리자가 조직구성원들 혹은 평가 대상자들을 어느 정도 공정하게 평가할 수 있을지에 대한 문제가 발생할 수 있다(problems with managerial discretion). 특히 우리나라의 공공조직은 대부분 계급제로 운영되고 있기 때문에, 상관의 부하에 대한 평가는 성과평가 과정 전반에서 매우 중요하게 작용한다. 그러나 상관의 평가가 공정하게 이루어지는지의 여부에 대해서는 여전히 의문이 제기되고 있다. 마지막으로, 성과평가에 대한 보상을 금전적 보상으로 제공하는 경우가 많은데, 과연 이것이 조직구성원들의 동기부여에 긍정적인 영향을 미치는지에 대한 의문이 제기된다(problems with pay and motivation). 공공부문에 종사자들은 민간부문 종사자들과는 다른 동기부여기재를 가진다는 논의도 제기되고 있는바(공직봉사동기), 금전적 보상이 반드시 공무원들의 업무성과 증진을 위한 긍정적 동기부여기재가 되는지가 의문시 된다는 것이다. 이러한 점들이 성과관리를 공공부문에 적용함에 있어서 중요한 한계점으로 작용하는 것이다. 따라서 무조건적인 공공부문의 성과관리 도입보다는, 사전에 공공조직의 특성을 충분히 파악하여 공공부문에 적합한 성과관리 전략 방안을 모색할 필요가 있다. 이러한 상황에서 공공부문의 저성과자는 어떻게 관리되어야 할 것인가? 다음에서는 이에 대한 논의를 제시하도록 한다.

(3) 공공부문의 저성과자

① 저성과자 개념 등장의 의의

개인과 조직차원에서 의도한 대로 성과가 나타나지 않았을 때 조직은 저성과자 문

9 이러한 차원에서 공공부문의 전략은 공공조직과 외부환경 간의 갈등완화 및 조정을 고려할 필요가 있다. 전략에 있어서의 계획수립, 조직의 임무·목적·목표에 대한 구체화, 효과적 전략수행을 위한 방법들을 고려한 합리적 전략설계가 강조된다는 것이다(Bozeman & Straussman, 1990: 54; 이환범, 2002: 27 재인용).

제에 직면할 수 있다. 조직에 저성과자가 증가하는 경우, 인사조직관리에는 매우 부정적인 영향을 미치게 된다. 특히 최근 들어 공공부문에서는 저성과자 문제가 매우 중요한 화두로 등장하였다. 저성과는 "정해진 성과목표에 대한 기대를 충족시키지 못하는 낮은 결과"로 정의될 수 있으며, 저성과자는 "업무수행 결과인 성과가 조직이 기대하는 기준보다 절대적 또는 상대적으로 낮은 인력"으로 정의될 수 있다(성상현 외, 2013: 3259). 이밖에도, 기존에 수행된 공공부문 저성과자 관련 연구에 의하면 저성과자는 "업무능력이 부족하거나 불성실한 근무태도 등으로 인해 객관적으로 기대·요구되는 성과수준이나 주어진 목표를 달성하기 어려운 조직구성원"으로 정의되거나(황정윤 외, 2014: 116), "조직에서 주어진 또는 설정한 목표를 수행하는데 실패하거나 받아들여지는 수준까지 달성하지 못하는 조직구성원으로, 조직 내 하위 10% 정도에 속해 있는 조직구성원"으로 정의된다(김미현·이종수, 2012: 58). 뿐만 아니라, 미국 연방법 제5조에 의하면 저성과를 "수용할 수 없는 성과(unacceptable performance)로 고용인이 자신의 위치에서 하나 이상의 중요한 성과 기준 요소를 달성하는데 실패한 경우"로 정의된다(황정윤 외, 2014: 115 재인용).

현재 우리나라에서는 공공부문의 저성과자 문제를 해결하기 위해 '저성과 공무원 퇴출제(무능공무원 퇴출제)'가 일부 지방자치단체에서 운영되고 있다. 특히, 서울시 경우에는 '현장시정추진단'을 운영하여 근무성적이 현저히 낮은 공무원들을 대상으로 재교육이나 현장근무를 실시하고 있으며, 울산광역시에서는 무능한 공무원에 대한 공무원 퇴출제를 시행하고 있다(황정윤 외, 2014: 116–117).

② 저성과자의 원인

저성과자 문제가 우리나라 공공조직에서 중요하게 고려되기 시작한 것은 신공공관리(NPM) 개혁흐름과 관련이 있다. NPM 기조에 의한 정부개혁이 국가·사회 전반에서 중요한 화두로 대두되어 공공조직에 대한 성과향상이 지속적으로 요구되어 왔기 때문이다. 그러나, 현실적으로 공무원들의 성과는 매우 낮게 나타났다. 공직분야의 강력한 신분보장, 온정주의 조직문화, 선정대상 절차의 어려움, 조직동요 등(김미현·이종수, 2012; 김윤권 외, 2010; 박천오, 2007; 황정윤 외, 2014)과 같은 이유로 공공부문에서의 저성과자 관리는 난제로 남아 있었다. 그렇다면, 공공조직에서 저성과자가 발생하는 원인은 무엇일까?

대부분의 기존 연구(이민호·김윤권, 2012)에서는 저성과자 발생 원인이 개인차원, 조직차원, 제도차원으로 구분될 수 있다고 본다. 개인차원에서는 건강문제나 가족문제 등과 같은 부정적인 개인상황 때문에 업무에 집중하지 못하는 것이 저성과의 주요

표 19-11 저성과자 관리의 제약 요인

원인	내용
온정주의	• 온정주의로 인해 저성과자나 조직 부적격자를 퇴출시키기 어려움
법적 문제 발생가능	• 현 노동법에서는 해고가 어려우며 근로자에게 유리하게 되어 있음 • 해고에 대한 합리적인 사유를 마련해야 하는 어려움 • 노조가 있는 경우는 그들을 설득해야 함
재정적 부담	• 비자발적인 퇴사 진행 시 퇴직금 이외에 별도의 위로금 재원 마련이 필요함 • 체계적인 퇴출 시 그들을 위한 전직 프로그램 운영이 필요 • 중소기업에게는 비용적으로 부담 발생
대상자 선정 어려움	• 기준이 불명확할 경우 결과에 수긍하지 못하게 됨(평가공정성 확보 필요) • 저성과자에 대한 명확한 기준 마련을 위한 평가제도 개선이 필요
조직동요	• 퇴출로 인한 고용의 불안감 발생 • 성과에 대한 압박감 증가로 창의적·도전적인 업무에 장애 요인으로 작용 • 조직에 대한 충성도 약화

출처: 김미현·이종수(2012: 59)

원인이 되며, 조직차원에서는 명확하지 않은 목표, 기술격차, 온정주의 조직문화, 성과주의 조직문화 부재, 관리자 역할 부재 등이 저성과의 원인이 된다는 것이다. 또한, 제도차원에서는 부적절한 구성원의 선발과 채용, 교육훈련 미비, 미흡한 성과평가, 부적절한 보상체계, 인사관리 시스템 부재 등이 저성과의 주요 원인이 된다고 본다(이민호·김윤권, 2012: 212–213; 황정윤 외, 2014: 126).

특히 공공부문의 저성과자 문제는 공무원의 신분보장 때문에 발생한다. 공무원의 신분보장은 그들의 직업안정성을 높이고 정치적 이유로 인한 부당대우 등을 금지한다는 측면에서는 긍정적인 역할을 하지만, 이로 인해 공공조직구성원들은 점차 무사안일과 소극적 행위 등을 하게 됨으로써 공직의 생산성 저하에 영향을 미치게 되었다(박천오, 2007; 황정윤 외, 2014). 이러한 문제를 해결하기 위한 정부개혁의 일환으로 현재 미국의 일부 주(예 조지아, 플로리다 주)에서는 공무원 해고절차의 유연성을 강화한 '임의고용제도(at–will employment)'를 시행하고 있다(김판석·정성호, 2010).

임의고용제도

아무런 조건 없이 고용해지를 할 수 있는 제도를 의미한다. 사용자측이 고용과정에서 노조의 영향을 배제하려는 시각에서 도입된 제도라 할 수 있기 때문에 근로조건 등과 관련하여 단체협상 등을 전제로 하지 않는 제도이다. 이 제도 하에서는 고용자가 자유롭게 직원을 해고할 수 있으며, 직원도 자유롭게 일을 그만두거나 스트라이크를 할 수 있는 제도이다.

법령이나 계약에 의한 명시적인 제약이 없는 한, 사용자는 언제나, 어떤 이유건, 아무런 통지 없이(with or without notice) 고용 및 해고를 할 수 있는 것이 임의고용의 주요 내용이다.

출처: 김판석·정성호(2010: 60-61)

③ 저성과자 문제와 저성과자 관리 방안

저성과자 문제는 조직에 심각한 부작용을 초래한다. 첫째, 조직 내에 저성과자가 증가하면 다른 조직구성원들이 저성과자들의 업무도 추가적으로 분담하여야 하는 상황이 발생해 조직구성원들 간에 심각한 갈등 요인이 될 수 있다. 뿐만 아니라, 관리자가 저성과자라면 문제는 더욱 심각해진다. 조직구성원들을 리드하고 관리하는데 문제가 발생할 수 있고, 그로 인하여 우수한 조직구성원들이 조직을 떠나게 될 수도 있다(김미현·이종수, 2012: 58-59). 둘째, 저성과자가 조직 내에 존재하면 다른 구성원들의 사기를 저하시키거나 업무 추진에 있어 혼란을 야기할 수 있다(황정윤 외, 2014: 121). 이러한 문제들은 결국 조직 내 무임승차 문제를 야기시켜, 조직생산성 향상을 저해할 것이다. 개인의 생산성뿐만 아니라 결국 조직의 생산성 저하를 초래하는 저성과자는 어떻게 관리되어야 할 것인가? 이러한 문제를 극복하기 위하여 다음과 같은 저성과자 관리방안이 제시될 수 있다. 특히, 정부조직 저성과자 연구는 대부분이 저성과자에 대한 인식과 원인 분석에 초점을 두고 있기에(이민호·김윤권, 2012; 김미현·이종수, 2012; 황정윤 외, 2014), 여기서는 민간부문의 저성과자 관리방안 연구를 바탕으로 조직에서의 저성과자 관리방안을 제시하고자 한다.

첫째, 역량개발형 관리방안이 제시될 수 있다. 이는 저성과자를 개인의 역량개발을 중심으로 관리하는 방식이다. 개인의 역량을 진단하고, 요구되는 역량과 개인이 가진 역량의 격차를 확인하여 부족한 역량을 발전시킴으로써 업무성과 증진을 도모하는 것이다. 특히 이 방안은 장기육성형 인적자원관리(make 전략) 방안으로서, 개인-조직 적합성(Person-Organization fit, P-O fit) 전략을 바탕에 두고 있다(성상현 외, 2013: 3265). 두 번째, 관계조정형 관리방안이 제시될 수 있다. 이는 성과부진자로 하여금 스스로 고용계약

표 19-12 저성과자 관리 방식 유형별 특징

유형	Lay Off 방식	Career Transition	경력개선 프로그램	고용조건 변화 방식
목적	비효율성을 즉시 제거	퇴직자의 실업요인을 최소화	저성과자 역량개발 기회제공	자발적 퇴직 유도
방식	정리해고, 권고사직 등	Career Transition Program 등을 활용, 창업 및 재취업에 대해 정보제공	내부 경력개선 프로그램 활용	새로운 직급부여, 계약직으로의 직간 전환 등
대상	평가결과 저성과자	전사원 (저성과자 중심관리)	평가결과 경성과자	평가결과 경성과자
충격	• 조직내: 강 • 조직외: 강	• 조직내: 약 • 조직외: 약	• 조직내: 약 • 조직외: 중	• 조직내: 중 • 조직외: 중
특징	시급성이 필요한 상황에 효과적	재정적 부담이 많으나 잔류직원의 충격최소 및 실업자 없는 구조조정 가능	성과관리 정착단계에서 상시 운영이 필요하며 장기적인 직원 육성책	저성과자를 위한 새로운 직급의 설정 및 인사제도 설정 운영

출처: 이민호·김윤권(2012: 214)

을 변경하게 하여 기여한 가치만큼 보상을 받고 고용의 관계를 재정리하는 방안이다. 이러한 방안을 활용함에 있어서는 조직 내 임금유연성과 고용유연성이 보장되어야 한다(성상현 외, 2013: 3266). 이러한 관리 방법은 정부조직과 같이 고용과 임금의 경직성이 강한 영역에서는 적절하지 않다. 세 번째, 직무관리형 관리방안이 제시될 수 있다. 이는 개인이 현재의 역량수준으로 조직 내에서 수행할 수 있는 직무와 역할을 부여해 저성과자가 이를 거부하거나 적응하지 못하면 저성과자를 조직에서 퇴출시키는 방안이다. 직무관리형 관리방안은 개인의 직무수행 능력에 중점을 두는 방식(buy 전략)으로 개인-직무 간 적합성(Person-Job fit, P-J fit) 전략을 바탕에 두고 있다(성상현 외, 2013: 3266). 정부조직에서 저성과자 문제를 해결하기 위해서는 정부조직의 특성을 고려하여 역량개발형 모형과 직무관리형을 혼합 적용할 필요가 있다.

그럼에도 불구하고 정부조직에서 저성과자 문제를 해결하기 위해서는 저성과자에 대한 명확한 이해와 정의, 기준이 제시되어야 하며, 온정주의 조직문화를 비롯한 조직문화 개선이 필요하다. 또한, 평가시스템의 공정성과 객관성이 유지되어야 하고, 저성과자로 낙인찍히지 않도록 하는 방안도 모색되어야 한다(낙인효과 방지). 뿐만 아니라, 저성과에 의한 공무원 퇴출이 발생할 경우에는 남아 있는 조직구성원들의 조직에 대한

그림 19-6 저성과자 관리방안

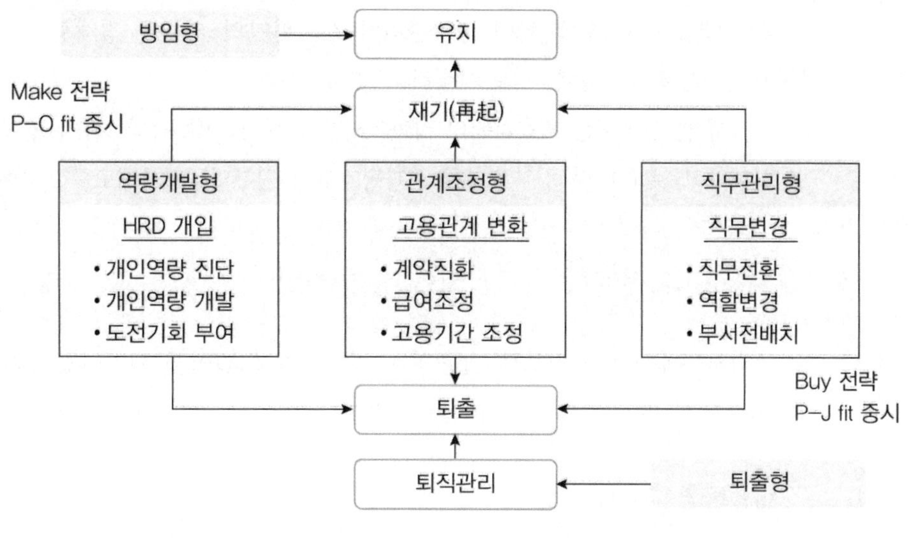

출처: 성상현 외(2013: 3265)

충성도가 줄어들 수 있기 때문에 이에 대한 대안도 마련될 필요가 있다(박천오 외, 2016: 308-309).

6 조직차원의 성과관리

1) 성과관리와 평가제도의 의의

조직의 성과관리는 "조직의 미션과 비전, 전략목표를 실현시키기 위하려 성과체계로 조직을 재구조화"하는 것이다(이종수 외, 2014: 230). 즉, 성과관리는 조직의 미션과 비전을 실현하기 위하여 중장기 전략목표를 설정하고 부서단위와 개인단위에서 성과목표와 성과지표를 수립하는 과정이다. 특히 정부조직차원에서는 '정부업무평가제도'와 '균형성과표(BSC)'를 정부부처의 주요 성과관리 시스템으로 활용하고 있다(강성철 외, 2014: 355). 특히 조직차원의 성과평가는 사전에 달성하기로 한 성과지표가 실제 어느 정도 수행되어 조직 성과목표가 달성되었는지를 판단하는 것이다. 조직이 어느 정도

성과를 달성했는가는 성과평가 기준에 따라 달라진다. 어디에 초점을 두어 성과를 측정할 것인지에 따라 성과관리와 성과평가 결과가 달라진다. 현재 우리나라는 「정부업무평가기본법」 제2조에 의해 성과관리와 성과평가의 기준을 경제성·능률성·효과성 등 세 가지 평가기준에 따라 시행하고 있다.

따라서 본 장에서는 조직차원의 성과관리를 균형성과표(BSC)와 목표관리제(MBO) 중심으로 살펴보고, 우리나라 정부조직의 성과평가로서 정부업무평가제도를 소개하고자 한다.

2) 조직차원에서 성과관리와 평가 방법

조직차원에서 대표적으로 활용되는 성관관리 기법이자 평가기법으로는 균형성과표(Balanced Scorecard, 이하 BSC)와 목표관리제(Management by Objectives, 이하 MBO)가 있다.

(1) 균형성과표(BSC)

BSC는 캐플란과 노턴(Kaplan & Norton, 1992)에 의해 처음 제시된 모형으로서 "기존 조직의 성과평가가 지나치게 재무적 관점만을 강조한 점을 비판하여 재무관점 이외에 고객의 관점, 재정적 관점, 내부프로세스 관점, 학습과 성장 관점 등의 네 가지 균형 잡힌 성과지표를 강조한 성과관리" 방안이다(이석환, 2008: 255-256). 이때 네 가지 성과지표는 조직의 미션과 비전을 중심으로 서로 상호작용하게 된다. 기존의 재무지표 중심의 성과관리 방안이 과거 지향적이었다면, BSC는 조직구성원들의 학습과 성장을 우선적으로 고려하는 미래지향적 관점을 중요하게 고려한다.

구체적인 BSC의 네 가지 지표는 다음과 같다(이종수 외, 2014: 223). 첫째, 고객관점으로 목표 대상인 고객에게 조직이 전달해야 하는 가치를 확인하는 것으로 평가 시 가장 중요하게 고려되어야 할 지표이다. 대표적인 고객관점의 성과지표로는 고객만족도, 순응도, 신규고객의 감소, 민원인의 불만율 등이 있다. 둘째, 내부프로세스 관점은 고객이 원하는 가치를 실현시키기 위해 조직이 운영해야 하는 내부프로세스를 확인하는 것으로 대표적인 지표로는 의사결정 과정에서의 시민참여, 적법절차, 커뮤니케이션 구조 등이 있다. 셋째, 학습과 성장 관점은 조직구성원들이 보유한 인적자원의 역량, 지식의 축적, 정보시스템 구축 등을 포함한다. 대표적인 성과지표로는 학습동아리, 내부 제안 건수, 직무만족도 등이 있다. 마지막으로, 재무적 관점은 재무지표를 의미하는 것으로서 대표적인 성과지표로는 매출, 자본수익률, 예산 대비 차이 등이 있다.

BSC는 다음과 같은 특징과 유용성을 지녔다. BSC는 재무적 관점과 비재무적 관점의 균형을 강조하였으며, 단기적 목표와 장기적 목표의 균형을 강조하였고, 과정과 결과의 균형을 추구하였으며, 내부와 외부의 균형을 중요하게 고려하였다(이종수 외, 2014: 232). 또한 기존의 성과관리와 마찬가지로 전략과 성과지표를 연계하여 미션·비전→전략목표→성과목표→성과지표와 같은 목표-수단의 인과관계 논리구조를 형성하였다. 그리고 네 가지 관점이 분리되지 않고 유기적이고 시스템적으로 연계되도록 하였으며, 4대 관점의 성과지표와 전략을 상호 연결하였다(유민봉, 2015: 657). 그러나, 공공조직에 BSC를 도입하는 데는 사실상 큰 어려움이 존재한다. 특히, 목표설정과 측정의 어려움이 존재하고, 구성원들의 지원이 없이는 BSC 평가가 불가능하다는 점이다. 따라서 공공조직에 성공적으로 BSC를 정착시키기 위해서는 구체적이고 명확한 조직목표 설정과 더불어 조직구성원들의 수용성(acceptance)을 확보하는 방안을 마련하여야 한다.

(2) 목표관리제(MBO)

MBO는 "개인이나 부서의 목표를 조직의 관리자가 일방적으로 제시하는 것이 아니라, 하급자나 하위부서가 상급자나 상급기관과 협의를 통해 목표를 설정하고, 협의기간 경과 후 목표달성도를 평가해 평가 결과를 예산, 연봉, 인사 등에 반영하는 제도"를 의미한다(이종수 외, 2014: 228). MBO에서는 BSC와 달리 목표설정 시 하급자의 참여와 의사전달이 이루어지기 때문에 이는 상향식 성과관리제도로도 볼 수 있다.

MBO의 단계는 목표 설정, 목표 실행, 평가와 환류 단계로 이루어진다(이종수 외, 2014: 229). 첫 번째 단계는 목표 설정 단계로서 구성원의 적극적인 참여에 의해 목표가 설정되고, 부하와 상급자 혹은 상급기관이 목표달성에 관한 협약을 맺는다. 두 번째 단계는 이렇게 달성된 목표를 직접 실행하는 단계이다. 이때 구체적으로 설정된 목표를 부하가 성실히 실행할 수 있게끔 관리하는 리더의 역할이 중요하다. 마지막 단계로 성과를 평가하고 다시 환류하게 된다.

그러나 MBO는 조직구성원들의 적극적인 참여가 보장되어야만 성공을 거둘 수 있는 제도이다(김병섭 외, 2009: 526). 따라서 조직구성원들의 적극적인 참여를 유도하기 위해서는 먼저 조직의 목표가 명확하게 설정되어야 한다. 이는 다른 성과관리제도의 성공여건과도 같은 맥락이다. 또한 MBO는 능력 있는 중간관리자가 존재할 때 성공을 거둘 수 있다. 중간관리자의 전문성과 권한의 확대가 필수적이며, 권한위임이 제대로 이루어져야 한다. 또한, 조직구성원들의 적극적인 조직몰입이 이루어질 때 MBO가 성공적으로 운영될 수 있다.

3) 정부조직 성과관리와 성과평가

우리나라 정부조직의 성과관리와 성과평가는 '정부업무평가제도'를 통해 살펴볼 수 있다.

(1) 우리나라 정부조직 성과관리제도

① 우리나라 정부조직 성과관리제도 도입배경과 정부업무 성과관리 체계

우리나라 정부조직에서의 성과관리제도는 1990년대 후반 공공부문의 효율성 제고를 통해 정부의 재정악화 문제에 대비하기 위한 방안으로 도입되었다. 우리나라는 1990년대 중반까지 정책의 결과보다 예산이 제대로 투입되었는지, 주어진 업무를 절차에 맞게 수행하였는지 등과 같은 투입과 집행 측면에 중점을 두어 정책을 관리해 왔다. 그러나 이러한 관리방안은 심각한 문제를 야기시켰다. 이를 극복하기 위해 국가 경쟁력 강화 및 정부 효율성 제고에 대한 요구가 증대됨에 따라 1990년대 후반부터 정부업무평가, 재정사업평가, 정보화 평가 등 기관을 대상으로 한 결과 지향적 성과관리제도를 부분적으로 채택하였다(국무조정실, 2015).

우리나라 정부조직차원에서의 성관관리는 2006년부터 제정된 「정부업무평가기본법」

그림 19-7 우리나라 정부업무 성과관리체계

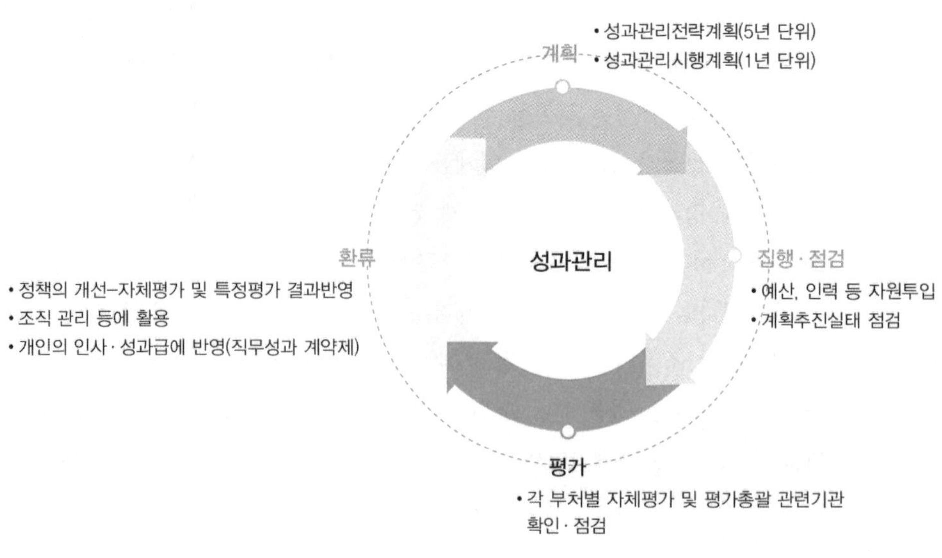

출처: 국무총리 정부업무평가위원회 홈페이지

을 바탕으로 하고 있다. 「정부업무평가기본법」 제2조에서 나타나듯이 정부부문의 성과관리는 각 기관이 그 임무달성을 위해 전략적 관점에서 계획을 수립하고, 한정된 자원을 효율적으로 활용하여 업무를 추진한 후, 조직의 역량과 성과를 정확히 측정하여 그 결과를 정책의 개선이나 자원배분, 개인의 성과보상에 반영함으로써 조직의 전반적인 효율성을 높이고자 하는 과정이 되는 것이다(국무조정실, 2018). 정부부처의 성과관리와 성과평가는 먼저 성과계획을 수립하고(plan), 이를 집행하며(do), 결과를 평가(check)하고, 조치(action)하는 'PDCA 사이클 모형'을 바탕으로 운영된다(유민봉, 2015: 669－670).

② 우리나라 정부조직의 성과관리 추진체계와 주요 내용

우리나라 정부조직의 성과관리 추진체계는 <그림 19－8>에서 잘 나타나 있다. 국무총리, 특히 정부업무평가위원회에서 중앙행정기관(중앙부처), 지방자치단체, 공공기관에 전반적인 성과관리 지침을 내리고, 성과목표 및 지표의 타당성을 검토하며, 성과관리 실태를 점검하고, 자체평가결과를 확인·점검하며, 특정평가를 실시한다.

보다 구체적인 성과관리 추진체계는 다음과 같다. 첫째, 계획을 수립한다. 중앙행정기관은 5년 단위의 '성과관리 전략계획'을 수립하여 기관의 임무와 비전, 전략목표 및 5년 단위의 성과목표를 제시하고, 매년 성과관리 전략계획의 실행계획인 '성과관리 시행계획'을 수립하여 당해 연도의 성과목표와 이의 달성을 위한 정책(사업) 및 성과지표를 제시한다. 이에 국무총리 소속 정부업무평가위원회(국무총리·민간공동위원장)는 중앙행정기관의 목표체계와 성과지표의 적절성을 검토·조정하는 등 계획 수립을 지원한다. 특히 성과관리계획과 국정과제, 부처 업무계획, 대통령 지시사항, 청년실업 대책 등 범정부 주요 대책과의 연계를 강화한다(국무조정실, 2018).

둘째, 집행과 점검과정이다. 중앙행정기관은 주어진 자원을 효율적으로 배분하여 정책을 추진하고 과제의 추진과정과 실적 등 이행상황을 점검하여 목표달성에 차질이 없도록 관리한다. 국무조정실은 중앙행정기관의 성과관리 운영에 대한 점검을 통해 정부 내 성과관리의 발전을 지원·유도한다(국무조정실, 2018).

셋째, 자체평가, 특정평가 등 평가를 실시한다. 중앙행정기관은 매년 평가계획을 수립하고, 연말실적을 기준으로 다음해 1월 자체평가를 실시한다. 그리고 국무총리는 국정과제 등 정부 내에서 지속관리가 필요한 시책, 다수부처 관련시책, 주요 현안시책 등에 대해 특정평가를 실시한다(국무조정실, 2018).

넷째, 평가결과의 환류이다. 기관차원에서는 평가결과를 정책개선 또는 예산편성에 반영하거나 조직관리에 활용한다. 예를 들어, 성과가 미흡한 사업은 원칙적으로 10% 이상 예산을 삭감하거나 폐지하고, 성과가 미흡하지는 않지만 객관적으로 성과

그림 19-8 우리나라 성과관리 추진체계

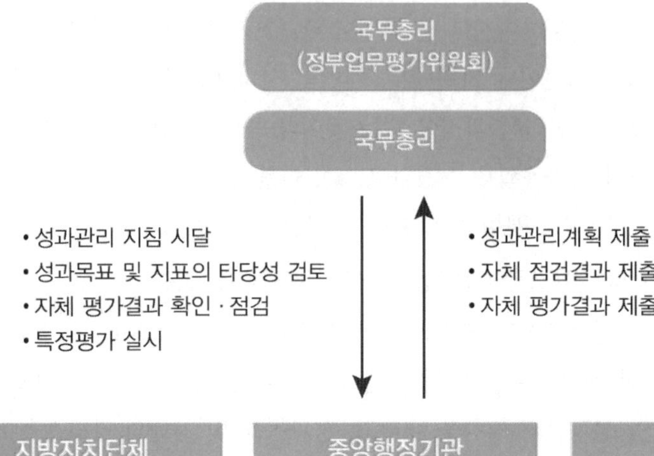

출처: 국무총리 정부업무평가위원회 홈페이지

가 입증되지 않은 사업은 증액을 불허한다. 그리고 개인차원에서는 개인성과 및 인사와 연계하고, 성과급 지급에 반영한다. 즉, 환류 단계에서 조직차원의 성과평가 결과를 조직의 예산배분과 인력·조직관리 전반에 활용하는 것이다.

(2) 우리나라 정부업무평가제도

「정부업무평가기본법」에 의하면 우리나라 정부업무평가 추진체계는 중앙행정기관평가, 지방자치단체평가, 공공기관평가로 구분된다. 정부부처를 비롯한 중앙행정기관평가는 ① 국무총리가 국정을 통합적으로 관리하기 위하여 주요 정책 및 기관역량 등을 평가하는 특정평가[10]와 ② 중앙행정기관이 주요 정책, 재정사업, R&D사업, 행정관

10 2018년 특정평가 종류는 ① 일자리, 국정과제: 일자리를 포함한 100대 국정과제 및 중앙행정기

리역량(조직 · 인사 등)에 대하여 자체적으로 평가하는 자체평가로 나누어진다. 그리고 지방자치단체 평가는 ① 국가위임사무 등에 대한 평가(부처평가) 및 ② 지방자치단체 자체평가가 있으며, 공공기관 평가는 개별 법률에 의한 평가로 중앙행정기관의 장 등 평가실시기관이 공공기관의 경영실적, 연구실적 등에 대하여 평가하는 것이다.

그림 19-9 정부업무평가 추진체계

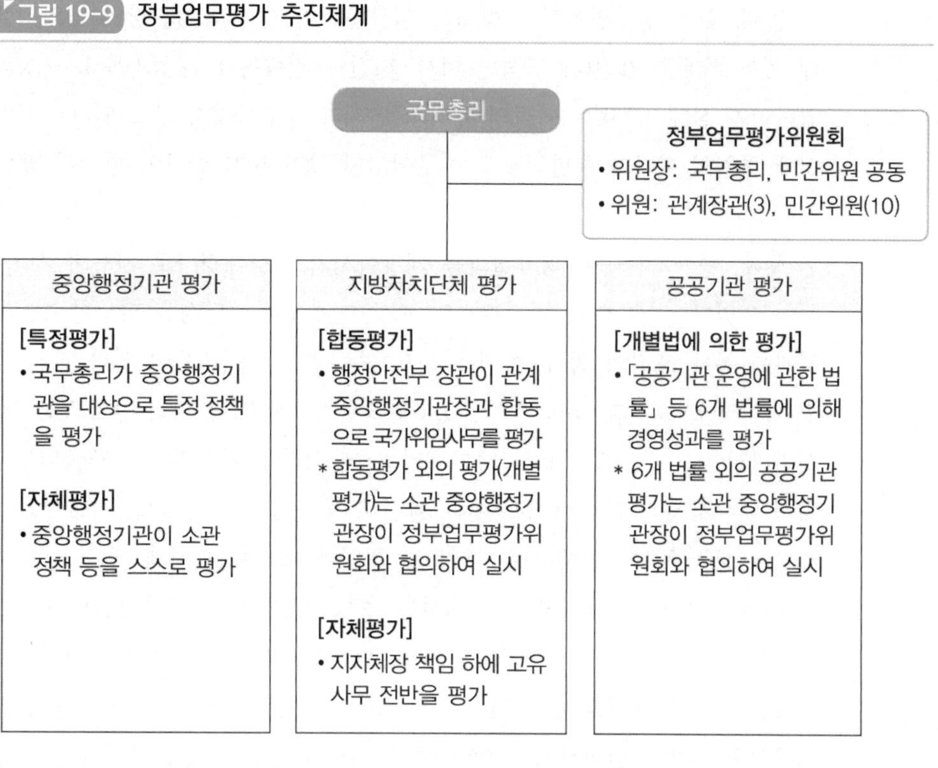

출처: 국무총리 정부업무평가위원회(2018)

관별 주요 업무 추진노력, 결과 평가, ② 규제혁신: 4차 산업혁명 대응, 국민 삶의 질 향상 등을 위한 규제혁신 추진실적 평가, ③ 정부혁신: 사회적 가치 활성화, 신뢰받는 정부 구현, 참여와 협력확대를 위한 정부혁신 추진실적 평가, ④ 정책소통: 국정과제 등 주요 정책에 대한 국민들의 이해도 제고 등을 위한 소통 실적 평가, ⑤ 소통만족도: 정부의 소통 노력, 결과에 대한 국민체감도 평가 등이 있다. 이때 대통령 지시사항에 대한 이행 노력, 성과를 평가하고 책임성을 강화하기 위해 지시이행에 대한 가감점을 부여할 수 있다(국무조정실, 2018).

(3) 우리나라 정부조직 성과관리제도와 정부업무평가제도의 문제점과 개선방안[11]

우리나라 정부조직의 성과관리제도와 정부업무평가제도의 한계로는 다음과 같은 사항들이 제시될 수 있다. 첫째, 기관평가방식과 정책(사업)평가방식이 통합되지 못하고 병렬적으로 운영되고 있어 실질적인 통합적 성과관리 체계가 운영되지 못하고 있다.

둘째, 현재 정부업무평가 방식은 기관차원의 성과와 기관장의 책임성을 확보하는 데 있어 한계를 가진다. 조직의 미션·비전 → 전략목표 → 성과목표 → 성과지표를 도입하지만 실제적으로는 이들의 유기적 연계가 이루어지지 않고 있다. 이 때문에 기관 전체 차원의 평가가 통합적으로 이루어지지 않아 평가 칸막이 현상이 발생한다(유민봉, 2015: 674).

셋째, 평가기관들이 평가결과를 계량화시키고 상대평가로 차등화 시키는 데만 치중하고 있다. 이로 인해 평가결과의 보상 연계에는 타당성을 확보할 수 있지만, 평가결과를 통해 조직의 학습·발전을 도모하는 데에는 어려움이 있다.

마지막으로, 현재 운영 중인 「정부업무평가기본법」에 따라 국무조정실로 제출되는 성과관리(전략·시행) 계획서와 「국가재정법」에 따라 기획재정부로 제출되는 성과관리계획서가 유사성을 띤다. 이로 인해, 관련 부처들(예 공무원 성과관리제도의 총괄 부서인 인사혁신처) 간 업무 중복이 발생하며, 부처 간 협업에 어려움을 겪게 된다.

이러한 문제를 해결하기 위해서는 중앙행정기관의 평가기법으로 조직진단이나 BSC와 같은 관리차원의 평가기법을 활용할 필요가 있고, 동시에 정책평가방법을 도입하는 방안을 고려할 수 있다. 보다 근본적으로는 성과관리의 중요성과 필요성을 조직구성원 전체가 인식하고 공감할 수 있도록 하는 조직문화 형성이 우선되어야 한다.

11 이 부분은 유민봉(2015: 672-676)의 한국행정학을 참고하여 정리하였다.

People and
Organizations

Chapter 20

인간과 조직의 다양성 관리

1. 인사조직에서의 다양성
2. 인적자원의 다양성 관리
3. 조직 내 다양성 관리

CHAPTER 20

인간과 조직의 다양성 관리

핵심 학습사항

1. 인사조직에서 다양성의 의미는 무엇인가?
2. 표면적 다양성과 내면적 다양성의 의미는 무엇이며, 이들 개념의 차이는 무엇인가?
3. 개인신상 특성에는 무엇이 있는가?
4. 유리천장과 유리사다리의 의미는 무엇이며, 이들 개념의 차이는 무엇인가?
5. 다양성 관리의 의미와 중요성은 무엇인가?
6. 대표관료제의 등장배경은 무엇이며, 대표관료제는 무엇을 의미하는가?
7. 대표관료제의 효과는 무엇이며, 이에 대한 한계는 무엇인가?
8. 균형인사제도는 무엇이며, 구체적으로 우리나라 균형인사제도는 어떻게 구성되어 있는가?
9. 우리나라 균형인사제도의 한계와 대안은 무엇인가?
10. 미국에서 등장한 적극적 평등실현조치의 의미는 무엇이며, 이러한 정책이 등장한 배경은 무엇인가?
11. 삶의 질과 일과 가정의 조화는 어떤 관계에 있는가?
12. 일과 가정의 조화에 대한 타당성을 설명하기 위해 제시되는 이론적 근거는 무엇인가?
13. 일과 가정의 조화를 위한 세 가지 핵심 정책에는 어떤 것들이 있는가?
14. 유연근무제의 장점은 무엇이며, 단점은 무엇인가?
15. 우리나라에서 시행되고 있는 일과 가정의 조화 정책에는 어떤 것들이 있으며, 이러한 정책에 대한 문제점과 해결방안에는 어떤 것들이 있는가?

1 인사조직에서의 다양성

1) 다양성의 의의

일반적으로 다양성(多樣性, diversity)이라는 단어의 의미는 '모양, 빛깔, 형태, 양식 따위가 여러 가지로 많은 특성'을 의미한다(네이버국어사전, 2016). 그러나 다양성이라는 단어는 어디에, 어떻게 활용되는 가에 따라 다른 의미로 해석될 수 있다. 생물학적 측면에서 다양성은 '① 종, 성질이 변이하는 변이성을 의미하거나, ② 계통분류학적으로 생물이 많은 종으로 분화하고 유사한 정도가 다른 현상'을 의미한다(농업용어사전, 2016). 문화적 측면에서 다양성은 '언어나 의상, 전통, 사회를 형성하는 방법, 도덕과 종교에 대한 관념, 주변과의 상호작용 등 사람들 사이의 문화적 차이를 포괄하는 개념'으로 활용된다(위키백과, 2016). 뿐만 아니라, 인적자원개발(HRD) 측면에서 다양성은 '나이, 종교, 성, 인종, 윤리적 배경과 같은 사람들의 개인적 특성의 차이'를 나타내는 의미로 사용된다(HRD 용어사전, 2010).

인사조직 관점에서 다양성의 의미는 크게 두 가지 차원에서 제시될 수 있다(이근주·이수영, 2012: 178). 첫 번째 관점은 다양성을 '차이(difference)'에 초점을 두고 해석하는 것이다. 다시 말해, 다양성을 '상호의존적인 조직구성원들 사이의 개인적 특성이 분포되어 있는 정도'로 해석하여 다양성을 '각 개인들 간의 차이'로 정의(Jackson et al., 2003)하는 것이다. 이러한 관점에 따르면, 조직 내 팀 구성원들이 어떤 차이를 나타내는가가 핵심 고려 사안이 된다. 두 번째 관점은 다양성을 차이가 아니라 '이종성, 즉 다름'으로 해석하는 것이다. 이러한 관점은 대부분 문화적 다양성(예 인종의 다양성)을 논의할 때 활용되며, A라는 조직의 조직문화가 B라는 조직의 조직문화와 어떻게 다른지를 파악할 때 이러한 다양성 관점이 활용될 수 있다(Jackson et al., 1995).

세상에 똑같은 사람도 없고 똑같은 조직도 없다. 따라서 인사관리에 있어서도, 조직관리에 있어서도 다양성 관리는 특히 중요하다. 다양성 관리 방안에 따라 개인과 조직의 생산성 향상 정도가 달라질 수 있기 때문이다. 만약 조직 내 인적자원의 다양성이 존재하는 데도 불구하고 관리자들이 이를 고려하지 않은 채 일방적으로 인적자원을 관리한다면, 여러 가지 문제(예 커뮤니케이션 오류, 구성원 간의 갈등 문제 발생)가 개인 및 조직차원에서 발생할 수 있다. 따라서 조직에서는 다양성의 특성에 대한 이해를 바탕으로 합리적이고 체계적인 다양성 관리 방안을 모색할 필요가 있다.

2) 다양성의 특성

(1) 다양성의 수준

다양성의 수준은 표면적 다양성(surface-leveled diversity)과 내면적 다양성(deep-leveled diversity)으로 구분된다. 표면적 다양성은 "성별, 인종, 민족, 나이, 장애상태 등 쉽게 파악할 수 있는 특성차이"로서 사람들의 사고 활동이나 감정 상태가 반영된 것은 아니지만 고정관념을 유발하는 원인이 될 뿐만 아니라 확인되지 않은 가정을 야기하기도 한다. 이에 반해, 내면적 다양성은 "가치관, 성격, 일에 대한 선호도 차이"를 의미하는 것으로 사람들이 함께 어울리면서 서로 간의 유사성을 파악함으로써 드러나는 것으로, 오늘날 내면적 다양성의 중요성이 더욱 커지고 있다(Robbins & Judge, 2014: 51).

오늘날 내면적 다양성이 더욱 중요시되면서 표면적 다양성으로 인한 인구통계학적 차이에 대한 관심은 점차 감소되고, 구성원 상호 간의 이해와 공통점 발견의 중요성이 강조되고 있다. 예를 들어, 나이, 성별, 연령 등에 있어서 표면적 다양성을 나타내는 구성원들도 자신들이 자라온 환경, 내면적 성격, 가치관이 유사하면 더욱 쉽게 친해질 수 있다. 반대로 표면적 특성이 유사한 구성원들도 내면적 특성이 다르면 서로 쉽게 친해지지 못하는 경우가 많다. 즉, 내면적 유사성과 차이성이 표면적 유사성과 차이성보다 조직구성원들 간 관계형성에는 더 큰 영향을 미칠 수 있다는 것이다. 내면적 다양성 형성에 중요한 영향을 미치는 개인의 성격과 사고의 차이는 인적자원 보상방식이나 조직내부의 커뮤니케이션 방식, 그리고 리더에 대한 반응 행동 등 인사조직 전반에 중요한 영향을 미치기 때문에 조직에서는 내면적 다양성 관리방안을 더욱 주의 깊게 고려할 필요가 있다(Robbins & Judge, 2014: 52).

(2) 개인신상 특성

내면적 다양성의 중요성이 증대되고 있음에도 불구하고, 표면적 다양성을 우선적으로 인정하고 이에 대해 관리하는 방안이 모색될 필요가 있다. 다시 말해, 다양성 관리차원에서는 조직구성원들의 개인신상 특성, 즉 표면적 다양성을 먼저 고려할 필요가 있다는 것이다. 개인신상 특성(biographical characteristics)은 "나이, 성별, 인종, 장애상태, 근속연수 등 사람의 특성"을 의미한다(Robbins & Judge, 2014: 55). 이러한 특성은 객관적으로 작성된 개인신상기록을 통해 보다 쉽게 파악될 수 있다. 가장 대표적인 개인신상 특성 변수로는 연령, 성별, 인종과 민족, 장애상태 등이 있다. 예를 들어, 최근 고령화 문제가 사회 중요 이슈로 부각되면서 개인신상 특성 중 '연령'은 조직다양성 관리 차원에서 중요하게 고려되어야 할 요소가 되었다. 만약 연령과 직무성과의 관계가 부정적으로 나타난다면, 고령자의 채용 및 고령자에 대한 보상이 무조건적으로 증가될 수 없을 것이다. 그러나 아직까지 연령과 직무성과의 관계를 명확하게 제시하는 연구는 거의 전무하다. 일부 연구에서는 고령자일수록 근로자의 경험, 직업윤리, 판단력, 조직에 대한 충성도 등도 증대되어 직무성과도 증가된다는 연구결과를 제시한다. 그러나, 오히려 고령자일수록 근무 유연성과 융통성, 새로운 기술변화에 대한 적응 등이 떨어져 직무성과가 낮아진다는 연구도 제시되고 있다(Robbins & Judge, 2014: 56). 연령뿐만 아니라 성별에 따라서도 서로 다른 연구결과가 제시된다. 남성이 여성보다 직무성과가 높다는 연구도 존재하고, 그렇지 않다는 연구도 존재하지만 여기서 주의해야 할 것은 성별에 따른 직무성과의 차이는 거의 없다고 인식하는 것이 바람직하다는 것이다(Robbins & Judge, 2014: 57). 이와 같은 개인신상 특성이 중요하게 고려되는 이유는 이러한 표면적 특성에 의한 차별이 조직 내에 존재하며, 따라서 차별철폐를 중심으로 하는 표면적 다양성 관리가 우선되어야 내면적 다양성 관리도 이루어질 수 있기 때문이다.

개인신상 특성과 관련된 표면적 다양성에 의한 조직 내 차별이 없어야 함에도 불구하고, 실제 직장 내에서는 이와 관련된 차별이 자주 발생한다. 차별행위(discrimination)는 "다른 대상과 비교하여 차이를 보이는 행위로서 흔히 불공정한 차별, 즉 개인에 대한 판단을 해당 집단의 특성에 대한 고정관념을 갖고 하는 행위"를 의미한다(Robbins & Judge, 2014: 53). 즉, 조직구성원 각 개인의 특성을 고려하기 보다는 개인이 속해있는 그 집단 모두가 동일한 특성을 나타낼 것이라는 고정관념(stereotype)을 형성하여 특정집단을 대하는 것이다. 이러한 차별행위는 인사조직 전반에 있어 상당한 문제점을 유발시킨다. 예를 들어, 차별행위로 인해 조직구성원들의 "생산성과 시민행동의 저하, 부정적 갈등 및 이직률 증대 등과 같은 부정적 결과가 유발"되는 것이다(Robbins & Judge, 2014: 54). 특히 우리나라에서도 과거 여성에 대한 직장 내 차별이 매우 심각하게 나타났다. 유리천장(glass ceiling)[1] 유리사다리(glass escalator)[2] 등은 성차별 행태를 나타내는 대표적인 용어가 되었다. 조직관리자들이 직장 내 워킹맘에 대해 모성장벽 편견(maternal wall bias)을 지니고 있어, 경력단절여성이 발생하게 되고, 여성의 승진기회가 제약되었던 것이다. 이러한 차별행위는 성별 외에도 나이, 인종과 민족, 장애상태, 기타 개인신상 특성(예 종교, 성지향성, 성 정체성 등)에 대해 나타났다. 미국과 같은 다민족·다인종 국가에서는 민족과 인종에 대한 직장 혹은 조직 내 차별행위가 심각한 수준으로까지 발생하였으며(Kellough, 2006), 장애인에 대한 고용차별도 여전히 심각한 문제가 되고 있다. 뿐만 아니라, 최근에는 종교에 대한 차별, 성 정체성에 대한 차별 등도 심각한 수준으로 나타나고 있다.

1 1979년 미국의 경제주간지 「월스트리트저널」에서 여성 승진의 어려움을 다룬 기사가 처음 등장하였고, 1986년 동일한 잡지에 실린 다른 기사를 통해 '유리천장(glass ceiling)'이라는 용어가 재등장하면서 일반에서도 널리 사용되기 시작하였다. 현대 직장 여성들이 승진의 사닥다리를 오를 때마다 일정 단계에 이르면 부딪히게 되는 보이지 않는 장벽을 의미한다(두산백과, 2016).

2 여성위주의 직장에서도 남성의 승진이 빠르다는 의미이다(Robbins & Judge, 2014: 59).

표 20-1 차별행위 정의와 사례

차별행태	정의	조직에서 발생하는 실제 사례
차별적 정책과 실행	조직을 대표하는 자가 기회균등이나 성과에 대한 공정보상을 부정하는 행위	고령 인력은 상대적으로 고임금 및 금전적 혜택이 크므로 쉽게 해고대상이 됨
성추행	적대적 또는 방어적 작업환경을 유발하는 강제적 성적 접근, 언어적 또는 육체적 성희롱	직장상사가 부하 직원에게 부적절한 신체접촉을 시도
협박	특정 종업원 집단의 구성원을 대상으로 한 노골적인 위협이나 괴롭힘	외국인 노동자에 대한 임금 체불을 하면서 불법체류자 신고를 하겠다고 협박함
조롱과 모욕	농담이나 부정적인 상동적 태도(stereotyped attitude), 때로는 지나친 농담에 따른 결과	아랍계 미국인은 회사에 폭탄을 소지하고 오지 않았는지, 테러조직의 일원은 아닌지 농 섞인 질문을 받음
따돌림	특정인을 업무상의 기회나 사교적 행사, 토의 또는 비공식적 조언으로부터 배제	자금부서의 여직원은 대부분 승진과 무관한 부수적 업무 역할이 주어짐
무례함	공세적 막말로 상대방을 가로막거나 의견을 묵살하는 경멸행위	남성 검사는 여성 변호사의 변론을 적절히 언급하지 않거나 묵살

출처: Robbins & Judge(2014: 54) 재구성

3) 다양성 관리의 필요성

인사조직 차원에서 구성원들의 차이 혹은 다름은 다양성 측면에서 매우 중요하게 고려되어야 한다. 최근 조직에서의 다양성 관리(diversity management)는 그 중요성이 점점 더해지고 있다. 다양성 관리는 "관리자가 구성원으로 하여금 다른 사람들의 욕구와 차이점에 대한 인식을 철저히 하도록 주지시키는 과정 및 프로그램"이라고 정의할 수 있다(Robbins & Judge, 2014: 68). 이러한 다양성 관리는 조직 내 특정 구성원들에게만 적용되는 것이 아니라 모든 구성원들에게 평등하게 적용되어야 한다는 것이다. 그 이유는 앞서 언급한 바와 같이 다양성 관리가 조직구성원들의 생산성 향상뿐만 아니라 조직의 성과향상에도 영향을 미치기 때문이다.

조직 내 다양성이 증진될수록 개인 또는 조직의 성과나 생산성이 향상되는가? 이에 대한 답은 서로 상반되게 나타난다(오화선 외, 2015). 일부 연구에서는 사회 또는 조직에서 다양성이 증가하면 다양한 구성원들에 의해서 창의적 아이디어가 제시될 수 있

고, 유연한 사고와 혁신적 사고가 조직에 유입되어 조직성과 증진에 큰 기여를 할 것이라고 주장한다. 그러나, 오히려 반대로 조직 내 다양성이 증가하면 조직구성원 간 혼란을 증폭시켜 조직 갈등이 유발되고, 의사결정의 지연이 발생하기 때문에 결국은 조직 통합성이 저해됨으로써 조직생산성 향상에 부정적인 영향을 미치게 된다고 주장하는 연구도 있다(Jackson et al., 2003). 후자의 주장에 의하면 다양성이 오히려 자기범주화(self and social categorization)의[3] 영향을 강화시켜 조직생산성을 낮출 수도 있다는 것이다(이근주·이수영, 2012: 180). 이처럼 다양성이 무조건적으로 조직의 생산성 향상에 긍정적 또는 부정적 영향을 미친다고 결론지을 수는 없다. 다양성 관리의 목적과 유형에 따라 조직구성원들에게 미치는 영향이 다르게 나타날 수 있기 때문에(오화선 외, 2015: 91), 조직 내 다양성 관리가 더욱 체계적으로 이루어질 필요가 있는 것이다.

4) 다양성 유형과 다양성 관리

다양성의 구성요소, 즉 다양성을 어떤 기준에서 판단하는 가에 따라 다양성의 유형이 달라질 수 있다. 일례로, 이근주·이수영(2012: 188－192)에 의하면 다양성을 차이와 다름이 쉽게 발견되고 판단되는 정도인 '가시성'과 특정의 상태가 변화 또는 변이 가능한 정도를 의미하는 '변화가능성'의 두 가지 기준에 따라 평가하고, <표 20－2>와 같은 네 가지 다양성 유형으로 구분하였다. 먼저 A유형은 변화가능성이 낮고, 가시성이 높은 다양성 유형으로서 이는 대부분 인구통계학적 배경을 가진 다양성을 포함한다. 따라서 사후적 변화가 어렵다는 특징을 지닌다. B유형은 가시성과 변화가능성이 모두 높은 다양성 유형으로서 이는 조직 내 구성원들이 지니고 있는 역할이나 수행과 관련해 나타날 수 있는 다양성을 포함한다. 이러한 유형의 다양성은 시간이 지남에 따라 변화하기 쉬울 뿐만 아니라, 개인의 능력에 따라서도 다르게 나타난다. C유형은 가시성과 변화가능성이 모두 낮은 다양성 유형이다. 이는 주로 문화적·사회적 배경과 관련된 차이를 포함하기 때문에, 사후에 변화하기가 어려운 다양성을 포함한다. D유형은 가시성은 낮으나 변화가능성이 높은 다양성 유형이다. 쉽게 인지할 수는 없으나 상당기간 상호작용에 의해 적극적으로 확인할 필요가 있는 유형의 다양성을 포함한다. 이러한 다양성 유형 분류는 다양성을 가시성과 변화가능성 차원에서 네 가지

3 자신이 속한 부류를 사회의 가장 대표적인 부류로 간주하여 그에 맞는 행동을 한다는 것이다(이근주·이수영, 2012: 180).

표 20-2 조직의 다양성 유형화

		변화가능성	
		낮음	높음
가시성	높음	A유형 성별, 장애(육체적), 인종, 민족, 연령(세대)	B유형 직업(사무직/생산직), 직위/직급, 숙련도(업무수행능력), 전문성, 언어(외국어 능력)
	낮음	C유형 고향(출신지역), 출신학교(전공), 가족배경, 성적지향, 사회화 경험, 성격(personality), 종교, 동기요인, 혼인여부	D유형 교육수준(학력), 노동지위(정규직/비정규직), 자녀유무, 장애(정신적), 가치관

출처: 이근주·이수영(2012: 192)

유형으로 구분하여 제시하였다는 점에서 의의를 지니지만, 각 유형에 적합한 다양성 관리 전략을 매칭할 수 없다는 측면에서는 한계를 나타낸다.

본서에서는 다양성 관리전략을 인적자원관리 차원과 조직차원으로 구분해 살펴보도록 한다. 먼저 인적자원관리 차원에서는 채용 단계에 초점을 맞추어 다양성 관리전략을 살펴보도록 한다. 다시 말해, 외부의 구성원들이 조직 내로 들어오는 채용과정에서의 다양성 관리(인적자원 확보의 다양성 관리)의 설명을 제시할 것이다.[4] 조직차원에서의 다양성 관리는 인적자원 채용 이후 나타나는 조직구성원의 다양성 관리(조직과정의 다양성 관리)를 중심으로 설명을 제시할 것이다.[5] 보다 구체적으로 인적자원 확보 차원에서의 다양성 관리 전략은 대표관료제와 균형인사정책 관점에서 설명하고,[6] 조직관리 차원에서의 다양성 관리는 조직구성원들의 삶의 질 향상과 조직 내 일과 가정의 조화정책 등을 중심으로 설명하도록 한다.

4 인적자원이 확보된 이후 개발, 유지 과정에서도 다양성 관리가 이루어질 필요가 있다. 특히, 조직구성원들에게 '다양성 훈련프로그램' 등을 제공함으로써 조직 내에 '긍정적인 다양성 풍토를 조성'할 필요도 있다(Robbins & Judge, 2014: 69). 그러나, 본서에서는 인적자원의 채용단계에서부터 다양성 관리가 이루어지면 이후 조직 내 다양성 존중 풍토는 자연스럽게 정착될 것으로 보고, 채용과정에 있어서의 다양성 확립 방안과 관련된 전략들을 중심으로 설명을 제시하도록 한다.

5 유민봉·박성민(2013: 415)에 의하면 다양성 관리를 내적·외적 차이를 가진 다양한 노동력을 공평하고 효율적으로 활용하기 위한 체계적인 인적자원관리 과정이라고 정의한다.

6 물론 대표관료제는 승진 등의 인사관리에 적용될 수 있지만 여기서는 주로 인사관리 확보단계에서 설명한다.

2 인적자원의 다양성 관리

1) 인적자원의 다양성 관리 의의

인적자원의 다양성 관리에 있어서는 인적자원 확보 과정에서의 다양성 관리가 우선적으로 고려될 필요가 있다. 인적자원을 확보할 때에는 차별 없이 누구나 동등한 기회를 제공받아야 한다는 소극적 관점에서의 다양성 관리뿐만 아니라 과거의 차별받았던 집단(예 여성, 장애인, 지역차별)에 대한 우대정책과 같은 적극적 관점에서의 다양성 관리도 중요하게 고려되어야 한다. 전자의 경우, 즉 소극적 관점에서의 인적자원 확충에 있어 기회균등 보장은 우리나라의 인사제도에 근간이 되는 실적제와 충돌하는 개념은 아니다. 그러나 후자의 경우, 즉 적극적 관점에서의 인적자원 확충은 사회적 약자들에게 우선권을 준다는 측면에서 오히려 역차별의 문제를 야기할 수도 있어 실적제와 충돌할 소지가 있다. 이러한 우려에도 불구하고 인적자원의 다양성 관리는 소극적·적극적 관점 모두에서 이루어질 필요가 있다.

특히 적극적 관점에서의 다양성 관리는 공직의 사회적 형평성 추구라는 측면에서 타당성을 지닌다. 법적·절차적으로 누구에게나 똑같이 공평하게 공직에의 진출 기회가 주어져야 함은 너무나도 당연하다. 나아가, 적극적 보상측면에서 과거에 사회적으로 소외되었던 계층들에게 공직입문의 기회를 제공해 주는 것이 사회적 형평성 차원에서도 타당성을 가진다고 할 수 있다. 따라서 다음에서는 인적자원 확보에 있어 대표적인 다양성 관리정책이라고 할 수 있는 대표관료제와 균형인사정책에 대해 살펴보도록 한다.

2) 대표관료제

(1) 대표관료제의 의의

대표관료제(representative bureaucracy)는 “그 사회의 주요 인적구성을 반영하게끔 정부관료제를 구성함으로써, 정부관료제 내에 민주성과 형평성의 가치를 주입시키려는 의도에서 발달한 개념”이다(강성철 외, 2014: 63). 대표관료제가 등장한 이유는 다양하게 제시될 수 있지만, 일반적으로 정부관료제를 통제하기 위한 대안으로 제시되었다(Kingsley, 1944). 정치행정이원론을 기반으로 정부관료는 정치권의 통제 하에 원활한 정책집행 달성을 최우선으로 해야 함에도 불구하고, 행정국가 시대에 접어들면서 정부관료가 정책결정에 미치는 영향력이 증대되기 시작하였다. 정부관료가 국민들을 대표하는 객관적이고 중립적인 집단이 되어야 함에도 불구하고, 일부 집단을 위한 특권계층으로 변모해 감에 따라 이를 통제하기 위한 방안으로 대표관료제가 제시되었다.

대표관료제의 기본 가정은 관료들이 자신들의 출신 집단의 가치나 이익을 정책에 적극적으로 반영한다는 것이다(강성철 외, 2014: 66). 전체 인구 구성에 비례하여 관료들이 선출되고 구성되는 것이 국민 대표적 관점에서는 타당하다 할 것이다. 그러나 이는 단순히 인적구성을 대표하는 소극적(passive) 의미로서의 대표관료제이지 국민들의 특성을 고려한 정책을 추구하는 적극적(active) 의미의 대표관료제를 의미하는 것은 아니다(Mosher, 1968: 11-14). 소극적 대표관료제는 국민들의 다양한 가치를 적극적으로 반영하는 것이 아니라 관료 인적구성의 다양성에 있어 상징성의 의미만 지닐 수도 있다. 특히 조직 밖의 구성원들이 조직에 들어오면서 새로운 조직사회화 과정을 겪게 되는데, 이 때문에 관료의 소극적 대표관료제가 원래의 의미를 잃을 수도 있다는 것이다. 다시 말해, 조직 밖에서는 자신들의 집단을 대표하지만 정부관료제 안에 들어오면 관료들이 자신들이 대표하는 집단 이외에도 다른 이해관계자 그리고 조직 전반의 목표와 역할 등에 의해 강력한 영향을 받아 새로운 조직사회화를 경험하게 된다는 것이다. 따라서 최근 대표관료제에서 중요하게 고려되고 있는 것은 소극적 대표관료제를 어떻게 적극적 대표관료제로 연계·발전시킬 것인지에 대한 것이다. 즉, 자신이 속한 집단을 대표하는 대표관료들이 집단구성원들을 실질적으로 대표하고, 책임지는 정책을 추진할 수 있도록 하는 방안을 모색하고 있다(Selden, 1997; 유민봉·박성민, 2013: 419 재인용). 이것이 가능할 때 사회적 형평성이 달성될 수 있고, 나아가 조직과 사회의 다양성이 증진될 수 있을 것이다.

(2) 소극적 대표성과 적극적 대표성 논의

초기의 대표관료제는 소극적 대표성과 적극적 대표성으로 구분하지 않고 논의했으나 모셔(Mosher, 1968)는 소극적 대표성(passive representation)과 적극적 대표성(active representation)으로 구분하여 논의하였다. 전자는 관료들이 출신집단의 이익을 반영하는 것이 아니라 다양한 사회집단의 인구비례에 따라서 관료제가 구성되어야 한다는 상징적 의미가 강했지만, 후자는 관료들은 출신집단의 이익을 대표하여 정책과정에서 적극적으로 행동을 해야 한다는 논의이다. 소극적 대표성이 적극적 대표성으로 쉽게 전환되지 않는 이유는 대표관료들이 관료사회에 진입하고 난 뒤 조직사회화 과정을 통해 그들의 집단 이익보다 관료 조직의 가치를 우선하게 되며, 대표관료들에게 충분한 재량이 주어지지 않기 때문이다(윤창근·문명재, 2009: 28-29).

(3) 대표관료제의 효과와 한계

다양한 구성원들의 가치를 적극적으로 반영해 준다는 측면에서 대표관료제가 지니는 의의는 매우 크다고 할 수 있다. 특히 국민들의 다양한 가치를 반영해 줄 수 있다는 측면에서 대표관료제는 매우 중요한 의의를 지닌다. 사회적 약자들을 위한 다양한 정책이 수립·시행되면서 사회적 형평성과 민주성이 증진될 수 있는 것이다.

대표관료제는 사회적 소수자 보호와 사회적 형평성 증진을 우선적으로 고려하였으며, 사회의 다양한 가치들을 정책에 반영할 수 있도록 했다는 측면에서 조직과 사회의 다양성 향상에 긍정적인 역할을 하였다. 같은 맥락에서 적극적 평등실현조치(affirmative action)는 미국 내 사회적 약자들, 즉 소수인종과 여성들이 고등교육이나 직업선택에 있어 차별받지 않도록 적극적으로 우대하는 정책을 의미한다. 우리나라 역시 지방대학우선정책, 양성평등제도, 이공계 우대정책 등과 같은 균형인사정책을 시행하고 있다.

적극적 평등실현조치

적극적 평등실현조치(affirmative actions)는 "(과거로부터) 차별에 의해 고통 받고, 오랫동안 취업 혹은 승진의 기회를 박탈당해 온 집단에 대한 고용을 늘이기 위한 체계적인 노력"이라고 정의할 수 있다(Kellough, 2006; 김정인, 2013: 101 재인용). 적극적 평등실현조치의 역사는 미국 케네디(Kennedy) 대통령의 대통령령 10925(Executive Order 10925)에 근간을 두고 있으며, 1961년 평등고용기회에 관한 대통령자문위원회(the President's Committee on Equal Employment Opportunity)에 의해 시행되었다(김정인, 2013: 100). 이는 소수자 집단에 대한 고용 및 승진 기회 등에 대한 차별을 방지하고자 시행되었으며, 연방정부 계약자들의 고용 관행을 수정하는데 역점을 두었다.

특히 1971년 5월에는 미국 중앙인사위원회 위원장인 햄프턴(Robert Hampton)에 의해 발안된 제안서를 바탕으로 공공조직에서 고용하는 여성이나 소수자들의 수를 정하는 수치 목표(numerical targets) 및 적극적 평등실현조치를 시행하는 소수자 고용에 대한 일정표(timetables for minority employment)가 수립되어 오늘날까지도 일부 정부기관에서 활용이 되고 있다(Nigro et al., 2007). 1978년에 있었던 미국 캘리포니아 대학교(Regent of the University of California)와 배키(Bakke) 사이의 법정 공방은 "소수자와 여성을 고용하기 위한 목표와 일정표를 가진 적극적 평등실현조치 프로그램의 형태"를 보여 주는 좋은 예가 된다(Riccucci, 2006: 8). 그러나, 수치 목표(numerical targets) 및 일정표(timetables)는 역차별 문제와 결부되어 논란의 대상이 되어 왔다(Glazer, 1987).

출처: 김정인(2013: 100 - 101) 재인용

그럼에도 불구하고 대표관료제는 역차별(reverse discrimination) 문제를 비롯해 조직 내 전문성 약화와 효율성 하락을 초래할 수 있다. 역차별은 "부당한 차별을 받는 쪽을 보호하기 위하여 마련한 제도나 장치가 너무 강하여 오히려 반대편이 차별을 받는 제도"로서(네이버 국어사전, 2016), 대표관료제를 통해 소수자들을 보호하는 가운데 역차별의 문제가 발생할 수 있다. 대표관료제가 반드시 '할당제'를 동반하는 것은 아니지만, 대표관료제를 실현하려면 소수자 보호를 위한 할당제가 적용될 수밖에 없다. 이처럼 할당제를 기반으로 하는 정책이 시행되면 이로 인해 피해를 받는 집단이 나타나게 된다. 이것이 바로 역차별이 되는 것이다. 소수자를 보호하여 조직과 사회에 다양성을 확보하였다는 측면에서는 대표관료제가 긍정적인 영향을 줄 수 있지만, 결국 대표관료제를 통해 우수한 능력을 지닌 사람들이 불이익을 받을 수 있으며, 실적제의 하락이 초래될 수 있다. 물론 모집과정에서 할당제가 정원 외 모집으로 이루어지고는 있지만, 이러한 할당제는 전체적 의미에서 결국 혜택을 받지 못하는 구성원들에게 역차별로 인식될 수 있다. 뿐만 아니라 대표관료제는 조직 내 전문성과 효율성, 나아가 조직의 생산성을 저해할 수 있다. 물론 대표관료제에 의해 선발된 인적자원의 업무능력이 모두 뒤쳐지는 것은 아니지만, 그들의 선발기준은 업무능력 이외에 다른 우대조건이 더 중요하게 고려되는 경우가 많기 때문이다.

대표관료제에서 제기되는 문제들을 극복하기 위해서는 대표관료제와 실적제를 조화시킬 수 있는 방안이 모색되어야 한다. 즉, 대표관료제가 시행된다고 하더라도 실적제를 저해하지 않는 범위에서 시행되어야 한다. 예를 들어, 할당제를 도입할 때 공직기회균등의 원칙이 저해되어서는 안 되며, 할당제 모집은 반드시 정원 외 모집이 되도록 하는 방안이 마련될 필요가 있다. 또한 모든 부처와 직종에 무조건적으로 대표관료제를 도입하기 보다는 조직의 특수성을 고려하여 순차적으로 도입하는 방안이 모색될 필요가 있다. 뿐만 아니라, 특정집단(예 인종)을 대표하는 소극적 대표관료제가 실질적으로 해당 집단을 대표하고 그들을 위한 정책을 추진할 수 있도록 기능하게 해야 한다.

3) 우리나라 균형인사정책

(1) 우리나라 균형인사정책 현황

우리나라의 공직분야에서 시행되고 있는 인적자원 채용과정에서의 대표적인 다양성 관리 정책으로는 균형인사정책이 제시될 수 있다. 균형인사정책은 "과거로부터의 차별적인 인사관행으로 인해 상대적으로 공직에서 소외되었던 여성, 장애인, 과학기술인력, 지방인재 등 소수집단을 적극적으로 공직에 임용하고 활용하는 인사제도"로 정의될 수 있다(유민봉·박성민, 2013: 418). 균형인사를 통해 조직의 다양성을 확보하기 위하여, 인사혁신처에서는 공직임용에서 소외되었던 여성, 장애인, 과학기술인력, 지방인재 등의 공직진출을 확대하고 이들이 공직사회에서 자신들의 잠재역량을 충분히 발휘할 수 있도록 인재 활용과 육성에 심혈을 기울이고 있다. 또한, 저소득층의 자활촉진을 위한 공직진출 지원 등 업무영역을 확대하여 균형인사에 대한 노력을 강화하고 있다.[7] 우리나라는 「균형인사지침」에서 여성·장애인·이공계전공자·지방인재·저소득층 등의 공직 임용을 지원하고, 유능한 인재가 능력을 발휘할 수 있는 근무여건을 조성하기 위해 채용·승진·보직관리 등 인사관리의 전반에 대한 기본 방향을 제시하고 있으며, 균형인사정책을 도입하고 있다.[8]

우리나라 공공조직에서의 인적자원 확보를 통한 다양성 관리는 '인구통계학적 특성에 따른 다양성 증가'와 '공직채용 경로의 다양화'로 구분해 살펴볼 수 있다(백종섭 외, 2016: 310). 인구통계학적 특성에 따른 다양성 증가는 성별, 장애유무, 이공계전공자, 저소득층, 지방인재 등의 특성과 관련해 논의될 수 있을 것이다. 이 중 성별의 다양성 증가와 관련한 가장 대표적인 정책은 여성공무원 채용확대와 관련된 정책으로, 우리나라는 1995년 「여성발전기본법」을 제정하고, 1996년부터 '여성채용목표제'를 최초 도입하였다. 이로 인해, 여성공무원의 수는 지속적으로 증가하고 있다. 여성채용목표제의 도입초기에는 5급 여성공무원 채용목표가 10% 정도였으나, 2000년대 이후 여성공무원 합격률이 지나치게 증대되는 등 여성공무원의 수가 급증하자 2003년부터 '양성평등채용목표제'로 전환해 운영하고 있다. 그 결과 2018년 공무원 통계연보에 의하면 여성공무원은 수가 지속적으로 증가하여 2017년 12월 31일에는 전체 국가공무원 대비 약 50.2%로서 2017년 여성공무원의 수가 남성공무원의 수를 초월하였다(인사혁신처, 2018). 물론 직종별로 차이가 있기는 하지만(예 교육 71%, 일반 35.4%, 외무 35.3%, 별정직 33.8%, 검사 29.4%, 경찰 10.7%, 소방 3.9%), 2017년 12월 31일 현재 행정부 여성 국가공무원 수는 329,808명으로 집계되고 있다(인사혁신처, 2018).[9] 이러한 점을 고려해 볼 때 공공조직에서의 성별 다양성은 어느 정도 개선된 것으로 보인다.

7 인사혁신처 홈페이지 참조.

8 2015. 12. 31. 인사혁신처예규 제16호.

9 인사혁신처(2018). 2018 인사혁신 통계연보.

그림 20-1 2012년부터 2016년까지의 여성공무원 비율

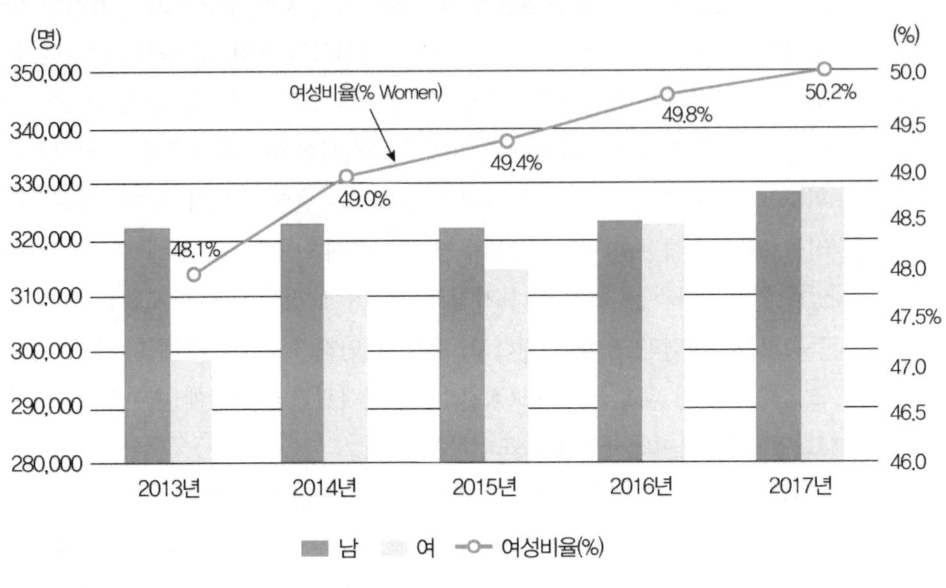

출처: 인사혁신처(2018)

장애인에 대한 채용 역시 지속적으로 증가하고 있다. 2006년에는 장애인 의무고용 적용직종을 기존 32%에서 84%로 대폭 확대하였다. 뿐만 아니라, 「장애인 고용촉진 및 직업재활법」이 개정됨에 따라 2009년부터 국가 및 지방자치단체의 장애인 의무고용률이 2%에서 3%로 상향되었다. 또한, 중증장애인의 공직진출을 제도적으로 지원하고자 2007년 12월 「공무원임용시험령」을 개정하여 중증장애인만 응시할 수 있는 '중증장애인 일괄 경력경쟁채용시험'을 도입·시행하고 있으며, 2014년까지 5급 공무원 4명을 포함해 총 158명의 중증장애인이 공직에 선발·임용되었다.[10]

이와 함께 우수한 과학기술인력을 공직에 유치하기 위해 인사혁신처에서는 '공직 내 이공계 인력 지원 계획'을 수립하여 시행하고 있다. 즉, 우수한 이공계 인력을 공직에 확충하기 위해 4급 이상 고위고무원의 이공계 출신 비율도 확대하고 있지만 아직 그 실효성은 미흡한 실정이다.[11]

또한 사회양극화 문제해결과 사회통합을 위해 저소득층 공직채용을 확대하고 있

10 인사혁신처 홈페이지 참조.

11 인사혁신처 홈페이지 참조.

그림 20-2 중앙행정기관과 정부의 장애인 고용율

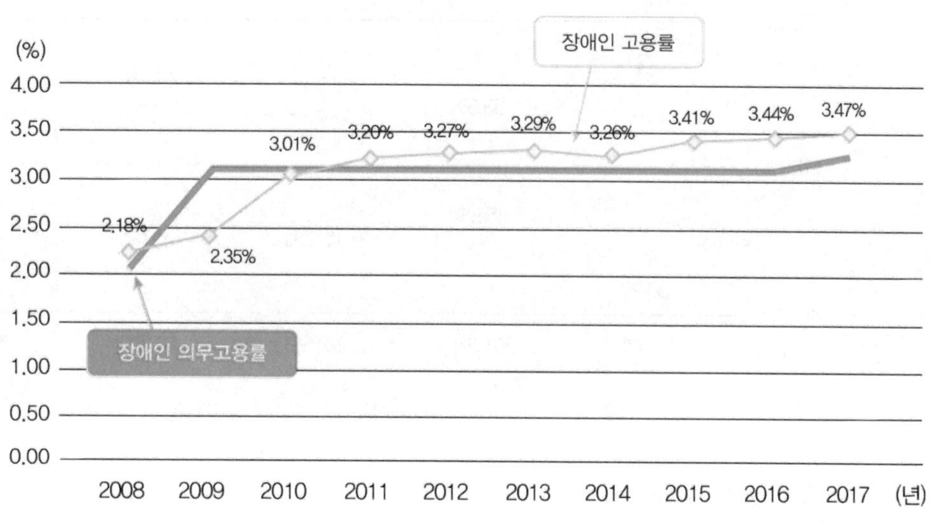

출처: 인사혁신처(2018)

다. 2009년도부터 저소득층 공직진출제도를 도입하여 9급 공채인원의 2% 이상 경력경쟁채용인원의 1%를 기초생활보장수급자 등으로 채용함으로써 그 결과 2009~2013년 사이에 962명의 저소득층이 공직(9급 공무원)에 진출하였다.[12]

무엇보다도 최근 정부에서는 우수한 인재의 수도권 집중에 따른 지역 간 불균형을 해소하기 위해 다양한 채용제도를 도입하고 있다. 2005년부터 '지역인재 추천채용제'를 시행하여 해마다 7급·9급 수습직원을 선발하고,[13] 5·7급 공개경쟁채용시험에 '지방인재 채용목표제(지방인재 채용목표비율 5급 20%, 7급 30%에 미달시 일정요건을 갖춘 대상자를 추가로 합격시킴)'를 도입함으로써 우수한 지방인재들의 공직입문을 확대하고 있다. 또한, 2012년부터는 지역인재 9급 추천채용제도에 특성화고·마이스터고와 전문대학 등 졸업(예정)자를 대상으로 학교장의 추천과 수습근무를 통해 우수 인재를 공직자로 채용하기 위한 다양한 노력을 기울이고 있다.[14]

이러한 '인구통계학적 특성에 따른 다양성 증가' 외에 '공직채용 경로의 다양화'도

12 인사혁신처 홈페이지 참조.

13 2005년 제도 도입 이후 2015년 12월까지, 7급 지역인재 추천채용제로 755명이 공직에 진출하였다(인사혁신처, 2016).

14 인사혁신처 홈페이지 참조.

그림 20-3 행정부 국가, 일반직공무원 공채·경채 비율 추이

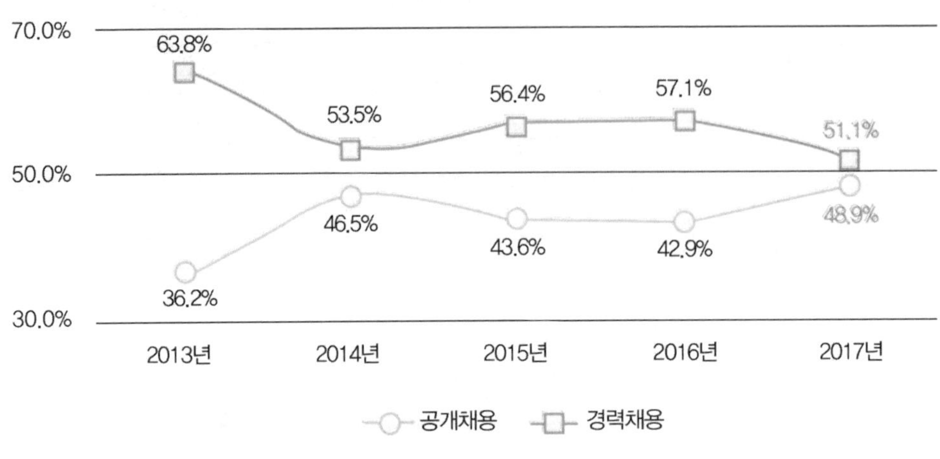

출처: 인사혁신처(2018)

점차 증진되고 있다(백종섭 외, 2016: 311). 2000년 이전까지만 해도 공직채용의 대부분은 공개채용방식을 중심으로 이루어졌으나, 공직의 개방성 증진과 경쟁력 향상을 위해 국·과장급 이상 고위직에 개방형 임용제를 도입하여 민간경력자가 공직에 들어올 수 있는 길을 열었다. 5·7급 민간경력자 채용제도와 경력경쟁채용제도(예 외국어 능통자 등)를 시행하여 민간의 우수전문인력 및 유경력자를 선발하고 있다.[15] 그러나 2013년에는 경력경쟁채용 인원이 63.8%, 공개경쟁채용 인원이 36.2%로서 경력경쟁채용 인원이 월등히 많았으나, 경력경쟁채용의 감소와 공개경쟁채용 인원의 증가로 2017년에는 경력경쟁채용 51.1%, 공개경쟁채용 48.9%로 비슷하게 나타났다.

채용 경력의 다각화와 함께 고려되어야 할 것은 다문화 가정의 공무원 채용 확대와 외국인 공무원 채용에 대한 것이다. 이는 모두 '인구통계학적 특성에 따른 다양성 증진' 방안으로 고려되어야 할 사항들이지만, 보다 효과적인 정책마련을 위해서는 관련 사항 전반이 더욱 구체적으로 논의될 필요가 있다.

현재 다문화 가정의 이주여성과 그들의 자녀에 대한 공무원 채용이 활발히 이루어지고 있지는 않다. 그러나, 오늘날 다문화 가정의 인구가 100만 명을 넘어가고 있는

15 경력경쟁채용등 요건은 「국가공무원법」 제28조2항을 참조하기를 바란다(인사혁신처, 2016). http://www.mpm.go.kr/mpm/info/infoJobs/0010/HrProcedures01/

사실을 고려해 볼 때 앞으로 다문화 가정의 공직사회 진출이 공공조직의 다양성 관리에 있어서 중요한 이슈가 될 수 있음은 자명한 사실이다(백종섭 외, 2016: 312-313). 또한, 「국가공무원법」 제26조의3, 「공무원 임용령」 제4조, 「별정직공무원 인사규정」 제3조의2, 「공무원임용규칙」 제109조 등에 의해 일반직공무원 중 전문경력관 및 임기제공무원, 정무직, 별정직으로 국가안보 및 보안·기밀에 관계되는 분야를 제외한 다른 분야에 외국인 공무원을 채용할 수 있다는 점을 고려해 볼 때 외국인에 대한 공직채용 방안도 다양성 관리차원에서 더욱 심도 있게 논의될 필요가 있을 것이다.[16]

(2) 우리나라 균형인사정책의 문제점과 해결방안

우리나라에서는 오랫동안 다양성보다는 동질성과 통일성을 더욱 중요시 해 왔기 때문에 오늘날 다양성 관리는 공직사회에서 매우 중요한 화두가 되었다. 지난 20여 년간 여성, 장애인, 이공계, 지역인재 등과 같이 다양한 인력을 지속적으로 공공조직에 확충해 옴으로써 공직사회의 인적구성 역시 매우 다양해지고 있다(백종섭 외, 2016: 313). 그러나, 현재 우리나라 균형인사정책에서 나타나는 다양성 관리의 문제점은 크게 두 가지 차원에서 논의될 수 있다. 첫 번째는 우리나라에서 시행되고 있는 균형인사제도의 문제점에 대한 것이고, 두 번째는 균형인사제도의 본질적 문제인 역차별의 문제에 대한 것이다. 이 중 두 번째 역차별의 문제는 대표관료제에서 이미 논의했기 때문에 설명을 생략하기로 한다. 이밖에 우리나라 균형인사제도 자체의 문제점은 무엇보다 현행 평등고용기회 확대에 관한 법령과 정책준수라는 측면에서만 다양성 관리가 이루어지고 있다는 것이다. 다양성 확보를 위해 인적자원 채용 과정에서 다양한 정책적 노력을 기울이고 있는 것은 사실이지만 이는 표면적 다양성 증진을 위한 노력에만 그치고 있다. 또한, 다양성 관리에 대한 교육훈련 프로그램도 충분히 활용되지 못하고 있다(유민봉·박성민, 2016: 439-440).

이러한 문제점을 해결하기 위하여 문재인 정부에서는 정부 최초의 중장기 균형인사 비전인 '제1차 균형인사 기본계획(2018~2022)'을 2018년 7월 17일 발표했다. 기존 균형인사정책은 여성·장애인 등 정책 대상별로 단발적이고 분절적으로 추진되었으며, 채용위주의 단기적 성과 달성에 치중하는 등의 한계를 나타내었다. 하지만 '균형인사 기본계획'은 정부가 처음으로 범정부차원의 종합적인 균형인사 정책의 비전과 중장기 전략을 제시하고 채용-인사관리-조직문화 전반에 걸친 균형인사 정책 과제

16 인사혁신처 홈페이지 참조.

그림 20-4 균형인사 기본계획 추진 방향

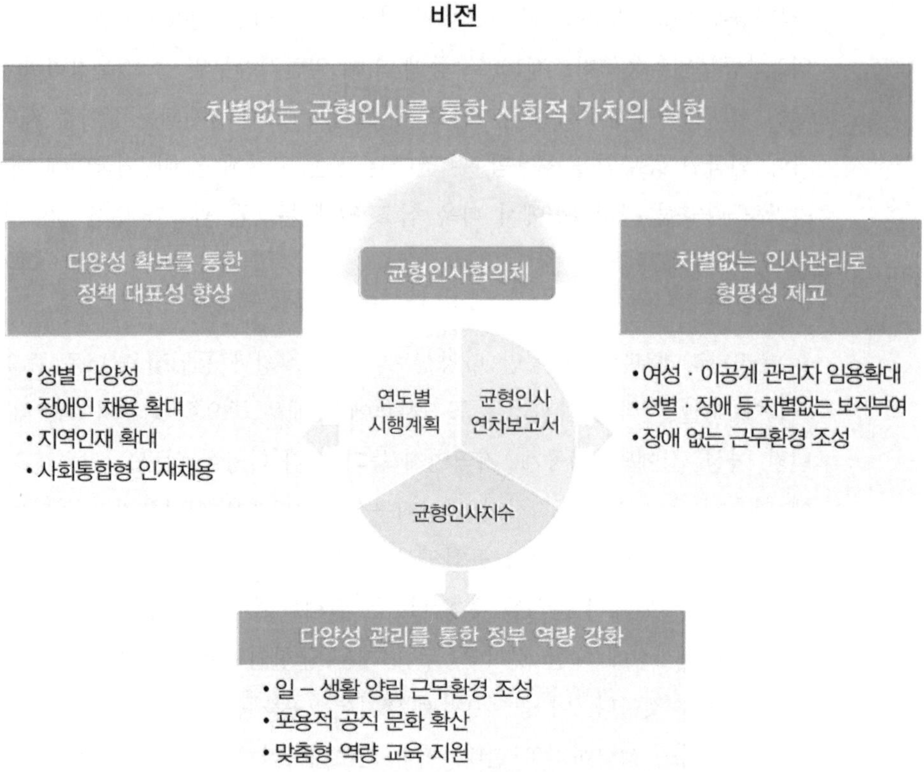

비전

차별없는 균형인사를 통한 사회적 가치의 실현

다양성 확보를 통한 정책 대표성 향상

- 성별 다양성
- 장애인 채용 확대
- 지역인재 확대
- 사회통합형 인재채용

균형인사협의체

연도별 시행계획

균형인사 연차보고서

균형인사지수

차별없는 인사관리로 형평성 제고

- 여성 · 이공계 관리자 임용확대
- 성별 · 장애 등 차별없는 보직부여
- 장애 없는 근무환경 조성

다양성 관리를 통한 정부 역량 강화

- 일 – 생활 양립 근무환경 조성
- 포용적 공직 문화 확산
- 맞춤형 역량 교육 지원

목표

		2017년	2022년
양성평등	• 고위공무원단 여성 비율 • 본부과장급 여성 비율	6.5% 14.8%	10% 21%
장애인	• 법정 의무고용률 • 근무지원사업 지원율 (보조공학기기)(근로지원인)	3.2% 2%, 3%	3.4%(2019년~) 4%, 5%
지역인재	• 5급 지방인재 채용 비율 • 7급 지방인재 채용 비율	7.6% 22.4%	20% 30%
이공계	• 고위공무원단 이공계 비율 • 5급 신규채용 이공계 비율	21.5%('16) 33.2%	30% 40%
사회통합인재	• 저소득층 구분모집 비율 • 다문화가정, 북한이탈주민 등	9급 2% –	7 · 9급 2.5% 활용방안 마련

출처: 인사혁신처(2018)

를 마련했다는 점에서 중요한 의의가 있다고 할 수 있다(인사혁신처, 2018).

또한 법·제도적 준수에만 치중하고 있는 균형인사정책(예 채용할당)을 실효성 있는 다양성 관리 정책으로 발전시킬 수 있는 방안을 적극적으로 모색할 필요가 있다. 보다 구체적으로, 첫째, 다양한 인적자원을 위한 정책이 개발·실행될 필요가 있다. 예를 들어, 여성공무원의 채용에 있어 차별성은 거의 해결되었다고 볼 수 있지만, 아직까지 관리자급 여성공무원의 비율은 매우 낮은 편이다. 2017년 12월 31일 현재 고위공무원단의 여성비율은 약 6.5% 정도에 그치고 있다. 따라서 이러한 문제를 해결하기 위한 '4급 이상 여성관리자 임용확대 계획'의 적극적 추진이 필요할 것으로 보인다.[17]

그림 20-5 균형인사제도 추진전략

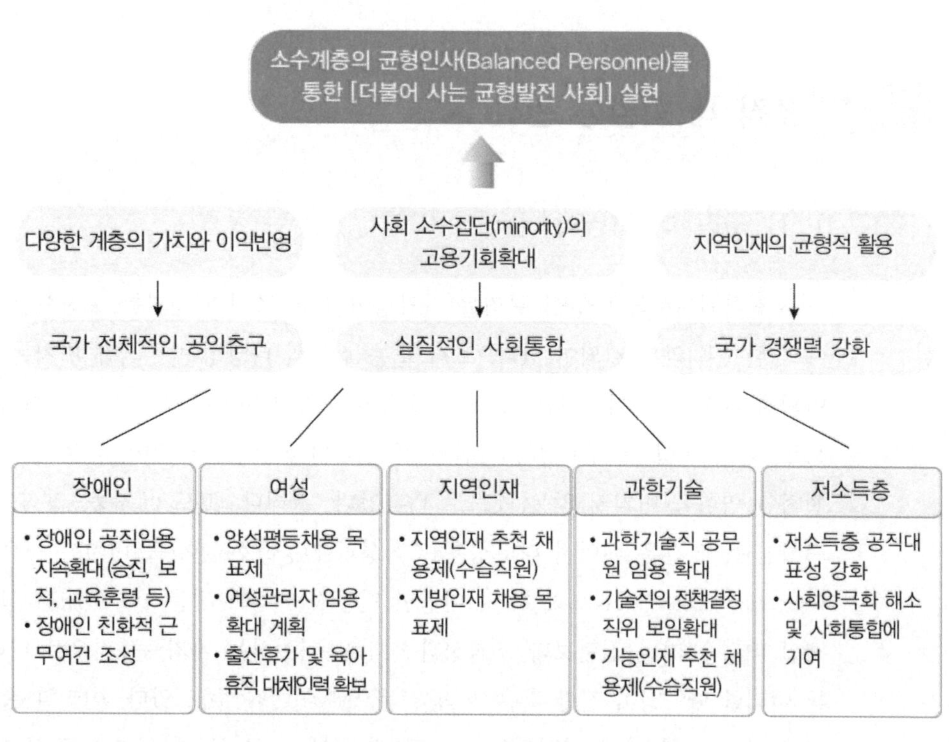

출처: 인사혁신처(2016)[18]

17 이를 달성하기 위하여 '제1차 균형인사 기본계획(2018~2022)에 의하면 2022년까지 여성고위공무원을 10%, 본부과장급 여성비율을 21%로 확대시킬 예정이다(인사혁신처, 2018).

18 인사혁신처 홈페이지 참조.

그리고 보직관리와 관련하여 아직 공직분야에서는 양성평등이 제대로 이루어지지 않는 경향이 있다. 이러한 문제를 해결하기 위해 남녀 간 차별 없는 보직 부여와 승진기회 제공을 통해 실질적 양성평등을 보장해 줄 필요가 있다.[19]

장애인과 관련된 다양성 관리방안으로는 장애인 공직임용 지속 확대와 장애인 친화적 근무환경 조성을 고려할 필요가 있다. 이를 위해 정부는 공안직군, 검사, 경찰, 소방, 경호, 군인을 제외한 전 직종에 장애인 의무고용 적용직종을 확대해야 하며, 의무고용 적용제외 직종에 대해서도 직무분석 등을 통해 장애인 근무 적합 업무를 적극 발굴해야 한다. 이밖에도 장애인공무원 신규채용·경력경쟁채용을 확대하고, 승진·교육훈련·근무성적평정 등에 있어 실질적인 평등을 보장해야 하며, 장애인 공무원 희망보직제를 실시하여 장애인공무원들에 대한 근무여건을 개선해야 한다.[20]

3 조직 내 다양성 관리

1) 조직 내 다양성 관리의 의의

조직차원에서의 다양성 관리는 다양성이 과연 조직의 성과를 증진시킬 수 있을지에 대한 논의와 직결되어 있다. 조직 또는 집단의 다양성이 성과에 미치는 영향은 상반되게 나타난다. 이질적인 팀 또는 조직이 성과에 미치는 영향과 관련해서는 일반적으로 성별, 연령, 신체조건과 관련된 표면적 다양성이 고려되며, 이는 조직성과에 직접적인 영향을 미치지 않는 것으로 나타났다. 그러나, 고도의 지능, 양심, 팀에 대한 충성심 등과 같은 내면적 다양성은 조직성과에 중요한 영향을 미치는 것으로 나타났다(Robbins & Judge, 2014: 69). 특히, 다양한 학문적 배경과 전문가로 구성된 집단은 동질적인 배경을 지닌 집단보다 조직성과 향상에 기여하는 바가 큰 것으로 나타났다. 물론 이러한 다양성이 집단 혹은 조직 갈등으로 이어질 수도 있다. 이러한 측면들을 고려해 볼 때 다양하고 이질적인 집단도 집단 내 구성원들이 공통의 관심사를 가지며 집단 혹은 조직의 목표와 가치를 공유한다면 그 집단 또는 조직의 성과는 증대될 수 있을 것임을 알 수 있다(Robbins & Judge, 2014).

19 인사혁신처 홈페이지 참조.
20 인사혁신처 홈페이지 참조.

다양성 관리는 조직의 성과를 증진시키는 데 있어 필수적인 요소가 되기 때문에 조직은 효과적인 다양성 관리를 위해 다음과 같은 사항을 고려할 필요가 있다. 무엇보다도 누구에게나 동등한 기회를 부여하고 공정한 처우가 바탕이 되는 다양성 관리 방안을 모색해야 한다. 또한 조직 외부의 다양한 수요를 적극적으로 반영하기 위해 그에 맞는 다양한 조직구성원들의 직무배치와 개발이 필요하며, 성과향상을 위한 다양성 관리를 고려해 조직구성원들의 능력개발과 역량 배양이 가능하도록 해야 한다(Robbins & Judge, 2014: 70).

2) 조직 내 다양성 관리

(1) 조직 내 다양성 관리의 다원화

대표관료제와 균형인사정책만으로 조직 내 다양성을 확보하기는 어렵다. 다양한 인적자원을 확보하는 것뿐만 아니라 그들을 효과적으로 관리함으로써 조직 내 다양성은 더욱 증진될 수 있다. 단순히 눈에 보이는 가시적 요소들(예 인종, 성별 등)을 중심으로 한 다양성 관리뿐만 아니라 조직구성원들의 직무와 직위에 따른 다양성 관리도 필요하다는 것이다.[21] 즉, 이제는 표면적 다양성 관리만으로는 진정한 조직 다양성 관리를 이루어낼 수 없다. 따라서, 조직 내에서 표면적 다양성과 내면적 다양성 모두를 통합적으로 관리할 수 있는 방안을 모색할 필요가 있다. 특히, 조직구성원들의 내면적 다양성 관리 방안으로 조직구성원들의 조직 내 만족도에 직접적인 영향을 주는 삶의 질 향상과 일과 삶의 조화 정책을 살펴볼 필요가 있다.

역차별 논쟁: [글로벌 터치] 미국, 백인들의 잔치는 끝났다

미국 공화당과 민주당 전당대회가 모두 끝났다. 공화당 전당대회는 트럼프가 주최한 '백인 단합대회' 같았고 민주당은 당이 주도한 '유색인종 연합대회' 같았다. 공화당 전당대회는 트럼프의 독무대였고, 민주당 쪽은 거물 인사가 총출동한 총력전이었다.

민주당이 주인공 힐러리 클린턴을 가릴 정도로 화려한 연사를 불러 모은 배경엔 아예 판 깨자고 덤비는 트럼프 앞에 방어적이 된 민주당의 깊은 불안이 있다. 트럼프는 확 바꿔 보자는데 오바마 유산을 이어가야 하는 클린턴은 변화에 소극적일 수밖에 없다.

21 예를 들어, 현재까지는 직장 내 가장 많은 분포를 차지하고 있는 대졸 남성 조직구성원들 역시 조직 내 인적자원 구성변화로 소수자가 될 수 있다.

분노한 백인을 결집한 트럼프 바람 뒤에는 미국 사회의 급격한 인구 구성 변화가 있다. '백인 기독교도 미국의 종언(The End of White Christian America)'이란 책을 쓴 로버트 존스는 최근 강연에서 자신의 책이 "미국에서 백인 기독교인이 주류였던 시대가 끝난 것에 대한 부음 기사이자 애도사"라고 했다. 그에 따르면 지금 미국은 '백인 주류 시대' 장례식을 치르고 있다. 장례식장 앞줄에 앉은 사람들(백인)은 대성통곡하는데 뒷줄에 앉은 사람들(유색인종)은 환호하고 있다. 이 혼돈이 지금 미국 대선의 배경이고, 이 단계를 어떻게 지나느냐가 중요한 과제란 것이다.

공공종교연구소(PRRI)가 지난해 미국인들에게 "1950년대 이후 미국 문화와 생활이 더 나은 방향으로 변화했다고 생각하느냐, 아니면 나쁜 쪽으로 변했다고 보느냐"고 물었다. 비기독교인, 흑인, 민주당, 히스패닉들은 반 이상이 "더 좋아지고 있다"고 답했다. 반면 백인, 무당파, 백인 개신교도와 가톨릭, 공화당, 복음주의 백인 기독교인들 중엔 "더 나빠졌다"는 사람이 많았다. 공화당, 백인, 기독교인일수록 미국에서 사는 게 예전 같지 않다는 뜻이다.

8년 전 오바마 당선 때도 크게 늘어난 유색인종 비율이 큰 위력을 발휘했다. 이후 흑백 관계가 좋다고 생각하는 사람들 비율이 크게 떨어졌다. 나이 든 미국 백인들은 "오늘의 미국은 우리가 어렸을 때 생각하던 그 미국이 아니다"고 말한다. 백인이 중심에서 밀려나는 건 상상도 못했다고들 한다. "멕시코 국경에 담을 쌓고 무슬림 입국을 금지해서라도 당신들의 위상을 지켜주겠다"는 트럼프의 말에 혹할 수도 있는 이유다.

"인구 구성이 운명이다(Demography is destiny)"란 말이 있다. 인종이든 연령이든 인구 구성이 달라지면 정치도 변한다. 미국은 유색인종이 절반을 넘어가는 혁명적 변화를 코앞에 두고 있다. TV 토론에선 이미 "백인이 소수세력(마이너리티)이다"라는 말이 거침없이 나온다. 트럼프는 이런 인구 구성 변화가 가져오는 결과를 막겠다고 호언장담하고 있다.

조선일보, 2016년 7월 30일자 기사 중 일부 발췌

(2) 조직구성원의 삶의 질(QoL)과 일과 삶의 조화(WLB)

최근 조직 내 여성인력이 증가하고 가정의 여성소득이 증가하는 가운데 가족친화적 경영이 중요하게 고려되고 있다. 뿐만 아니라, 문재인 정부에서는 2018년 7월 1일부터 시행되는 민간부문의 주 52시간 노동시행에 발맞추어 공직에의 유연근무제나 탄력근무제 활성화를 도모하고 있다(서울경제, 2018). 가족친화정책은 분리정책과 통합정책으로 나누어 살펴볼 수 있다. 분리정책은 일과 가정은 분리되어야 한다는 것을 전제로 하고 있으며, 직장이 가정 일을 지원할 테니 그 대신 조직구성원들은 직장 일에 최선을 다하라는 의미로 시행되는 정책이다. 이에 대한 대표적인 예가 직장보육시설의 운영, 지역보육시설의 지원 등이다. 이에 반해 통합정책은 직장과 가정 영역의 조화를 전제로 한다. 이에 대한 대표적인 예가 근무시간, 근무장소의 탄력 운영 등이

다(임창희, 2015: 402–403). 오늘날 조직에서의 다양성 관리는 통합정책의 일환으로도 고려될 수 있다.

조직 다양성 관리의 일환으로 중요하게 고려되는 조직구성원들의 삶의 질(Quality of Life, 이하 QoL)은 직장 내에서의 삶의 질(Quality of Working Life)과 직장을 벗어나 가족과 관련되는 삶의 질, 또는 개인의 삶의 질(Quality of Life and Work–life Balance)을 모두 포함하는 개념으로 확대되고 있다(박천오 외, 2016: 321). 즉, 개인의 직장 내 QoL을 가족과 개인 전체의 삶으로 확대시키고 있는 것이다(조경호, 2009). 역사적으로 QoL에 대한 연구는 조직 내 개인의 내면, 즉 심리·정서적 만족을 중요하게 고려하기 시작한 1970년대 이후 개인의 QoL에 대한 중요성이 부각되면서 시작되었다(박천오 외, 2016: 322). 특히 QoL은 객관적인 측면과 개인의 주관적인 측면 모두를 강조하는 개념이다. 즉, QoL은 "개인이 추구하는 가치와 목적의 성취를 위해 필요한 물리적 상태나 상황", 그리고 "개인이 추구하는 제반 생활 목표와 가치들이 성취되는 과정에서 나타나는 심리적 행복감의 수준" 모두를 의미하는 것이다(박천오 외, 2016: 323).[22]

일과 삶의 조화(Work–Life Balance, 이하 WLB) 개념은 QoL을 기반으로 형성되었기 때문에 WLB는 "직장에서의 삶, 개인의 성장 및 자기개발 등과 같은 일 이외의 영역에 시간과 심리적·신체적 에너지를 적절히 분배함으로써 삶을 스스로 통제·조절할 수 있으며 이를 통해 개인이 전반적인 자신의 삶에 대해 만족스러워 하는 상태"로 정의될 수 있다(유민봉·박성민, 2013: 420 재인용). 따라서 WLB는 개인의 QoL, 가족관계에서의 QoL, 직장 내에서의 QoL을 모두 충족시킬 수 있는 개념이기 때문에 인적구성원의 표면적 다양성과 내면적 다양성 모두를 통합적으로 접근할 수 있는 방안이라고 할 수 있다.

WLB 정책은 조직의 효과성 달성과 사회의 전반적 만족도 향상을 위한 중요한 수단이 되기 때문에 조직 내 다양성 관리에서 반드시 고려될 필요가 있다. 특히 "개인이 자신에게 기대되는 다양한 역할 간에 충돌이 발생할 때 느끼는 부정적인 감정 상태"를 의미하는 역할갈등이론(role conflict theory)과 "한 영역에서의 태도와 행동이 다른 영역에서의 태도와 행동형성에 영향을 미친다는" 전이이론(spillover theory)은 WLB의 중요한 이론적 근거가 된다(유민봉·박성민, 2013: 421–422). 전자에 의하면 가정에서의 지위와 직장에서의 지위에 따른 역할이 달라 발생되는 역할모순 혹은 역할갈등은 WLB의 중요성이 강조되는 원인 중에 하나가 된다. 또한, 후자에 의하면 직장에서의 행동이 가정

22 QoL은 사회전반의 사회자본(social capital)을 향상시킬 수도 있다(유민봉·박성민, 2013: 423).

으로 전이될 수 있고, 가정에서 발생한 일이 직장으로 전이될 수 있기 때문에 WLB가 중요하게 고려될 필요가 있다는 것이다.

WLB와 관련된 다양성 관리 프로그램은 크게 근무형태 다원화(유연근무제, flexible workplace), 친가족 정책(family friendly policy), 개인신상지원정책(support for individual growth) 등 세 가지 차원으로 구분해 살펴볼 수 있다. 첫째, 근무형태 다원화 정책은 주로 유연근무제를 의미하며, 탄력근무제, 원격근무제, 시간선택제 등으로 분류된다. 유연근무제란 "조직 내 생산성을 향상시키고 삶의 질을 높이기 위해 개인·업무·기관별 특성에 맞는 유연한 근무형태를 선택하여 활용할 수 있는 제도"를 의미한다(인사혁신처, 2018).[23] 이러한 유연근무제의 기본 정신은 일과 삶의 균형을 유지하여 높은 삶의 질을 유지하는 것이다. 또한, 틀에 박힌 고정된 업무형태로는 다양한 가치들을 적극적으로 반영할 수 없으며, 이러한 근무환경에서는 조직구성원들의 삶의 질도 저하될 수밖에 없다. 조직구성원들의 삶의 질이 낮아질 경우 결국 이로 인해 구성원들의 성과는 낮아질 수밖에 없으며, 이는 조직의 생산성에도 부정적인 영향을 미치게 되는 것이다.

둘째, 친가족 정책은 출산장려 프로그램 제공, 보육서비스 지원, 가족부양지원 등과 같은 지원제도로서 가족의 기능을 유지하기 위한 정책이다(유민봉·박성민, 2013: 426). 이는 "조직구성원의 안전과 건강을 생각하고 가족같은 분위기에서 일할 수 있는 직장

표 20-3 유연근무제 유형

유형		내용
시간선택제 근무제		주 40시간 보다 짧은 시간 근무(주 15~30시간 근무)
탄력 근무제	시차 출퇴근형	1일 8시간 근무하면서, 출·퇴근시간 자율 조정
	근무시간 선택형	1일 근무시간(4~12시간)을 조정하되, 주 5일 근무 유지 (주 40시간 근무)
	집약 근무형	1일 근무시간(10~12시간)을 조정하여, 주 3.5~4일 근무 (주 40시간 근무)
	재량 근무형	출·퇴근의무 없이 프로젝트 수행으로 주 40시간 인정
원격 근무제	재택 근무형	사무실이 아닌 집에서 근무
	스마트워크 근무형	자택 인근 스마트워크센터 등 별도 사무실 근무

출처: 인사혁신처(2018)

23 http://www.mpm.go.kr/mpm/info/infoBiz/BizService/BizService01/

표 20-4 유연근무제 장점과 단점

장점	단점
• 일과 삶의 균형으로 효율성과 생산성 확보 • 직무 자율성 부여로 근로의욕 고취 • 개인별 생활여건에 부응, 복지향상 • 자율근무를 통한 자기계발 기회 확대 • 유연한 조직문화 조성에 기여 • 통근 혼잡 회피 등 사회적 비용 절감 가능	• 직장 내의 의사소통 어려움 • 관리자의 직원 통제 부담 • 직장생활의 불규칙성 확대 • 근로시간 준수 여부 확인 한계 • 시간 외 근무, 외출, 출장, 초과근무 등 근로시간과 복무관리의 어려움

출처: 이창길(2016: 356)

을 만들기 위한 의도적 정책 개입"으로 고려될 수 있다(박천오 외, 2016; 326). 셋째, 개인신상지원정책은 구성원 개인의 성장과 복리를 위한 지원제도이다. 이는 교육프로그램 제공, 자기개발 활동 및 문화생활 지원, 건강보조 프로그램 제도 등과 같은 개인발전 및 여가제도를 제공하여 일과 가정 모든 영역에서 개인의 지속적 발전과 성장을 도모하고자 시행되고 있다(유민봉·박성민, 2013: 426).

(3) 조직관리 전반에서의 다양성 관리

조직관리 전반에 있어서 다양성 관리가 성공적으로 이루어지기 위해서는 무엇보다도 조직구성원들 사이에 다양성에 대한 긍정적인 풍토가 조성될 필요가 있다(Robbins & Judge, 2014: 69). 다양성 증진을 도모하기 위해 각 조직 내에서 다양성과 관련된 효과적인 교육훈련 프로그램을 개발·운영하여야 한다. 일부 조직에서 다양성 프로그램의 효과가 분명하게 나타나지 않는 것은 다양성 프로그램이 조직구성원들 사이에 제대로 정착되지 못하고 일회적으로 운영되기 때문이다. 다양성 프로그램 운영의 효과성이 제대로 나타나지 않고, 고위직의 소수집단 비율이 저조한 이유는 바로 이러한 이유 때문이다(Robbins & Judge, 2014: 70).

특히 조직의 리더나 관리자는 표적집단(target group)의 인력이 조직 내에서 차별받지 않고 충분히 효과적으로 활용되고 있는가를 신중히 판단해야 한다(Robbins & Judge, 2014: 71). 만약 어떤 집단이 승진, 보수, 직무부여 등에 있어서 차별적인 대우를 받는다면 관리자들은 이들을 대상으로 적극적인 교육훈련을 제공해야 하며, 특히 쌍방향 의사소통을 통해 소외받는 계층에게 우대적 지원이 제공될 수 있도록 방안을 마련하여야 한다.

3) 우리나라 공공조직의 다양성 관리: WLB 정책을 중심으로

(1) 우리나라 WLB 정책 현황

우리나라 공공조직에서 시행되고 있는 QoL은 2000년대 들어 공무원을 개혁의 객체가 아닌 주체로 보면서 부각되기 시작했다. 현재 우리나라 공직제도에 운영되고 있는 WLB 정책은 크게 유연근무제, 친가족 정책, 개인신상지원정책 등이 있다(박천오 외, 2016: 329−332).[24]

첫째, 우리나라 공직제도에서 시행되는 유연근무제는 정권별로 다소 상이하게 운영되었다. 노무현 정부에서는 탄력근무제에 관심을 가졌으며, 이명박 정부에서는 일자리 확산과 연계한 시간제근무에 관심을 가졌고, 박근혜 정부에서는 스마트워크근무형과 경력단절여성을 위한 시간선택제에 관심을 가졌다(박천오 외, 2016: 329). 박근혜 정부에서 현재의 문재인 정부까지 운영되는 대표적인 시간선택제 근무 형태는 다음과 같다. 첫째, 시간선택제 전환형으로 전일제 공무원(주 40시간, 1일 8시간)이 필요에 따라 시간선택제(주 15~30시간)로 전환해 근무하는 것이다. 둘째, 채용형으로 시간선택제 공무원(시간선택제 채용 공무원)이 2014년부터 운영되고 있다. 이는 경력단절여성을 위한 채용제도로서 통상적 근무시간(주 40시간, 1일 8시간)보다 짧은 주 20시간(오전·오후·격일 등) 근무하는 공무원을 채용하는 제도이다. 주로 7급 이하를 채용하나, 중앙부처 전문분야의 경우 인사혁신처와의 협의를 거쳐 상위직급으로의 채용이 가능하다. <표 20−5>에서 제시되듯이 국가직 시간선택제 공무원은 2014년부터 2017년까지 총 1,672명이 채용되었다. 셋째, 시간선택제 임기제 공무원으로 운영된다. 이는 "한시적인 사업 수행 또는 시간선택제 전환자의 업무대체를 위해 일시적으로 채용되는 공무원"을 의미하며(인사혁신처, 2018), 「공무원임용령」 제3조의2에 의거해 1일 최소 3시간 이상, 주당 15~35시간 근무를 기본으로 한다. 시간선택제임기제 공무원의 종류는 ① 시간선택제일반임기제 공무원과 ② 시간선택제전문임기제 공무원으로 구분된다.[25]

---

24 이외에도 문재인 정부에 들어 「근로기준법」이 개정되었다. 2018년 7월 1일부터 '주 52시간 근무제'가 도입되어 운영됨에 따라 공무원 근무시간 단축에 대한 논의가 제기되고 있다. 비록 공무원은 「근로기준법」 적용대상이 아니지만, 근무시간 단축 참여라는 차원에서 제도 적용 대상에 포함될 수 있다(뉴스 1, 2018).

25 ① '일반임기제공무원'은 "직제 등 법령에 규정된 경력직공무원의 정원에 해당하는 직위와 「책임운영 기관의 설치·운영에 관한 법률」 제7조1항에 따른 책임운영기관의 장의 직위에 임용되는 임기제공무원"을 의미하며, ② '전문임기제공무원'은 "특정 분야에 대한 전문적 지식이나 기술 등이 요구되는 업무를 수행하기 위하여 임용되는 임기제공무원"을 의미한다(인사혁신처, 2018).

표 20-5 국가직 시간선택제 공무원 채용 현황

구분	계	5급	6급	7급	8급	9급	연구사	전문 경력관
계	1,672	6	94	148	94	1,294	34	2
2017년	492	–	48	41	19	377	7	–
2016년	461	2	15	29	24	382	9	–
2015년	353	–	17	45	20	261	10	–
2014년	366	4	14	33	31	274	8	2

출처: 인사혁신처(2018)

표 20-6 유연근무제 활용한 근무형태 사례

개선 전(종전)	개선 후(현재)
• ○○부 A주무관은 예고 없이 생긴 다음날 9시 회의 준비를 위해 8시까지 출근하였다. 일찍 업무를 시작해 17시에 업무를 마쳤지만, 퇴근시간(18시)까지 기다렸다가 퇴근해야 했다.	• 회의 준비를 위해 8시에 출근한 OO부 A주무관은 출근 후 당일 유연근무를 신청하여 17시에 모든 업무를 마치고 퇴근(8시간 근무)할 수 있었다.
• ◇◇부 B사무관은 점심시간(12~13시)에 어린이집에 맡긴 자녀를 집에 데려다준 후 사무실로 돌아와 일을 하고 있다. 1시간으로 한정된 점심시간으로, 자녀 귀가가 늦어지기라도 하면, 어쩔 수 없이 본인의 연가(외출)를 사용해야 했다.	• ◇◇부 B사무관은 유연근무제로 자녀 귀가에 대한 걱정을 덜었다. 아이 귀가시간(~13:30)만큼, 퇴근시간을 조정(18:30)하여 일하기 때문이다. 점심시간을 융통성 있게 활용하면서 육아가 편해졌고, 업무 효율성도 높아졌다.

출처: 인사혁신처(2018)

둘째, 가족친화적 정책으로 공무원 개개인에게 지급되는 질병휴직, 가사휴직, 병가, 출산휴가, 보건휴가 등이 있으며, 공무원 연금관리공단에서 제공하는 공무상 요양비, 장해급여 지급 등이 있다. 이러한 가족친화 정책 중 공무원의 육아휴직 수는 끊임없이 증가하고 있다. 2011년에는 남녀 공무원 유아휴직자 수가 5,218명이었으나, 2015년에는 7,993명으로 약 53%가 증가하였다. 특히 남성공무원의 육아휴직 수도 2011년에는 623명이었으나, 2015년에는 1,269명으로 약 103%가 증가하였다. 2017년에는 남성 육아휴직 비율은 22.5%였다.

셋째, 현재 우리나라 공직제도에서 운영되고 있는 개인신상지원정책으로 정부에서는 공무원에게 가족수당, 주택수당, 가계지원비 등의 가계보전수당, 특수지근무수당 등의 수당을 지급하고 있으며, 여가시간 활용과 관련해서는 주5일근무제, 시테크제(반일연가), 연가,[26] 공가, 퇴직준비휴가, 특별휴가 중 경조사휴가 등을 운영하고 있다. 또한 맞춤형 복지제도를 운영하고 있는데, 복지제도 구성을 기본항목과 자율항목으로 나누고 기본항목은 필수기본항목과 선택기본항목으로 구분하였다.

그림 20-6 시간선택제 공무원 유형

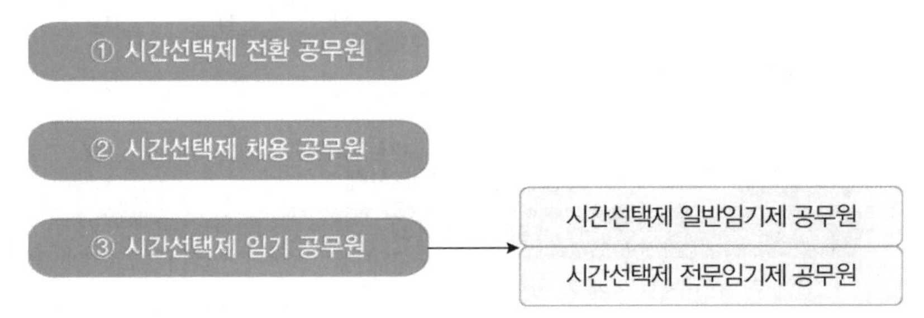

출처: 인사혁신처(2018)[27]

표 20-7 행정부 국가공무원 성별 육아휴직 현황 (단위: 명, %)

구분	2009년	2010년	2011년	2012년	2013년	2014년	2015년	2016년	2017년
육아휴직 인원	3,342	4,309	5,218	6,671	7,050	7,602	7,993	8,093	8,372
남성인원	386	458	623	756	928	1,100	1,269	1,528	1,885
남성비율	11.5%	10.6%	11.9%	11.3%	13.2%	14.5%	15.9%	18.9%	22.5%

* 대상: 2012년까지는 정부업무평가대상 43개 중앙부처/2013년 이후는 전체 중앙부처(교육공무원 제외)
* 휴직요건: 만 3세(2002) → 만 6세(2008) → 만 8세(2011)/휴직기간: 1년 → 3년(여성, 2008/남성 2015)

출처: 인사혁신처(2018)

26 연가 확대를 위해서 2017년 4월 「국가공무원 복무 · 징계 관련 예규」를 개정하였다. 연가사유란을 없애 자유롭게 연가를 사용할 수 있는 환경을 조성한 것이다(인사혁신처, 2017).

27 http://www.mpm.go.kr/mpm/info/infoBiz/BizHr/bizHr06/

표 20-8 맞춤형 복지제도 구성

구분		내용	구성
기본항목	필수기본항목	공무원조직의 안정성을 위하여 전체 공무원이 의무적으로 선택하여야 하는 항목	생명·상해보험
	선택기본항목	운영기관의 장이 정책적 필요에 따라 설정하고 구성원이 의무적으로 선택하여야 하는 항목	본인 및 가족의료비 보장보험, 건강검진 등
자율항목		운영기관의 장이 필요에 따라 설정하고 각 구성원이 자유롭게 선택할 수 있는 항목	건강관리, 자기계발, 여가활용, 가정친화

출처: 인사혁신처(2018). 인사혁신처예규 제49호(2018.2.1.)「공무원보수 등의 업무지침」

(2) 우리나라 WLB 정책의 문제점과 해결방안

우리나라 공공조직에서 시행되고 있는 WLB 정책의 문제점은 다음과 같다. 첫째, 다양한 WLB 제도가 도입이 되고 있지만 실제 이를 실행하는 중앙행정기관은 그렇게 많지 않다(유민봉·박성민, 2013: 440—441). 2015년 정부부처별 연가사용 내역을 보면 부처별 유연근무제 도입이 매우 미흡하고, 연가사용률 역시 매우 부족함을 알 수 있다. 보다 구체적으로, 2015년 정부부처별 유연근무 현황을 살펴보면 약 18.8%만 유연근무제를 활용하고 있어 매우 저조한 상황이다(인사혁신처, 2016).[28·29] 뿐만 아니라 부처별 현황을 살펴보면 상시근무가 필요한 특수 부처인 경찰청은 0.8%, 검찰청 4.9%, 외교부 5.0%, 금융위원회 5.8%로 유연근무제 활용이 저조한 것으로 나타났다. 그리고 전체연가 부여일수 5,669,962일 중에서 전체연가 사용일수는 2,748,809일로 사용비율은 48.5%에 머물고 있었다.

유연근무제를 비롯한 공직사회에서의 WLB 정책은 아직 미흡한 실정이지만, 점차 개선되고는 있다.[30] 2017년도 유연근무제 이용 국가공무원은 2016년보다 2배 이상 증가한 것으로 나타났다. 2017년도 유연근무제 이용자는 116,131명, 이용률은 66.4%로 확대되어 2015년 18.8%(27,257명)과 2016년 22%(37,301명)보다 크게 증가하였다(인사혁신처,

28 인사혁신처(2016). 근무혁신으로 근무효율 1등급 달성.

29 이 중에서도 실질적 유연근무제 유형이라고 할 수 있는 시간제 근무, 원격근무제 이용은 매우 미흡하고 대부분 시차출퇴근제(출퇴근시간만 변경)만을 활용하고 있는 실정이다.

30 유연근무 신청사유를 보면 '효율적인 업무수행', '출퇴근 편의', '임신·육아'가 가장 큰 이유로 제시되고 있는 것은 유연근무제가 일과 가정의 양립과 업무생산성을 위한 정책이라는 인식이 공무원들 사이에 점차 확산되고 있다는 것을 보여준다. 또한 4급 이상 간부급의 유연근무제 활용률도 비록 미흡하지만 점차 증가하고 있다(2011년 2.9% → 2015년 4.3%)(인사혁신처, 2016).

표 20-9 2017년 중앙부처별 유연근무제 이용 현황

구분	계 (명)	탄력근무제				원격근무제		시간제 근무*
		시차 출퇴근형	근무시간 선택형	집약 근무형	재량 근무형	재택 근무형	스마트 워크형	
중앙부처	116,131	69,744 (60.1%)	42,470 (36.6%)	616 (0.5%)	3 (약 0%)	204 (0.2%)	1,591 (1.3%)	1,503 (1.3%)

* 연 12일 이상 유연근무제를 이용한 공무원(중복이용 포함)/교원, 군인, 교대·현업근무자 등 제외
출처: 인사혁신처(2018)

2018). 이는 공직사회에서 점차 유연근무제를 비롯한 WLB 정책에 대해 긍정적인 인식을 가지기 시작했다는 것을 의미한다고 볼 수 있다.[31] 그럼에도 불구하고 2017년 기준 유연근무제의 한 형태인 시차출퇴근형(1일 8시간 근무, 출퇴근시간 자율 조정)이 전년도에 비해 줄어들긴 했지만 여전히 가장 높은 비중을 차지했으며(2015년 74.4% → 2016년 75.2% → 2017년 60.1%), 근무시간선택형(주 5일, 40시간) 근무, 1일 근무시간(4~12시간 조정)을 포함한 탄력근무제가 유연근무제의 거의 대부분을 차지하고 있어 유연근무제 형태의 다양화가 필요한 실정이다(인사혁신처, 2018). 향후 유연근무제를 활용하는 것이 개인의 승진과 보수에 불이익이 되지 않는다는 것을 분명히 함으로써 WLB 정책의 보다 효과적인 활용이 가능해 질 것이다(유민봉·박성민, 2013: 441).

둘째, 정부부처의 일괄적인 WLB 정책도입은 적절하지 않다. 앞의 유연근무제와 휴가일수 사용현황을 보더라도 부처별, 업무별, 기관별 특성에 따라 많은 차이를 나타낸다. 유연근무제를 확산시키기 위해 부처의 특수성을 고려하지 않고 무조건적으로 제도를 확대·적용하고자 한다면 오히려 이에 대한 부작용이 커질 수 있다. WLB 정책이 성공적으로 시행되기 위해서는 유연한 조직문화 형성이 우선되어야 할 것이다(박천오 외, 2016: 333).

2017년도 관리자급(4급 이상)의 유연근무제 이용률이 전체 이용률의 4.2%(각 직급별 전체인원 대비 이용률 44.5%)로 5급(전체 이용률의 11.4%, 각 직급별 전체인원 대비 이용률 54%)과 6급 이하(전체 이용률의 84.4%, 각 직급별 전체인원 대비 이용률 54.2%) 보다 낮은 편이다(인사혁신처, 2018). 관리직 공무원이 유연근무제를 적극적으로 활용할 때 부하직원의 유연근무제 이용을

31 2016년과 2017년에 실시한 공무원 대상 설문조사에 의하면 응답자의 74.4%가 유연근무제는 "삶의 질 향상에 긍정적 영향을 준다"고 응답했으며, 66.9%는 유연근무제가 "업무성과와 생산성 제고에 효과가 있다"고 응답했고, 응답자의 55.2%는 "유연근무가 초과근무 감축에 효과가 있다"고 하는 등 유연근무제에 "전반적으로 만족한다"는 응답이 절반 이상(54.8%)으로 나타났다(인사혁신처, 2017).

더 잘 이해할 수 있으며, 이로 인해 유연근무제의 긍정적 측면이 부각되고 유연한 조직문화를 정착시키는 데 기여할 수 있을 것이다.

People and
Organizations

Chapter 21

인간과 조직의 관계

1. 인사조직에서의 노사관계
2. 공공부문에서의 노사관계
3. 동기부여의 의의
4. 동기부여이론
5. 공공조직에 대한 동기부여이론 적용

CHAPTER

21 인간과 조직의 관계

핵심 학습사항

1. 노사관계에 대한 정의는 무엇이며, 공무원 노사관계의 정의는 무엇인가?
2. 협력적 노사관계의 정의와 구성요소는 무엇인가?
3. 단결권, 단체교섭권, 단체행동권의 정의와 특징은 무엇인가?
4. 노동조합의 기능은 무엇인가?
5. 노동조합에서 숍제도의 종류에는 어떤 것이 있으며, 그 특징은 무엇인가?
6. 인사조직차원에서 노사관계의 의미는 무엇인가?
7. 협력적 노사관계에 영향을 미치는 요인에는 어떠한 것들이 있는가?
8. 공공부문 노사관계와 공무원 노사관계의 특징은 무엇인가?
9. 우리나라 공무원 노사관계 법령의 체계는 어떠한가?
10. 「공무원의 노동조합 설립 및 운영 등에 관한 법」의 의의는 무엇인가?
11. 공무원직장협의회와 공무원 노동조합의 특징은 무엇인가?
12. 공무원 노동조합의 기능은 무엇인가?
13. 공무원의 정치적 중립성이 가지는 의미는 무엇인가?
14. 공무원 노동조합과 실적제는 어떠한 관계에 있는가?
15. 바람직한 공무원 노사관계는 무엇인가?
16. 동기부여의 정의는 무엇이며, 동기부여가 인사조직에서 중요한 이유는 무엇인가?
17. 조직과 인사의 연계로서 동기부여의 역할은 무엇인가?
18. 내재적 동기부여와 외재적 동기부여의 차이점은 무엇이며, 이들은 어떤 관계에 있는가?
19. 데시와 라이언의 자기결정이론이란 무엇인가?
20. 동기부여이론을 욕구이론과 과정이론으로 분류하는 이유는 무엇이며, 이들의 차이는 무엇인가?
21 매슬로의 욕구계층론의 구성요소와 한계는 무엇인가?
22. 매슬로의 욕구계층론과 앨더퍼의 ERG 이론의 유사점과 차이점은 무엇인가?
23 허츠버그의 동기-위생 요인의 의의는 무엇인가?
24. 맥클랜드의 성취동기이론은 무엇인가?
25. 과정이론의 특성은 무엇인가?
26. 기대이론의 특징은 무엇이고, 브룸과 포터-롤러의 기대이론의 차이는 무엇인가?
27. 목표설정이론과 형평이론이 인사조직 과정에 미친 영향은 무엇인가?
28. 동기부여이론은 공직분야에서 어떻게 적용되는가?
29. 공직봉사동기의 개념과 특징은 무엇인가?

1 인사조직에서의 노사관계

1) 노사관계의 의의

(1) 노사관계의 개념 발달

인사와 조직에서 노사관계의 의의를 논의하기 이전에 노사관계가 무엇이며, 어떤 노사관계를 달성하는 것이 바람직한가에 대한 논의를 먼저 살펴보도록 한다. 노사관계(labor-management relationship)는 자본주의 사회로 발전하면서 형성된 사회적 관계로, 실제 노사관계가 학문적으로 연구되기 시작한 시기는 제2차 세계대전 이후가 된다. 노사관계는 "노동을 공급하는 자와 노동을 공급받는 자의 관계"로 정의될 수 있다(박경규, 2016: 503). 즉, 노사관계는 조직이 필요한 노동수요와 노동자가 공급하는 노동공급에 관한 관계로 해석할 수 있는 것이다.

노동자와 사용자 사이의 관계가 어떠한 가에 따라서 노사관계가 협력적일 수도 있고 대립적일 수도 있다. 대부분의 개인과 조직은 협력적 노사관계를 형성하려고 하는데, 그 이유는 협력적 노사관계 하에서 자신들의 편익을 증대시킬 수 있기 때문이다(Deery & Iverson, 2005: 589). 이러한 협력적 노사관계는 협력이론(cooperation theory)을 통해 살펴볼 수 있다. 협력이론은 상호관계자들에게 협동을 강요하는 중앙장치가 존재하는 것이 아니라, 협력관계자 자신들이 이익추구를 위해 당사자 간 자발적 협력관계를 구축하는 것이다(Axelrod, 1984: 6; 김정인, 2016: 78). 이러한 협력이론의 특징을 바탕으로 한 협력적 노사관계를 "노사 모두 외부압력에 의존하지 않고 상호이익을 위해 자발적으로 협력관계를 유지하는 것"으로 정의할 수 있을 것이다(김정인, 2016: 78).

(2) 노동기본권과 노동조합

노사관계 형성에 중요한 영향을 미치는 요소는 바로 '노동자들에게 어떤 노동기본권이 주어지는 가'이다. 일반적으로 노동기본권은 단결권, 단체교섭권, 단체행동권으로 구분된다. 먼저 단결권은 "근로자들이 자주적으로 노동조합을 설립·운영하고 이에 가입하여 활동할 수 있는 개별적 단결권과 근로자 단체인 노동조합이 자주적으로 조직을 구성하거나 상부단체 결성 또는 가입하는 집단적 단결권"을 의미한다(백종섭 외, 2016: 262). 이에 비해 단체교섭권은 "근로자가 근로조건을 유지하고 개선하기 위하여 노동조합, 기타 단결체의 대표자를 선출하여 사용자 또는 사용자단체와 집단적으로

표 21-1 노동기본권 내용과 허용범위

노동기본권 (노동3권)	포함 권리와 대상	사실상 노무종사자 공무원	공무원노조법 (일반공무원)	교원노조법 (교원공무원)
단결권	• 개별적 단결권: 근로자 개인 • 집단적 단결권: 노동조합	모두 보장	보장	보장
단체교섭권	• 협의의 단체교섭권 • 단체협약체결권			
단체행동권	• 쟁의권: 파업, 태업, 직장폐쇄 등 • 조합활동권: 리본착용 등		금지	금지

출처: 백종섭 외(2016: 263)

교섭할 수 있는 권리"이며, 단체행동권은 "근로자가 근로조건 등 자신의 요구를 관철하기 위하여 사용자에 대하여 집단적인 압력행동을 취할 것을 보장하는 권리"이다(백종섭 외, 2016: 262).

이러한 노동자들의 기본권을 직접적으로 보장할 수 있는 현실적 장치로는 노동조합이 있다. 「노동조합 및 노동관계조정법」 제2조에 의하면 노동조합은 근로자가 주체가 되어 자주적으로 단결하여 근로조건의 유지·개선 기타 근로자의 경제적·사회적 지위의 향상을 도모함을 목적으로 조직하는 단체 또는 그 연합단체이다.[1] 노동조합은 단체교섭 기능, 경제적 기능, 공제·복지적 기능, 협동적 기능, 경영참가 기능, 정치적 기능 등을 수행하기 때문에 노동조합원들의 권리는 노동조합을 통해서 적극적으로 보장된다(백종섭 외, 2016: 264-265). 처음 노동조합이 발생할 때에는 공제적 기능이 가장 중요했지만, 경제적 기능 역시 기본적 기능으로서 중요하게 고려된다.[2]

노동조합 특징과 관련하여 숍(shop)제도를 살펴볼 필요가 있다. 숍제도는 "기업이 신규인력을 채용할 때 지원자의 신분과 관련한 노동조합과의 모든 관계의 형태"를 의미한다(박경규, 2016: 513). 이는 기본적으로 오픈숍(open shop), 유니언숍(union shop), 클로즈드숍(closed shop)으로 구성되는 데, 오픈숍은 "조합원이나 비조합원이나 모두 고용할

1 보다 자세한 내용은 http://www.law.go.kr/lsInfoP.do?lsiSeq=154056&efYd=20140520#0000를 참조바란다.

2 노동조합의 공제적 기능은 "조합원의 노동능력이 일시적 또는 영구적으로 상실되는 경우에 대비하여 조합이 기금을 설치하여 상호 공제하는 활동"을 의미하며, 경제적 기능은 "사용자에 대해 직접적으로 발휘되는 노동력의 판매자로서의 교섭기능"을 의미한다(박경규, 2016: 508).

수 있으며 조합가입이 고용조건이 아닌 제도"를 의미하며, 유니언숍은 "사용자의 자유로운 채용이 허락되나, 일단 채용된 후 일정한 견습기간이 지나 정식 종업원이 되면 조합에 가입하지 않으면 안 되는 제도"를 의미한다. 클로즈드숍은 "결원보충이나 신규채용에 있어서 사용자는 조합원 중에서 고용하지 않으면 안 되는 것으로, 조합가입이 고용의 전제조건이 되는 제도"이다(박경규, 2016: 514). 일반적으로, 노동조합은 클로즈드숍을 원하나 사용자는 오픈숍을 원한다.

표 21-2 노동조합의 형태별 특징

	직종별 조합	산업별 조합	기업별 조합	일반조합
개념	직종 또는 직업을 같이하는 근로자들로 조직된 노동조합	직종이나 계층에 관계없이 동일 산업에 종사하는 근로자가 조직하는 노동조합	동일한 기업에 종사하는 근로자들로 조직되는 노동조합	숙련이나 직종 또는 산업에 관계없이 일반근로자를 폭넓게 규합하는 조합의 형태
환경	• 초기공업시대 • 산업자본시대 • 숙련공의 작업 독점시대 • 도제제도의 전성시대	• 기계생산시대 • 직종의 분화시대 • 작업분업화시대 • 반숙련공, 미숙련공의 다수 등장시대	• 사용자 주도적인 노사관계의 조직 • 가족주의적 노사 패턴에서 갈등을 전제로 한 노사 패턴으로의 전환 기조직	• 미숙련공 다수 등장시대 • 직업별 조합에서 제외되었던 산업 조직 • 직업별과 산업별의 중간산물
조직원리	• 1직업 1조합 • 횡단적	• 1산업 1조합 • 횡단적	• 1기업 1조직 • 종단적	• 전 산업 1조합 • 횡단적
조직기반	• 숙련공	• 반숙련공 • 미숙련공	• 기업	• 미숙련공
조직성격	• 완전 폐쇄적	• 개방적	• 폐쇄적	• 완전 개방적
조직관리	• 공제활동 • 중앙집권화	• 조합민주주의	• 복지활동 • 조합민주주의	• 중앙집권적 관료주의
노동시장 통제방법	• 직업독점 • 도제제도	• 단체교섭 • 파업 • 경영참가	• 노사협의 • 단체교섭	• 입법규제 • 단체교섭 • 파업

출처: 박경규(2016: 512) 재구성

2) 인사조직에서 노사관계의 의의

(1) 노사관계의 의의

노사관계가 어떻게 이루어지는 가에 따라서 개인과 조직에 미치는 영향은 달라진다고 할 수 있다. 특히 협력적 노사관계가 형성될 때 노동자와 사용자 양측에서 부담해야 하는 비용보다 편익이 증가하기 때문에 협력적 노사관계 형성에 대한 개인들의 동기부여가 증가할 수 있으며, 근로의욕이 고취되고, 이로 인하여 조직의 생산성이 증가될 수 있다. 따라서, 노사관계는 개인과 조직 모두에 긍정적 혹은 부정적인 영향을 미치는 공통적 요소라고 할 수 있다. 즉, 노사관계가 어떻게 형성되느냐에 따라서 채용, 인력유지, 평가와 보상 등 모든 인사관리 내용이 달라질 수 있다. 뿐만 아니라, 노사관계의 협력정도에 따라서 조직구성원들의 태도, 가치, 동기부여 등이 달라질 수 있어 결국 조직생산성에 중대한 영향을 미치게 된다.

(2) 노사관계 형성과 영향

노사관계가 개인과 조직에 어떻게 영향을 미치는 가를 살펴보면 노사관계의 중요성을 더욱 명확히 알 수 있다. <그림 21－1>을 통해서도 알 수 있듯이 관리적 측면에서 경영자들이 적극적으로 노동자와 정보를 공유하고, 노동자를 경영에 적극적으로 참여시키며, 열린 커뮤니케이션을 유지하고, 절차적 공정성을 보장할 때 협력적 노사관계가 형성된다. 특히 경영진의 독립성과 자율성이 높아지면 경영의 투명성이 제고되고, 조직에 대한 조직구성원들의 신뢰가 증가하게 되어 협력적 노사관계 형성에 긍정적인 영향을 미치게 된다(Deery & Iverson, 2005: 590－591). 또한 경영진의 자율성과 독립성이 증진될 때 노동조합은 조직의 중·장기 발전에 관심을 가지게 되고 노조 저항이 줄어들어 협력적 노사관계가 형성될 수 있다(김정인, 2016: 79). 뿐만 아니라, 노동조합 측면에서도 노조가 어느 정도 건설적인 협상을 할 수 있고, 노동조합이 구성원들의 의견을 적극적으로 반영하며, 노동조합이 구성원들이 원하는 내면적 측면(예 업무에 흥미)과 외면적 측면(예 임금임상)을 충족시킬수록 협력적 노사관계가 형성될 가능성이 높아진다(Deery & Iverson, 2005: 590－591).

협력적 노사관계 형성에는 노동자와 경영진(관리자) 모두의 영향이 작용한다. 노조의 참여, 경영진의 절차적 보장, 노사의 커뮤니케이션, 노동조합 구성원들의 보상 문제 해결을 비롯한 적극적 의견반영 등 모든 것이 노사관계 형성에 중요한 요소가 되기 때문에, 노사관계는 인사와 조직 모든 분야에 영향을 미치는 중요한 공통적 주제가

그림 21-1 노사관계와 조직생산성 모형

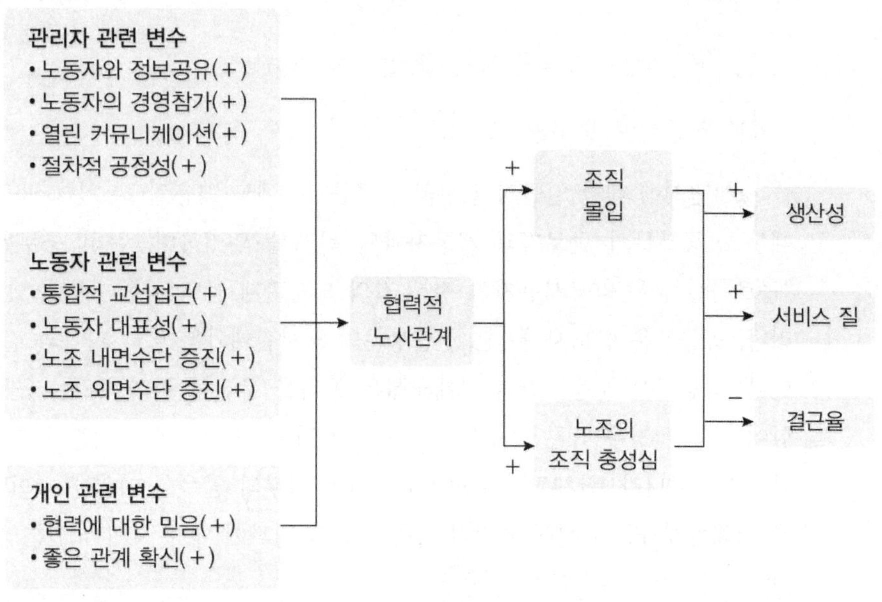

출처: Deery & Iverson(2005: 590)

된다고 할 수 있다. 또한 이는 노사관계의 결과를 통해 더욱 명확하게 나타난다. 협력적 노사관계가 형성될수록 조직구성원들의 조직몰입이 증가하고 노조의 조직에 대한 충성심이 증가한다. 이로 인해 결국 조직 전체의 생산성과 서비스 질이 증가하게 되는 것이다. 즉, 노사관계가 조직 전반에 중요한 영향을 미치게 된다는 것이다. 뿐만 아니라, 협력적 노사관계 형성으로 인해 결근율과 같은 조직구성원의 부정적 행태 또한 줄어들게 된다. 이는 노사관계가 인사 전반에도 중요한 영향을 미친다는 것이다. 다시 말해, 인사와 조직의 여러 구성요소들(예 조직구성원의 참가, 절차적 문제, 커뮤니케이션 등)은 노사관계 형성에 중요한 역할을 하며, 형성된 노사관계의 품질에 따라 인사와 조직 전반의 결과도 달라질 수 있다. 이는 노사관계가 인사조직에 있어서 중요한 공통 주제가 된다는 것을 나타내 준다.

2 공공부문에서의 노사관계

1) 공공부문 노사관계의 의의

(1) 공공부문 노사관계의 특징

노사관계에 대한 일반적인 논의는 공공부문에도 적용될 수 있다. 공공부문 노사관계는 공공부문의 근로자와 사용자와의 관계를 의미하며, 특히 공무원 노사관계는 "근로자인 공무원과 사용자인 정부 간의 노사관계"를 의미한다(박천오 외, 2016: 428). 그러나, 공공부문의 노사관계는 민간부문의 노사관계와는 달리 다음과 같은 특징을 지닌다. 공공부문 노동조합의 단체교섭은 공익을 우선시 한다. 또한, 공공부문 노동조합이 파업할 경우 다른 대체서비스가 없어 정부 및 국민에 강력한 영향을 미칠 수 있다. 뿐만 아니라, 단체교섭과정에서 노사인 정부와 공무원 이외에 국회나 국민 등 다른 이해관계자들의 관여가 강하며, 단체교섭 결과에 대해 국민과 언론의 관심이 높다(박천오 외, 2016: 429).

보다 구체적으로, 공공부문의 노사관계는 다음과 같은 특징을 지닌다(김정인, 2016: 75-79). 첫째, 각 나라마다 차이는 있지만 미국의 경우 공공부문 노동조합 가입률은 민간부문 노동조합 가입률 보다 높은 편이다. <그림 21-2>에 의하면 1965년경 미국에서의 민간부문 노동조합 가입률은 약 30%였지만, 이는 지속적으로 하락하여 1995년

그림 21-2 미국의 공공부문과 민간부문의 노동조합 가입률 비교

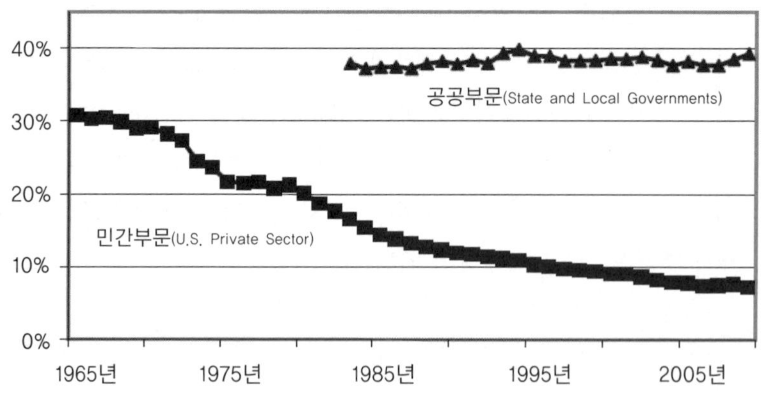

출처: 미국 통계청(U.S. Bureau of Labor Statistics)(2010); 김정인(2016: 77)

그림 21-3 공무원 노사관계 특수성

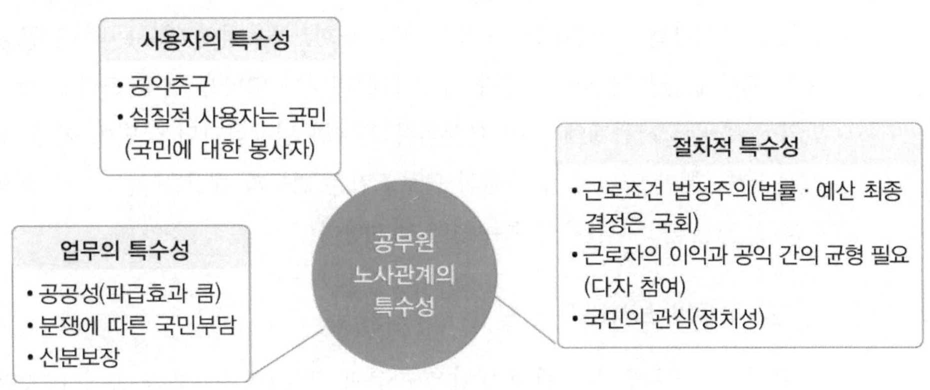

출처: 인사혁신처 홈페이지[3]

이후에는 10%를 넘지 못했다. 이에 비해 공공부문 노동조합은 1960년대, 1970년대 가입률이 급속하게 증가하여 지금까지도 약 40% 정도의 가입률을 유지하고 있다(Kearney & Mareschal, 2014; 김정인, 2016: 77). 이처럼 미국에서 공공부문의 노동조합 가입률이 증가한 이유는 공공부문 근로자가 두 배 이상 증가하였고, 미국의 각 주에서 공공부문 노동조합 보호를 위한 법률을 통과시켰기 때문이다(Brock & Lipsky, 2003: 4).

둘째, 공공부문의 노사관계는 주로 단체교섭(collective bargaining)과 단체협약(collective agreement)을 통해 형성된다. 특히 단체협약은 노사가 협상과정에서 서로 동의하고 합의한 내용을 기록한 것으로, 이는 사용자가 각 개인과 체결하는 개인적인 계약이기보다는 사용자와 노동조합 단체가 계약을 체결하는 집단적인 계약을 의미한다(박영범, 2011: 75; 김정인, 2016: 80). 공공부문의 노사관계는 사용자와 노동조합 간 단체협약을 통해 형성되기 때문에 공공부문 노동자 개인의 기회주의적 행동을 억제할 수 있으며, 각 개인이 개별적으로 계약을 할 때 발생하는 거래비용(transaction cost)을 줄일 수 있다는 장점을 지닌다(Macneil, 1978; 김정인, 2016: 80). 즉, 공공부문 노동조합은 민간부문 보다 늦게 형성되었지만 주로 단체협약을 바탕으로 노사관계가 형성되기 때문에, 공공부문 노동조합의 결속력이 더 강하고 조직화되어 있다고 할 수 있다(하재룡, 2000; 김정인, 2016: 76).

3 보다 자세한 내용은 http://www.mpm.go.kr/mpm/info/infoLaborManag/LaborManagCondi/LaborManagCondi001/를 참조바란다.

셋째, 공무원의 신분상 특수성 때문에 공무원 노사관계 형성은 차별성을 나타낸다. 공무원은 공익을 추구하고 국민에 대한 봉사를 최우선으로 하기 때문에 공무원의 노사기본권은 제약될 수 있다(예 단체행동권 제약). 또한, 공무원의 업무는 높은 공공성을 나타내기 때문에 공무원 노사관계가 국민에게 미치는 영향은 매우 크다고 할 수 있으며, 만약 공무원 노사관계에 있어 분쟁이나 문제가 발생한다면 국민이 이에 대한 부담을 지게 된다. 뿐만 아니라, 공무원의 근로조건은 법률과 예산을 국회에서 결정하는 법정주의로 운영되므로 절차적 특수성이 존재한다.

(2) 공무원 노사관계 현황

우리나라 공무원 노사관계 발달은 다음과 같다(박천오 외, 2016: 424). 1999년에 공무원직장협의회가 출범하고, 같은 해 전국교직원노동조합의 합법성을 승인하였다. 2005년 1월 「공무원의 노동조합 설립 및 운영 등에 관한 법률」이 제정되어 다음해부터 시행되었으며, 2007년 10월 17일에 전국공무원노동조합이 합법화되었다. 같은 해 12월 14일 공무원노조 중앙 단체교섭의 타결 등이 이루어지면서 공무원 노사관계가 제도화 되어가고 있다(박천오 외, 2016: 424).

공무원의 노사관계는 법령을 중심으로 형성된다. <그림 21-4>에서 나타나듯이 공무원 노사관계 관련 법령은 크게 네 가지이다. 첫째, 상위법으로 「헌법」에서는 공무원의 노동기본권을 보장(제33조2항)하고 있다. '공무원인 근로자는 법률이 정하는 자에 한하여 단결권, 단체교섭권 및 단체행동권을 가진다.'[4] 둘째, 「노동조합 및 노동관계조정법」(민간노조법) 제5조에 의하면 '근로자는 자유로이 노동조합을 조직하거나 이에 가입할 수 있다. 다만, 공무원과 교원에 대하여는 따로 법률로 제정한다'라고 규정되어 있다. 셋째, 「국가공무원법」과 「지방공무원법」에 의하면 공무원 집단행위를 금지하고 있으며(「국가공무원법」 제66조, 「지방공무원법」 제58조), 공무원의 복무상 의무 규정(성실·복종·정치운동 금지 등)을 통해 공무원 신분 특수성을 강조하고 있다. 넷째, 2006년 1월부터 적용된 「공무원의 노동조합 설립 및 운영 등에 관한 법률」에 의해 공무원노조의 가입, 설립, 운영, 활동 등에 대한 노조 및 조합원의 규율을 정하고 있다.

특히 「공무원의 노동조합 설립 및 운영 등에 관한 법률」에 의하면 공무원 노동조합에 가입할 수 있는 대상은 경력직 공무원은 일반직 6급 이하 공무원 대부분이며,

---

4 보다 자세한 내용은 http://www.law.go.kr/lsInfoP.do?lsiSeq=61603&efYd=19880225#0000 를 참조바란다.

특정직 공무원과 별정직 공무원 일부가 여기에 해당된다.[5] 특별히 우정직 공무원은 「공무원의 노동조합 설립 및 운영 등에 관한 법률」이 아니라「노동조합 및 노동관계조정법」에 적용을 받아 노동3권 중 단체행동권도 보장이 되며,[6] 교원은 「교원의 노동조합 설립 및 운영 등에 관한 법률」(「교원노조법」)에 적용을 받는다(백종섭 외, 2016: 260–61).[7]

그림 21-4 공무원 노사관계 관련 법령

헌법(제33조 제2항)

공무원인 근로자는 법률이 정하는 자에 한하여 단결권, 단체교섭권 및 단체행동권을 가진다.

노동조합법(제5조)

근로자는 자유로이 노동조합을 조직하거나 이에 가입할 수 있다. 다만, 공무원과 교권에 대하여는 따로 법률로 제정한다.

공무원노조법

2006년 1월 28일부터 적용

국가공무원법(제66조 제1항)
지방공무원법(제58조 제1항)

공무원은 노동운동 기타 공무 이외의 일을 위한 집단적 행위를 하여서는 아니 된다. 다만, 사실상 노무에 종사하는 공무원은 예외로 한다.

출처: 인사혁신처 홈페이지[8]

5 보다 자세한 내용은 http://www.law.go.kr/lsInfoP.do?lsiSeq=162508&efYd=20141119#0000를 참조바란다.

6 보다 자세한 내용은 http://www.law.go.kr/lsInfoP.do?lsiSeq=154056&efYd=20140520#0000를 참조바란다.

7 국가법령정보센터 홈페이지 http://www.law.go.kr/lsSc.do?menuId=0&p1=&subMenu=1&nwYn=1§ion=&tabNo=&query=%EA%B5%90%EC%9B%90%EC%9D%98%20%EB%85%B8%EB%8F%99%EC%A1%B0%ED%95%A9%20%EC%84%A4%EB%A6%BD%20%EB%B0%8F%20%EC%9A%B4%EC%98%81%20%EB%93%B1%EC%97%90%20%EA%B4%80%ED%95%9C%20%EB%B2%95%EB%A5%A0#undefined를 참조바란다.

8 보다 자세한 내용은 http://www.mpm.go.kr/mpm/info/infoLaborManag/LaborManagCondi/LaborManagCondi001/를 참조바란다.

표 21-3 각국 공무원 노동기본권 비교

<table>
<tr><th>국가</th><th>공무원</th><th>근거법</th><th>단결권</th><th>단체교섭권</th><th>단체행동권</th></tr>
<tr><td rowspan="3">대한민국</td><td>일반공무원</td><td>공무원노조법</td><td>인정</td><td rowspan="2">단체교섭권: ○
협약체결권: ○</td><td>불인정</td></tr>
<tr><td>단순노무공무원</td><td>노동조합법</td><td>인정</td><td>인정</td></tr>
<tr><td>경찰·소방·군인 등</td><td>국가공무원법</td><td>불인정</td><td>불인정</td><td>불인정</td></tr>
<tr><td rowspan="3">일본</td><td>일반공무원</td><td rowspan="2">국가공무원법·
지방공무원법</td><td>인정</td><td>단체교섭권: ○
협약체결권: ×</td><td>불인정</td></tr>
<tr><td>경찰·소방·군인·
해상보안청</td><td>불인정</td><td>단체교섭권: ×
협약체결권: ×</td><td>불인정</td></tr>
<tr><td>현업공무원</td><td>국영기업노동관계법·
지방공영기업
노동관계법</td><td>인정</td><td>단체교섭권: ○
협약체결권: ○</td><td>불인정</td></tr>
<tr><td rowspan="3">미국</td><td>연방공무원</td><td rowspan="2">연방공무원개혁법</td><td>인정</td><td>단체교섭권: ○
(법정사항 제외)
협약체결권: ○</td><td>불인정</td></tr>
<tr><td>감사원·군인·
연방수사국</td><td>불인정</td><td>단체교섭권: ×
협약체결권: ×</td><td>불인정</td></tr>
<tr><td>주·지방공무원</td><td>주 법률</td><td>대부분 주:
인정</td><td>40개주 인정</td><td>10개 주 인정</td></tr>
<tr><td rowspan="2">독일</td><td>일반공무원</td><td>연방공무원법</td><td>인정</td><td>단체교섭권: ○
협약체결권: ×</td><td>불인정</td></tr>
<tr><td>공공부문 근로자
(계약직·노무직)</td><td>독일기본법
단체협약법</td><td>인정</td><td>단체교섭권: ○
협약체결권: ○</td><td>인정(국민 생존
필수분야 제한)</td></tr>
<tr><td rowspan="2">영국</td><td>공무원</td><td rowspan="2">고용관계법</td><td>인정</td><td>단체교섭권: ○
협약체결권: △
(구속력 없는
신사협정)</td><td>금지법률 없음</td></tr>
<tr><td>경찰</td><td colspan="2">경찰연명 인정</td><td>불인정</td></tr>
<tr><td rowspan="2">프랑스</td><td>공무원</td><td rowspan="2">공무원의 권리와
의무에 관한 법률</td><td>인정</td><td>단체교섭권: ○
협약체결권: △
(법적 구속력
없음)</td><td>인정
(파업 예고제 등
절차·형태 제한)</td></tr>
<tr><td>경찰·공화국보안대</td><td>인정</td><td>단체교섭권: ○
협약체결권: △
(법적 구속력
없음)</td><td>불인정</td></tr>
</table>

출처: 백종섭 외(2016: 288)

(3) 공무원직장협의회와 공무원 노동조합

역사적으로 우리나라 공무원 노사관계가 일반직 공무원 중심으로 확대 운영된 것은 '공무원직장협의회 제도' 시행과 '공무원노조 설립의 합법화' 등에 의해서이다(박천오 외, 2016: 435). 먼저 공무원직장협의회는 「공무원직장협의회의 설립·운영에 관한 법률」이 1991년부터 제정되어 시행된 제도로서,[9] 이 법의 목적은 공무원의 근무환경 개선, 업무능률 향상 및 고충처리 등을 위한 직장협의회의 설립과 운영에 관한 기본적인 사항을 규정하기 위함이다(제1조). 공무원 직장협의회의 설립은 국가기관, 지방자치단체 및 그 하부기관이 설립하되, 기관 단위로 설립하고 하나의 기관에는 하나의 협의회만을 설립할 수 있도록 하였다(제2조). 공무원직장협의회는 해당 기관 고유의 근무환경 개선에 관한 사항, 업무능률 향상에 관한 사항, 소속 공무원의 공무와 관련된 일반적 고충에 관한 사항, 그 밖에 기관 발전에 관한 사항을 해결하는 기능을 하며, 공무원 노동조합과 이원적으로 운영되고 있다(박천오 외, 2016: 435). 공무원직장협의회 가입대상자는 6급 이하의 일반직공무원 및 이에 준하는 일반직공무원, 특정직공무원 중 재직 경력 10년 미만의 외무영사직렬·외교정보기술직렬 외무공무원, 제1호의 일반직공무원에 상당하는 별정직공무원이지만, 「국가공무원법」 제66조1항 단서 및 「지방공무원법」 제58조1항 단서에 따라 노동운동이 허용되는 공무원, 지휘·감독의 직책에 있는 공무원, 인사, 예산, 경리, 물품출납, 비서, 기밀, 보안, 경비, 자동차운전 및 그 밖에 이와 유사한 업무에 종사하는 공무원은 제외한다(제3조). 「공무원직장협의회의 설립·운영에 관한 법률」은 공무원 근로조건 개선에 기여를 했지만, 보수의 문제를 다루지 않았으며, 공무원직장협의회는 노동조합이 아니기 때문에 현실적으로 고충사항에 대한 처리, 근무환경 개선 등의 사항에 머무르는 한계가 나타났다(박천오 외, 2016: 436).

이에 반해 공무원 노사관계에서 중요한 역할을 하는 공무원 노동조합은 다음과 같은 특징을 지닌다. 먼저 공무원 노동조합(public employee union)은 "임금노동자인 공무원들이 그들의 사회적·경제적 및 근로조건의 유지와 개선을 위하여 조직하는 합법적인 노동조합의 형태를 갖춘 공식적인 단체 또는 그 연합체"라고 정의할 수 있다(백종섭 외, 2016: 264). 「공무원의 노동조합 설립 및 운영 등에 관한 법률」[10]의 설립목적은 「헌법」

9 보다 자세한 내용은 http://www.law.go.kr/lsInfoP.do?lsiSeq=130662&efYd=20131212#0000를 참조바란다.

10 보다 자세한 내용은 http://www.law.go.kr/lsInfoP.do?lsiSeq=162508&efYd=20141119#0000를 참조바란다.

제33조2항에 따른 공무원의 노동기본권을 보장하기 위하여 「노동조합 및 노동관계조정법」[11] 제5조 단서에 따라 공무원의 노동조합 설립 및 운영 등에 관한 사항을 정하기 위함에 있다(제1조 설립목적). 그리고 공무원 노동조합의 조직, 가입 및 노동조합과 관련된 정당한 활동에 대하여는 「국가공무원법」 제66조1항 본문 및 「지방공무원법」 제58조1항 본문(집단행위의 금지)을 적용하지 아니한다(제3조 노동조합 활동의 보장 및 한계). 가입대상은 ① 6급 이하의 일반직공무원 및 이에 상당하는 일반직공무원, ② 특정직공무원 중 6급 이하의 일반직공무원에 상당하는 외무행정·외교정보관리직 공무원, ③ 6급 이하의 일반직공무원에 상당하는 별정직공무원이며, 단 ① 다른 공무원에 대하여 지휘·감독권을 행사하거나 다른 공무원의 업무를 총괄하는 업무에 종사하는 공무원, ② 인사·보수에 관한 업무를 수행하는 공무원 등 노동조합과의 관계에서 행정기관의 입장에서 업무를 수행하는 공무원, ③ 교정·수사 또는 그 밖에 이와 유사한 업무에 종사하는 공무원, ④ 업무의 주된 내용이 노동관계의 조정·감독 등 노동조합의 조합원 지위를 가지고 수행하기에 적절하지 아니하다고 인정되는 업무에 종사하는 공무원은 가입대상이 될 수 없다(제6조 가입범위). 또한, 노동조합의 대표자는 그 노동조합에 관한 사항 또는 조합원의 보수·복지, 그 밖의 근무조건에 관하여 국회사무총장·법원행정처장·헌법재판소사무처장·중앙선거관리위원회사무총장·인사혁신처장(행정부를 대표한다)·특별시장·광역시장·특별자치시장·도지사·특별자치도지사·시장·군수·구청장(자치구의 구청장을 말한다) 또는 특별시·광역시·특별자치시·도·특별자치도의 교육감 중 어느 하나에 해당하는 사람(이하 "정부교섭대표"라 한다)과 각각 교섭하고 단체협약을 체결할 권한을 가진다. 다만, 법령 등에 따라 국가나 지방자치단체가 그 권한으로 행하는 정책결정에 관한 사항, 임용권의 행사 등 그 기관의 관리·운영에 관한 사항으로서 근무조건과 직접 관련되지 아니하는 사항은 교섭의 대상이 될 수 없다(제8조 교섭 및 체결 권한 등). 그리고 노동조합과 그 조합원은 정치활동을 하여서는 안 되며(제4조 정치활동의 금지), 노동조합과 그 조합원은 파업, 태업 또는 그 밖에 업무의 정상적인 운영을 방해하는 일체의 행위를 하여서는 아니 된다(제11조 쟁의행위의 금지).

현재 우리나라에서 대표적인 공무원 노동조합으로는 '전국공무원노동조합(이하 전공노)'이 존재한다. '전공노'는 「공무원의 노동조합 설립 및 운영 등에 관한 법률」 설립 이전인 2002년에 설립되었으나, 그 당시 단체행동권이 확보되지 않았다는 등의 이유로 5년

11 보다 자세한 내용은 http://www.law.go.kr/lsInfoP.do?lsiSeq=154056&efYd=20140520#0000를 참조바란다.

간 법외단체로 머물다가 2007년 합법화를 선언하였고, 그 해 정부와 '정부교섭단체협약서'를 체결하였다(강성철 외, 2014: 547). 그러나 이후 '전공노'는 노조규약에 해직자를 조합원으로 포함했다는 이유로 비합법 단체로 운영되다 2018년 3월 합법화되었다(동아일보, 2018).

(4) 공무원 노동조합의 기능

공무원 노동조합은 민간부문의 노동조합과 비슷한 기능을 하나 다음과 같은 측면에서 차이가 있다(백종섭 외, 2016: 266-267; 강성철 외, 2014: 538-541). 첫째, 공무원 노동조합은 공무원들의 의사를 집합적으로 정부와 국민에게 전달하는 압력단체의 기능을 한다. 둘째, 공무원 노동조합을 통해 공무원들의 참여의식, 인간의 가치인정, 귀속감, 연대의식 등의 사회적 욕구 충족기능을 증진시킬 수 있다. 셋째, 공무원 노동조합은 공무원들의 의견을 관리층에 적극적으로 전달해 줄 수 있어 민주적 기능을 실행한다. 넷째, 공무원 노동조합은 공무원들의 올바른 직업의식 고취와 부패 방지에 기여할 수 있다.

그러나 공무원 노동조합은 다음과 같은 역기능도 가진다. 공무원 노동조합이 인사권에 지나치게 관여할 수 있으며, 경력주의 인사, 성과급에 대한 반대 등 관리영역에 적극적으로 참여함으로써 실적제를 오히려 저해할 수 있다. 다시 말해, 공무원 노동조합이 공무원 조합원들을 우선적으로 고려하는 인사정책을 시행하려고 할 때 실적주의와 충돌할 수 있다는 것이다. 이와 관련된 대표적인 사례로는, 공무원 노동조합에 의해 주도된 성과급 나눠먹기 현상이 있다. 이는 공무원 노동조합이 실적제를 저해하는 행위라고 할 수 있다.[12]

뿐만 아니라, 공무원 노동조합은 집단이기주의에 빠져 공익보다는 오히려 집단이익 또는 사익을 추구할 수 있다. 공무원 노동조합은 다른 이익집단과 달리 공익을 추구해야 하는 공무원들로 이루어진 집단이기 때문에 국민에 대한 서비스를 최우선적으로 고려해야 한다. 그럼에도 불구하고, 공무원 노동조합이 집단이기주의에 사로잡힐 때 공익이 아닌 공무원 집단의 이익만을 추구하게 되어 결국 공익을 저해시킬 가능성이 높다. 그리고 이러한 현상이 심해질 때 공무원 부패가 증가될 가능성이 높다.

12 공무원 노동조합과 실적제의 관계에 대해서는 많은 논란이 있기 때문에 아래에서 보다 자세히 논의하고자 한다.

2) 공무원 노사관계에 대한 주요 이슈

(1) 공무원의 정치적 중립

공무원 노사관계에 있어서 주요 이슈가 되는 사항 중 하나는 바로 '공무원 노동조합의 정치활동 금지'이다. 공무원 노동조합의 정치활동 제한은 공무원의 정치적 중립성과 관련해 중요하게 고려되어야 할 사항이다. 공무원의 정치적 중립(political neutrality)은 공무원이 정쟁에 개입하는 것을 금지하며(정치적 중립성), 공공봉사자로서 요구되는 가치(합리성, 능률성, 공정성)들을 저버리고 부당하게 특정 당파의 이익과 결탁해서는 안 된다는 것(정책적 중립성)을 의미한다(강성철 외, 2014: 528). 이는 실적주의 인사행정에 있어서 공무원들에게 더욱 중요시 되고 있는 사항이 된다. 특히 공무원의 당파적 중립을 강조한 정치적 중립성은 실적제와 정치행정이원론을 기반으로 하고 있다.

그러나 공무원의 정치적 중립은 각 나라마다 다르게 운영된다. 엽관주의의 폐해를 경험한 미국에서는 공무원의 정치적 중립성을 엄격하게 적용하고 있으나, 의회민주주의를 중심으로 안정적인 직업공무원제를 유지하고 있는 영국, 프랑스, 독일 등의 국가에서는 공무원의 정치적 활동에 대해 관대하다(유민봉·임도빈, 2016: 385). 특히, 미국에서는 1883년의 펜들턴법(Pendleton Act)과 1939년과 1940년 해치법(Hatch Act)에서 공무원의 정치적 활동을 금지하고 있으며, 1946년 연방대법원에서는 이러한 법들이 합헌이라고 판결하였다(강성철 외, 2014: 528). 우리나라 헌법재판소 역시 2014년 교원 노조가 일체의 정치적 활동을 하지 못하도록 규정한 「교원의 노동조합 설립 및 운영 등에 관한 법률」 제3조와 공무원의 집단행동을 금지한 「국가공무원법」 제66조1항 본문의 '공무 외의 일을 위한 집단 행위' 부분에 대해 합헌결정을 하였다(서울신문, 2014). 우리나라에서는 무엇보다도 「국가공무원법」 제65조에서 공무원의 정치운동을 전반적으로 금지하고 있다.

공무원의 정치적 중립은 공무원을 외부의 정치적 간섭으로부터 보호하고 그들의 신분을 보장한다는 실적주의 차원에서 의미가 있다. 즉, 정치적 영향력으로부터 공무원을 보호하기 위한 권리보장 규정으로서 의미를 지닌다는 것이다(이창길, 2016: 491). 동시에 엽관주의의 폐해를 극복하고 행정의 전문성, 능률성, 지속성, 공평성을 증진시키기 위해 공무원의 정치적 중립성이 요구된다(박천오 외, 2016: 452-454; 강성철 외, 2014: 530-531). 특히, 「헌법」과 법률에는 공무원의 정치적 중립성이 '정치적 활동을 해서는 안 된다'와 '가입할 수 없다' 등으로 표현되어 있어 공무원의 의무로서 해석되고 있고, 상급자는 하급자에게 정치적 활동과 관련하여 부당하게 권리를 침해서는 안 된다고 규정하고 있다(이창길, 2016: 491). 앞서 언급한 바와 같이 공무원의 정치적 중립성은 정치행정이원론을 기반으로 민주정치를 확보하기 위하여 도입되었지만, 이는 공무원의 헌법적 권리인 참정권을 저해시키고, 공무원집단의 이익 경시, 참여관료제[13] 발전저해, 국민의 요구에 대한 무관심 등의 문제를 야기할 수 있다(강성철 외, 2014: 532).

(2) 실적제

공무원 노동조합이 실적제에 미치는 영향은 서로 상반되게 나타나지만, 대부분 학자들의 의견은 공무원 노동조합과 실적제가 서로 조화를 이룰 수 있다는 것이다(강성철 외, 2014: 539-540). 공무원 노동조합의 단체교섭이 실적제 인사원칙을 저해할 수 있으나 인사권자가 이를 받아들일 필요성은 없다. 공무원 노동조합이 불합리한 승진 인사 기준을 비판하면서 인사권자와 충돌할 수 있으나 그렇다고 해서 공무원 노동조합이 인사권에 직접적으로 관여하지는 않는다. 즉, 공무원 노동조합은 채용과 승진에 영향을 미치기 보다는 공무원의 경제적 편익 향상, 공무원의 고충처리, 교육훈련 등의 구체적인 측면에 초점을 맞추기 때문에 공무원 노동조합과 실적제는 충돌하지 않는 측면이 있다는 것이다. 실제로 공무원 노동조합과 실적제의 관계에 있어서는 이미 오래 전에 실적제를 도입한 미국 등의 국가에서 이 둘이 서로 양립될 수 있음을 입증하였다(백종섭 외, 2016: 269).

3) 바람직한 공무원 노사관계

(1) 우리나라 공무원 노사관계의 문제점

우리나라 공무원 노사관계에 있어서의 문제점은 다음과 같다. 공무원 노동조합의 활동이 정치적 성향을 띠게 되면서 공무원의 공익 중시 및 국민의 봉사자로서의 기능과 충돌하고 있다. 뿐만 아니라, 공무원 노동조합은 성과급제도 도입과 개방형 임용제 확대에 대해 적극적으로 반대의사를 표명하고 있어, 실적제를 저해하는 형태로 나타나고 있다. 또한, 이러한 행동이 공무원의 이익집단 행위, 즉 집단이기주의 행위로 간주되고 있다. 이와 같은 공무원 노동조합의 행태는 바람직한 공무원 노사관계, 다시 말해 협력적 노사관계를 달성하는 데 있어 부정적인 영향을 미치게 된다. 따라서 이를 극복할 수 있는 대안을 모색할 필요가 있다.

13 이는 중하위직 공무원들의 정책 형성 참여 및 대내외적 의사표현 기회를 넓혀 주는 정부관료제를 의미한다(강성철 외, 2014: 532).

(2) 바람직한 공무원 노사관계

바람직한 공무원 노사관계를 형성하기 위해서는 공무원 노동조합을 비롯한 공무원 집단과 정부가 서로 대립적인 관계가 아니라 협력적인 관계를 형성할 필요가 있다.

그림 21-5 공무원 노사관계 목표와 비전

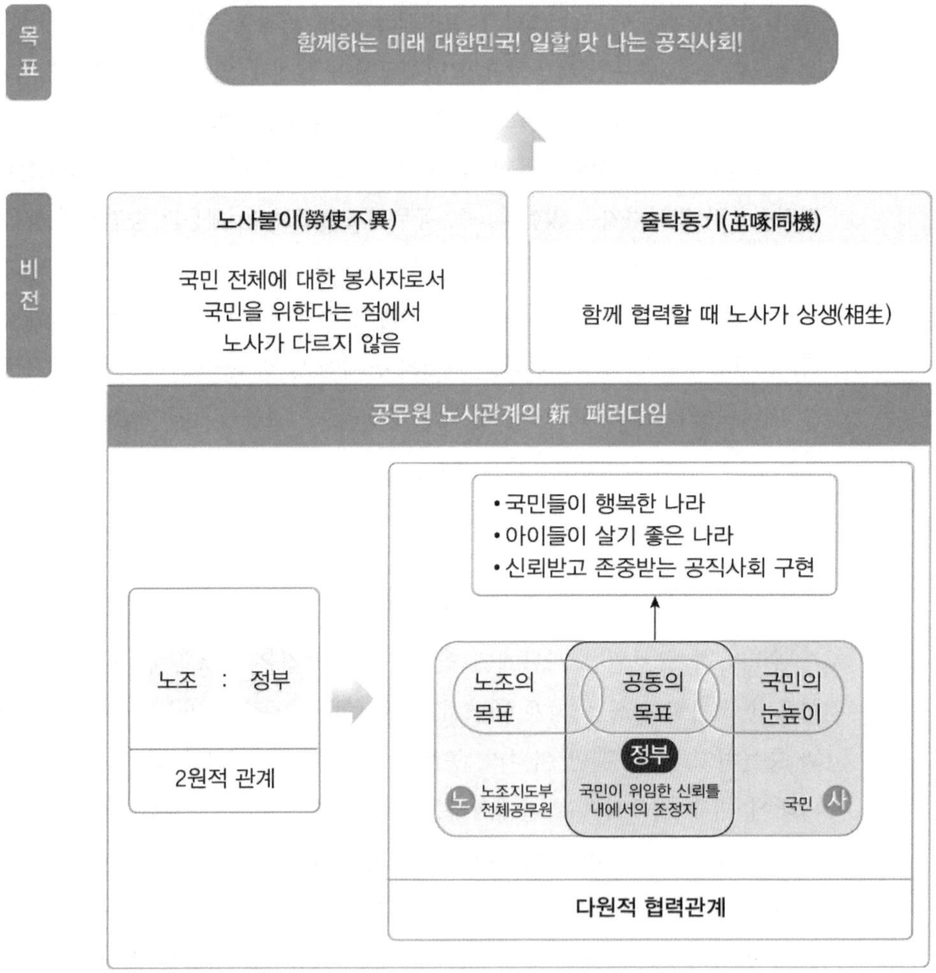

출처: 인사혁신처 홈페이지[14]

14 보다 자세한 내용은 http://www.mpm.go.kr/mpm/info/infoLaborManag/LaborManagIntro/를

공무원 노사관계에 있어서 공공조직 관리자들이 지닌 정보를 적극적으로 공무원 노동조합에게 알리고 노동조합이 의사결정 과정에 참여할 수 있는 기회를 제공하여야 한다. 물론 공무원 노사관계의 특수성으로 인해 모든 정보를 다 공무원 노동조합에게 알릴 수 없고, 채용, 보수, 승진에 관한 실적요소에 있어서 공무원 노동조합의 참여가 제한적으로 이루어질 수밖에 없지만 공무원 노동조합을 인사와 조직관리 전반에 적극 참여시킬 필요가 있다. 이와 같은 공공노조 참여의 중요성은 우리나라 코레일과 미국 철도공공기관인 암트랙(Amtrak)의 노사관계를 비교한 연구(김정인, 2016: 97)에서도 잘 나타나고 있다. 미국 암트랙에서 노사가 성공적인 협력관계를 구축할 수 있었던 이유 중 하나가 바로 노조의 적극적인 의사결정 참여였다. 인사조직을 포함한 경영관련 의사결정 과정에 노조가 참여함으로써 노조원을 포함한 조직구성원들의 사측에 대한 이해가 증진되고 조직에 대한 소속감도 강화될 수 있었던 것이다.

우리나라에서는 '전공노'를 비롯한 공무원 노동조합의 활동성향이 너무 정치적이고 투쟁적이어서 협력적인 노사관계를 저해시키고 있다. 예를 들어, 해직 공무원까지 공무원 노동조합원에 포함시키려는 것은 공무원 노사관계를 경직적으로 만든다. 따라서 협력적 노사관계 구축을 위해서는 공무원 노동조합도 해직 공무원을 노조원으로 포함시키려고 하는 등의 경직적인 노조행위를 자제할 필요가 있다.[15]

part 05

참조바란다.

15 정부와 공무원노조에서는 오랫동안 단체교섭이 이루어지지 않았다. 2008년 9월 74개 공무원노조가 참여하는 '정부교섭'이 시작되었으나, 일부 교섭참여 노조의 자격문제 등 법적분쟁으로 논의가 이루어지지 않은 상태에서 교섭이 장기간 중단되어 왔다. 여기서 '정부교섭'은 국가·지방을 망라한 공무원노동조합들이 참여하는 '정부와 공무원노조 간 최대 규모의 단체교섭'을 의미한다(인사혁신처, 2018). 약 10여 년간 정부교섭이 이루어지지 않다가 2018년 7월 2일 정부세종청사에서 기획재정부, 교육부 등 주요 부처 차관과 공무원노조 대표 등이 참여하는 정부교섭 상견례가 개최되었다. 이를 통해 정부와 공무원노조는 2018년 7월부터 조합활동, 인사, 보수, 복무, 연금복지, 성평등, 교육행정 등 7개 분야의 218개 의제를 토대로 분과교섭, 실무교섭 등을 진행함으로써 본격적인 교섭에 들어가기로 하였다(인사혁신처, 2018).

3 동기부여의 의의

1) 동기부여의 의의 및 중요성

동기(motive)는 '사람을 움직이게 하는 힘'을 의미하는 것으로, 조직구성원들은 동기에 따라 어느 정도 적극적이고 능동적으로, 그리고 열정적으로 일할 것인가를 결정한다. 따라서 동기는 "사람의 행동을 활성화시키고 지속시키는 외적 자극과 내적 조건"으로 정의될 수 있다(유민봉·박성민, 2013: 373). 동기 중에서 직무와 관련된 직무동기(job motive)는 인사조직에서 더욱 중요한 의미를 가지며, 동기를 적극적으로 관리하는 인적자원의 동기부여(motivation)는 향후에도 인사조직 관리에서 더욱 중요한 의미를 가질 것이다. 그 이유는 인적 구성 및 조직 환경의 변화에도 불구하고 여전히 조직 효과성 혹은 조직 생산성 증진은 중요한 조직의 목표가 되기 때문이다. 인적자원관리에서 동기부여는 "동기를 유발시킬 수 있는 외적 자극과 내적 조건들을 조직의 목표에 부합할 수 있도록 유지하고 관리해 나가는 활동"이라고 정의할 수 있다(유민봉·박성민, 2013: 373).

동기부여는 왜 조직구성원들이 적극적으로 행동하는 가를 설명할 수 있으며, 조직구성원과 조직의 학습행동을 설명할 수도 있다. 또한 동기부여를 통해 다양한 인간의 행동 원인을 살펴볼 수 있다. 즉, 인간의 내재적 동기와 외재적 동기에 따라 인간의 행동이 달라지기 때문에 동기부여는 인간의 행동을 설명하는 주요 요인이 된다는 것이다(진종순 외, 2016: 89). 특히 동기부여는 개인 및 조직의 성과달성에 매우 중요한 영향을 미친다. 허쉬와 블랜차드(Hersey & Blanchard, 1972)에 의하면 조직구성원들의 직무수행능력(ability)과 동기부여(motivation)는 직무성과 달성에 중요한 변수가 된다.[16] 실제 심리학자들은 같은 능력을 갖춘 조직구성원들이라도 그들의 동기부여 수준에 따라 성과가 약 ±30% 정도 차이 날 수 있다고 주장한다(박경규, 2016: 481).

2) 인사조직 연계로서 동기부여

동기(motive)를 개인의 욕구로 이해할 때 개인의 욕구가 항상 조직이 추구하는 목표와 일치하는 것은 아니다. 신고전적 조직이론에서 설명한 바와 같이 버나드(1938)는 개

16 성과=f(능력, 동기부여)라고 할 수 있다.

인과 조직 사이의 유인(inducement)과 공헌(contribution)이 균형을 이룰 때 개인과 조직이 함께 발전할 수 있다고 주장하였다(박경규, 2016: 482). 다시 말해, 조직구성원들은 자신들이 조직에게 공헌한 만큼 조직이 자신들이 필요한 유인을 제공해 줄 때 욕구가 충족되어 조직을 떠나지 않고 머무르게 된다. 즉, 조직이 개인에게 적절한 유인을 제공해줌으로써 개인의 욕구는 충족되고, 조직구성원들은 조직에 공헌하게 된다는 것이다. 이러한 관점에서 볼 때, 개인과 조직 모두의 이익을 증대시키는 방안은 조직에서 조직구성원들에게 어떠한 방식으로 동기부여를 시키는 가에 달려있다고 보아도 무방할 것이다. 그렇다면, 동기부여는 어떻게 구성될까?

3) 동기부여의 구성

일반적으로 조직구성원들의 동기부여는 내재적 동기부여(intrinsic motivation)와 외재적 동기부여(extrinsic motivation)로 구성된다. 전자인 내재적 동기부여는 개인의 내적 요인에 의해 자발적으로 발생되는 동기로서 직무를 수행할 때 개인이 느끼는 즐거움, 개인의 성취, 흥미, 만족감 등의 긍정적 감정상태를 의미한다(유민봉·박성민, 2013: 375). 이에 반해 후자인 외재적 동기부여는 개인 외부에서 발생하는 비자발적인 동기로서 주로 보상과 같은 외부적 요인들을 의미한다(진종순, 2016: 93–94). 일반적으로 내재적 동기부여와 외재적 동기부여는 상충되는 것으로 이해되어 내재적 동기부여를 강조하면 외재적 동기부여가 감소하고, 보상과 같은 외재적 동기부여가 증가하면 내재적 동기가 감소하는 구축효과(crowding–out effect) 현상이 발생하는 것으로 본다(Frey, 1997). 또한 데시와 라이언(1992)의 연구에 의하면 내재적 동기부여가 외재적 동기부여 보다 조직 내 효과성

표 21-4 내재적 동기부여와 외재적 동기부여 비교

내재적 동기부여	외재적 동기부여
① 인간 내면에서부터 발생 ② 책임감의 감정을 느낌 ③ 무언가를 달성한다는 그 목적 자체 때문에 업무 수행 ④ 자존감(self–esteem)과 관련된 업무 수행 ⑤ 업무 수행 자체를 즐김 ⑥ 개인 자체의 성장에 초점 ⑦ 개인이 행위의 주체가 됨	① 인간 외면에서부터 발생 ② 더 높은 보상, 위치, 상태를 유지하려는 감정 ③ 그들의 위치 또는 상태를 확인하려는 감정 ④ 상급자로부터의 인정을 중요시함 ⑤ 업무 수행을 완성한 후 주어지는 보상에 초점을 둠 ⑥ 인간을 통제할 수 없는 외부적인 것 ⑦ 개인이 행위의 객체가 됨

출처: 진종순 외(2016: 94)

을 증진시키는 데 긍정적인 영향을 미치며, 특히 불확실한 상황에서는 조직구성원들에게 높은 자존감과 효능감을 부여하는 것이 장기적 관점에서 조직 효과성을 증진시키는 데 긍정적인 영향을 미친다고 한다(진종순 외, 2016: 120).

그러나 일부 연구(Deci & Ryan, 1985; Ryan & Deci, 2000)에서는 내재적 동기와 외재적 동기가 같은 연속선상에 존재하며 두 동기부여가 서로 상충하는 것이 아니라, 외재적 동기부여가 높을 때 이는 장기적으로 내재적 동기부여로 전이될 수 있음을 보여준다. 궁극적으로 내재적 동기부여와 외재적 동기부여는 상충하는 서로 다른 차원의 개념이 아니라 외재적 동기부여가 내재적 동기부여로 전환될 수 있다는 것이다(Ryan & Deci, 2000). 특히 이는 데시와 라이언(1985)의 '자기결정이론(self-determination theory)'에 의해 설명될 수 있다. 자기결정이론에 의하면, 한쪽의 극단에는 내재적 동기부여가 존재하고 다른 한쪽에는 동기가 전혀 없는 무동기(amotivation)가 존재하며, 이 두 사이에 외부조절(external regulation), 내사된 조절(introjected regulation), 동일화된 조절(identified regulation), 통합된 조절(integrated regulation)로 구성된 외재적 동기부여가 존재한다는 것이다. 세 동기 기제가 연속선상에 존재하며 자기결정력은 내재적 동기부여로 이동할수록 커지고, 무동기 쪽으로 갈수록 작아진다고 본다. 외재적 동기부여는 기본적 욕구(basic psychological needs)에 의해서 영향을 받으며, 기본적 욕구는 자율성(autonomy)에 대한 욕구, 유능성(competence)에 대한 욕구, 관계성(relatedness)에 대한 욕구에 의해서 결정된다. 즉, 자율성, 유능성, 관계성 등의 세 가지 욕구가 충족되면 기본적 욕구가 충족되고, 이로 인해 자율성이 증가하며, 이 때문에 자기결정력이 증가된다는 것이다. 또한, 이로 인해 성취도가 향상되며, 주관적 삶의 질이 향상된다고 본다(이민희·정태연, 2008: 78-79). 즉, 외재적 동기부여와 내재적 동기부여는 서로 상충되는 것이 아니며, 직무에 있어 높은 자율성이 보장될 때 외재적 동기부여와 내재적 동기부여가 통합될 수 있다는 것이다(Ryan &. Deci, 2000). 따라서 직무의 자율성을 향상시키기 위한 인사조직 관리 방안을 모색할 필요가 있다. 다음에서는 동기부여와 관련된 이론에는 어떤 것들이 있는지를 보다 상세히 살펴보도록 한다.

4 동기부여이론

동기부여이론이 본격적으로 논의되기 시작한 시기는 1950년대이다(이창원 외, 2012: 160). 본장에서는 고전적 또는 전통적 동기부여이론으로 내용론(content theory) 또는 욕구이론(needs theory)을 살펴보고, 현대적 동기부여이론으로 과정론(process theory)을 살펴보고자 한다. 특히 현대적 동기부여이론인 과정론은 조직구성원들의 동기부여가 어떻게 형성되는 가에 대한 과정을 상세히 설명하기 때문에, 인사조직 혁신과정에 적용할 수 있는 동기부여이론으로 볼 수 있다.

1) 고전적 동기부여이론: 내용론[17]

(1) 욕구 개념

고전적 동기부여이론은 사람들에게 가장 중요한 욕구(needs)가 무엇인가를 찾아내고 이를 유형화하는 데 초점을 두었다. 고전적 동기부여이론에 의하면 인간에게 동기가 발생하는 가장 중요한 원인은 하나 또는 그 이상의 욕구 결핍을 충족시키기 위해서라고 한다(이창원 외, 2012: 160). 욕구는 일반적으로 "인간이 어떤 시점에서 경험하는 결핍(deficiency)에서 비롯되는 필요 또는 갈망"을 의미한다(오석홍, 2013: 457). 이러한 결핍은 심리적 결핍, 육체적 결핍, 사회적 결핍 등 다양하게 구성되는 데, 욕구가 결핍될 때 이를 충족시키기 위해 내적 또는 외적 자극(유인)이 작용하게 되면 이것이 동기가 된다는 것이다(오석홍, 213: 457-458). 즉, 욕구는 개인차원에서, 동기는 조직차원에서 보다 중요하게 고려되기 때문에 욕구와 동기가 조화를 이룰 때 욕구는 동기로 전환될 수 있다.

(2) 매슬로의 욕구계층이론

앞서 설명한 바와 같이 욕구이론에 의하면 인간의 가장 결핍된 욕구에 대한 유인이 제공될 때, 인간 행동에 변화가 나타난다. 인간이 공통적으로 지닌 가장 중요한 욕구를 찾아내어 그것을 실제 조직에 적용하고자 한 대표적인 학자가 바로 매슬로(1943)이다. 그는 임상실험을 통하여 인간의 욕구는 크게 다섯 단계로 구성되어 있다고 보았다(이창원 외, 2012: 164).

다섯 가지 욕구들 중에서 첫 번째 단계이자 가장 하위의 욕구는 '생리적 욕구(physiological needs)'이다. 생리적 욕구는 가장 기본적인 욕구이자 신체적 욕구로서 욕구의 강도가 가장 강하게 나타난다. 다음 단계는 '안전욕구(safety needs)'로서, 이는 감정

17 내용론에 맥그리거(McGregor)의 X이론과 Y이론도 포함될 수 있으나, 이에 대한 자세한 설명은 11장 조직이론에서 설명되었다.

적·육체적 위험으로부터 자신을 보호하고자 하는 욕구이다. 세 번째 단계의 욕구는 '사회적 욕구(social needs)'로서 인간관계에서 느끼는 우정, 애정, 특정 집단에서 느끼는 소속감에 해당되는 욕구이다. 네 번째 단계의 욕구는 '존중욕구(esteem needs)'로서 이는 어떤 일을 행함으로써 느끼는 성취감, 자신감, 자율성 등을 의미한다. 마지막 단계로서 '자아실현 욕구(self-actualization needs)'는 최상위의 욕구로서 자신이 성장하기를 바라는 자기발전에 대한 기대 및 자아 존중에 관한 욕구이다. 이러한 욕구는 순차적으로 충족되며, 특정 단계의 욕구를 뛰어넘어 충족될 수 없다(유민봉·박성민, 2013: 382-383). 가장 높은 수준의 자아실현 욕구로 갈수록 욕구의 강도는 낮아지는 것으로 본다. 매슬로는 기본적으로 인간의 하위욕구인 생리적 욕구, 안전욕구, 사회적 욕구가 충족되어야 한다고 주장했다. 하위욕구들은 결핍의 욕구(deficiency needs)에 대한 것이며, 상위의 두 욕구, 즉 존중욕구와 자아실현 욕구는 성장의 욕구(growth needs)에 대한 것이다(이창원 외, 21012: 165).

이와 같은 욕구계층이론의 의의는 인간의 기본적인 욕구를 계층별로 파악하여 구분하고, 그들 간의 관계를 설명함으로써 인간의 행동에 영향을 주는 동기를 연구하였다는 점이다. 그러나, 욕구계층이론은 다음과 같은 한계를 지닌다(오석홍, 2013: 467; 이창원 외, 2012: 165). 인간의 다섯 가지 욕구는 항상 고정된 것이 아니며, 어느 욕구가 충족되었다고 해서 그 욕구는 이제 더 이상 동기유발 기재로 작동하지 못하는 것은 아니다. 또한, 하나의 욕구만이 동기부여에 영향을 미치는 것이 아니라 복합적인 욕구가 영향을 미칠 수도 있다. 또한 인간의 행동이 반드시 욕구충족을 위해 나타나는 것이 아니라 습관적으로 혹은 성격 때문에 나타날 수도 있다는 것이다. 그리고 욕구가 하위단계에서 상위단계로만 충족되어 가는 것이 아니라 욕구가 좌절될 시에는 상위단계에서 하위단계로 회귀(후진적·하향적 이동)할 수도 있다는 것이다.

(3) 앨더퍼의 ERG 이론

앨더퍼(Alderfer, 1972)는 매슬로가 제시한 욕구계층이론의 문제점과 한계를 보완하기 위하여 조직의 실제 현장에서 욕구관련 연구를 시행하였다. 연구 결과 개인의 욕구와 동기에 관한 관계를 보다 현실적으로 설명해 낼 수 있었다(이창원 외, 2012: 166). 매슬로의 욕구계층론과의 유사점이라고 한다면, 인간은 복수의 욕구를 지니고, 욕구는 공통적인 것으로 범주화할 수 있으며, 계층화 되어 있고, 그 계층적 구조에 따라 욕구가 순차적으로 충족된다는 것이다. 그러나 앨더퍼에 의하면 욕구는 다섯 단계로 나누어져 있는 것이 아니라, '생존의 욕구(existence needs)', '관계의 욕구(relatedness needs)', '성장의 욕구(growth needs)' 등 세 가지 단계로 구분된다. 먼저 생존의 욕구는 육체적으로 생존하려는 다양한 유형의 물리적이며 생리적인 욕구들을 포함한다. 대표적인 생존욕구는 생존을 위해 필요한 물질적 욕구들을 포함하며, 매슬로의 생리적 욕구와 안전욕구의 일부가 여기에 해당된다. 두 번째, 관계의 욕구는 사람과의 관계에 있어서 개인에게 필요한 욕구로서, 주로 개인을 둘러싼 사회환경과 인간관계에 관련된 욕구를 포함한다. 개인 간의 친교, 집단에 대한 소속감, 자존심 등이 여기에 해당되며, 매슬로의 안전욕구와 사회적 욕구, 존중욕구 일부가 여기에 해당된다. 마지막 성장의 욕구는 개인의 발전을 위한 인간의 노력과 관련된 욕구로서 개인의 능력 개발과 창의감·성취감을 포함한다. 매슬로의 존중욕구 일부와 자아실현 욕구가 여기에 해당된다(유민봉·박성민, 2013: 384-385).

앨더퍼의 이론은 매슬로의 이론과는 달리 인간의 욕구는 현실적으로 두 개 이상이 복수로 작용할 수 있으며, 하위단계의 욕구에서 상위단계의 욕구로 점진적이고 상향적으로 이동한다고 본다. 뿐만 아니라, 욕구가 좌절되었을 경우 후진적이고 하향적으로 회귀 이동할 수 있다고 주장하였다. 만약 성장의 욕구가 좌절될 경우, 인간은 하위욕구인 관계욕구를 유지하기 위해 노력하고 또 이를 통해 성장의 욕구를 달성하고자 한다는 것이다. 이러한 현실적인 장점에도 불구하고, 앨더퍼의 ERG 이론은 그 타당성을 실질적으로 평가하기 어렵다는 한계를 가진다(이창원 외, 2012: 166).

그림 21-6 매슬로의 욕구계층이론과 앨더퍼의 ERG 이론

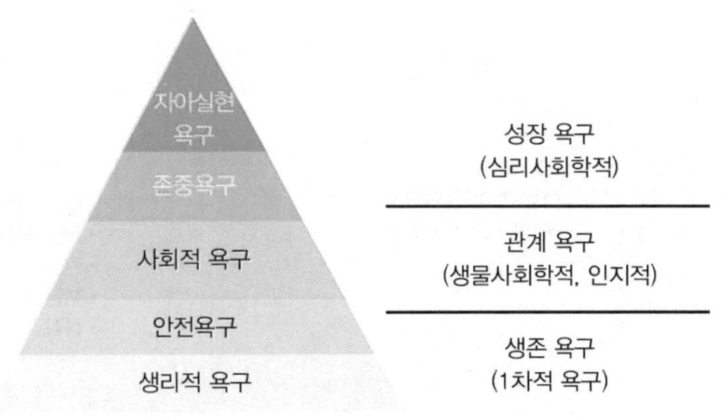

출처: 진종순 외(2016: 98)

(4) 허츠버그의 2요인 이론

허츠버그는 앞의 매슬로의 욕구계층이론과 앨더퍼의 ERG 이론이 개인의 욕구충족 그 자체에 초점을 둔 것과는 달리, 개인의 욕구를 충족시키는 요인이 무엇인가를 연구하였다(Herzberg et al., 1959; 유민봉·박성민, 2013: 385). 개인이 직무만족을 느낄 때와 그렇지 않을 때 영향을 주는 요인들은 서로 다르다는 것을 발견하였다. 즉, 만족(satisfaction)이라는 단어의 반대는 불만족(dissatisfaction)이 아니며, 만족과 불만족은 서로 다른 차원에 존재한다는 것이다. 만족이라는 차원에서 반대는 불만족이 아니라 무만족(no-satisfaction)으로서 이는 만족을 느끼지 않는 상태를 의미한다. 불만족 차원 역시 그 반대는 불만족을 느끼지 않는 상태인 무불만족(no-dissatisfaction)이라는 것이다(유민봉·박성민, 2013: 385). 보다 구체적으로 허츠버그는 요인을 두 가지로 분리하여 설명하였다. 만족 차원과 관련되는 요인을 동기요인(motivation factor)이라고 하였으며, 불만족 차원과 관련된 요인을 위생요인(hygiene factor)이라고 명명하였다. 대표적인 동기요인은 책임부여, 성장기회, 직무 그 자체, 직무에 대한 성취감이며, 위생요인은 봉급, 근무조건, 조직의 방침과 진행, 대인관계, 직위 등으로 구성된다(Herzberg et al., 1959; 이창원 외, 2012: 172).

그림 21-7 직무만족과 허츠버그의 2요인 이론

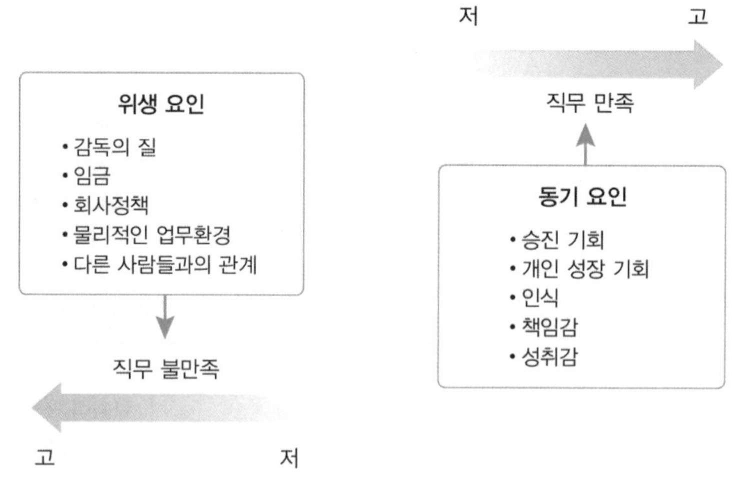

출처: 진종순 외(2016: 100)

그에 의하면 직무만족은 동기부여 요인과 관계가 있으며 동기부여 요인이 존재하지 않는다 하더라도 이것이 불만족의 이유가 되지 않는다. 그리고 직무불만족과 관련된 여러 가지 위생요인들을 충족한다 하더라도 이것이 곧 동기부여 요인이 되지는 않는다. 이와 같이 직무만족에 영향을 주는 요인(동기요인)과 직무불만족에 영향을 미치는 요인(위생요인)은 서로 다른 차원의 요인이다. 따라서 조직구성원들의 능동적인 행동을 유도하기 위해서는 위생요인을 제거하여 그들의 불만족을 줄이고, 동기요인들을 적극적으로 보장해야 하는 것이 필요하다(유민봉·박성민, 2013: 387).

(5) 맥클랜드의 성취동기이론

맥클랜드(McClelland, 1962)의 성취동기이론은 "성취, 권력, 그리고 친교를 추구하는 동기를 설명하는 이론"이다(백종섭, 2016: 223). 그는 인간은 공통적인 욕구의 계층을 지닌다는 허츠버그와 앨더퍼의 논의를 비판하면서 개인마다 욕구는 서로 다르다고 주장한다. 그에 의하면 개인이 사회문화와 상호작용하여 학습되는 욕구는 크게 성취욕구(needs for achievement), 권력욕구(needs for power), 친교욕구(needs for affiliation)로 분류된다. 이러한 각 욕구가 어떻게 조직의 효과성에 영향을 미치는가는 밝혔다(McClelland, 1962). 특히 인간의 행동을 동기화시키는 잠재력과 관련된 욕구는 개인에 의해서 학습된 것이기 때문에 사람마다 다르다.

조직 내 각 개인의 성취욕구는 구성원 모두의 공통적인 것이 아니라 개인이 사회문화와 상호작용을 하면서 스스로 취득하고 학습하면서 발생한 것이다(이창원 외, 2012: 168). 이러한 성취욕구는 "자신의 능력과 노력을 활용하여 목표를 성취함으로써 자신을 둘러싼 환경을 통제하는 것을 성취하려는 욕구"라고 정의할 수 있다(백종섭 외, 2016: 223). 반면에 권력욕구는 타인의 행동에 영향을 미치거나 이를 통제하려는 욕구를 의미하고 주로 관리자와 관련이 있으며, 친교욕구는 타인과의 친근하고 따뜻한 관계를 유지하기 위한 욕구이다. 그러나 권력욕구와 친교욕구는 반드시 조직의 효과성에 긍정적인 영향을 주는 것이 아니다. 이에 반해 우수한 결과를 얻기 위해 높은 기준을 설정하고 이를 달성하려는 성취욕구가 강할수록 조직의 효과성에 긍정적인 영향을 미친다(이창원 외, 2012: 168). 성취욕구가 강하면 노력이나 능력에 의지가 높게 나타나며, 목표설정을 중요하게 고려하고, 자신의 결과에 대한 피드백을 통해 성장하며, 자신의 일에 몰입하며, 성과지향적 동료와 일하기를 선호하기 때문에 성취욕구가 높을수록 조직 효과성이 달성될 가능성이 높다. 이처럼 개인의 성취동기가 차이가 있다는 것은 인적자원 과정을 설명하는 데 유용하다. 인적자원을 선발할 때 그들의 성취동기를 적극적으로 고려하여 선발하고, 그들의 동기요인을 고려하여 업무재설계한다면 조직의 효과성은 증가할 것이다(백종섭 외, 2016: 223).

2) 현대적 동기부여이론: 과정론[18]

현대적 동기부여이론이 주목을 받은 이유는 전통적 동기부여이론, 즉 욕구이론들은 경험적으로 검증되지 않아 타당성이 낮다는 것이다. 그리고 단순히 욕구를 충족시키는 것 보다는 동기부여가 어떻게 형성되고 조직 내에서 동기부여가 어떻게 영향을 미치는 가에 더 많은 관심을 가지면서 현대적 동기부여이론이 중요하게 고려되었다(이창원 외, 2012: 161). 대표적인 현대적 동기부여이론은 과정이론(process theory)이다. 전통적인 동기부여이론인 내용론은 동기유발을 발생하게 만드는 욕구가 무엇(what)인가에 관심을 가졌다면, 현대적 동기부여이론인 과정론은 어떤 과정을 통해 동기가 유발되는가의 과정(how)을 설명하는 것이다(유민봉·박성민, 2013: 381). 무엇보다도 과정이론은 조직 내 구성원들의 동기가 어떻게 형성되고, 형성된 동기가 조직성과 달성에 어떤 영향을 미치는 가를 살펴보았다(유민봉, 2015).

(1) 브룸의 기대이론

기대이론(expectancy theory)의 주된 관심사는 다음과 같다. '자신의 능력에 따라 어느 정도의 업무성과가 달성될 수 있을까?', '업무가 성공적으로 달성된다면 나에게 어떤 보상이 주어질까?', '보상이 주어질 때 나의 만족도는 어떤가?' 등이다. 이러한 과정이 어떻게 형성되느냐에 따라서 인간은 자신의 노력 정도를 결정하게 된다. 즉, 기대이론은 노력을 통해 결과물을 얻게 될 가능성에 따라 동기의 정도가 달라진다는 행동결정이론이다(유민봉, 2015: 420).

보다 구체적으로 노력을 어느 정도 할 것인가는, 노력을 통해서 획득할 수 있는 기대치(목표달성, expectancy), 수단치(보상, instrumentality), 유인가(만족, valence)가 어느 정도인가에 관한 주관적 믿음에 의해서 결정된다. 기대치는 어떤 활동이 특정한 결과를 가져올 것이라는 주관적 믿음을 의미하며, 수단치는 어떤 특정 수준의 성과에 달성하면 바람직한 보상이 주어질 것이라는 믿음이며, 유인가는 특성 보상에 대한 선호도를 의미한

18 해크만(Hackman)과 올드햄(Oldham)의 직무특성이론도 여기에 포함될 수 있으나, 19장 직무설계·재설계에서 이미 설명하였기에 본장에서는 생략하도록 한다.

다(Vroom, 1964). 동기부여는 기대치, 수단치, 유인가 모두를 곱해서 구해진다.

기대이론의 연구는 톨먼(Tolman, 1932)과 르윈(Lewin, 1938)에 의해 시작되었지만 이를 본격적으로 발달시키고 조직과정에 적용시킨 학자는 브룸(Vroom, 1964)이었다(이창원 외, 2012: 194). 그는 욕구가 직무수행에 직접적인 영향을 준다는 과거 욕구이론을 비판하면서 욕구·만족·동기유발의 체계에 기대치를 포함시켜 동기유발의 과정을 설명하였다. 기대이론은 동기부여를 고려할 때 개인의 능력, 가치관, 그리고 개인이 처한 상황을 고려하지만, 욕구이론은 욕구 그 자체 이외의 개인의 능력이나 믿음, 그리고 상황요인을 고려하지 않는다. 또한 욕구이론은 욕구가 충족되어야 그것이 동기부여와 연

그림 21-8 기대이론 모형

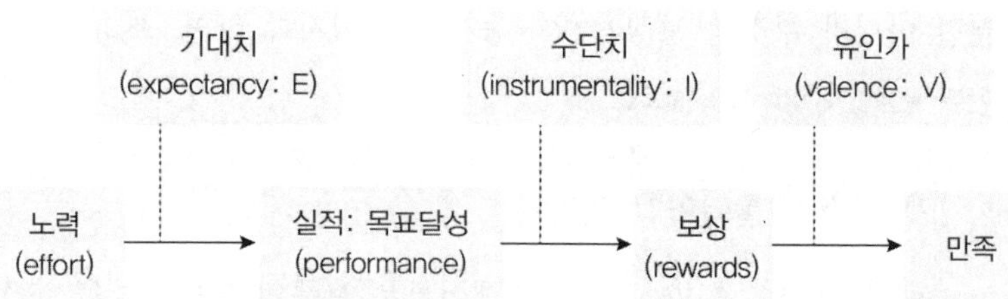

출처: 유민봉(2015: 421)

표 21-5 기대치, 수단치, 유인가

변수	설명
기대치(expectancy) (0 ≤ E ≤ 1)	• 행동을 수행할 수 있는 개인의 능력에 대한 믿음 • 개인행동이 자기 자신에게 가져올 결과에 대한 기대감으로서, 이것은 수치로 표현할 때 행동과 결과 간에 전혀 관계가 없는 0의 상태로부터 시작해 행동과 결과 간의 관계가 확실한 1의 사이에 존재함
수단치(instrumentality) (0 ≤ I ≤ 1)	• 행동이 특정한 보상을 가져올 것이라는 주관적인 확률 • 개인이 지각하는 1차적 결과와 2차적 결과와의 상관관계로서 수치적으로 표현할 때, 예를 들어, 높은 성과가 항상 승급을 가져오는 1.0의 관계로부터 성과와 보상 간에 전혀 관계가 없는 0의 관계로 나타남
유인가(valence) (−1≤V≤1)	• 개인에게 주어지는 결과물이나 보상의 가치 • 개인이 원하는 결과에 대한 강도로서 개인의 욕구를 반영시키며 보상, 승진, 인정과 같은 긍정적 유인가(positive valence)와 과업 과정에서의 압력과 벌 등의 부정적 유인가(negative valence)로 구분됨

출처: 진종순 외(2016: 103)

계가 된다고 설명하지만, 기대이론은 욕구충족 가능성만으로 동기부여에 영향을 미칠 수 있기 때문에 동기부여는 잠재적 가능성 상태에서 결정될 수 있다(유민봉, 2015: 422). 그리고 조직차원에서 달성해야 할 성과와 보상이 구체적일수록 동기부여 효과가 크게 나타난다고 믿으며, 이러한 개인의 행동은 합리적이라는 것을 가정한다.

조직 내 적절한 동기관리를 위해서는 조직은 먼저 기대치를 증가시켜야 한다. 구체적으로 개인의 능력과 달성해야 할 직무수행 목표를 일치시켜야 하고, 이를 위해서 적절한 인원을 선발하거나 교육훈련을 시켜야 한다. 그리고 자신의 능력과 목표가 일치되지 않으면 보직이동을 시켜야 한다. 이를 위해 달성해야 할 조직목표를 구성원과 함께 합의하여 구체적으로 설정해야 한다. 뿐만 아니라 수단치를 증가시켜야 하며, 달성하는 성과와 보상의 관계의 상관성을 확보해야 한다. 목표달성에 따른 성과는 명확하게 고려되어야 하며, 보상에 대한 객관성과 신뢰성이 주어져야 한다. 긍정적 보상뿐만 아니라 부정적 보상(징계)이 동시에 주어져야 하며, 보상은 공정하게 이루어져야 한다(유민봉, 2015: 422-423).

(2) 포터와 롤러의 기대이론

포터(Porter)와 롤러(Lawler)의 기대이론은 브룸의 기대이론을 수정 보완한 기대이론이다. 이는 개인의 능력 이외에도 특성(trait)과 역할인지(role perception), 즉 자신의 직무를 이해하는 정도를 포함시켰다. 노력은 보상의 유인가(valence)와 기대치(expectancy, 노력을 하면 성과가 있을 것이라는 기대)에 의해서 결정된다. 이러한 노력과 개인의 특성·역할인지에 따라 성과가 결정되며 이에 따라 보상이 주어진다. 이러한 보상은 내적 보상(예 성취감)과 외적 보상(예 경제적 보상)으로 나뉘는데, 특히 보상에 대한 공정성을 인식할 때 만족감이 더욱 증폭된다는 것이다(Porter & Lawler, 1968; 이창원 외, 2012: 198-199). 포터-롤러의 기대이론은 이전의 만족이론(직무만족 → 근무성과)의 주장과 달리 보상의 공정성이 확보된다면 근무성과 → 직무만족이 초래될 수 있다고 보았다. 이러한 점에서 포터-롤러의 모형을 만족이론이라고 할 수 있다.

(3) 목표설정이론

로크(Locke)의 목표설정이론(goal setting theory)은 "구체적이고 어려운 목표의 설정과 목표성취도에 대한 환류의 제공이 일하는 사람의 동기를 유발하고 업무성취수준을 향상시킨다고 설명하는 이론"이다(오석홍, 2013: 474). 이는 목표관리제(MBO)와 관련성이 높다. 인간은 목표달성을 위해 최선을 다하기 때문에 인간의 동기유발을 일으킬 수 있는 가장 좋은 방안은 곤란하고 구체적인 목표를 설정하는 것이다(Locke, 1968).

로크에 의하면 목표의 곤란성(difficulty)과 구체성(specificity)에 따라서 성과가 달라진다는 것이다. 목표가 도전적이면서 동시에 명확한 목표량과 목표기간을 제시할 때 높은 성과가 달성될 수 있다. 만약 목표의 곤란성과 구체성이 주어지지 않고 단순히 최선을 다하라고만 한다면 개인의 성과는 달성하기 힘들다(심리학 용어사전, 2014). 특히 로크는 목표몰입(goal commitment)을 중요하게 고려하였다(Locke, 1968). 목표몰입은 "목표를 달성하기 위해 하겠다는 결정과 이를 추구하기 위한 노력을 지속적으로 유지하는 것"을 의미한다(심리학 사전, 2014). 이러한 조직구성원들의 목표몰입이 증가될 때 조직의 효과성이 증가되는 것이다.

(4) 형평이론

형평이론(equity theory) 또는 공정성 이론은 처우의 형평성 또는 공정성에 대한 사람들의 지각과 인식이 직무행태에 영향을 미친다는 동기부여이론이다(오석홍, 2013: 472). 이는 애덤스(1963)의 공정성 이론을 기반으로 하고 있다. 논의의 핵심은 사람들은 누구나 자신의 보상과정에 관심을 가지고 타인의 보상과 자신의 보상을 비교하며, 타인의 보상체계에 비해서 자신의 보상체계가 공정하지 못하다고 인식할 때 이를 시정하기 위하여 행동을 한다는 동기부여이론이다. 따라서 자신의 투입 대비 산출의 비율이 타인의 투입 대비 산출 비율에 대한 상대적 평가 결과에 따라서 개인의 행동이나 동기부여가 달라진다는 것이다(유민봉·박성민, 2013: 389). 조직구성원들이 조직 내에서 자신들이 불공정하게 대우받는다고 인식하면 불공정하다고 인식하는 개인은 자신의 투입을 줄이거나, 조직에게 더 많은 보상을 요구한다. 이러한 과정에서 조직구성원들의 보상에 대한 공정성 인식이 충분하지 않을 때 그들의 생산성은 줄어들고 조직을 떠나려고 한다. 형평이론은 이러한 장점에도 불구하고 투입과 산출에 대한 평가가 주관적이라는 측면에서 한계가 존재한다.

(5) 강화이론

강화이론(reinforcement theory)은 "인간 행동을 선행적 자극과 행동의 외적 결과의 관계로 규정하면서, ① 행동에 선행하는 환경적 자극, ② 그러한 환경적 자극에 반응하는 행동, ③ 행동에 결부되는 결과로서의 강화 요인 등 세 변수의 연쇄적인 관계를 설명하고 바람직한 행동을 학습시킬 수 있는 강화 요인의 활용전략을 처방하는 심리학 이론"을 의미한다(이종수, 2009). 일반적으로 강화가 이루어지지 않으면 행동이 지속적으로 이루어지지 않고 사라진다. 즉, 보상을 받을 수 있는 행동은 반복적이고 지속적으로 나타나지만, 그렇지 않으면 사라진다는 이론이다(박경규, 2016: 485).

이는 스키너(Skinner, 1953)의 자극－반응의 심리학에서 발전된 동기부여이론이다. 일정한 강화조건이 이루어지면 그 조건에 따라 개인의 행동이 변화한다는 것으로, 인간의 행동은 자극에 단순히 반응하는 것이 아니라, 행동의 결과가 가져오는 강화조건에 따라 학습과 동기부여가 발생될 수 있기 때문에 강화조건을 달리하면 특정 행동을 조정할 수 있다는 이론이다(백종섭 외, 2016: 227－228). 보다 구체적으로 행동을 결정하는 강화를 긍정적 강화(positive reinforcement), 부정적 강화(negative reinforcement), 조작소멸(operant extinction), 그리고 처벌(punishment) 등으로 나눌 수 있다. 긍정적 강화는 적절한 보상을 통해 행동의 빈도를 증가시키기에 조직성과에 긍정적 역할을 할 수 있는 강화이지만, 부정적 강화는 부정적 행동을 하지 않을 경우 부정적인 행동에 처벌하지 않는다는 것을 강조하여 성과를 향상시키는 것이며, 조작소멸은 긍정적 강화수단을 없애는 것이며, 처벌은 특정한 행동을 할 때 부정적 자극을 주는 것이다(백종섭 외, 2016: 228). 이를 동기부여이론에 적용하면 조직구성원들은 자신들의 업적을 달성하였을 경우 이에 대한 반복적이고 지속적인 보상이 이루어질 때 동기부여가 이루어져 성과가 달성될 수 있다. 따라서 구성원들의 행동과 보상은 연계되어야 하며, 적극적인 관리자는 구성원들의 행동에 대한 보상을 할 때 피드백을 해주어야 한다. 이러한 차원에서 강화이론은 동기부여의 과정이론으로 제시할 수 있다.

5 공공조직에 대한 동기부여이론 적용

공공조직에 적용되는 동기부여이론은 크게 두 가지 측면에서 살펴본다. 첫째는 앞의 동기부여이론들이 실제 공공조직에서 어떻게 적용되는 가이며, 두 번째는 공공부문에 특별히 적용될 수 있는 동기부여이론인 공직봉사동기(Public Service Motivation, PSM)를 제시한다.

1) 정부조직에 대한 동기부여이론 적용

정부조직에 동기부여이론 적용은 <그림 21－9>와 같이 인사관리 단계를 중심으로 설명할 수 있다. 첫 번째 단계인 인적자원 확보 단계에서는 선발과 모집이 주를 이루기 때문에 지원자들의 적극적인 유인을 확보할 수 있는 방안이 필요하다. 대부분의 욕구충족이론이 여기에 적용될 수 있다. 특히 이는 매슬로의 기본적 단계인 생리적 욕구와 안전욕구와 관련이 있다. 전반적인 보수 차원에서는 아직 우리나라 공직자의 보수는 여전히 민간부문의 보수보다 낮지만, 여러 상황을 고려해 볼 때 과거보다 많이 향상되었다. 뿐만 아니라 공직자는 민간조직 보다 높은 신분보장이 이루어지기 때문에 직업안정성은 높다고 할 수 있다.

두 번째 단계인 인적자원개발 단계인 교육훈련과 보직이동 단계에서도 여러 가지 동기부여이론이 적용될 수 있다. 공직자의 자아실현과 능력개발을 위한 교육훈련과 역량개발은 매슬로와 앨더퍼의 고차원적인 욕구충족으로서 설명이 가능하다. 그리고 교육훈련과 역량개발의 필요성은 해크만과 올드햄의 직무특성이론에 의해서 설명이 가능할 뿐만 아니라, 기대이론과 목표설정이론과 같은 과정론 차원에서도 이를 적용할 수 있다. 세 번째 단계인 인적자원의 유지와 활용단계에서는 형평이론 차원에서

그림 21-9 동기부여 이론과 인사관리단계 적용

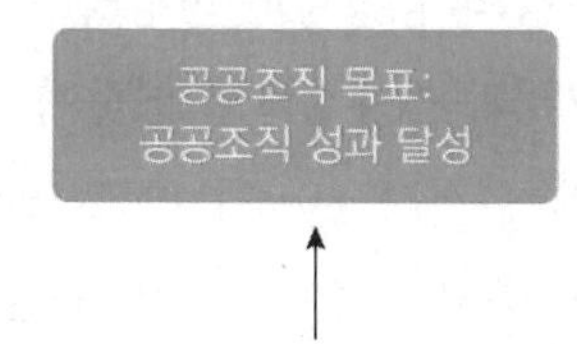

공공 부문 인사관리 단계와 동기부여 관계

확보 (모집 · 선발)	→ 개발 (교육훈련 · 보직 이동)	→ 유지 · 활용 (권리 · 의무)	→ 평가 (근무성적평정 · 실적평가)	→ 보상 (승진 · 보수 성과급 · 휴가)
욕구동기부여 (경제적 유인 직업 안전성)	욕구동기부여 (자기개발) 절차동기부여 (공정한 이동)	욕구동기부여 (자아실현) 절차동기부여 (공정한 징계)	절차동기부여 (공정한 평가)	보상동기부여 (공정한 보상) 절차동기부여 (공정한 보상)
욕구충족이론/ 동기위생이론	욕구충족이론 · 동기위생이론/ 형평이론	욕구충족이론 · 동기위생이론/ 형평이론	기대이론	내재적 · 외재적 동기이론/ 형평이론

출처: 진종순 외(2016: 110)

인적자원 권리보호를 위한 공정한 절차와 보상이 중요하다. 특히 공무원 단체를 통해서 적극적으로 그들의 권익을 보호할 수 있다는 점에서 공정성 이론이 적용될 수 있다. 그리고 공직자들은 공익추구라는 고차원적인 욕구를 추구한다고 할 수 있다. 기본적인 보상도 중요하지만 정책실현을 통한 사회정의 추구와 공직자의 높은 윤리추구는 대표적인 상위욕구라고 할 수 있다.

마지막으로, 가장 중요한 단계인 평가와 보상단계에서는 이제까지 언급한 모든 동기부여이론이 적용된다고 볼 수 있다. 평가의 객관성과 공정성 차원에서 형평이론과 기대이론 등이 제시될 수 있으며, 보상과 관련하여 내재적 동기와 외재적 동기, 하위욕구인 경제적 보상과 상위욕구인 자아실현, 목표의 설정과 보상의 연계성을 설명한 브룸의 기대이론, 보상의 공정성을 강조한 형평이론과 포터와 롤러의 기대이론, 높은 목표달성을 위한 목표설정이론과 성취동기이론, 즉각적인 보상을 강조한 강화이론 모두 다 적용될 수 있다.

그러나 민간부문에서 적용되는 동기부여이론을 공공부문 특히 정부조직에 적용할 때는 주의해야 할 것이 있다. 이는 공공부문의 특수성 특히 민간부문과의 차이 때문에 발생하는 특징을 고려하여 동기부여이론을 적용해야 한다는 것이다. 대표적인 보상제도인 성과급은 보상의 공정성과 형평성을 증진할 수 있는 중요한 수단이지만, 공공조직의 목표의 모호성과 계층성으로 인하여 정확한 평가와 보상이 이루어지지 않아 정부조직 도입에 한계가 나타난다. 특히 경제적 보상 강조는 예산의 제약성 때문에 한계를 지니며 내재적 동기는 정부조직의 규율과 규칙 강조로 인해 왜곡되어 나타날 수 있다. 따라서 정부조직의 특성을 고려하여 동기부여이론을 적용해야 한다.

2) 공직봉사동기

공직봉사동기(Public Service Motivation)는 페리와 와이즈(Perry & Wise, 1990)에 의해서 제안된 개념으로서 “공공조직에만 관련된 동기에 반응하는 개인의 기본적인 성향”으로 정의한다(백종섭 외, 2016: 230). 이는 민간부문 종사자들에게 나타나지 않는 공공부문 종사자들에게 특수하게 나타나는 동기부여라고 할 수 있다. 공직봉사동기는 ‘합리적(rational) 차원’, ‘규범적(normative) 차원’, ‘감성적(affective) 차원’으로 설명할 수 있다. 합리적 차원의 공직봉사동기는 이전의 공직봉사동기가 단순히 이타적인 측면과는 달리 공무원의 동기부여 역시 개인의 효용 극대화를 위한 합리적 행위로 간주하는 것이다. 그러나 공직자의 효용극대화는 공직자의 사익추구가 아니라, 공직자의 국민에 대한 봉사,

표 21-6 공직봉사동기 개념과 측정차원

개념차원	내용	하위차원
합리적 차원	• 정책과정에 참여 • 공공정책에 대한 동일시 • 특정 이해관계에 대한 지지	공공정책에 대한 호감도 (attraction to public policy making)
규범적 차원	• 공익봉사의 욕구 • 정부전체에 대한 충성과 의무 • 사회적 형평의 추구	공익몰입 (committment to public interest)
감성적 차원	• 정책의 사회적 중요성에 기인한 정책에 대한 몰입 • 선의의 애국심	동정(compassion) 자기희생(self-sacrifice)

출처: 이근주(2005: 90)

적극적인 정책 참여, 중요한 사회정책 참가로 인한 효용을 개인의 효용과 동일시하는 효용 극대화 전략이다. 규범적 차원에서는 '공익에 대한 봉사욕구'와 '정부전체에 대한 충성심'이 핵심이다. 공직자는 정책을 수립하고 집행함에 있어서 국민의 의사를 적극적으로 반영하여야 하며, 공익의 수호자와 정부정책에 대한 헌신은 공직자에게 요구되는 당연한 것이다(백종섭 외, 2016: 231). 마지막 감성적 차원은 이성보다는 국민에 대해 적극적으로 희생하겠다는 희생정신과 사회적 약자를 적극적으로 보호하겠다는 감정적 표현이다.

공직봉사동기가 인사조직관리에 미치는 의의는 크다. 공직봉사동기가 높은 사람일수록 근무의욕이 높기 때문에 선발과정에서 공직봉사동기가 높은 사람을 선발할 수 있는 제도를 마련하는 것이 필요하다. 최근 공직시험에서 공직가치 강화도 이러한 차원에서 논의할 수 있다. 또한 공직봉사동기가 높은 공직자들은 적극적으로 공직업무를 수행하기 때문에 그들의 성과는 증가할 가능성이 높다. 따라서 공직봉사동기에 맞는 직무재설계가 필요하고 높은 공직봉사동기를 소유한 구성원들은 자신의 경험을 적극적으로 공유할 수 있는 제도가 필요하다. 그리고 공직봉사동기가 높은 구성원들에게는 단순히 외적 보상을 증가시키는 것보다는 업무와 관련된 내적 보상을 강화시키는 것이 효과적인 관리전략이 될 것이다(백종섭 외, 2016: 232).

People and
Organizations

Chapter 22

인간과 조직의 윤리

1. 공공부문 가치 강화를 위한 제도: 공직윤리제도를 중심으로
2. 공무원의 정치적 중립

CHAPTER

22 인간과 조직의 윤리

핵심 학습사항

1. 「공익신고자 보호법」의 설립 목적은 무엇이며, 공익침해는 무엇인가?
2. 공직자들의 도덕성을 증진시킬 수 있는 방안은 무엇인가?
3. 공직윤리가 저해되는 이유는 무엇인가?
4. 사회문화적 차원에서 공직부패가 발생하는 이유는 무엇인가?
5. 시장·교환적 관점에서 공직부패의 원인은 무엇인가?
6. 퇴직공직자 취업제한의 의의는 무엇인가?
7. 「부정청탁 및 금품 등 수수의 금지에 관한 법률」의 의의는 무엇인가?
8. 내부고발자 제도가 필요한 이유는 무엇이며, 우리나라 실정법에서는 내부고발자를 어떻게 보호하고 있는가?
9. 이해충돌방지 의무에 대한 법제화가 필요한 이유는 무엇인가?
10. 공무원의 정치적 중립의 의미는 무엇인가?
11. 한국에서 공무원의 정치적 중립이 중요한 이유는 무엇인가?
12. 한국에서 영혼없는 공무원 문제를 해결할 수 있는 방안은 무엇인가?

1 공공부문 가치 강화를 위한 제도: 공직윤리제도를 중심으로

공공성 추구와 공익달성이라는 공공부문의 목표를 달성하기 위해서는 공직가치 및 이들을 관리하는 인사조직 관리 핵심 가치들이 더욱 강화될 필요가 있다. 다시 말해 이러한 가치들을 실현하기 위해서는 앞서 논의된 바와 같이 공직자들의 의무준수가 필수적인데, 이러한 의무준수는 공직윤리 강화의 형태로 나타나게 된다. 공직윤리는 "공직자가 마땅히 지켜야 할 도리 또는 정부조직 내 공무원의 행동과 사고의 기준"으로 정의될 수 있다(백종섭 외, 2016: 240). 이러한 공직윤리 강화를 위한 제도에는 어떤 것이 있는지를 공직부패와 연계해 살펴보도록 한다.

1) 공직윤리 저해 현상과 원인

(1) 한국의 부패현상과 부패인식

2018년 2월 국제투명성기구(TI)에서 발표한 부패인식지수(Corruption Perceptions Index, CPI)에 의하면 한국은 100점 만점에 54점으로, 180개국 중 51위 개발도상국보다는 높지만 OECD 평균(68.4점)보다는 낮은 수준으로 나타났다(국민권익위원회, 2018). 이는 한국의 경제규모 수준에 비해서 상대적으로 낮게 인식되는 수치이다. 한국은 GDP 규모는 세계 11위이지만, 부패수준은 세계 51위로서, 경제성장과 투명성의 긍정적 관계를 고려해 보았을 때에 한국의 부패문제를 적극적으로 해결해야 한다. 한국의 CPI 부패

그림 22-1 한국의 부패인식지수 추이

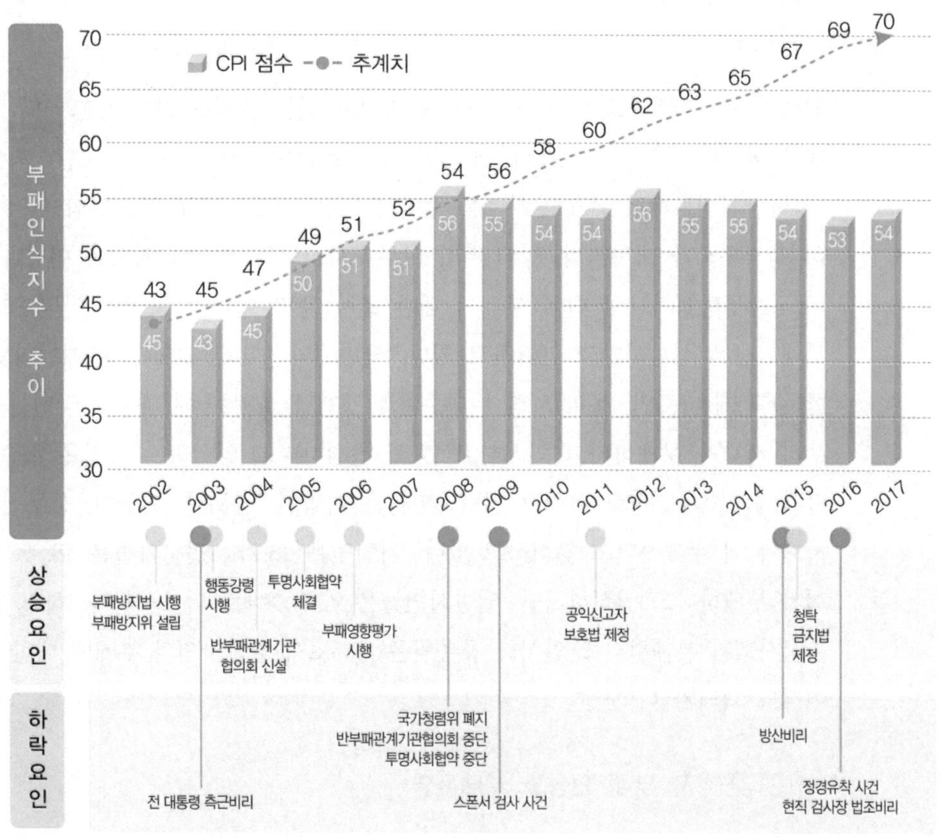

출처: 국민권익위원회(2018)

그림 22-2 우리사회의 전반적 부패수준 (단위: %)

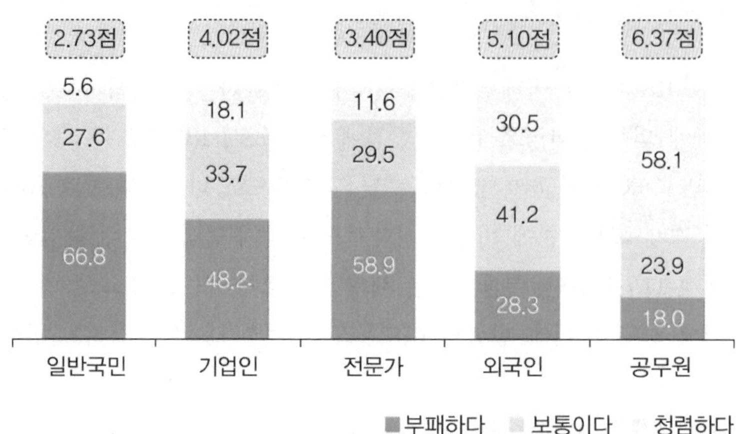

출처: 국민권익원회(2018)

인식지수는 전반적으로 2008년까지 증가하고 있는 추세를 보이다 그 이후 답보한 상태로 머무르고 있는 실정이다. 2010년 이후 2011년 「공익신고자보호법」 제정, 2015년 「청탁금지법」 제정 등으로 부패를 줄이기 위한 새로운 제도가 도입되고 있지만, 여전히 정경유착과 대형비리, 방산비리, 반부패시스템은 부정적 영향을 미쳤다.

국제투명성기구의 한국 부패에 대한 조사 뿐만 아니라 국민들 인식 역시 한국의 부패현상은 심각하다고 판단하고 있다. 국민권익원회의 '2017년 부패인식도 조사 종합 결과'에 따르면, 우리 사회 부패수준과 경험을 살펴볼 때 다수의 국민들(약 66.8%)은 우리 사회가 부패하다고 인식하고 있고, 청렴하다고 인식하는 국민은 소수(약 5.6%)이다(국민권익위원회, 2018). 그리고 일반국민들은 기업인, 전문가, 외국인, 공무원보다 우리 사회가 더 부패하다고 인식하고 있다. 기업인은 48.2%, 전문가들은 58.9%가 한국 사회가 부패하다고 인식하지만, 일반시민들은 약 66.8%로 더 높게 인식하고 있다. 특히 한국사회가 부패하다도 인식한 공무원은 18%로서 일반국민과 부패에 대한 인식에 있어서도 괴리가 나타났다.

(2) 공직자 부패 현상과 부패유형

공직자의 부패는 '공직자가 직무를 수행할 때 부당한 사익을 취하거나, 취하고자 하는 행위를 하는 것'을 의미한다(백종섭 외, 2016: 243). 우리나라의 행정에 대한 부패인식은 대상자들에 따라 달리 나타난다. 국민권익원회의 '2017년 부패인식도 조사 종합결과'에 따르면 공직사회의 부패수준에 대하여 '공무원이 부패하였다(매우 부패+부패한 편)'는 질문에 대한 응답률은 기업인(52.2%)와 일반국민(52%)에게서 가장 높게 나타났고, 다음으로 전문가(45.4%), 외국인(26.6%), 공무원(8.0%) 순으로 나타났다. 일반국민들과는 달리 공무원의 경우 다른 조사대상들에 비하여 행정 분야가 '청렴하다'고 응답한 비율이 이전 조사에 비해서(2016년 조사에서 82.8%) 낮은 수치이지만 여전히 67.9%로 가장 높게 나타났다(국민권익위원회, 2018). 이러한 결과를 통해 우리는 공직자와 일반국민들 사이에 있어서 공직윤리의 수준이 다르게 인식된다는 것을 알 수 있다(국민권익원회, 2018). 물론 직무를 수행하는 당사자가 아닌 경우 타인에 대해서는 엄격한 잣대를 적용하고, 직무를 수행하는 당사자인 경우 스스로에 대해 관대한 잣대를 적용할 수는 있다. 그러나 여러 가지 상황을 고려해 보더라도 국민들의 입장에서는 공직자들의 윤리의식이 매우 낮은 것으로 인식하고 있다는 것을 알 수 있다. 이러한 결과는 향후 우리 사회의 부패수준 전망과 관련해서도 일치된 결과가 나타났다. 공무원은 일반국민, 전문가, 기업가, 외국인 보다 향후 부패수준이 '줄어들 것이다'라는 응답을 가장 많이 한 것으로 나타났다(국민권익원회, 2018).[1]

그림 22-3 공직사회 부패 수준 (단위: %)

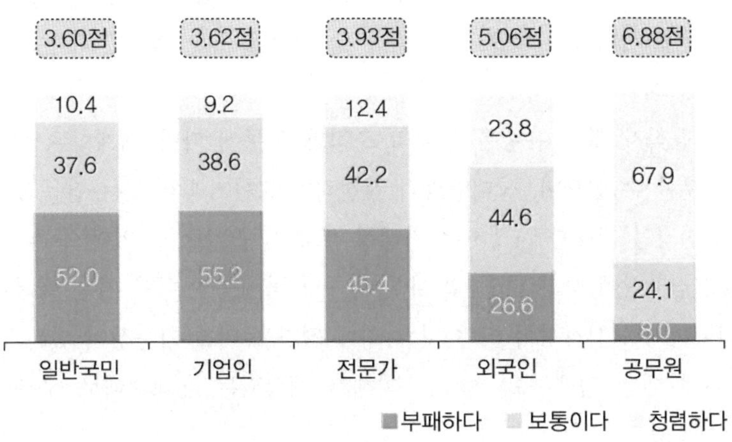

출처: 국민권익원회(2018)

1 공무원은 80.4%로서, 그 외 일반국민(61.9%), 전문가(64.4%), 외국인(47.5%), 기업인들(52.7%) 보다 높은 수치를 보였다.

그림 22-4 **행정 분야별 부패수준** (단위: 점, 점수가 높을수록 청렴)

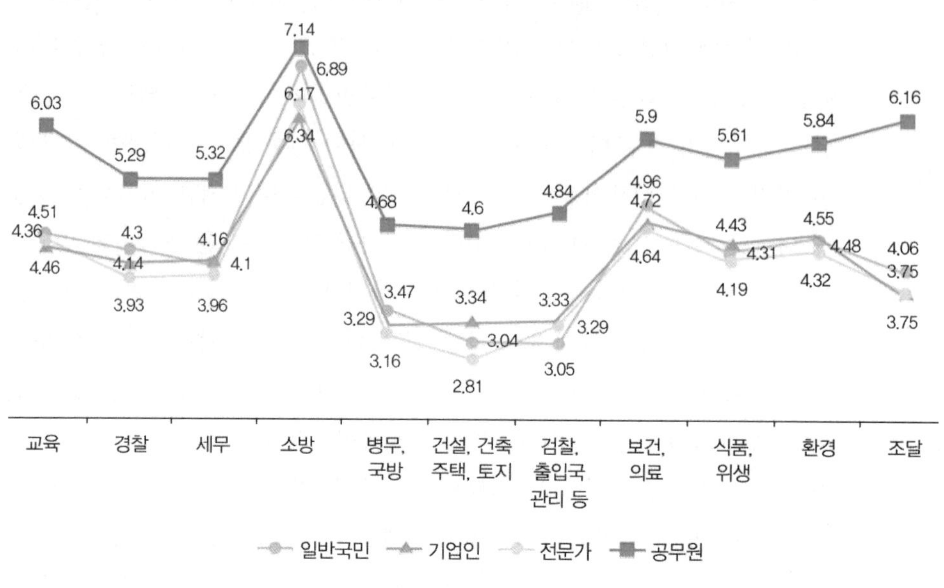

출처: 국민권익위원회(2018)

특히 행정부패가 발생하는 분야에 있어서 부패수준 하위 3개 분야는 모든 조사대상에서 건설·건축, 병무·국방, 검찰 등 법무 분야로 동일하게 나타났다. 이에 반해 모든 조사대상이 11개 행정 분야 중 소방을 가장 청렴한 분야로 평가하였다(국민권익위원회, 2018).

공직자 부패 유형은 부패의 조직화 유무에 따라 체계화된 부패와 우발적 부패로 구분할 수 있으며, 상대방과의 직접적인 교환거래가 없는 단독적 거래 혹은 공직자와 직접적인 거래를 사행하는 거래형 부패로 구분할 수 있다(오석홍, 2013: 569). 또한 부패의 심각성에 따라 타인 및 사회에 거의 피해를 미치지 않는 백색부패, 부패가 초래하는 피해의 심각성이 타인 및 사회에 영향을 미칠 가능성이 있는 회색부패, 타인과 사회에 대한 명백하고 심각한 피해가 예상되는 흑색부패로 구분할 수 있다(박천오 외, 2016: 478).

(3) 공직자 부패 원인

공직자 부패가 나타나는 원인을 거시적 차원과 미시적 차원으로 살펴볼 수 있을 것이다. 특히 거시적 차원에서는 문화와 제도차원을 중심으로, 미시적 차원에서는 개인의 행위와 도덕적 차원을 중심으로 공직자 부패의 원인을 살펴보도록 한다.

문화적 차원에서 볼 때 공직자들의 부패가 심각하게 나타나는 이유는 공직 부패문화 때문이다. 우리나라 공직부패의 중요한 원인으로 지목되는 것은 우리나라의 청탁·선물 문화이다. 또한 동질적 문화를 공유하는 구성원들끼리 더 잘 봐줄 것이라는 끼리끼리 문화도 공직부패의 중요한 원인으로 지목되고 있다(유민봉·임도빈, 2016: 366). 국민권익위원회(2018) 자료에 따르면, 금품·접대 등의 제공을 통한 공직자 부패는 지속적으로 감소하고 있는 추세이다(예 2008년 19.3% 정도의 기업인이 공직자에게 금품·접대를 제공한 경험이 있다고 응답하였으나, 2017년에는 2.3% 정도의 기업인이 이러한 경험이 있다고 응답). 특히 부패인식도 조사에 의하면 일반국민, 공무원, 기업가 등 대부분의 국민들은 한국 사회에서 가장 큰 부패의 원인은 개인의 윤리의식 부족, 고비용 정치구조, 불합리한 법·제도·규제 보다 부패 유발적인 사회문화라고 응답하고 있다(국민권익위원회, 2018).

이러한 조사는 폐쇄적 사회자본과 부패에 대한 문화적 인식이 가장 중요한 부패의 원인이 된다는 것을 나타내준다. 특히 폐쇄적 사회자본 또는 결속형 사회자본(bonding social capital)을 가진 행위자들 간 관계는 배타적으로 형성되어 같은 사회자본을 지닌 구성원들 간에는 유기적 관계가 형성되나, 외부의 타 집단에 대해서는 강력한 적대감과 부정적 인식이 형성된다고 한다(Coleman, 1988). 제도적 측면에 있어서는 공직자의 부패 원인을 법과 제도의 미흡으로 살펴볼 수 있다. 처벌조항이 명확하게 제시되지 않거나 존재하지 않을 경우, 법과 규정이 존재한다 하더라도 관대한 처벌조항이 존재하여 행정통제가 명확하지 않은 경우 공직부패가 발생할 수 있다는 것이다.

미시적 차원에서는 시장·교환적 관점으로 공직자의 부패원인을 살펴볼 수 있다. 즉, 정보의 비대칭성을 통해 공직자 부패를 설명할 수 있다는 것이다. 공직자는 주인인 국민을 대신해 그 대리인으로서 공직업무를 담당하고 있다. 그러나 공직업무를 담당하는 가운데 주인인 국민보다 더 많은 정보를 소유하게 된다. 대리인인 공직자들은 자신들의 이익을 극대화하는 가운데 도덕적 헤이(moral hazard)를 나타내는데 이는 공직부패로 이어지게 된다. 시장·교환적 접근에서는 공직자들이 부패행위를 경제적 자원을 획득하는 하나의 행위로 간주한다고 본다(강성철 외, 20114: 520–521). 특히 이는 공직자의 지대추구행위에 따른 포획이론(capture theory)으로서 설명될 수 있다. 이밖에도 공직자 부패의 원인을 도덕적 관점에서 살펴볼 수 있는데, 이는 부패를 단순히 개인의 도덕적 일탈과 윤리의식 미흡차원에서 논의하는 것이다. 다시 말해, 부패가 발생하는 원인은 조직의 문제가 아니라, 순수한 공직자 개인의 문제라는 것이다.

부패가 발생하는 원인은 부패로 인해 발생하는 비용과 편익을 고려해 볼 때 공무원들이 인식하는 부패의 비용보다 편익이 더 크기 때문이다. 공무원의 부패는 뇌물수수 적발확률과 처벌확률에 따라 달라진다고 할 수 있다(적발확률×처벌확률)(황태연 외, 2018). 공무원이 뇌물수수에 따른 적발확률과 처벌확률이 모두 낮다고 인식한다면 공무원의 부패를 일으킬 가능성은 증가할 것이다. 따라서 부패의 처벌확률과 적발확률이 낮은 상황이라면 부패가 발생할 가능성이 높다. 그러나 부패는 한 개인만의 비용과 편익만을 고려하는 것이 아니다. 만약 일상적으로 발생하는 체계적 부패가 존재한다면 개인은 혼자만 부패를 낮추는 행위를 하지 않을 것이다(Rothstein, 2011; 황태연 외, 2018).

2) 공직자윤리 강화 방안

공직부패를 줄이기 위해서는 특히 공직문화의 개선이 필요하다. 이를 위해서는 기관장의 노력이 중요하다. 국민권익위원회의 '공공기관 부패방지 시책평가'에 의하면 각 기관장의 윤리의식 제고와 부패방지 노력이 높을수록 각 기관의 청렴도가 높게 나타났다(국민권익위원회, 2018). 또한 공직부패를 방지하고 공직자윤리를 강화하기 위해서

표 22-1 공직자윤리 저해원인과 증진방안

공직자윤리 저해 원인	법적 장치	주요 내용
문화차원 (폐쇄적 · 배타적 조직문화)	퇴직공직자 재취업 제한 강화: 「공직자윤리법」	퇴직공무원은 퇴직일부터 3년간 퇴직 전 5년 동안 소속하였던 부서 또는 기관의 업무와 밀접한 관련성이 있는 기관에 취업 제한
개인차원 (개인의 도덕적 윤리의식 미흡)	청렴의무 강화: 「국가공무원법」	국가공무원의 청렴의무에 대한 일반 논의
	청렴의무 강화: 「부정청탁 및 금품 등 수수의 금지에 관한 법률」	공직자 등이 직무 관련 여부 및 명목에 관계없이 1회 100만원 매 회계연도 300만원을 초과하는 금품을 수수 금지
공직자 사익추구 방지와 포획방지	공익신고 강화: 「공익신고자 보호법」	공익을 침해하는 행위를 신고한 사람 등을 보호하고 지원하는 제도
	내부고발자보호: 「부패방지법*」	내부고발자 신분보장, 불이익금지, 신변보호
	이해충돌방지의무 제도화	「공직자윤리법」과 「공무원 행동강령」에 일부 포함

* 정식 명칭은 「부패방지 및 국민권익위원회의 설치와 운영에 관한 법률」이다.

는 공직부패가 발생하는 원인과 관련된 실정법을 우선적으로 살펴볼 필요가 있다. 예를 들어, 문화적 차원에서는 폐쇄적·배타적 조직문화, 즉 결속형 사회자본을 완화하기 위한 방안으로 「공직자윤리법」을 강화하고 있으며(퇴직공직자 재취업 제한), 미시적 차원에서는 청렴의 의무를 강조하고 공직자 개인의 윤리를 강화하는 방안으로 「국가공무원법」이나 「부정청탁 및 금품 등 수수의 금지에 관한 법률」 등을 강화하고 있다. 다음에서는 이들 각각에 대해 논의하도록 한다.

(1) 퇴직공직자의 취업제한제도

퇴직공직자 취업제한제도는 「공직자윤리법」[2] 개정을 통해 2015년 3월 31일부터 시행되었다. 이 제도는 퇴직공직자와 업체 간의 유착관계 차단, 퇴직 전 근무했던 기관에 대한 영향력 행사 방지를 통해 공무집행의 공정성과 공직윤리를 확립고자 도입된 것이다. 개정된 「공직자윤리법」에 의하면 취업제한대상 및 기간은 재산등록의무자였던 퇴직공직자로서, 퇴직 후 3년간 유관기관 재취업이 제한된다. 보다 구체적으로, 취업제한의 조건은 퇴직 전 5년 동안 소속하였던 부서(고위공직자는 소속기관)와 취업예정기관 간의 밀접한 업무관련성(재정보조, 인·허가, 검사·감사, 조세부과, 계약, 감독, 사건수사 등)이 있으면 재취업이 제한되는 것이다.[3] 이처럼 퇴직공직자들의 퇴직 전 직무유관기관 재취업을 제한하는 이유는 퇴직 후 재취업이라는 사익을 위해 공직자들이 재직 중 유관기관과 부정부패의 고리를 형성할 가능성이 있기 때문에 이를 차단하기 위해서이다. 또한 퇴직자와 현직자들 사이에 배타적 사회자본이 형성되어 부정부패가 발생할 가능성이 높기 때문에 이를 방지하기 위해 퇴직공직자 취업제한제도를 운영하고 있다.

퇴직공직자에 대한 취업제한 외에도 퇴직공직자들의 행위도 일부 제한된다. 공직자에게 퇴직 후 일정업무의 취급을 제한함으로써 부정청탁행위를 금지하여 이들이 부당한 영향력을 행사하지 못하도록 사전에 예방하는 것이다. 모든 퇴직공직자는 본인이 직접 처리한 일정업무를 영구히 취급제한하며, 부정청탁 또는 알선금지, 재산공개자는 퇴직 후 2년간 일정업무 취급을 제한하며, 재산공개자는 업무내역서를 제출받아 심사받고, 본인처리 업무취급제한과 행위제한은 인지와 고발에 따라 위반 여부를

2 「공직자윤리법」은 재산개방 및 등록의 의무, 주식의 매각 또는 신탁, 선물신고의 의무, 퇴직공직자의 취업제한 및 행위제한 등으로 구성된다.

3 인사혁신처 홈페이지 참조.

그림 22-5 퇴직공직자 취업제한과 승인절차

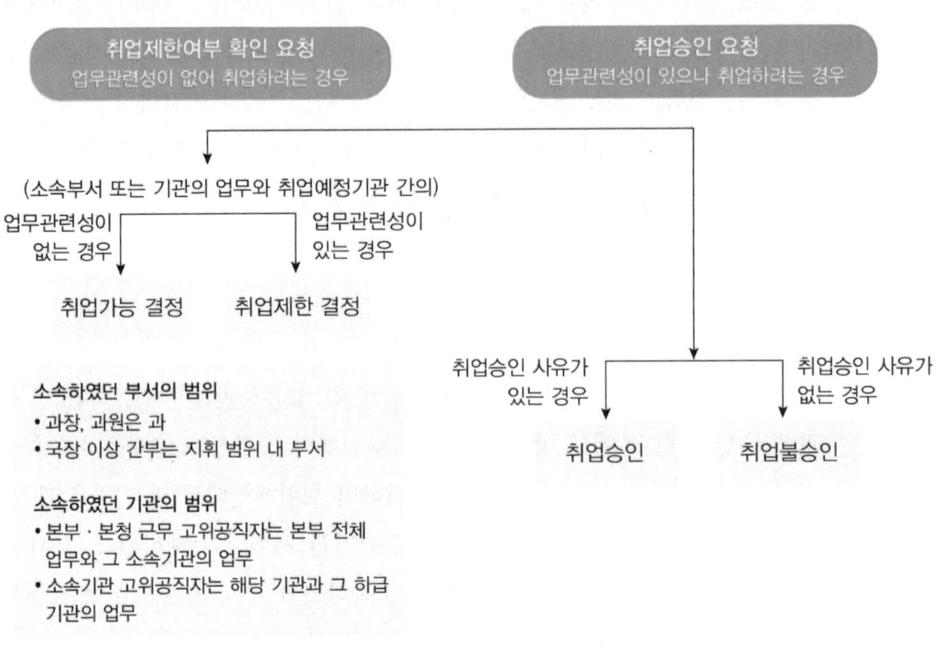

출처: 인사혁신처[4]

확인하여야 한다.[5] 더 나아가 2018년 4월 국민권익위원회는 「공무원 행동강령」을 수정하여 퇴직공무원의 로비·전관예우로 인한 특혜 시비를 원천봉쇄 하기 위해 직무관련 퇴직자와의 사적 접촉을 제한하였으며, 부당한 이익을 위해 민간에 직무권한이나 영향력을 행사해 알선·청탁할 수 없도록 하였다(경기일보, 2018). 이처럼 「공직자윤리법」이 강화된 이후 취업심사 제한 건수 및 제한율은 증가 추세에 있다. 2012년도 15건(5.0%)에서 2013년 27건(9.3%), 2014년 51건(19.6%), 2015년도 112건(20.8%), 2016년도 131건(17.2%), 2017년 138건(18.4%)로 매해 취업제한 건수 및 제한율이 증가하고 있다(인사혁신처, 2018).[6]

4 http://www.mpm.go.kr/mpm/info/infoEthics/BizEthics04/
5 http://www.mpm.go.kr/mpm/info/infoEthics/BizEthics05/
6 인사혁신처(2018). 인사혁신통계연보.

(2) 청렴의무 강화제도

청렴의무 강화제도는 「국가공무원법」을 기반으로 제시되고 있다. 「국가공무원법」에서는 신분관련 규정과 관련하여 공직자들의 품위유지 의무를 제시하고 있으며, 직무관련 규정 중 소극적 규정으로 직장이탈금지의 의무, 청렴의 의무, 비밀엄수의 의무, 영리업무 및 겸직금지의 의무를 제시하고 있고, 적극적 규정으로 성실의무, 복종의 의무, 친절·공정의 의무를 제시하고 있다(박천오 외, 2016: 473).

청렴의무 강화를 위해 최근 「부정청탁 및 금품 등 수수의 금지에 관한 법률(청탁금지법)」이 제정되었으며, 2016년 9월 28일 시행되었다. 이는 공공부문의 부패로 인해 정부신뢰가 저하되고 대외신인도가 하락될 우려를 방지하고, 기존 부패방지 관련 법률(「형법」, 「공직자윤리법」 등)의 한계를 보완하며, 부정청탁 및 금품 등 수수 금지를 위한 종합적인 통제장치 법제화를 위해 제정된 법률이다.[7] 이 법의 적용대상자는 공직자에 한정되는 것이 아니기 때문에 이 법을 공직자 청렴의무 강화를 위한 법률이라고만 논의하기는 어렵지만, 이러한 법률을 통해 국가·사회 전반의 청렴도가 증진될 것은 기대해 볼 수 있다.[8] 이 법에 따르면, 공직자 등(국가·지방공무원, 공직유관단체·공공기관의 장과 임직원, 각급 학교의 장과 교직원 및 학교법인의 임직원, 언론사의 대표자와 그 임직원 등)이 동일인으로부터 직무 관련 여부 및 명목에 관계없이 1회 100만원 매 회계연도 300만원을 초과하는 금품을 수수하는 경우 형사처벌하거나, 100만원 이하 금품수수에 대해서는 직무와 관련한 금품수수 시 과태료를 부과할 수 있도록 하였다.

최근 국민권익위원회는 공정한 직무수행을 저해하지 않는 범위 내에서 원활한 직무수행, 사교·의례 목적으로 공직자 등이 예외적으로 받을 수 있는 음식물·선물·경조사비 가액 범위를 조정하였다. 그 결과 「부정청탁 및 금품 등 수수의 금지에 관한 법률 시행령」이 개정되어 2018년 1월 17일부터 선물·경조사비의 가액범위, 외부강의 등 사례금 상한액이 조정되었다(국민권익위원회, 2018). 대표적으로 음식물·선물·경조사비의 가액범위를 현재 3·5·10만 원에서 3·5·5만 원으로 조정했다.

7 국민권익위원회(2016). 「부정청탁 및 금품 등 수수의 금지에 관한 법률」 주요 내용.

8 대상자는 공직자 등과 그의 배우자, 그리고 공공기관의 의사결정 등에 참여하는 민간인, 공직자 등에게 부정청탁을 하거나 수수 금지 금품 등을 제공한 민간인 모두를 포함한다.

표 22-2 「부정청탁금지법 시행령」 개정 내용

구분		기존	변경
가액 범위	음식물	3만원	동일
	선물	5만원	5만원 (농수산물·가공품 10만원)
	경조사비	10만원	5만원 (화환·조화 10만원)
선물 범위		상품권 등 유가증권 포함	상품권 등 유가증권 제외
외부 강의 등 상한액	공무원, 공직유관단체 임직원	직급별 구분 있음 (시간당 20~50만원)	직급별 구분 없음 (시간당 40만원)
	국공립학교 교직원	공무원과 동일 (시간당 20~50만원)	사립학교 교직원과 동일 (시간당 100만원)
	공직유관단체인 언론사 임직원	공직유관단체 임직원과 동일 (시간당 20~40만원)	일반 언론사 임직원과 동일 (시간당 100만원)
외부 강의 등 신고	사전 신고사항	외부강의 등의 유형, 요청사유 포함	외부강의 등의 유형, 요청사유 제외
	보완 신고기간	외부강의 등을 마친 날부터 2일 이내	해당 사항을 안 날부터 5일 이내
부정청탁금지법 준수 서약서 제출		매년	신규채용 시

출처: 국민권익위원회(2018)

(3) 공익신고자 보호제도

공직자들의 사익 추구를 통제하기 위한 방안으로 「공익신고자보호법」이 제시될 수 있을 것이다. 「공익신고자보호법」은 공익신고자들이 용기를 내 부정·부패행위에 대한 제보를 할 수 있도록 하기 위해 2011년 제정되었다.[9] 이 법은 공익신고를 활성화하고 신고자를 보호하기 위한 목적으로 제정되었으며, 공익신고를 하는 것은 국민 스스로가 주변의 위험이나 내부의 불법행위로부터 자신과 타인을 보호하는 행위임을 명확히 하기 위해 운영되고 있다. 즉, 공익신고를 통해 사회 전체의 안전을 제고할 수 있으며, 국민 모두가 보다 안전하고 건강한 생활을 영위할 수 있게 되는 것이다. 「공

9 국민권익위원회(2016). 공익신고 처리 및 신고자 보호 업무 매뉴얼.

익신고자보호법」 제2조에 의하면 공익침해행위는 국민의 건강과 안전, 환경, 소비자의 이익 및 공정한 경쟁을 침해하는 행위를 의미한다. 최근에는 내부 공익신고자 일명, 내부고발자(whistle–blower)들의 보호에 대한 관심이 높아지고 있는데, 이는 내부고발자들이 공익신고를 한 이후 신분상 불이익을 당한다던지, 조직에서 따돌림을 당한다던지 하는 불이익을 당하는 경우가 많이 발생하고 있기 때문이다(Rothschild & Miethe, 1999). 이에 대해서는 다음에서 보다 자세히 다룰 것이다.

표 22-3 공익신고 접수·처리 통계 현황(2011년 법 시행~2017. 12. 31.)

분야 / 연도	계 (비율)	국민의 건강 (비율)	국민의 안전 (비율)	환경 (비율)	소비자의 이익 (비율)	공정한 경쟁 (비율)	기타 (비율)
합 계	24,365	10,747	3,905	2,262	1,213	457	5,781
	(100.0)	(44.1)	(16.0)	(9.3)	(5.0)	(1.9)	(23.7)
2011	292	169	8	10	46	18	41
	(100.0)	(57.9)	(2.7)	(3.4)	(15.8)	(6.2)	(14.0)
2012	1,153	389	167	201	118	29	249
	(100.0)	(33.7)	(14.5)	(17.4)	(10.2)	(2.5)	(21.7)
2013	2,887	1,208	298	165	191	87	938
	(100.0)	(41.9)	(10.3)	(5.7)	(6.6)	(3.0)	(32.5)
2014	9,130	5,570	1,936	312	345	94	873
	(100.0)	(61.0)	(21.2)	(3.4)	(3.8)	(1.0)	(9.6)
2015	5,771	1,931	595	1,151	174	39	1,881
	(100)	(33.5)	(10.3)	(20)	(3)	(0.7)	(32.5)
2016	2,611	937	377	232	149	69	847
	(100)	(35.9)	(14.4)	(9)	(5.7)	(2.6)	(32.4)
2017	2,521	543	524	191	190	121	952
	(100)	(21.5)	(20.8)	(7.6)	(7.5)	(4.8)	(37.8)

출처: 국민권익위원회(2018)

표 22-4 국가별 공익신고자 보호제도

구분	공익신고자 보호법(한국)	Pubic Interest Disclosuure Act(영국)	공익통보자 보호법(일본)
신고 주체	• 누구든지	• 기업의 근로자 • 일반공무원	• 기업의 근로자 • 일반공무원
신고 대상	• 국민의 건강·안전 • 환경 • 소비자이익 • 공정한 경쟁 ※ 279개 법률 벌칙·행정 처분 대상행위	• 범죄행위 • 법적 준수의무 위반 • 부정행위 • 근로자의 건강·안전 위협	• 개인의 생명·신체보호 • 환경의 보전 • 소비자이익 옹호 • 공정한 경쟁 확보 ※ 약 450개 법률 위반행위
신고 기간	• 기업, 행정·감독기관, 수사기관, 권익위, 국회의원, 공공단체 중 선택 가능	• 기업(1차) → 정부기관(2차) → 대외제보(3차)	• 기업(1차) → 행정·감독기관(2차) → 외부기관(3차)
신고 방법	• 인적사항 기재 및 증거 제출	• 별도 방법 미규정	• 별도 방법 미규정
신고 요건	• 허위·부정목적 신고 배제	• 신의성실의 원칙에 따른 합리적 믿음	• 허위·부정목적 신고 배제
처리 절차	• 기업은 조치방안 마련 • 행정·감독기관은 조사 및 조치 실시 • 권익위는 확인 후 조사·수사기관 이첩 • 국회의원과 공공단체는 타접수기관 송부	• 별도 처리절차 없음 (개별법령에 따라 조치)	• 별도 처리절차 없음 (개별법령에 따라 조치)
보호 사랑	• 신분비밀보장, 신변보호 • 보호조치 및 불이익 금지 권고 • 민형사상 책임감면 • 불리한 행정처분 책임감면	• 부당해고 등 불이익금지 • 노동법원 판결 시까지 신분보장 • 신고금지 규정의 무효	• 해고 무효, 파견계약 해제 무효 등 원상회복 • 불이익취급 금지
보호 절차	• 권익위에 보호 요청	• 부당해고 등 불이익 금지 • 노동법원 제소	• 민법 등에 따라 재판청구
지원 제도	• 보상금(최대 20억원, 내부신고자), 포상금(내·외 신고직 최대 2억원) 및 구조금(내·외부 신고자) 지급	• 보상금·구조금제도 없음	• 보상금·구조금제도 없음
강제 규정	• 보호 위반 시 최대 3년 이하의 징역 또는 3천만 원 이하의 벌금	• 불이익조치자에 대한 배상 판결 가능(상한액 없음)	• 강제·제재 조항 없음

출처: 국민권익위원회(2016: 14)

표 22-5 공익신고와 부패신고의 비교

근거법	공익신고	부패신고
근거법	「공익신고자 보호법」	「부패방지 및 국민권익위원회의 설치와 운영에 관한 법률」
신고 대상	• 법 제2조 제1호의 공익침해행위 • 국민의 건강·안전, 환경, 소비자 이익, 공정한 경쟁을 침해하는 '공익침해행위'로 279개 공익침해 대상 • 법률을 위반하여 벌칙, 행정처분 대상이 되는 행위	• 법 제2조제4호의 부패행위
신고처	① 공익침해행위 발생 기관·기업 ② 소관 행정·감독기관 ③ 수사기관 ④ 권익위 ⑤ 국회의원 ⑥ 신고대상법률의 집행 관련 공공단체	① 권익위 ② 수사기관 ③ 감사원 ④ 피신고자 소속 공공기관 및 감독기관
제재	① 신분비밀보호 위반자·불이익조치자 징계요구 및 형사처벌 ② 보호조치불응자 형사처벌, 이행강제금 ③ 특별보호조치 불응자 과태료, 이행강제금 ④ 자료제출·출석·진술거부자 과태료 부과	① 신분비밀보호 위반자 징계요청(신변보호사실 유출 시 형사처벌) 및 불이익조치자 징계요구 ② 보호조치불응자 형사처벌 ③ 자료제출·진술·조회요구불응자 과태료 부과
보상금	공익신고로 인해 국가·지자체에 수입회복 등을 가져온 경우 보상금 지급 ※상한액: 20억원, 최저 한도: 20만원 ※내부 공익신고자로 제한	부패신고로 인해 공공기관에 수입회복 등을 가져온 경우 보상금 지급 ※상한액: 30억, 최저한도: 없음
보상금 상환	지자체 수입회복 등으로 인한 보상금을 지자체로부터 상환	규정 없음
포상금	공익신고로 인해 재산상 이익이나 공익의 증진을 가져온 경우 포상금 지급 ※상한액: 2억원	부패신고로 인해 공익증진을 가져온 경우 포상금 지급 ※상한액: 2억
구조금	공익신고로 인한 치료·이사·쟁송비용 지출 및 임금 손실 시 구조금 지급	명시적 규정 없음(보상금으로 불이익처분에 대한 원상회복 등에 소요된 비용 지급 가능)

출처: 국민권익위원회(2016: 15)

(4) 내부고발자 보호제도

내부고발(whistle-blowing)은 조직의 내부구성원이 조직에서 자행되는 부정부패 및 불법행위, 예산낭비, 공공의 안전과 건강을 위협하는 요소 등을 시정할 목적으로 외부에 알리는 행위를 의미한다(국민권익위원회, 2013: 11).[10] 내부고발제도와 관련해서는 「부패방지권익위법」 제5장 부패행위 등의 신고 및 신고자 등 보호에 명시되어 있으며, 이 법에 의하면 공직자는 그 직무를 행함에 있어 다른 공직자가 부패행위를 한 사실을 알게 되었거나 부패행위를 강요 또는 제의받은 경우에는 지체 없이 이를 수사기관·감사원 또는 위원회에 신고하여야 한다. 그리고 이러한 내부고발에 대한 신분보장(신분상 불이익이나 근무조건상의 차별금지), 불이익금지, 신변보호(신변노출금지와 신변보호)가 이루어져야 한다.

내부고발제도가 필요한 이유는 해당 제도가 가지는 특징과 관련되어 있다(국민권익위원회, 2013: 8-10). 첫째, 내부고발제도는 부패 및 공익침해 통제가 용이하고 비용절감의 효과가 있다. 최근 범죄가 은밀화, 구조화, 지능화되면서 그 적발이 매우 어려워져 조직의 내부문제를 잘 아는 내부자의 정보제공이 더욱 중요해지고 있는 것이다. 또한 조직 내 기존 자원을 활용할 수 있다는 점에서 비용절감의 효과가 있다. 둘째, 내부고발제도는 수평적·자율적 참여를 통해 이루어지는 효율적인 통제 메커니즘으로 이해될 수 있다. 기존의 제도는 수직적이고 강압적인 통제여서 조직구성원들의 사기를 저하시키고, 무사안일, 수동적 대응자세를 유발하여 문제를 더욱 은폐시키는 경향이 있

표 22-6 내부고발제도 운영 저해 원인과 오해

내부고발자제도 운영 한계 원인	수정
내부고발은 조직 충성심 없는 배신행위	공직자 충성대상은 조직이 아닌 국가와 국민
불신을 조장	내부화합은 투명할 때 가능
공직자 사기 저하	공직사회가 내부 비리 신고한 공직자 의해 사기가 떨어지면 이미 사기가 아님
조직의 기강을 해침	윤리적인 조직에서 세워지는 기강이 조직의 생산성 증대
조직부적응자의 경박한 행동	많은 갈등과 고민 끝에, 공동체를 위해서 자신을 희생하는 의로운 행위

출처: 국민권익위원회(2013: 18)

10 국민권익위원회(2013). 내부신고자 보호제도의 이해.

었다. 셋째, 내부고발제도가 필요한 이유는 국민의 접근성이 떨어지는 공공기관 내부 정보 및 문제점을 외부에 적극적으로 알림으로써 국민의 알 권리를 충족시키는 효과를 기대할 수 있기 때문이다. 특히 정책결정과 집행 전반에 있어 민주성과 공개성을 증대시킬 수 있다. 이러한 장점에도 불구하고 내부고발제도는 그 시행에 어려움을 겪는다. 특히 내부고발에 대한 실질적 보호가 부족하다는 한계로 인해 내부고발제도의 적극적 운영에 어려움이 따르고 있다.

따라서 이러한 한계를 극복하기 위해서는 온정주의, 집단주의, 연고주의가 만연한 조직문화를 개선할 필요가 있다. 또한 법·제도적 장치 마련을 통해 내부고발자들에게 적극적인 유인책(예 내부고발 포상금 증액지급 등)을 제시하는 것이 필요할 것이다(박천오 외, 2016: 486).

특히 공익신고자에 대한 보호제도 강화와 국민들의 인식개선이 요구된다. 2018년 「공익신고자보호법」과 「부패방지권익위법」을 개정하여 공익신고자에 대한 불이익 조치가 있었는지를 주기적으로 점검하고, 부패신고자의 비밀보장 범위를 확대하는 등 공익신고자 보호를 강화하였다(국민권익위원회, 2018). 그럼에도 불구하고 여전히 현실은 공익신고자들에 대한 보호가 원활하게 이루어지지 못하는데, 이는 제도적 장치 부족이라기보다는 여전히 공익신고자들에 대한 편견과 부정적 인식이 높기 때문이라고 할 수 있다(국민권익위원회, 2018).

표 22-7 2018년 공익신고(「공익신고자보호법」) 개선사항

구분	주요 내용
보호조치 결정에 대한 모니터링	신고자와 불이익조치를 한 자에 대해 보호조치 이행 여부 및 추가 불이익조치 여부를 2년간 6개월마다 점검
징벌적 손해배상제도	불이익 조치로 신고자에게 발생한 손해에 대해 불이익 조치를 한 자에게 3배의 범위에서 배상책임 부과
긴급구조금제도	긴급한 피해의 구조가 필요한 경우 치료비, 이사비용, 소송비용 등 구조금 우선 지급 가능
보상금 상한액 상향	20억원 → 30억원

출처: 국민권익위원회(2018)

표 22-8 2018년 부패신고(「부패방지권익위법」) 개선사항

구분	주요 내용
신고자 비밀보장 범위 확대	위원회·조사기관 종사자 → 누구든지
인적사항 공개·보도금지 강화	인적사항이 공개·보도된 경우 경위 확인 및 징계요구권 신설
벌칙 강화	• 업무상 비밀누설: 3천만원 → 5천만원 • 인적사항 공개·보도: 1천만원 → 3천만원

출처: 국민권익위원회(2018)

(5) 이해충돌방지 의무 제도화

공직자들의 사익추구행위를 적극적으로 예방하기 위해서는 공직자들의 이해충돌방지 의무를 법·제도화할 필요가 있다. 이해충돌(conflict of interest)은 공직자들에게 공적으로 부여된 직무 수행상의 의무와 사인으로서의 개인 이익, 즉 사적 이해 사이의 충돌을 의미한다(이종수 외, 2014: 128). 공직자의 이해충돌을 적극적으로 회피 또는 방지할 때, 공직자들의 사익 추구에 대한 통제가 보다 원만하게 이루어질 수 있을 것이다. 공직자 이해충돌방지 의무에 있어서는 '누구도 자신의 사건에 대해 판결할 수 없다'라는 원칙이 적용된다. 이는 공직자 개인만의 문제가 아니라 자신의 의사결정에 영향을 미치는 가족과 기타 사적 구성원들에게도 적용될 수 있는 것이다.

공직자의 이해충돌이 공직부패로 직결되는 것은 아니지만, 이해충돌로 인해 부패가 발생할 가능성이 높기 때문에 이러한 가능성을 사전에 차단하자는 예방적 차원의 부패방지책으로 이해충돌방지 의무의 제도화가 필요하다. 즉, 이해충돌방지 법제화는 '행위의 고의성, 자의성, 결과에 대한 판단을 처음부터 배제하는 것'에 그 목적을 둔다(이종수 외, 2014: 129).

현재 우리나라에서는 이해충돌방지 의무에 관한 일반적인 법제화가 이루어지지는 않고 있다. 「공직자윤리법」 제2조에서 '공직자는 자신이 수행하는 직무가 자신의 재산상 이해와 관련되어 공정한 직무수행이 어려운 상황이 일어나지 아니하도록 직무수행의 적정성을 확보하여 공익을 우선으로 성실하게 직무를 수행하여야 한다'라는 조항을 제시하고 있고, '공직자는 공직을 이용하여 사적 이익을 추구하거나 개인이나 기관·단체에 부정한 특혜를 주어서는 아니 되며, 재직 중 취득한 정보를 부당하게 사적으로 이용하거나 타인으로 하여금 부당하게 사용하게 하여서는 아니 된다'라는 조항을 제시하고 있을 뿐이다.

이해충돌방지 의무가 법제화 되면 공직자의 사익 추구를 보다 강력히 통제할 수

표 22-9 「공무원 행동강령」 주요 개정사항

구분	주요 내용
사적 이해관계 신고	공무원의 가족 등이 직무관련자인 경우와 같이 직무수행의 공정성을 저해할 수 있는 사적 이해관계 신고
고위공직자 업무명세서 제출	장차관, 단체장 등 고위공직자의 임용 전 3년 이내 민간 업무활동 명세서 제출
가족채용·수의계약 체결 제한	공무원의 가족 등을 소속·산하기관에 채용·수의계약 체결 금지
민간청탁 금지	공무원은 민간에 대해 부정청탁 금지(인사, 출연요구 등)
사적 노무 요구 금지	직무관련자에게 사적 노무 제공받는 행위 금지

출처: 국민권익위원회(2018)

있어 행정의 효율성을 추구할 수 있을 뿐만 아니라, 민주성의 가치를 달성하는데도 큰 기여를 할 수 있을 것이다. 공직자는 주인인 국민과의 관계에서 대리인의 역할을 하기 때문에 대리인은 주인과의 관계에서 성실한 신탁관계를 유지하여야 하며, 이를 위해 이해충돌방지가 필요한 것이다(이종수 외, 2014: 129). 나아가 이해충돌방지 의무의 법제화를 통해 공직의 청렴성도 강화될 수 있을 것이다. 실제 미국에서는 공직자의 이해충돌방지를 위해 '뇌물 및 이해충돌에 관한 법률(Bribery and Conflict of Interest Act of 1962)'과 '백지신탁제도(Blind Trust)'를 운영하고 있다(이종수 외, 2014: 130–131). 이해충돌방지를 위해 공직자는 자신의 재산이나 주식을 처분하거나 신탁하여 공익과 사익이 충돌하지 않게 한 것이다.

최근 공직자의 공적 업무수행과 사적 이익추구가 충돌할 수 있는 상황을 미연에 방지하기 위한 공직자 이해충돌 방지 제도를 「공무원 행동강령」에 포함시켰다. 2018년 4월 17일에 새롭게 개정된 「공무원 행동강령」에는 공직자가 자신의 지위와 권한을 남용하여 사익을 추구하는 행위를 근절하는 장치를 포함하였으며, 공직자가 민간에 요청하는 부정청탁을 금지하는 규정도 신설하였다(국민권익위원회, 2018).

3) 문재인 정부 공직자윤리 강화 방안

문재인 정부는 부패 없는 투명한 사회를 실현하기 위하여 반부패정책협의체[11]를

11 이는 '반부패 개혁으로 청렴한국 실현'이라는 문재인 정부의 국정과제에 따라 처음 개최되었고,

구성하고 2018년 4월 '5개년 반부패 종합계획'을 제시하였다. 이는 범국가 차원의 반부패 해결 중장기 로드맵으로서 공공과 민간을 망라한 4대 전략(함께하는 청렴, 깨끗한 공직사회, 투명한 경영환경, 실천하는 청렴) 분야 50개 과제를 포함하였다(국민권익위원회, 2018). 특히 공직 분야와 관련하여 깨끗한 공직사회를 구축하기 위한 주요 과제는 다음과 같다. 구체적으로 공공재정 누수 방지를 위한 제도정비 및 점검 강화, 「청탁금지법」 등 강화된 청렴기준 정착, 공직자의 사적 이해충돌방지 체계 확립, 위법한 지시·명령 거부 법제화, 공직자 재산등록 실효성 제고, 퇴직자 행위제한 및 비위면직자 취업제한제도 개선, 공공 분야 갑질 근절, 공공기관 채용비리 관리체계 강화 및 후속조치 이행, 방위사업 비리 예방 및 제재 강화, 지역 토착비리 엄정 대처 및 제도개선 추진, 대형 국책사업 비리 예방 등 투명성 제고, R&D 예산집행 투명성 제고, 국민연금기금 운용 투명성 강화, 문화체육 분야 공정성 확립, 병무행정 부패 취약 분야 개선, 지도·감독·조사 분야 유착소지 차단, 민관 유착방지를 위한 제도개선, 정치자금의 투명성 제고, 법조 분야 공정성 강화 등이다(국민권익위원회, 2018).[12] 또한 문재인 정부에서는

그림 22-6 반부패정책협의회 추진체계

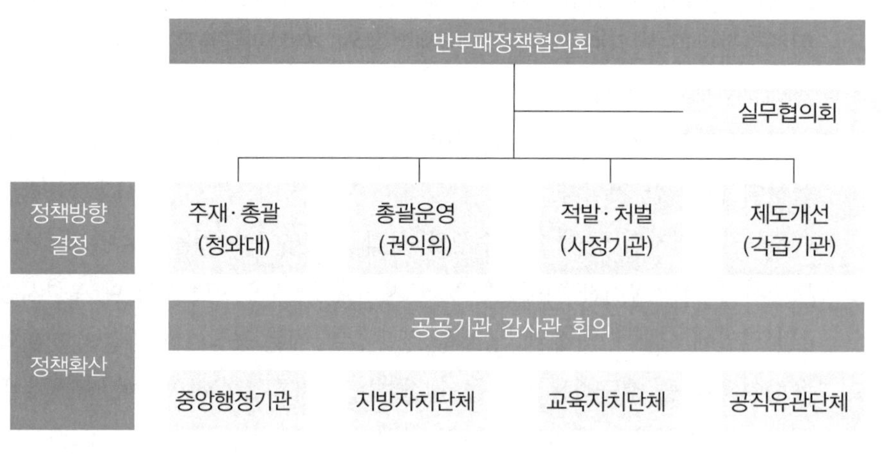

출처: 국민권익위원회(2018)

국가 차원의 체계적인 반부패정책을 수립·추진하고, 기관별 추진과제를 효과적으로 관리할 계획이다(국민권익위원회, 2018).

12 특이 이 중에서 추진역량의 집중이 필요한 과제는 공공재정 누수 방지를 위한 제도정비 및 점검 강화, 「청탁금지법」 등 강화된 청렴기준 정착, 공직자의 사적 이해충돌방지 체계 확립, 공공분야 갑질 근절, 공공기관 채용비리 관리체계 강화 및 후속조치 이행, 민관 유착방지를 위한 제도개선 등이다.

'공직윤리종합정보시스템'을 구축하여 「공직자윤리법」에 의한 공직자의 재산등록신고 및 공개, 주식백지신탁제도, 퇴직공직자 취업제한제도, 선물신고 등 전반적인 윤리업무를 온라인으로 수행할 수 있도록 하였다(공직윤리종합정보시스템, 2018). 이러한 ICT기술을 접목한 시스템 구축을 통해 문재인 정부에서는 보다 효과적으로 공직자윤리를 강화하는 방안도 모색되고 있다.[13]

또한 경제, 시민단체, 언론, 학계 등 사회 각계가 참여하는 '청렴사회 민관협의회'가 2018년 3월 6일 출범하여 국민들이 반부패 영역에 실질적으로 참여하는 '정부와 민간의 협력적 거버넌스'를 형성하고 있다(국민권익위원회, 2018). 과거 반부패 정책은 일부 사정기관과 공무원의 전유물이었으나, 이제는 반부패 정책 과제발굴부터 평가까지 국민들이 직접 참여하여 정책 파트너십을 형성해 나가고 있다. 예를 들어, 2018년 4월 온라인 공모를 통해 지역, 성별, 연령이 고르게 분포된 50명의 '청렴사회 국민모니터단'을 구성하였으며, 이를 통해 반부패 정책에 대한 제안, 논의, 평가에 국민이 직접 참여하고 있다(국민권익위원회, 2018).

뿐만 아니라 공공기관 청렴지도를 제작하여 광역·기초 자치단체와 시·도 교육청 등 각 지역별 공공기관의 청렴도 수준을 청렴도 등급에 따라 한눈에 비교할 수 있도록 하였다. 청렴지도는 공공기관 청렴의 중요성을 일깨워 주며, 국민과 시민단체·관계기관 등이 공공기관의 청렴도 수준을 체감할 수 있도록 함으로써 지속적으로 공공기관의 반부패 정책에 관심을 갖도록 하고 있다(국민권익위원회, 2018).

그림 22-7 반부패 정책 제안·평가 등 국민참여 과정

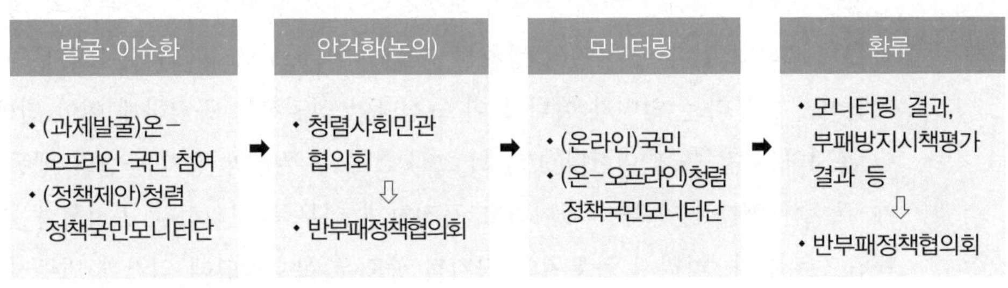

출처: 국민권익위원회(2018)

13 https://www.peti.go.kr/index_ssl.html

그림 22-8 청렴지도 구축 예시

광역자치단체 기초자치단체(전국) 중앙행정기관

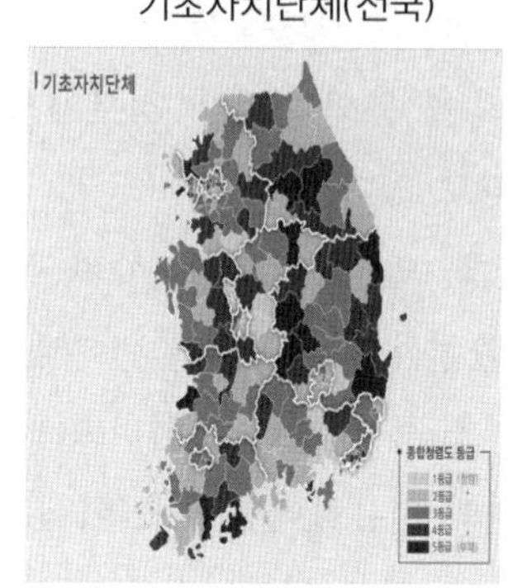

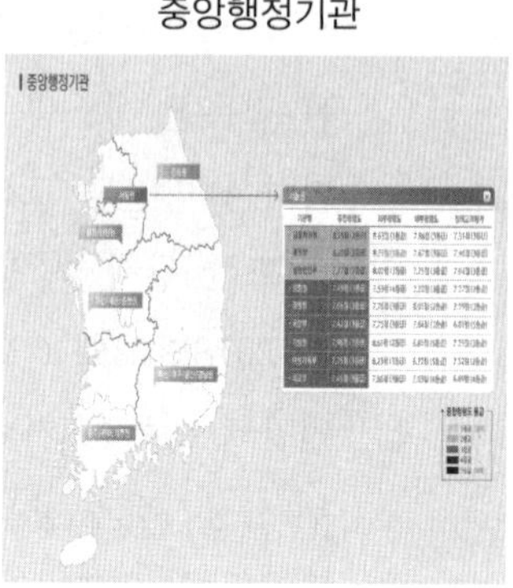

※ 지방자치단체의 경우 해당 지역 선택 시 해당 기관의 청렴도 정보 제공(종합청렴도 점수·등급 등)
출처: 국민권익위원회(2018)

2 공무원의 정치적 중립

1) 공무원의 정치적 중립의 의미와 필요성

대한민국 「헌법」 제7조1항에 의하면 "공무원은 국민전체에 대한 봉사자이며, 국민에 대하여 책임을 진다"라고 규정되어 있으며, 제2항은 "공무원의 신분과 정치적 중립성은 법률이 정하는 바에 의하여 보장된다"라고 규정하면서 공무원의 정치적 중립성을 강조하고 있다. 공무원의 정치적 중립(political neutrality)의 의미는 "공무원이 정치에 개입하지 않는다는 의미가 아니라 어느 정당이 집권하든 공평하게 여야 간에 차별 없이 봉사하는 것"을 의미한다(이종수 외, 2014: 293). 공무원의 정치 중립적 행동은 부당하게 특수한 정파에 속하지 아니하고 공정하게 업무를 처리하는 공정성과 비당파성을 근간으로 한다. 따라서 공무원의 정치적 중립은 복수정당에 입각한 민주정부에서 실적제 적용 공무원들에게 지배적인 규범이라고 할 수 있다(오석홍, 2013). 특히 정치적 중립은 선출직 공무원을 제외하고 일반 경력직 공무원에게 중요한 의미를 지닌다고 할 수 있다. 같은 맥락에서 직업공무원들에게 '중립적 역량(neutral competence)'이 요구되는데, 이는 정책과정에서 직업공무원들의 전문적 판단과 중립적 관점을 중시하는 정책적 중립으로 해석될 수 있다(강성철 외, 2014: 529).

역사적으로 공무원의 정치적 중립은 19세기 엽관주의 폐단을 극복하고 실적주의를 확립하는 과정에서 중요하게 고려되었다. 엽관제의 한계를 극복하는 차원에서 행정의 전문성, 계속성, 능률성을 향상시키기 위해 공무원의 정치적 중립이 더욱 강조된 것이다(박천오 외, 2016: 451). 특히 다음과 같은 차원에서 공무원의 정치적 중립은 필요하다. 공무원은 공익을 추구해야 하는 사명을 지니고 있고, 전문적이고 중립적인 행정을 달성해야 하며, 부패와 공직기강 문란을 억제해야 하고, 정치체제 발전과 민주적 기본질서를 확립해야 하는 의무가 있다. 이를 달성하기 위해서 공무원의 정치적 중립성이 필요하다(박천오, 2016: 459-46; 오석홍, 2013).

복합적인 의미를 지닌 공무원 정치적 중립성의 특징으로 첫째, 공무원은 정치·행정 이원론에 기반하여 정책결정 시 중립적인 업무 역량을 갖추어야 하며, 둘째, 실적을 토대로 공무원에 관한 인사관리가 이루어져야 하고, 셋째, 공무원의 정치적 참여가 전반적으로 금지되며,[14] 넷째, 행정의 전문성과 전문직업가로서 공무원의 역할을 강화해야 한다는 것이고, 다섯째, 공무원은 집권정부의 정책이나 행정에 공개적으로 비판할 수 없으며, 여섯째, 공무원은 집권정부에 대한 충성, 즉 정치적 충성과 대응성을 지닌다는 것이다(강성철 외 2014: 529-530; 박천오 외, 2016: 452-453).[15]

공무원 정치적 중립의 의미는 이와 같이 복합적으로 해석되지만 공무원의 권리와 의무로서 공통적인 특징을 지닌다(박천오 외, 2016: 454). 첫째, 공무원의 정치적 중립은 공무원의 권리로서 공무원이 직무수행을 할 때 특정 정당이나 정치권으로부터 외압과 부당한 간섭을 받지 않고 보호를 받을 수 있는, 즉 정치권의 영향배제와 신분보장 차원에서 공무원의 권리라고 할 수 있다. 이는 엽관제의 폐해를 극복하는 과정에서 나타났다. 둘째, 공무원의 정치적 중립은 공무원의 의무로서, 공무원 본인이 정치적으로

14 대표적인 공무원의 정치활동에 관한 법률로 1883년 미국의 펜들턴 법과 1939년과 1940년의 해치법이 있다(강성철 외, 2014: 528).

15 그러나 여기서 네 번째 의무와 여섯 번째 의무는 상호 충돌할 수 있다(박천오, 2011; West, 2005). 여섯 번째 집권정당에 대한 공무원의 충성심 강화는 공무원의 전문가적 책임성과 충돌할 수 있다. 집권정부에 대한 지나친 공무원의 충성은 영혼없는 공무원 문제를 야기할 수도 있다. 이에 상충하는 의무의 조화가 필요하다. 정치적 중립의 조화방안은 각 국가마다 달리 나타난다. 특히 한국과 같이 공무원들이 선출직 공직자들에게 지나치게 민감하게 반응하는 것은 문제이다. 이러한 문제를 극복하기 위해 정책결정 과정에서 선출직 공직자들이 공무원들의 행정 중립성을 존중하고, 공무원들의 정책 조언을 중시한다면 정치적 충성의무와 전문직업적 접근 의무가 조화를 이룰 수 있을 것이다(박천오, 2011: 45 재인용).

중립적인 태도를 지녀 정치에 참여하거나 관여하지 말아야 한다는 것이다. 공무원은 국민의 봉사자이기 때문에 정치적으로 중립적인 태도를 지녀야 하는 것이다.

2) 외국 공무원의 정치적 중립성

공무원의 정치적 중립 의미를 어떻게 해석할 것인가는 각 국가 공무원의 정치적 중립에 대한 역사적 맥락과 문화에 따라 다르다. 특히 공무원에게 허용되는 정치활동의 참여 범위는 각 국가마다 달리 해석된다(강성철 외, 2014). 대체로 유럽의 국가들은 공무원의 정치적 참여에 대하여 관대하지만, 엽관주의 폐해가 컸던 미국의 경우 공무원의 정치적 중립성을 엄격하게 요구한다(강성철 외, 2014). 한국 역시 공무원의 선거개입 문제가 상당히 심각했기 때문에 공무원에게 엄격한 정치적 중립성을 요구하고 있는 실정이다(박천오 외, 2016: 463).

영국의 경우 전체 공무원을 3계층으로 구분하고 정책결정과 관련이 깊은 고위공무원은 엄격한 정치적 중립을 요구하지만 아래로 내려갈수록 정치적 중립 의무를 완화하여 하위계층은 많은 제약을 두지 않고 있다(이종수 외, 2014: 293). 그리고 일본은 공무원의 정치활동을 부분적으로 허용하고 있다. 「국가공무원법」과 인사원규칙을 통해 정당활동 또는 정치적 목적을 위한 정치적 행위를 금지하고 있지만(박천오 외, 2016), 지방자치단체 선거에서 공무원은 피선거권자가 될 수 있다(이종수 외, 2014: 293).

3) 공무원의 정치적 중립성 한계

공무원의 권리이자 의무이기도 한 공무원의 정치적 중립성은 공무원의 국민에 대한 봉사자임을 고려해 볼 때 당연히 지켜져야 한다. 그러나 공무원의 정치적 중립성은 다음과 같은 한계를 지닐 수 있다(강성철 외, 2014: 531–532). 첫째, 공무원의 유권자로서의 정치적 활동을 고려해 볼 때 공무원의 정치적 중립성은 그들의 참정권 제한[16]을 가져오며, 이는 때로 민주정치와 모순적으로 작용할 수 있다(이종수 외, 2014: 293). 공무원 특정 집단의 정치적 자유만을 억제하는 것은 불공평의 문제를 일으킨다. 둘째, 공

16 예를 들어 「국가공무원법」 제65조(정치운동의 금지), 「국가공무원 복무규정」 제27조(정치적 행위), 「공직선거법」 제9조(공무원의 중립의무 등)에 의하면 공무원은 정당 및 정치단체관련 활동이 제한되고, 선거관련 활동이 금지된다(박천오 외, 2016: 455–456).

무원의 자율적 책임성 강화 등 행정책임의 강화를 요구하면서 공무원의 정치적 중립을 강요하는 것은 모순적이다. 셋째, 공무원의 정치적 참여 제한은 공무원의 이익을 경시할 수 있으며, 정당정치의 발전을 위해서는 공무원의 정당가입이 필요하다는 의견도 있다(강성철 외, 2014: 532). 마지막으로, 엄격한 공무원의 정치적 중립성 요구는 공무원들의 이념적 무관심을 초래하여 국민의 요구를 적극적으로 반영하지 못하는 소극행정이 발생할 가능성이 높다고 비판한다(강성철 외, 2014: 532).

공무원의 정치적 중립성은 근본적으로 엽관제의 폐해와 정치행정이원론을 기반으로 형성된 제도이다. 그러나 행정환경이 바뀐 상황에서 공무원의 정치적 중립성을 엄격하게 유지할 필요가 있는가에 대한 논란이 여전히 제기되고 있다(강성철 외, 2014: 532). 최근 문재인 정부에서 제출한 대한민국 「헌법」 개정안에 의하면 공무원의 정치적 기본권을 강조하고 있다. 현행 「헌법」 제7조가 공무원의 정치적 기본권을 지나치게 제한하거나 오히려 공무원이 이를 정치적으로 이용할 가능성이 있기 때문에 이에 대한 개정이 요구된다(청와대, 2018). 「헌법」 개정안 제7조에 의하면,[17] 공무원은 직무를 수행할 때만 정치적 중립을 지키도록 함으로써 직무와 관련 없는 사항에 대해서는 공무원의 정치적 기본권을 보장하고 있다. 그러나 공무원의 정치적 중립 문제는 각 국가의 역사와 문화에 따라 다르게 논의되어 왔으며 각 국가의 정치발전 정도 및 공무원과 국민들의 의식 수준에 의해 좌우된다고 할 수 있어(이종수 외, 2014: 293), 공무원에게 어느 정도 정치적 중립성이 요구될 것인가에 대한 논쟁은 지속적으로 발생할 것이다.

그럼에도 불구하고 한국 공무원의 정치적 중립성이 효과적으로 지켜지기 위해서는 다음과 같은 사항을 고려할 필요가 있다(강성철 외, 2014: 533). 첫째, 정치발전이 전제되어야 하며, 둘째, 공무원의 신분이 정치권으로부터 보장되어야 하고, 셋째, 정치인들의 민주적 정치윤리가 선행되어야 하며, 넷째, 공무원들의 행동규범과 윤리적 행위가 기반이 되어야 하고, 다섯째 국민의식이 제고되어 시민의 권리가 행사되어야 한다.

17 제7조1항은 '공무원은 국민 전체에게 봉사하며, 국민에 대하여 책임을 진다.', 2항은 '공무원의 신분은 법률로 정하는 바에 따라 보장된다.', 3항은 '공무원은 직무를 수행할 때 정치적 중립을 지켜야 한다', 4항은 '공무원은 재직 중은 물론 퇴직 후에도 공무원의 직무상 공정성과 청렴성을 훼손해서는 안 된다.'이다.

Reference

참고문헌

본 QR코드를 스캔하시면, "**인간과 조직 -현재와 미래- (전면개정판)**"의 **참고문헌**을 참고하실 수 있습니다.

Index

찾아보기

ㄴ

ㄷ

ㄹ

ㅁ

ㅂ

ㅅ

ㅇ

ㅈ

ㅊ

ㅋ

ㅌ

저자소개

김정인(金貞忍)

서울대학교 행정대학원과 미국 University of Southern California(USC)에서 행정학(정책학 전공) 및 정책학 석사를, 미국 University of Georgia에서 인사혁신 논문으로 행정학 박사 학위를 취득한 후 서울대학교 한국인적자원연구센터에서 선임연구원으로 재직하였다.
현재는 수원대학교 행정학과 부교수로 재직하고 있다. 주요 연구 관심분야는 인사정책, 조직관리, 조직행태 등이다. 5급, 7급, 9급 국가공무원 공채 출제위원으로 활동하였다.
저서로는 「행정학 사례연구: 성과와 교훈」(공저, 2015), 「조직행태론」(공저, 2016) 등이 있다.

전면개정판

인간과 조직 -현재와 미래-

초판발행 2016년 8월 1일
전면개정판발행 2018년 8월 31일
중판발행 2019년 8월 20일

지은이 김정인
펴낸이 안종만·안상준

편 집 김효선
기획/마케팅 이영조
표지디자인 권효진
제 작 우인도·고철민

펴낸곳 (주)박영사
서울특별시 종로구 새문안로3길 36, 1601
등록 1959. 3. 11. 제300-1959-1호(倫)
전 화 02)733-6771
f a x 02)736-4818
e-mail pys@pybook.co.kr
homepage www.pybook.co.kr
ISBN 979-11-303-0617-9 93350

정 가 38,000원